zambon@zambon.net
www.zambon.net

Satz und Gestaltung: Fabio Biasio

ISBN 978 3 88975 281 9

GERHARD SCHNEHEN

STALIN

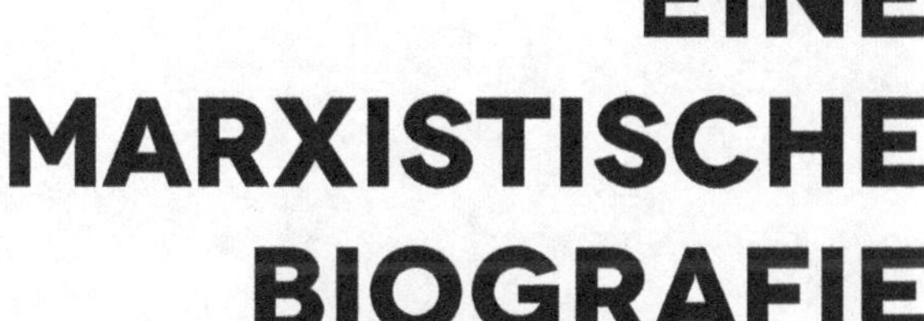

Joseph E. Davies, US-Botschafter:

"Wenn du dir eine Persönlichkeit vorstellen kannst, die in jeder Beziehung das Gegenteil von dem ist, was die Antistalinisten überall verbreiten, dann kannst du dir eine ungefähre Vorstellung von diesem Mann machen."

(Davies, zu seiner Tochter nach seiner ersten Begegnung mit Stalin im Kreml)

Winston Churchill, britischer Premierminister:

"Er war eine herausragende Persönlichkeit, die in unserer entbehrungsreichen Zeit, in der sein Leben verlief, einen starken Eindruck hinterlassen hat. Stalin war ein Mann von außergewöhnlicher Energie, Belesenheit und von unbeugsamer Willensstärke. Er war schroff, streng und sowohl in seiner Arbeit, als auch im Gespräch schonungslos, dem auch ich, der im englischen Parlament erzogen wurde, in keiner Weise etwas entgegensetzen konnte. ... In seinen Werken kam eine gigantische Kraft zum Vorschein. Diese Kraft war so enorm, dass er einzigartig unter den Führern aller Zeiten und aller Völker dasteht. ... Sein Einfluss auf die Menschen war unwiderstehlich. Als er den Sitzungssaal der Jalta-Konferenz betrat, standen wir alle auf, so als ob jemand uns das befohlen hätte. Es war seltsam, aber wir standen dort, als wären wir angetreten. Stalin besaß eine gründliche, logische und intelligente Weisheit, ohne einen Anflug von Panik. ... Er übernahm Russland mit einem hölzernen Pflug, aber verließ es mit der Atombombe."

(Churchill in seinen Erinnerungen)

Stalin am 8. Juni 1926 auf einer Veranstaltung: "
Ich muss Euch Genossen ganz ehrlich sagen, dass ich nicht einmal die Hälfte des Lobes verdient habe, das mir hier gespendet wurde. Wie es sich herausstellt, bin ich der Held des Oktober, der Führer der Kommunistischen Partei der Sowjetunion, der Führer der Komintern und ein sagenhafter Recke und wer weiß, was sonst noch alles. All das ist Unsinn, Genossen, und eine absolut überflüssige Übertreibung. In einem solchen Ton spricht man gewöhnlich am Grabe eines verstorbenen Revolutionärs, ich aber habe noch nicht die Absicht zu sterben."

(Stalins Antwort auf eine Begrüßungsansprache)

Stalin im Februar 1938: *"Ich bin strikt gegen die Veröffentlichung von 'Geschichten aus Stalins Kindheit'. Das Buch ist voller Ungenauigkeiten, voller Fälschungen, voller Übertreibungen und voll unverdienten Lobes. ... Aber das Entscheidende ist, dass mit dem Buch die Absicht verfolgt wird, den sowjetischen Kindern, und überhaupt den Menschen, den Persönlichkeitskult, den Kult unfehlbarer Helden einzuimpfen. Das ist gefährlich und schädlich. ... Ich schlage vor, dass das Buch verbrannt wird."*

(Stalin, nachdem er das Manuskript über ein Buch zu seiner Kindheit gelesen hatte)

Inhalt

Zwei Hinweise für den Leser:

1. Ich habe die fremdsprachigen Buchtitel übernommen, aber gleichzeitig auch sinngemäß zum bessern Verständnis ins Deutsche übertragen. Die zumeist englischen Texte daraus wurden von mir ins Deutsche übersetzt. Eventuelle Übersetzungsfehler und Ungenauigkeiten gehen ausschließlich zu meinen Lasten.
2. Nur die im Text verwendeten Buchtitel wurden in die Bibliografie übernommen.

Vorwort

Eigentlich möchte ich mir ein Vorwort ersparen. Aber ein Wort möchte ich dennoch an dieser Stelle verlieren. Es ist nicht von mir, sondern von Stalin selbst:

"Wenn ich sterbe, wird mein Grab mit viel Dreck bedeckt werden. Dann aber wird eines Tages der Wind der Geschichte kommen und diesen Dreck auseinander fegen."

So in etwa Stalin gegen Ende seines Lebens. Der Wind der Geschichte hat diesen über Stalin ausgeschütteten Dreck bereits zum Teil auseinandergefegt: im heutigen Russland. Nur bei uns im Westen ist er noch nicht angekommen. Aber auch dort findet offizielerseits keine Stalin-Aufarbeitung und schon gar nicht eine Rehabilitierung Stalins statt. Bei den Feierlichkeiten zum Jahrestag des Sieges am 9. Mai wird er, der Architekt des Sieges, in den Ansprachen totgeschwiegen, und hierzulande wird er weiterhin als 'böser Diktaktor' bezeichnet, der 'Millionen Menschen ermorden ließ'.

Ich möchte, dass dieser Wind auch bei uns eines Tages weht und dann den ganzen angesammelten Schmutz, der über seinem Grab über Jahrzehnte hinweg ausgekippt wurde, auseinanderfegt, damit endlich wieder die Wahrheit über ihn zu Tage tritt, damit er so gesehen werden kann, wie er wirklich war und damit auch das, was er für die Entwicklung seines sozialistischen Landes geleistet hat, was er geleistet hat für den Aufbau eines krisenfreien Wirtschaftssystems ohne Arbeitslosigkeit und soziale Ungleichheit, was er geleistet hat im Kampf gegen den internationalen Faschismus und für den Weltfrieden, für den er sich unermüdlich einsetzte.

Er hatte zu Beginn seiner revolutionären Tätigkeit ein unterentwickeltes, halbfeudales, völlig rückständiges, ja halb barbarisches Russland vorgefunden. Nach seinem Tod war es ein entwickeltes, sozialistisches, fortschrittliches und zivilisiertes Land geworden, in dem es keine ökonomischen Krisen und keinen Bildungsnotstand gab, in dem jeder kostenlos im Krankheitsfall versorgt wurde und wo jedem im Alter eine angemessene Rente ausgezahlt wurde, in dem kein Rassismus, kein Antisemitismus oder Nationalismus geduldet wurde, in dem die internationale Solidarität Staatsdoktrin war - ein Land, das von vielen als Supermacht bezeichnet wurde und das von den westlichen Eliten gefürchtet wurde wie kein anderes, das Millionen und Abermillionen von Menschen, gleich welcher Hautfarbe, inspirierte, für eine eigene bessere Zukunft zu kämpfen und sich vom Kolonialismus zu befreien, das sogar die Atombombe besaß, das eine unüberwindliche Rote Armee besaß, die die sowjetischen Grenzen zuverlässig schützte - sehr zum Leidwesen der neuen und alten Imperialisten und Kolonialisten.

Daran, was Politiker für die Entwicklung ihres Landes leisten, was sie für den Weltfrieden leisten, für den Kampf gegen den Faschismus, sollten große historische Persönlichkeiten gemessen werden, nicht daran, wie viele Kriege sie geführt haben oder daran, was sie nur für ihresgleichen oder für die eigene Klasse taten.

Dies ist das eine, was ich vorwegschicken möchte. Aber da ist noch ein Zweites. Man darf nicht bei der Feststellung stehen bleiben, dass Stalin wie kein anderer kommunistischer Politiker oder Staatsmann mit sehr, sehr viel Dreck beworfen worden ist und immer noch wird. Die Machwerke, die über ihn geschrieben wurden, füllen ganze Bibliotheken. Jemand, der ein solches Machwerk schreibt, findet sofort bei uns einen Verleger, ohne dass die Herrn Herausgeber sich um den Wahrheitsgehalt solcher Werke kümmern. Abnehmer für diese Art von "Ware" werden sie immer finden. Die Schreiberlinge solcher "Werke" sind herzlich willkommen bei uns und ihrer akademischen Karriere steht nichts im Wege. Aber es hat wenig Zweck diesen Zustand nur zu beklagen. Das hilft uns nicht weiter. Wir müssen uns fragen, warum dies geschieht, warum die ganze intellektuelle Meute der Bourgeoisie auf ihn angesetzt wurde, um ihn zu verteufeln, zu diffamieren, zu verleumden und in Grund und Boden zu verdammen.

Welches ist der Grund dafür?

Der Grund dafür ist einfach auszumachen, wenn man einen klaren Klassenstandpunkt vertritt. Stalin hat damals gezeigt, wie man erfolgreich ein gut funktionierendes sozialistisches System aufbauen kann, das jahrzehntelang funktioniert hat; er hat einen praktikablen Weg gezeigt, er hat gezeigt, dass man, um den Sozialismus auf ein festes Fundament zu stellen, die Bourgeoisie vollständig entmachten muss, entschädigungslos enteignen muss, dass man ihr die Kontrolle über die Finanzwirtschaft, über die Banken und über die gesamte Produktion nehmen muss, dass man das internationale Kapital bis zum letzten Kapitalisten enteignen muss, um den Klassenkampf erfolgreich für die Arbeiterklasse führen zu können. Jedes kleine Schlupfloch muss der Bourgeoisie gestopft werden, durch das sie wieder durchschlüpfen und erneut ihr Haupt erheben kann. Nur so kann man dem Sozialismus ein solides Fundament geben. Und man darf nie vergessen, dass der Klassenkampf auch im Sozialismus nicht aufhört, dass er weitergeht, solange die Restbestände einer entmachteten Bourgeoisie sich auf ausländische kapitalistische oder imperialistische Staaten und auf die Zählebigkeit der bürgerlichen Ideologie in den Köpfen der Menschen stützen können. Diese Lehren gilt es zu beherzigen, wenn man erfolgreich sein will als sozialistischer oder kommunistischer Politiker. Und Stalin hat sie damals beherzigt.

Dies ist der Grund, weshalb Stalin bis auf den heutigen Tag bei der internationalen Bourgeoisie und ihren nationalen Ablegern so verhasst ist. Deshalb haben sie an ihm kein gutes Haar gelassen, deshalb werden sie auch in Zukunft kein gutes Haar an ihm lassen. Und die Tatsache, dass in regelmäßigen Abständen immer wieder neue Stalin-Biografien oder "Dokumentationen" erscheinen, zeigt, dass man keine Stalin-Renaissance dulden will. So tief sitzt die Angst vor ihm, d. h. vor seinem Weg, weniger vor seiner Person. Es ist die Angst vor einem neuen Anlauf, der sich an seinen Lehren und denen Lenins orientieren könnte. Man möchte, dass niemand, dem es um eine echte antiimperialistische Alternative zum heutigen verfaulten finanz-kapitalistischen System geht, sich an Stalins Werk orientiert, an diesem seinem erfolgreichen Weg. Man möchte, dass der Blick für diesen Weg weiterhin verstellt bleibt, dass aufkommende soziale Bewegungen auf keinen Fall diesen Weg gehen, dass sie ihn meiden und dass sie sich weiterhin für eine der vielen Sackgassen, für eine der vielen "linken" oder "linksradikalen" Angebote der Bourgeoisie entscheiden. Man möchte, dass nur die schon gescheiterten Konzepte wieder neu aufgewärmt werden, vor denen man keine Angst zu haben braucht. Zu diesen Konzepten gehören eine ganze Reihe von untauglichen Instrumenten für den Aufbau einer neuen Gesellschaft: der Anarchismus, der Anarcho-Syndikalismus, der Reformsozialismus, der Revisionismus, die Frankfurter Schule, der Trotzkismus, der "demokratische Sozialismus", der Bolivarismus und wie all diese linksverkleideten Projekte heißen, vor denen die Bourgeoisie keine Angst zu haben braucht, weil es sich um stumpfe Schwerter handelt, die die Macht des Finanzkapitals unangetastet lassen.

Wagen wir es also, Stalins Weg offen darzulegen, Stalin so zu sehen, wie er wirklich war und was er tatsächlich getan hat, um den Sozialismus auf ein solides Funadament zu stellen, erfolgreich in seinem Land aufzubauen und zu verteidigen. Nur so kann der Blick wieder frei werden für die Prinzipien und Gesetzmäßigkeiten des sozialistischen Aufbaus, die jeder beherzigen muss, der diesen Weg erfolgreich gehen will.

Von Stalin lernen, heißt siegen lernen! Stalin niederzumachen, nützt nur den Feinden des Kommunismus, nützt ausschließlich der Bourgeoisie, führt zur Niederlage.

1. Kindheit und Jugend

a. Die Zeit bis zur Aufnahme ins Tifliser Priesterseminar

Stalin wurde am 21. Dezember 1879 in einem kleinen, verfallenen Haus in einem Vorwort von Gori/Georgien geboren. Gori liegt etwa fünfzig Kilometer nordwestlich von Tiflis, der Hauptstadt Georgiens.

D. Gokochia, ein Schulfreund Stalins, beschreibt in seinen Erinnerungen den Wohnraum, in dem der junge Stalin mit seiner Familie wohnte:

> *"Der Raum, in dem die Familie wohnte, war nicht mehr als fünf Quadratmeter groß. Er lag neben der Küche. Die Tür führte direkt auf den Hof. Es gab noch nicht einmal eine Türschwelle. Der Boden bestand aus Ziegelsteinen. Durch ein kleines Fenster trat das Licht ein. Die Einrichtung des Raumes bestand aus einem kleinen Tisch, einem Hocker und einem großen Sofa - so eine Art eingebaute Schlafstelle, auf der ein Strohsack lag."*[1]

Das Gebäude, zu dem ein kleiner Anbau gehörte, macht von außen einen recht heruntergekommenen Eindruck. Es sieht aus wie ein alter Schuppen.

Stalins Eltern waren arm. Sein Vater, Wissarion Dschugaschwili, war Schuhmacher von Beruf. Er arbeitete lange Zeit in einer Schuhfabrik, die einem Adelchanow gehörte. Er versuchte, sich selbstständig zu machen, und arbeitete dann eine Zeitlang als Schuhmacher zu Hause, musste diese Tätigkeit aber schon bald wieder aufgeben, weil sie zum Lebensunerhalt nicht reichte. Er ging dann wieder in seine alte Schuhfabrik zurück. Der Traum von der

1- E. Yaroslavsky, ‚Landmarks in the Life of Stalin', London 1942, p. 7, J. Jaroslawski, ‚Stationen im Leben Stalins', eigene Übersetzung, hiernach zitiert als ‚J. Jaroslawski'.

kleinbürgerlichen Selbstständigkeit war ausgeträumt. Er starb schon sehr früh, als Stalin erst elf oder zwölf Jahre alt war.

Stalins Mutter Jekaterina, auch Keke oder Ketewan genannt, eine streng religiöse Frau, verdiente für die Familie ein Zubrot als Waschfrau. Sie stammte aus der Familie von Leibeigenen. Sie arbeitete den ganzen Tag. Vier Kinder brachte sie zur Welt, drei davon starben schon bald. Stalin war das vierte, das überlebte. Ihre ganze Liebe und Zuwendung galt ihm.

Stalin sagte in einem Interview mit dem deutschen Schriftsteller Emil Ludwig, dass seine Eltern nicht sehr gebildet gewesen seien, dass er aber gut von ihnen behandelt wurde:

> *"Meine Eltern waren zwar keine gebildeten Leute, aber sie behandelten mich keineswegs schlecht. Ganz anders war es im griechisch-orthodoxen Priesterseminar, wo ich damals lernte."*[2]

In den Erinnerungen, die von seinen Jugendfreunden verfasst wurden, wird er als lebhafter und wissbegieriger Junge beschrieben. Schon mit sieben habe er das Alphabet gelernt, ein Jahr später habe er lesen können. Er kam 1888 zur Schule, als er acht war, und besuchte dann sechs Jahre lang die kirchliche Schule von Gori. Er konnte also schon lesen, bevor er zur Schule kam. Im Jahre 1894 verließ er sie. Jaroslawski beschreibt den jungen Dschugaschwili so:

> *"Wie Lenin war er ein fleißiger Schüler, und bekam immer die besten Noten. Er war der Beste beim Lernen, beim Spielen der Anführer, ein guter Freund und sehr beliebt bei seinen Schulkameraden. Er las, zeichnete und sang gern."*[3]

Es existiert ein altes Bild, auf dem man den zwölfjährigen Stalin mit drei Spielkameraden zusammen sehen kann. Stalin scheint die Gruppe anzuführen. Wenn man etwas genauer hinsieht, erkennt man, dass er vorne vor seinem Bauch ein Buch umgeschnallt hat.

2· Stalin-Werke, Band 13, Berlin 1955, S. 101, Unterredung Stalins mit dem deutschen Schriftsteller Emil Ludwig am 13. Dezember 1931.

3· J. Jaroslawski, ebd., S. 8.

Schon in frühem Alter unterhält sich der belesene Schüler, der Sosso genannt wurde, mit Bauern und Landarbeitern aus der nächsten Umgebung über die Armut im Lande. Ein Jugendfreund Stalins, G. Jelissabedaschwili, berichtet darüber in seinen Erinnerungen, wie sie einmal beim Herumstreifen auf eine Gruppe von pflügenden Bauern stießen, die gerade eine Pause machten. Sosso-Stalin zu den Bauern:

"Weshalb esst Ihr dieses minderwertige Brot? Ihr pflügt und sät und bringt ganz allein die Ernte ein. Ihr solltet eigentlich viel besser leben!"

"Ja", erwiderte einer der Bauern, "wir bringen ganz allein die Ernte ein, aber der Polizeiinspektor muss seinen Anteil haben, auch der Priester. Du siehst also, da bleibt für unsereinen wenig übrig."[4]

Dies bringt eine Diskussion in Gang, in deren Verlauf der junge Stalin den Bauern Schritt für Schritt erklärt, weshalb sie so schlecht leben, wer sie ausbeutet, wer ihre Freunde und wer ihre Feinde sind. Es sagte dies so einfach und so interessant, dass die Bauern ihn baten, mal wieder vorbeizukommen. So Stalins georgischer Schulfreund.

G. Glurdschidse, ein anderer Jugendfreund Stalins:

"Ich begann, von Gott zu erzählen. Josef hörte mir zu, und nach einem Moment des Schweigens sagte er er zu mir:

'Weißt du - sie betrügen uns, es gibt keinen Gott ...'

Ich wunderte mich über diese Worte. So etwas hatte ich vorher nie gehört. 'Wie kannst du nur so etwas sagen, Sosso?' rief ich aus.

'Ich werde dir ein Buch zum Lesen geben. Es wird dir zeigen, dass die Welt und alle Lebewesen ganz anders sind als wir es uns vorstellen, und all dieses Gerede von Gott ist einfach Unsinn.'

Ich fragte: 'Was für ein Buch ist das denn?'

'Von Darwin, du musst es unbedingt lesen!'"[5]

---

4. Ebd.

5. Ebd., S. 9.

Wano Ketschoweli, ein weiterer Jugendfreund Stalins, der mit ihm zusammen zur kirchlichen Schule in Gori ging, erinnerte sich an Folgendes:

"Im Frühling und Sommer machten wir sonntags meist Spaziergänge in der näheren Umgebung. Unser Lieblingsort war eine kleine Lichtung an den Abhängen des Goridschari-Berges. Als wir in den höheren Klassen waren, lernten wir die georgische Literatur kennen. Aber wir hatten niemand, der sie uns erklären und der uns anleiten konnte, um unsere Gedanken in die richtige Richtung zu lenken.

Da war das Gedicht 'Kako, der Räuber' von Tschawtschawadse, das auf uns einen starken Eindruck machte. Aber auch Kasbegis Helden erweckten in unseren jungen Herzen die Liebe zum Land, und jeder von uns beiden wurde inspiriert, unserem Land zu dienen. Aber keiner von uns besaß eine klare Idee davon, welche Form dieser Dienst annehmen sollte."[6]

Sosso fängt nun an, selbst Gedichte zu schreiben. Hier die letzten Zeilen aus seinem ersten Gedicht:

"... Blühe, oh herrliches Land! Freue dich, oh Land Iweria!
Und auch Ihr, Gelehrte Georgiens, mögt dem Land Glück und Freude bringen!"[7]

Das Gedicht wird am 14. Januar 1895 in der Zeitschrift 'Iweria' veröffentlicht. Sosso ist fünfzehn.

Am 29. Oktober veröffentlicht 'Iweria' ein weiteres Gedicht: eine Huldigung auf den georgischen Nationaldichter Jeristawi:

"Wenn du die Klage des Bauern hörtest,
Kannst du mit Tränen in den Augen dein Leid dem Himmel sagen,
Denn du hast dich für das Volk geopfert."
... und es endet so:

6· Ebd., S. 9f.

7· Robert Payne, ‚Stalin · Macht und Tyrannei', München 1965, S. 34, Iweria ist der alte Name Georgiens.

"Darum hat dir, Dichter, das Volk Georgiens ein himmlisches Monument errichtet.

Alle Mühen und Leiden vergangener Zeiten werden in unseren Tagen gekrönt." [8]

Mit sechzehn schreibt er diese Zeilen:

"Jene, deren Rücken von Last und Mühe gebogen,

Jene, die noch gestern knieten und sich verbeugten, werden, sag' ich, einmal der Neid des Berges sein.

Auf den Flügeln der Hoffnung werden sie hoch über allem sein." [9]

In einem anderen Gedicht ist die Rede von dem schweren Los der georgischen Bauern. In 'Sesias Gedanken' lässt er einen Bauern so zu Wort kommen:

"Staub bin ich, am Staub hänge ich.
Ein Landmann bin ich, mein Leben ist
Ein ewiger Kampf, ein endlos Mühn,
Ein endlos Leid - bis es dahin.
Ich pflüge, säe, plage mich,
Gespannten Leibs, ob Sonn, ob Regen.
Kaum langt zum Leben, was ich ernte,
Müde und hungrig bleib ich stets.
Der Herr des Landes schindet mich,
Und noch der Käfer ist mein Freund.
Für Stadtvolk, Pope und Vaterland
Pflüg ich und säe ich in blut'gem Schweiß.
Wie lang, oh Gott, dies ewig Mühn,

8. Ebd., S. 38.

9. J. Jaroslawski, ebd., S. 12.

Dies Leben voller Leid und Plag?

Weh mir! Ich fühl's, dass der Tod

Mir unterm Rasen Ruhe bringt." [10]

Der junge Stalin hat viele weitere Gedichte geschrieben. Es sind allesamt kleine Hohelieder auf die Unterdrückten, auf die hart Arbeitenden, auf die Bauern, aber auch und besonders auf die georgische Nation. Es sind Gedichte des aufrechten Ganges, des erhobenen Hauptes, und wenn er bloß über den Mond schreibt, so kommt immer wieder diese Note hinein: sein Eintreten für die Unterdrückten, wie hier in dem Gedicht 'An den Mond':

"Wandle weiter, oh Unermüdlicher, niemals beugst du dein Haupt,

Zerstreue die frühen Wolken, groß ist die Vorsehung des Allmächtigen.

Lächle zärtlich hinab auf die Welt, die sich unter dir ausbreitet,

Sing ein Wiegenlied dem Mschinwari Berg, der am Himmel hängt,

Und wisse, dass jene, die einst von den Unterdrückern gefällt,

Sich wieder erheben werden und, von Hoffnung beschwingt,

Hoch über dem heiligen Berg schweben.

Und wie du in frühen Tagen, oh Schönheit, durch Wolken geschienen,

Lass jetzt deine Strahlen im Glanz des blauen Himmels spielen.

Ich will mein Hemd aufreißen, meine Brust dem Mond entblößen

Und mit erhobenen Armen an ihn beten, auf den,

Der sein Licht auf die Erde entströmt."

Sosselo [11]

Mit knapp siebzehn schrieb er dieses Gedicht, das W. Molotow, Stalins langjähriger Weggefährte, in seinen Erinnerungen zitiert:

10· R. Payne, ebd., S. 37.

11· Ebd., S. 36.

"Er zieht von Haus zu Haus,
Wie ein ferner, böser Geist,
Und in dem gedankenschweren Lied
Überbringt er ihnen die prophetische Wahrheit.
Viele sind entzückt
Von seiner goldenen Melodie,
Man seufzt,
Man dankt dem Sänger,
Aber dann besinnen sie sich, schwanken,
Von Angst überwältigt
Reichen sie ihm eine Tasse mit Gift –
Mit den Worten:
Trink, Verfluchter,
Hier dein unverdünntes Schicksal!
Wir wollen nicht des Himmels Wahrheit,
Eine irdische Lüge ist leichter für uns."[12]

Es ist ein Gedicht über ihn selbst und man ist versucht zu sagen: Hat er seine spätere Vergiftung vorausgeahnt? Hat er geahnt, dass man ihn, einmal zum Propheten geworden, eines Tages gewaltsam aus dem Weg räumen würde? Anfang März 1953 starb Stalin, und wir können heute mit Sicherheit sagen, dass er tatsächlich vergiftet wurde.

12· ‚Molotow Remembers. Inside Kremlin Politics', Conversations with Felix Chuev', Chicago 1993, S. 178f · Molotow erinnert sich, Kremlpolitik von innen, hiernach zitiert als ‚Molotov Remembers'.

b. Die Zeit im Priesterseminar bis zur Entlassung

Als Klassenbester an der kirchlicher Schule von Gori wird der junge Dschugaschwili von seinen Lehrern für das Tifliser Priesterseminar empfohlen und dort als Arbeiterkind aufgenommen, was recht außergewöhnlich war. Dies war auch der Wunsch seiner strenggläubigen Mutter, die aus dem einzigen Sohn einen Priester machen wollte, aber vielleicht auch, um ihm das harte Schicksal seines Vaters zu ersparen.

Für den jungen Stalin bedeutete die Aufnahme die Chance, sich weiter zu bilden, wertvolle Erfahrungen in der Hauptstadt Tiflis zu sammeln, seinen Horizont zu erweitern und nicht gezwungen zu sein, eine Lehre zu beginnen, um dann 12 Stunden am Tag in irgendeiner Fabrik oder in irgendeinem Büro in der Provinz den Rest seines Lebens zubringen zu müssen.

In der ersten Zeit im Seminar erhält Sosso noch positive Beurteilungen seitens seiner Lehrer und der Priester, was sich aber schon bald ändern sollte. Dazu wird auch beigetragen haben, dass er viel Zeit mit dem Lesen seiner 'eigenen' Bücher, die er sich in Tiflis aus einer kleinen Bibliothek entlieh, zubringen sollte, was natürlich auf Kosten seines Priester-Studiums gehen musste.

Hier Teile von Sosso-Stalins Lesestoff:

- Darwins 'Abstammung des Menschen';
- Charles Lyells, 'Altertum des Menschen';
- Ludwig Feuerbach, 'Das Wesen des Christenthums';
- Victor Hugo, 'Die Arbeiter des Meeres' und 'Dreiundneunzig';
- 'Vanity Fair' von Thackeray;
- 'Die Geschichte eines Bauern' von Erckmann-Chatrian;
- Spinozas 'Ethik';
- Buckles 'Geschichte der Zivilisation Englands';
- Mendelejews 'Chemie';
- 'Die literarische Entwicklung der Völker' von Letourneau;
- Lebensbeschreibungen von Kopernikus und Galilei;
- 'Kwali' (Die Furche), die Wochenzeitschrift der 'Messame Das-

si', der ersten marxistischen Organisation Georgiens, aber auch das Monatsblatt 'Moambeh' der Gruppe liest er. Er liest die russischen Klassiker Tolstoi, Tschechow, einiges von Saltikow-Schtschedrin, dem großen russischen Satiriker, und Gogols 'Tote Seelen'...[13]

Robert Paynes Liste ist jedoch keineswegs vollständig. Ein weiterer Studienkollege namens G. Pakaradse wusste zu berichten, dass er auch damals schon, also erst siebzehnjährig, das 'Kommunistische Manifest' von Marx las, dass er Engels 'Die Lage der arbeitenden Klassen in England' kannte, dass er auch schon einiges von Lenin in den Händen hielt, darunter 'Wer sind die Volksfreunde und wie bekämpfen sie die Sozialdemokratie?'.

Die Titel der Bücher zeigen, was den jungen Stalin interessierte, womit er sich heimlich im Seminar beschäftigte, aber auch, wie vielseitig seine Interessen waren. Er beschäftigt sich mit der Frage der Religion, mit dem Christentum, mit Fragen der Gesellschaft, wobei er sich nicht mehr nur auf die georgischen Nationaldichter beschränkt, sondern sich auch schon mit den gesellschaftlichen Zuständen in westlichen Ländern befasst, darunter besonders England und Frankreich. Er hat Interesse an Völkerkunde, ihn interessieren Fragen der Philosophie, der Ethik und schließlich auch schon der Marxismus als Befreiungsideologie.

G. Glurdjidze, ein weiterer Studienfreund Stalins am Tifliser Seminar, erzählt davon, wie er und Sosso damals heimlich während des Gottesdienstes Bücher lasen:

"Wir lasen manchmal in der Kapelle während des Gottesdienstes, wobei wir unsere Bücher unter den Bänken versteckten. Natürlich mussten wir sehr vorsichtig sein, um nicht von den Aufsehern erwischt zu werden. Bücher waren Josephs unzertrennliche Freunde, er trennte sich von ihnen noch nicht einmal beim Essen."[14]

13· R. Payne, ebd., S. 40, aus den Erinnerungen von Stalins Studienfreunden.

14· J. Jaroslawski, ebd., S. 15.

Stalin behält das Gelesene nicht nur für sich, sondern diskutiert es mit seinen georgischen Studienkollegen, bildet schon sehr früh kleine Gesprächskreise, was nicht ohne Folgen bleiben sollte:

"Um neun Uhr abends scharte sich eine Gruppe von Studenten im Esssaal um Josef Dschugaschwili, der ihnen aus Büchern vorlas, die von der Seminarleitung nicht gestattet sind. Hieraufhin folgte eine Durchsuchung der Studenten." [15]

Stalin besaß damals eine Lesekarte der Tifliser Bibliothek, von den Seminaraufsehern abschätzig als 'die billige Bibliothek' bezeichnet. Von dort lieh er sich in regelmäßigen Abständen Bücher aus. Viele dieser Bücher waren von der Seminarleitung verboten worden, und wenn jemand beim Lesen solcher verbotener Bücher erwischt wurde, erhielt er zuerst eine Verwarnung und, wenn dies keine Wirkung zeigte, eine ordentliche Strafe. Dazu Stalin in seiner Unterhaltung mit Emil Ludwig:

"Zum Beispiel die Spitzeleien im Internat: Um neun Uhr wird zum Tee geläutet; wir gehen in den Speisesaal; nach Rückkehr in unsere Zimmer stellen wir fest, dass während dieser Zeit alle unsere Schubladen durchsucht und durchwühlt worden sind ..." [16]

Aus dem Führungsbuch des theologischen Seminars erfahren wir von den Verstößen des jungen Stalin. Es heißt dort unter anderem:

"Es scheint, dass Dschugaschwili eine Karte für die billige Bibliothek besitzt und sich dort Bücher ausleiht. Heute habe ich 'Die Arbeiter des Meeres' von Victor Hugo beschlagnahmt und darin auch die erwähnte Karte gefunden. - S. Murachowski, Vize-Vorsteher." [17]

Die Strafe folgt auf den Fuß:

"In Aussicht genommene Strafe: Soll für längere Zeit in die Strafzelle gesperrt werden. Ich habe ihm schon einmal wegen eines

15- R. Payne, ebd., S. 44.

16- Ludwig-Interview, Stalin-Werke, Bd. 13, S. 101.

17- R. Payne, ebd., S. 41.

verbotenen Buches, wegen '93' von Victor Hugo, eine Verwarnung ausgesprochen." [18]

Ein paar Monate später kommt der junge Stalin erneut in die Strafzelle. Dazu heißt es in einer Eintragung im Führungsbuch des Seminars, datiert vom März 1897:

> *"Um elf Uhr abends nahm ich Josef Dschugaschwili 'Die literarische Entwicklung der Völker' von Letourneau weg, die er sich in der billigen Bibliothek ausgeliehen hatte. Die Bibliothekskarte wurde im Buch gefunden. Dschugaschwili wurde auf der Kapellentreppe beim Lesen des erwähnten Buches ertappt. Es ist nun schon das dreizehnte Mal, dass bei diesem Studenten Bücher aus der billigen Bibliothek gefunden wurden. Ich habe den Fall dem Vater Vorsteher übergeben. - Muratschowski, Vize-Vorsteher."* [19]

Wenn die Spitzel-Aufseher also sahen, dass ein Student irgendwo etwas las, gingen sie sofort hin, um sicherzustellen, dass es keine 'verbotene Literatur', sondern die 'richtige', die kirchliche war.

Der junge Stalin muss über diese Maßregelungen maßlos empört gewesen sein, was aus einer erneuten Eintragung im Führungsbuch hervorgeht:

> *"Im Verlaufe einer Untersuchung von Studenten des fünften Jahrgangs, die von Vorstandsmitgliedern vorgenommen wurde, versuchte Josef Dschugaschwili mehrmals mit diesen zu argumentieren und brachte seine Unzufriedenheit mit den wiederholten Durchsuchungen zum Ausdruck. ... Dschugaschwili benimmt sich ausgesprochen respektlos und grob gegen Vorgesetzte und weigert sich prinzipiell, sich vor einem der Lehrer (S. A. Muratschowski) zu verbeugen, worüber der Letztere wiederholt beim Vorstand Klage geführt hat. - A. Rzawenski, Vize-Vorsteher."* [20]

18- Ebd..

19- Ebd..

20- Ebd., S. 44.

Die Folge:

"Er ist zu verwarnen und fünf Stunden lang in die Strafzelle zu sperren, auf Weisung des Rektors, Vater Dimitri."[21]

Gab Stalin klein bei?

"'Sehen Sie nicht, wer vor Ihnen steht?' fragte der Rektor. Josef stand auf und rieb sich die Augen. 'Ich sehe nichts', antwortete er, 'nur einen schwarzen Fleck sehe ich vor meinen Augen'."[22]

Stalins Tage am Seminar waren gezählt.

In seinem Gespräch mit Emil Ludwig erwähnt er, dass diese Drangsalierungen entscheidend dazu beitrugen, dass er Revolutionär wurde:

"Aus Protest gegen das schändliche Regime und die jesuitischen Methoden, die im Seminar angewandt wurden, war ich bereit, Revolutionär zu werden, und ich wurde tatsächlich Revolutionär, ein Anhänger des Marxismus, dieser wahrhaft revolutionären Lehre."[23]

Wann wurde er dies genau? Stalin:

"Der revolutionären Bewegung schloss ich mich im Alter von 15 Jahren an, als ich mit den illegalen Gruppen russischer Marxisten, die damals in Transkaukasien lebten, Verbindung aufgenommen hatte. Diese Gruppen übten einen großen Einfluss auf mich aus und brachten mich auf den Geschmack an der illegalen marxistischen Literatur."[24]

Das heißt also, dass er schon im ersten Studienjahr in Tiflis Kontakt zu revolutionären Gruppen aufnahm. Josef Iremaschwili, ein Studienfreund Stalins, bestätigt dies:

21- Ebd..

22- J. Jaroslawski, ebd., S. 18.

23- Ludwig-Interview, ebd..

24- Ebd..

"Eines Abends schlüpften Koba und ich heimlich aus dem Seminar und machten uns auf den Weg zum Mtazminda-Berg, zu dem kleinen Häuschen, das an eine Felswand lehnte und einem Arbeiter der Tifliser Eisenbahn gehörte. Bald schlossen sich uns andere Seminaristen an, die unsere Anschauungen teilten. Hier lernten wir auch die sozialdemokratische Organisation der Eisenbahnarbeiter kennen."[25]

Stalin dachte später immer gerne an die Tifliser Eisenbahnarbeiter zurück und bezeichnete seine Arbeit dort als die eines 'Lehrlings der Revolution'. Natürlich konnte ein solcher Lehrling der Revolution in einem jesuitischen Seminar nicht geduldet werden. Der 'schwarze Fleck', also Vater Dimitri, der Rektor des Seminars, schlägt dann ein halbes Jahr nach dieser Auseinandersetzung mit dem aufsässigen Stalin vor, ihn aus dem Seminar zu entlassen. Jaroslawski:

"Am 27. Mai 1899 schlug dieser 'schwarze Fleck', Vater Dimitri, im Seminarrat vor, Josef Dschugaschwili als politisch unzuverlässig auszuschließen. Der Vorschlag wurde angenommen."[26]

Zwei Tage später darf Stalin seine Sachen packen. Die offizielle Begründung lautete jedoch anders: Er habe die Studiengebühren nicht bezahlt und die Prüfungen aus irgendeinem Grunde nicht wahrgenommen. Aber der Hauptgrund wird seine agitatorische Tätigkeit im Seminar gewesen sein. Stalin selbst gab später in einem Fragebogen der Partei unter der Überschrift 'Ausbildung' an:

"Aus dem theologischen Seminar wegen der Propagierung des Marxismus verwiesen."[27]

Heimlich hatte Stalin damals auch schon 'Das Kapital' von Karl Marx im Seminar gelesen. Eine handgeschriebene Kopie, oder eini-

---

25. R. Payne, ebd., S. 42, zitiert J. Iremaschwili, ‚Stalin und die Tragödie Georgiens', Berlin 1932.

26. J. Jaroslawski, ebd., S. 18.

27. Ebd..

ge Auszüge aus dem Werk, sollen im Seminar die Runde gemacht haben. Diskussionen hätten dazu stattgefunden, man habe sich, so Stalin, gegenseitig abgefragt und getestet.

Stalin leitete damals schon zwei Zirkel unter den Seminaristen, die wahrscheinlich von ihm selbst eingerichtet wurden:

> *"Genosse Stalin leitete in den Jahren 1896 und 1897 im Tifliser geistlichen Seminar zwei revolutionär-marxistische Zirkel unter den Seminaristen."*[28]

Der erste Zirkel mit acht Teilnehmern wurde 'Zirkel der Älteren', der zweite mit sieben Seminaristen 'Zirkel der Jüngeren' genannt. Stalin war zu diesem Zeitpunkt siebzehn Jahre alt.

Aber auch außerhalb des Seminars wird er aktiv:

> *"Ich denke da an das Jahr 1898, als man mir zum ersten Mal einen aus Arbeitern der Eisenbahnwerkstätten bestehenden Zirkel zuteilte."*[29]

Sogar in der Adelchanow-Fabrik, in der sein Vater als Schuhmacher gearbeitet hatte, leitet er einen Zirkel. Berija schreibt dazu:

> *"Zugleich leitete Genosse Stalin 1898 sozialdemokratische Zirkel in den Tabakfabriken von Bosardshianz und Enfiandshianz, in der Fabrik von Karapetianz, die Brückenbaumaterial herstellte, in der Schuhfabrik von Adelchanow, in der Weberei von Mirsojew, in der Öhlmühle von Tolle ..."*[30]

Diese Zirkel waren anscheinend keine Vorträge eines Referenten, sondern lockere Gespräche, wo man sich austauschte und sich gegenseitig Ratschläge gab. Stalin sah sich damals nicht nur als Lehrer, sondern auch als Schüler der Arbeiter, vor allem was die praktische Arbeit anging:

28· Lavrenti P. Berija, ‚Zur Geschichte der bolschewistischen Organisationen Transkaukasiens', Moskau 1940, S. 18, im Folgenden ‚L. Berija' abgekürzt.

29· L. Berija, ebd..

30· Ebd..

"Ich erinnere mich, wie ich in der Wohnung des Genossen Sturua in Anwesenheit von Silvester Dschibadse - er war damals ebenfalls einer meiner Lehrer - ... Unterricht in der praktischen Arbeit erhielt."[31]

Als Stalin das Seminar verlassen muss - er ist 19 -, besitzt er schon ein festgefügtes marxistisches Weltbild und vermittelt es anderen; er ist sehr belesen, ist mit den großen Werken der fortschrittlichen Literatur vertraut; er ist mit dem Leben der einfachen Leute, der Eisenbahnarbeiter, der Bauern in der Provinz vertraut, und ist bereit, von diesen Menschen zu lernen und ihr Schüler zu sein. Er wird den Zarismus abgrundtief gehasst haben, für den die griechisch-orthodoxe Kirche damals vehement eintrat, als dessen ideologische Stütze sie sich sah, von dem sie direkt materiell profitierte, für den sie ihre Zöglinge in den Internaten ausbildete.

Er sah auch schon ganz früh, dass sein Heimatland Georgien, aber auch die anderen transkaukasischen Republiken, nur Kolonien des Zarismus waren, der jede nationale Regung rigoros unterband, und dass es tiefe, unversöhnliche Klassengegensätze im Land gab, die nur durch den Klassenkampf überwunden werden konnten.

Grund genug für den jungen Stalin, Revolutionär zu werden.

31· Ebd..

2. Stalins frühe revolutionäre Tätigkeit

a. Nach der Entlassung aus dem Priesterseminar

Nach seiner Entlassung ist Stalin völlig mittellos. In der Zeit vom Juni bis Dezember 1899 schlägt er sich mit Privatstunden durch. Aber dann findet er doch eine Anstellung in Tiflis: Er wird als Rechner und Beobachter im Tifliser Observatorium eingestellt, wo ihm ein kleiner Raum zugeteilt wird. Von hier aus setzt er seine revolutionäre Tätigkeit fort.

Stalins Studienfreund Josef Iremaschwili berichtet in seinen Erinnerungen über diese Zeit. Man muss dazu sagen, dass dieser Stalin später ausgesprochen feindlich gesonnen war und nicht müde wurde, ihm in seinen Erzählungen negative Züge anzudichten. Dennoch ist auch er gezwungen, ab und an etwas Positives über den jungen Stalin zu schreiben, was immer ein Indiz dafür ist, dass es wahr ist:

> *"An sein persönliches Wohlergehen dachte er am allerwenigsten. Er stellte keine Anforderungen, die er für unvereinbar mit den sozialistischen Prinzipien hielt. Er war ehrlich genug, für seine Idee persönliche Opfer zu bringen."*[32]

Dass Stalin bei seinen ehemaligen Studienkollegen sehr beliebt und sehr geachtet war, ergibt sich auch aus folgender Bemerkung Iremaschwilis:

> *"Obwohl er sich beim Verlassen des Seminars nicht mit allen Seminaristen gut gestanden hatte, veranstalteten diese von Zeit zu Zeit eine Sammlung, um ihm in den dringendsten Notfällen zu helfen."*[33]

32· Leo Trotzky, ‚Stalin · ein Bild seines Lebens', Verlag Rote Weissbücher 1953, S. 81, J. Iremaschwili zitierend, hiernach zitiert als ‚L. Trotzky'.

33· Ebd..

Auch der französische Schriftsteller Henri Barbusse schreibt, dass der junge Stalin damals nach seiner Entlassung völlig mittellos war und für seine Tätigkeit am Observatorium kaum das Lebensnotwendige erhalten haben dürfte:

"Er war ohne einen Pfennig. Der Genosse Ninua und einige andere gaben ihm etwas zu essen, als er sich 1900 in Tiflis aufhielt, wo er jeden Abend in den acht Zirkeln, die er anleitete, diskutierte."[34]

b. Transkaukasien um die Jahrhundertwende

Jaroslawski vermittelt uns ein paar Hintergrundinformationen über das Georgien um die Jahrhundertwende, aber auch über die anderen beiden transkaukasischen Republiken Armenien und Aserbaidschan, als der junge Stalin dort seine revolutionäre Tätigkeit aufnimmt. Er schreibt in 'Landmarks in the Life of Stalin' (Stationen im Leben Stalins), dass Transkaukasien damals 'nichts anderes als eine zaristische Kolonie' gewesen sei. Diese Kolonie habe sich aber zu der Zeit in einem radikalen Umbruch befunden. Er verweist auf Lenins Werk 'Die Entwicklung des Kapitalismus in Russland', der dort feststellt, dass der Kaukasus damals kolonisiert wurde, und zwar in dem Sinne, dass das einheimische Handwerk und die aufkeimende Industrie von den aus Moskau importierten Waren ruiniert wurde - kolonisiert aber auch in dem Sinne, weil im Norden des Kaukasus die reichen kosakischen und russischen Siedler anfingen, sich dort breitzumachen.

Der sich entwickelnde russische Kapitalismus zog den Kaukasus in das internationale System der Warenzirkulation hinein, womit das uralte lokale patriarchalische Selbstversorgungssystem vernichtet und ein Markt für russische Erzeugnisse geschaffen wurde. Die städtische Bevölkerung des Kaukasus sei zwischen 1863 und 1897 von 350.000 auf 900.000 Menschen angestiegen.[35]

34· Henri Barbusse, ‚Staline · un monde nouveau vu à travers un homme', Éditeur Flammarion, 1935, S. 28, Stalin · eine neue Welt, im Folgenden ‚H. Barbusse' abgekürzt.

35· vgl. J. Jaroslawski, ebd., S. 19f.

Lenin schreibt in seinem zwischen 1896 und 1899 entstandenen Werk, wie das alte einheimische kaukasische Gewerbe verdrängt wurde, weil es der internationalen Konkurrenz, vor allem aber der europäischen und russischen nicht mehr gewachsen war:

"In Verfall geriet die alte Waffenschmiedekunst unter der Konkurrenz der eingeführten Tulaer und belgischen Erzeugnisse, in Verfall geriet die gewerbliche Eisengewinnung unter der Konkurrenz der eingeführten russischen Erzeugnisse, die Verarbeitung von Kupfer, Gold und Silber. ... All diese Dinge wurden in den russischen Fabriken, die ihre Erzeugnisse in den Kaukasus schickten, billiger hergestellt. ... In Verfall geriet das Mützenmachergewerbe, da die asiatischen Trachten durch europäische Kleidung verdrängt wurden, in Verfall geriet die Herstellung von Weinschläuchen und Krügen für den einheimischen Wein, der jetzt erstmals in den Handel kam. ..."[36]

Der Kaukasus, der lange Zeit nur ein dünn besiedeltes Gebiet war, auch ein Gebiet der Bergbewohner, die kaum Kontakt zur Außenwelt besaßen, wird um die Jahrhundertwende radikal in die Weltwirtschaft einbezogen und zu einem 'Land der Erdölindustriellen' (Lenin), aber auch zu einem der Weinhändler und Tabakproduzenten.

Lenin erkannte in dieser Entwicklung das Bewegungsgesetz des Kapitalismus, der nur bestehen kann, wenn er sich ständig ausdehnt und entwickelt und dabei über Leichen geht.

Dies führt im Kaukasus dazu, dass sich das ausländische Kapital schon bald dort breitmacht, weil vor allem die Erdölindustrie in Aserbaidschan einen ungeheuren Kapitalbedarf hat, was dazu führt, dass diese kaukasische Republik praktisch 'von oben' entwickelt wird (Stalin) - durch die Anstrengungen von Nobel, Rothschild, Wischau und anderen steinreichen europäischen Oligarchen. Rothschild wird schon bald zum größten Oligarchen im Kaukasus, dem vom Zaren

36· W. I. Lenin, ‚Die Entwicklung des Kapitalismus in Russland', Lenin-Werke, Band 3, Berlin 1956, S. 614.

die Erdölfelder konzessioniert werden und der dann Zehntausende Erdölarbeiter einstellt, die 12 bis 14 Stunden am Tag für ihn zu arbeiten hatten, die keine Gewerkschaften kannten, keinen Arbeitsschutz, kurz: die völlig rechtlos waren.

Der Gegensatz zwischen Stadt und Land entwickelt sich in gleichem Maße. Während Baku, die Hauptstadt Aserbaidschans, schon bald zu einem großen Industriezentrum der Ölindustrie wird, herrschen auf dem Lande noch die rückständigsten mittelalterlichen sozialen Verhältnisse. Sie seien damals durchweg 'patriarchalisch-feudalistisch' gewesen, wie sich Stalin einmal ausdrückte.

Die zahlreichen Nationalitäten, die den Kaukasus bevölkern, die Osseten, die Abchasen, die Armenier, die Georgier, die Aserbaidschaner usw. stöhnten gleich unter einem mehrfachen Joch: unter der brutalen Ausbeutung des sich schnell entwickelnden russischen Kapitalismus, aber auch unter der nationalen Unterdrückung durch das großrussische zaristische, halbfeudale und militaristische Regime in Moskau. Jaroslawski über das Ausmaß der nationalen Unterdrückung der Kaukasusvölker:

> *"Sie nahm solche Ausmaße an, dass Schulkindern, die sich in ihrer Muttersprache unterhielten, ein Schild um den Hals gebunden wurde, auf dem ein Hund mit einer lang heraushängenden Zunge zu sehen war."*[37]

Die Arbeiter und die einfachen Bauern litten dann auch noch unter der Klassenherrschaft im eigenen Land, unter der Herrschaft der sich entwickelnden einheimischen Bourgeoisie und der der reichen Land- und Gutsbesitzer. Aber unter der Oberfläche dieser dreifachen Unterdrückung brodelt es schon gewaltig, und das Klassenbewusstsein beginnt sich besonders in der Arbeiterschaft rasch zu entwickeln, die alle Lasten dieser mehrfachen Unterdrückung zu tragen hat - und das auch in Tiflis, wo die Klassengegensätze nicht ganz so extrem ausgeprägt sind wie in den Industriestädten Baku

37. J. Jaroslawski, ebd., S.20.

oder Batum. Und hier, im Zentrum Transkaukasiens entwickelt sich um diese Zeit die erste marxistische Organisation, die 'Messame Dassi' (die 'Dritte Gruppe', gegründet im Jahre 1893), deren radikaler Flügel später zur Keimzelle der revolutionären Sozialdemokratie in Georgien werden sollte und sich..

"... 1904 unter der Führung des Genossen Stalin als Leninsche bolschewistische Organisation konstituierte."[38]

c. Die Entstehung der bolschewistischen Organisationen in Transkaukasien

Wie entstand jene erste marxistische Organisation in Georgien, die sich 'Messame Dassi' nannte? Lavrenti Berija, der wie Stalin auch Georgier war, schreibt in seinem Buch zur Geschichte der bolschewistischen Organisationen in Transkaukasien, dass die ersten Samen des Marxismus in der ersten Hälfte der neunziger Jahre des 19. Jahrhunderts von russischen Sozialdemokraten in Georgien ausgestreut wurden. Zahlreiche Anhänger Lenins und Plechanows waren von der zaristischen Polizei wegen ihrer revolutionären Tätigkeit in Russland nach Transkaukasien verbannt worden, wo sie aber ihre revolutionäre Arbeit fortsetzten und darin gingen, auch dort eine revolutionär marxistische Organisation wie in Russland aufzubauen.

Ein zweiter Samen wurde von den Georgiern selbst gesät:

Es war der gemäßigte Marxist Noah Jordania, der sich längere Zeit im Ausland aufgehalten hatte und dann später zusammen mit seinem Freund Karlo Tscheidse und anderen die erste marxistische Gruppe in Tiflis gründete. Diese Organisation brachte marxistisches Gedankengut nach Georgien und verbreitete es in den Zeitungen und Zeitschriften der Gruppe, die damals legal erscheinen konnten und nicht als staatsgefährdend angesehen wurden.

Dies hatte seinen Grund:

Jordanias Gruppe lehnte den revolutionären Marxismus ab. Er

38· L. Berija, ebd., S. 16.

war der Meinung, dass sich der Kapitalismus erst einmal in Georgien entwickeln müsse, dass er fortschrittlich sei und dass die Arbeiterschaft ein Bündnis mit der liberalen Bourgeoisie eingehen müsse, was praktisch auf die Unterordnung der Arbeiterklasse unter die Bourgeoisie hinauslief. Diese Arbeiterklasse dürfe keinen Klassenkampf führen und schon gar nicht für eine proletarische Revolution eintreten. Dies sei auch gar nicht erforderlich, weil ja der Kapitalismus unter der Führung der Bourgeoisie erst einmal in Georgien ordentlich Fuß fassen müsse.

Die Folge: Die Gruppe betrieb keinerlei Agitation unter den Arbeitern, rief nicht zu Streiks oder Demonstrationen auf. Man beschränkte sich auf die Zirkeltätigkeit. Hinzukam noch eine Art von Kulturarbeit unter den Arbeitern und die Verbreitung von marxistischer Literatur. Damit konnten die zaristischen Behörden in Georgien gut leben. Also blieb die Messame Dassi unbehelligt und legal, auch wenn man sie hin und wieder beobachtet haben wird.

Dies blieb aber nicht lange so, denn schon bald bildete sich innerhalb der Gruppe ein revolutionärer Flügel heraus, zu dem auch der damals erst achtzehn- oder neunzehnjährige Stalin gehörte.

Die ersten Meinungsverschiedenheiten innerhalb der Messame Dassi seien, so Berija in seiner Studie, in der Frage der illegalen Presse aufgetreten. Der revolutionäre Flügel, der sich zunächst in der Minderheit befand, zu dem Leute wie A. Zulukidse oder der später in der Haft erschossene Lado Kezchoweli gehörten, trat dafür ein, in Georgien eine illegale Druckerei und eine illegale Zeitung zu schaffen, um mit ihrer Hilfe politische Agitation unter den Arbeitern zu betreiben, sie zu Streiks aufzurufen oder auf der Straße gegen die zaristische Selbstherrschaft und den Kapitalismus zu protestieren.

Man war also der Auffassung, dass bloße Zirkeltätigkeit allein nicht genüge und dass die Zeit gekommen sei, darüber hinauszugehen: zum offenen Kampf gegen die zaristische Selbstherrschaft.

Diese Minderheit von echten Revolutionären, zu der Zulukidse, Kezchoweli und der junge Stalin (Koba genannt) gehörten, wird nun zur bolschewistischen Keimzelle der revolutionären Arbeiterbewegung in Transkaukasien, die sich eng an Lenins Kurs in der damaligen russischen Sozialdemokratie anlehnt, an den Kurs der leninschen 'Iskra'.

d. Stalins erste Verhaftung und Verbannung

Für die Entwicklung dieser Keimzelle spielten zwei Dinge damals eine entscheidende Rolle:

Im Jahre 1900, als es schon Lenins und Plechanows Sozialdemokratische Arbeiterpartei, auch Sozialdemokratische Arbeiterpartei Russlands (SDAPR) genannt, gab - sie war 1898 in Minsk gegründet worden - wurden auch schon die ersten Mitglieder der neuen Partei verhaftet und dann in weit entfernt gelegene Verbannungsorte geschickt, wozu auch der Kaukasus gehörte. Hier durften sie sich relativ frei bewegen.

Einer von ihnen war Viktor Kurnatowski, ein Vertrauter Lenins, der sich dann um jene Keimzelle der revolutionären Sozialdemokratie kümmern sollte. Er wird schon bald ein enger Freund des jungen Stalin, sodass dieser über Kurnatowski schon einen ersten Kontakt zu Lenin bekommt.

Der zweite Faktor war die erfolgreiche Zirkelarbeit Stalins unter den Tifliser Arbeitern. Ein Arbeiter namens Georgi Ninua, der einen der Kurse Stalins besucht hatte, erzählte später, wie er Stalins ('Kobas') Arbeit erlebt hatte:

"Genosse Stalin leitete unseren Kurs mehr als zwei Jahre lang. Unabhängig davon, um was es ging, unterteilte er das Thema immer in Unterthemen. Er besaß ein überragendes Wissen über die Geschichte der Arbeiterbewegung im Westen und die revolutionäre sozialdemokratische Theorie, und seine Vorträge fesselten sofort die Aufmerksamkeit der Arbeiter. Stalin zitierte oft Stellen aus Romanen und wissenschaftlichen Werken. Immer führte er Beispiele an. Wenn er zu uns sprach, hatte er ein Notizbuch vor sich oder einfach

ein Blatt Papier mit seinen Notizen. Es war offensichtlich, dass er jeden Vortrag sorgfältig vorbereitet hatte.

Meistens trafen wir uns abends nach Sonnenuntergang, und an Sonntagen zogen wir oft in Gruppen von fünf bis zehn Leuten aufs Land, wo wir dann unsere Diskussionen ohne Zeitdruck fortführten.

Die Vorträge des Genossen Stalin waren eigentlich eher so eine Art Gespräch. In der Regel ging er erst dann zu einem neuen Thema über, wenn er sicher war, dass wir das erste auch richtig verstanden hatten. Wenn wir auf seine Fragen antworteten, zitierten wir oft aus unserem Leben als Arbeiter, berichteten darüber, was wir in der Fabrik erlebt hatten und wie wir von der Betriebsleitung, den Aufsehern oder den Vorarbeitern ausgenutzt wurden. Wann immer wir dies taten, zeigte Genosse Stalin ein besonders großes Interesse und zog dann daraus seine Schlussfolgerungen. ...

Genosse Stalin war unser Lehrer, aber er betonte immer wieder, dass er auch ein Schüler der Arbeiter sei."[39]

1898 kam es in Tiflis zu den ersten Streiks. Die Ersten, die in den Streik traten, waren die Tifliser Eisenbahner. Sie wurden von einer Gruppe revolutionärer Sozialdemokraten geleitet, unter ihnen der schon erwähnte Lado Kezchoveli. Auch in der Lederfabrik, in der Stalins Vater Wissarion lange Zeit gearbeitet hatte, kam es zu einem Streik. Es gab eine geheime Druckerei, die von Kezchoveli geschaffen worden war, in der die Flugblätter für diese Streiks gedruckt wurden.

Beria berichtet in seiner Abhandlung über die Entstehung der bolschewistischen Organisationen im Kaukasus auch über die erste revolutionäre Maifeier in Tiflis, die im Jahr 1900 stattfand:

"Im Jahre 1900 feierten unter Führung des Genossen Stalin 400 bis 500 Tifliser Arbeiter den 1. Mai (...). Sie versammelten sich außerhalb der Stadt in der Gegend des Salzsees mit Portraits von Marx und Engels und mit Transparenten mit revolutionären Losungen."[40]

39· J. Jaroslawski, ebd., S. 24.

40· L. Berija, ebd., S. 19.

Am Schluss dieser Biografie wird von Stalins letzter öffentlicher Rede, der Parteitagsrede vom Oktober 1952 die Rede sein. Nun möchte ich auch seine erste, seine Jungfernrede nicht unerwähnt lassen, die er auf dieser Kundgebung des Ersten Mai vor Hunderten von Tifliser Arbeitern hielt. Beria schreibt, dass Stalin die Arbeiter zum Kampf gegen den Zaren und den Kapitalismus aufrief. Es sei eine zündende Rede gewesen. Stalin ist zu diesem Zeitpunkt zwanzig Jahre alt.

Schon wenig später, im August desselben Jahres, kommt es erneut zu Streiks in den Tifliser Betrieben. Betroffen sind wieder die Eisenbahnwerkstätten und das Lokomotivdepot. Etwa 4.000 Arbeiter beteiligen sich. Mit von der Partie ist auch schon der spätere Präsident des Obersten Sowjets der Sowjetunion und ihr höchster Repräsentant, Michail I. Kalinin.

Ein Jahr später organisieren die Tifliser Arbeiter zum ersten Mal eine Straßendemonstration zum 1. Mai. Viktor Kurnatovski leistet die organisatorische Vorarbeit. Er kann jedoch an dieser kämpferischen Maidemonstration nicht mehr teilnehmen, weil man ihn am 4. April verhaftet. Er verbringt zwei Jahre im Tifliser Miltärgefängnis und wird anschließlend nach Sibirien (Irkutsk) verbannt.

In derselben Nacht findet im geophysikalischen Observatorium in Tiflis, dort wo Stalin seine Bleibe hat, eine Hausdurchsuchung statt. Stalin hat Glück. Er ist nicht zu Hause. Sein Zimmernachbar Berdsenischwili, den die Polizei antrifft, erzählte später, was sich zugetragen hatte:

"Sie stürmten in den Raum und fragten, wer ich sei und wer noch hier wohnen würde. Dann fingen sie mit ihrer Hausdurchsuchung an. Zuerst durchwühlten sie meinen Raum, dann beendeten sie ihre Aktion und beschlagnahmten einige marxistische Broschüren, setzten ein Protokoll auf und reichten es mir hin zum Unterschreiben. Dann gingen sie in den Raum des Genossen Stalin. Sie stellten dort alles auf den Kopf, steckten ihre Nase in jede kleine Ecke, schüttelten das Bettzeug aus, aber fanden nichts.

Genosse Stalin hatte die Angewohnheit, jedes Buch, das er gelesen hatte, sofort zurückzugeben und bewahrte es nie zu Hause auf. Was illegale Broschüren anging, so versteckten wir sie unter einem Ziegelhaufen am Ufer der Kura. Genosse Stalin war in dieser Beziehung sehr vorsichtig. Als sie diese zweite Durchsuchung beendet hatten, setzten sie wieder ein Protokoll auf und zogen mit leeren Händen davon."[41]

Am nächsten Tag erlässt die Gendarmarie-Verwaltung folgende Verfügung:

"Der erwähnte Josef Dschugaschwili ist zur Verantwortung zu ziehen und als Angeklagter zu verhören in der von mir im Sinne der Bestimmungen über den Schutz des Staates geführten Untersuchung, um festzustellen, in welchem Grade die Personen, die den sozialdemokratischen Intellektuellenzirkel in der Stadt Tiflis bilden, politisch unzuverlässig sind."[42]

Nach dieser Hausdurchsuchung geht Stalin in die Illegalität. Ins Observatorium kehrt er nicht mehr zurück.

Schon einige Tage später, am 5. Mai, findet in Tiflis erneut eine Demonstration statt. Ungefähr 2.000 Arbeiter aus den Tifliser Werken beteiligen sich.

Inzwischen war Lenins revolutionäre Zeitung 'Iskra' gegründet worden. Sie war im Dezember 1900 zum ersten Mal erschienen. Dort war über diese Arbeiterdemonstration zu lesen:

"Das Ereignis vom Sonntag ist historisch denkwürdig für den gesamten Kaukasus. Von diesem Tag an schreiben wir den Beginn der offenen revolutionären Bewegung im Kaukasus."[43]

Im gleichen Jahr gründet man auch das Tifliser Komitee der

---

41. J. Jaroslawski, ebd., S. 27.

42. L. Berija, ebd., S. 20. Er zitiert aus dem Archiv der Tifliser Zweigstelle des ehemaligen Marx-Engels-Lenin-Instituts.

43. L. Berija, ebd., S. 21, die ‚Iskra' vom 6. Juni 1901 zitierend.

Sozialdemokratischen Arbeiterpartei Russlands, der SDAPR. Es orientiert sich an der leninschen 'Iskra'. Das Komitee war demokratisch gewählt worden, und zwar durch eine Konferenz der sozialdemokratischen Zirkel von Tiflis, die von Stalin aufgebaut worden waren. Stalin wird in das Komitee gewählt. Die Tifliser Polizei erfährt schon bald davon. Sie hatte gleich mehrere Agenten in die Konferenz geschickt. Sie macht dazu folgende Notiz:

"Nach Mitteilung unserer Agenten wurde Dschugaschwili im Herbst 1901 in das Tifliser Komitee der Sozialdemokratischen Arbeiterpartei Russlands gewählt. Er nahm an zwei Sitzungen dieses Komitees teil und wurde Ende 1901 zur Propaganda nach Batum entsandt."[44]

Bei bestimmten Historikern, die auch vor Erfindungen nicht zurückschrecken, wenn es um Stalin geht, hört sich diese 'Versetzung' so an:

"Unmut in den eigenen Reihen äußerte sich gegen ihn. Ihm wurde vorgeworfen, sich mehr mit Führungsintrigen in den eigenen Reihen als dem Kampf gegen die zaristische Obrigkeit zu widmen. Als Ergebnis dieser Auseinandersetzungen schloss ihn Ende des Jahres ein provisorisches Parteigericht aus der lokalen Tifliser Organisation aus. Der Wanderer in Sachen Revolution packte seine Sachen und ging in das nahe Batum, das weit kleiner war, aber mehr soziale Brennpunkte aufwies als die georgische Metropole."[45]

Kellmann gibt keine Belege für seine Behauptungen an. Selbst der Stalin feindlich gesonnene Historiker Isaac Deutscher ist wenigstens so fair, einen Polizeibericht zu zitieren, aus dem auch hervorgeht, dass Stalin nach Batum geschickt wurde, um dort revolutionäre Arbeit zu leisten. Deutscher zitiert den Polizeibericht der Batumer Gendamerie:

44- Ebd..

45- Klaus Kellmann, ‚Stalin - eine Biografie', Kiel 2005, S. 16.

"Im Herbst 1901 schickte das sozialdemokratische Komitee von Tiflis eines seiner Mitglieder namens Joseph Wissarionowitsch Dschugaschwili, ehemals Schüler der sechsten Klasse des theologischen Seminars in Tiflis, nach Batum, um dort unter der Arbeiterschaft die revolutionäre Propaganda zu organisieren." [46]

Liest man den Batumer Polizeibericht noch etwas weiter, dann erfährt man auch, von welcher Art die Arbeit Stalins dort war, denn es heißt gleich im Anschluss daran:

"Infolge der Tätigkeit des Dschugaschwili bildeten sich in allen Fabriken Batums sozialdemokratische Organisationen. Die Folgen dieser Propaganda waren bereits im Jahre 1902 nur zu deutlich zu erkennen, als bei der Firma Rothschild ein lange anhaltender Streik ausbrach, der Straßendemonstrationen zur Folge hatte." [47]

Von einer 'Strafversetzung' nach Batum durch irgendein ominöses 'provisorisches Parteigericht', wie Kellmann schreibt, kann also keine Rede sein. Auch die 'Führungsintrigen' sind nur der Fantasie des Geschichtsfälschers Kellmann entsprungen.

In Batum hielt sich Stalin, so Deutscher, nur viereinhalb Monate auf. Er habe in dieser kurzen Zeit dort eine 'schlagkräftige Geheimorganisation' aufgebaut.

Aber was war das genau für eine 'Geheimorganisation'? Schon einmal hatte man einen Genossen vom Tifliser SDAPR-Komitee nach Batum geschickt, wo es um die Jahrhundertwende zehn große Industriebetriebe gab, darunter die von Rothschild, Nobel oder Mantaschow, darunter auch zwei Textilfabriken, eine Eisengießerei, ein Mineralwasserbetrieb sowie mehrere Erdölpunpstationen. In diesen Werken waren über 10.000 Arbeiter beschäftigt. Der Arbeitstag, so Berija in seiner Studie, habe dort bis zu 14 Stunden be-

---

46· I. Deutscher, ‚Stalin · eine politische Biografie, ebd. S. 75.

47· Ebd., aus: Zentralarchiv Georgiens, Meldung des Stellvertreters der Kutaiser Gendarmerieverwaltung für das Batumer Gebiet, Nr. 1011, auch bei: L. Berija, ebd., S. 27 mit ähnlichem Wortlaut.

tragen - Überstunden nicht mitgezählt. Pro Tag hätten die Arbeiter nur 60 Kopeken und einen Rubel pro Tag erhalten.[48]

Dieser abgeordnete Genosse bat dann um die Unterstützung durch die legalen Marxisten der Messame Dassi, die dort unter den Arbeitern Kulturarbeit leisteten. Aber ihm wurde gesagt, dass Batum viel zu klein sei, um dort einen illegalen sozialdemokratischen Zirkel zu gründen. Er würde sofort auffallen. Der Genosse kehrte enttäuscht wieder nach Tiflis zurück. Dann schickte man Stalin-Koba. Das war Ende November 1901.

Dieser kümmerte sich herzlich wenig um die legalen 'Marxisten' in Batum, um Karlo Tscheidse und seine Reformsozialisten, trat direkt mit den Arbeitern in einigen Betrieben in Verbindung und gründete dort schon bald seine Zirkel. Zwei Monate später, am 31. Dezember, findet eine Konferenz von Zirkelvertretern statt, auf der man die erste Batumer sozialdemokratische Organisation aus der Taufe hebt. Es bildet sich eine leitende Gruppe, zu der auch der junge Stalin gehört, die sich an der leninschen 'Iskra' orientiert.

Im neuen Jahr 1902 geht man noch einen Schritt weiter. Es wird eine kleine illegale Druckerei gegründet. Man bringt sie in Stalins Batumer Wohnung unter. Später installiert er noch zwei weitere bei einem abchasischen Bauern, dem ein Haus gehört. Er heißt Chaschim Smyrba. Dieser Mann kann weder lesen noch schreiben, aber er erklärt sich bereit, die Flugblätter, die Stalin in seiner Wohnung gedruckt hat, in Körben mit Früchten zu verbergen, um sie dann auf dem Markt unter die Leute zu bringen.

Noch im gleichen Monat organisiert Stalins Gruppe einen Streik in den Mantaschow-Werken. Die Werksverwaltung sieht sich gezwungen, entlassene Arbeiter wieder einzustellen. Aber es bleibt nicht bei dieser Aktion: Zwei Monate später, am 12. März, bricht ein Streik in den Rothschild-Werken aus, der sich gegen die Entlassung von fast 400 Arbeitern wendet, die im Verdacht stehen, der revolutionären

48. vgl. L. Berija, ebd., S. 22.

Bewegung anzugehören. Stalin steht an der Spitze des Streikkomitees und verfasst die Proklamation, die er dann selbst in seiner Wohnung vervielfältigt. Als der Streik andauert, schickt man den russischen Militärgouverneur von Kutais nach Batum, um den Streik gewaltsam zu beenden. Am 21. März werden 32 streikende Arbeiter verhaftet.

Als Antwort auf die Verhaftung organisiert Stalin noch am gleichen Tag eine Protestkundgebung. Es kommt zu Massenverhaftungen. Einen Tag darauf demonstrieren Arbeiter aus den verschiedensten Batumer Betrieben gegen die Maßnahme. Man marschiert mit roten Fahnen und unter revolutionären Gesängen zu den Sammelgefängnissen und verlangt lautstark die Freilassung der Inhaftierten. Dann fallen Schüsse. 15 Arbeiter werden getötet, 54 verwundet, 500 Teilnehmer werden verhaftet und aus Batum herausgebracht.

Es ist das erste georgische Massaker an Arbeitern. Die Betriebsleitung der Rothschild-Werke hatte die Polizei aus Batum und das Militär aus Kutais herbeigerufen, das dann brutal gegen die Demonstranten vorging, die sich geweigert hatten, auseinanderzugehen und die Soldaten mit einem Steinhagel eindeckten.

Als die Opfer beigesetzt werden, kommt es erneut zu einer großen Kundgebung. Auch dieses Mal ist Stalin an führender Stelle beteiligt.

Am 18. April, als die Batumer Parteigruppe tagt, wird Stalin zusammen mit mehreren Arbeitern aus der Sitzung heraus verhaftet und in das Batumer Gefängnis gebracht. Es ist seine erste Verhaftung. Es sollte nicht die letzte sein.

Stalin sitzt bis zum 2. Mai ein. Dann bringt man ihn in das Gefängnis von Kutais. Ein Jahr später, im November 1903, kommt er wieder ins Batumer Gefängnis zurück, aber nicht, um dort den Rest seiner Strafe abzusitzen, sondern um für drei Jahre nach Sibirien verbannt zu werden. Gegen solche Entscheidungen waren damals keinerlei Rechtsmittel möglich. Man schickte ihn, ähnlich wie den Genossen Viktor Kurnatowski, in das Gourvernement Irkutsk. In dem kleinen Dorf Nowaja Uda wird er unter Polizeiaufsicht gestellt.

Irkutsk liegt am Baikal-See in Ostsibirien, etwa 200 km nördlich zur Grenze der Mongolei. In der Zeit dieses ersten Exils entsteht auch der erste direkte Kontakt zu Lenin:

"Zum ersten Mal lernte ich Lenin im Jahre 1903 kennen. Allerdings war es keine persönliche und unmittelbare Bekanntschaft, sondern sie erfolgte auf schriftlichem Wege. Aber sie hinterließ in mir einen unauslöschlichen Eindruck, der mich während der ganzen Zeit meiner Arbeit in der Partei nicht verließ.

Ich war damals in Sibirien in der Verbannung. Die Bekanntschaft mit Lenins revolutionärer Tätigkeit seit Ende der neunziger Jahre, besonders nach 1901, nach der Herausgabe der 'Iskra', hatte mich zu der Überzeugung gebracht, dass wir in Lenin einen außergewöhnlichen Menschen besitzen. Er war damals in meinen Augen nicht ein einfacher Führer der Partei, sondern ihr tatsächlicher Schöpfer, denn er allein verstand das innere Wesen und die dringenden Bedürfnisse unserer Partei.

Wenn ich ihn mit den übrigen Führern unserer Partei verglich, schien es mir immer, dass Lenin seine Kampfgefährten - Plechanow, Martow, Axelrod u. a. - um einen ganzen Kopf überragt, dass Lenin im Vergleich zu ihnen nicht einfach nur einer der Führer, sondern ein Führer von höherem Typ ist, ein Bergadler, der keine Furcht im Kampf kennt und kühn die Partei vorwärts führt auf den unerforschten Wegen der russischen revolutionären Bewegung.

Dieser Eindruck war mir so tief in die Seele gedrungen, dass ich das Bedürfnis empfand, einen nahen Freund, der damals in der Emigration lebte, darüber zu schreiben und ihm um seine Meinung zu bitten. Nach einiger Zeit, als ich schon in Sibirien in der Verbannung war - es war Ende 1903 -, erhielt ich von meinem Freund eine begeisterte Antwort und einen schlichten, aber sehr inhaltsreichen Brief von Lenin, den mein Freund, wie sich herausstellte, mit dem Inhalt meines Schreibens bekannt gemacht hatte.

Lenins Brief war verhältnismäßig kurz, aber er gab eine kühne, furchtlose Kritik der Praxis unserer Partei und eine ausgezeichnet klare und gedrängte Darlegung des ganzen Plans der Parteiarbeit für die nächste Periode.

Nur Lenin verstand, über die verwickeltsten Dinge so einfach und klar, so gedrängt und kühn zu schreiben, dass jeder Satz nicht nur sprach, sondern wie ein Schuss traf. Dieser schlichte und kühne Brief festigte in mir noch mehr die Überzeugung, dass wir in Lenin den Bergadler unserer Partei besitzen.

Ich kann mir nicht verzeihen, dass ich diesen Brief Lenins, wie auch viele andere Briefe nach Art und Gewohnheit eines alten illegalen Parteiarbeiters verbrannt habe.

Zu diesem Zeitpunkt begann meine Bekanntschaft mit Lenin."[49]

Die erste persönliche Begegnung zwischen Lenin und Stalin erfolgte aber erst zwei Jahre später im Dezember 1905 auf der Konferenz der Bolschewiki in Tammersfors/Finnland. Auch diese Begegnung hat Stalin später ausführlich beschrieben. Wir kommen noch darauf zurück.

Später hat ein Künstler Stalin an seinem Verbannungsort nachträglich porträtiert. Er zeigt ihn, wie er Filzstiefel trägt, einen Wintermantel und eine Pelzmütze, die völlig mit Schnee bedeckt ist, wie er auf einem hohen Felsen steht und seinen Blick sehnsüchtig in die Ferne schweifen lässt - dort, wo die Männer und Frauen lebten, mit denen zusammen er in Georgien gekämpft hatte.

Im Frühjahr 1904 flieht er aus der Verbannung. Dazu Isaac Deutscher in seiner Stalin-Biografie:

"Am 5. Januar begann Koba seine Rückreise nach dem Westen ..."[50]

Stalin 'reiste zurück' - aus einer gefährlichen Flucht bei eisiger Kälte im Januar wird eine Rückreise! Immerhin ist Deutscher dann wieder so fair zuzugeben, dass diese Reise nicht so ganz ungefährlich war, wenn er von dieser 'Reise' schreibt:

49. Stalin-Werke Bd. 6, Berlin 1952, ‚Über Lenin', Rede Stalins auf dem Gedenkabend der Kremlkursanten am 28. Januar 1924 kurz nach Lenins Tod.

50. I. Deutscher, ebd., S. 89.

"... quer durch die schneeverwehten Ebenen, in denen heute das große Industriezentrum von Kusnezk liegt, damals eine öde, leblose Wildnis. Ein Kleinbauer brachte ihn auf einem Schlitten nach Westen, dem Ural zu. Er litt an Erfrierungen, aber er brachte es fertig, Ende Januar oder Anfang Februar wieder im Kaukasus aufzutauchen."[51]

Woher er diese Erzählung hat, verrät er uns nicht, was übrigens viele Stalin-Biografen nicht tun. Hier sei eine kleine Anmerkung zur Arbeitsweise dieser Schreiberlinge erlaubt:

Sie schrecken nicht vor Erfindungen zurück, wenn es darum geht, Stalin in ein ungünstiges Licht zu rücken, ihm irgendwelche seltsamen Dinge unterzuschieben oder um ihn glattweg zu verleumden. Um sich einen 'wissenschaftlichen' Anstrich zu geben, zitieren sie die 'Quellen' gleichgesinnter Historiker-Kollegen mit einem ähnlichen 'Mindset', die sie oft ungefragt übernehmen, wenn diese auch Stalin-Gegner sind, die aber selbst oft nur reine Erfindungen oder bloßes Hörensagen darstellen. Ein Meister dieser 'wissenschaftlichen' Methode ist der oft im Westen zitierte Autor Simon Sebaq Montefiore, der 'Stalin - am Hof des roten Zaren' schrieb (Frankfurt/Main 2007). Er hat hierbei wohl alle Rekorde gebrochen. Ein in Anführungszeichen stehendes, frei erfundenes 'Originalzitat', das auf 'historischen Quellen basierend' hingestellt wird, wird ohne Weiteres als 'wissenschaftliche Quelle' bezeichnet und dann oft von anderen Biografien-Schreibern, die sich aus solchen 'Quellen' informieren, wenn sie ihre Stalin-Biografien schreiben, übernommen, die damit dann hausieren gehen, um Stalin als Person anzuschwärzen, ihn moralisch fertig zu machen oder um seine revolutionäre Arbeit in jeder Weise herabzusetzen. Auch die schon erwähnte Stalin-Biografie des schon zitierten promovierten Pseudo-Historikers Klaus Kellmann, der auch für die Schleswig-Holsteinische Landeszentrale für politische Bildung gearbeitet hat, ist voll gespickt mit solchen fragwürdigen Sekundärquellen.

51· Ebd., S. 89f.

Die Entfernung von Irkutsk nach Batum beträgt immerhin fast 4.900 km Luftlinie. Diese Strecke galt es, im Januar bei Temperaturen von bis zu 30 Grad unter null, die dort im Winter an der Tagesordnung sind, zu bewältigen, was für einen jungen Mann, der bisher nur das milde südländische Klima Georgiens kannte, wohl nicht ganz so leicht war, ohne dadurch gesundheitliche Schäden davonzutragen.

Aber ein gutmütiger Kleinbauer, so Isaac Deutscher in seiner Stali-Biografie, fuhr Stalin auf dem Schlitten den ganzen Weg zurück, zumindest bis zum Ural und von dort aus war es dann nur noch einen Katzensprung nach Transkaukasien, um dort wohlbehalten und ausgeruht anzukommen. Vielleicht benutzte Stalin auch die transsibirische Eisenbahn, die damals übrigens schon im Bau war, übernachtete im Schlafwagenabteil und ließ sich von freundlichen Zugbegleiterinnen mit Speise und Trank verwöhnen.

Natalia Kirtadse, eine Zeitzeugin, hat Stalins Rückkehr damals in ihren Erinnerungen so beschrieben:

"Eines Nachts zu Beginn des Jahres 1904 klopfte es an meiner Tür.
Es war schon nach Mitternacht.
'Wer ist dort?', fragte ich. 'Wer bist du?'
'Ich bin's Sosso.'
Es war so unglaublich, dass ich erstmal die Tür nicht aufgemacht habe und verlangte die Parole.
'Lang lebe tausendmal!'
Ich fragte ihn, wie er nach Batum gekommen war.
'Ich bin geflohen', antwortete Sosso.
Kurz danach ging er nach Tiflis, von wo aus er uns mehrere Male geschrieben hat. Genosse Stalin hat damals die Aktivitäten des Kaukasischen Bundeskomitees geleitet."[52]

52· J. Jaroslawski, ebd., S. 34.

e. Transkaukasien am Vorabend der Russischen Revolution von 1905-07

Als Stalin wieder zurück ist, stürzt er sich sofort wieder in die politische Arbeit. In Tiflis übernimmt er die Führung der bolschewistischen Organisationen des Kaukasus. In seiner Abwesenheit hatte man ihn in das kaukasische Bundeskomitee gewählt, in dem die 'Mehrheitler', die Bolschewiki, in der Überzahl sind. Die SDAPR hatte sich auf ihrem Zweiten Parteitag in London 1903 in einen gemäßigten und einen revolutionären Flügel gespalten.[53]

Die Wahl in seiner Abwesenheit zeigt, wie groß sein Ansehen unter den revolutionären kaukasischen Sozialdemokraten damals schon war. Im Auftrag dieses Komitees trifft Stalin im November 1904 in Baku ein, der Hauptstadt von Aserbaidschan, dem Zentrum der Ölindustrie Russlands, wo Tausende Arbeiter beschäftigt sind.

Nur einen Monat später treten die Bakuer Erdölarbeiter in den Streik. Er dauert vom 13. bis zum 31. Dezember.

Dieser Streik, den Stalin mithalf zu organisieren, bringt einen vollen Erfolg für die Arbeiter: Sie erhalten den ersten Kollektivvertrag in der Geschichte der Arbeiterbewegung Russlands. Aber er ist auch der Auftakt für eine neue Streikwelle in ganz Transkaukasien, auch angefacht durch die Petersburger Ereignisse vom 9. Januar 1905, als der Zar in eine friedlich demonstrierende Menge schießen ließ. Dazu Berija in seiner Geschichte der bolschewistischen Organisationen Transkaukasiens:

"Politische Streiks und Aufstände erfassten ganz Transkauskasien. In Tiflis fand am 31. Januar (18. Januar nach dem neuen Kalender) ein Generalstreik des Tifliser Proletariats statt, der eine ganze Periode allgemeiner Streiks und Aufstände in Batum, Tschiatury, Kutais, Samtredi und anderen Städten einleitete. ... Unter der Leitung der bolschewistischen Organisationen verwandelten

53- Menschewiki-Bolschewiki, nach russ. menschinstwo - Minderheit und bolschinstwo - Mehrheit.

sich die Streiks und Ausstände gewöhnlich in bewaffnete Demonstrationen und Zusammenstöße mit Polizei und Militär."[54]

Der bewaffnete Massenkampf ereignet sich im Kaukasus noch bevor er in Zentralrussland und in den großen Städten beginnt.

Von ausschlaggebender Bedeutung für die Entwicklung dieser Massenbewegung ist die Schaffung einer bolschewistischen Presse. Berija zählt die Zeitungen auf, die allein in Tiflis damals erschienen und die die Arbeiter gegen das alte Regime mobilisierten. Es sind insgesamt sieben Zeitungen, die Namen tragen wie 'Kaukasisches Arbeiterblatt', 'Die neue Zeit', 'Neues Leben' oder 'Der Kampf des Proletariats'. In Baku sind es sogar acht. Sie erscheinen sogar in mehreren Sprachen, um wirklich alle Arbeiter zu erreichen. Sie sind durchweg bolschewistisch und revolutionär ausgerichtet und führen einen konsequenten Kampf gegen die menschewistischen Reformsozialisten, die der Bewegung distanziert bis ablehnend gegenüberstehen und sie bremsen wollen.

Gedruckt werden diese Kampfblätter in geheimen Druckereien. Es ist erneut Stalins guter Genosse Lado Kezchoweli, der die erst illegale Druckerei in Baku auf die Beine stellt, und dann deswegen schon bald verhaftet werden sollte. Am 30. August 1902 wird Lado feige in seiner Zelle erschossen.

Die wohl bedeutendste Druckerei ist die geheime Druckerei von Awlabar, die auf Stalins Initiative hin geschaffen wird. In dieser Druckerei werden unzählige Aufrufe, Aufsätze, Flugblätter, Broschüren usw. gedruckt, die Titel tragen wie 'Nieder mit dem Krieg', 'An die Arbeiter', 'An die neuen Rekruten', 'Brüder Soldaten!' usw.

Man druckt Lenins neueste Aufsätze nach und verbreitet sie, man informiert über die Parteitage der SDAPR, druckt und verbreitet Resolutionen, informiert über die Auseinandersetzungen mit den Menschewiki, den Anarchisten, den sog. Volksfreunden, man druckt Stalins Broschüren, Reden, Aufrufe, informiert über die Lage

---

54· Ebd., S. 48.

in den Betrieben, auf den Ölfeldern, aber auch über die Lage der Kleinbauern und Landarbeiter, man verbreitet revolutionäre Lieder, man macht Werbung für den Sozialismus und vieles mehr. Es würde zu weit führen, all die Titel aufzuführen, die die Awlabar-Druckerei damals herausgebracht hat.

Lange Zeit gelang es der Polizei nicht, diese Druckerei zu entdecken, aber dann war es doch eines Tages so weit:

Am 15. April 1906 wird sie schließlich entdeckt. Jaroslawski bringt in seinem Buch über Stalin einen Auszug aus der zaristischen Presse über die Entdeckung der Druckerei, was als 'großer Sieg' gefeiert wird. Er stammt vom 16. April und wird in der Zeitung 'Kawkas' (Kaukasus) veröffentlicht:

"Geheime Druckerei.

Am Samstag, den 15. April wurde im Hinterhof eines nicht bewohnten, freistehenden Hauses, das D. Rostomaschwili aus Avlabar gehört, etwa 150 bis 200 Schritt vom städtischen Krankenhaus für ansteckende Krankheiten entfernt, ein Brunnen entdeckt, der ungefähr 25m tief ist, in dem man mit Hilfe eines Seils und einer Seilrolle hinabstieg. In einer Tiefe von 16 Metern befand sich ein Gang, der zu einem weiteren Brunnen führte, wo eine elf Meter hohe Leiter gefunden wurde, mit deren Hilfe man Zugang zu einem Gewölbe bekommt, das unterhalb des Hauskellers liegt.

In diesem Kellergewölbe wurde eine voll ausgerüstete Druckerei entdeckt mit 20 Setzkästen in russischer, georgischer und armenischer Sprache, mit einer Handpresse, die zwischen 1.500 und 2.000 Rubel wert ist, verschiedene Säuren, Sprenggelatine und andere Utensilien für die Herstellung von Bomben, eine große Anzahl illegaler Literatur, die Siegel verschiedener Regimenter und Regierungsbehörden sowie eine Höllenmaschine mit 15 Pfund Dynamit.

Die Einrichtung wurde beleuchtet durch Acetylen-Lampen und besaß ein elektrisches Signalsystem. In einem Schuppen auf dem Hinterhof des Hauses wurden drei richtige Bomben, Bombengehäuse und ähnliches Material entdeckt.

24 Personen sind bei der Zusammenkunft in den Redaktionsräumen der Zeitung 'Elwa' (Der Blitz) verhaftet worden. Ihnen wird vorgeworfen, in die Affäre verwickelt zu sein. Bei der Durchsuchung der Büroräume wurde eine große Menge an illegaler Literatur und Flugblättern entdeckt sowie etwa 20 Vordrucke für die Herstellung von Pässen. Die Redaktionsstuben sind versiegelt worden. Da elektrische Kabel gefunden wurden, die von der Druckerei aus in verschiedene Richtungen ausgelegt waren, werden jetzt weitere Ausgrabungen vorgenommen in der Hoffnung, weitere unterirdische Räume zu finden. Die Einrichtung, die man entdeckt hat, wurde auf fünf Karren weggeschafft.

Am gleichen Abend wurden noch drei weitere Personen in Verbindung mit dieser Sache festgenommen. Auf dem Weg zum Gefängnis sangen die Festgenommenen die Marseillaise.'[55]

f. Der russisch-japanische Krieg und die transkaukasischen Bolschewiki

Im Januar 1904 begann der russisch-japanische Krieg. Das kaukasische Bundeskomitee unterstützte die leninsche Orientierung auf die 'Niederlage' der zaristischen Regierung und rief die Arbeiter und Bauern dazu auf, die militärischen Probleme des Zaren auszunutzen und für seinen revolutionären Sturz einzutreten. Stalin unterstützte diesen Kurs. In einer Erklärung des Tifliser Komitees des Kaukasischen Bundes der SDAPR, die er verfasste, heißt es dazu:

"Wie oft man uns auch 'unpatriotisch' nennen und als 'innere Feinde' bezeichnen mag, die Selbstherrschaft und ihre Handlanger sollten nicht vergessen, dass die Sozialdemokratische Arbeiterpartei Russlands 99 Prozent der Bevölkerung Russlands vertritt, durch deren Schweiß und Blut das fiskalische Besitztum, alle Reichtümer des Staates, die Kultur, die Zivilisation, die Wissenschaft und Literatur geschaffen worden sind!

55. J. Jaroslawski, ebd., S. 38f.

Ihre Brüder werden in den sicheren Tod gejagt, um das Blut der Söhne des japanischen Brudervolkes zu vergießen! Russland, wie die ganze Welt, ist unser Land, ihr aber seid unsere Feinde, seid Blutsäufer, Lakaien der Selbstherrschaft, ihre Stützen und Fürsprecher!

Der werktätige Japaner oder der Werktätige eines anderen Stammes, einer anderen Nation ist unser Bruder, der wie wir unter dem Joch der Arbeit stöhnt!

Doch wird die Zeit kommen, und sie ist nicht mehr fern - die Morgenröte hat längst schon ihr strahlendes Antlitz vor uns entschleiert - da auf dem gesamten Erdball das erwachte Proletariat voranschreiten und die Kampfdevise seiner Lehre 'Proletarier aller Länder, vereinigt euch!' drohend erklingen lassen, das moderne bürgerliche System stürzen und auf seinen Trümmern die sozialistische Ordnung errichten wird, unter der es kein Völkergemetzel, keinen Krieg, keinen Militarismus und keinen Polizeipatriotismus mehr geben wird!

Wachen auch wir auf, Genossen, wachen wir auf und handeln wir! Es ist keine Zeit zu verlieren!'[56]

Schon damals traten die kaukasischen Revolutionäre dafür ein, nicht auf den Schwindel der Vaterlandsverteidigung hereinzufallen, dem später so viele deutsche Sozialdemokraten zum Opfer fallen sollten, als sie auf die Position der Vaterlandsverteidigung übergingen, den Kriegskrediten im Juli 1914 im Reichstag zustimmten, womit sie auch dem folgenden Völkergemetzel ihre Zustimmung gaben.

Die kaukasischen Revolutionäre dagegen riefen die Soldaten dazu auf, stattdessen den Volkskampf gegen den Zarismus zu unterstützen, sie forderten dazu auf, ihre Waffen gegen den Zaren und die Gutsbesitzer zu richten, statt gegen ihre proletarischen japanischen Brüder. In einer anderen Proklamation von Stalin ('Brüder im Soldatenrock') heißt es:

56· L. Berija, ebd., S. 42f, Proklamation des Tifliser Komitees des Kaukasischen Bundes der SDAPR.

"Ihr seid doch auch Arbeiter, seid nur zeitweilig in den Soldatenrock gesteckt worden. Wisset also, Brüder, dass, wenn wir uns befreien, auch ihr frei sein werdet!"[57]

Das Zarenregime erlitt eine Niederlage im russisch-japanischen Krieg, der von Japan ohne vorherige Kriegserklärung am 26. Januar 1904 mit seinem Angriff auf das russische Geschwader, das in Port Arthur auf Reede lag, begonnen worden war. Japan war kräftig von England, aber auch von den USA unterstützt und ermutigt worden. Russland, das auf den Krieg gar nicht vorbereitet war, hatte kurz vorher noch Japan weitreichende Zugeständnisse gemacht, hatte Japans Interessen in Korea und in der Mandschurei anerkannt. Der Krieg und die sich abzeichnende russische Niederlage führten zu einem gewaltigen Anwachsen der oppositionellen Bewegung in ganz Russland und trugen mit zum Ausbruch der Russischen Revolution ein Jahr später bei, die am 9. Januar 1905 in St. Petersburg beginnen sollte.

57· Ebd., S. 44.

3. Stalin und die Russische Revolution von 1905/07

a. Der Ausbruch der Revolution/ Stalins erste Proklamationen

Die Russische Revolution von 1905/07 beginnt am Morgen des 9. Januar 1905 in Petersburg. Es ist ein Sonntag, der später als 'Blutsonntag' in die Geschichte Russlands eingehen sollte.

Der Priester Baltasar Gapon führt eine riesige Menschenmenge zum Sitz des Zaren, dem Winterpalais in St. Petersburg, der damaligen Hauptstadt des Zarenreiches, um ihm eine Petition zu übergeben. Die ärmlich gekleideten Demonstranten führen zahlreiche Kirchenikonen und Zarenbilder mit sich. Alles, was sie verlangen, ist Brot und Gerechtigkeit. Die Demonstration - eigentlich eher eine Prozession - verläuft völlig friedlich und in religiösem Sinne.

Dann plötzlich eröffnet zaristisches Militär, aber auch die zaristische Polizei das Feuer auf die Menge! Es war schon zusammen gezogen und in Stellung gebracht worden, bevor die Demonstration begann. Über eintausend Menschen, darunter zahllose einfache Arbeiter, Männer und Frauen, Alte und Junge, werden direkt vor dem Winterpalais des Zaren hingemeuchelt. Dieses entsetzliche, hinterhältige und feige Massaker wird nun zum Auftakt für eine nie vorher gekannte Protest- und Streikwelle im ganzen Russischen Reich.

Nur einen Tag später treten die Arbeiter in St. Petersburg und in Moskau in den Generalstreik. Auch in Kiew, Charkow, Tiflis, Batum, Brjansk und anderswo gehen die Menschen auf die Straße, um gegen das Verbrechen des Zaren zu protestieren. Selbst in Polen - damals Teil des Russischen Reiches - kommt es zu Generalstreiks, darunter in Warschau. Und auch im Baltikum sieht es nicht anders aus. Teilweise organisiert man sogar den bewaffneten Kampf gegen das zaristische Militär. Es werden Barrikaden errichtet und es kommt zu Straßenkämpfen. Selbst in den verschlafendsten russischen Dörfern, in denen in jeder Bauernstube ein Zarenbild hängt, aber auch viele Ikonen, regt sich jetzt der Widerstand. Man fordert die Abschaffung der verhassten Leibeigenschaft und geht gewaltsam gegen die Anwesen von großen Land- und Gutsbesitzern vor.

Als ob Stalin diese Ereignisse erahnt hätte, schreibt er zwei Tage vor dem Blutsonntag einen Aufruf an die Arbeiter des Kaukasus, der überschrieben ist mit:

"Arbeiter des Kaukasus! Es ist Zeit, Rache zu nehmen!"

Die Proklamation wird in der illegalen Awlabarer Druckerei des Kaukasischen Bundes der SDAPR gedruckt und am Samstag, den 8. Januar veröffentlicht - genau einen Tag vor den Petersburger Ereignissen.

Stalin bezeichnet darin Russland als 'geladenes Gewehr mit gespanntem Hahn, das bei der kleinsten Erschütterung losgehen kann'. Die Zeit sei nicht mehr fern, wo die russische Revolution 'die Segel hissen und den schändlichen Thron des verabscheuungswürdigen Zaren vom Antlitz der Erde wegfegen' werde. Die Revolution sei 'unabwendbar' wie der Sonnenaufgang unabwendbar ist.

Er fordert das Ende der zaristischen Selbstherrschaft, die Einberufung einer konstituierenden Versammlung auf der Grundlage des allgemeinen, freien, gleichen, direkten und geheimen Wahlrechts sowie eine demokratische Republik, um, wie er sich ausdrückt, 'ins gelobte Land', in 'das Land der sozialistischen Welt' einzutreten.[58] Zwei Tage später ist die Revolution da! Lenin:

> *"Die revolutionäre Erziehung des Proletariats hat an dem einen Tag einen so großen Schritt vorwärts gemacht, wie sie ihn in Monaten und Jahren des grauen, verschüchterten Alltagslebens nicht hätte machen können!"*[59]

58· Stalin-Werke, Bd. 1, Berlin 1951, S. 68f.

59· W. I. Lenin, ‚Der Beginn der Revolution in Russland', in: Lenin-Werke, Bd. 7, S. 79, zitiert nach: Große Sowjetenzyklopädie, Bd. 1, 2. Auflage, Berlin 1952, S. 614.

In St. Petersburg entstehen im Mai die ersten Sowjets, die ersten Arbeiterräte. Von hier aus sollten sie später ihren Siegeszug antreten.

Wie reagiert das zaristische Regime auf die revolutionäre Bewegung, die sich nun überall in Russland wie ein Lauffeuer verbreitet? In typischer Manier setzt es massiv Polizei und Militär ein und provoziert bewaffnete Auseinandersetzungen oder veranstaltet Pogrome zur Ablenkung durch ihre berüchtigte Geheimpolizei, die Ochrana. Im Kaukasus, wo sich die verschiedensten Nationalitäten schon immer blutige Auseinandersetzungen geliefert haben, stachelt sie den Nationalitätenkonflikt an, hetzt die eine Nationalität gegen die andere auf, sät noch mehr nationale Zwietracht - frei nach der Devise 'teile und herrsche', was immer gut in Russland funktioniert hat.

Stalin schreibt daraufhin im Februar einen weiteren Aufruf: 'Es lebe die internationale Brüderlichkeit!'. Darin heißt es unter anderem:

"Um ihren Thron zu festigen, hat die Zarenregierung nun ein 'neues' Mittel ausgeheckt. Sie sät Feindschaft unter den Nationalitäten Russlands, sie hetzt sie gegeneinander, sie bemüht sich, die gemeinsame Bewegung des Proletariats in einzelne kleine Bewegungen zu zerschlagen und sie gegeneinander zu lenken, sie veranstaltet Pogrome gegen Juden, Armenier usw. ... 'Teile und herrsche' - das ist die Losung der Zarenregierung. ... Mit dem Blut und dem Leben der Bürger will sie ihren verächtlichen Thron festigen."[60]

Aber so sehr sich dieses wankende Regime auch bemüht, in Tiflis die vier Nationalitäten, die Georgier, die Russen, die Armenier und die Tataren gegeneinander aufzuhetzen, so sehr sie sich auch bemüht, die Tataren erneut für Pogrome gegen die Armenier zu instrumentalisieren - dieses Mal bleibt der Erfolg aus:

In Tiflis demonstrieren am 13. Februar 1905 achttausend Menschen gegen die Zarenregierung, die vorher noch die Kosaken herbeigerufen hatte, um die Kundgebung zu sprengen. An der Wank-Kathedrale schwört man sich gegenseitige Unterstützung im

60· Stalin-Werke, Bd. 1, Berlin 1951, S. 71, ‚Es lebe die internationale Brüderlichkeit!'.

'Kampf gegen den Teufel, der Zwietracht sät'. Rote Banner zieren die Demonstration. Es werden Reden gehalten mit dem Aufruf, sich endlich zu vereinigen und zum Aufstand zu schreiten.

Zwei Tage später schreibt Stalin dazu seine Proklamation 'An die Bürger, es lebe das rote Banner!' Er warnt davor, dass die Zarenregierung erneut zu dem Mittel des Pogroms Zuflucht nehmen könnte. Das einzige Mittel, diese Pogrome, die eine Spezialität des Zarismus sind, aus der Welt zu schaffen, sei die Vernichtung der zaristischen Selbstherrschaft. Aber erst mit der Beseitigung des Kapitalismus, mit der Beseitigung der sozialen Ungleichheit werde auch jede nationale Zwietracht endgültig beseitigt werden:

"Der Triumph des Sozialismus - das ist es, wonach Ihr zu guter Letzt streben müsst! Wer aber wird die schändlichen Zustände des Zarismus vom Antlitz der Erde wegfegen, wer wird euch von den Pogromen erlösen? Das Proletariat, geführt von der Sozialdemokratie. Wer aber wird die kapitalistischen Zustände zunichte machen, wer wird die internationale Solidarität auf der Erde aufrichten? Gleichfalls das Proletariat, geführt von der gleichen Sozialdemokratie."[61]

Stalin war also mitten drin in dieser Bewegung, nahm an ihr regen Anteil, schrieb unablässig Aufrufe, rief dazu auf, sich nicht spalten zu lassen, rief die Soldaten dazu auf, zu den Arbeitern überzugehen, rief zum Aufstand auf, rief dazu auf, eine Demokratische Republik zu schaffen, um von dieser Position aus den Sozialismus zu errichten und vieles mehr.

Wie sieht es Leo Trotzki, der nach seiner Verbannung aus der Sowjetunion nicht müde wurde, gegen Stalin zu hetzen und ihn zu verleumden? Er schreibt in seiner Stalin-Biografie über die Tätigkeit Stalins in dieser ersten Phase der Russischen Revolution von 1905 folgenden bemerkenswerten Satz:

61- Ebd., S. 76, ‚An die Bürger, es lebe das rote Banner!.

"Man kann sich unmöglich des Eindrucks erwehren, dass sich Stalin nur deshalb über die Revolution ausschweigt, weil er eben nichts darüber zu sagen hat."[62]

Und wie viele 'Historiker' haben einfach nur von Trotzki, diesem Geschichtsfälscher, abgeschrieben, haben das, was er über Stalin in böswilliger Absicht verbreitete, geglaubt, ohne es je nachgeprüft zu haben!

b. Der weitere Verlauf der Russischen Revolution bis zum Dezemberaufstand

Ein erster Höhepunkt der Revolution ist der Erste Mai 1905. Die Textilarbeiter von Iwanowo (etwa 200 km nordöstlich von Moskau) treten in den Streik. Der erste Sowjet der Arbeiterdeputierten wird gebildet. Er wird, zusammen mit Lenins Partei zur Anführerin der Bewegung. Man ruft eine Arbeitermiliz ins Leben. Damit waren schon in Keimform die drei wichtigsten Machtorgane der Revolution entstanden, die später zu den Stützpfeilern der sowjetischen Staatsordnung werden sollten: Sowjets, Kommunistische Partei, Rote Armee.

Die Woge der Revolution erfasst nun auch das Militär, allen voran die Flotte des Zaren. Unter den Matrosen entstehen die ersten sozialdemokratischen Organisationen, besonders aber auf den Kriegsschiffen im Schwarzen Meer. Im Juni kommt es zum Aufstand auf dem Panzerkreuzer Potjomkin. Das Schiff geht in Odessa vor Anker, wo die Arbeiter in den Generalstreik getreten sind. Die Regierung zieht dort sofort einen Verband von Kriegsschiffen zusammen, um den Aufstand im Keim zu ersticken. Statt die aufständischen Matrosen des Panzerkreuzers zu entwaffnen und zu verhaften, solidarisieren sich die Matrosen des Geschwaders jedoch mit den Aufständischen und verbrüdern sich mit ihnen! Die Potjomkin bleibt unversehrt mitsamt der Besatzung. Die Hauptstütze des Zarenregimes beginnt zu wanken.

62· L. Trotzky, ebd., S. 100.

Lenin begrüßt den Aufstand auf dem damals größten Schiff der zaristischen Flotte mit diesen Worten:

"Der erste Schritt ist getan. Der Rubikon ist überschritten. Der Übergang der Armee auf die Seite der Revolution hat sich ganz Russland und der Welt eingeprägt."[63]

Die Streikwelle breitet sich im Verlauf des Jahres immer weiter aus. In den indusriellen Hauptzentren Russlands wird gestreikt, und da immer wieder Miitär und Polizei gegen die Streikenden eingesetzt wird, gehen diese Streiks häufig in offene Straßenkämpfe über. Es entstehen bürgerkriegsähnliche Zustände in Russland.

Im Oktober treten die Eisenbahn-Arbeiter in den Streik, aber auch die Angestellten der größten Eisenbahnlinien. In den kommunalen Betrieben wird die Arbeit niedergelegt, die städtischen Verkehrsmittel werden ebenfalls bestreikt. Die E-Werke stellen ihre Arbeit ein. Das wirtschaftiche Leben kommt zum Erliegen. Sogar die Ärzte, Ingenieure und kleinen Beamten beteiligen sich. Auch die Bauernschaft steht nicht abseits und schließt sich dem allgemeinen Aufstand an. Es entsteht eine Agrarbewegung gegen die Leibeigenschaft, gegen die großen Anwesen der Gutsbesitzer, deren Enteignung gefordert wird. In einigen Provinzen wird der Belagerungszustand ausgerufen. Im Oktober gibt es einen landesweiten Generalstreik, der auch die Provinz nicht verschont. Lenin:

"Die Revolution schreitet mit einer erstaunlichen Geschwindigkeit voran, ...atemberaubende Szenen eines der größten Bürgerkriege ... sehen wir vor uns."[64]

Das Beispiel von Iwanowo macht Schule: Auch in St. Petersburg, auch in Moskau, auch in Odessa, in Baku, Kiew, Rostow am Don, in Jekaterinburg oder Noworossisk entstehen Arbeiterräte. Aber viele dieser Sowjets, darunter viele Streikkomitees, werden nicht von kon-

63· W. I. Lenin, in: Lenin-Werke, Bd. 7, Wien/Berlin 1929, S. 516, zitiert nach der Großen Sowjetischen Enzyklopädie, Bd. 1, 1952, S. 616.

64· Ebd., S. 618, nach: Lenin-Werke, Bd. 8, Wien/Berlin, S. 446.

sequenten Bolschewiki, sondern von schwankenden, unentschlossenen und kompromissbereiten Menschewiki geführt. Als dann am 17. Oktober das 'Manifest des Zaren' verkündet wird, in dem er heuchlerisch die Versammlungsfreiheit und andere Bürgerrechte verkündet und die Einberufung einer 'Reichsduma' in Aussicht stellt, sind die Menschewiki die ersten, die dazu aufrufen, den revolutionären Aufstand so schnell wie möglich zu beenden. Sie schließen sich mit den sog. Sozialrevolutionären zusammen, die die reiche Bauernschaft, die Kulaken, vertreten, aber auch mit den Liberalen, die sich im gleichen Monat als 'Kadetten-Partei' konstituieren. Sie verschicken eifrig Telegramme mit der Aufforderung, jetzt, wo man 'am Ziel' sei, die Streiks zu beenden. Dies verschafft dem Zaren die nötige Atempause, um seine Kräfte wieder zu sammeln, um dann später die Revolution zusammen mit der liberalen Bourgeoisie zu beenden.

Einen Tag nach dem 'liberalen' Zarenmanifest wird in Moskau Nikolai Baumann, der Führer der Moskauer Bolschewiki, von faschistischen Schwarzhundertern erschossen. Diese berüchtigte schwarze Schlägertruppe des Zaren wird jetzt verstärkt mobilisiert, um Arbeiterversammlungen zu sprengen, Arbeiter zu ermorden und überall im Lande Judenpogrome zu organisieren. Die Arbeiter reagieren darauf mit der Gründung von Arbeiterwehren.

Die Lage eskaliert noch einmal im Dezember. Am 5. Dezember nimmt der Moskauer Sowjet den Antrag der Bolschewiki an, zwei Tage in den politischen Generalstreik zu treten und ihn anschließend in den bewaffneten Aufstand übergehen zu lassen. Der Sowjet tritt an die Stelle der Regierungsbehörden, setzt die Preise für Lebensmittel fest, ordnet an, welche Betriebe wieder arbeiten dürfen, welche nicht, verbietet Zeitungen des Bürgertums, das nach dem Zarenmanifest auf die Positionen der Zarenregierung übergegangen ist und zu ihrem Verbündeten wird.

Am 8. Dezember kommt es in Moskau zu bewaffneten Auseinandersetzungen mit Regierungstruppen, die den Ausnahmezustand über die Stadt verhängen. In den Straßen von Moskau werden Barrikaden errichtet. Aber auch in St. Petersburg gibt es einen Aufstand, auch Georgien erhebt sich, auch Baku - dort, wo Stalin politisch tätig ist.

Zar Nikolaus II geht mit unvorstellbarer Härte und Brutalität gegen die Aufständischen vor:

"Durch Repressalien von ungewöhnlicher Grausamkeit, durch Massenhinrichtungen ohne Gerichtsverfahren, durch Vernichtung ganzer Stadtviertel und Dörfer wurden die einzelnen Aufstandsbewegungen niedergeworfen."[65]

Überall im Land wird der Dezember-Aufstand blutig niedergeschlagen. Die Konterrevolution nutzt die Gunst der Stunde und beruft die erste Reichsduma ein, die aufgrund eines völlig undemokratischen Klassenwahlrechts zustandekommt. Das neue Wahlrecht sieht unter anderem vor, dass nur Wahlmänner, getrennt nach Klassenzugehörigkeit, in die Duma einziehen dürfen. Die Arbeiter müssen 90.000 Stimmen zusammenbringen, um nur einen ihrer Wahlmänner in die Duma zu bekommen, bei den Bauern reichen 30.000, und die reichen Gutsbesitzer haben schon bei 2.000 Wählern ihren Abgeordneten oder 'Wahlmann' in der Duma sitzen. Später wird die Zahl der Wahlmänner für die Gutsbesitzer noch einmal erhöht. Frauen bleiben ohne Wahlrecht.

Lenins Bolschewiki rufen zum Boykott der Duma auf, die Stalin als 'Scheinparlament' bezeichnet. Aber schon im Juli des nächsten Jahres löst die zaristische Regierung die Reichsduma wieder auf. Stolypin wird zum neuen zaristischen Innenminister ernannt, ein Mann der Gutsherrn. Die Galgen, die er gegen die Aufständischen errichten lässt, erhalten den Namen 'Stolypin-Krawatten'. Dieser Erzreaktionär leitet nun eine Agrarreform ein, um die schroffen Klassengegensätze auf dem Land, wo die Mehrheit der russischen Bevölkerung lebt, abzumildern und um dem Zarenregime dort eine breitere soziale Basis durch die Schaffung einer neuen Schicht reicher Bauernpächter zu

65- Große Sowjet-Enzyklopädie, Bd. 1, 1952, ebd., S. 623.

verschaffen. Das der Dorfgemeinschaft seit Jahrhunderten gehörende Land, die alte Mir, wird an sie verteilt. Man nennt diese Bauern 'Kulaken' (Fäuste), und sie werden schon bald zu den neuen Blutsaugern auf dem Lande. Das Herrenland bleibt von den Enteignungen verschont. Diese neureiche Dorfbourgeoisie, die sich auch als Geldverleiher betätigen sollte, wird später zum wütendsten Gegner des sowjetischen Sozialismus, vor allem als die Kollektivierung einsetzt.

Die Große Sowjet-Enzyklopädie fasst die Ergebnisse der Russischen Revolution von 1905/07 so zusammen:

"Die Revolution war trotzdem nicht erfolglos. Die Zarenregierung hatte sich als der erbitterste Feind des Volkes erwiesen, das liberale Bürgertum hatte während der Revolution seine angebliche oppositionelle Haltung aufgegeben und war als der liberale Bundesgenosse der Autokratie hervorgetreten. Die Arbeiterklasse war trotz der Opfer, die sie hatte bringen müssen, aus der Revolution in sich geschlossener und politisch gereifter hervorgegangen, da sie jetzt einzig und allein die bolschewistische Partei als ihre Führung erkannte. ... Im Feuer der Revolution waren auch die ersten Keime der künftigen Sowjetmacht entstanden, die Arbeiter-, Bauern- und Soldatensowjets.

Ungewöhnlich groß war der Einfluss der ersten Russischen Revolution auf die Arbeiterbewegung in allen kapitalistischen Ländern sowie auf den nationalen Befreiungskampf in den kolonialen und halbkolonialen Gebieten. Sie markierte den Beginn eines neuen Zeitalters der Weltgeschichte, des Zeitalters der Revolutionen im Westen und Osten."[66]

c. Stalins Rolle während der Revolution

Der ukrainische Journalist Leo Bronstein, alias Trotzki, soll an dieser Stelle noch einmal zitiert werden. Trotzki über Stalins Rolle während der Russischen Revolution von 1905/07:

66· Ebd., S. 626.

"Im Grunde genommen kehrte er damit der Revolution als solcher den Rücken, so als ob sie eine persönliche Beleidigung für ihn wäre. Die Ursache für diese Verstimmung lag in seiner Unfähigkeit, ein eigenes Verhältnis zur Revolution zu finden. ... Flammende Reden hat ihn nie jemand halten hören. ... Die Gesamtsumme der revolutionären Aktivität Kobas in der Ersten Revolution scheint so niedrig, dass man sich nolens volens fragt: War das alles?"[67]

Trotzki behauptet also allen Ernstes, dass Stalin der Revolution den Rücken gekehrt habe, nichts mit ihr anfangen konnte, nie flammende Reden hielt und sich 'beleidigt' zurückgezogen habe usw. usf.

Andere Gegner der Bolschewiki wiederum behaupteten damals, dass Lenin und Stalin Anhänger des 'Blanquismus', des 'Jakobinertums' oder des 'Diktatorentums' gewesen seien. Auch Trotzki benutzte das Wort 'Jakobinertum' und meinte, dass Lenin ein Jakobiner gewesen sei[68].

Es gibt jedoch viele Zeitzeugen, die damals im Kaukasus die politischen Auseinandersetzungen mitbekamen und ihre Eindrücke zu Papier brachten. Sie dürften etwas näher an den Ereignissen gewesen sein als Trotzki, der damals für die bürgerlich-ukrainische Zeitung 'Kiewskaja Mysl' (Der Kiewer Gedanke) schrieb und daran gut verdiente[69].

Ein Zeitzeuge namens Kekelidse erinnerte sich an eine Versammlung vom Mai 1905, also während der Revolution, an der etwa 2.000 Arbeiter teilnahmen. An ihr nahmen auch Vertreter der Menschewiki, der Anarchisten und der sog. Sozialrevolutionäre teil. Kekelidse in seinen Erinnerungen:

"Im Mai wurde eine Versammlung einberufen, die sich in ein Diskussionsmeeting verwandelte, bei welchem ungefähr 2.000 Arbeiter anwesend waren. Auf dem Meeting trat Genosse Koba-Sta-

---

67· L. Trotzki, ebd., S. 102 und 151.

68· vgl. L. Berija, ebd. S. 46.

69· vgl. Nikolaus Baseches, ‚Stalin · das Schicksal eines Erfolges, Bern 1950, S. 107.

lin auf. Von den Menschewiki trat G. Lordkipanidse auf, von den Sozialrevolutionären S. Messchischwili, von den Föderalisten S. Mdiwani, von den Anarchisten K. Gogelia u. a. Das Meeting wird eröffnet. Als erster spricht Koba. Es kommt zu einer großen Debatte. ... Während alle Gegner schimpfen und toben, zerfetzt und erledigt Genosse Koba ruhig und unbeirrt alle Argumente der Gegner. Auf diese Weise trugen auch hier die Bolschewiki den Sieg davon. Die Arbeiter stellten sich einmütig hinter den Genossen Koba."[70]

Trotzki hatte Recht: Stalin hielt keine 'flammenden Reden'. Was hätte eine flammende Rede à la Trotzki damals gebracht? Hätte sie zu mehr Klarheit über die wichtigen Fragen beigetragen, dazu, wie man am sinnvollsten gegen das Zarenregime vorgehen müsse? Warum trat Stalin hier überhaupt auf, wenn er, so unser ukrainischer Journalist, der 'Revolution beleidigt den Rücken gekehrt' habe?

Stalin hatte angeblich, so Trotzki, auch kein 'eigenes Verhältnis zur Revolution'. Gehen wir dieser Frage nach.

Im Juli des Revolutionsjahres bringt die Zeitung 'Proletariatis Brdsola' (Der Kampf des Proletariats) einen Artikel Stalins, in dem er die auf dem 3. Londoner Parteitag der SDAPR im April 1905 beschlossene Marschroute, in Russland den bewaffneten Aufstand zu organisieren, unterstützt. Stalin:

"Die Flamme der Revolution greift immer stärker um sich - bald hier, bald dort lokale Aufstände hervorrufend. Drei Tage Barrikaden und Straßenkämpfe in Lodz, der Streik vieler zehntausender Arbeiter in Iwanowo-Wosnessensk samt den unvermeidlichen blutigen Zusammenstößen mit dem Militär, der Aufstand in Odessa, der Aufruhr der Schwarzmeerflotte und unter den Libauer Marinetruppen, die Tifliser 'Woche' - alles dies sind Vorboten des nahenden Gewitters."[71]

70- L. Berija, ebd., S. 47, aus den Erinnerungen von Batlome Kekelidse.

71- Stalin-Werke, Bd. 1, ebd., S. 113, ‚Der bewaffnete Aufstand und unsere Taktik'.

Stalin ruft dazu auf, nicht nur von einem bewaffneten Volksaufstand zu reden, sondern ihn auch praktisch vorzubereiten. Der Partei müsse die Aufgabe 'direkt und klar gestellt werden'[72]. Das Ziel müsse darin bestehen, die völlig Kampfbereitschaft der Arbeiter herzustellen, und von einzelnen Scharmützeln mit der Polizei oder dem Militär zu einem 'allgemeinen Volksaufstand' überzugehen, um an die Stelle der Zarenregierung eine 'provisorische revolutionäre Regierung' zu bilden[73]. Das russische Proletariat müsse die Revolution anführen, sie organisieren. Dies sei die 'unerlässliche Bedingung, um die herannahende Revolution im Interesse unseres Klassenkampfes ausnutzen zu können'[74].

Lenin war damals voll des Lobes für die transkaukasischen Bolschewiki, die von Stalin angeführt wurden:

> *"In dieser Beziehung sind uns sowohl der Kaukasus als auch Polen und die Ostseeprovinzen vorausgeeilt, d. h. gerade diejenigen Zentren, in denen sich die Bewegung von dem alten Terror am weitesten entfernt hat, in denen der Aufstand am besten vorbereitet und der Massencharakter des proletarischen Kampfes am stärksten und am deutlichsten ausgeprägt ist."*[75]

Stalin hatte also ein sehr klares Verhältnis zur Revolution, unterstützte sie enthusiastisch, führte einen entschlossenen Kampf gegen jene, die sie abwürgen wollten, darunter die Menschewiki, denen sich Trotzki damals zeitweilig angeschlossen hatte, sah ganz deutlich, dass nur ein allgemeiner, von der SDAPR geführter bewaffneter Volksaufstand in ganz Russland das Zarenregime stürzen konnte.

Wenn jemand Klarheit brachte, dann Stalin. Zwei Dinge seien besonders wichtig: Die Revolution müsse bewaffnet sein, und sie müsse Massencharakter besitzen.

72- vgl. ebd. S. 115

73- ebd., S. 118

74- ebd.

75- L. Berija, ebd., S. 49, nach: Lenin, Sämtliche Werke, Bd. 9, S. 27.

Nach dem Erscheinen des 'Zarenmanifestes' im Oktober 1905 trat Stalin in Tiflis auf. So hatte einer der Teilnehmer damals seinen Auftritt erlebt:

"In diesem Moment betrat Genosse Koba (Stalin) das Podium und sprach zu den Zuhörern:

'Ihr habt eine schlechte Angewohnheit', sagte er, 'vor der ich euch eindringlich warnen muss. Egal, wer nach vorne kommt und ganz gleich, was er sagt, ihr begrüßt ihn mit stürmischem Applaus. Wenn er sagt: 'Lang lebe die Freiheit!', dann applaudiert ihr. Wenn er sagt: 'Lang lebe die Revolution!', dann applaudiert ihr. Und das ist ja auch ganz richtig. Aber wenn dann jemand kommt und sagt: 'Nieder mit den Waffen!', dann klatscht ihr auch. Aber welche Chance hat eine erfolgreiche Revolution ohne Waffen? Und was ist das für ein Revolutionär, der ruft: 'Nieder mit den Waffen!'?

Dieser Redner ist wahrscheinlich ein Tolstoijaner, aber kein Revolutionär. Aber ganz egal, wer es ist, er ist ein Feind der Revolution, ein Feind der Freiheit des Volkes.'

Durch die Zuhörerschaft ging ein Raunen. 'Wer ist das? Wie verbittert er spricht! Er spricht wie ein Jakobiner!'

Koba machte weiter: Was brauchen wir wirklich, wenn wir siegen wollen? Wir brauchen drei Dinge, versteht das und behaltet es im Gedächtnis. Wir brauchen erst einmal Waffen, dann brauchen wir wieder Waffen und drittens brauchen wir noch einmal Waffen!'

Es gab einen großen Applaus und der Redner verließ das Podium." [76]

Stalin brachte Klarheit.

Wie richtig diese Orientierung war, wie richtig damit auch Stalins Kampf gegen die Menschewiki war, die gegen eine bewaffnete Revolution waren, zeigte sich schon bald:

Der Statthalter des Zaren im Kaukasus, ein Graf Woronzow-Daschkow, schrieb damals an Zar Nikolaus II Folgendes:

76· J. Jaroslawski, ebd., S. 51.

"Ich habe mich entschlossen, der Arbeiterpartei der reinen Sozialdemokratie, den Menschewiki, 500 Gewehre auszuhändigen, da diese Partei, unter Abweichung von ihrem Prinzip, sich erboten hat, bei der Verfolgung ihrer Parteiziele nicht von der Waffe Gebrauch zu machen."[77]

Berijas Kommentar:

"Die Menschewiki, diese Verräter der Revolution, erfüllten dienstfertig den Auftrag des Statthalters im Kaukasus und bemühten sich, die Arbeitermassen vom bewaffneten Kampf gegen die Selbstherrschaft abzuhalten."[78]

Trotzki, der der Ansicht war, dass Stalin der Revolution den Rücken gekehrt habe, war damals zeitweilig bei diesen Menschewiki, die sich als Erfüllungsgehilfen des Zaren erwiesen.

Wozu brauchten sie die 500 Gewehre, die ihnen von Woronzow-Daschkow geschenkt wurden? Zur Selbstverteidigung wohl kaum, aber gnz offensichtlich dazu, an der Seite des alten Regimes gegen die Aufständischen in den Kampf zu ziehen. Dieses Szenario sollte sich auch später, nach der siegreichen Oktoberrevolution wiederholen. Die 'gemäßigten' Sozialdemokraten waren schon damals die fünfte Kolonne in der revolutionären Arbeiterbewegung - nicht nur in Deutschland, auch in Russland.

Die Bolschewiki dagegen organisieren in Tiflis das Proletariat und rufen zum bewaffneten Kampf auf:

"Die Bevölkerung muss sich bewaffnen, muss sich in Kampfscharen zusammenschließen."[79]

In Georgien kommt es dann in verschiedenen Gebieten zum bewaffneten Kampf gegen die Zarenmacht:

---

77. L. Berija, ebd., S. 78.

78. Ebd..

79. Ebd., ‚Aufruf des Rates des Tifliser bolschewistischen Komitees vom 22. Dezember 1905.

Das Tifliser Arbeiterviertel befindet sich im Dezember 1905, als die Revolution ihren Höhepunkt erreicht, in den Händen des revolutionären Streikkomitees; in Kutais, Tschiatury, Kwirily, Sugdidi, Samtredi und an anderen Orten Georgiens erheben sich die Arbeiter und liefern sich Gefechte mit der zaristischen Soldateska. Ein Polizeichef namens Schirikin, der in Georgien eingesetzt ist, gibt in dieser Situation folgende Mitteilung an seinen Vorgesetzten in Petersburg:

> *"Das Gouvernement Kutais befindet sich in einer besonderen Lage. ... Man hat die Gendarmen entwaffnet, die Weststrecke der Eisenbahn besetzt, verkauft eigenhändig Fahrkarten und versieht die Ordnung. ... Die dortige Lage ist unhaltbar. ... Der Statthalter ist an nervöser Übermüdung erkrankt, doch ist die Lage vorläufig nicht hoffnungslos. ..."*[80]

Der Tifliser Aufstand wird niedergeschlagen, aber auch die übrigen Aufstände im Kaukasus. Anfang 1906 beginnt der revolutionäre Kampf zu versiegen, doch ziehen sich einige Milizen in die Wälder zurück und bilden Partisaneneinheiten gegen das zaristische Militär. Noch lange sollte der Kampf weitergehen, noch bis ins nächste Jahr hinein.

Stalin schätzte die Niederlage des Dezemberaufstands von 1905 so ein:

> *"Die Dezemberaktion hat bewiesen, dass wir Sozialdemokraten, abgesehen von anderen Sünden, noch eine große Sünde vor dem Proletariat begangen haben. Diese Sünde besteht darin, dass wir nicht oder zu wenig für die Bewaffnung der fortschrittlichen Elemente und für die Aufstellung roter Kampfabteilungen gesorgt haben. ... Wie klassenbewusst ihr auch sein mögt, mit bloßen Händen könnt ihr den Kugeln nicht standhalten!"*[81]

80· Ebd., S. 79, aus: Zentrale Archivverwaltung der Georgischen SSR, Fond 63, Akte 3839, Blatt 66 aus dem Jahre 1905.

81· L. Berija, ebd., S. 80, J. Stalin, georgisch: ‚Der gegenwärtige Augenblick und der Vereinigungsparteitag der Arbeiterpartei'.

Stalin führt noch eine weitere Ursache für die Niederlage auf, darunter die Abwesenheit einer einheitlichen, geschlossenen Arbeiterpartei, was es unmöglich machte, den Aufstand flächendeckend zu organisieren:

"Mit einem Wort: einheitliche Partei, von der Partei organisierter Aufstand und Offensivpolitik - das ist es, was der Sieg des Aufstandes von uns verlangt."[82]

Er zitiert in diesem Zusammenhang Karl Marx:

"... ist der Aufstand einmal begonnen, dann handle man mit der größten Entschiedenheit und ergreife die Offensive. Die Defensive ist der Tod jeder bewaffneten Erhebung."[83]

An Kühnheit und Offensivgeist habe es beim Dezemberaufstand gefehlt, was zum Rückzug der Revolution geführt habe. Aber er sieht noch einen weiteren Grund:

"Diese Ursachen reichen zur Erklärung der 'Niederlage' im Dezember nicht aus. Ihr habt vergessen, dass es im Dezember die Bauernschaft nicht vermocht hat, sich mit dem Proletariat zu vereinigen."[84]

Das Proletariat müsse die Bauernschaft, aber auch die Soldaten führen. Zieht es sich aber selbst zurück, dann zieht sich auch die Bauernschaft zurück.

Einen Monat vor dem neuen Höhepunkt der Revolution hatte sich unter Führung Stalins die Vierte Bolschewistische Konferenz des Kaukasischen Bundes der SDAPR getroffen. Man beschloss, energische Vorbereitungen für einen bewaffneten Aufstand in die Wege zu leiten. Aber die erwähnen Gründe führten dazu, dass der Aufstand nicht oder noch nicht unter den gegebenen Bedingungen erfolgreich sein konnte.

82- Ebd., S. 82.

83- Ebd., S. 81, aus: Karl Marx und Friedrich Engels, ‚Revolution und Konterrevolution in Deutschland'.

84- Ebd..

Auf einer weiteren Konferenz, auf der ebenfalls diese Fragen auf der Tagesordnung standen, treffen sich Lenin und Stalin zum ersten Mal: auf der Vierten Bolschewistischen Konferenz in Tammersfors/ Finnland.

d. Stalins erste Begegnung mit Lenin

Kurz nach Lenins Tod im Januar 1924 beschrieb Stalin seine Eindrücke von seiner ersten Begegnung mit Lenin auf einer Gedenkveranstaltung:

"Zum ersten Mal begegnete ich Lenin im Dezember 1905 auf der Konferenz der Bolschewiki in Tammersfors/Finnland.

Ich hoffte, den Bergadler unserer Partei zu erblicken, also einen großen Mann, nicht nur einen politisch großen, sondern auch, wenn Sie so wollen, physisch großen Mann, denn in meiner Fantasie erschien Lenin mir als Riese, stattlich und von hohem Wuchs. Wie groß aber war meine Enttäuschung, als ich einen ganz gewöhnlichen, kaum mittelgroßen Mann erblickte, der sich durch nichts, buchstäblich durch nichts von gewöhnlichen Sterblichen unterschied. ...

Es gilt als ausgemacht, dass ein 'großer' Mann sich gewöhnlich zu den Versammlungen verspätet, sodass die Versammlungsteilnehmer klopfenden Herzens auf sein Erscheinen warten, wobei vor dem Erscheinen des 'großen Mannes' ein Raunen durch die Reihen der Versammlungsteilnehmer geht: 'Pst ... Ruhe ... er kommt.' Diese Zeremonie erschien mir nicht überflüssig, denn sie imponiert, flößt Achtung ein. Wie groß aber war meine Enttäuschung, als ich erfuhr, dass Lenin schon vor den Delegierten zur Versammlung gekommen war und in irgendeiner Ecke schlicht und einfach ein Gespräch führte, ein ganz gewöhnliches Gespräch mit ganz gewöhnlichen Konferenzteilnehmern. Ich verhehle nicht, dass mir dies damals als eine gewisse Verletzung gewisser notwendiger Regeln erschien.

Erst später begriff ich, dass diese Schlichtheit, diese Bescheidenheit Lenins, dieses Bestreben, unbemerkt zu bleiben oder jedenfalls nicht aufzufallen und seine hohe Stellung nicht hervorzukehren -

dieser Zug einer der stärksten Seiten Lenins ist, dieses neuen Führers neuer Massen, der einfachen und gewöhnlichen Menschen der 'untersten' Schichten der Menschheit."[85]

e. Der Stockholmer Vereinigungsparteitag 1906

Ende April/Anfang Mai 1906 findet in Stockholm der Vierte Parteitag der SDAPR statt. Die Tammersforser Konferenz hatte einen Beschluss über die Notwendigkeit einer Vereinigung aller Strömungen auf der Grundlage der leninschen Organisationsprinzipien gefasst.

Stalin ist einer der Delegierten aus dem Kaukasus, der einzige bolschewistische von insgesamt elf. Die anderen sind Menschewiki. Dieser Parteitag wird im Allgemeinen als 'Vereinigungsparteitag' bezeichnet. Menschewiki und Bolschewiki beschließen die formale Vereinigung, dem Wunsch breiter Massen entsprechend, eine einheitliche Partei zu schaffen, um eine gemeinsame, geschlossene und starke Führung für das Proletariat zu schaffen, um auch in der noch nicht ganz abgeschlossenen Revolution, die erst 1907 völlig verebbt, eine solche Führung zu besitzen. Auch in Transkaukasien findet auf lokaler Ebene ein solcher Vereinigungsparteitag statt. Nur ist die Frage: Vereinigung auf welcher Grundlage? Auf der Grundlage des Reformismus, des Menschewismus oder auf der der Revolution, des Bolschewismus? Um diese Frage wird in Stockholm hart gerungen.

Stalin hält in Stockholm eine Rede unter dem Pseudonym 'Iwanowitsch'. In dieser Rede betont er, dass es darauf ankomme, die Hegemonie des Proletariats in der Revolution herzustellen, was von den menschewistischen Delegierten abgelehnt wird. Sie wollen die Hegemonie der 'demokratischen' Bourgeoisie. Für Stalin war zum damaligen Zeitpunkt die Revolution noch nicht beendet. Er hielt immer noch einen neuen Aufschwung für möglich:

85- Stalin-Werke Bd. 6, ebd., S. 48, ‚Über Lenin', Rede Stalins auf dem Gedenkabend der Kremlkursanten, 28. Januar 1924.

"Wir stehen am Vorabend einer neuen Explosion, die Welle der Revolution steigt, und wir müssen die Revolution zu Ende führen. Darin sind sich alle einig. Aber in welcher Situation können und müssen wir dies tun: in der Situation der Hegemonie des Proletariats oder in der der Hegemonie der bürgerlichen Demokratie? Das ist die Frage, von der die grundlegende Meinungsverschiedenheit ihren Ausgang nimmt."[86]

Die anwesenden Menschewiki, darunter Martyrow, wollen jedoch keine Hegemonie des Proletariats. Sie wollen die Hegemonie, die Vorherrschaft der 'demokratischen' Bourgeoisie in der Russischen Revolution. Sie wollen damit auch keine Machtergreifung des Proletariats, keinen bewaffneten Aufstand sondern die Macht der Bourgeoisie, die der russischen Kapitalisten, und das russische Proletariat habe sich diesen Kapitalisten, besonders den Großkapitalisten gefälligst unterzuordnen. Stalin weiter:

"Genosse Martyrow hat bereits in seiner Schrift 'Zwei Diktaturen' davon gesprochen, dass die Hegemonie des Proletariats in der gegenwärtigen bürgerlichen Revolution eine schädliche Utopie sei. Durch seine gestrige Rede zieht sich derselbe Gedanke. ... Wenn dem so ist, wenn wir nach Meinung der menschewistischen Genossen die Hegemonie des Proletariats nicht brauchen, sondern die der demokratischen Bourgeoisie, so versteht es sich von selbst, dass wir weder an der Orientierung des bewaffneten Aufstands noch an der Machtergreifung unmittelbaren aktiven Anteil nehmen dürfen. Das ist das 'Schema' der Menschewiki.

Und umgekehrt: Wenn die Klasseninteressen des Proletariats zu seiner Hegemonie führen, wenn das Proletariat nicht im Kielwasser der gegenwärtigen Revolution, sondern an ihrer Spitze segeln soll, so versteht es sich von selbst, dass das Proletariat weder auf die aktive Teilnahme an der Organisierung des bewaffneten Aufstands

---

86· L. Berija, ebd., S. 89, aus dem Protokoll des Vereinigungsparteitags, des 4. Parteitags der SDRPR.

noch auf die Machtergreifung verzichten darf. Das ist das Schema der Bolschewiki. Entweder Hegemonie des Proletariats oder Hegemonie der demokratischen Bourgeoisie - so steht die Frage in der Partei, darin bestehen unsere Meinungsverschiedenheiten."[87]

Nun hatte sich aber die 'demokratische' Bourgeoisie, die sich im Oktober 1905 als Kadettenpartei konstituiert hatte, bereits durch die Anerkennung des Zaren-Manifests und der Ersten Reichsduma unter die Fittiche der Feudalherrschaft begehen, sie war zu einem Bündnispartner des halbfeudalen Zarenegimes geworden. Der Verzicht auf die Hegemonie des Proletariats durch die Menschewiki lief damit praktisch auf eine Beibehaltung der bestehenden Verhältnisse hinaus, mit anderen Worten: Er lief auf einen Verrat an der Revolution hinaus.

Zur Hegemonie des Proletariats in der Revolution muss aber noch etwas hinzukommen: das Bündnis zwischen der Arbeiterschaft und der Bauernschaft, unter Führung der Arbeiterschaft. Stalin:

"Wenn Arbeiter und Bauern einander unterstützen, dann ist auch der Sieg der Revolution gesichert. Andernfalls ist ein Sieg der Revolution unmöglich."[88]

Auch dafür zeigten die Menschewiki kein Verständnis.

Man muss hierbei berücksichtigen, dass das zaristische Russland damals ein überwiegend bäuerlich geprägtes Land war. Die ganz überwiegende Mehrheit der russischen Bevölkerung lebte auf dem Lande und fristete dort ein erbärmliches Leben unter halbfeudalen Verhältnissen. Der überwiegende Teil der Bevölkerung waren Landarbeiter und arme Bauern, die den ganzen Tag nur gearbeitet haben. Auch die Mehrheit der einfachen Soldaten kam aus bäuerlichen Verhältnissen, es waren Söhne armer Bauern oder Landarbeiter. Das russische Proletariat alleine konnte also keine erfolgreiche Revolution auf die Beine stellen; es brauchte Bündnispartner, es musste die Mehrheit der russischen Bevölkerung hinter sich bringen.

87· Ebd..

88· Ebd., S. 93.

Um dieses Bündnis herzustellen, schlägt Stalin auf dem Parteitag vor, den großen Land- und Grundbesitz direkt an die Bauern zu verteilen. Lenin, der zunächst für eine Nationalisierung, also für eine Verstaatlichung eingetreten war, schließt sich später auf dem Parteitag Stalins Vorschlag an.

Wer also den Sieg über den Feudalismus und über die Bourgeoisie will, braucht dieses und kein anderes Bündnis, und ohne ein solches Bündnis ist es auch nicht möglich, den Sozialismus aufzubauen. Es bildet die machtpolitische Grundlage dafür.

Die Menschewiki waren jedoch für ein Bündnis mit der Bourgeoisie, wobei gesagt werden muss, dass sie dafür eintraten, dass sich die Arbeiterklasse der Bourgeoisie in diesem Bündnis unterordnen sollte. Die Bolschewiki jedoch sind für das Bündnis zwischen Proletariat und Bauernschaft, zu der natürlich nicht die Grundbesitzer, aber auch nicht die reichen Gutspächter, die Kulaken, zu zählen sind, und dies unter Führung des Proletariats.

So standen die Fronten auf dem Stockholmer Parteitag.

Es war ein schier unüberbrückbarer Gegensatz, der auch durch die formale Vereinigung, die in Stockholm beschlossen wurde, nicht zu überbrücken war. Es kam auch gar nicht zu einer echten Vereinigung nach dem Parteitag, sie blieb rein formal. Beide Strömungen behalten ihre eigenen Organisationsstrukturen bei, ändern nichts an ihren Anschauungen. Für die Menschewiki ist die Hegemonie des Proletariats nur eine 'schädliche Utopie', für die Bolschewki jedoch eine Notwendigkeit, um siegen zu können. Die Mehrheit der Delegierten stimmt den Menschewiki zu. In ihren Resolutionen begüßt sie auch die zaristische Reichsduma und bezeichnet sie als eine aus 'dem Schoße der Nation hervorgegangene Körperschaft', die angeblich den 'Willen des Volkes zum Ausdruck bringt'.

Der immer deutlicher zu Tage tretende Opportunismus der Menschewiki ließ sich mit der leninschen Prinzipientreue unmöglich vereinbaren. Schon bald treten Lenin und auch Stalin für die Einberufung eines neuen Parteitags ein. Dann sollten sich die Bolschewiki unter Führung Lenins, die jetzt eine Niederlage erlitten hatten, durchsetzen.

f. Der Fünfte Parteitag der SDAPR in London 1907

Der Fünfte Parteitag der SDAPR findet dann wieder in London statt. Die Delegierten tagen vom 30. April bis zum 19. Mai 1907, also fast drei Wochen lang. Stalin ist erneut Delegierter der Tifliser Organisation der SDAPR. Nach dem Parteitag schreibt er einen ausführlichen Bericht unter dem Titel 'Aufzeichnungen eines Delegierten', den er aber nicht beenden kann, weil man ihm in Baku, dort, wo er nach wie vor tätig ist, ständig nachstellt.

Dieser Parteitag findet zu einer Zeit statt, da die revolutionäre Woge merklich abebbt und die zaristische Regierung sich darauf vorbereitet, die Zweite Reichsduma, die gleich auf die erste folgte, wieder abzuschaffen. Die bolschewistischen Organisationen sind dabei, zerschlagen zu werden. Angesichts dieser prekären Lage für die Partei ist es wichtig, alles zu tun, um zu verhindern, dass sie auseinander fällt. Dies hat auch für den Delegierten Koba-Iwanowitsch, alias Stalin, allerhöchste Priorität:

"Der Londoner Parteitag ist beendet. Entgegen den Erwartungen der liberalen Federfuchser ... hat uns der Parteitag nicht die Spaltung gebracht, sondern einen weiteren Zusammenschluss der Partei, die weitere Vereinigung der fortgeschrittenen Arbeiter ganz Russlands zu einer einzigen unteilbaren Partei."[89]

Bis zum Londoner Parteitag gab es fünf Fraktionen in der Partei: Bolschewiki, Menschewiki, Polen, Letten und jüdische Bundisten. Diese Teilung wird im Prinzip überwunden, nur noch die Teilung in Bolschewiki und Menschewiki bleibt. Stalin:

89- Stalin-Werke Bd. 2, Berlin 1952, S. 42, ‚Der Londoner Parteitag der Sozialdemokratischen Arbeiterpartei Russlands. Aufzeichnungen eines Delegierten', zuerst veröffentlicht in ‚Bakinski Proletari'.

"Damit ist aber die Bedeutung des Londoner Parteitags nicht erschöpft. Die Sache ist die, dass der Parteitag entgegen den Wünschen der liberalen Federfuchser mit dem Sieg des 'Bolschewismus', mit dem Sieg der revolutionären Sozialdemokratie über den opportunistischen Flügel unserer Partei, den 'Menschewismus' geendet hat." [90]

Das heißt also, dass die Partei jetzt geeinter ist und dass die revolutionären Marxisten nun wieder die Oberhand haben. Der Reformismus hatte eine Niederlage erlitten.

Auch Rosa Luxemburg nahm teil. Sie vertritt die polnischen Sozialdemokraten, aber indirekt auch die deutschen Sozialdemokraten. Wo stand sie damals? Auf der Seite der Reformisten oder auf der der Revolutionäre?

Sie erklärt ihre Übereinstimmung mit den Bolschewiki, kritisiert scharf die Führer des Menschewismus, darunter Plechanow und Axelrod, und bezeichnet sie unumwunden als 'Opportunisten'. Sie verspricht, die Bolschewiki in ihrem Kampf gegen den Opportunismus zu unterstützen. Der polnische Delegierte Tyszko charakterisierte die Menschewiki in seiner Rede so:

"Beide Fraktionen versichern uns, dass sie fest auf dem Boden des Marxismus stehen. ... Wer steht denn nun wirklich auf diesem Standpunkt - die Bolschewiki oder die Menschewiki? ... 'Wir sind es, die auf dem Standpunkt des Marxismus stehen', rufen von 'links' einige Menschewiki dazwischen.

Nein, Genossen, ihr steht nicht, sondern ihr liegt auf ihm, denn eure ganze Hilflosigkeit bei der Leitung des Klassenkampfes des Proletariats, die Tatsache, dass ihr die bedeutenden Worte des großen Marx zwar auswendig zu lernen, aber sie nicht anzuwenden versteht - all das besagt: Ihr steht nicht, sondern ihr liegt auf dem Standpunkt des Marxismus." [91]

90· Ebd..

91· Ebd., S. 59.

Die menschewistischen 'Marxisten' hatten erneut vorgeschlagen, dass das Proletariat auf die Rolle des Führers der Revolution verzichten solle, um diese Rolle der liberalen Bourgeoisie zu überlassen. Das mächtige Proletariat sollte zu einer kostenlosen Beilage der Bourgeoisie werden. Diese Orientierung wird aber diesmal von der Mehrheit der Delegierten abgelehnt. Der jüdische Bund jedoch unterstützt die Menschewiki in ihrem Opportunismus.

Das Ergebnis:

Die Menschewisten verlieren bei den Wahlen zu den Parteiorganen ihre Mehrheiten, das neue Zentralkomitee setzt sich nun mehrheitlich aus Bolschewiki zusammen. Mit großer Mehrheit stimmt der Parteitag auch für die von den Bolschewiki vorgeschlagenen Resolutionen. Stalin:

"Von nun an ist der Standpunkt der Bolschewiki zum Standpunkt der Partei geworden."[92]

92· Ebd., S. 69.

4. Die Zeit der Stolypinschen Reaktion

a. Stalins Arbeit unter den Erdölarbeitern bis zu seiner 2. Verhaftung

Trotz der Offensive der Konterrevolution führt Stalin nach dem Londoner Parteitag seine revolutionäre Tätigkeit unter den Erdölarbeitern von Baku fort. Später erinnerte er sich an diese Zeit so:

> *"Zwei Jahre revolutionäre Tätigkeit unter den Erdölarbeitern hatten dazu beigetragen, mich als praktischen Kämpfer und als einen der praktischen Führer zu stählen. Meine engen Kontakte unter den fortschrittlichen Bakuer Arbeitern, darunter zu Watzek und Saratowets auf der einen Seite und die zugespitzten und stürmischen Konflikte zwischen den Arbeitern und den Ölindustriellen auf der anderen, hatten mich zum ersten Mal gelehrt, was es heißt, große Massen von Arbeitern zu führen.*
> *Dort in Baku erhielt ich meine zweite revolutionäre Feuertaufe."*[93]

Seine erste Feuertaufe hatte er in Tiflis bei den Tifliser Eisenbahnern erhalten.

Es gelingt ihm, die Bakuer Arbeiter für die Sache des Bolschewismus zu gewinnen.

Stalin beschrieb später die drückende Atmosphäre in dieser Zeit der Reaktion in Transkaukasien mit folgenden Worten:

> *"Die jungen Mitglieder der Partei haben natürlich den besonderen Charme dieses Regimes nicht erlebt und erinnern sich nicht daran.*

93. J. Jaroslawski, ebd., S. 58.

Was die alten Mitglieder betrifft, so werden sie sich zweifellos an die Strafaktionen erinnern, sie immer noch verfluchen, an die räuberischen Überfälle auf die Arbeiterorganisationen, an die massenhaften Auspeitschungen der Bauern, und, um all dies zu verdecken, an die Schwarzhunderter und an die kadettische Duma. Eine geknebelte öffentliche Meinung, allgemeine Niedergeschlagenheit und Apathie, Mangel und Verzweiflung unter den Arbeitern, unterjochte und eingeschüchterte Bauern, inmitten der allgemeinen Orgie der Bluthunde aus Polizei, Gutsbesitzern und Kapitalisten - das waren die typischen Merkmale der Stolypinschen Befriedung. ... Der Triumph der Knute und der Unwissenheit war vollständig.

'Abscheu und Trostlosigkeit' - so wurde damals das politische Leben in Russland umschrieben."[94]

Die zaristische Regierung rächt sich nun an den Revolutionären und Arbeitern, aber auch an den vielen aufständischen Bauern für die Angst, die sie damals auf dem Höhepunkt der Revolution ausstehen musste, als sie drauf und dran war, von der großen Woge der Revolution weggespült zu werden. Sie versucht, der Revolution nicht nur die Führung zu entreißen, sondern wahllos alle, die sich aktiv an der großen Rebellion beteiligten und dabei der Geheimpolizei aufgefallen waren, habhaft zu werden. Tausende werden zum Tode verurteilt, mehr als zweihunderttausend landen im Gefängnis oder in den Zwangsarbeitslagern, wo zwischen 1907 und 1910, als die Repression den Höhepunkt erreicht, vierzigtausend Aktivisten ums Leben kommen. Die Arbeiterpartei, aber auch andere Arbeiterorganisationen, darunter die Gewerkschaften und ihre Presse, werden von dem Scharfrichter des Zaren, Innenminister Stolypin, verboten[95].

Allein in den kaukasischen Provinzen Tiflis und Kutais, den beiden Zentren der Revolution in Kaukasien, werden über 3.000 Personen per Dekret deportiert.

94· Ebd., S. 59.

95· vgl. Große Sowjetenzyklopädie, Bd. 1, ebd., S. 630

In dieser schweren Zeit der Repression arbeitet Stalin in Baku, wohin er von der Partei abgeordnet worden war, weil es das größte Industriegebiet Transkaukasiens war, und trotz aller Schwierigkeiten gelingt es ihm, bis zum März 1908 nicht verhaftet zu werden.

Einer der damaligen Mitstreiter Stalins und selbst Mitglied des Bakuer Komitees, P. Sakwarelidse, in seinen Erinnerungen:

> *"Leiter der gesamten Arbeit war das Bakuer Komitee und sein Exekutivbüro mit Genossen Stalin an der Spitze. Dem Büro gehörten drei Genossen an. Die Last des ganzen ideologischen und organisatorischen Kampfes zwecks Festigung und Zusammenschweißung der bolschewistischen Organisation lag auf den Schultern des Genossen Stalin, der mit Leib und Seele bei der Arbeit war. Gleichzeitig leitete er die illegale Zeitung 'Babinski Rabotschi' (Der Bakuer Arbeiter), deren Herausgabe zu dieser Zeit mit großen Schwierigkeiten verbunden war. ...*
>
> *Er organisierte die Arbeit unter den mohammedanischen Arbeitern mit Hilfe der Organisation 'Gummet', leitete die Streiks der Erdölarbeiter usw. Er kämpfte energisch für die Vertreibung der Menschewiki und Sozialrevolutionäre aus den Arbeiterbezirken. Er ging in erster Linie in die Rayons, wo die Menschewiki und Sozialrevolutionäre verstärkt arbeiteten. Schließlich setzte er sich in Bibi-Eibat fest, das eine Hochburg der Menschewiki in Baku war. ...*
>
> *Unter Leitung des Genossen Stalin machten die Bolschewiki den Einfluss der Menschewiki und Sozialrevolutionäre zunichte und verwandelten Bibi-Eibat in einen bolschewistischen Rayon."*[96]

Das Bakuer Komitee war eigens dazu gegründet worden, die gesamte Arbeit der Bolschewiki in Baku zu organisieren. Es besaß einen ausführenden Ausschuss, der von Stalin geleitet wurde. In dem Rayon (Stadtteil) gab es einen Stadtteil-Ausschuss. Daneben existierte 'Gummet' für die Arbeit unter den muslimischen Arbeitern.

96· L. Berija, ebd., S. 120.

Auch die Menschewiki trachteten danach, ein ständiges Zentrum in Baku einzurichten.

Stalin über die Arbeit des Bakuer Komitees:

"Der erste Generalstreik in Baku ereignete sich im Frühling 1903 und markierte den Beginn der berühmten Juli-Streiks und Demonstrationen in den südlichen Städten Russlands. Der zweite Generalstreik im November und Dezember 1904 war das Signal für die glorreichen Kämpfe im Januar und Februar in ganz Russland.

Nachdem das Proletariat von Baku sich schnell von dem armenisch-tatarischen Massaker erholt hatte, stürzt es sich 1905 in den Kampf und steckt den gesamten Kaukasus mit Begeisterung an. Selbst nach dem Rückzug der Revolution im Jahre 1906 kommt Baku nicht zur Ruhe und fährt mit seinen proletarischen Maifeiern erfolgreicher fort als an jedem anderen Ort in Russland, was in anderen Städten das Gefühl von ehrlichem Neid hervorruft."[97]

Um Stalin versammelt sich ein festes Kollektiv, das immer wieder zusammenhalten und sehr erfolgreich im Kampf gegen die Reaktion und später auch für die Verteidigung des Sozialismus eintreten sollte. Dazu gehören Kliment ('Klim') Woroschilow und Sergo Ordshonikidse.

Woroschilow, ein gelernter Kesselschmied, sollte später Oberkommandeur der Roten Armee, Verteidigungsminister und Präsident der Sowjetunion werden; Ordshonikidse, der wie Stalin aus Georgien stammte, wird später Minister für die Schwerindustrie. Auch im Bürgerkrieg nach der Oktoberrevolution kämpften die beiden Seite an Seite mit Stalin an den verschiedensten Fronten, vor allem an der Südfront gegen den weißen General Denikin. Woroschilow war damals in Baku Sekretär der Erdölarbeiter im Stadtteil Bibi-Eibat.

Der 'Gudok' (Die Sirene) konnte in Baku nicht unterdrückt werden und erschien trotz aller Repressionen regelmäßig. Nicht nur in Baku, sondern in ganz Russland war damals die 'Sirene' zu hören, zu

97. J. Jaroslavski, ebd., S. 62.

einer Zeit, als überall die tiefste Friedhofsruhe herrschte, so Sergo Ordshonikidse.

Und wie 'kämpften' die Menschewiki in Baku?

Gleich nach dem Londoner Parteitag machen sich die dort unterlegenen Reformsozialisten daran, die Kampfgruppen der Bakuer Arbeiter aufzulösen. Sie gründen ein Komitee, das die Waffen einsammeln soll. Sie berufen sich dabei auf den Parteitag, der angeblich die Auflösung der Gruppen beschlossen habe.

Und dann noch das Wüten der faschistischen Schwarzhunderter in den Betrieben: Im September 1907, auf dem Höhepunkt des weißen Terrors in Transkaukasien, wird ein den Bolschewiki nahestehender Arbeiter namens Chanlar erschossen, der im Werk Naphtalan & Co. angestellt war. Es folgt ein zweiwöchiger Proteststreik, zu dem das Bakuer Komitee aufgerufen hatte. Stalin verfasst einen Nachruf auf den tapferen Arbeiter:

> *"Er vereinigte in sich das Feuer und die Leidenschaft der proletarischen Seele mit dem Kummer und der Last des Bauern."*[98]

Es bleibt nicht dabei: Auch andere Arbeiter werden von den Schwarzhunderten erschossen, darunter Tutschkin und Lyssenin sowie einige Arbeiter aus dem Eisenbahn-Distrikt. Während die Menschewiki dazu aufrufen, die Waffen zu strecken, rufen die Bakuer Bolschewiki dazu auf, Arbeiterwehren aufzustellen, um sich gegen die von den Ölindustriellen und von der Zarenregierung angeheuerten Killer zu schützen. Deutlicher konnte der Kontrast zwischen Menschewiki und Bolschewiki nicht werden: die einen halten es mit der Konterrevolution und werden es auch bei und nach der nächsten Revolution tun, die anderen riskieren Kopf und Kragen und opfern sich auf für die Interessen der Arbeiterbewegung und wandern oft in die Zwangsarbeitslager oder Gefängnisse.

Wie stark inzwischen die Unterstützung der Arbeiter auf den Ölfeldern für die Bolschewiki und wie schwach sie nur für die Ver-

98· J. Jaroslawski, ebd., S. 65.

treter der Reformsozialisten ist, zeigt eine Abstimmung unter den Arbeitern. Es ging dabei darum, wie man mit den Erdölindustriellen verhandeln sollte. Stalins Bolschewiki schlagen eine Beratung mit festen Garantien vor, darunter das Recht, Versammlungen von Arbeitervertretern in Form eines Arbeiterparlaments abhalten zu dürfen, die Menschewiki sind für einen bedingungslosen Einstieg in die Beratungen. Das Ergebnis der Abstimmung:

Die übergroße Mehrheit der Bakuer Arbeiter folgt Stalin und seinem Team. Sie stimmt für eine Beratung mit Garantien. Nur kleine Minderheit stimmt für die Reformisten. Die Folge:

Es kommt zu Verhandlungen mit den Ölmagnaten, darunter Nobel, die der bolschewistische Arbeiter Tronow führt. Sie dauern etwa zwei Wochen. Also in einer Zeit, wo ganz Russland unter dem Stolypinschen Terror stöhnt, gibt es in Baku ein Arbeiterparlament. Dann werden die Verhandlungen von den Großkapitalisten abgebrochen. Aber dies bleibt für sie nicht ohne Folgen: Im Frühjahr 1908 gibt es einen neuen Streik, einen politischen Streik.

Lenin war damals voll des Lobes für die Aktionen des Bakuer Komitees der SDAPR, als er feststellte:

> *"An der Spitze der Provinzen mit einer beträchtlichen Anzahl von Streiks steht 1908 die Bakuer Provinz mit 47.000 Streikenden - die letzten Mohikaner des politischen Massenstreiks!"*[99]

Aber dann wird Stalin erneut verhaftet: Am 25. März ist es so weit. Er kommt in das Bailow-Gefängnis in Baku.

b. Stalins zweite Verhaftung, Verbannung und anschließende Flucht

Stalin erhält acht Monate Freiheitsentzug. Das Bailow-Gefängnis ist angefüllt mit politischen Gefangenen. Er nutzt diesen Umstand und organisiert dort Debatten gegen die Menschewiki und

99. J. Jarowslawski, ebd., S. 71f, nach: W. I. Lenin, Gesammelte Werke, Bd. 15, Streikstatistiken in Russland.

Sozialrevolutionäre, die Vertreter des russischen Großbauerntums. Er hält aber auch den Kontakt nach außen aufrecht, und schreibt sogar aus dem Gefängnis heraus für den 'Babinski Proletari' Artikel.

Bald aber hat das relativ liberale Regime in Bailow ein Ende. Um den Gefangenen eine Lektion zu erteilen, entsendet das zaristische Regime eine Kompanie des Saljanski-Regiments nach Baku. Jaroslawski, der selbst am eigenen Leibe erlebt hatte, was man in solchen Gefängnissen durchmachen musste, schreibt dazu:

"Die politischen Gefangenen wurden auf den Gefängnishof gebracht und gezwungen, Spießruten zu laufen. Sie mussten durch eine Gasse von zwei Reihen Soldaten laufen und wurden dann mit den Kolben ihrer Gewehre bearbeitet.

Stalin ging mit einem Buch von Marx in der Hand mit erhobenem Kopf an ihnen vorbei, empfing die Schläge und zeigte damit, wie ein wahrer Bolschewik, der keine Angst vor Verfolgung hat, der allen Hindernissen trotzt, stolz und selbstbewusst die marxistische Idee voranträgt - in der Überzeugung, dass ihr Triumph unausweichlich ist." [100]

Ein anderer Zeitzeuge erinnerte sich später an Stalins Gefängnisaufenthalt in Bailow so:

"Besonders muss die Tätigkeit des Genossen Stalin im Bakuer Bailow-Gefängnis hervorgehoben werden. Um ihn schlossen sich alle Bakuer Genossen zusammen. ... In der Kommune der politischen Gefangenen wurden dauernd Diskussionen veranstaltet, in denen Fragen der Revolution, der Demokratie und des Sozialismus erörtert wurden. Die Diskussionsveranstaltungen fanden meistens auf Initiative der Bolschewiki hin statt. Genosse Stalin sprach häufig auf diesen Versammlungen im Namen der bolschewistischen Fraktion. ... Genosse Stalin und seine Kampfgenossen mussten vom Gefängnis aus die Arbeit der Organisation leiten.

Die bolschewistische Fraktion verstand es, eine fest Verbindung

100- J. Jaroslawski, ebd., S. 72.

zur Bakuer Organisation herzustellen, von der sie genaue Informationen über die laufende Arbeit erhielt und der sie ihrerseits Ratschläge und Weisungen erteilte. ... Es muss hier auch erwähnt werden, dass Genosse Stalin vom Gefängnis aus die Redaktion des 'Bakinski Rabotschi' (gemeint 'Bakinski Proletari - Verf.), das Presseorgan der Bakuer Organisation leitete. Es gab einen Fall, wo das gesamte Material für die Zeitung im Bailow-Gefängnis hergestellt wurde."[101]

Selbst ein geschworener Gegner der Bolschewiki, der Sozialrevolutionär Wereschtschak, den Trotzki in seiner Stalin-Biografie zitiert, besaß Achtung vor Stalin:

"Weretschak war über das 'mechanische Gedächtnis' Kobas erstaunt, dessen kleiner Kopf mit der niedrigen Stirn sozusagen das ganze 'Kapital' von Marx enthielt. Marxismus war das Gebiet, auf dem er nicht zu schlagen war. Es gab nichts, wofür er nicht sofort die entsprechende Formel von Marx hätte beibringen können. Dieser Mensch machte auf die jungen, weniger in der Politik Bewanderten einen starken Eindruck."[102]

Das konnte Trotzki natürlich nicht so stehenlassen. Um diesen Eindruck wieder wegzuretuschieren, fügt er sofort an:

"Dem jungen 'Sozialrevolutionär' ... musste das marxistische Gepäck Kobas imposant erscheinen, in Wirklichkeit aber war es bescheiden genug."[103]

Nach Ablauf der acht Monate Haft wird Stalin nicht entlassen, sondern kommt, wie schon nach seinem ersten Gefängnisaufenthalten in Batum und Kutais, an einen Verbannungsort - diesmal nach Wologda, etwa 400 km nordöstlich von Moskau. Von Oktober 1908 bis Juni 1909 bleibt er dort. Dann gelingt ihm am 24. Juni die

---

101· L. Berija, ebd., S. 133, ‚Aus den Erinnerungen von P. Sakwarelidse'.

102· L. Trotzki, ebd., S. 179f.

103· Ebd., S. 180.

Flucht. Er kehrt nach Baku zurück. Dort nennt er sich jetzt 'Johannes W. Totominanz'.

c. Stalins Arbeit für die Wiederaufrichtung der Partei

Wieder zurück in Baku, geht Stalin daran, eine geheime Druckerei aufzubauen. Schon ein paar Wochen später erscheint der 'Bakinski Proletari' wieder. Sein erster Leitartikel ist überschrieben mit 'Die Krise in der Partei und unsere Aufgaben'. Er erscheint in zwei Teilen, am 1. August und am 27. August 1909. Stalins Bestandsaufnahme ist ernüchternd:

> *"Es ist für niemand ein Geheimnis, dass unsere Partei eine schwere Krise durchmacht."* [104]

Worin genau bestand diese 'schwere Krise'? In der

> *"Abwanderung von Parteimitgliedern, in der Schrumpfung und Schwäche der Organisationen, in ihrer Losgerissenheit voneinander, in dem Fehlen einer zusammenhängenden Parteiarbeit. Alles das spricht dafür, dass die Partei krank ist, dass sie eine ernste Krise durchmacht."* [105]

Stalins Analyse im Einzelnen:

1. Viele Mitglieder sind abgewandert. In Petersburg zum Beispiel sind nur noch drei oder vier Prozent der ehemaligen Mitglieder in der Partei.
2. Die verbliebenen Mitglieder haben wenig Kontakt zueinander. Es gibt kein gemeinsames Parteileben mehr.
3. Die Partei hat den engen Kontakt zu den Massen der Arbeiter verloren. Es herrscht eine 'abscheuliche Handwerkelei'. Die alten Methoden der Auslandsführung der Partei reichen nicht mehr aus.

104· Stalin-Werke, Bd. 2, ebd., S. 132, ‚Die Partkrise und unsere Aufgaben'.

105· Ebd..

Aber die tiefere Ursache für all diese Gebrechen sei die Krise der Revolution selbst.

Man müsse jetzt radikale Maßnahmen ergreifen, um die Partei wieder zu heilen. Mit halben Maßnahmen könne man 'nichts Ernstliches ausrichten'. Stalins Vorschläge:

1. Die Partei müsse sich um die täglichen Sorgen der Arbeiter kümmern und sie mit den großen Fragen verbinden. Dies sei vor allem Aufgabe der Parteikomitees in den Fabriken.
2. Das Territorialprinzip müsse durch das Produktionsprinzip ersetzt werden. Fabrik- und Werkskomitees müssten zu den 'Hauptbastionen der Partei' werden.
3. Die erfahrendsten Arbeiter sollten an der Spitze der örtlichen Parteiorganisationen stehen.
4. Diese Arbeiter benötigten jedoch 'bedeutende Kenntnisse', man müsse sie schulen, und zwar in 'höheren Zirkeln' unter Heranziehung guter Intellektueller, man müsse 'Theorie und Praxis des Marxismus systematisch durchnehmen' und sie Referate halten lassen, ihnen die Angst vor dem Sprechen und Auftreten nehmen.
5. Man brauche wieder eine gesamtrussische inländische Zeitung, um die Partei um sie herum zusammenzuschließen. Die Auslandszeitungen seien dazu nicht in der Lage. Dafür müsse das Zentralkomitee sorgen.

Stalin spart auch nicht mit Kritik an der Auslandsführung der Partei, zu der auch Lenin gehört, der sich im Schweizer Exil befindet:

> *"Nicht weniger klar ist aber auch, dass angesichts des alten Organisationssystems, angesichts der alten Methoden der Parteiarbeit, angesichts der 'Führung' aus dem Ausland durch eine bloße 'Übertragung der Funktionen' man die Partei nicht mit den Massen verbinden und sie nicht zu einem einheitlichen Ganzen zusammenschweißen kann."*[106]

106· Ebd., S. 135.

Lenin schrieb damals sein philosophisches Hauptwerk im Ausland - 'Materialismus und Empiriokritizismus' (Februar bis Oktober 1908). Er kümmerte sich damals relativ wenig um die Partei. Stalin saß in dieser Zeit im Gefängnis und musste Spießruten laufen, während Lenin sich in den Bibliotheken aufhielt. Dies wird der Grund gewesen sein, dass er das Wort 'Führung' in Anführungszeichen schrieb. Es war das erste und einzige Mal, dass er Lenin kritisierte.

In Baku wimmelt es von Spionen und Provokateuren der russischen Geheimpolizei 'Ochrana'. Wegen des kleinsten Zusammenstoßes mit den Erdölindustriellen erfolgen Verhaftungen und Verbannungen, und obwohl die Geschäfte der Ölmagnaten nun besser gehen, werden die hart in Streiks erkämpften Errungenschaften der Erdölarbeiter nach und nach wieder geschleift:

Das Dreischichtsystem wird durch das Zweischichtsystem ersetzt, was bedeutet, dass nun jeder Arbeiter 12 Stunden statt vorher 8 arbeiten muss; Überstunden werden zur Regel; die Speisehallen und Volkshäuser werden wieder geschlossen; aktive Arbeiter werden auf die Straße gesetzt; die erkämpften Prämien und Wohnungsgelder werden wieder zurückgenommen usw.

Um diese verloren gegangenen Errungenschaften wieder zurückzugewinnen, planen die Bakuer Bolschewiki, von Teilstreiks abzugehen und einen allgemeinen ökonomischen Streik zu organisieren.

d. Stalins dritte Verhaftung und anschließende Verbannung

Dies war der Grund für Stalins nächste Verhaftung. Sie erfolgt am 23. März 1910. Es ist nun schon seine dritte.

Wie gut die Geheimpolizei damals über Stalins Aktivitäten informiert war und wie er von ihr eingeschätzt wurde, geht aus einigen Dokumenten der kaukasischen Gendarmerie-Verwaltung hervor:

Dokument 1:

"Dem Ersuchen des Polizei-Departments unter Nr. 136706 vom 30. September zufolge meldet die kaukasische Gebietsabteilung der Ochrana, dass nach Mitteilung des Abteilungschefs der Bakuer Ochrana der aus Sibirien geflohene 'Sosso', Deckname in der Organisation 'Koba', als Johannes W. Totomianz, Einwohner der Stadt Tiflis, ermittelt worden ist. ...

Von den genannten Personen steht Totomianz-Koba (sein Überwachungsname ist der 'Milchige') an der Spitze der Bakuer Organisation der SDAPR. Die beiden anderen gehören der gleichen Organisation in Bibi-Erbat an. Sie stehen unter der ständigen Beobachtung unserer Agenten, manchmal auch unseres Auslandsdienstes und sind sämtlich für die bevorstehende Aushebung der erwähnten Organisation vorgemerkt." [107]

Der Beobachtung folgt die erneute Verhaftung des 'aktivsten Parteifunktionärs'.

Dokument 2:

"Am 24. März 1910 teilte Rittmeister Martynow mit, dass das 'in der Organisation unter dem Decknamen 'Koba' bekannte Mitglied des Bakuer Komitees der SDAPR, das der aktivste Parteifunktionär war und die führende Rolle spielte', dingfest gemacht worden ist." [108]

Man überlegt sich, wie man Stalin dieses Mal bestrafen kann. Der besonders eifrige Rittmeister Galimbatowski aus der Ochrana schlägt seinem Vorgesetzten Folgendes vor:

Dokument 3:

"Dschugaschwili ist Mitglied des Bakuer Komitees der SDAPR und in der Organisation unter dem Decknamen 'Koba' bekannt.

107· L. Berija, ebd., S. 131, aus der Meldung des Chefs der Tifliser Gourvernements-Gendarmerieverwaltung vom 6. November 1909, Nr. 137702.

108· Ebd., S. 132.

... In Anbetracht dessen, dass Genannter trotz aller ihm auferlegten administrativen Strafen an der Tätigkeit der revolutionären Parteien, in denen er stets eine hervorragende Stellung einnahm, den tatkräftigsten Anteil genommen hat, und in Anbetracht dessen, dass er zweimal aus seinem Verbannungsort geflohen ist und daher keine der ihm auferlegten administrativen Strafen abgebüßt hat, glaube ich anregen zu müssen, ein höheres Strafmaß in Anwendung zu bringen: Verbannung in die entferntesten Orte Sibiriens auf fünf Jahre."[109]

Stalin hat insofern noch Glück, als die Empfehlung von Rittmeister Galimbatowski, ihn dieses Mal 'auf fünf Jahr in die entferntesten Orte Sibiriens zu verbannen', in der Zentrale der Ochrana in Petersburg ignoriert wird. Er erhält 'nur' sechs Monate Gefängnis und wird danach wieder nach Solwytschegodsk (Wologda) gebracht, also an den Ort seiner zweiten Verbannung, aus der er geflohen war.

Wieder setzt er auch an seinem Verbannungsort seine politische Arbeit fort:

"Der kleine Raum, den er in Solwytschegodsk bewohnte, diente als Ort der Zusammenkunft für die politisch Verbannten. Die Polizei gab einen Bericht an die Zentrale, dass in seinem kleinen Haus Vorlesungen gehalten, Anweisungen gegeben und revolutionäre Propaganda verbreitet wurden."[110]

Stalin schreibt sogar einen Brief an Lenin, in dem er ihm seine Zustimmung mitteilt, einen Block mit den Plechanow-Leuten zu bilden, statt mit Trotzkis Block, der auf 'fauler Prinzipienlosigkeit' beruhe. Trotzki sei ein 'prinzipienloser Mann'. Als wichtigste Aufgabe bezeichnet er die Herausgabe einer legalen Zeitung. Bald danach erscheint 'Swesda' (Der Stern). Er rät auch dazu, in Russland selbst ein Büro des Zentralkomitees einzurichten, damit die Partei

---

109. Ebd., S. 132, Aus der Meldung des Rittmeisters Galimbatowski über die Festnahme von Josef Wissarionowitsch Dschugaschwili vom 6. April 1910.

110. J. Jaroslawski, ebd., S. 74.

aus dem Inland und nicht in erster Linie aus dem Ausland angeleitet werden kann. Stalin an Lenin:

"Ich muss noch weitere sechs Monate bleiben. Wenn die Zeit vorbei ist, stehe ich vollständig zu Ihrer Verfügung."[111]

In der Beurteilung Trotzkis ist Stalin sich mit Lenin einig. Lenin damals über Trotzki:

"Trotzki und seinesgleichen sind schlimmer als alle Liquidatoren (das waren damals die Leute, die die illegale Parteiorganisation völlig abschaffen wollten zugunsten nur noch einer legalen-Verf.), die offen ihre Gedanken aussprechen, aber Herr Trotzki täuscht die Arbeiter. ... All jene, die die Gruppe um Trotzki unterstützen, unterstützen auch die Politik der Lüge und der Täuschung."[112]

Stalin befindet sich noch in Wologda, als Lenin im Juni 1911 eine gesamtrussische Konferenz der SDAPR organisiert, um den endgültigen Bruch mit den Menschewiki, aber auch mit den Liquidatoren zu vollziehen. Eigens dafür wird eine Kommission gebildet, die in ganz Russland tätig wird, um diese Konferenz abzuhalten. Stalin wird in Abwesenheit in diese Vorbereitungskommission mit aufgenommen. Es wird die sechste Konferenz der Partei sein, die später unter dem Namen 'Prager Konferenz' in die Geschichte eingehen sollte. Es ist die Geburtsstunde einer selbstständigen bolschewistischen Organisation und markiert die endgültige Trennung, auch die formale, von den Menschewiki. Sie beginnt am 5. Januar 1912 in Prag.

Am 6. September 1911 flieht Stalin erneut aus der Verbannung. Er geht nach Petersburg und nimmt an den Vorbereitungsarbeiten für die Prager Konferenz teil. Jaroslawski beschreibt die Umstände dieser vierten Flucht aus der Verbannung:

"Als er in Wologda war, besorgte er sich den Ausweis eines Verbannten mit dem Namen Tschischikov, dessen Verbannungszeit ab-

---

111· Ebd..

112· H. Barbusse, ebd., S. 59f, aus dem Französischen.

gelaufen war, und auf diesem Pass lebte er dann in St. Petersburg. Aber er wurde schon bald wieder verhaftet, und nach drei Monaten Untersuchungshaft erneut in die Verbannung nach Wologda geschickt."[113]

Stalin kann also nicht an der Konferenz teilnehmen. Aber im Februar 1912 flieht er erneut.

e. Die Prager Konferenz und der historische Mainstream

Stalin wird in Abwesenheit in das neue, rein bolschewistische Zentralkomitee gewählt.[114] Lavrenti Berija bestätigt dies in seiner Abhandlung zur Geschichte der bolschewistischen Organisationen in Transkaukasien:

"Die Prager Konferenz wählte ein Zentralkomitee mit Lenin an der Spitze. Genosse Stalin wurde in Abwesenheit in das ZK gewählt. Zur Zeit der Prager Konferenz befand sich Genosse Stalin in der Verbannung."[115]

Auch Jaroslawski:

"Wie wir wissen, wurde Stalin auf dieser Konferenz, obwohl er nicht anwesend war, in das Zentralkomitee gewählt und an die Spitze seines Russlandbüros gestellt."[116]

Er wurde also nicht nur in das neue ZK, sondern auch in das neue 'Russische Büro' gewählt, das die Inlandsaktivitäten der Partei koordinieren sollte. Mit ihm zusammen wurden Ordshonikidse, Spandarian, Swerdlow und Kalinin in dieses Büro gewählt.

Stalin wurde also demokratisch in das neue ZK gewählt und dann auch noch an die Spitze des russischen Büros des neuen ZKs

113- J. Jaroslavski, ebd., S. 75.

114- vgl. Große Sowjetenzyklopädie, Bd. 1, ebd., S. 634.

115- L. Berija, ebd., S. 147.

116- J. Jaroslawski, ebd., S. 75.

gestellt. Trotzki, der zu der Konferenz nicht eingeladen war und gar nicht wissen konnte, wie man auf der Konferenz verfuhr, wusste es später besser. In seiner Stalin-Biografie spricht er von einer bloßen 'Kooptation' in das ZK:

"Koba war jedoch nicht gewählt worden." [117]

Er fügt hinzu:

"Die Auswahl unter den möglichen Kandidaten war so beschränkt, dass einige zweitrangige Figuren in das Zentralkomitee eintreten mussten." [118]

Wir brauchen nicht lange zu raten, wen er mit 'zweitrangigen Figuren' gemeint hat.

Diese Version, die Jahrzehnte später erst entstand, als Trotzki seine Stalin-Biografie geschrieben hatte, wird danach so gut wie von allen bürgerlichen Historikern übernommen. Die Legende, dass Stalin auf undemokratischem Weg ins neue ZK kam, muss fleißig genährt werden. Untersuchen wir einige Beispiele:

1. Ian Grey, 'Stalin - Man of History', London 1979 - 'Stalin - Mann der Geschichte':
   "Er (gemeint Stalin) erfuhr, dass er als Vollmitglied des Zentralkomitees kooptiert worden war." [119]
   Eine Quelle führt der Autor nicht an.
2. Robert Payne, 'Stalin - Macht und Tyrannei', Stuttgart 1965:
   "Stalin wurde nicht eigentlich ins Zentralkomitee gewählt. Lenin hatte nachträglich den Einfall, der für die Parteigeschichte und die Weltgeschichte unabsehbare Folgen haben sollte." [120]

117· L. Trotsky, ibid., S. 206.

118· Ibid..

119· Ebd., p. 71.

120· Ebd., S. 120.

Payne gibt dazu keine Quelle an. Woher will er wissen, was damals in Lenins Kopf vorging, was er für 'Einfälle' hatte?

3. Simon Sebag Montefiore, 'Stalin - am Hof des roten Zaren', Frankfurt/Main 2007:
"Dieser 'wundervolle Georgier', wie Lenin schwärmte, wurde am Ende der Prager Konferenz 1912 ins Zentralkomitee 'kooptiert'."[121]
Der Autor gibt allerdings eine 'Quelle' an: Er verweist auf Maximilian Rubels kurze Stalin-Monografie bei Reinbek/Hamburg 1975 erschienen, wo auf S. 33 das Wort 'kooptiert' stehe. Nur, wenn man dort danach sucht, findet man es nicht. Rubel geht gar nicht auf die Frage ein.

4. Walter Laqueur, 'Stalin - Abrechnung im Zeichen von Glasnost', München 1990:
"Einmal wurde er nach Sibirien verbann, aber es gelang ihm zu fliehen. ...Beim Prager Parteikongress war er nicht dabei, weil er in Haft saß. In Abwesenheit wurde er in das Zentralkomitee kooptiert."[122]
Auch er gibt keine Quelle an. Außerdem wurde Stalin nicht nur einmal nach Sibirien verbannt, sondern dreimal, und die Prager Konferenz war auch kein 'Parteikongress', sondern eine Parteikonferenz. Aber so genau nehmen es unsere Historiker nicht, wenn es um Fakten geht.

5. Robert Conquest, britischer Historiker und ehemaliger Mitarbeiter des britischen Geheimdienstes, in: 'Stalin - der totale Wille zur Macht', München/Leipzig 1991:
"Im Januar 1912 organisierte Lenin eine Parteikonferenz in Prag, an der nur seine Anhänger teilnahmen. ... Lenin wurde die Aufgabe übertragen, weitere Mitglieder hinzuzuwählen, und nicht lange nach dieser Konferenz berief er Stalin und den Metallarbeiter Belostozki in das Komitee."[123]

121· Ebd., S. 41.

122· Ebd., S. 18.

123· Ebd., S. 75.

Auch er kann keinen Beleg für die 'Berufung Stalins' durch Lenin anführen, die erst 'nach dieser Konferenz' erfolgt sein soll.

6. Klaus Kellmann, 'Stalin - eine Biografie', Kiel 2005:
"Lenin schlug auch Koba vor. Doch der Kandidat fiel bei den Delegierten durch."[124]
Einen Beleg, einen Zeitzeugen oder eine andere Quelle kann Kellmann nicht anführen. Woher will er dann wissen, dass Stalin von den Delegierten abgelehnt wurde? Und aus welchem Grunde? Stalin hatte an den Vorbereitungsarbeiten zur Konferenz aktiv teilgenommen.

7. Stefan Creuzberger, 'Stalin - Machtpolitiker und Ideologe', Stuttgart 2009:
"Vladimir Il'ic machte schließlich jedoch von seinem Recht Gebrauch, Stalin ins ZK und damit auch in die politische Schaltzentrale der Partei zu kooptieren."[125]
Als 'Beleg' führt er eine russischsprachige Quelle zu den sowjetisch-deutschen Beziehungen aus dem Jahre 1939 an (!), eine Telegramm Molotows, das nichts mit der Sache zu tun hat, vgl. Stefan Creuzberger, ebd. S. 301, Anmerkung 98). Erneut wird eine Scheinquelle angeführt, um Wissenschaftlichkeit nachzuweisen.

8. Isaac Deutscher, 'Stalin - eine politische Biografie', Augsburg 1997:
"Auf dieser Konferenz in Prag setzte Lenin Kobas Namen auf die Liste der Kandidaten, die er den Delegierten für die Wahl des Zentralkomitees vorschlug. Aber Koba wurde nicht gewählt. Sein Name besagte damals wenig oder nichts in den Ohren der allermeisten Delegierten. ... Nach den Parteistatuten konnte das Zentralkomitee weitere Mitglieder kooptieren. Auf Lenins Drängen machte das ZK von diesem Recht zugunsten Kobas Gebrauch."[126]

124· Ebd., S. 26.

125· Ebd., S. 78.

126· Ebd., S. 154.

Eine Quelle, irgendwelche Zeitzeugen oder Dokumente für seine Behauptungen kann der Autor, der Trotzki nahesteht, nicht angeben. Besonders die Behauptung, dass Stalin damals den meisten Delegierten unbekannt war, ist völlig an den Haaren herbeigezogen. Er hatte schon an mehreren Parteitagen teilgenommen, hatte am Stockholmer Parteitag von 1906 teilgenommen, aber auch am Londoner Parteitag von 1907 und auch an der Konferenz von Tammersfors 2005, wo er Lenin kennenlernte. Er war wegen seiner rastlosen Aktivitäten in ganz Russland bekannt und im Kaukasus die führende Figur im antizaristischen Widerstandskampf, was auch aus Ochrana-Dokumenten hervorgeht. Lenin war über seine Aktivitäten bestens informiert und lobte sie bei verschiedenen Gelegenheiten. Hat er dieses Wissen für sich behalten? Kein anderer führender bolschewistischer Politiker wie er wurde von den zaristischen Behörden so hartnäckig bespitzelt und verfolgt wie Stalin, niemand sonst hatte eine solche Biografie vorzuweisen, weshalb also sollten die Delegierten Stalin 'durchfallen lassen' haben, wie Klaus Kellmann behauptet, den wohl damals aktivsten Bolschewiken? Dafür gibt es keinen vernünftigen Grund.

Aber es gibt einen Grund, solche Behauptungen aufzustellen und mit solchen Erfindungen und Fantasieprodukten Stalin-Biografien zu füllen: Es soll der Eindruck erweckt werden, dass Stalin völlig undemokratisch und nur auf 'Lenins Drängen' oder auf eine 'Berufung' hin den Sitz im Zentralkomitee erhalten hat, womit ihm 'der Weg zur Macht' eröffnet wurde. Dies passt wunderbar in das bürgerlich-antikommunistische Weltbild, passt gut zum landläufigen Anti-Stalin-Paradigma vom bösen, machtgierigen Diktator, nur hat es mit den historischen Fakten nichts gemein.

f. Das Massaker an der Lena

Lenin bewertete die Prager Konferenz später in einem Brief an den Schriftsteller Maxim Gorki so:

"Endlich ist es uns trotz des Liquidatoren-Abschaums gelungen, die Partei und ihr Zentralkomitee wieder herzustellen. Ich hoffe, dass du dich mit uns über diese Tatsache freust."[127]

Stalins Einschätzung:

"Es ist weithin bekannt, dass diese Konferenz von ungeheurer Bedeutung war in der Geschichte unserer Partei, denn sie zog eine Grenzlinie zwischen den Bolschewiki und den Menschewiki und führte die bolschewistischen Organisationen im ganzen Land zu einer vereinigten bolschewistischen Partei zusammen."[128]

Im Februar 1912 gelingt Stalin mit Hilfe seines kaukasischen Genossen Sergo Ordshonikidse die Flucht aus seinem Verbannungsort in der Provinz Wologda. Es ist die nun schon vierte Flucht aus der Verbannung. Jetzt kann er seine Funktion als Leiter des Russischen Büros der SDAPR direkt in Petersburg wahrnehmen.

Hier leitet er auch die Arbeit an der bolschewistischen Wochenzeitung 'Swesda' (Der Stern).

Fast zeitgleich mit seinem Eintreffen in Petersburg ereignet sich im fernen Sibirien am Lena-Fluss, in dem Ort Bodaibo, das Massaker an den Arbeitern von Lena-Goldfields, einer britisch-russischen Aktiengesellschaft mit Sitz in London. Das Werk wird von zaristischen Sicherheitskräften bewacht. Zur Vorgeschichte:

Im März hatte dort ein Proteststreik der Arbeiter gegen die Versorgung mit minderwertigem Brot begonnen. Der Streik der sechstausend Arbeiter, der völlig friedlich ablief, dauerte lange an, was zu einem Rückgang der Aktienkurse von Lena-Goldfields an der Londoner Börse führte.

Dann wird auf Veranlassung des Managements der Gesellschaft das Streikkomitee von der zaristischen Polizei verhaftet. Am 4. April ziehen daraufhin Tausende streikende Arbeiter zum Staatsanwalt und fordern die Entlassung der Verhafteten. Sie werden mit

---

127· J. Jaroslawski, ebd., S. 75.

128· Ebd., Redebeitrag Stalins auf dem 15. Parteitag der KPdSU, B.

Schüssen empfangen. 270 Arbeiter verlieren ihr Leben, 250 werden verwundet.[129]

Das Massaker wurde im Namen des Zaren von Rittmeister Treschtschenko, einem Offizier der Ochrana, ausgeführt, der dafür spätere eine hohe Auszeichnung bekommen sollte. Von den Goldgrubenbesitzern erhielt er zusätzlich noch eine großzügig Geldzuwendung.

Stalin über die Lena-Streiks:

"Denn die höllischen Arbeitsbedingungen auf den Goldfeldern, die minimalen Forderungen der Arbeiter, der freiwillige Verzicht auf die Achtstundenforderung, die Bereitschaft der Arbeiter zu weiteren Zugeständnissen - alles das ist das bekannte Bild des friedlichen Lena-Streiks. Nichtsdestoweniger hielt es die Regierung für notwendig, die Arbeiter niederzuschießen - friedliche, unbewaffnete Arbeiter, die Tabaksbeutel in den Händen hatten und Eingaben für die Freilassung der verhafteten Kollegen in den Taschen trugen. ..."[130]

Ein Jahr darauf schreibt er zum Jahrstag des Lena-Gemetzels:

"Am 9. Januar 1905 wurde auf dem Platz vor dem Winterpalast in Petersburg der Glaube an die vorrevolutionäre Selbstherrschaft zerschossen. Am 4. April wurde an der fernen Lena der Glaube an die jetzige, 'erneuerte' nachrevolutionäre Selbstherrschaft zerschossen."

Es folgt noch ein weiteres zaristisches Massaker: das an 16 Sewastopoler Matrosen, welches einen revolutionären Streik von 150.000 Arbeitern nach sich zieht.

Als die Duma-Fraktion der SDAPR eine Anfrage zum Lena-Massaker ins Parlament einbringt, antwortet ihr der zaristische Minister Makarow mit den Worten:

"So war es, und dabei bleibt es!"[131]

129· vgl. auch: Große Sowjet-Enzyklopädie, Bd. 1, ebd., S. 636.

130· Stalin-Werke, Bd. 2, ebd., S. 231f, ‚Sie arbeiten gut', Artikel in der Petersburger ‚Swesda' vom 17. April 1912.

131· Große Sowjet-Enzyklopädie, Bd. 1, ebd., S. 636.

Die proletarische Anwort lässt nicht lange auf sich warten: Über 300.000 Arbeiter treten in den Streik. Auch am 1. Mai wird gestreikt: vierhunderttausend sind es dann. Die Arbeiterbewegung ist wieder zurück! Sie hatte sich lange Zeit geduckt und zurückgezogen. Diese Zeiten sind nun endgültig vorbei. Wie schon vor sieben Jahren, als die zaristische Regierung in die friedliche Demonstration vor dem Winterpalast schießen ließ und ein gewaltiges Blutbad anrichtete, das zum Auslöser für die Erste Russische Revolution wurde, versucht sie jetzt erneut, durch Waffengewalt ihre 'Stärke' und Unnachgiebigkeit zu demonstrieren, um die Arbeiter einzuschüchtern und erreicht damit genau das Gegenteil: Sie demonstriert ihre Schwäche und schaufelt sich ihr eigenes Grab. Die Folge: eine Streikwelle, die nun ganz Russland erfasst. Stalin weiter:

"Von dem friedlichen Wirtschaftsstreik an der Lena hin zu politischen Streiks in ganz Russland, von politischen Streiks in ganz Russland zu einer vieltausend köpfigen Demonstration von Studenten und Arbeitern direkt im Zentrum Russlands - das haben die Vertreter der Staatsmacht in ihrem Kampf gegen die Arbeiter erreicht." [132]

g. Die Gründung der 'Prawda' und Stalins fünfte Verhaftung und Verbannung

Am 22. April 1912 erscheint die 'Prawda' zum ersten Mal. Stalin erinnerte sich später gerne an die Gründung der legendären Zeitung, die von Lenin angeregt worden war:

"Es war an einem Abend Mitte April im Jahre 1912 im Haus des Genossen Poletajew, als zwei Duma-Abgeordnete (Pokowski und Poletajew), zwei Autoren (Olminski und Baturin) und ich als Mitglied des Zentralkomitees 'Asyl' beim 'immunen' Poletajew bezogen hatten und uns auf eine Plattform zur Gründung der 'Prawda' einigten und dann die erste Ausgabe zusammenstellten." [133]

---

132. Ebd..

133. J. Jaroslawski, ebd., S. 78f.

Ausgerechnet an dem Tag, als die 'Prawda' zum ersten Mal erscheint, wird Stalin erneut verhaftet. Er kommt in Untersuchungshaft. Die Leitung der Zeitung geht nun auf Wjatscheslaw Molotow über, den späteren sowjetischen Außenminister und Ministerpräsidenten der UdSSR.

Wie kam es zur Verhaftung Stalins in Petersburg?

Stalin, so weiß Jaroslawski zu berichten, war von falschen Parteifreunden, Agents provocateurs, verraten worden, die wussten, wo er sich damals in Petersburg verbarg und welche Orte er regelmäßig aufsuchte. So wurde er zum fünften Mal in die Verbannung geschickt.

Dieses Mal kommt er nicht so glimpflich davon: Man schickt ihn jetzt in den hohen Norden, nach Narym in Westsibirien. Der Ort liegt am Ob-Fluss, etwa 300 km nordwestlich von Tomsk.

Mehrere Fluchtversuche scheitern, aber am 12. September gelingt Stalin dann doch wieder die Flucht. Es ist seine fünfte. Schon bald kann er seine Arbeit in Petersburg, wo es jetzt brodelt, wieder aufnehmen. Lange sollte er jedoch nicht in Freiheit bleiben.

h. Stalins 'Marxismus und nationale Frage'

In seinem Buch 'Die Bolschewiki und die zaristische Duma' bringt A. Badajew viele interessante Einzelheiten über Stalins Aktivitäten in Petersburg zu dieser Zeit, aber auch Stalins Artikel legen Zeugnis davon ab, welches enorme Arbeitspensum er damals für die Partei und die gerade eben erst gegründete 'Prawda' absolvierte.

Er beteiligt sich auch am Wahlkampf seiner Partei für die Dumawahlen und schreibt einen Wählerauftrag für die künftigen Abgeordneten, in dem er sich klar für ein imperatives Mandat für die bolschewistischen Abgeordneten der Duma ausspricht. Die Abgeordneten hätten die Pflicht, die Weisungen der Petersburger Arbeiter in der Duma auszuführen und sich dort für ihre Interessen mit aller Kraft einzusetzen. Die Duma, obwohl nur ein Scheinparlament, müsse auf jeden Fall als Tribüne für die Aufklärung und Organisierung der breiten Massen des Proletariats ausgenutzt werden:

"Die Duma-Tribüne ist unter den gegenwärtigen Bedingungen eines der besten Mittel für die Aufklärung und Organisierung der breiten Massen des Proletariats." [134]

Warum schweigen sich unser Stalin-Biografien-Schreiber dazu aus? Passt es nicht in das Bild vom bösen Diktator, der alles allein entscheiden wollte? Seit wann setzt sich ein Diktator für ein imperatives Mandat und einen Wählerauftrag ein, um Alleingänge von gewählten Abgeordneten zu unterbinden?

Lenin befand sich damals in Krakau und übermittelte dem Zentralkomitee, dem Russischen Inlandsbüro und der Petersburger Partei, der damals größten Parteiorganisation, seine Anweisungen. Stalin sorgte dafür, dass sie ausgeführt wurden, wenn er sich nicht gerade wieder in Haft befand.

Dann gründet man noch ein Organ der Partei: die 'Prosweschenije' (Aufklärung). Sie druckt Stalins Artikel, darunter auch seine berühmte Abhandlung 'Marxismus und nationale Frage', die er im Januar und Februar 1913 in Wien schreibt. Veröffentlicht wird der Aufsatz zuerst unter dem Titel 'Nationale Frage und Sozialdemokratie' in mehreren Folgen. Später erscheint er als Broschüre in Petersburg. Der zaristische Innenminister beeilt sich dann sofort, sie aus allen öffentlichen Bibliotheken und Lesehallen zu entfernen. Lenin schrieb damals an Maxim Gorki:

"Hier hat sich ein prächtiger Georgier an die Arbeit gemacht und schreibt für das 'Prosweschenije' einen großen Artikel, für den er sämtliche österreichische und andere Materialien zusammengetragen hat." [135]

Einige Stalin-Biografienschreiber sind der Meinung, dass Stalin diesen Aufsatz nicht alleine geschrieben, dass Nikolai Bucharin ihm dabei zur Seite gestanden habe, weil er 'kein deutsch konnte'. Das stimmt nicht: Stalin hatte sich damals in der Haft im Kaukasus

134· J. Jaroslawski, ebd., S. 80.

135· Stalin-Werke, Bd. 2, ebd., S. 364, unter Anmerkungen.

deutsch beigebracht. Er konnte zwar die Sprache nicht sprechen, sie aber in den Grundzügen lesen und verstehen, sodass er sich auch mit der deutschsprachigen Literatur, die er für seine Abhandlung benötigte, vertraut machen konnte.

Seine Ideen zur nationalen Frage in Russland werden später zur Grundlage der sozialistischen Politik Lenins gegenüber den Nationalitäten. Stalin wird nach der Oktoberrevolution auch Volkskommissar für Nationalitäten in Lenins erstem Kabinett.

i. Stalins sechste Verhaftung und Verbannung

Aber schon bald ziehen sich wieder dunkle Gewitterwolken über seinem Kopf zusammen. Lenin:

> *"Bei uns sind schwere Verhaftungen erfolgt. Koba ist festgenommen worden. ..."*[136]

Der wie immer ausgezeichnet informierte Jaroslawski beschreibt Stalins sechste Verhaftung:

> *"Zu dieser Zeit war es dem Agent provocateur Malinowski gelungen, sich in das Zentralkomitee der Partei einzuschleichen, aber auch in die bolschewistische Duma-Fraktion. Er verriet Jakow Swerdlow an die zaristische Geheimpolizei und kurz danach Stalin, der sich damals tief verborgen in Petersburg aufhielt."*[137]

Malinowski, der nach der Oktoberrevolution wegen dieses Verrats erschossen wurde, war sogar Chef der bolschewistischen Duma-Fraktion gewesen! Lenin, aber auch andere Bolschewiki, hatten ihm volles Vertrauen geschenkt.

Badajew macht weitere Angaben zu den Umständen von Stalins Verhaftung am 23. Februar in Petersburg:

> *"Die Polizei wartete ungeduldig auf die nächste Gelegenheit, ihn zu verhaften, sobald er auf die Straße treten sollte, und diese Gele-*

136· Ebd., Lenin an die Redaktion des ‚Sozialdemokrat', März 1913.

137· J. Jaroslawski, ebd., S. 84.

genheit fand sich schon bald: Im Kalaschnikow-Saal wurde für die 'Prawda' und andere revolutionäre Zwecke ein Konzert gegeben. Solche Konzerte wurden gewöhnlich von einer großen Zahl von Arbeitern und von Sympathisanten unter den Intellektuellen besucht. Sie wurden auch von Parteimitgliedern besucht, auch von jenen, die im Untergrund arbeiteten, die in der lärmenden Menge Gespräche mit anderen führen wollten, was unter normalen Umständen nicht so ratsam gewesen wäre.

Stalin beschloss also, auch an dem Konzert im Kalaschnikow-Saal teilzunehmen, und Malinowski, der davon erfahren hatte, informierte dann die Polizeibehörde. Stalin wurde direkt vor unseren Augen in einem der Räume des Saales festgenommen."[138]

Stalin wird auf vier Jahre nach Turutschansk verbannt und kommt in die Siedlung Kostino. Turutschansk liegt an der Unteren Turguska, einem Nebenfluss des Jenissei. Anfang 1914 wird er in den ganz hohen Norden nach Kureika am Polarkreis verlegt.

138· Ebd., S. 84, nach A. Badajew, ‚Die Bolschewiki in der zaristischen Duma'.

5. Die Turutschansker Verbannung

a. Die Jahre 1913/14 in Turutschansk

Eine Genossin von Stalin, die wie er in den hohen Norden verbannt worden war, beschrieb in ihren Erinnerungen den Ort Kureika, wo Stalin lebte. Vera Schweizer schrieb:

"Im Winter unternahmen Suren Spandarian und ich einen Ausflug in das Dorf Kureika, um Stalin zu besuchen. Die Polizei wusste nichts davon. Wir mussten eine Reihe von Fragen im Zusammenhang mit dem Prozess gegen die bolschewistische Duma-Fraktion besprechen, der damals gerade im Gang war. Außerdem waren eine Reihe von Parteiangelegenheiten zu erörtern.

In dieser Jahreszeit (sie meint den Winter 1913/14 - Verf.) verschmelzen Tag und Nacht zu einer endlosen arktischen Nacht, durchzogen von grausamen Frösten.

Wir fuhren mit dem Holzschlitten den Jenissei entlang ohne anzuhalten, quer durch die kahle und öde Wildnis, die zwischen Monastyrskoje und Kureika liegt - eine zweihundert Kilometer lange Fahrt, nur begleitet von dem ununterbrochenen Heulen der Wölfe.

Wir erreichten Kureika und hielten nach Stalins Hütte Ausschau. Unter den fünfzehn Hütten des Dorfes war dies die armseligste: ein Wohnraum, eine Küche, wo der Besitzer und seine Familie wohnten und dann der Raum des Genossen Stalin. Das war schon alles.

Genosse Stalin freute sich riesig über unsere unerwartete Ankunft und tat alles, um es den 'arktischen Reisenden' gemütlich zu machen. Das Erste, was er tat, war, dass er zum Jenissei hinunterlief - dort, wo seine Angelschnüre durch Löcher im Eis ausgelegt waren. Ein paar Minuten später kam er zurück mit einem riesigen Stör, den er über seine Schulter geworfen hatte. Unter Anleitung dieses 'erfahrenen Fischers' bereiteten wir sofort den Fisch zu, entnahmen ihm den Kaviar und kochten uns eine Fischsuppe. Während dieser kulinarischen Aktivitäten diskutierten wir angestrengt über Parteiangelegenheiten.

Dieser Raum schien Stalins aktiven Geist zu atmen, der sich nicht einen Augenblick von den ihn umgebenden Realitäten ablenken ließ. Auf seinem Tisch stapelten sich Bücher und riesige Bündel von Zeitungen, und in einer Ecke sah man Angel- und Jagdutensilien der unterschiedlichsten Art, die er selbst angefertigt hatte."[139]

Stalin war also nicht der einzige Bolschewik, den man hierher verbannt hatte. Auch der von Malinowski ebenfalls verratene Jakow Swerdlow befand sich dort, aber auch Suren Spandarian und Lew Kamenjew. Stalin blieb in diesem Exil bis zum Ausbruch der Februar-Revolution, die ihn daraus befreite.

Ende 1914 erhält er Lenins ersten Thesen-Entwurf zum Weltkrieg, der inzwischen schon vier Monate alt ist. Dazu Vera Schweizer:

"Ein besonders aufregender Moment in unserem Verbannungsleben war das Eintreffen von Lenins Instruktionen. In Krasnojarsk, auf meinem Weg in die Verbannung nach Turutschansk, erhielt ich den ersten Entwurf von Lenins Thesen über den Krieg. Sie wurden mir von einer Geheimadresse aus geliefert, von der aus Nadeschda Konstantinowa (das ist Lenins Frau Nadeschda Krupskaja - Verf.) immer Lenins Briefe verschickte. Ich übergab dem Genossen Stalin diese Thesen, der damals mit Suren Spandarian im Dorf Monastyrskoje wohnte. Lenins sieben Thesen zum Krieg zeigten, dass Genosse Stalin bei der Einschätzung der komplexen historischen Lage die richtige leninsche Position bezogen hatte, ohne davon abgewichen zu sein.

Es ist schwer, die Freude, die Begeisterung und den Triumph zu beschreiben, mit der der Genosse Stalin Lenins Thesen las, die seine Vorstellungen bestätigten und die den Sieg der Revolution in Russland versprachen."[140]

---

139. J. Jaroslawski, ebd., S. 84f.

140. Ebd., S. 86f.

Lenin wie Stalin lehnten die Vaterlandsverteidigung ab, der der Menschewik Plechanow, aber auch der Anarchist Kropotkin aufgesessen waren, und natürlich nicht zu vergessen, die ganz überwiegende Mehrheit der deutschen Sozialdemokraten im Reichstag.

Es gibt einen Brief von Stalin und Suren Spandarian aus dem Exil, der an Lenin adressiert war, in dem sich die beiden über die 'Vaterlandsverteidiger' lustig machen.

b. Das Jahr 1915

Sommer 1915:

Die drei Mitglieder des neuen Zentralkomitees der SDAPR - Stalin, Swerdlow und Spandarian - nehmen an einer Versammlung in Monastyrskoje in Turutschansk teil. Auf diesem Treffen verurteilt Stalin scharf das Verhalten von Lew Kamenjew beim Prozess gegen die bolschewistische Duma-Fraktion. Die Mitglieder der Duma-Fraktion werden am 10. Februar 1916 verurteilt. Lew Kamenjew wird uns später noch des Öfteren begegnen.

Selbst in dem gottverlassenen Turutschansk widmet sich Stalin der Parteiarbeit, hält sich über die Vorgänge in Petersburg auf dem Laufenden, hat Kontakt zu Lenin, liest viel und spricht auf Versammlungen am Verbannungsort. In seiner Freizeit widmet er sich dem Fischfang und der Jagd.

Im Februar 1915 nimmt die bolschewistische Presse nach einer kurzen Unterbrechung ihre Arbeit in Petersburg wieder auf. Eine Zeitschrift mit dem Decknamen 'Versicherungsfragen' erscheint schon wieder. Es ist die einzige bolschewistische Zeitung, die legal erscheinen kann. Die Redaktionsräume dieser Zeitung werden dann zu einem beliebten Treffpunkt für die Petersburger Bolschewiki, die dort unter der Führung von W. Molotow arbeiten. Das Magazin dient als Schutzschild für die Untergrundarbeit der Parteimitglieder, und obwohl auch dieses Blatt immer wieder zensiert wird und mit leeren Seiten erscheinen muss, gelingt es ihm dennoch, die Vorstellungen der Bolschewiki während des Krieges breit in die Öffentlichkeit zu tragen.

Auch Stalin erhält diese Zeitschrift an seinem Verbannungsort und sammelt sogar Spenden unter den verbannten Genossen. Er schreibt der Redaktion einen kleinen Brief und legt ihm die Spenden bei. Es sind sechs Rubel und 85 Kopeken. In dem Brief heißt es unter anderem:

"Wir, eine Gruppe von Verbannten in der Region Turutschansk, freuen uns über das Wiedererscheinen von 'Versicherungsfragen'. Da zur Zeit die Stimme der Masse der Arbeiter so wenig Resonanz in der russischen Öffentlichkeit findet, wo eine echte Arbeitervertretung durch das Mitwirken von A. Gutschkow und P. Rjabuschinski vereitelt wird, sind wir sehr erfreut darüber, ein echtes Arbeitermagazin lesen zu können."[141]

Dieser Brief war von Stalin, A. Maslennikow (der später von Admiral Koltschak während des Bürgerkrieges erschossen werden sollte), Suren Spandarian, Vera Schweizer und anderen unterschrieben worden.

Der deutsche Historiker Klaus Kellmann macht aus diesem Brief folgendes Fantasieprodukt, um Stalin als 'Gewaltmenschen' hinzustellen:

"Und er schrieb auch an Lenin, voll ungebrochenen Hasses auf die Menschewisten: 'Hoffentlich erleben wir bald die Freude, dass eine Zeitung erscheint, wo man diesen Leuten nach Herzenslust ins Gesicht schlägt, unaufhörlich ..."[142]

Kellmann gibt als 'Quelle' die Stalin-Werke, Band 2, Berlin 1950, S. 383 an. Das Pech unseres unglücklichen Historikers ist nur, dass der Text auf Seite 340 endet.

c. 1916 - März 1917

Im Dezember 1916, als das Zarenregime die gelichteten Reihen seiner Armee durch frische Kräfte auffüllen will, werden alle Ver-

141· J. Jaroslawski, ebd., S. 88.

142· Klaus Kellmann, ‚Stalin · eine Biografie', ebd., S. 29.

bannten zur Armee eingezogen. Stalin wird nach Krasnojarsk zur Musterung beordert. Man verzichtet aber dann auf eine Einziehung, wahrscheinlich, weil man der Meinung war, dass Stalin in der Armee zu gefährlich sein könnte. Er besaß auch einen steifen Arm von einer Krankheit aus seiner Kindheit, aber das wird wohl angesichts der Tatsache, dass man nun alle möglichen Kräfte mobilisieren wollte, keine entscheidende Rolle gespielt haben. Stalin wird dann nach Achinsk geschickt - 150 km westlich von Krasnojarsk gelegen -, um dort den Rest seiner Strafe zu verbüßen. Dort wird er im Frühjahr 1917 durch die Februar-Revolution befreit.

Am 8. März kann er den Ort Richtung Petersburg verlassen, wo er vier Tage später eintrifft. Das ZK, froh seinen besten Mann wohlbehalten zu sehen, beauftragt ihn sofort mit der Leitung der 'Prawda'. Zusammen mit Molotow, der 1916 aus der Verbannung geflohen war, leitet er nun das Zentralkomitee, aber auch das Petrograder Komitee der Bolschewiki. St. Petersburg war inzwischen in 'Petrograd' umbenannt worden.

Unser ukrainischer Journalist Leo Bronstein, dessen sprichwörtliche Wahrheitsliebe wir schon bei anderer Gelegenheit kennengelernt haben, über Stalins vierjähriges Exil in Nordost-Sibirien:

> *"Nach vier Jahren des politischen und geistigen Winterschlafs in Sibirien, sank er auf das Niveau eines 'linken' Menschewiki herab. ..."*[143]

143. L. Trotzki, ebd., S. 352.

6. Stalins Tätigkeit von seiner Ankunft in Petrograd bis zum Ausbruch der Oktoberrevolution

a. Die Februarrevolution von 1917

Der Aufstand gegen das Zarenregime in Petrograd war die Fortsetzung einer ganzen Reihe politischer Streiks, die schon im Januar begonnen hatten.

Am 9. Januar (am 22. Januar nach dem neuen Kalender) begeht das Petrograder und Moskauer Proletariat den 12. Jahrestag des 'Blutsonntags'. Hunderttausende beteiligen sich. In Petrograd sind es 300.000, in Moskau sind es ein Drittel aller Arbeiter, die in den Ausstand treten, und auch in Baku kommt es zu Streiks. Es bleibt aber nicht dabei: Man geht auch auf die Straße und demonstriert. Losungen wie 'Nieder mit der Autokratie!', 'Es lebe die demokratische Republik!' und rote Fahnen sind zu sehen.

Im Februar kommt es erneut zu einer Streikwelle. Anlass ist diesmal der erste Jahrestag der Verurteilung der bolschewistischen Duma-Fraktion, die man am 10. Februar 1916 trotz ihrer Immunität, die Duma-Politiker damals genossen, verurteilt hatte. Eine Woche später streiken die Arbeiter der Petrograder Putilow-Werke, wieder eine Woche später hat der Streik schon so gut wie alle anderen Werke der Stadt erfasst. Auch viele Arbeiterrinnen schließen sich an, die in allen Fabriken die Arbeit ihrer eingezogenen Männer verrichten. Jetzt findet man auch Losungen gegen den Krieg in den Demonstrationszügen, darunter 'Nieder mit dem imperialistischen Krieg!' und andere.

Die Reaktion der Regierung kann nicht überraschen: Wieder einmal mehr ruft man das Militär zu Hilfe, bringt auf Dachböden Maschinengewehre in Stellung. Auf dem Snamenskaja-Platz schießt die Polizei in die Menge und richtet ein Blutbad an. Einen

Tag später bringt das Russische Büro der Bolschewiki ein Manifest mit dem Aufruf heraus, sich zu bewaffnen und die Regierung zu stürzen. Auf den Straßen kommt es zu Verbrüderungen zwischen den Demonstranten und den entsandten Truppenteilen. Es sind besonders die Arbeiterinnen, die die Soldaten umringen und sie auffordern, sich am Sturz der verhassten Regierung zu beteiligen.

Am nächsten Morgen, den 27. Februar (12. März), gehen zehntausend Soldaten auf die Seite des Volkes über, am Abend sind es schon sechsmal so viel. Die ersten Regierungsgebäude werden besetzt, man stürmt die Zeughäuser und bewaffnet sich, die politischen Gefangenen werden befreit und die ersten zaristischen Minister verhaftet.

Lenin erfährt von der Revolution in seinem Schweizer Exil:

"Die Revolution war das Werk des Proletariats. Es hat heldenmütig gekämpft, das Proletariat hat sein Blut vergossen, es hat die breiten Massen der Werktätigen und der armen Bevölkerung in Bewegung gebracht."[144]

In der Reichsduma in Petrograd kommt es nun zu einer geheimen Vereinbarung zwischen den dort vertretenen Kadetten (den Vertretern der 'liberalen' Kadettenpartei, die die russische Bourgeoisie vertreten), den Monarchisten, den Menschewiki und den Sozialrevolutionären, den Vertretern der reichen russischen Bauernschaft: Man solle jetzt nicht auseinandergehen, sondern zusammenbleiben, um zu verhindern, dass die Macht an die Aufständischen übergeht. Es wird ein 'Provisorisches Komitee zur Wiederherstellung der Ordnung in Petrograd' gegründet, um dies zu verhindern. Dort ist auch der kaukasische Menschewik Tscheidse vertreten, der einst zu den 'legalen Marxisten' N. Jordanias zählte.

Aber am gleichen Tag bildet man in der Stadt auch den ersten Sowjet der Arbeiter- und Soldatendeputierten. In den Betrieben

144· Große Sowjet-Enzyklopädie, Bd. 1, ebd., S. 652, nach: Lenin-Werke, Bd. 20, dt. Ausgabe Wien/Berlin 1928, S. 27.

und Truppenteilen rufen die Bolschewiki zu den Wahlen der Sowjets auf. Die Sowjets ('Räte') schießen jetzt überall wie Pilze aus dem Boden. Man kann dabei an die ersten Sowjets aus dem Jahre 1905 anknüpfen, als es allerdings nur Arbeitersowjets, noch keine Soldatenräte gab, was jetzt jedoch der Fall ist.

Während die russischen Bolschewiki dabei sind, die Arbeiter zu bewaffnen, nehmen die Menschewiki und 'Sozialrevolutionäre' in den Sowjets die vorderen Plätze ein. Erschwerend kommt hinzu, dass sich Lenin und Stalin und viele andere führende Bolschewiki noch im Exil bzw. in der Verbannung befinden und dies nicht verhindern können.

Am 1. März passiert Folgendes: Die Menschewiki und Sozialrevolutionäre geben als Führer der Sowjets auf einer Beratung mit dem 'Duma-Komitee zur Wiederherstellung der Ordnung in Petrograd' ihre Zustimmung zur Bildung einer 'Provisorischen Regierung' aus Vertretern der Bourgeoisie und der Landbesitzer und geben damit grünes Licht für die neue Regierung. Die alles entscheidende Frage der Staatsgewalt, der Macht im Staate, wird bis zur Einberufung einer 'Konstituierenden Versammlung' vertagt. Das bedeutet, dass noch nicht einmal eine bürgerliche Republik ausgerufen wird.

Am nächsten Tag wird die Zusammensetzung der 'Provisorischen Regierung' bekanntgegeben. An diesem Tag überreicht Zar Nikolaus II dem Vorsitzenden des Provisorischen Komitees, dem Fürsten Lwow, die Abdankungsurkunde zugunsten seines Bruders Mikhail. Dieser verzichtet jedoch auf den Zarenthron. Lwow wird dann vom Zaren, der schon abgedankt hatte (!), mit der Regierungsbildung beauftragt. Das Datum der Machtübergabe wird nachträglich gefälscht, um es so aussehen zu lassen, als ob der Zar, als er noch nicht abgedankt hatte, die Übergabe 'rechtmäßig' veranlasste. In Wirklichkeit aber war der Zar vom Volk gestürzt worden und besaß überhaupt kein Recht mehr, seine Macht auf ein 'Duma-Komitee' zu übertragen, das sich aus monarchistischen und bürgerlichen Abgeordneten, plus einem Menschewisten, zusammensetzte.

So entstand die bürgerlich-gutsherrliche 'Provisorische Regierung'. Da es nun aber gleichzeitig überall Sowjets gab, ergab sich eine Doppelherrschaft: Einerseits regierte die Bourgeoisie zusammen mit dem monarchistischen Adel, andererseits die Arbeiterklasse in den Sowjets. Dazu Lenin:

"Die im höchsten Maße bedeutsame Eigenart unserer Revolution besteht darin, dass sie eine Doppelherrschaft geschaffen hat. Worin besteht diese Doppelherrschaft? Darin, dass sich neben der Provisorischen Regierung, der Regierung der Bourgeoisie, eine noch schwache, erst in Keimform befindliche, aber dennoch unzweifelhaft existierende und erstarkende andere Regierung herausgebildet hat: die Sowjets der Arbeiter- und Soldatendeputierten."[145]

b. Stalins Tätigkeit in Petrograd bis zur Ankunft Lenins

Dies war die Lage, die Stalin am 12. März (25. März) in Petrograd vorfand, als er aus Achinsk (Sibirien) zurückgekehrt war.

Am 14. März, nur zwei Tage nach seiner Ankunft in Petrograd, nach einer viertätigen, sicherlich sehr anstrengenden Rückfahrt aus dem Exil, schreibt er schon über das wohl zu dieser Zeit Allerwichtigste, über die Festigung und den Ausbau der revolutionären Macht in Form der Sowjets der Arbeiter- und Soldatendeputierten. Die Grundlage dieser Macht: das Bündnis zwischen Arbeitern und Bauern. Die Soldaten seien doch im Grunde die Bauern, nur in einen Waffenrock gekleidet. Gemeinsam mit ihnen müsse man 'für die praktische Verwirklichung der grundlegenden Forderungen des russischen Volkes' kämpfen:

Boden für die Bauern, Arbeitsschutz für die Arbeiter und die demokratische Republik für alle Bürger Russlands![146]

145· Große Sowjet-Enzyklopädie, Bd. 1, ebd., nach: Lenin-Werke, Bd. 20, S. 94, Werke in zwei Bänden, Band zwei, Berlin 1952, S. 12.

146· vgl. Stalin-Werke, Bd. 3, Berlin 1951, S. 3, nach Stalins Artikel in der ‚Prawda' Nr. 8.

Es komme darauf an, überall Sowjets zu schaffen, sie gut zu vernetzen und mit dem zentralen Sowjet in Petrograd zu verbinden, um allen Anschlägen und Provokationen der Konterrevolution gewachsen zu sein.

Schon zwei Tage darauf, am 16. März, erscheint erneut ein Artikel Stalins in der 'Prawda', überschrieben mit 'Über den Krieg'. Völlig unabhängig von Lenin schätzt er den Ersten Weltkrieg ein als das, was er war, als einen - wie er sich ausdrückt - 'imperialistischen Raubkrieg', und zwar auf allen Seiten. Er fordert die Arbeiter, Bauern und Soldaten auf, durch Demonstrationen und Kundgebungen von der neuen Provisorischen Regierung zu verlangen, dass sie den Versuch unternimmt, 'alle kriegführenden Mächte zur unverzüglichen Aufnahme von Friedensverhandlungen auf der Grundlage der Anerkennung des Selbstbestimmungsrechts der Nationen zu bewegen'.[147]

Sollten die imperialistischen Staaten darauf jedoch nicht eingehen, so könnte man ihnen dadurch immerhin die Maske vom Gesicht herunterreißen und 'die wahren Hintergründe des jetzigen Krieges vor den Massen bloßlegen'.[148]

Nur einen Tag später veröffentlicht die 'Prawda' Stalins dritten Artikel, überschrieben mit 'Auf dem Wege zu Ministersesseln', in dem er Plechanows Gruppe 'jedinstwo' (Einheit) als 'Vaterlandsverteidiger' entlarvt. Die SDAPR jedoch stehe auf den Positionen der Konferenzen von Zimmerwald und Kienthal, die die 'Vaterlandsverteidigung' abgelehnt hatten. Plechanow hatte behauptet, dass das Proletariat, 'gezwungen ist, den Krieg fortzusetzen'.[149]

Wieder einen Tag später erscheint sein nächster Artikel: 'Über die Bedingungen für den Sieg der Russischen Revolution'. In diesem Artikel fordert er die Ausweitung der Revolution auf die Provinz und die Bildung eines gesamtrussischen Organs für die Eroberung der vollständigen Staatsmacht in Form eines 'Allrussischen Sowjets

147· ebd., S. 7.

148· ebd., S. 8.

149· vgl. ebd., S. 9

der Arbeiter-, Soldaten- und Bauerndeputierten'.[150] Und er nennt auch die unerlässliche Bedingung dafür: die sofortige Bewaffnung der Arbeiter in Gestalt einer 'Armee bewaffneter Arbeiter'. Ohne eine solche bewaffnete Macht könne die Revolution unmöglich siegen. Die Revolution müsse bewaffnet sein!

Um zu verhindern, dass die Provisorische Regierung zu einem Hort der Konterrevolution wird, brauche man auch die 'Konstituierende Versammlung, die in allen Gesellschaftsschichten Autorität genießt'. Dafür sei es dringend notwendig, Friedensverhandlungen aufzunehmen, denn an dem fortdauernden Krieg könne die Revolution leicht wie 'ein Schiff an einer Klippe zerschellen'.[151]

Am 25. März schreibt Stalin dann erneut einen Artikel: 'Über die Aufhebung der nationalen Beschränkungen'. Er tritt darin entschieden für das nationale Selbstbestimmungsrecht der Nationen und für die politische Autonomie geschlossener Wirtschaftsgebiete ein und weist auch darauf hin, welches die soziale Basis für die nationale Unterdrückung in Russland ist und immer gewesen ist: Es ist die Landaristokratie, die verantwortlich sei für die ständigen Pogrome an Juden, Armeniern und auch an anderen Nationalitäten. Diese alteingesessene Landaristokratie bezeichnet er als den 'entschlossensten und unversöhnlichsten Feind jeder Art von Freiheiten'. Diese russische Feudalaristokratie müsse von der politischen Bühne verschwinden.[152]

Einen Tag darauf erscheint 'Entweder - oder', eine Kritik an dem neuen russischen Außenminister Miljukow, der in einem Interview die neuen imperialistischen Ziele seiner Regierung ankündigte, darunter die Annexion Konstantinopels. Stalin: Die Provisorische Regierung trete ja gar nicht, wie immer behauptet, für die 'Vaterlandsverteidigung' ein, sondern sie wolle im Grunde eigene imperialistische Annexionen.

150· vgl. ebd., S. 12.

151· vgl. ebd., S. 14.

152· ebd., S. 16.

Dann geht es weiter: Am 28. März schreibt er 'Gegen den Föderalismus'. In diesem Artikel spricht er sich erneut für das Recht der Nationen auf vollständige Lostrennung aus, aber auch für die politische Autonomie in einem künftigen Einheitsstaat und entwickelt damit schon zu diesem Zeitpunkt die Prinzipien des späteren staatlichen Aufbaus der Sowjetunion.

Was ergibt sich hieraus?

Daraus ergibt sich, dass Stalin, ohne dass Lenin ihm in irgendeiner Weise ideologisch oder sonst wie zur Seite stand, und trotz seiner jahrelangen Verbannung in einem vom Zentrum Petrograd weit abgelegenen Ort, erstaunlich klare Vorstellungen nicht nur über den Charakter des Krieges, nicht nur über den Charakter der Revolution und über die nächsten Aufgaben dieser Revolution, sondern auch schon über die künftige staatliche Struktur der Sowjetunion besitzt.

Er ist vom ersten Tage seiner Ankunft in Petrograd körperlich und geistig in einer ausgezeichneten Verfassung und geht sofort entschlossen ans Werk, um der Revolution zu dienen und sie voranzubringen.

Trotzkis oberlehrerhafter Kommentar:

"Der Verfasser (gemeint der Verfasser jener Artikel, also Stalin) hat auf dem Gebiet der Theorie seit Beginn des Jahrhunderts keine Fortschritte mehr gemacht."[153]

c. Die Ankunft Lenins

Am 3. April kommt Lenin in Petrograd an. Er war im plombierten Zugabteil quer durch das Deutsche Reich gereist, das ihm die Erlaubnis für die Durchreise gegeben hatte, in der Hoffnung, dass er, einmal an der Macht, die Ostfront für die deutschen Imperialisten liquidieren würde. Er wird begeistert von Arbeitern und Soldaten vor dem Finnländischen Bahnhof, wo er aussteigt, empfangen. Von seinem Panzerauto aus begrüßt er die Menge und ruft zum Kampf

153- L. Trotzki, ebd., S. 281.

für die sozialistische Revolution auf. Stalin ist auch dabei und fährt mit ihm zusammen ins Stadtzentrum von Petrograd:

"Auf dem Weg nach Petrograd informierte Stalin Lenin über die Lage in der Partei und den Fortschritt der Revolution."[154]

Einen Tag später:

Lenin legt seine berühmten 'April-Thesen' vor. Darin entwickelt er seinen Plan für die weiteren Fortgang der Revolution. Von der 'bürgerlich-demokratischen Revolution' - so müsse man die jetzige Revolution bezeichnen -, müsse nun schnell zur 'proletarisch-sozialistischen Revolution' übergegangen werden. Die Bedingung dafür: Die Sowjets müssen die gesamte Macht erhalten, nicht nur einen Teil! Die bürgerliche Konterrevolution in Gestalt der neuen 'Provisorischen Regierung' müsse unbedingt entmachtet werden!

Dies war eine klare Marschroute, ein klarer Wegweiser für die weitere Entwicklung der Revolution, für ihre Zuendeführung.

Stalin gestand später selbstkritisch ein, dass er eine oder zwei Wochen gebraucht habe, um sein Schwanken hinsichtlich dieser Marschroute zu überwinden. Aber dann schließt er sich entschlossen Lenins Plan an und tritt wie er für einen schnellen Übergang zur sozialistischen Revolution ein. Es gab aber auch Widerstand innerhalb der bolschewistischen Partei. Lew Kamenjew und sein Freund Grigori Sinowjew stellen sich dem Plan entgegen. Auch unmittelbar vor dem Oktober-Aufstand sind es diese beiden wieder, die versuchen sollten, der sozialistischen Revolution Knüppel zwischen die Beine zu werfen, als sie gegen den Aufstandsplan stimmten. Später werden sie zu entschiedenen Gegnern des sozialistischen Aufbaus und konspirieren mit Trotzki und dem imperialistischen Ausland zusammen gegen die Sowjetmacht.

Stalin erinnerte sich gerne an diese erste Zeit mit Lenin. Er habe damals in seiner Nähe seine dritte 'revolutionäre Feuertaufe' erhalten.

154- J. Jaroslawski, ebd., S. 94.

d. Die Aprilkonferenz der SDAPR

'Alle Macht den Sowjets!' - das ist die Hauptlosung, die Lenin auf der Aprilkonferenz der SDAPR ausgibt. Sie dauert vom 24. bis zum 29. April 1917.

Von der ersten Etappe der Revolution, der bürgerlich-demokratischen, müsse zügig zur zweiten, der sozialistischen, vorangeschritten werden. Das Proletariat brauche dafür die politische Macht. Mit der Doppelherrschaft, die sich nach und nach immer mehr zu einer Alleinherrschaft der Bourgeoisie entwickelte, müsse Schluss gemacht werden!

Stalin hält am letzten Tag der Konferenz das Referat über die nationale Frage. Nachdem er den Begriff 'nationale Unterdrückung' definiert hat, tritt er für das Recht auf Selbstbestimmung der Nationen, Nationalitäten und Völker ein - bis hin zur Lostrennung und zur Bildung selbstständiger, unabhängiger Staaten. Seine Vorschläge lassen sich so zusammenfassen:

1. Anerkennung des Rechts der Nationen, Nationalitäten und Völker auf Lostrennung;
2. Regionale Autonomie (Gebietsautonomie) für Nationen, Nationalitäten, Völker, die im russischen Staatsverband verbleiben wollen;
3. Sondergesetze, die die Freiheit der Entwicklung der nationalen Minderheiten garantieren und fördern. Diese haben das Recht, ihre eigene Religion, ihre eigene Sprache und Kultur zu pflegen;
4. Eine einzige proletarische Partei für die Werktätigen aller Nationalitäten.

Damit unterstützte Stalin auch das Recht des finnischen Volkes auf Austritt aus dem russischen Staatsverband:

"Die Provisorische Regierung lehnt dies ab. Sie erkennt damit das finnische Volk nicht als souverän an. Auf wessen Seite müssen wir uns stellen? Offenbar auf die Seite des finnischen Volkes, denn es ist undenkbar, dass wir uns mit dem gewaltsamen Festhalten

irgendeines Volkes im Rahmen eines einheitlichen Staates einverstanden erklären können."[155]

Dieser Vorschlag wird nach der Oktoberrevolution sofort umgesetzt: Am 18. Dezember 1917 erhält Finnland aus den Händen der Sowjetregierung seine Unabhängigkeit. Die spätere finnische Regierung, die dann im Juni 1941 an der Seite Hitlerdeutschlands die Sowjetunion überfallen sollte, die aber auch schon während des Bürgerkrieges von 1918-1922 auf die Seite der Konterrevolution und der Interventen überging, hat dieses großzügige Angebot in ein Instrument für den Kampf gegen die Sowjetunion, gegen den Sozialismus und für den Faschismus verwandelt und damit auch das eigene Volk verraten.

Für die Gebiete, die sich nicht lostrennen wollen und die bestimmte nationale Eigenarten in ihrer Lebensweise, ihrer Kultur oder Sprache aufweisen, schlägt Stalin die Gebietsautonomie vor.

Besonders setzt er sich für die Rechte der nationalen Minderheiten ein, die es zu schützen gelte. Er fordert die Gleichberechtigung in Schul- und Religionsfragen.

Aber er setzt sich auch für die gegen den Imperialismus kämpfenden Völker ein:

"Wir müssen jede Bewegung unterstützen, die gegen den Imperialismus gerichtet ist."[156]

Nicht jede nationale Bewegung sei reaktionär, wie der Trotzkist Pjatakow auf der Aprilkonferenz erklärt hatte. Stalin wendet sich gegen diese Verabsolutierung:

"Ist etwa die Bewegung in Irland gegen den englischen Imperialismus keine demokratische Bewegung, kein Schlag gegen den Imperialismus? Und sollen wir diese Bewegung etwa nicht unterstützen?"[157]

155· Stalin-Werke, Bd. 3, Berlin 1951, S. 47, 7. Konferenz der SDAPR, auch ‚Aprilkonferenz' genannt.

156· Ebd., S. 52.

157· Ebd..

Würde man diesen Vorschlag auf die heutige Zeit beziehen, dann wäre es Pflicht einer jeden kommunistischen Partei, die diesen Namen verdient, sich für alle nationalen Befreiungsbewegungen und für alle Staaten, und seien es bürgerliche Regimes, einzusetzen, die sich dem US-Imperialismus und dem zionistischen Israel entgegenstellen, darunter Syrien, der Iran oder das bolivarische Venezuela.

Die Aprilkonferenz billigt Lenins und Stalins Orientierung. Allerdings gibt es auch eine Opposition: Pjatakow, ein enger Verbündeter Trotzkis, wie sich später herausstellen sollte, erhebt Einwände gegen das Recht auf Selbstbestimmung. Ein weiterer Oppositioneller, der sich später auch Trotzki anschließen sollte, nämlich Lew Kamenjew, spricht sich sogar für eine Zusammenarbeit mit der Provisorischen Regierung aus und unterstützt damit die menschewistische Marschroute. Aber diese Vorschläge finden keine Mehrheit.

Das Ergebnis der Konferenz:

Die Partei besitzt jetzt nicht nur eine klarsichtige und entschlossene Führung in Lenin und Stalin, die die überwältigende Mehrheit der Partei hinter sich bringt, sondern auch ein klares Programm für das weitere Vorgehen, das schon bald zum Erfolg führen sollte.

Kurz nach der Konferenz:

Stalin wird auch in das Politbüro des Zentralkomitess gewählt. Sechsunddreißig Jahre sollte er dort bleiben, bis zu seinem gewaltsamen Tod am 5. März 1953.

e. Die erste ernste Krise der Provisorischen Regierung

Die Provisorische Regierung, die ihre Existenz den russischen Arbeitern und ihren Streiks und Demonstrationen zwischen Januar und Februar 1917 verdankt, aber die Interessen der aufstrebenden russischen Bourgeoisie, des Landadels, der reichen Bauern, aber auch und vor allem die der internationalen Hochfinanz vertritt, denkt gar nicht daran, nun auch das, was diese russischen Arbeiter verlangen, zu verwirklichen - und das ist zu allererst die Beendigung des imperialistischen Krieges. Der Krieg und damit auch das tausendfache Morden gehen ungebrochen weiter. Der russische Außenminister Miljukow zeigt Bündnistreue gegenüber der Entente aus Großbritannien, den USA, Frankreich und den anderen Verbündeten und ist sogar so dreist, ganz offen die neuen Kriegsziele zu verkünden. Das türkische Konstantinopel (heute Istanbul) soll russisch werden. 'Krieg bis zum siegreichen Ende', heißt es. 'Alle Verträge mit den Alliierten müssen eingehalten werden!'

Die einfachen Bauern Russlands forderen Land und die Enteignung des Landadels, doch das Land wird nicht enteignet, sie erhalten kein Land aus den Händen der neuen 'fortschrittlichen' Regierung. Die Bauernaufstände zur Enteignung der Gutsherrn werden nicht von ihr unterstützt, sondern, ganz im Gegenteil, von den aufs Land geschickten Sondereinheiten der neuen Regierung niedergeschlagen. Die vielen Nationalitäten des russischen Riesenreiches erhalten kein Recht auf Selbstbestimmung. Die alten, vom Zentrum in Petrograd eingesetzten Gouverneure, die alten Statthalter des Zaren, dürfen weiter regieren. Die Arbeiter forderen den Achtstundentag. Sie hatten unter dem Zaren im Durchschnitt fast zehn Stunden zu arbeiten, in bestimmten Regionen, darunter der Kaukasus, sogar erheblich länger - Überstunden nicht mitgerechnet. Sie bekommen ihn nicht. Sie forderen eine Produktionskontrolle, sie erhalten keine. Sie fordern Brot, sie erhalten keins. Alles bleibt im Prinzip so wie es war, nur die Fassade hat sich geändert.

Dies musste zwangsläufig zu weiteren Unruhen, Protesten und Aufständen führen. Als Miljukows Ergebenheitsnote an die verbündeten Staaten bekannt wird, ziehen die Petrograder Arbeiter vor den Regierungssitz, den Marienpalast, und fordern lautstark die Entlassung des Außenministers.

Drei Tage später - es ist der 21. April - unterstützt die bolschewistische Partei eine Demonstration der Arbeiter und Soldaten in Petrograd gegen den Krieg und für die neuen Sowjets. Auf den mitgeführten Transparenten heißt es: 'Nieder mit dem Krieg!', 'Die

Geheimverträge veröffentlichen!', 'Alle Macht den Sowjets!'. Die Demonstration trifft auf eine Gegendemonstration der 'liberalen' Kadetten, die der Regierung das Vertrauen aussprechen wollen. Der Oberbefehlshaber des Petrograder Militärbezirks und spätere Putschgeneral Kornilow befiehlt, auf die Demonstranten der regierungskritischen Veranstaltung zu schießen, aber seine Soldaten verweigern den Befehl. Am 2. Mai sieht sich Miljukow gezwungen zurückzutreten. Auch der russische Kriegsminister muss zurücktreten. Die Provisorische Regierung wackelt. Die erste ernste Krise ist da!

In solchen Situationen, wo die Bourgeoisie sich in einer ernsten Existenzkrise befindet, kommen ihr immer rechte Sozialdemokraten zu Hilfe. Darin besteht ihre Aufgabe und Existenzberechtigung. Sie bieten dann untertänigst und servil ihre Vasallendienste an, was nicht nur später in Deutschland in den Revolutionsjahren 1918/19 der Fall sein sollte, sondern auch schon in Russland damals der Fall war:

Die einst noch 'legalen Marxisten', die Menschewiki, die Revisionisten des Marxismus, die so genannten Reformsozialisten, werden jetzt in die Regierung mit aufgenommen, weil man sie braucht. Auch die 'Sozialrevolutionäre', die die russische Dorfbourgeoisie vertreten, eilen der ins Wanken geratenen Regierung zu Hilfe. Auch sie treten in die Regierung ein. Die Vertreter des Adels in der Regierung müssen eine Zeitlang ins zweite Glied zurücktreten. Die Provisorische Regierung gibt sich 'sozialistisch' und 'links', um das Volk zu täuschen.

Am 6. Mai kommt es zu einer Regierungsumbildung, zu einer 'Großen Koalition' aus Kadetten - die Partei der Unternehmer und Kaufleute -, Zentrumsleuten, Progressisten, Sozialrevolutionären und Menschewiki. Der Sozialrevolutionär Kerenski, der auch die Unterstützung der US-Botschaft in Petrograd besitzt, wird neuer Kriegsminister. Er sollte später zum Vorsitzenden der Provisorischen Regierung werden. Insgesamt sind sechs 'sozialistische' Minister in diesem Kabinett vertreten. Das unerklärte Ziel: der Provisorischen Regierung, also der russischen Konterrevolution, neues Leben einzuhauchen und die Proteste unter Kontrolle zu bekommen. Aber das sollte nicht gelingen, zu gut sind die Massen schon organisiert und politisiert - auch dank der zielstrebigen Arbeit der SDAPR unter den Massen.

f. Das Ende der friedlichen Phase der Februarrevolution

Am 18. Juni kommt es zu einer vorher nie gekannten Massendemonstration in Petrograd. Stalin entwirft das Manifest für die Kundgebung. Es richtet sich an 'Alle Werktätigen, an alle Arbeiter und Soldaten von Petrograd!'. Es ruft sie auf, 'diesen Tag in einen Tag gewaltiger Proteste des revolutionären Petrograd gegen die erneute Unterdrückung und Tyrannei zu verwandeln!' In dem Manifest heißt es weiter:

"Lasst morgen die revolutionären Fahnen wehen zum Entsetzen der Feinde von Freiheit und Sozialismus! ...

Arbeiter! Soldaten! Reicht einander die Bruderhand! Vorwärts unter dem Banner des Sozialismus!

Alle auf die Straße, Genossen!

Marschiert in geschlossenen Reihen mit Euren Fahnen!"

Der Aufruf schließt mit:

"Nieder mit der Konterrevolution!

Nieder mit der zaristischen Duma!

Nieder mit dem Staatsrat!

Nieder mit den zehn kapitalistischen Ministern!

Alle Macht den Sowjets der Arbeiter-, Soldaten- und Bauerndeputierten! ...

Aufhebung der gegen die Soldaten und Matrosen gerichteten Befehle!

Nieder mit der Entwaffnung der revolutionären Arbeiter!

Es lebe die Volksmiliz!

Es ist an der Zeit, mit dem Krieg Schluss zu machen! ...

Brot, Frieden, Freiheit!"[158]

Der Aufruf erscheint einen Tag vor der Demonstration.

Der Erste Sowjetkongress, noch von Menschewiki und Sozialrevolutionären dominiert, hatte versucht, die Demonstration in eine Kundgebung des Vertrauens für die angeschlagene Regierung und ihre 'neue Frontoffensive' zu verwandeln. Aber daraus wird nun nichts. Der riesige Zug der Demonstranten übernimmt bruchlos die Forderungen der Bolschewiki. Stalin:

"Eine ins Auge fallende Besonderheit: Kein einziges Werk, keine einzige Fabrik, kein einziges Regiment hatte die Losung 'Vertrauen zur Provisorischen Regierung' aufgestellt."[159]

Die am häufigsten mitgetragene Losung auf dieser Massendemonstration der 400.000 bis 500.000 (so Stalin): 'Alle Macht den Sowjets!'. Nur drei Gruppen hatten es gewagt, der Regierung das Vertrauen auszusprechen: der jüdische 'Bund', Plechanows 'Einheit' sowie eine Gruppe von Kosaken. Die Träger der pro-Regierungsparolen wurden gezwungen, ihre Fahnen einzurollen, den Kosaken wurden sie zerrissen.

Schon vierzehn Tage später kommt es erneut zu einer Massendemonstration in der Hauptstadt: Soldaten und Arbeiter gehen am 3. und auch am 4. Juli zusammen spontan auf die Straße. Der Auslöser: das Gerücht, dass man vorhabe, die Petrograder Garnison, die sich den Bolschewiki angeschlossen hatte, zu entfernen. Die Soldaten sind bewaffnet und proben den Aufstand, was Lenins Partei nicht verhindern kann. Die Partei hatte nicht zu der Demonstration aufgerufen, denn der Zeitpunkt des Aufstandes war noch nicht heran-

---

158- Stalin-Werke, Bd. 3, ebd., S. 91f.

159- Ebd., S. 94, ‚Auf der Demonstration'.

gereift. Was tut die Regierung? Sie lässt in die Massen schießen und richtet wie zu Zarens Zeiten ein Blutbad an. Aber es bleibt nicht dabei: Die Redaktion der 'Prawda' wird überfallen und die Räume demoliert. Die auf der Seite der Revolution stehende Garnison Petrograds wird entwaffnet, gegen Lenin ergeht ein Haftbefehl. Er ist gezwungen, sich zu verstecken. Die 'Prawda' wird verboten. Sie erscheint aber schon bald wieder unter einem anderen Namen, unter dem Namen 'Arbeiter und Soldat'.

Nun gibt es in der Partei einige Leute, die darauf drängen, dass Lenin sich dem Gericht stellen solle - darunter Kamenjew und Lunatscharski. Aber Stalin, Ordshonikidse, Swerdlow und andere, die Lenin loyal gegenüberstehen, bringen ihn in ein sicheres Versteck. Hätte sich Lenin dem Gericht gestellt, wäre ihm das passiert, was man in Deutschland später mit Karl Liebknecht und Rosa Luxemburg gemacht hat: Man hätte ihn zweifellos umgebracht. Sie hatten nicht das Glück, dass ihnen helfende Hände aus ihrer Partei gereicht wurden. Sie blieben in Berlin, versteckten sich nicht und wurden entführt und ermordet.

Damit war in Petrograd die friedliche Phase der Revolution beendet. Aber auch die Doppelherrschaft war nun vorbei. Die Bourgeoisie besaß nun alle Macht und teilte sie nicht mehr mit anderen Kräften.

Drei Wochen später bildet man die Regierung um: Die Kadetten treten wieder in sie ein, der bisherige Kriegsminister Kerenski wird Vorsitzender des Ministerrats und die von den Menschewiki geführten Sowjets werden zu einem bloßen Anhängsel der Regierung und unterwerfen sich ihr.

In dieser völlig neuen Situation muss sich die Partei umorientieren. Am 26. Juli findet deswegen auch der 6. Parteitag der SDAPR statt. Stalin leitet den Parteitag in Abwesenheit Lenins und hält den politischen Bericht, aber auch andere Referate. Der Parteitag verkündet die Absicht, den bewaffneten Aufstand vorzubereiten. Die Partei wirbt danach unter den Arbeitern und Soldaten für den Sturz der konterrevolutionären Regierung und für die Übertragung der vollständigen Macht an das Proletariat und an die armen Bauern.

Es gibt aber einige in der Partei, die das nicht wollen, darunter auch Nikolai Bucharin oder auch der Trotzki-Anhänger Preobraschenski. Bucharin: Russland kann nicht das erste Land sein, das eine erfolgreiche sozialistische Revolution durchführt! Stalin antwortet ihnen auf dem Parteitag so:

"Wir müssen die antiquierte Vorstellung aufgeben, dass nur Europa uns den Weg weisen kann. Es gibt einen dogmatischen Marxismus und einen schöpferischen. Ich trete für den letzten ein."[160]

Der Parteitag unterstützt Stalin.

Stalin hält in dieser Zeit auch den Kontakt zu Lenin aufrecht. Sein späterer Schwiegervater, S. Allilujew, der Lenin bei sich zu Hause versteckt hatte, erinnerte sich später an diese Zeit so:

"In den Julitagen, als Lenin gezwungen war, sich vor der wild gewordenen Bourgeoisie zu verstecken, wohnte er einige Zeit bei uns, und zwar vom 6. bis zum 11. Juli. Der Genosse Stalin kam zu mir, um den Genossen Lenin zu besuchen. Als Genosse Lenin nach Sestroretzk abfuhr - das war in der Nacht des 10. Juli -, begleiteten der Genosse Stalin und ich ihn zum Sestroretzker Bahnhof, der damals in Nowaja Derevnja am Ufer der großen Newa lag. Wir gingen die ganze Strecke zu Fuß von der Zehnten Roschdjestwenskaja Straße bis hin zum Bahnhof.

Als er in einer Baracke in Rasliw untergebracht war, später in Finnland, schickte mir Lenin von Zeit zu Zeit Briefe, die ich an den Genossen Stalin weitergeben sollte. Die Briefe kamen zu mir nach Hause, und weil sie dort beantwortet werden mussten, zog Genosse Stalin bei mir ein - Roschdjestwenskaja Straße 17. Das war im August. Er bewohnte das Zimmer, in dem zuvor Lenin untergebracht war, als er sich nach den Julitagen verbergen musste."[161]

160· J. Jaroslawski, ebd., S. 99, ‚Antwort an Preobraschenski'.

161· J. Jaroslawski, ebd., S. 100.

g. Der Kornilow-Putsch

Am 12. August rottet sich die Konterrevolution hinter dem Rücken Petrograds, aber auch hinter dem Rücken der Sowjets, in der Stadt Moskau zu einem Komplott zusammen. An ihrer Spitze steht General L. G. Kornilow, dessen Einstellung zur Revolution wir oben bereits kennengelernt haben.

An diesem Tag rufen führende Kadetten, also führende Vertreter der Bourgeoisie, in Moskau zusammen mit dem General den 'Moskauer Rat' ins Leben. Er soll angeblich 'die Revolution retten' und tarnt sich geschickt als 'Volksvertretung'. Der 'Sozialrevolutionär' Kerenski nimmt an den Beratungen auch teil. Die Menschewiki unterstützen ebenfalls das Projekt. In Wirklichkeit bereitet man einen Putsch vor. Kornilow soll mit seinem 3. Kavalleriekorps auf Petrograd marschieren, um dort die Sowjets auseinanderzujagen, um vorläufig die Macht zu übernehmen. Im letzten Augenblick machen dann Kerenski und die anwesenden Menschewiki, aber auch die Sozialrevolutionäre, einen Rückzieher, weil sie befürchten, dass die nachfolgenden Proteste ihnen endgültig den letzten Einfluss nehmen könnten.

Das ganze Land erhebt sich dann gegen den 'rebellierenden General', sprich gegen den Putschgeneral Kornilow. Ganz Moskau tritt in den Generalstreik. Und es sind die Arbeiterformationen von Petrograd, die sich zusammen mit Regimentern des Heeres, die sich auf die Seite der Bolschewiki gestellt haben, sich dem aus Moskau vorrückenden Korps entgegenstellen. Man schickt sogar Agitatoren, denen es gelingt, die Soldaten des Korps davon zu überzeugen umzukehren. Sie weigern sich, Kornilows Befehle auszuführen und stellen den Vormarsch auf Petrograd ein. Der Putsch bricht zusammen. Die 'Krönung der Konterrevolution', so Stalin, scheitert kläglich.

Die Kadetten, die den Putsch mit angezettelt hatten, sehen sich angesichts dieser Niederlage gezwungen, aus der Regierung auszutreten. Die Putschgeneräle werden verhaftet.

Schon bevor der 'Moskauer Rat' zusammengetreten war, entlarvte Stalin die konterrevolutionären Putschpläne der Reaktion in seinem Artikel 'Gegen die Moskauer Beratung'. Er war vier Tage vor Beginn des Putsches in 'Rabotschi i Soldat' (in der erneut umgetauften 'Pravda') erschienen:

"Es ist daher Aufgabe der fortgeschrittenen Arbeiter,

1. der Beratung die Maske einer Volksvertretung herunterzureißen und ihr konterrevolutionäres, volksfeindliches Wesen ans Tageslicht zu bringen;

2. die Menschewiki und Sozialrevolutionäre zu entlarven, die diese Beratung mit der Flagge 'Rettung der Revolution' decken und die Völker Russlands betrügen;

3. Protestkundgebungen der Massen gegen diese konterrevolutionären Machenschaften der 'Retter' der Profite der Gutsbesitzer und Kapitalisten zu organisieren.

Mögen die Feinde der Revolution wissen, dass die Arbeiter sich nicht betrügen lassen. ..." [162]

Fünf Tage darauf erscheint ein weiterer Artikel Stalins zur Moskauer Beratung, überschrieben mit 'Wohin führt die Moskauer Beratung?' Darin schreibt er:

"Zweifel sind ausgeschlossen: Man ist dabei, eine Militärdiktatur zu errichten und ihr eine feste Form zu verleihen." [163]

Die Ziele der 'Moskauer Beratung':

1. In der russischen Armee soll die Disziplin wieder hergestellt werden, das Offizierskorps soll die Macht in der Armee zurückerhalten;
2. Die Sowjets der Arbeiter und Soldaten sollen abgeschafft werden. Übrigbleiben sollen nur die 'Sowjets' der Kosaken.

Nur auf diesem Wege sei die 'Rettung Russlands' möglich.

Wodurch aber sei wirklich die Rettung Russlands möglich?

162- Stalin Werke, Bd. 3, ebd., S. 181, ‚Gegen die Moskauer Beratung'.

163- Ebd., S. 189.

Durch die

"Übergabe der Macht in die Hände der Arbeiter und Bauern, Bekanntgabe demokratischer Friedensbedingungen und Einstellung des Krieges, damit durch die Weiterentwicklung der Revolution der Boden den Bauern übergeben, die Arbeiterkontrolle in der Industrie eingeführt und die zerfallene Wirtschaft auf Kosten der Gewinne der Kapitalisten und Gutsbesitzer in Ordnung gebracht werden kann."[164]

Die Folge des gescheiterten Putsches. Jaroslawski:

"Er machte den Massen bewusst, dass nur die bolschewistische Partei sie zum Sieg führen, dass nur die Macht der Sowjets die Errungenschaften der Revolution garantieren konnte. Die neuen Wahlen zu den Sowjets führten zu einem Sieg der Boschewiki. Die Parole 'Alle Macht den Sowjets!', die man zeitweilig fallengelassen hatte, trat in den Vordergrund."[165]

Der Einfluss der Bolschewiki und ihrer Partei wachsen nun ständig. Die Partei hat inzwischen fast 250.000 Mitglieder. Im Petrograder Sowjet gelingt es ihr zum ersten Mal, ihre Resolutionen durchzubringen. Vor allem in den Arbeiterzentren geht die Leitung der Sowjets auf die Bolschewiki über. Der Einfluss der Regierungssozialisten schwindet, zu sehr haben sich die Menschewisten und Sozialrevolutionäre als Steigbügelhalter der Konterrevolution entlarvt.

Kurz: Der Putsch führt dazu, dass sich das Kräfteverhältnis zwischen Revolution und Konterrevolution entscheidend zugunsten der Revolution verschiebt. Sie kommt jetzt wieder in die Offensive, es kommt zu einem neuen revolutionären Aufschwung, in den immer mehr Menschen einbezogen werden. Immer mehr treten auf die Seite der Bolschewiki oder beziehen eine Position der wohlwollenden Neutralität.

164· Ebd., S. 197, ‚Zwei Wege', Leitartikel Stalins in ‚Proletari', erschienen am 15. August. ‚Proletari' ist ein weiterer neuer Name der ‚Pravda'.

165· J. Jaroslawski, ebd., S. 101f.

Wer hatte noch den Kornilow-Putsch unterstützt? Stalin in 'Die amerikanischen Milliarden':

"Im Jahre 1906, als sich die Revolution in Russland noch entwickelte, half der Westen der zaristischen Reaktion wieder auf die Beine, indem er ihr zwei Milliarden Rubel lieh, und der Zarismus kräftigte sich damals tatsächlich um den Preis einer neuen finanziellen Knechtung Russlands durch den Westen. ...

Gegenwärtig offenbart sich uns ein noch viel krasseres Bild: In einem Augenblick, wo die Russische Revolution alle Kräfte anspannt, um ihre Errungenschaften zu behaupten, während der Imperialismus sie zur Strecke zu bringen versucht, versorgt das amerikanische Kapital die Koalition Keresenski-Miljukow-Zereteli mit Milliarden, um durch die Niederwerfung der Russischen Revolution der im Westen anschwellenden revolutionären Bewegung das Wasser abzugraben." [166]

Führt man sich diese Tatsache vor Augen, so erkennt man die ganze Haltlosigkeit der heute weit verbreiteten Behauptung, wonach die Bolschewiki damals von 'Zionisten' oder auch von der Wall Street finanziert wurden.

h. Die Vorbereitung der Oktoberrevolution

Im September drängt Lenin seine Genossen von seinem Versteck aus, das sich jetzt in Südfinnland befindet, den Umsturz vorzubereiten. In seinem Brief an das Zentralkomitee heißt es dazu:

"Mit uns ist die Mehrheit der Klasse, der Avantgarde der Revolution, der Avantgarde des Volkes, die fähig ist, die Massen mitzureißen. Mit uns ist die Mehrheit des Volkes. ..." [167]

Er wird aber noch deutlicher:

166· Stalin-Werke, Bd. 3, ebd., S. 220, ‚Die amerikanischen Milliarden', am 19. August 1917 in der ‚Proletari' · anderer Name für die ‚Pravda' · erschienen.

167· Große Sowjet-Enzyklopädie, Bd. 1, ebd., S. 662.

"Die Bolschewiki müssen die Macht übernehmen!"[168]

Um diese Frage zu diskutieren, wird am 15. September das ZK einberufen. Lew Kamenjew schlägt vor zu verbreiten, dass die Bolschewiki gegen alle Straßendemonstrationen seien. Lenins Brief sollte man nicht nur ignorieren, sondern sogar verbrennen. Es reiche aus, eine Kopie davon ins Parteiarchiv zu legen.

Stalin dagegen drängt darauf, Lenins Brief unverzüglich zu diskutieren und dass Kopien davon an die wichtigsten Parteiorganisationen verschickt werden, um ihnen eine klare Orientierung zu geben. Das ZK nimmt seine Vorschläge an und weist den Vorschlag Kamenjews zurück.

Einen Monat darauf trifft sich das ZK erneut. Lenin, der drei Tage vorher aus Finnland zurückgekehrt war, nimmt auch teil. Es wird ein Aufstandskomitee aus Mitgliedern des Politbüros gebildet, das Stalin leiten soll. Lew Kamenjew und sein Verbündeter Grigori Sinowjew schlagen vor, den Aufstand zu vertagen. Sie sind die einzigen im Zentralkomitee, die sich der Vorbereitung des Oktober-Aufstandes entgegenstellen.

Damit hatte die heiße Phase der Vorbereitung des Umsturzes begonnen. Zwei Tage später gründet man beim Petrograder Sowjet ein Revolutionäres Militärkomitee. Es wird zum Organ des Aufstandes.

Sechs Tage später: Es ist der 16. Oktober. Wieder tagt das Zentralkomitee, dieses Mal als erweitertes Gremium. Man gründet eine Zentralstelle der Partei für die Vorbereitung des Aufstands mit Stalin als Leiter. Dieses Komitee wird dem Revolutionären Militärkomitee eingegliedert. Mitglieder sind: Stalin, Swerdlow, Dscherschinski, Bubnow und Uritzki.[169]

Trotzki gehört dem Ausschuss nicht an, obwohl er damals Mitglied des ZK war. In seiner schon zitierten Stalin-Biografie legt er

168· J. Jaroslawski, ebd., S. 102, aus ‚Lenin · Gesammelte Werke', Bd. 6, ohne Seitenangabe.

169· vgl. Dimitri Wolkogonow, ‚Stalin · Triumph und Tragödie', Düsseldorf 1989, S. 63.

Stalin folgende Worte in den Mund, um sich selbst das Verdienst der Vorbereitung des Aufstands zuzuschreiben:

"Alle praktische Organisationsarbeit für den Aufstand wurde unter der unmittelbaren Leitung des Vorsitzenden des Petrograder Sowjets, des Genossen Trotzki, durchgeführt. Man kann mit Sicherheit sagen, dass die Partei den schnellen Übergang der Garnison auf die Seite der Sowjets und die kühne Durchführung der Arbeit des Revolutionären Militärkomitees hauptsächlich und vor allem dem Genossen Trotzki verdankt."

Trotzki behauptet, dass Stalin dies selbst geschrieben und damit zugegeben habe. Stalin dagegen in seiner Schrift 'Trotzkismus oder Leninismus?':

"Die Trotzkisten streuen eifrig Gerüchte aus, die besagen, der Inspirator und alleinige Führer des Oktoberaufstandes sei Trotzkis gewesen."[170]

Diese Lesart sollte später weite Verbreitung in der bürgerlichen Geschichtsschreibung erhalten, so auch bei dem trotzkistischen Historiker Isaac Deutscher. Auch er behauptet in seiner Stalin-Biografie allen Ernstes, dass Trotzki 'den Aufstand führte'[171] Seine Quelle: Ein Zitat Trotzkis aus seiner 'Geschichte der Russischen Revolution', Bd. 2, S. 470. Welch eine zuverlässige Quelle!

Am 18. Oktober gibt das Duo Kamenjew/Sinowjew die Aufstandspläne an die Zeitschrift 'Novaja Shism' (Neues Leben) weiter und Trotzki, der 'alleinige Führer des Oktoberaufstandes' plaudert in einer Sitzung des Petrograder Sowjets, dem er angehört, den voraussichtlichen Aufstandstermin aus! Daraufhin ergreift die hellwach gewordene Regierung unverzüglich Maßnahmen, um die Pläne zu durchkreuzen. Rings um Petrograd herum werden regierungstreue Truppen zusammengezogen. Sondereinheiten gesellen sich hinzu.

170· Stalin-Werke, Bd. 6, Berlin 1952, S. 293, ‚Trotzkismus oder Leninismus?'.

171· vgl. ebd., S. 223.

Am 24. Oktober entschließt sich die Regierung zu handeln: Fahnenjunker besetzen die Redaktionsräume von 'Rabotschi Put' (Arbeiterweg, die erneut umgetaufte 'Prawda'), um zu verhindern, dass der Aufruf zur Erhebung gedruckt werden kann. Auch die Druckerei wird eingenommen. Rotgardisten und revolutionäre Soldaten werden herbeigerufen und vertreiben die Eindringlinge. Der Aufruf zum Umsturz kann rechtzeitig erscheinen! Stalin hatte den Aufruf verfasst. Er trägt den Titel 'Was brauchen wir?'.

i. Der Oktober-Umsturz

In dem Aufruf Stalins heißt es wörtlich:

"Der Augenblick ist gekommen, wo weiteres Zögern die ganze Revolution mit dem Untergang bedroht. Die gegenwärtige Regierung der Gutsbesitzer und Kapitalisten muss durch eine neue, eine Arbeiter- und Bauernregierung ersetzt werden.

Die gegenwärtige durch eine gesetzwidrige Machtergreifung zustande gekommene Regierung, die nicht vom Volk gewählt wurde und die dem Volk nicht verantwortlich ist, muss durch eine vom Volk anerkannte, von Vertretern der Arbeiter, Soldaten und Bauern gewählte und diesen Vertretern verantwortliche Regierung ersetzt werden. Die Regierung Kischkin-Konowalow muss durch eine Regierung der Arbeiter-, Soldaten- und Bauerndeputierten ersetzt werden. Was im Februar nicht getan wurde, muss jetzt geschehen.

Es muss eine Regierung an die Macht kommen, die von den Sowjets abgesetzt werden kann und den Sowjets gegenüber verantwortlich ist." [172]

Um 11 Uhr morgens erscheint der Aufruf in 'Rabotschi Put'. Gleichzeitig ordnet das Parteizentrum für die Leitung des Aufstands an, Einheiten revolutionärer Soldaten und Rotgardisten der Partei vor dem Smolny, dem Sitz des Petrograder Sowjets, zu kon-

172· Stalin-Werke, Bd. 3, ebd., S. 365f, ‚Was brauchen wir?'.

zentrieren. Der Smolny wird zum Sitz des Stabes der Revolution.

Nach am gleichen Tag schreibt Lenin diesen Brief an das ZK:

"Wir müssen unbedingt noch diesen Abend, noch in dieser Nacht die Regierung verhaften, zuerst die Offiziersschüler entwaffnen (wenn sie sich weigern, sie besiegen) usw. Wir dürfen nicht warten! Wir können sonst alles verlieren! ... Die Sache muss unbedingt noch diesen Abend oder diese Nacht beschlossen werden!

Die Geschichte vergibt Revolutionären nicht, wenn sie zögern, wenn sie heute siegreich sein können, und sie werden heute ganz bestimmt siegreich sein. Aber morgen riskieren sie, viel zu verlieren, ja sogar alles zu verlieren. Die Regierung schwankt, sie muss auf jeden Fall zerschlagen werden. Die Aktion aufzuschieben, wäre fatal." [173]

In der Nacht vom 24. auf den 25. Oktober (6./7. November nach dem neuen Kalender) erscheint Lenin im Smolny. Hier befindet sich nicht nur der Aufstandsstab, sondern auch das ZK der SDAPR und der Revolutionäre Militärrat. Lenin übernimmt die unmittelbare Leitung des Aufstands. Stalin steht ihm helfend zur Seite.

Am Morgen des 25. Oktober geht die Macht fast unblutig in die Hände der Arbeiter und Bauern über. Das Revolutionäre Militärkomitee übergibt die Macht an den Sowjetkongress.

Wir erhalten ein noch etwas genaueres Bild von den Ereignissen durch Stalins Artikel 'Der Oktoberumsturz - der 24. und 25. Oktober 1917 in Petrograd', den er ein Jahr später zum ersten Jahrestag des Aufstands verfasste:

"Die wichtigsten Ereignisse, die den Oktoberaufstand beschleunigt haben, waren: die Absicht der Provisorischen Regierung - nach der Aufgabe Rigas - Petrograd preiszugeben, die Vorbereitungen der Kerenski-Regierung zur Verlegung ihres Sitzes nach Moskau, der Beschluss des Kommandos der alten Armee, die gesamte Petrograder Garnison an die Front zu werfen und die Heimatstadt somit wehrlos zu machen, und schließlich die fieberhafte Tätigkeit

173· J. Jaroslawski, ebd., S. 103f.

des von Rodsjanko dirigierten Schwarzen Kongresses in Moskau (Stalin spielt auf die 'Moskauer Beratung' an, die zwischen dem 12. und dem 24. 10. in Moskau tagte - Verf.) - eine Tätigkeit, die der Organisierung der Konterrevolution galt.

All das im Verein mit der zunehmenden Zerrüttung und der Kriegsmüdigkeit der Front machte einen schnellen und straff organisierten Aufstand als einzigen Ausweg aus der entstandenen Lage zu einer unabweisbaren Notwendigkeit." [174]

Das bedeutet also, dass man mit der 'Moskauer Beratung' noch viel mehr vorhatte: Man plante von Moskau aus, Petrograd den Deutschen preiszugeben und den Sitz der Hauptstadt nach Moskau zu verlegen, wo man glaubte, sicherer zu sein. Hier sollten dann alle konterrevolutionären Kräfte zusammengefasst werden. Man glaubte, hier auf einen nicht so starken Widerstand der Arbeiter zu stoßen.

Stalin erwähnt auch noch eine ZK-Sitzung, die Ende September stattfand. Dort seien ganz wichtige Beschlüsse gefasst worden:

"Bereits Ende September hatte das ZK der Partei der Bolschewiki den Beschluss gefasst, alle Kräfte der Partei für die Organisierung eines erfolgreichen Aufstandes zu mobilisieren. Zu diesem Zweck hatte das ZK beschlossen, das Revolutionäre Militärkomitee in Petrograd zu organisieren, die Belassung der Petrograder Garnison in der Hauptstadt durchzusetzen und einen allrussischen Sowjetkongress einzuberufen." [175]

Zum ersten militärischen Zusammenstoß mit der Provisorischen Regierung sei es nach dem Verbot der Parteizeitung 'Rabotschi Put' gekommen. Die Siegel wurden wieder entfernt und die Posten der Regierung vertrieben. Dies sei auf Anordnung des Revolutionären Militärkomitees geschehen.

Am gleichen Tag, also am 24. Oktober, einen Tag vor dem Umsturz, habe das Komitee dann auch noch zahlreiche Vertreter der

---

174- Stalin-Werke, Bd. 4, Berlin 1951, S. 133, ‚Der Oktoberumsturz'.

175- Ebd..

Regierung gewaltsam aus wichtigen Ämtern entfernt, um den gesamten Verwaltungsapparat der Regierung in Petrograd lahmzulegen. Dann gelingt es ihm auch noch, alle in Petrograd stationierten Regimenter für die Revolution zu gewinnen, bei zwei Ausnahmen: Nur eine Panzerauto-Abteilung habe sich geweigert, aber auch einige Offiziersschulen.

Erst am Abend habe die unentschlossene Regierung Stoßbataillone zur Besetzung wichtiger Brücken eingesetzt, einige wurden hochgezogen. Daraufhin traten Rotgardisten und Matrosen des Militärkomitees in Aktion und drängten die Einheiten wieder ab. Die Brücken wurden besetzt. Das sei der eigentliche Beginn des Aufstandes gewesen.

Dann passiert Folgendes (nach Stalins Schilderung):

Revolutionäre Regimenter werden losgeschickt, um das Regierungsviertel einzukreisen. Im Winterpalais tagt die Provisorische Regierung. Die vorher noch zögernde Panzerauto-Abteilung der Regierung geht jetzt auch auf die Seite der Revolution über und beschleunigt damit den Umsturz. Es ist die Nacht vom 24. auf den 25. Oktober nach dem alten Kalender.

Am Tag darauf wird sofort der Sowjetkongress eröffnet. Das revolutionäre Militärkomitee übergibt ihm die Macht. Erst am darauffolgenden Tag, den 26. Oktober, beschießt die 'Aurora' den Winterpalast und den Stab der Regierung. Nach einem Feuergefecht zwischen den revolutionären Truppen und Offiziersschülern vor dem Winterpalais ergibt sich die Regierung.

Stalin schreibt, dass Lenin und das ZK der Partei der 'Inspirator des Umsturzes' gewesen seien. Lenin lebte damals nach seiner Rückkehr aus Finnland in einer konspirativen Wohnung im Arbeiterviertel Wyborgskaja Storona in Petrograd. Am Abend des 24. sei er in den Smolny gekommen, um den Aufstand zu leiten.

Stalin lobt die Matrosen der Baltischen Flotte, aber auch die Rotgardisten des Wyborger Stadtteils. Sie hätten 'eine ungewöhnliche Kühnheit' an den Tag gelegt.

Trotzki über Stalins Rolle in der Oktoberrevolution:

"... er fühlte sich nicht ein einziges Mal direkt verantwortlich für das Schicksal der Revolution. ... Schweigen vorziehend, wartete er auf die Initiative der anderen. ..."[176]

Und Wolfgang Leonhard, der lange Zeit wichtigste deutsche 'Experte' in Sachen Sowjetunion und Kommunismus:

"Stalin hat an der Revolution von 1917 ja selbst gar nicht teilgenommen."[177]

176· L. Trotzki, ebd., S. 352.

177· Wolfgang Leonhard, ‚Anmerkungen zu Stalin', Reinbek/Hamburg 2010, S. 101.

7. Die Zeit unmittelbar nach dem Umsturz

a. War der Oktober-Umsturz ein 'Putsch'?

War der Oktober-Umsturz ein 'Putsch', wie häufig behauptet wird, oder eine 'Revolution'?

Was ist ein Putsch? Ein Putsch oder 'Palastputsch' ist ein gewaltsamer Umsturz, der nur das Personal an der Spitze eines Systems austauscht, das System, die soziale Ordnung, aber insgesamt unangetastet lässt. Ein Putsch wird nicht vom Volk und im Interesse der Mehrheit des Volkes, sondern nur von einzelnen Personen, z. B. einzelnen Militärs, im Interesse einer kleinen Gruppe von Menschen oder im Interesse einer ausbeutenden Minderheit durchgeführt oder auch im Interesse einer ausländischen Macht, die diese Minderheit für sich instrumentalisiert. Es kommt aber auch vor, dass die Putschisten durch die Manipulation der öffentlichen Meinung, breite Volksmassen hinter sich versammeln können (man denke an sog. Farbenrevolutionen), was aber nicht bedeutet, dass ein solcher Putsch auch tatsächlich im Interesse dieser breiten Volksmassen erfolgt.

Was ist eine Revolution? Eine Revolution ist ebenfalls ein Umsturz, in dem meisten Fällen ein gewaltsamer Umsturz, der aber die Gesellschaftsordnung grundlegend verändert und 'umwälzt' (von 'revolutio', spätlateinisch = das Umwälzen), der eine andere gesellschaftliche Klasse an die Macht bringt und die alte, herrschende Klasse von der Macht verdrängt. Eine echte Revolution wird von breitesten Volksmassen unterstützt, ohne dass diese vorher manipuliert worden sind. Sie dient diesen Volksmassen, und diese erkennen das auch, spätestens aber dann, wenn die neue Regierung Maßnahmen ergreift, die ihren Interessen dient, was der revolutionären Regierung wieder neue Unterstützung aus dem Volk zuführt. Putschisten dagegen demaskieren sich schnell und verlieren schon bald die Unterstützung im Volk, weil sich herausstellt, dass ihr Umsturz nur einen kleinen machtbesessenen Clique, einer kleinen ausbeutenden Bevölkerungsminderheit oder einer ausländischen Macht gedient hat.

War der Oktober-Umsturz in Russland also ein Putsch oder eine Revolution?

Vorweg ein paar Worte dazu, wie diese neue Regierung nach den Oktober-Ereignissen zustande kam:

Wie wir gesehen haben, hatte das Revolutionäre Militärkomitee am 25. Oktober (7. November) dem Allrussischen Kongress der Arbeiter- und Soldatendeputierten die Macht übergeben. Noch am selben Tag tritt der Zweite Allrussische Sowjetkongress zusammen. Von den 649 gewählten Delegierten sind 390 Bolschewiki. Die 80 Delegierten der Menschewiki, Sozialrevolutionäre und jüdischen Bundisten verlassen aus Protest den Kongress. Die verbliebenen 569 Delegierten bestätigen daraufhin den Übergang der gesamten Macht an die Sowjets.[178]

Am 27. Oktober, also zwei Tage nach der Machtübertragung an den Sowjetkongress, beschließt der Kongress einen 'Rat der Volkskommissare' zu bilden mit Lenin an der Spitze. Dieser Rat der Volkskommissare ist nichts anderes als die neue Sowjetregierung.

Nun zu den allerersten Maßnahmen der neuen Regierung bzw. des Sowjetkongresses. Waren sie im Interesse des russischen Volkes oder waren sie nur im Interesse einer kleinen Clique von machtbesessenen Putschisten?

Das erste Dekret, das auf Vorschlag Lenins vom Sowjetkongress verabschiedet wird:

Es ist eine Botschaft an die Völlker und Regierungen der kriegführenden Länder. Darin heißt es unter anderem:

> *"Wir schlagen den Abschluss eines gerechten und demokratischen Friedens ohne Annexionen und Kontributionen, einen sofortigen Waffenstillstand und die Aufnahme von Verhandlungen vor."*[179]

178· vgl. Große Sowjet-Enzyklopädie, Bd. 1, ebd., S. 664.

179· Große Sowjet-Enzyklopädie, Bd. 1, ebd..

Kontributionen sind Zahlungen, die an eine Besatzungsmacht zu entrichten sind. Zweifellos lag dieses Dekret, auch 'Dekret für den Frieden' genannt, im Interesse der ganz überwiegenden Mehrheit der russischen Bevölkerung und nicht im Interesse einiger machtbesessener Putschisten.

Betrachten wir das zweite Dekret: Es basiert auf 242 von den in den russischen Provinzen gefassten Bauernresolutionen. Auf dieser Grundlage wird beschlossen:

> *"Die Gutsbesitzer werden mit sofortiger Wirkung entschädigungslos enteignet."*[180]

Zu den enteigneten Ländereien gehören übrigens auch die Klöster sowie die Besitzungen des kaiserlichen Hauses. Dieses Land wird ab sofort Volkseigentum. Es wird den russischen Bauern zur lebenslangen, unentgeltlichen Nutzung überlassen. Zweifellos lag auch dieses zweite Dekret im Interesse der ganz überwiegenden Mehrheit der russischen Bevölkerung und nicht im Interesse einer Clique von Putschisten.

Gehen wir zum dritten Dekret über: Es ist das Dekret über die Einführung des Achtstundentages, das am 30. Oktober beschlossen wird. Auch dieses Dekret lag im Interesse der Mehrheit des russischen Volkes, vor allem des arbeitenden Volkes. Es lag nicht im Interesse einer kleinen Gruppe von Putschisten.

Das vierte Dekret: Der Rat der Volkskommissare erlässt Anfang November die 'Deklaration der Rechte der Völker Russlands'. Darin heißt es u. a.:

> *"Gestaltet Euer nationales Leben frei und ungehindert. Ihr habt das Recht darauf."*[181]

Auch dieses vierte Dekret verwirklicht wie die vorangegangen auch nur die jahrhundertelangen Sehnsüchte und Bestrebungen einer breiten Mehrheit des russischen Volkes.

180· Ebd..

181· Ebd., S. 671.

Betrachten wir das fünfte Dekret: Am 14. November erlässt das Zentralexekutiv-Komitee des Sowjetkongresses (ZEK) das Dekret über die Arbeiterkontrolle in der Produktion. Außerdem werden alle von den Unternehmern aufgegebenen Betriebe beschlagnahmt und unter die Verwaltung der Arbeiter in den Betrieben gestellt.

Das Zentralexekutiv-Komitee ist übrigens das gewählte ausführende Organ des Sowjetkongresses, also nicht der Rat der Volkskommissare, der aber dieses Dekret mitträgt.

Auch dieses Dekret liegt im ureigenen Interesse des werktätigen russischen Volkes, denn es dient der Abschaffung der Ausbeutung des Menschen durch den Menschen.

Das sechste Dekret: Anfang Januar 1918 tritt der Dritte Allrussische Sowjetkongress zusammen und verabschiedet die 'Erklärung der Rechte des werktätigen und ausgebeuteten Volkes'.

Weitere Dekrete führen zur Nationalisierung sämtlicher Banken und Kreditanstalten. Die Auslandsschulden werden gestrichen. Russland ist nun schuldenfrei. Diese Schuldenfreiheit lag wiederum im ureigenen Interesse des russischen Volkes, das letztlich immer für die Schulden des Zaren ans Ausland aufkommen musste.

All diese Dekrete lagen im Interesse der überwältigen Mehrheit des russischen Volkes. Sie bringen das Volksinteresse zum Ausdruck, nicht das Interesse einiger weniger machtbesessener Potentaten oder Putschisten, nicht das Interesse einer kleinen Minderheit von besitzenden Klassen, die das Volk ausbeuten und ausplündern und den vielen Nationalitäten keinerlei eigene Rechte zuerkennen. Der Oktober-Umsturz hatte also eine echte Volksregierung an die Macht gebracht, die die Interessen der russischen Arbeiter und werktätigen Bauern vertrat. Mit ihr war die arbeitende Bevölkerung an die Macht gelangt und hatte die alten herrschenden Klasse, den Feudaladel und die Bourgeoisie, von der Macht verdrängt.

Nicht umsonst wurde die neue Regierung dann während der Intervention von 14 Staaten in Russland vom Volk bei ihrem Abwehrkampf unterstützt. Auch diese millionenfache Unterstützung durch die der Sieg über die ausländischen Interventen und die innere weiße Konterrevolution, die auch vom Ausland unterstützt wurde, errungen wurde, zeigt, dass die Revolution eine vom Volk getragene echte Revolution und kein Palastputsch war.

Daraus ergibt sich, dass es sich bei dem Oktober-Umsturz nicht um einen Putsch, sondern um eine Revolution gehandelt hat.

b. Die Konterrevolution sammelt sich

Vom ersten Tag ihrer Existenz an muss sich die Revolution gegen ihre Feinde verteidigen, die alles daransetzen, die Macht, die ihnen so plötzlich und unerwartet entglitten war, wieder zurückzugewinnen.

Schon einen Tag nach dem Umsturz, am 26. Oktober, mobilisiert der ehemalige Vorsitzende der alten Provisorischen Regierung, Alexander Kerenski, das Dritte Kavalleriekorps der alten zaristischen Armee, das nun auf Petrograd zumarschiert. Dieses Korps hatte man auch schon bei General Kornilows Putschversuch eingesetzt, weil es als besonders zuverlässig galt. Da Kornilow in Haft ist, wird es dieses Mal von General Krasnow befehligt. Dieser weiße General sollte später noch im hohen Alter an der Seite Hitlerdeutschlands bis zuletzt gegen die Roten Armee kämpfen, als diese dabei war, Osteuropa vom Faschismus zu befreien.

Zwei Tage später stehen seine Truppen nur 18 km von Petrograd entfernt, und Krasnow lässt die letzten Vorbereitungen treffen, um die Stadt zu besetzen.

Auch in Petrograd selbst sammelt sich die geschlagene Konterrevolution, um Rache zu üben. Von den Monarchisten bis hin zu den Menschewiki schließen sich alle antisowjetischen Parteien zusammen - dieselben Parteien, die noch kurz zuvor im Winterpalast die Regierung gestellt hatten. Sie bilden ein 'Komitee zur Rettung des Vaterlands und der Revolution'. Es hat ständige Verbindung zur britischen und französischen Botschaft. Das Komitee soll Krasnows Truppen nach der Einnahme Petrograds unterstützen.

Zwei Tage später: Am 30. Oktober (nach dem alten Kalender) zerschlagen revolutionäre Einheiten die Truppen Kerenskis und

Krasnows. Einen Tag darauf stellen sie den Kampf ein. Kerenski flieht als Frau verkleidet mit Hilfe der US-Botschaft aus Petrograd; Krasnow wird gegen sein Ehrenwort, nie mehr gegen die Sowjetmacht zu kämpfen, wieder freigelassen. Ein halbes Jahr später wird er sein Ehrenwort brechen und an der Seite der deutschen Monarchisten als weißgardistischer General am Don den Kampf gegen die junge Sowjetrepublik wieder aufnehmen.

Dieser Sieg der Kräfte der Revolution trägt ganz entscheidend zur Stabilisierung der jungen Sowjetmacht bei. Er schafft günstige Bedingungen auch für den Sieg der Revolution in Moskau.

Aber die Feinde der Sowjetmacht wirken nicht nur von außen, sondern auch als Fünfte Kolonne von innen: Wie sich später herausstellt, gab es mitten im Herz der neuen Sowjetregierung eine Verschwörung:

Noch vor Abschluss des Brester Friedens am 9. März 1918 finden unter 'linken' Kommunisten, wie sie sich nennen, Geheimgespräche zur Absetzung und Verhaftung Lenins, Stalins und Swerdlows statt. Der 'linke' Kommunist Nikolai Bucharin führt zu diesem Zweck Gespräche mit den 'linken' Sozialrevolutionären. Bucharin im März 1938 vor den Augen der Weltöffentlichkeit beim großen Moskauer Verratsprozess auf die Frage des Generalstaatsanwalts, wann diese Verhaftung erfolgen sollte:

"Das war vor dem Brester Frieden. Sie (die 'linken' Sozialrevolutionäre, die Lenin in die Regierung aufgenommen hatte - Autor) schlugen vor, durch die Verhaftung Lenins 24 Stunden danach eine Regierung zu bilden."

Staatsanwalt Wyschinski: *"Wir können also sagen, dass Sie vor Abschluss des Brester Friedens ein Gespräch mit den 'linken' Sozialrevolutionären Karelin und Kamkow darüber führten, eine neue Regierung zu bilden, das heißt vorher die Regierung mit Lenin an der Spitze zu stürzen?"*

Bucharin: *"Ein Gespräch fand statt ... und über die Verhaftung der drei, von denen hier die Jakowlena sprach."*

Wyschinski: *"Nämlich wessen?"*

Bucharin: *"Lenins, Stalins und Swerdlows ... um eine neue Regierung zu bilden."*

Wyschinski: *"Wollen wir vorläufig feststellen, was unbestreitbar ist: Vor dem Brester Frieden gab es ein Gespräch über die Verhaftung von Wladimir Iljitsch Lenin, nach dem Brester Frieden gab es Unterhandlungen über die Verhaftung Lenins, Stalins und Swerdlows und über den gewaltsamen Sturz der Regierung. Stimmt das?"*

Bucharin: *"In der Hauptsache stimmt es."*[182]

Mehr noch: *Man hatte sogar vor, die Führer der Revolution physisch zu vernichten. Die Zeugin Jakowlena, die damals zu Bucharins Gruppe der 'linken' Kommunisten gehörte, gab an, dass ihr gegenüber auch von der Möglichkeit der Ermordung Lenins, Stalins und Swerdlows die Rede gewesen sei:*

Wyschinski: *"Was ist das für eine Möglichkeit?"*

Jakowlena: *"Die Möglichkeit einer physischen Vernichtung, d. h.einer Ermordung, dies sei nicht ausgeschlossen."*

Wyschinski: *"Er sprach davon Ihnen gegenüber?"*

Jakowlena: *"Ja."*[183]

Daraus ergibt sich:

Die Revolution hatte gleich an mehreren Fronten zu kämpfen: gegen die offenen Gegner in Gestalt der zaristischen Generäle, der Monarchisten, der Kadetten, der Menschewiki und der sog. Sozialrevolutionäre; gegen das Ausland, das diese offenen Gegner offen unterstützte, darunter die britische, französische und US-amerikanische Botschaft und schließlich noch gegen die 'fünfte Kolonne' in den eigenen Reihen, die schon von Lenin als 'Streikbrecher' bezeichnet wurde, als es um den Beschluss über den Aufstand im Zentralkomitee der SDAPR ging.

182· Prozessbericht über die Strafsache des Antisowjetischen Blocks der Rechten und Trotzkisten, 2. · 13. März 1938, vollständiger stenografischer Bericht, Moskau 1938, hrsg. vom Volkskommissariat für das Justizwesen der UdSSR, Nachdruck London, 3. Auflage 1987, S. 488f.

183· Ebd., S. 490.

Als die 'linken' Kommunisten einigermaßen diskreditiert waren, nannten sich die Restbestände, die der vollständigen Entlarvung entgehen konnten, 'rechte' Kommunisten und bildeten mit Trotzki und seinen Gefolgsleuten den 'Block der Rechten und Trotzkisten', um die Sowjetregierung zu stürzen und um die führenden Repräsentanten, darunter auch Stalin, zu ermorden.

c. Die Festigung der Sowjetmacht

Schon wenige Tage später siegt auch in Moskau die Revolution: In der Nacht zum 3. November können dort die weißgardistischen Truppen besiegt werden. Der Kreml wird erobert. Wie ein Lauffeuer verbreitet sich nun die Revolution in ganz Russland:

Ende Oktober hat sich die Sowjetmacht in 21 russischen Städten durchgesetzt, besonders aber in den großen Industriestädten mit einem starken Proletariat. Im November kommen weitere 15 Städte hinzu, im Dezember noch einmal 13, im Januar 1918 sind es erneut 15, im Februar dann noch einmal drei, im März fünf und im April zwei.[184]

In einigen Städten geht die Macht sogar friedlich an die Sowjets über - dort, wo die Provisorische Regierung nur wenig Rückhalt besitzt und keinen nennenswerten Widerstand organisieren kann.

Am 11. Dezember siegte die Revolution auch in der Ukraine:

In Charkow proklamiert der Erste Ukrainische Sowjetkongress den Sturz des bürgerlichen Parlaments, der Rada. Die Ukraine wird Sowjetrepublik. Kiew wird etwas später befreit, am 26. Januar. Sogar die Kosaken gehen zur Sowjetmacht über und erheben sich gegen ihre Anführer, die weiterhin geschworene Feinde der Revolution sind. Der alte Putschgeneral Kornilow fällt bei den Kämpfen im Februar.

Auch in Kasachstan und Usbekistan siegt die Revolution. Hier sind es die besitzlosen Bauern, die den größten Beitrag zur Errichtung der Sowjetmacht leisten.

184- vgl. Tabelle in: Große Sowjet-Enzyklopädie, Bd. 1., ebd., S. 665.

Um der Reaktion kein Schlupfloch für einen neuen Machtwechsel zu öffnen, wird die Konstituierende Versammlung, die noch vor der Oktoberrevolution gewählt worden war, wieder aufgelöst. Hier war die sowjetische Konterrevolution in Gestalt der Menschewiki und Sozialrevolutionäre noch in der Mehrheit. Sie entsprach in dieser alten Zusammensetzung nicht mehr dem neuen Kräfteverhältnis und hätte bei ihrem Weiterbestehen wieder zu einer neuen Doppelherrschaft führen können. In ihrer Sitzung vom 5. Januar 1918 weigert sich die Konstituierende Versammlung die vom Rat der Volkskommissare erlassenen Dekrete anzuerkennen und entpuppt sich als Feindin der neuen Sowjetmacht und als Hort der Konterrevolution.

d. Rosa Luxemburg und die Oktoberrevolution

Die deutsche Kommunistin Rosa Luxemburg, die die Bolschewiki 1907 auf ihrem Londoner Parteitag noch unterstützt hatte, beschwerte sich später in ihrer Analyse der Oktoberrevolution, die sie im Herbst 1918 in ihrer Haft in Breslau schrieb, bitterlich darüber, dass die neue Sowjetregierung unter Lenin die Konstituierende Versammlung ('Konstituante') auflösen ließ. Stattdessen hätte man Neuwahlen ausschreiben sollen. Luxemburg wollte also eine zweite parlamentarische Vertretung, was zweifellos zu einer neuen Doppelherrschaft geführt hätte. Sie kritisierte auch das neue Wahlrecht der Sowjetmacht, das bestimmte Gruppen von der Teilnahme an den Wahlen ausschloss, darunter Zaristen, Großkapitalisten, hohe Angehörige der orthodoxen Geistlichkeit, die das Zarenregime unterstützt hatten, darunter auch zaristische Offiziere. Sie kritisierte in scharfen Worten die 'bolschewistische Diktaturtheorie' und bezeichnet die neue Sowjetmacht und Lenins Partei als 'Bürokratie', 'Cliquenwirtschaft' und als 'bürgerliche Diktatur', die mit der Herrschaft des Proletariats nichts gemein habe. Rosa Luxemburg wörtlich:

"Ohne allgemeine Wahlen, ungehemmte Presse- und Versammlungsfreiheit, freien Meinungskampf erstickt das Leben in jeder öf-

fentlichen Institution, wird zum Scheinleben, in der die Bürokratie allein das tätige Element bleibt."[185]

Die neue Sowjetregierung bezeichnet sie als 'Diktatur einer Handvoll Politiker, als Diktatur im bürgerlichen Sinne, im Sinne der Jakobinerherrschaft'.[186] Man habe in Russland die 'Demokratie beseitigt' und mit der Demokratie den

"... lebendigen Quell selbst, aus dem heraus alle angeborenen Unzulänglichkeiten der sozialen Institutionen allein korrigiert werden können: das aktive, ungehemmte politische Leben der breitesten Volksmassen."[187]

Zu einer Zeit, als die sozialistische russische Revolution schwere Abwehrkämpfe gegen die äußere, aber auch, wie wir gesehen haben, gegen die innere Konterrevolution, zu bestehen hatte, wo die Deutschen dabei waren, auf Petrogard zu marschieren, um dort die alte Ordnung wieder herzustellen, wo alle Kräfte angespannt werden mussten, um die neue Ordnung gegen den Widerstand und den Boykott breitester Teile des alten Regimes zu festigen, wo es darauf ankam, die Versorgung und Ernährung sicherzustellen und die Produktion wieder in Gang zu bringen, wo es darauf ankam, die militärische Verteidigung effektiv zu organisieren, meint sie, für eine 'ungehemmte Presse- und Versammlungsfreiheit' eintreten zu müssen.

Was hätte die Umsetzung solcher Ratschläge in der konkreten Praxis in Russland damals bedeutet? Es hätte bedeutet, die menschewistischen Zeitungen und die der Sozialrevolutionäre und anderer konterrevolutionärer Gruppierungen wieder zuzulassen. Was hätte in diesen Zeitungen gestanden? Was hätten sie mit diesen Instrumenten gemacht? Sie hätten damit versucht, die Sowjetmacht zu Fall zu bringen. Luxemburgs Liberalismus wäre zu einem Freibrief für die ungehemmte russische Konterrevolution geworden.

185· Rosa Luxemburg, ‚Zur Russischen Revolution', https://www.marxists.org/deutsch/archiv/Luxemburg/Teil_IV.

186· ebd.

187· Ebd., Teil IV.

Und wes Geistes Kind die Anhänger der 'Konstituante' damals waren, zeigte sich schon bald:

Ein Teil der noch vor der Oktoberrevolution gewählten Deputierten begab sich nach der Auflösung der Konstiuante in die Ukraine und wandte sich an die Deutschen mit der Bitte um Hilfe gegen die Sowjetmacht. Ein anderer Teil ging nach Samara und schloss sich dort den britischen und französischen Interventen an, die illegal in Russland eingedrungen waren, um die alte Ordnung wieder herzustellen. Wieder ein anderer Teil ging in den Kaukasus zur deutsch-türkischen Konterrevolution.

Ähnlich wie Trotzki war Luxemburg der Meinung, dass sich die Revolution in Russland ohnehin nicht lange halten könne. In einem Brief an ihre Freundin Luise Kautsky verbreitete sie Pessimismus:

> *"Freust du dich über die Russen? Natürlich werden sie sich in den Hexensabbat nicht halten können, aber ein solcher Untergang ist besser als leben bleiben für das Vaterland."*[188]

e. Der Brester Frieden

Nur wenige Tage nach dem Sieg der Revolution in Petrograd gehen die kaiserlichen deutschen Truppen, die in Russland eingefallen waren, zur Offensive über. Sie machen sich die Desertion vieler zaristischer Offiziere und die Unordnung in den Reihen der russischen Armee, die dadurch entsteht, zunutze. Dank der entschlossenen Gegenwehr der revolutionären Soldaten kommt die deutsche Offensive aber zum Stehen. Sie folgen Lenins Aufruf: 'Ab jetzt sind wir Vaterlandsverteidiger!'.

Die Front kann gehalten werden.

Am 8. November 1917 schlägt die Sowjetregierung vor, sofort Friedensverhandlungen mit allen am Krieg beteiligten Staaten aufzunehmen. Eine Woche später erneuert sie diesen Vorschlag. Das Angebot

---

188- Ebd., Rosa Luxemburg an Luise Kautsky, Brief vom 24. 11. 1918.

bleibt unbeantwortet. Schließlich erklären sich Deutschland und seine Verbündeten (Österreich-Ungarn und Italien), die durch den Kriegsverlauf in eine schwierige Lage geraten sind, dann doch zu Friedensverhandlungen bereit, um Kräfte für die Westfront freizubekommen.

Am 20. November werden die Verhandlungen in Brest-Litowsk aufgenommen. Der Ort liegt in Weißrussland an der Grenze zu Polen, etwa 150 km östlich von Warschau.

Zunächst wird ein 10-tägiger Waffenstillverstand vereinbart. Er soll bis Ende November in Kraft bleiben. Am 29. sollen dann neue Verhandlungen aufgenommen werden. Am 2. Dezember vereinbart man eine neue Waffenruhe. Sie soll für einen Monat gelten. General Hoffmann führt die Verhandlungen auf deutscher Seite.

Diese Verhandlungen waren außerordentlich wichtig, weil die zaristische Armee dabei war, sich aufzulösen. Deswegen ergeht am 15. Januar das Dekret der Sowjetregierung zur Schaffung einer neuen Armee, einer Arbeiter- und Bauernarmee. Im Februar wird auch eine rote Flotte ins Leben gerufen.

Das Zentralkomitee beauftragt nun Trotzki, der kurz vor der Revolution, als sein 'Augustblock' auseinandergefallen war, in die Partei und auch ins Zentralkomitee aufgenommen wurde, nach Brest-Litowsk zu fahren, um einen Friedensvertrag im Auftrag der Sowjetregierung zu unterschreiben.

Stalin setzt sich nun im ZK stark für diesen Friedensvertrag, der in der Partei nicht unumstritten ist, ein. Aus der protokollarischen Niederschrift geht hervor, was er sagte:

> *"Genosse Stalin ist der Ansicht, dass wir durch die Annahme der Losung des revolutionären Krieges (das bezog sich auf Trotzki, der keinen Friedensvertrag will - Autor) dem Imperialismus in die Hände arbeiten. ... Deswegen schlägt der Genosse Stalin vor, den Antrag des Genossen Lenin auf Abschluss eines Friedensvertrages mit den Deutschen anzunehmen."*[189]

189· Stalin-Werke, Bd. 4, ebd., S. 24, aus der protokollarischen Niederschrift der Rede Stalins vor dem ZK.

Trotzki steht im Zentralkomitee nicht allein da: Er wird auch von den 'linken' Kommunisten Bucharins unterstützt, die auf einen Sturz der Sowjetregierung und auf die Liquidierung ihrer Führung hinarbeiten, um die Regierungsgeschäfte selbst zu übernehmen:

"Die 'linken Kommunisten' und die Trotzkisten versuchten, den Frieden zu vereiteln. Ihre Anführer - Trotzki, Bucharin, Pjatakow und Radek - gingen sogar so weit, dass sie mit den Feinden der bolschewistischen Partei konspirierten, um die sowjetische Regierung zu Fall zu bringen, um dann eine neue Regierung mit Trotzki an der Spitze zu schaffen..."[190]

Zu Trotzkis Delegation zu den Friedensverhandlungen gehört auch Karl Radek. Beide ignorieren die Direktive Lenins und die Resolution des Zentralkomitees, den Friedensvertrag abzuschließen, die harten Friedensbedingungen anzunehmen, um dadurch eine Atempause zu bekommen. Trotzki erklärt gegenüber der deutschen Delegierten trotz des ihm erteilten Auftrags, dass man zwar keinen Krieg mehr wolle, aber auch keinen Friedensvertrag unterschreiben könne ('weder Krieg noch Frieden'). Dies sei die 'offizielle Position' seiner Regierung.

Die Folge: Die deutsche Armeeführung hat nun freie Hand, trotz des abgeschlossenen Waffenstillstands, ihren Vormarsch auf Petrograd fortzusetzen. Dieser Vormarsch beginnt am 18. Februar - mit dem Ziel, die Sowjetmacht in Petrograd abzusetzen - ein Ziel, das die Deutschen mit den 'linken' Kommunisten gemein haben. In Petrograd solle wieder 'Ruhe und Ordnung' hergestellt werden. Dreißig deutsche Divisionen sind an der Aktion beteiligt. Sie stoßen auf fast keinen Widerstand mehr:

"In drei Tagen ihres Vormarsches besetzten die Deutschen ein riesiges Gebiet, und zwar mehr als das Dreifache des Territoriums, das sie in dreieinhalb Kriegsjahren zu erobern vermocht hatten."[191]

190- J. Jaroslawski, ebd., S. 110.

191- Große Sowjet-Enzyklopädie, Bd. 1, ebd., S. 673.

Trotzkis und Radeks Vorgehen auf der Friedenskonferenz machte es möglich. Dazu schreibt der Stalin-Biograf Nikolaus Basseches Folgendes:

"Es kam, wie es kommen musste. Die Deutschen nahmen natürlich diese Erklärung Trotzkis als Erklärung für einen Abbruch der Verhandlungen auf. Sie kündigten dann den Waffenstillstand und marschierten vor. Das Resultat war, dass nicht nur die ganze Ukraine besetzt wurde, sondern jetzt auch das ganze Baltikum, der Kaukasus und Südrussland. Nun musste der Frieden unter neuen, viel schwereren Bedingungen unterschrieben werden. Der eitle Trotzki sah den Fehler nie ein. Er erklärte später, seine Erklärung sei eine historische Tat gewesen."[192]

Trotzki war damals Volkskommissar für Auswärtige Angelegenheiten, also russischer Außenminister. Er wird schon bald nach dieser 'Eigenwilligkeit', die einem Verrat gleichkam, abgesetzt, bleibt dann aber Verteidigungskommissar, weil er im ZK über eine stattliche Anhängerschaft verfügt, die ebenfalls kurz vor der Revolution in die SDAPR aufgenommen worden war, weil sie ihre Loyalität gegenüber der Partei bekundet hatte.

Der Friedensvertrag mit Deutschland wird dann erst am 3. März 1918 unterschrieben - von einer neuen russischen Delegation. Neuer russischer Außenminister ist nun Petrowski, der Lenin loyal gegenübersteht.

Trotzki hat später in seinen Erinnerungen versucht, sein Vorgehen zu rechtfertigen. Er stellte einfach seine eigene Position zu den Friedensverhandlungen mit den Deutschen in Brest-Litowsk als 'offizielle Erklärung' der Sowjetregierung hin:

"Am 10. Februar veröffentlichte die sowjetische Delegation auf der Friedenskonferenz von Brest-Litowsk die offizielle Erklärung der Sowjetregierung, wonach sie sich weigerte, den Annexionsfrie-

192· Nikolaus Basseches, ‚Stalin · das Schicksal eines Erfolgs', Bern 1950, S. 110.

den zu unterzeichnen und den Krieg mit den Mächten des Viererbundes beendete."[193]

Eine Atempause, um die neue Ordnung zu festigen, hatte man dennoch nicht erhalten. Nur eine Woche nach der Unterzeichnung des Friedens von Brest-Litowsk landet ein britisch-französisches Geschwader in Murmansk, um sich dort einen Stützpunkt für weitere Eroberungen zu sichern. Aber auch die japanischen Imperialisten werden aktiv: Im Fernen Osten schickt das kaiserliche Japan Truppen nach Wladiwostok, um dort einen Brückenkopf für Eroberungen aufzubauen, und auch die USA entsenden Truppen.

Das verbliebene Kernland der Revolution rund um die Städte Petrograd und Moskau wird jetzt zu einem Heerlager zur Verteidigung der Revolution und ihrer Errungenschaften. Wie rigoros Lenin vorging, um mit jeder Schlamperei Schluss zu machen, zeigt folgender Auszug aus seiner kurzen Schrift über den sozialistischen Wettbewerb:

> *"An einem Ort wird man zehn Reiche, ein Dutzend Gauner, ein halbes Dutzend Arbeiter, die sich vor der Arbeit drücken - ebenso flegelhaft wie viele Setzer in Petrograd, besonders in den Parteidruckereien - ins Gefängnis stecken. An einem anderen Ort wird man sie die Klosetts reinigen lassen, an einem dritten wird man ihnen nach Abbüßung ihrer Freiheitsstrafe gelbe Pässe aushändigen, damit das ganze Volk sie bis zu ihrer Besserung als schädliche Elemente überwacht."*[194]

Ziel sei es, 'die russische Erde von allen schädlichen Insekten, von den Flöhen, den Gaunern, von den Wanzen, den Reichen usw. usf. zu säubern'.[195]

Schon kurz vorher war die Tscheka, die 'Allrussiscche Außerordentliche Kommission' gegründet worden, die vier Aufgaben hatte:

193. Ebd..

194. W. I. Lenin, 'Wie soll man den Wettbewerb organisieren?', Berlin 1960, S. 13

195. vgl. ebd..

die weit verbreitete Spekulation zu unterbinden, konterrevolutionäre Verschwörungen zu unterbinden, jede Sabotage im Keim zu ersticken und die Sicherheit auf den Straßen zu gewährleisten. Felix Dscherschinski, ein gebürtiger Pole, wurde ihr Chef.

Später stellten ausländische Beobachter fest, dass von dann ab die Sicherheit auf den russischen Straßen mit der in westeuropäischen Ländern vergleichbar war.

8. Stalins Rolle im Bürgerkrieg

a. Der Beginn des Bürgerkrieges

Eigentlich ist die Bezeichnung 'Bürgerkrieg' unzutreffend, zumindest ungenau. Dazu der französische Schriftsteller Henri Barbusse in 'Staline - un monde nouveau vu à travers un homme' - 'Stalin - eine neue Welt aus der Sicht eines Mannes':

"Man sagt 'Bürgerkrieg', aber der Begriff ist nicht genau. Die Russische Revolution wurde nicht nur von den Weißen attackiert, sondern auch von den großen Mächten. Die Rote Armee sah sich mit der Soldateska und den zaristischen, englischen, französischen, aber auch mit den japanischen, amerikanischen, rumänischen, griechischen und anderen Stäben konfrontiert."[196]

Wer machte den Anfang mit der ausländischen Intervention von insgesamt 14 Staaten? Das kaiserliche Deutschland. Es war der erste Staat, der mit der Einmischung in die inneren Angelegenheiten Russlands begann, mit dem nicht erklärten Krieg gegen die Revolution. Es erinnert an die Pariser Kommune von 1871, denn auch damals war es das kaiserliche Deutschland, das der Konterrevolution sofort zu Hilfe eilte, um der nach Versailles geflüchteten monarchistischen französischen Regierung trotz des Krieges mit Frankreich zu helfen, um die Revolution in Paris zu Fall zu bringen, denn nichts hasste das kaiserliche Deutschland so sehr wie eine vom Volk getragene Revolution, nichts hasste es so mehr wie das aufmüpfige Volk

Wie ging man deutscherseits vor?

Zunächst interveniert man in Finnland, das von der neuen sowjetischen Regierung am 18. Dezember 1917 in die Unabhängigkeit entlassen worden war. Deutsche Truppen landen dort unter dem

196· Henri Barbusse, ebd., S. 97.

Kommando des kaiserlichen Generals von der Goltz. Eine bürgerlich-konterrevolutionäre Regierung wird in Finnland an die Macht geschoben. Danach rüstet man die finnische Armee auf und treibt sie in den Kampf gegen die Sowjetmacht. Daraufhin besetzt das kaiserliche Deutschland Estland, Lettland, Litauen, Weißrussland und die Ukraine. Mehr noch: Kaiser Wilhelm Zwo ordnet auch die Besetzung des Don-Gebietes und die der Krim an, und in allen von Deutschland besetzten Gebieten werden unverzüglich die konterrevolutionären, weißgardistischen Kräfte bewaffnet. Zaristische Generäle wie Krasnow oder Denikin dienen sich den Deutschen an. Das Ziel natürlich: die Revolution abzuwürgen und das alte zaristische Regime wieder in seiner alten Pracht und Herrlichkeit herzustellen, um Russland erneut in eine Halbkolonie zu verwandeln. Wie diese 'Intervention' vor Ort ganz konkret aussah, beschrieb später der langjährige sowjetische Außenminister Andrei Gromyko, der aus einem weißrussischen Dorf kam:

"Unser Dorf machte eine schwere Zeit durch. Anfang 1918 besetzten deutsche Truppen die Westgebiete, darunter auch das Gebiet Gomel. Die Deutschen brachen wie eine Naturgewalt ein. Die gedrillten Truppen des Kaisers marschierten parademäßig in Russland ein. Dabei plünderten sie Städte und Dörfer, stahlen Vieh, das sie waggonweise nach Deutschland abtransportierten und beschlagnahmten die Pferde für ihre Truppentransporte. Jeden, der ihnen im Weg stand, schlugen sie nieder und brachten ihn um.

In Alt-Gromyko gingen sie von Haus zu Haus und trieben das Vieh zusammen. Ich sehe noch ganz deutlich, wie drei Soldaten unsere Kuh aus dem Hof holen wollten. Mein Vater und seine drei Brüder waren im Wald, nur mein Großvater war zu Hause. Er rannte hinaus und wollte die Kuh zurückholen, hängte sich verzweifelt an sie. Ein Soldat richtete sein Gewehr auf ihn, aber in dem Augenblick verfing sich die Kuh mit ihrem Beinen im Seil und fiel hin. Das gab den Frauen und Kindern, mir Neunjährigem und meiner siebenjährigen Schwester die Chance, uns an unseren Großvater zu hängen und ihn zurückzuhalten. Der Verlust seiner Kuh traf ihn schwer, ohne sie schien er völlig verloren. Er schimpfte:

'Was hat sich der verdammte Deutsche eigentlich gedacht? Musste er uns unsere letzte Kuh wegnehmen und die Kinder ohne Milch zurücklassen?'"[197]

Wie später im Zweiten Weltkrieg folgen der deutschen Armee in Russland sofort Großkapitalisten, Konzernvertreter und Landaristokraten auf den Fuß, um Russland zu plündern. Eisenbahnen, Gruben und Häfen werden den deutschen Geldsäcken unterstellt, Lebensmittel beschlagnahmt und nach dem Westen abtransportiert. Es entstehen die ersten deutschen Kolonien in Russland.

Im Schlepptau der Deutschen kommen die ehemaligen Entente- 'Verbündeten' Russlands: die Engländer und Franzosen. Schon am 10. Dezember - die Russische Oktoberrevolution ist gerade erst einmal einen Monat alt - schließen die Regierungen Englands und Frankreichs ein Geheimabkommen zur Abgrenzung ihrer Interessenssphären ab: England wird der Kaukasus, der Kuban und der Don zugesprochen; Frankreich die Ukraine, die Krim und Bessarabien.

Die Regierungen dieser beiden Länder brechen zwar nicht die diplomatischen Beziehungen zur Sowjetmacht ganz ab, verlegen aber ihre Botschaften nach Wologda - vierhundert Kilometer nordöstlich von Moskau gelegen, und nicht nach Moskau, wo inzwischen die neue Sowjetregierung ihren Sitz hat. Von Wologda aus leiten sie relativ ungestört ihre Intervention. Um sich in der Anfangsphase nicht selbst die Finger schmutzig zu machen, überlässt man Deutschland erst mal die Drecksarbeit, in der Hoffnung, dass die Sowjetmacht bald fällt. Gleichzeitig benutzt, oder sollte man sagen 'missbraucht' man, Zehntausende tschechoslowakische Kriegsgefangene, die an der Seite des kaiserlichen Deutschlands gekämpft hatten, als Werkzeuge, um im Osten eine neue Front aufzubauen, bewaffnet sie, bil-

197- Andrei Gromyko, ‚Erinnerungen', Düsseldorf, Wien, New York 1989, S. 30f.

det sie aus und schickt sie in den Krieg zum Sturz der Sowjetmacht.

Wie reagierte die Sowjetmacht auf diese Bedrohungen, die sich im Laufe der Zeit noch ausweiten sollten, als weitere Staaten unter Führung des britischen Kolonialministers Winston Churchill sich an der Intervention beteiligten?

Jetzt erst recht wird die Revolution zu einem einzigen Heerlager. Man geht in Moskau zum 'Kriegskommunismus' über, man führt für die Bauern die Getreide-Ablieferungspflicht ein, um die Armee zu versorgen. Alles wird dem einen Ziel untergeordnet: den Abwehrkampf zu organisieren. Neun Zehntel der Aktivitäten der neuen sowjetischen Volksregierung werden vom sog. Bürgerkrieg in Anspruch genommen. Es heißt 'Alles für die Front! Alles für das sozialistische Vaterland! Alles für die Verteidigung der sozialistischen Errungenschaften!'

Dieser Abwehrkampf bringt die Rote Armee hervor. Am 22. April 1918 führt das Zentralexekutivkomitee des Sowjetkongresses die allgemeine militärische Pflichtausbildung für alle Werktätigen ein; am 29. Mai ergeht das Dekret über die Einführung der Wehrpflicht. Es entsteht in Windeseile eine millionenfache Armee, geführt von roten Kommissaren, aber auch von ehemaligen zaristischen Offizieren, die von dem neuen Verteidigungsminister Trotzki bevorzugt angeheuert werden.

Durch die massive Intervention ermutigt, erhebt auch die innere Konterrevolution wieder ihr Haupt: 'Linke' Sozialrevolutionäre erschießen am 6. Juli in Moskau den deutschen Botschafter Mirbach, mit dem Ziel, die deutschen Truppen auf Moskau zu hetzen. Prompt verlangt die kaiserliche Regierung, Truppen zum 'Schutz ihrer Botschaft' entsenden zu dürfen, was abgelehnt wird. Gleichzeitig kommt es in Moskau zu einer Meuterei, um die Sowjetregierung zu verhaften. Auch in anderen Städten gibt es solche Provokationen, darunter in Jaroslawl. Die Unruhen werden von den ehemaligen Alliierten Russlands, England und Frankreich, in den Gebieten, die nicht von den Deutschen kontrolliert werden, organisiert.

Lenin im Sommer 1918:

"Jetzt im Sommer 1918 stehen wir vor einem der schwersten, der schlimmsten, der kritischten Übergänge unserer Revolution."[198]

Lenin ruft zu einem großen Kreuzzug gegen die Getreidespekulanten, gegen die Großbauern, gegen die Ausbeuter und Desorganisatoren auf. Der Kampf um das Brot sei der Kampf um den Sozialismus. Stalin wird mit der Leitung dieses Feldzuges um das Brot betraut. Am 29. Mai wird er zum Leiter des gesamten Ernährungswesens im Süden Russlands ernannt. Er erhält von der Sowjetregierung außerordentliche Vollmachten:

"Der Volkskommissar Joseph Wissarionowitsch Stalin, Mitglied des Rates der Volkskommissare, wird vom Rat der Volkskommissare zum Generaldirektor für Lebensmittelfragen im Süden Russlands ernannt."[199]

Stalin hatte bereits kurz nach der Oktoberrevolution bewiesen, dass er in der Lage war, Lebensmittel heranzuschaffen, wenn dies notwendig wurde:

"Als die Bolschewiki im Oktober 1917 die Macht übernommen hatten, gab es in Leningrad nur noch Lebensmittel für zwei Tage, und erst als man intensiv jeden Laden, jedes Warenlager durchstöbert hatte, gelang es Stalin, die Brotversorung für zehn Tage sicherzustellen."[200]

Wegen der deutschen Besetzung im Süden Russlands und der Herrschaft der Weißgardisten dort kann die Sowjetrepublik nur noch über die Wolga mit Lebensmitteln aus dem Nordkaukasus versorgt werden. Eine andere Lebenslinie besteht nicht mehr. Auch das Erdöl aus Baku gelangt nur noch über die Wolga und

198- Große Sowjet-Enzyklopädie, Bd. 1, ebd., S. 678, zitiert nach: Lenin-Werke, Bd. 23, S. 49, Moskau 1940.

199- J. Jaroslawski, ebd., S. 113.

200- Ebd..

dann anschließend über die Eisenbahnverbindung ins Innere Sowjetrusslands. Wäre Zarizyn (das spätere Stalingrad an der Wolga) der Konterrevolution in die Hände gefallen, hätte man die junge Sowjetrepublik mühelos aushungern und reifschießen können. Dies musste mit allen Mitteln verhindert werden.

Im Sommer 1918 beginnt der Kampf um diejenige Stadt, die nicht erst im Zweiten Weltkrieg zu einem Symbol des revolutionären Widerstands wurde, sondern schon lange vorher.

b. Stalin in Zarizyn

Stalin wurde damals von Kliment Woroschilow, dem späteren Verteidigungsminister der UdSSR an die Südfront begleitet. Er kam täglich mit ihm zusammen und hielt später seine Eindrücke in einer kleinen Broschüre über den 'Bürgerkrieg' fest. Darin heißt es u. a.:

> *"In der Periode von 1918 bis 1920 war wohl Genosse Stalin der einzige Mensch, den das Zentralkomitee von einer Kriegsfront zur anderen warf, wobei es die gefährlichsten, für die Revolution bedrohlichsten Stellen auswählte. Dort, wo es verhältnismäßig ruhig zuging und die Lage günstig war, wo wir Erfolge hatten - dort war Stalin nicht zu sehen. Dort aber, wo infolge einer ganzen Reihe von Ursachen die Roten Armeen schwankten, wo die konterrevolutionären Kräfte, ihre Erfolge entwickelnd, den Bestand der Sowjetunion selbst bedrohten, wo Verwirrung und Panik in einem beliebigen Moment sich in Ohnmacht verwandeln, zur Katastrophe führen konnte - da tauchte Genosse Stalin auf."*[201]

Am 23. Mai macht sich Stalin mit einer Abteilung von Rotarmisten und zwei Panzerautos auf den Weg zur Südfront. Dort findet er ein unglaubliches Chaos vor, vor allem aber in den Militärkommandos.

Konterrevolutionäre kosakische Banden hatten sich in der

201· Kliment E. Woroschilow, ‚Stalin und die Rote Armee', Moskau 1936, S. 8f, ab jetzt ‚K. Woroschilow' abgekürzt.

Nähe von Zarizyn einer ganzen Reihe von strategischen Punkten bemächtigt, machten damit die Getreidebeschaffung für das hungernde Moskau und Petrograd unmöglich und schufen auch für die Wolgastadt selbst eine äußerst bedrohlich Lage. Noch am gleichen Tag teilt Stalin Lenin telefonisch Folgendes mit:

"Es gibt große Vorräte an Getreide im Norden des Kaukasus. Das Problem ist nur, dass sie nicht in Richtung Norden verladen werden können, weil die Eisenbahnverbindung unterbrochen ist. Solange die Verbindung nicht wieder hergestellt ist, ist der Getreidetransport unmöglich. ... Wir hoffen, die Linie in zehn Tagen wiederhergestellt zu haben. ..."[202]

Es dauert nicht lange und Stalin kann an Lenin Folgendes telegrafieren:

"Sie werden 160 Waggons mit Getreide und 46 mit Fisch über diese Route bekommen. Der Rest kommt über Saratow."[203]

Am 7. Juli erhält Lenin in Moskau die nächste Nachricht:

"Ich treibe an und schimpfe mit allen, wo es nötig ist; hoffe, dass wir bald alles wieder hergestellt haben. Sie können überzeugt sein, dass wir niemanden schonen werden, weder uns selbst noch andere, Brot aber werden wir herbeischaffen."[204]

Schnell erkennt Stalin das wichtigste Kettenglied, an dem alles hängt: die von Trotzki ernannten, unzuverlässigen, ja teilweise direkt Sabotage betreibenden Militärspezialisten - oft ehemalige Offiziere der zaristischen Armee, die überall dank Trotzkis Personalpolitik die leitenden Positionen innehaben. Stalin:

"Wenn unsere 'Militärspezialisten' (Schuster) nicht geschlafen und müßig herumgesessen hätten, wäre die Front nicht durchbro-

---

202· J. Jaroslawski, ebd., S. 113f.

203· Ebd., S. 114.

204· K. Woroschilow, ebd., S. 19.

chen worden, und wenn sie wiederhergestellt wird, so nicht dank der Militärs, sondern trotz ihnen."[205]

Stalin sieht sich jetzt den Militärapparat aus nächster Nähe genauer an und stellt fest, dass es dort Kommandeure gibt, die sich unverblümt und ungestraft weigern, gegen die kosakische Konterrevolution vorzugehen. Drei Tage später, am 10. Juli, schreibt er an Lenin dies:

"An Genossen Lenin,

einige Worte.

Erstens: Wenn Trotzki, ohne zu überlegen, nach allen Seiten hin Ermächtigungen an Trifonow (Don-Gebiet), an Awtononomow (Kuban-Gebiet), Koppe (Stawropol), an die Mitglieder der französischen Mission, die verhaftet zu werden verdient, austeilt, dann kann man mit Sicherheit sagen, dass bei uns in einem Monat im Norkaukasus alles zusammenbricht und dass wir dieses Gebiet endgültig verlieren werden. ... Hämmern Sie ihm ein, dass ohne die örtlichen Funktionäre keine Ernennungen vorgenommen werden dürfen und dass es sonst zu einem Skandal für die Sowjetmacht kommt."[206]

Trotzki, damals noch Vorsitzender des Revolutionären Kriegsrats, erteilte also Ermächtigungen an die französische Mission, die auf Seiten der weißgardistischen Generäle interveniert hatte! Kein Wunder also, dass die Front in der Nähe von Zarizyn desorganisiert war, war doch dieses Chaos in den Reihen der Roten Armee genau das, was die Interventen, darunter die Franzosen, brauchten. Stalin wird noch deutlicher, da schnelles Handeln angesagt ist:

"Um die Sache fördern zu können, brauche ich militärische Vollmachten. Ich habe schon früher geschrieben, aber keine Antwort erhalten. Nun gut. Dann werde ich eben selbst, ohne Förmlichkeiten diejenigen Armeebefehlshaber und Kommissare absetzen, die die

---

205. Ebd..

206. Stalin-Werke, Bd. 4, ebd., S. 104, Brief an Lenin.

Sache zugrunde richten. Das gebietet mir die Sache und das Fehlen eines Papierchen von Trotzki wird mich natürlich nicht abhalten. J. Stalin."[207]

Drei Wochen später ein weiterer Brief Stalins:

"Die Lage im Süden ist keine leichte. Der Kriegsrat hat eine völlig zerrüttete Situation hinterlassen. ... Alles musste von vorn begonnen werden. Wir haben die Versorgung in Gang gebracht, eine operative Abteilung aufgebaut, mit allen Frontabschnitten Verbindung hergestellt, die alten, ich möchte sagen, verbrecherischen Befehle aufgehoben, und erst danach leiteten wir die Offensive auf Kalatsch und auf den Süden in Richtung Tichoreszkaja ein."[208]

Stalin lässt Trotzkis 'Militärspezialisten', die sich als Anhänger der aufständigen konterrevolutionären Kosaken und der Franzosen entpuppt haben, absetzen, ohne sich um seine hysterischen Proteste zu kümmern. Dennoch sei die Ernährungslage nach wie vor fast hoffnungslos, weil die Verbindungslinien noch immer nicht wieder hergestellt sind.

Am 31. August kann er mitteilen, dass sich die Lage an der Front gebessert hat. 'An der Front geht die Sache gut voran.' Die Kosaken werden aufgerieben. Aber an diesem Tag erhält er die Nachricht von dem Anschlag auf Lenin in Moskau. Eine jüdische 'linke' Sozialrevolutionärin namens Fanja Kaplan hatte versucht, Lenin mit einem Revolver und zwei vergifteten Kugeln zu erschießen, als er gerade dabei war, vor Arbeitern des früheren Betriebes von Michelson in Samoskworetschje zu sprechen. In Petrograd werden ebenfalls führende Bolschewiki Opfer von Anschlägen: Uritzki und Wolodarski verlieren dabei das Leben. Uritzki war am 10. Oktober, vierzehn Tage vor Ausbruch der Oktoberrevolution, in den revolutionären Rat des Zentralkomitees der SDAPR gewählt worden, um mit Stalin und anderen zusammen

207· Ebd., S. 105.

208· Ebd., S. 106.

den Aufstand zu organisieren. Er war also einer der Organisatoren des Oktober-Aufstandes. Wie sich später herausstellt, waren diese Mordanschläge Teil einer gut vorbereiteten Verschwörung gegen die Sowjetmacht. Lenin musste mit schweren Kopfverletzungen im Krankenhaus behandelt werden und sollte sich nie wieder von den Folgen des feigen Anschlages erholen.

Eine Woche später kann Stalin in einem Telegramm mitteilen, dass die 'Offensive der Sowjettruppen im Gebiet Zarizyn von Erfolg gekrönt ist' und dass 'die Lage dort jetzt stabil' sei. Die Offensive gehe weiter. Der meineidige weißgardistische General Krasnow, der versprach, nie wieder gegen die Sowjetmacht zu kämpfen, erleidet vor Zarizyn eine Niederlage.

Wenig später kehrt Stalin nach Moskau zurück und überlässt Kliment Woroschilow das Zepter in Zarizyn, der sich vorher mit seiner ukrainischen Sowjetarmee den Weg durch die deutschen Linien und das konterrevolutionäre Kosaken-Gebiet gebahnt hatte.

Stalin war also in der Lage, innerhalb von nur drei Monaten die fast hoffnungslose Lage an der Südfront umzukehren. Woroschilow zur neuen Lage in der Wolgastadt:

> *"Das Antlitz Zarizyns wurde in kurzer Frist ein ganz anderes. Die Stadt, wo noch vor kurzem in den Gärten die Musik rauschte, wo die geflüchtete Bourgeoisie in Mengen zusammen mit den Offizieren in den Straßen flanierte, verwandelt sich in ein großes Kriegslager, wo die strengste Ordnung und die militärische Disziplin alles beherrscht. Diese Festigung der Etappe wirkte sich sofort günstig auf die Stimmung unserer an der Front kämpfenden Regimenter aus."*[209]

Worin bestand das Geheimnis dieses Erfolges? Stalin:

"Die Erfolge unserer Armee sind vor allem aus ihrer Bewusstheit und Disziplin heraus zu erklären. Die Soldaten Krasnows zeichnen sich durch erstaunliche Stumpfsinnigkeit und Unwissenheit, durch das

209· K. Woroschilow, ebd., S. 26.

Fehlen jeglichen Kontakts mit der Umwelt aus. Sie wissen nicht, wofür sie kämpfen."[210]

Ein weiteres wichtiges Moment kommt hinzu:

"Eine nicht geringe Bedeutung hat die Bildung eines ganzen Stammes roter Offiziere, ehemaliger Soldaten, die in einer Reihe von Schlachten ihre Feuertaufe erhalten haben. Diese roten Offiziere bilden das Hauptbindemittel unserer Armee, das sie zu einem homogenen, disziplinierten Organismus zusammenschweißt."[211]

Aber noch etwas anderes und ganz Entscheidendes musste für den militärischen Erfolg hinzukommen:

> *"Aber die Kraft unserer Armee erschöpft sich nicht in ihren eigenen Qualitäten. Eine Armee kann nicht lange ohne festes Hinterland existieren. Für eine stabile Front ist es notwendig, dass die Armee regelmäßig Ersatz, Munition und Proviant aus dem Hinterland erhält."*[212]

Dieses Hinterland besaß damals die Rote Armee in den zahlreichen Gebieten, wo die Revolution gesiegt hatte, wo die Bauern auf die Seite der Revolution übergegangen waren, weil sie durch die Oktoberrevolution von der Macht und den drückenden Fronlasten der Gutsbesitzer befreit waren und endlich, nach so vielen Jahren des Kampfes und der vergeblichen Aufstände, Land und Freiheit erhalten hatten.

Man könnte noch der Vollständigkeit halber hinzufügen, dass damals auch Arbeiterregimenter der Stadt Zarizyn der Roten Armee zu Hilfe geeilt waren, die absolut zuverlässig waren und die nicht von unzuverlässigen, so genannten Militärspezialisten, sondern von jungen, militärisch geschulten Revolutionären geführt wurden.

Am 4. Oktober beschwert sich nun Trotzki bei Lenin über Stalins Tätigkeit an der Südfront. In dem Telegramm heißt es:

210· Stalin-Werke, Bd. 4, ebd., S. 130, ‚Über den Süden Russlands'.

211· Ebd., S. 131.

212· Ebd..

"Ich muss auf Stalins Abberufung bestehen. Die Dinge an der Front bei Zarizyn gehen schlecht trotz einer Überfülle an Truppen."[213]

c. Die Zurückeroberung von Perm

Am 24. Dezember 1918 nehmen die Truppen von Admiral Koltschak Perm ein - eine strategisch wichtige Stadt westlich des Ural. Koltschak war ein weißgardistischer General, der von den Engländern und Franzosen unterstützt wurde. Die Dritte Armee der revolutionären Streitkräfte, die gegen Koltschak eingesetzt wurde und die Trotzki direkt unterstellt war, befand sich schon bald in einem völlig desolaten Zustand. Woroschilow:

"Vom Gegner im Halbkreis umfasst, war diese Armee Ende November endgültig demoralisiert. Im Ergebnis sechsmonativer, ununterbrochener Kämpfe, beim Fehlen irgendwelcher verlässlicher Reserven, bei ungesicherten Etappe, bei der unerträglichen Verpflegungslage - die 29. Division hatte sich fünf Tage lang geschlagen, ohne buchstäblich ein Stück Brot zu haben, bei 35 Grad Frost, völliger Wegelosigkeit, der ungeheuren Ausdehnung der Front - über mehr als 400 km -, bei der Schwäche des Stabes der Dritten Armee, erwies sie sich als außerstande, dem Druck der überlegenen Kräfte standzuhalten."[214]

Woroschilow fügt noch hinzu, dass der Kommandobestand der Armee aus ehemaligen zaristischen Offizieren ein weiteres großes Problem war. Es sei zu einem 'massenhaften Verrat' gekommen, ganze Regimenter hätten sich freiwillig in Gefangenschaft begeben.

In dieser heiklen Situation beschließt das Zentralkomitee in Moskau, eine Untersuchungskommission einzuberufen, um die Ursache der Preisgabe von Perm zu ermitteln. Stalin und Dscherschin-

213· Ian Grey, ‚Stalin · Man of History', Abacus-Taschenbuch, GB, 1982, S. 126, Stalin · Mann der Geschichte.

214· K. Woroschilow, ebd., S. 31.

ski werden damit beauftragt. Sie schreiben einen Bericht. In diesem Bericht heißt es zu den Ursachen der Niederlage:

"Ermüdung und Erschöpfung der Armee im Moment der Offensive des Gegners, das Fehlen von Reserven bei uns in diesem Moment, die Losgelöstheit des Stabes von der Armee, Misswirtschaft im Armeekommando, unzuverlässige, verbrecherische Methoden der Leitung der Front seitens des Revolutionären Kriegsrats der Republik, der die Front durch seine widersprüchlichen Direktiven lähmt. ..."[215]

Auch der Verantwortliche für diese Misswirtschaft wird klar benannt: Trotzki, der damals den Revolutionären Kriegsrat leitete.

Stalin, erneut mit außerordentlichen Vollmachten vom ZK ausgestattet, trifft umgehend Maßnahmen zur Hebung der Kampfkraft der Roten Armee. Woroschilow:

"Bis 15. Januar ... 1.200 zuverlässige Bajonette und Säbel an die Front entsandt; einen Tag später zwei Eskadronen Kavallerie; am 20. das 62. Regiment der III. Brigade abgesandt, vorher sorgfältig gesiebt. Diese Truppenteile gaben die Möglichkeit, die Offensive des Gegners zum Stehen zu bringen, bewirkten einen Umschwung in der Stimmung der Dritten Armee und eröffneten unsere Offensive gegen Perm, die bisher erfolgreich verläuft. Im Rücken der Armee erfolgt eine ernste Säuberung der Sowjet- und Partisaneninstitutionen. In Wjatka wurden Revolutionskomitees organisiert. ... Die Militärkontrolle ist gesäubert und umgestaltet. ..."[216]

Das Resultat:

Im Januar 1919 geht die Dritte Armee wieder zur Offensive über.

215· Ebd., S. 35.

216· Ebd., S. 36.

d. Stalin schafft die Wende in Petrograd

Im Frühjahr 1919 war die Rote Armee ungefähr 1,4 Millionen Mann stark.[217]

Es gab fünf, teilweise sogar sechs Fronten, an denen sie gegen die 14 Interventen und ihre weißgardistischen, konterrevolutionären Generäle zu bestehen hatte, die von den Stäben der Großmächte und ihren Militärberatern angeleitet wurden. Englische und französische Instrukteure wurden zu Tausenden gegen die Rote Armee eingesetzt. In den ersten Monaten des Jahres 1919 standen mehr als 300.000 Söldner der Entente, also der Westalliierten, auf russischem Boden, ohne dazu eingeladen worden zu sein.

Ihre Aktionen wurden von dem britischen Kolonialminister Winston Churchill, dem späteren britischen Premierminister, koordiniert und forciert. Hinzukam, dass man auf das Korp der Tschechoslowaken, bestehend aus ehemaligen Kriegsgefangenen der zaristischen Armee, die nach der Oktoberrevolution von den Engländern gegen die junge Sowjetmacht eingesetzt wurden - eine 60.000 Mann starke Interventionstruppe im Osten Russlands - zurückgreifen konnte, um so große Teile der Roten Armee im Osten zu binden, die eigentlich für den Schutz von Petrograd und Moskau benötigt wurden. Rechnet man die weißgardistischen Truppen noch hinzu, so wurden im Frühjahr 1919 fast zwei Millionen Mann gegen die Rote Armee aufgeboten, die längst nicht so gut ausgerüstet war wie die weißgardistischen Einheiten, aber dafür eine viel bessere Moral besaß.

Zu dieser Zeit geht die weißgardistische Armee des Generals Judenitsch von Estland aus gegen das revolutionäre Petrograd vor, in Ausführung der von Admiral Koltschak gestellten Aufgabe, Petrograd einzunehmen. Die englische Flotte und die weißen Finnen und Esten unterstützen ihn dabei. Die Lage wird dadurch noch komplizierter, dass einige Regimenter der Roten Armee zum Gegner über-

217· vgl. Große Sowjet-Enzyklopädie, Bd. 1, ebd., S. 688.

laufen. Die Garnison des Forts 'Krasnaja Gorka' erhebt sich gegen die Sowjetmacht.

Erneut wird Stalin vom Zentralkomitee der SDAPR dazu auserkoren, die Lage wieder unter Kontrolle zu bringen. Dazu Woroschilow:

"Im Laufe von nur drei Wochen gelingt es Genosse Stalin, den Umschwung herbeizuführen. Die Panik und Verwirrung der Truppenteile wird schnell beseitigt, die Stäbe straffen sich, eine Mobilisierung der Petrograder Arbeiter und Kommunisten erfolgt auf die andere, die Feinde und Verräter werden erbarmungslos vernichtet. Genosse Stalin greift in die operative Arbeit des Militärkommandos ein."[218]

Stalin an Lenin:

"Unmittelbar nach 'Krasnaja Gorka' 'Seraja Loschad' liquidiert, Geschütze auf ihnen in voller Ordnung, betreiben schnelle ... (unleserlich) ... aller Forts und Festungen; Flottenspezialisten behaupten, dass Einnahme von 'Krasnaja Gorka' von der Seeseite alle Marinewissenschaft umwirft.

Kann so genannte Wissenschaft nur bedauern. Schnelle Einnahme Gorkas erklärt sich durch allergrößte Einmischung meinerseits und überhaupt der Zivilisten in die operativen Angelegenheiten, die bis zur Beseitigung der Befehle zu Wasser und zu Land sowie die Durchsetzung meiner eigenen ging.

Halte es für meine Pflicht zu erklären, dass ich auch weiterhin so handeln werde trotz aller Hochachtung vor der Wissenschaft. Stalin."[219]

Sechs Tage später. Stalin erneut an Lenin:

"Der Umschwung an unseren Abschnitten hat begonnen. Seit einer Woche gab es bei uns nicht einen einzigen Fall des Überlaufens

---

218· K. Woroschilow, ebd., S. 40.

219· Ebd..

einzelner oder von Gruppen. Die Deserteure kehren zu Tausenden zurück. Die Überläufer aus dem Lager des Gegners zu uns häufen sich. ... Gestern am Tag begann unsere Offensive, .. bis jetzt verläuft die Offensive erfolreich, die Weißen fliehen, .. sendet schnell zwei Millionen Patronen zu meiner Verfügung für die 6. Division. ..."[220]

General Judenitsch muss sich nach Estland zurückziehen. Dies ermöglicht es, auch Koltschak im Osten den Garaus zu machen. Mit den Resten seiner Armee flieht er nach Irkutsk. Dort wird er erschossen.

Petrograd wurde gerettet, ohne dass Truppen von der Ostfront abgezogen werden mussten, obwohl Trotzki dies verlangt hatte. Er hatte auch verlangt, dass man Koltschak schonen und nicht verjagen sollte.[221] Trotzkis späterer Verbündeter Sinowjew, der im Sommer 1936 zusammen mit Kamenjew wegen Hoch- und Landesverrats hingerichtet wurde, war als Kommandeur in Petrograd dafür eingetreten, die Stadt aufzugeben.[222]

Trotzkis Bewertung der Arbeit Stalins fiel später so aus:

"Sein Einfluss an den Frontabschnitten, wo er sich aufhielt, blieb unbedeutend, er blieb unpersönlich, bürokratisch, polizistenhaft."[223]

Im März 1919 findet in Moskau der Achte Parteitag der SDAPR statt. Er tagt vom 18. bis zum 23. März. Ausführlich diskutiert wird die Lage an den verschiedenen Fronten, man diskutiert aber auch über die bestehenden Kommandostrukturen und die Organisation innerhalb der Roten Armee. Trotzki stellt sich der Kritik jedoch nicht. Er ist auf dem Parteitag gar nicht anwesend. Dazu der britische Stalin-Biograf Ian Grey:

"

220· Ebd., S. 43.

221· vgl. J. Jaroslawski, ebd., S. 122.

222· vgl. Große Sowjet-Enzyklopädie, Bd. 1, S. 689.

223· L. Trotzky, ebd., S. 390.

Trotzki, der nicht teilnahm, wurde von vielen Delegierten stark wegen seiner 'diktatorischen Manieren' kritisiert, wegen seiner herablassenden Haltung gegenüber den Frontarbeitern und wegen seiner fehlenden Bereitschaft, ihnen zuzuhören, wegen seiner Bewunderung für die Spezialisten und wegen seiner missratenen Telegramme, die er über den Kopf der Kommandeure und Stäbe hinweg versandte, weil er immer wieder seine Anweisungen änderte und endloss Verwirrung stiftete."[224]

Stalin wird auf diesem Parteitag erneut ins ZK gewählt, aber auch in das jetzt aus fünf Personen bestehende Politbüro sowie in das angeschlossene Organisationsbüro. Hinzukommt noch, dass er ein weiteres Volkskommissariat bekommt: das Volkskommissariat für Staatliche Kontrolle, auch 'Arbeiter- und Bauerninspektion' genannt, um die ausufernde Bürokratie in der Partei zu beseitigen. Er ist damit der einzige Volkskommissar mit zwei Portfolios. Die Ernennungen zeigen das hohe Vertrauen, das die meisten Delegierten in Stalin haben, und sind auch eine Anerkennung für seine bisher geleistete Arbeit für die Partei und die Revolution.

Später bildet das ZK auch den Revolutionären Kriegsrat um, dem Trotzki immer noch vorsteht. Die Zahl seiner Mitglieder wird auf sechs verringert, und die neuen Mitglieder sind keine Anhänger Trotzkis mehr. Alle haben jetzt die gleichen Rechte und Pflichten. Trotzki verliert dadurch einen großen Teil seines Einflusses auf die Militärführung.

e. Der Feldzug gegen Denikin

Jetzt setzen Churchills Interventen ihre letzte Hoffnung auf General Denikin im Süden, der den Kuban besetzt hält. Die Kuban-Region liegt nördlich des Kaukusus. Dort trommelt er eine 'Freiwilligenarmee' aus zaristischen Offizieren, Kadetten und anderen Weißgardisten zusammen. Die Engländer und Franzosen de-

---

224· Ian Grey, ‚Stalin · Man of History', ebd., S. 128f.

cken ihn mit Waffen, Munition und Vorräten ein. Im Sommer 1919 startet er seine Offensive gegen die Rote Armee. Im Frühherbst erobert er Orel und marschiert auf Tula. Moskau ist unmittelbar bedroht.

Um Denikin zu schlagen, entsendet das Zentralkomitee erneut Stalin an die Front. Aber er ist nicht allein: Auch seine Vertrauten Kliment Woroschilow, Sergej Ordschonikidse, Semjon Budjonny and Sergej Kirow werden an die Südfront abkommandiert.

Stalin nimmt die Ernennung an, stellt aber gleich drei Bedingungen:

1. Trotzki darf sich nicht mehr in die Angelegenheiten der Südfront einmischen;
2. Von dieser Front sind sofort eine ganze Reihe von unzuverlässigen Kommandeuren abzuberufen;
3. An die Südfront sind unverzüglich neue Mitarbeiter, nach Auswahl Stalins, abzukommandieren.[225]

Stalin setzt sich durch: Trotzki wird die Leitung der Operation gegen Denikin entzogen, sein Operationsplan abgelehnt. Worin bestand dieser Plan?

Trotzki ist der Meinung, man solle die Rote Armee durch ein wegeloses Gebiet, das zu einem großen Teil von Kosaken bewohnt ist, schicken, die mit der Konterrevolution sympathisieren und auch schon militärisch für sie durchs Feuer gegangen sind.

Stalin schlägt einen ganz anderen Plan vor: Man müsse auf den Donbass marschieren, auf Charkow und Rostow und von dort aus den Hauptschlag gegen Denikin führen, weil dieses vorwiegend proletarische Hinterland weit besser geeignet sei, weil man hier kein feindliches, kosakisches Umfeld, weil man hier auch eine Eisenbahnlinie habe, weil man hier viel besser Denikins Armee in zwei Teile aufspalten könne usw.

225· vgl. K. Woroschilow, ebd., S. 48.

Stalin stellt Lenin ein Ultimatum:

"Sonst wird meine Arbeit an der Südfront sinnlos, ein Verbrechen, unnötig, was mir das Recht gibt, mich verpflichtet, egal wohin zu gehen, und wäre es zum Teufel, um nur nicht an der Südfront zu bleiben. Ihr Stalin."[226]

Lenin stimmt diesem Plan zu und ordnet an, diesem Plan entsprechend vorzugehen.

Das Ergebnis beschreibt Woroschilow in seinen Erinnerungen so:

"Die Resultate sind bekannt. Im Bürgerkrieg wurde ein Umschwung erzielt. Die Denikin-Banden wurden ins Schwarze Meer geworfen, die Ukraine und der Nordkaukasus wurden von den Weißgardisten befreit."[227]

Eng mit dem Namen Stalin ist auch die Schaffung einer Reiterarmee an der Südfront verbunden, die auf seine Initiative hin gegründet wurde. Sie spielte eine entscheidende Rolle bei der Zerschlagung der gegnerischen Armeen in der Endphase des Bürgerkrieges. Auch hier wieder trifft er erneut auf den Widerstand von Trotzki, der immer noch Verteidigungskommissar der Sowjetrepublik ist.

Am 11. November (1919) informiert der Revolutionäre Kriegsrat der Südfront den Revolutionären Kriegsrat der Zentrale, in dem Trotzki noch sitzt und Stimme hat, über den Beschluss zur Bildung der neuen Reiterarmee:

"Der Revolutionäre Kriegsrat der Südfront hat in seiner Sitzung vom 11. November dieses Jahres, ausgehend von den Bedingungen der gegenwärtigen Lage, den Beschluss gefasst, eine Reiterarmee im Bestand des 1. und 2. Reiterkorps sowie einer Schützenbrigade (unter späterer Hinzufügung einer zweiten Brigade) zu bilden. Zusammensetzung des Revolutionären Kriegsrats der Reiterarmee: Kommandierender der Armee, Genosse Budjonny, Mitglieder: Ge-

226· K. Woroschilow, ebd., S. 54.

227· Ebd., S. 57.

nossen Woroschilow und Schtschadenko. Unterlage: Beschluss des Revolutionären Kriegsrats der Südfront vom 11. November 1919, Nr. 505/8. Ersuchen, Vorstehendes zu bestätigen."[228]

Trotzki votiert gegen den Beschluss, kann aber nicht mehr verhindern, dass die neue Reiterarmee entsteht.

Die rote Reiterarmee wird dann erfolgreich gegen die Truppen Denikins eingesetzt. Dazu Budjonny:

"Bei den Kämpfen am Donbass fügte die Reiterarmee gemeinsam mit den ihr unterstellten Schützendivisionen dem Gegner große Verluste zu. Allein vom 25. bis 31. Dezember fielen ungefähr 3.000 Weißgardisten, 5.000 gerieten in Gefangenschaft."[229]

Stalin war also bereit und auch in der Lage, sich über jede Bestimmung, über jede Anordnung von oben hinwegzusetzen, wenn es die Lage erforderte, was er schon bei der Verteidigung Zarizyns und Petrograds unter Beweis gestellt hatte.

In seiner Stalin-Biografie hat Trotzki die Stirn zu behaupten, dass er selbst die Reiterarmee geschaffen habe:

"Und wirklich beanspruchte die Kampagne für die Schaffung der Roten Kavallerie den größten Teil meiner Tätigkeit während vieler Monate des Jahres 1919."[230]

Marschall Semjon Budjonny widerlegt in seinen Erinnerungen diese dreiste Behauptung Trotzkis mit folgenden Worten:

"Er (gemeint Jegorow - ein Militär - Autor) erklärte, die Reiterarmee werde nicht erstmalig, sondern auch gegen den Wunsch einiger führender Militärs geschaffen, vor allem gegen den Wunsch des Revolutionären Kriegsrates der Republik, Trotzki. Er und eine Reihe von Militärspezialisten vertraten die Meinung, die Aufstel-

---

228- Ebd., S. 58.

229- Semjon M. Budjonny, ‚Rote Armee voran', Berlin 1978, S. 357.

230- L. Trotzky, ebd., S. 395.

lung einer Reiterarmee sei ein ausgeklügeltes, mehr noch, ein in militärischer Hinsicht dilettantisches Unterfangen."[231]

Für seine Verdienste bei der Verteidigung der Revolution im Bürgerkrieg erhält Stalin am 27. November 1919 auf Lenins Initiative hin vom Allrussischen Sowjetkongress den Orden des Roten Banners.

f. Der weitere Verlauf des Bürgerkrieges bis zu seinem Ende

Das Jahr 1920 wird zu einem Jahr des Triumphes über die Interventen, ihre vielen Söldner und Militärberater sowie über die weißgardistischen Generäle und ihren konterrevolutionären Anhang.

Im Frühjahr ist Denikin endgültig besiegt. Fast einhunderttausend Mann geraten in Gefangenschaft. Englische und französische Schiffe bringen den traurigen Rest der Söldnertruppe auf die Krim. Am 28. April erreicht die Rote Armee Baku. Die mit Hilfe der Entente-Mächte gestürzte Sowjetmacht wird dort, aber auch in Aserbaidschan, wieder hergestellt. Die Handlanger der Entente, die Mussawatisten, fliehen.

Der Bürgerkrieg und die illegale, völkerrechtswidrige Intervention gegen die junge Sowjetrepublik gehen jedoch noch weiter. Dieses Mal ist die treibende Kraft Polen. Am 25. April beginnen die Weißpolen den Krieg gegen die Sowjetmacht. Ihr Ziel: die Schaffung eines Großpolen mit weißrussischen und westukrainischen Gebieten in den Grenzen Polens von 1772. Am 6. Mai besetzen sie Kiew. Zusammen mit den Polen kämpfen auch die Petljura-Leute - ukrainische Nationalisten und fanatische Gegner der Sowjetmacht - die gleichen, die 1918 die kaiserliche deutsche Armee in der Ukraine unterstützt hatten.

Die polnische Reaktion verbündet sich mit der neuen Südfront unter dem Befehl von Baron Wrangel, der neue Hoffnungsträger von Churchills Interventen.

231- Semjon Budjonny, ‚Rote Armee voran', ebd., S. 324f.

Im August des Jahres sammelt sich die gesamte Reaktion im Süden unter dem Banner dieses neuen 'Helden' der Ententemächte - Grund genug für das Zentralkomitee der bolschewistischen Partei, den folgenden Beschluss zu fassen:

"In Anbetracht der Erfolge von Wrangel und der Unruhe im Kuban ist die Wrangel-Front unbedingt als Front von völlig selbstständiger Bedeutung zu betrachten und als solche abzusondern. Genosse Stalin wird beauftragt, einen Revolutionären Kriegsrat zu bilden und seine Kräfte ganz auf die Wrangel-Front zu konzentrieren. Als Frontkommandeur - Jegorow oder Frunse - nach Einvernehmen des Hauptkommandos mit Stalin."[232]

Man beschließt also die Teilung der Fronten, damit sich Stalin ausschließlich mit der Wrangel-Front beschäftigen kann. Er erhält diesmal sogar sofort die Leute seiner Wahl. Er organisiert die Front, und wieder spielt die auf seine Intiative hin gebildete neue Reiterarmee unter Budjonnys Führung eine wichtige, ja sogar entscheidende Rolle.

Stalin schätzte die plötzliche Offensive Wrangels damals so ein:

"Es steht außer Frage, dass Wrangels Offensive damals von der Entente diktiert wurde, um die schwere Lage der Polen zu erleichtern."[233]

Diese 'schwere Lage der Polen' war das Ergebnis der Offensive der neuen Reiterarmee. An der Westfront stoßen die Truppen der Roten Armee nun sogar bis Warschau vor. Der von Trotzki eingesetzte Marschall Tuchatschewski, der im Sommer 1937 einen Hochverratsprozess erhalten sollte, hatte absichtlich oder unabsichtlich - das wissen wir nicht - dafür gesorgt, dass die Etappe weit hinter den vorrückenden Truppen der Roten Armee zurückgeblieben war. Um den Weißpolen zu helfen, übernahm der französische Ge-

232· K. Woroschilow, ebd., S. 62.

233· Stalin-Werke, Bd. 4, S. 294, ‚Über die Lage an der Südwestfront'.

neral Weygand vorläufig das Kommando über die polnische Armee. Der Gegenangriff der Polen zwingt nun die weit vorgerückte Rote Armee, die nicht in der Lage ist, die besetzten polnischen Gebiete ausreichend zu sichern, zum Rückzug. Zu einer gemeinsamen Front der Polen mit Wrangel kommt es jedoch nicht mehr.

Dafür kommt es zu einem Frieden mit Polen, der der Roten Armee ermöglicht, sich ganz auf die Wrangel-Front zu konzentrieren.

Es ist Michail Frunse, der später Trotzki als Verteidigungskommissar ablösen sollte, der den Oberbefehl übernimmt. Und es ist erneut Budjonnys Reiterarmee, die dem Gegner das Fürchten lehrt und die weißen Truppen in die Flucht schlägt. Wrangel muss sich mit dem Rest seiner Truppen auf die Krim zurückziehen, und wieder organisieren die Engländer und Franzosen die Evakuierung der geschlagenen und demoralisierten weißen Truppenreste. Am 15. November 1920 kann auch Sewastopol befreit werden.

Jetzt erleidet die Konterrevolution eine Niederlage nach der anderen: Im Frühjahr 1921 ist ganz Transkaukasien befreit. Es gibt jetzt dort drei Sowjetrepubliken: die aserbaidschanische, die armenische und die georgische. Tiflis, die Hauptstadt Georgiens, geht in die Hände der Aufständischen über. Im März wird Batum befreit, und auch die armenische Hauptstadt Jerewan wird erobert und erklärt sich zur Sowjetrepublik.

Im Osten gehen die Partisanen unter Führung von S. G. Laso zum Angriff über. Am 31. Januar dringen sie in Wladiwostok ein und zwingen die von den USA, England, Italien und Japan unterstützten weißgardistischen Truppen dazu, sich in die Mandschurei abzusetzen. Daraufhin ziehen die USA und ihre Verbündeten ihre Truppen zurück.

Es gelingt aber noch nicht, auch die japanischen Militaristen zu besiegen. Laso und seine Leute, darunter Luzki und Sibirzew, werden von ihnen gefangen genommen und in einem Lokomotivkessel bei lebendigem Leib verbrannt.

Im Oktober 1922 feiert die Sowjetrepublik den endgültigen Sieg über die japanischen Besatzer in Wladiwostok. Am 25. Dezember ist die Stadt vollständig von den Interventen, darunter auch die USA, England und Italien, befreit. So siegt auch im Fernen Osten die Sowjetmacht.

Damit war der fünfjährige Bürgerkrieg zu Ende. Die 14 Staaten, die sich auf die Seite der russischen Konterrevolution geschlagen hatten, erlitten eine vollständige Niederlage. Zu ihnen gehörten folgende Staaten: Deutschland, Großbritannien, Frankreich, die USA, Italien, Rumänien, Griechenland, die Türkei, Japan, die Tschechoslowakei, Polen, Estland, Lettland und Litauen. Die sozialistische Sowjetrepublik, im bürgerlichen und monarchischem Ausland verhasst wie kein anderes Land, hatte zeitweilig an sechs verschiedenen Fronten zu kämpfen und war in der Lage, dank einer prinzipienfesten und entschlossenen Führung und einer heldenhaft kämpfenden Roten Armee, trotz einer zahlenmäßigen Unterlegenheit und trotz des trotzkistischen Verrats in den eigenen Reihen, sich zu behaupten. Wie war dieser grandiose Sieg möglich geworden?

Stalin analysiert die Ursachen der Niederlage der Konterrevolution schon zu einer Zeit, da der 'Bürgerkrieg' noch gar nicht zu Ende ist:

> *"Welches sind die Ursachen der Niederlage der Konterrevolution, vor allem Denikins?*
>
> *A) Die Unzuverlässigkeit des Hinterlandes der konterrevolutionären Truppen. Keine Armee der Welt kann ohne ein festes Hinterland siegen. ... Das Hinterland der Sowjettruppen erstarkt, es nährt mit seinen Säften die rote Front, weil die Sowjetregierung eine Regierung der Befreiung des russischen Volkes ist, eine Regierung, die im höchsten Maße das Vertrauen der breiten Schichten der Bevölkerung genießt."*[234]

Dies widerlegt einmal mehr die haltlosen Behauptungen bürgerlicher Historiker, dass die Oktoberrevolution nur ein 'bolschewisti-

234. Stalin-Werke, Bd. 4, S. 252f, ‚Zur militärischen Lage im Süden'.

scher Putsch' gewesen sei. Denn wäre sie nur dies gewesen, dann wäre die neue Sowjetmacht schon nach wenigen Tagen oder Wochen am Ende gewesen. Sie hätte sich unmöglich gegen die ausländische und inländische weiße Übermacht halten können. Dass sie dazu aber in der Lage war, beweist, dass es sich bei ihr nicht um einen bloßen Palastputsch gehandelt hat, sondern um eine echte soziale Revolution, die von breitesten Volksmassen mitgetragen, ja sogar energisch militärisch und auch in anderer Beziehung verteidigt wurde.

Verdient gemacht um die Verteidigung und Ausweitung der Revolution haben sich, außer Lenin natürlich, bei dem alle Fäden des Abwehrkampfes zusammenliefen, fähige Militärführer wie Stalin und seine engsten Kampfgenossen, darunter Kliment Woroschilow, Semjon Budjonny, Michail Frunse, Felix Dscherschinski oder Sergej Kirow, der später von der sowjetischen Konterrevolution ermordet werden sollte. Denn ohne klar denkende, mutige Militärführer und Organisatoren, die ihr Leben nicht schonen, die sich selbstlos in den Dienst der Revolution stellen, kann sich keine Revolution behaupten. Dazu waren auch bestimmte Charaktereigenschaften vonnöten, die Stalin im höchsten damals schon besaß oder die er sich damals aneignete. Dazu schreibt Woroschilow in seinen Erinnerungen an diese Zeit:

"Was vor allem ins Auge springt, ist die Fähigkeit des Genossen Stalin, schnell die konkrete Lage zu erfassen und entsprechend zu handeln. Ein unerbittlicher Feind der Schlappheit, der Disziplinlosigkeit und des Partisanentums, zögerte Genosse Stalin dort, wo die Interessen der Revolution dies erforderten, niemals, die Verantwortung für äußerste Maßnahmen zu übernehmen, für radikale Änderungen. Dort, wo es die revolutionäre Lage erforderte, war Genosse Stalin bereit, ein beliebiges Reglement zu verletzen und sich einer beliebigen Insubordination schuldig zu machen.

Genosse Stalin war stets ein Anhänger der allerstrengsten militärischen Disziplin und Zentralisation, jedoch unter der entschie-

denen Bedingung einer durchdachten und konsequenten Leitung seitens der höchsten Militärorgane."[235]

Um die großen Verdienste Stalins vergessen zu machen, bedienen sich heute so gut wie alle bürgerlichen Historiker des Anti-Stalin-Paradigmas, dem herrschenden Dogma auf diesem Gebiet der Geschichtsschreibung, das unbedingt von allen Historikern, die sich mit dieser Zeit beschäftigen in einzuhalten ist, oder sie riskieren ihre akademische Karriere oder werden etikettiert oder einfach ignoriert. Sie haben fast ausnahmslos bei Trotzki abgeschrieben, ohne sich zu überlegen, welche Interessenlage hinter dieser Figur steht. Trotzki schreibt in seiner Stalin-Biografie über Stalins Rolle im so genannten Bürgerkrieg von 1918 bis 1922:

"Während der ganzen Dauer des Bürgerkriegs blieb Stalin eine Figur dritter Ordnung, nicht nur in der Armee, sondern auch auf politischen Gebiet. ... Er führte nur zweitrangige Befehle aus."[236]

Dies ist die Vorgabe, das Raster, das Schema, das unbedingt zu beachten ist. Wer es nicht tut, wer aus ihm ausbricht oder es nur an bestimmten Punkten in Frage stellt, wird ins Abseits geschoben, wird zum Stalin-Versteher oder gar zu einem 'Stalinisten'.

235· K. Woroschilow, ebd., S. 66.

236· L. Trotzky, ebd., S. 449.

9. Der Übergang zum friedlichen Aufbau

a. Die Lage nach dem Bürgerkrieg

Von Ende 1917 bis 1921, und wenn man den Konflikt im Fernen Osten noch hinzunimmt, bis Ende 1922, befand sich die junge Sowjerrepublik im Zustand eines fortgesetzten Abwehrkampfes gegen feindliche Mächte, die alles daran setzten, um zu verhindern, dass ein Land wie Russland, das ein Sechstel der Landfläche der Erde besitzt, den Sozialismus aufbauen konnte, was das erkärte Ziel der Sowjetregierung war. Das hätte bedeutet, dass auf einem Sechstel der Erde das globale System des Imperialismus am Ende gewesen wäre.

Die verheerende Niederlage, die sie erlitten hatten, zwang die Interventen jedoch, sich zunächst einmal mit den neuen Realitäten abzufinden und einige Zugeständnisse zu machen.

So kam es nach dem faktischen Ende des Bürgerkrieges zu einer ganzen Reihe von Friedensschlüssen und Handelverträgen mit der Sowjetregierung. Die ersten, die zu solchen Friedensschritten bereit waren, waren die benachbarten baltischen Länder, Estland, Lettland und Litauen, die schon 1920 mit Russland Friedensverträge abschlossen. Auch Finnland schloss Frieden, und am 18. März 1921 kam es auch zu einem Friedensschluss mit Polen, dann folgten die Türkei, der Iran und Afghanistan.

Im gleichen Monat schließt die Sowjetregierung einen Handelsvertrag mit Großbritannien ab, nachdem die britische Regierung die Blockade gegen Sowjetrussland aufgehoben hat. Im Mai kommt ein Vertrag mit Deutschland, das jetzt eine bürgerliche Republik ist, zustande, im September mit Norwegen und im Dezember 1921 mit Österreich und Italien.

Jedoch befindet sich das Land als Folge des jahrelangen Bürgerkrieges in einem Zustand des wirtschaftlichen Chaos und Verfalls. Eine schwere Hungersnot kommt noch hinzu.

Durch die Dürreperiode im Sommer 1921 wird das Land von Missernten und Hunger heimgesucht. Selbst in den kornreichsten Gebieten, darunter die Ukraine und der Nordkaukasus, leidet die Bevölkerung an Hunger. Es gibt so gut wie keine Getreidereserven mehr. Die Sowjetregierung ist gezwungen, Getreide einzuführen und sich an internationale Hilfsorganisationen zu wenden.

Die Industrieproduktion war auf 14 Prozent des Vorkriegsstandes gesunken, die Produktion von Roheisen auf drei Prozent des Standes von 1913. Die besten Arbeiter waren an der Front und verteidigten das Land und die Revolution. Nach der Demobilisierung gingen viele aufs Land, weil es in den großen Städten keine Arbeit mehr gab. Die Fabriken waren zum großen Teil zerstört und konnten weder mit Energie noch mit Roheisen versorgt werden. Die Klassenbasis der Diktatur des Proletariats begann wegzuschmelzen, die Arbeiterklasse zerbröckelte.[237]

Die unvermeidliche Folge: Es macht sich eine große Unzufriedenheit im ganzen Land breit. An verschiedenen Orten kommt es zu Aufständen und Rebellionen, vor allem organisiert durch die der Revolution feindlich gegenüberstehende Großbauernschaft, die Kulaken, denen es gelingt, einen Teil der mittleren Bauern auf ihre Seite zu ziehen. Immer noch besteht der so genannte Kriegskommunismus und die Ablieferungspflicht an den Staat. Jetzt, wo der Frieden nach sieben Kriegsjahren endlich da ist, will man verständlicherweise ein besseres Leben. Mit dem Kriegskommunismus, der das Land jedoch vor der Konterrevolution rettete, konnte man nicht weitermachen. Es mussten neue Wege und Methoden gefunden werden, den Wiederaufbau in die Wege zu leiten, und sie sollten schon bald gefunden werden.

237· Vgl. auch: ‚Geschichte der Kommunistischen Partei der Sowjetunion, Bolschewiki, Kurzer Lehrgang, Berlin 1945, S. 302, ab jetzt ‚Kurzer Lehrgang' abgekürzt.

b. 'Alles für die Volkswirtschaft!'

Schon im Januar 1920 gibt der Verteidigungsrat der Sowjetregierung die Losung aus: 'Alles für die Volkswirtschaft!'. Sie ersetzt die alte Losung: 'Alles für die Front!'

Stalin im März 1920:

> *"Vor ungefähr zwei Monaten gab der Verteidigungsrat eine andere Losung aus: 'Alles für die Volkswirtschaft!'. Das bedeutet, dass es notwendig ist, unsere gesamte schöpferische Arbeit auf neue, auf wirtschaftliche Bahnen umzustellen, dass es notwendig ist, alle lebendigen Kräfte auf den Altar der Wirtschaft zu werfen."*[238]

Stalin spricht auf dieser Konferenz von einem 'Bild der völligen Zerstörung der Volkswirtschaft nach der Zerschlagung der äußeren Feinde'. Welcher erster Schritt musste nun getan werden, um diesen desolaten Zustand zu beenden? Stalin:

> *"Die Hauptaufgabe bei der Wiederherstellung der Volkswirtschaft ist die Brennstoff-Frage."*[239]

Voraussetzung für den Wiederaufbau sei es aber, dass das Bündnis zwischen Arbeitern und Bauern nicht wieder zerbricht:

> *"Wir müssen uns in unserer Arbeit im Dorf auf die armen Bauern stützen."*[240]

Daraus ergaben sich zwei Schlussfolgerungen:

1. Um das Bündnis zwischen Arbeitern und Bauern wieder zu festigen, musste vom Kriegskommunismus abgegangen und zu einem neuen System übergegangen werden. Die Ablieferungspflicht für die Bauern musste abgeschafft und durch eine Naturalsteuer ersetzt werden. Dieses neue System war die 'Neue Ökonomische

238· Stalin-Werke, Bd. 4, ebd., S. 262, Reden auf der Vierten Konferenz der KP, B der Ukraine.

239· Ebd., S. 263.

240· Ebd., S. 269.

Politik', auch einfach NÖP genannt, das von Lenin entwickelt wurde.

2. Um die Hauptvoraussetzung für den Wiederaufbau zu schaffen, musste das Energieproblem gelöst werden, d. h., es musste ein Plan zur Elektrifizierung des ganzen Landes her. Dieser Plan, der schon bald entworfen wurde, hieß 'GOELRO' - der erste Volkswirtschaftsplan Russlands mit einer Laufzeit von zehn Jahren.

c. Goelro

Schon Anfang 1920 gab es die ersten Vorarbeiten für die Ausarbeitung eines Plans zur Elektrifizierung des Landes. Sie basierten auf einer Direktive Lenins. Beim Obersten Volkswirtschaftsrat, der am 5. Dezember 1917 ins Leben gerufen worden war, um die gesamte Industrie Russlands zu verwalten und zusammenzuführen, wird nun eine staatliche Kommission eingerichtet, um daraus einen einheitlichen Plan zu bilden. Nach dieser Kommission ist auch der Goelro-Plan benannt worden, denn die Abkürzung steht für 'Staatliche Kommission für die Elektrifizierung Russlands'. Was sieht dieser Plan vor?

Den Bau von 30 Kraftwerken.

Ein knappes Jahr später, im Dezember 1920, tritt der Achte Allrussische Sowjetkongress zusammen und diskutiert diesen Plan. Lenin ist anwesend und stellt ihn vor. Er sagt:

> *"Kommunismus - das ist Sowjetmacht plus Elektrifizierung des ganzen Landes."*[241]

Goelro ist also der erste staatliche Volkswirtschaftsplan der Sowjetrepublik. Stalin ist begeistert. Im März 1921 - Stalin ist noch krank - schreibt er an Lenin:

> *"In den letzten drei Tagen hatte ich die Möglichkeit, das Sam-*

241· Große Sowjet-Enzyklopädie, Bd. 1, ebd., S. 59, aus: Lenin-Werke, Bd. 26, Moskau 1940 zitiert.

melwerk 'Plan der Elektrifizierung Russlands' durchzulesen. Die Krankheit kam mir dabei zustatten (...). Ein ausgezeichnetes, gut zusammengestelltes Buch, ein meisterhafter Entwurf für einen wirklich einheitlichen und wirklich staatlichen Wirtschaftsplan ohne Anführungszeichen."[242]

Auch Trotzki hatten einen Plan zur 'Wirtschaftlichen Wiedergeburt Russlands' in Thesenform vorgelegt. Er sah Massenarbeitseinsätze unqualifizierter Bauern- und Arbeitermassen vor, eine 'Arbeitsarmee'. Stalins Kommentar:

"Welche Armseligkeit, welche Rücktständigkeit im Vergleich zum Goelro-Plan!"[243]

Stalin ist dafür, diesen Plan unverzüglich in Angriff zu nehmen. Er müsse von der 'Prawda' und den anderen sowjetischen Medien unbedingt sofort popularisiert werden. Alle übrigen Pläne seien 'leeres und schädliches Gerede'.

Wofür war Trotzki eingetreten? Dazu Ian Grey in seiner Stalin-Biografie:

"Der Plan sah die 'Mobilisierung des Industrieproletariats, den obligatorischen Arbeitsdienst, die Militarisierung des wirtschaftlichen Lebens und die Verwendung von Militäreinheiten für die Belange der Wirtschaft' vor. Er bestand darauf, dass die Arbeit der gleichen strengen Disziplin wie in der Roten Armee unterworfen werden müsse."[244]

Trotzki hatte sogar schon die ersten Schritte eingeleitet, um dieses Konzept, das er nur in Thesenform ausgearbeitet hatte, umzusetzen: Die Dritte Armee, die er als Kriegskommissar kommandierte, wurde auf seinen Befehl hin in 'Erste Revolutionäre Arbeitsarmee' umbenannt und im Ural auch schon eingesetzt. Die Arbeiter be-

242· Stalin-Werke, Bd. 5, Berlin 1952, S. 43, Brief an Lenin.

243· Ebd..

244· Ian Grey, ‚Stalin · Man of History‘, ebd., S. 144, Stalin · Mann der Geschichte.

gannen zu desertieren, Bauern verbrannten aus Wut darüber, dass in ihrem Distrikt Arbeitsarmeen alles übernommen hatten, die Ernten.

Auch die Gewerkschaftsführer protestieren dagegen, dass Trotzki willkürlich die Eisenbahner unter Armeedisziplin gestellt hatte. Dann begann er, seine erste eigene Transportbehörde, das 'Zentrale Transportkomitee', auch 'Tsektran' genannt, ins Leben zu rufen. Er drohte unverhohlen mit einer Verstaatlichung der übrigen Gewerkschaften. Den Goelro-Plan lehnte er ab.

Man soll nicht glauben, dass solche Pläne einer militarisierten Wirtschaft unter bestimmten 'Kommunisten' keine Bewunderer und Nachahmer gefunden haben, wenn man an das Pol-Pot-Regime in Kampuchea denkt, dass in den neunzehnhundert siebziger Jahren die städtische Bevölkerung aufs Land trieb und sie dort unter einem militärischen Regime arbeiten ließ. Diese Machenschaften von Pseudokommunisten, die sich Trotzkis Vorstellungen von 'Sozialismus' zu eigen machten, haben dem Marxismus-Leninismus und dem Kommunismus bleibenden Schaden zugefügt.

d. NÖP

Am 8. März 1921 findet in Moskau der 10. Parteitag der bolschewistischen Partei statt. Es wird der Beschluss gefasst, zur 'Neuen Ökonomischen Politik' überzugehen. Elf Tage später verabschiedet das Zentralexekutiv-Komitee des Allrussischen Sowjetkongresses, also die sowjetische Legislative, das Gesetz, wonach an die Stelle der Pflichtablieferungen für die russischen Bauern eine Naturalsteuer treten soll.

Was ist die Naturalsteuer, die von Lenin vorgeschlagen wurde?

Es ist eine Abgabe in Form von Getreide oder anderen landwirtschaftlichen Produkten, die von vorneherein für jeden Erzeuger festgelegt wurde und pünktlich wie eine normale Steuer in Form von Geld an den Staat zu entrichten war. Die Bauern durften das, was sie darüberhinaus erwirtschaftet hatten, für sich behalten.

Darüberhinaus wird der freie Verkauf von Getreide und anderen Lebensmitteln auf den Märkten zugelassen. Dadurch wird der Kapitalismus auf dem Land wieder zugelassen. Bedeutete dies die Wiederherstellung des Kapitalismus in Russland? Keineswegs. Stalin definierte die NÖP so:

"Sie ist eine besondere Politik des proletarischen Staates. Sie lässt den Kapitalismus bewusst zu, belässt jedoch die Schlüsselstellungen in den Händen des proletarischen Staates."[245]

Die Industriebetriebe, die 'Schlüsselstellungen des proletarischen Staates', blieben also weiterhin staatlich, blieben sozialistisch. Auf dem Lande dagegen wurde der Kapitalismus, die private Wirtschaft, auch die private Großwirtschaft der Kulaken, zugelassen. Man ging noch nicht zur Kollektivierung der Landwirtschaft über und konnte dies auch gar nicht, weil dafür die Zeit noch nicht reif war. Die wichtigste Voraussetzung dafür, eine starke industrielle Basis, fehlte noch.

Welche Folgen hatte dies?

Es entsteht dadurch ein Wettbewerb zwischen den sozialistischen und den kapitalistischen Komponenten der russischen Wirtschaft. Da aber die sozialistischen Elemente im Besitz der Staatsmacht waren, konnten sie diesen Wettbewerb ohne Weiteres für sich entscheiden. Durch ihn belebte sich die Wirtschaft wieder, die Läden füllten sich wieder mit Waren, die Hungersnot war bald vorüber. Die russische Landwirtschaft erholte sich allmählich, womit eine wichtige Voraussetzung für die dann folgende Industrialisierung geschaffen wurde.

Der wichtige Nebeneffekt:

Das Bündnis zwischen der Arbeiterklasse und der armen und mittleren Bauernschaft, das wichtigste Unterpfand der Sowjetmacht, festigt sich erneut. Dieses Bündnis hatte gewaltige Risse bekommen. Den Kulaken war es zeitweilig gelungen, einen Teil der Bauernschaft, vor allem die mittleren Bauern, zu sich hinüberzuzie-

---

245- Große Sowjet-Enzyklopädie, Bd. 1, ebd., S. 702, Stalins Artikel ‚Über die Opposition' zitierend.

hen. Wäre dieser Prozess weitergegangen, hätte es zum Zerfall der Sowjetmacht kommen können, denn sie war in einem bäuerlich geprägten Land, wo 75 Prozent der Bevölkerung auf dem Land lebten und nur gestützt auf das Industrieproletariat, nicht überlebensfähig. Die Wiederherstellung dieses alten Bündnisses blieb die machtpolitische Voraussetzung für den sozialistischen Aufbau.

War die NÖP dann im Grunde 'Kapitalismus', wie die damalige 'linke' und trotzkistische Opposition im Zentralkomitee behauptete?

Keineswegs. Die NÖP war eine durch die konkreten Umstände gebotene Politik des proletarischen Staates. Stalin auf die Vorhaltungen der Opposition in der Partei:

"Die NÖP sei Kapitalismus, sagt die Opposition. Die NÖP sei vorwiegend ein Rückzug, sagt Sinowjew. Das ist natürlich alles falsch. In Wirklichkeit ist die NÖP eine Politik der Partei, die den Kampf der sozialistischen und kapitalistischen Elemente zulässt und auf den Sieg der sozialistischen über die kapitalistischen Elemente berechnet ist."[246]

Aber brachte die NÖP nicht den Kapitalismus wieder zurück? Stalin:

"In Wirklichkeit vollzieht sich bei uns jetzt nicht der einseitige Prozess der Wiederherstellung des Kapitalismus, sondern der doppelseitige Prozess der Entwicklung des Kapitalismus und der Entwicklung des Sozialismus."[247]

War die NÖP aber nicht ein Rückzug?

"In Wirklichkeit hat die NÖP nur mit einem Rückzug begonnen, sie ist aber darauf angelegt, dass im Verlaufe des Rückzugs eine Umgruppierung der Kräfte vorgenommen und die Offensive ergriffen wird."[248]

246· Stalin-Werke, Bd. 8, Berlin 1952, S. 74, ‚Zu den Fragen des Leninismus'.

247· Ebd., S. 75.

248· Ebd..

Lenin:

"Wir gehen jetzt zurück, treten gleichsam den Rückzug an, wir tun das aber, um zuerst zurückzugehen, dann aber einen neuen Anlauf und einen umso größeren Sprung vorwärts zu machen."[249]

Lenin fügt noch etwas hinzu, um seine Position zu verdeutlichen und um seinen Kritikern die Argumente aus der Hand zu schlagen:

"In der Tat - die Verfügungsgewalt des Staates über alle großen Produktionsmittel, die Staatsmacht in den Händen des Proletariats, das Bündnis dieses Proletariats mit den vielen Millionen Klein- und Zwergbauern, die Sicherung der Führerstellung dieses Proletariats gegenüber der Bauernschaft usw. - ist das nicht alles, was notwendig ist, um ... die vollendete sozialistische Gesellschaft zu errichten? Das ist noch nicht die Errichtung der sozialistischen Gesellschaft, aber es ist alles, was zu ihrer Errichtung notwendig und hinreichend ist."[250]

Von einem Rückzug konnte also auf lange Sicht gesehen keine Rede sein, im Gegenteil: Es ging darum, Kräfte zu sammeln, um langfristig wieder in die Offensive zu kommen, um aus der gegenwärtigen Defensive mit frischen Kräften heraus zu kommen, wozu etwas Zeit, wozu eine Atempause vonnöten war. Aber solange man die Staatsmacht, solange man die sozialistischen Schlüssel- und Kommandopositionen behaupten konnte, war die sozialistische Zukunft gesichert. Der Kapitalismus wurde, wie Stalin sich ausdrückte, an der Kette gehalten, und er musste an dieser Kette gehalten werden, um nicht zu stark zu werden, um nicht eines Tages die Sowjetmacht stürzen zu können.

Schon nach einem Jahr erklärte Lenin den Rückzug für beendet. Auf dem 11. Parteitag im März 1922, der die NÖP-Periode auswertete, erklärte Lenin:

249· Ludo Martens, ‚Stalin anders betrachtet', Zambon-Verlag, Dezember 2014, S. 61, aus: Lenin-Werke, Bd. 33, Berlin 1982, S. 423.

250· Ebd., S. 60, zitiert aus: Lenin-Werke, Bd. 33, ebd., S. 454.

"Ein Jahr lang befanden wir uns auf dem Rückzug. Wir müssen jetzt im Namen der Partei sagen: 'Genug - das Ziel, das mit dem Rückzug verfolgt wurde, ist erreicht. Diese Periode geht zu Ende oder ist zu Ende."[251]

War damit die NÖP auch schon beendet? Nein, nur der Rückzug war beendet, aber die NÖP ging weiter. Man konnte zur Offensive übergehen, d. h. man konnte nun, nachdem das Bündnis mit der Bauernschaft wieder gefestigt war, nachdem die Hungersnot vorbei war, nachdem sich Industrie, Handel und Landwirtschaft erfolgreich entwickelten, zur Offensive gegen die Kapitalisten, gegen die reichen Händler und Spekulanten vorgehen. Die Betriebe wurden wieder aufgebaut, allmählich kehrten die Arbeiter wieder in die Städte zurück, es gab mehr Waren zu kaufen, die Ernährungslage verbesserte sich und die Folgen der Missernte wurden überwunden. Eine Zahl:

Die Bruttoproduktion der russischen Großindustrie stieg von 14,8 Prozent des Vorkriegsstandes von 1913 auf 25,5 Prozent im Jahre 1922.[252]

251· ‚Kurzer Lehrgang', S. 314.

252· vgl. Große Sowjet-Enzyklopädie, Bd. 1, ebd., S. 703.

10. Stalin und die Gründung der UdSSR

Um gegen eine erneute Aggression ausländischer imperialistischer Staaten gewappnet zu sein, mussten die Völker, in denen die Revolution gesiegt hatte und in denen die Macht der Sowjets gefestigt war, enger zusammenrücken und sich stärker gegenseitig unterstützen.

Um dieses Ziel zu erreichen, galt es, eine einheitliche staatliche Union zur Landesverteidigung herzustellen. Nur ein solches festes und enges Bündnis konnte die Gewähr dafür bieten, dass die Unabhängigkeit der Völker und Nationalitäten des Sowjetlandes gewahrt blieb. Allein auf sich gestellt, wären zum Beispiel kleine Republiken wie Armenien, Tadschikistan, Turkmenistan oder andere Nationen nicht in der Lage gewesen, sich gegen neue Raubzüge der imperialistischen Großmächte, darunter besonders Großbritannien und Frankreich, zur Wehr zu setzen. Diese Großmächte, zusammen mit ihrem zahlreichen Anhang, den sie über tausend Fäden kontrollierten, warteten nur auf eine neue Gelegenheit, um ihr großes Ziel - die Beendigung der Revolution in Europa und Asien - doch noch zu erreichen.

Dieses war der erste Grund für den staatlichen Zusammenschluss. Aber es kam noch ein weiterer Grund hinzu:

Auch der wirtschaftliche Wiederaufbau in all diesen Regionen verlangte ein koordiniertes und planmäßiges Vorgehen auf der Grundlage einer engen brüderlichen Zusammenarbeit unter der Führung der Arbeiterklasse im Bündnis mit der Bauernschaft und der fortschrittlichen Intelligenz. Diese Nationalitäten und Völker konnten sich nur gemeinsam vorwärts entwickeln, konnten nur zusammen das uralte Erbe der Rückständigkeit, der nationalen Unterdrückung durch die jahrhundertelange Zarenherrschaft und die Folgen von Krieg und Bürgerkrieg überwinden und langfristig eine starke und unabhängige Wirtschaft, aber auch auf dieser Grundlage eine eigenständige kulturelle Entwicklung hervorbringen.

Stalin dazu in einem Prawda-Interview, das er im November 1922 gab:

"Die Erschöpfung der inneren Wirtschaftsressourcen unserer Republiken infolge des Bürgerkrieges einerseits und das Fehlen eines einigermaßen bedeutsamen Zustroms ausländischen Kapitals andererseits, haben eine Situation geschaffen, die es keiner unserer Sowjetrepubliken möglich macht, ihre Wirtschaft aus eigener Kraft zu entwickeln."[253]

Diese staatliche Vereinigung entstand weder am Reißbrett noch am grünen Tisch. Sie war das Ergebnis eines längeren Prozesses und einer ganzen Reihe gemeinsamer Erfahrungen. Die Vereinigungsbewegung zur Bildung einer Union hatte schon während des Bürgerkrieges eingesetzt. Sie begann mit der Vereinigung der militärischen Kräfte, um sich gemeinsam gegen die Interventen und ihre einheimische Klientel zu wehren. Sie setzte sich fort mit dem Abkommen von acht befreundeten Republiken mit der RSFSR, also mit der Russischen Sozialistischen Föderation der Sowjetrepubliken, wonach diese das Recht auf diplomatische Vertretung bei den internationalen Konferenzen erhielt. Dieses Abkommen wurde am 22. Februar 1922 in Moskau unterzeichnet.

Danach schritt man zur wirtschaftlichen und politischen Vereinigung.

Transkaukasien war der Vorreiter dieser Entwicklung: In Armenien, Georgien und Aserbaidschan hatte es schon im Herbst 1922 eine Kampagne für die Vereinigung der sozialistischen Sowjetrepubliken gegeben. Der Erste Transkaukasische Sowjetkongress gab dann am 13. Dezember seine Zustimmung zur Bildung der 'Union der Sozialistischen Sowjetrepubliken'. Drei Tage später: Auch der Vierte

253· Stalin-Werke, Bd. 5, ebd., S. 123, ‚Die Frage der Vereinigung der unabhängigen nationalen Republiken'.

weißrussische Sowjetkongress fasst einen ähnlichen Beschluss. Dann folgt der Siebte Allukrainische Sowjetkongress und am 26. Dezember schließlich auch der Zehnte Allrussische Sowjetkongress.

Am 30. Dezember kommt man dann zu einem gemeinsamen Kongress zusammen - zum Ersten Kongress der Sozialistischen Sowjetrepubliken. Hier beschließt man im Anschluss an Stalins Referat den Zusammenschluss. Auf freiwilliger und gleichberechtigter Grundlage soll ein einziger und einheitlicher Bundesstaat entstehen: Die Union der Sozialistischen Sowjetrepubliken.

Die UdSSR entstand also nicht auf einen Fingerzeig von Lenin oder Stalin hin. Jene vier Republiken: die RSFSR (die Russische Sozialistische Föderative Sowjetrepublik), die USSR (die Ukrainische Sozialistische Sowjetrepublik), die BSSR (die Weißrussische oder Belorussische Sozialistische Sowjetrepublik) und die TSFSR (die Transkaukasische Sozialistische Föderative Sowjetrepublik) waren also die Gründungsväter der UdSSR. Sie nahmen auf jenem ersten Unionskongress, auf dem Gründungskongress, die Deklaration und den Vertrag über die Bildung der neuen Union an.

Stalin spricht auf diesem ersten Unionskongress und vertritt dort in Abwesenheit von Lenin, der schwer erkrankt ist, die bolschewistische Partei. Er sagt:

"Genossen! Der heutige Tag bedeutet einen Wendepunkt in der Geschichte der Sowjetmacht. ... Um der Zerrüttung zu Leibe zu rücken und sie überwnden zu können, müssen alle Sowjetrepubliken ihre Kräfte zusammenfassen, alle finanziellen und ökonomischen Möglichkeiten der Republiken in den Dienst der Wiederherstellung der Hauptzweige der Industrie gestellt werden.

Daraus ergibt sich die Notwendigkeit, die Sowjetrepubliken zu einem Bundesstaat zu vereinigen. Der heutige Tag ist der Tag der Vereinigung unserer Republiken zu einem Staat zwecks Zusammenfassung der Kräfte zur Wiederherstellung unserer Wirtschaft."[254]

254. Stalin-Werke, Bd. 5, ebd., S. 135, ‚Über die Bildung der Union der Sozialistischen Sowjetrepubliken'.

Das neue Russland triumphierte an diesem denkwürdigen Tag über das alte, über den Gendarm Europas und den Henker Asiens. Stalin weiter in seiner Rede:

"Der heutige Tag ist ein Tag des Triumphs des neuen Russlands, das die Ketten der nationalen Unterdrückung gesprengt, den Sieg über das Kapital organisiert, die Diktatur des Proletariats geschaffen, die Völker des Ostens erweckt hat, das die Arbeiter des Westens begeistert, das das rote Banner aus einer Parteifahne zu einer Fahne des Staates gemacht und um diese Fahne die Völker der Sowjetrepubliken geschart hat, um sie zu einem Staat, der Union der Sozialistischen Sowjetrepubliken, dem Vorbild der kommenden Sozialistischen Weltrepublik zu verenigen."[255]

Stalin verliest im Anschluss daran den neuen Unionsvertrag, der von der Konferenz der Delegationen der RSFSR, der USSR, der BSSR und der TSFSR am Vortag einstimmig beschlossen worden war. In der Deklaration, die nicht Bestandteil des Vertrages war, hieß es feierlich:

"Diese Union der Völker mit gleichen Rechten ist eine vollkommen freiwillige Union, die jede Möglichkeit einer nationalen Unterdrückung oder den Zwang gegen eine Nation ausschließt, in diesem vereinigten Staat zu verbleiben, wobei jede Republik das Recht hat, die Union wieder zu verlassen, wenn sie dies wünscht.

Gleichzeitig bleibt die Tür weit geöffnet für den freiwilligen Beitritt zur Union durch andere sozialistische Republiken, die in Zukunft entstehen könnten."[256]

Es werden zwei Organe für die Union geschaffen: ein Unionskongress der Sowjets, aber gleichzeitig auch ein Nationalitätenkongress. Hier haben die einzelnen Nationalitäten noch einmal geson-

---

255· Ebd., S. 140.

256· Sidney & Beatrix Webb, ‚Soviet Communism · A new Civilisation', Bd. 1, Edinburgh 1941, S. 463, Der Sowjetkommunismus · eine neue Zivilisation · im Folgenden ‚Webbs 1941' abgekürzt.

dert Sitz und Stimme. Dazu werden Exekutivorgane geschaffen, um die täglich anfallenden Arbeiten zu bewältigen. Der Nationalitätenkongress besitzt die gleichen Rechte wie der Unionskongress und ist dazu angehalten, mit ihm zu kooperieren.

Alle Nationen haben die gleichen Rechte und Pflichten. Alle Nationen verpflichten sich zur Einhaltung des Friedens und zur wirtschaftlichen Zusammenarbeit:

> *"Die Union der Sowjetrepubliken, die auf der Grundlage der brüderlichen Zusammenarbeit der Völker errichtet wurde, stellt sich das Ziel, den Frieden mit allen Nationen zu wahren.*
>
> *Als natürlicher Verbündeter der unterdrückten Völker ist die Union der Sozialistischen Sowjetrepubliken bestrebt, mit allen Völkern in Frieden und Freundschaft zu leben und mit ihnen wirtschaftliche Beziehungen herzustellen. Die Union der Sozialistischen Sowjetrepubliken setzt sich das Ziel, die Interessen der werktätigen Massen der ganzen Welt voranzubringen."*[257]

Schon bald treten weitere Staaten der Union bei:

Am 13. Mai 1925 werden auf dem Dritten Sowjetkongress der UdSSR die Usbekische und die Turkmenische Sowjetrepublik als Mitglieder in die Union aufgenommen.

Es wird auch beschlossen, eine neue Verfassung auszuarbeiten. Sie wird am 6. Juli 1923 offiziell verabschiedet. Sie berücksicht die vielen Veränderungen, die sich inzwischen ergeben haben und tritt sofort in Kraft.

Stalin hatte die Kommission zur Ausarbeitung des Verfassungsentwurfs geleitet.

257· Ebd., S. 464.

11. 'Lenins Testament' - Trotzkis Komplott gegen Stalin

a. Lenins Krankheit

Unmittelbar nach Ende des 11. Parteitags am 2. April 1922 wird auf der ersten Sitzung des Politbüros der neue Posten eines Generalsekretärs des ZKs der Partei geschaffen, um die Arbeit des immer umfangreicher werdenden Parteiapparats besser bewältigen zu können. Dazu Ian Grey:

"Der einige Mann, der dafür offensichtlich in Frage kam, der das Wissen, die Effizienz und Autorität für diese Schlüsselstellung besaß, war Stalin. Kamenjew als Vorsitzender des Politbüros nominierte ihn in dessen Namen, und es kann kein Zweifel darüber bestehn, dass Lenin die Nominierung unterstützte, die er wahrscheinlich selbst angeregt hatte."[258]

Es gibt Historiker, darunter Roy Medwedjew[259], die dies bestreiten, wie Trotzki es auch getan hat. Aber selbst der Trotzki sehr wohl gesonnene Historiker Isaac Deutscher ist der Meinung, dass es daran keinen Zweifel geben kann:

"... denn Lenin war es selbst, der die Kandidatur des 'Kochs' unterstützte. Molotow und Kuibyschew wurden zu Stalins Mitarbeitern bestellt."[260]

Mit 'Koch' meint Deutscher Stalin, sich auf eine angebliche Äußerung Lenins beziehend, die Trotzki Lenin in den Mund gelegt hat. Lenin soll angeblich über Stalin gesagt haben:

"Dieser Koch wird nur eine scharfe Suppe kochen."[261]

258· Ian Grey, ‚Stalin · Man of History', ebd., S. 159.

259· ‚Let's History Judge', London 1972, S. 17f

260· Isaac Deutscher, ‚Stalin · eine politische Biografie', ebd., S. 305.

261· L. Trotzky, ebd., S. 473.

Damit wollte Trotzki sagen: Wenn Lenin dieser Auffassung war, dann kann er Stalin unmöglich vorgeschlagen haben.

Auch der extrem antikommunistische britische Historiker Robert Conquest hatte keinen Zweifel daran, dass Lenin selbst Stalin vorgeschlagen hatte:

> *"Am 4. April 1922 wurde Stalin in Schlüsselstellungen berufen. Im Zuge des Elften Parteitages wurde er auf Lenins Empfehlung hin zum Generalsekretär des Zentralkomitees ernannt."*[262]

Gegen Ende 1921 erkrankt Lenin schwer. Er muss sich mehrere Wochen lang ausruhen. Im Frühjahr wird er am Kopf operiert, um eine der vergifteten Kugeln, die auf ihn am 30. August 1918 abgefeuert worden waren, zu entfernen. Nur einen Monat nach der 'gelungenen' Operation am 26. Mai, erleidet er seinen ersten schweren Schlaganfall. Die Folge: Seine rechte Hand und sein rechtes Bein sind gelähmt, seine Aussprache beeinträchtigt.

Ende des Jahres, am 16. Dezember 1922, erleidet der erst 52-Jährige gleich zwei weitere gefährliche Schlaganfälle. Eine Woche darauf ist sogar ein Teil seines Körpers gelähmt. Am 10. März des folgenden Jahres bekommt er noch einen Schlaganfall, durch den die Hälfte seines Körpers paralysiert ist. Er ist jetzt nicht mehr in der Lage zu sprechen. Seine politischen Aktivitäten sind zu Ende.[263]

Als Lenin erkrankt, wird Stalin vom Politbüro damit beauftragt, den Kontakt zu ihm und seinen Ärzten zu halten, um zu gewährleisten, dass das von den Ärzten empfohlene strenge Regime eingehalten wird. Stalin tut dies, was aber eine nicht so leichte Aufgabe für ihn ist. Denn: Lenins Frau, Nadeschda Krupskaja, die mit der Opposition sympathisiert, besteht darauf, dass Lenin von der Außenwelt abgeschirmt wird, aber vor allem von Stalin. Gleichzeitig füttert sie Lenin regelrecht mit bestimmten 'Informationen', die ausschließlich aus Oppositionskreisen stammen.

262· Robert Conquest, ‚Stalin · der totale Wille zur Macht', ebd., S. 135.

263· Angaben nach: M. Lewin, ‚Lenins letzter Kampf', London 1969

Lenin ist also zu dieser Zeit nur noch umgeben von seiner Frau, seiner Schwester Maria Uljanowa, seinen Ärzten und seinen drei Sekretärinnen Fotjewa, Woloditschewa und Glyasser. Von ihnen gibt es 'Tagebücher', also Aufzeichnungen über die Abläufe im Hause, teilweise auch Memoiren. Aber auch die behandelnden Ärzte machen regelmäßig Aufzeichnungen über die Behandlung Lenins, seinen Gesundheitszustand und sein Verhalten.

b. Woraus besteht 'Lenins Testament'?

Das berühmte leninsche 'Testament' besteht im Wesentlichen aus zwei Briefen an den 12. Parteitag der Kommunistischen Partei Russlands, Bolschewiki (so der neue Name der SDAPR). Er sollte zwischen dem 17. und 25. April in Moskau stattfinden. Hinzu kommen noch ein angeblicher 'Artikel' von ihm, überschrieben mit 'Zur Frage der Nationalitäten oder die Autonomie' und ein weiterer Brief, datiert vom 5./6. März 1923. Das ist alles. Es sind also drei Briefe und ein angeblicher Artikel.

Zum 'Testament' gehören aber nicht die Schriften, die Lenin Anfang 1923 noch anfertigte und die unzweifelhaft von ihm selbst stammen, darunter 'Wie wir Rabkrin umorganisieren müssen', darunter 'Über die Genossenschaften', darunter ein weiterer Artikel, überschrieben mit 'Über unsere Revolution' und schließlich noch: 'Lieber weniger, aber besser'.

Zur Erläuterung: Rabkrin war damals die Arbeiter- und Bauerninspektion.

Der erste Brief trägt das Datum 25. Dezember 1922. Lenin hatte wenige Tage zuvor erst wieder einen neuen, schweren Schlaganfall erlitten und konnte deshalb nicht mehr schreiben. Auch konnte er sich kaum noch bewegen, da, wie wir gesehen haben, ein Teil seines Körpers gelähmt war. Dennoch soll er nur einen oder zwei Tage darauf die Dokumente 'Briefe an den Parteitag' diktiert haben. Der Parteitag fand aber erst in vier Monaten statt, nämlich im April des kommenden Jahres.

Der erste der beiden Briefe enthält folgenden Passus:

"Nachdem Genosse Stalin Generalsekretär wurde, verfügt er über eine unbegrenzte Machtfülle, und ich bin mir nicht sicher, ob er immer in der Lage sein wird, diese mit der gebotenen Zurückhaltung auszuüben. Genosse Trotzki dagegen - und das zeigt sein Kampf gegen das ZK in der Frage des Volkskommissars für das Nachrichtenwesens - hat bereits unter Beweis gestellt, dass er nicht nur über außergewöhnliche Fähigkeiten verfügt. Er ist vielleicht im ZK der fähigste Mann zur Zeit, aber er hat auch ein Übermaß an Selbstbewusstsein an den Tag gelegt sowie eine übertriebene Beschäftigung mit der rein administrativen Seite der Arbeit."

25. Dezember 1922
geschrieben von AM. W. [264]

Der zweite Brief:

"Stalin ist zu grob, und dieser Fehler, obwohl in unserer Mitte noch tolerierbar sowie im Umgang mit uns Kommunisten, disqualifiziert ihn als Generalsekretär. Deshalb würde ich vorschlagen, dass sich die Genossen einen Weg überlegen sollten, Stalin aus dieser Position zu entfernen und einen anderen Mann an seine Stelle ernennen, der sich vom Genossen Stalin nur in einer Hinsicht vorteilhaft unterscheidet, nämlich dadurch, dass er toleranter, loyaler, höflicher und rücksichtsvoller den Genossen gegenüber ist und weniger launenhaft usw.

Dieser Umstand mag wenig ins Gewicht fallen, aber ich meine, dass vom Standpunkt einer Vorkehrung gegen eine Spaltung und vom Standpunkt dazu, was ich über die Beziehung zwischen Stalin und Trotzki geschrieben habe, dies kein Detail ist, oder aber es ist ein Detail, das aber unter den Umständen von entscheidender Wichtigkeit werden könnte."

264· W. A. Sacharow, ‚Die Fälschung des ‚Lenin-Testaments', Offen-siv · Zeitschrift für Sozialismus und Frieden, Heft 1/2018, S. 84.

4. Januar 1923
geschrieben von L. F.[265]

Beide Briefe sind nicht von Lenin selbst verfasst und unterzeichnet oder auch nur von ihm abgezeichnet worden, sondern wurden auf einer Schreibmaschine geschrieben und tragen nur die Kürzel seiner beiden Sekretärinnen Woloditschewa und Fotjewa, die mit AM. W. bzw. mit L. F. unterschrieben.

Es muss auch bezweifelt werden, dass Lenin unmittelbar nach seinem letzten schweren Schlaganfall schon wieder in der Lage war, diese offensichtlich wohl überlegten und sauber ausformulierten Sätze zu schreiben bzw. zu diktieren. Auch der letzte Brief vom 5./6. März 1923 ist nicht von Lenin geschrieben worden. Über ihn gibt es in den Akten des Sekretariats noch nicht einmal einen Vermerk.

Schon aus diesen Gründen muss die Echtheit der Dokumente in Zweifel gezogen werden. Wenn derartige Zweifel bei einem Dokument entstehen, ist es Aufgabe derjenigen, die das Dokument trotzdem für echt halten, den Beweis anzutreten, dass es tatsächlich echt ist, nicht aber Aufgabe derjenigen, die es bezweifeln. Aber ein solcher Beweis ist nie geführt, geschweige denn erbracht worden.

Dennoch wurde die Echtheit dieser Briefe praktisch nie in Frage gestellt, auch übrigens nicht von Stalin damals. Es wurde stets angenommen, dass die Briefe tatsächlich von Lenin authorisiert waren und seine Ansichten zum Ausdruck brachten.

c. Sacharows Analyse

Der russische Historiker A. Sacharow hat die 'Tagebücher' oder die Aufzeichnungen der Sekretärinnen, die sie sich damals gemacht haben, mit denen der Ärzte Lenins verglichen. Dabei stellte er fest, dass die beiden Sekretärinnen, die damals die beiden ersten Briefe abzeichneten, darin nichts über Lenins Arbeit unmittelbar nach seinem Schlaganfall im Dezember schreiben, während die Ärzte dies

265· Ebd., auch in: W. I. Lenin, Gesammelte Werke, Bd. 36, Moskau 1971, S. 594f.

in ihren eigenen Notizen sehr wohl tun. Sie stellten fest, dass Lenin an verschiedenen Tagen im Dezember, im Januar, im Februar und auch noch im März gearbeitet hat, was auch die von ihm verfassten Artikel belegen.

Auch der umgekehrte Fall kommt vor, dass also die Sekretärinnen Aktivitäten Lenins vermerken, aber die Ärzte nicht. Sacharow hat solche Unterschiede bei den Eintragungen in 20 verschiedenen Fällen festgestellt. Dies deutet seiner Meinung darauf hin, dass Eintragungen in den 'Tagebüchern' der Sekretärinnen erst im Nachhinein vorgenommen wurden, um sie mit dem Inhalt des 'Testaments' in Übereinstimmung zu bringen.

Sacharow stellte auch fest, dass Eintragungen in den 'Tagebüchern' der Sekretärinnen, also in ihren Kalendern, im Nachhinein verändert wurden, und belegt dies anhand von Beispielen. Beispiel Februar (1923): Am Morgen des 7. Februar schreiben die beiden Sekretärinnen das Datum vom 10. Februar, am Abend desselben Tages taucht plötzlich auch das Datum 9. Februar auf. Ähnliche Unstimmigkeiten gibt es auch bei den Eintragungen im Monat Januar. Dort wird am 30. Januar noch eine Eintragung für den 26. im Nachhinein vorgenommen usw. Es gibt auch schon im Dezember Hinzufügungen, zu einer Zeit also, als der erste 'Brief an den Parteitag' geschrieben wurde.

Sacharow beschäftigt sich auch mit Lenins Einstellung gegenüber Stalin und Trotzki aus der Zeit davor. Diese Einstellungen, die Lenin über einen längeren Zeitraum hinweg zu Papier brachte, widersprechen völlig dem Inhalt des 'Testaments', also der dort vorgenommenen, im Grunde sehr positiven Einschätzung Trotzkis, der als der 'wohl fähigste Mann im Zentralkomitee' bezeichnet wird. Die negative Einstellung gegenüber Stalin in den beiden ersten Briefen widerspricht diametral seinen Äußerungen zu Stalin, die er im Laufe einer längeren Zeit von sich gab. Er hat sich zum Beispiel nie herablassend über Stalin geäußert, nie abfällig, nie negativ, sondern immer nur positiv, solange er ihn kannte.

Beispiele:

Er lobte Stalins Arbeit über die nationale Frage, die dieser im Frühjahr 1913 für die Partei verfasst hatte und sprach von einem 'prächtigen Georgier'; während des Bürgerkrieges betraute er ihn mit den riskantesten und verantwortungsvollsten Aufgaben, um den Kampf gegen die weiße Konterrevolution und ihre ausländischen Helfershelfer zu organisieren und schlug vor, ihm dafür eine hohe Auszeichnung zu verleihen, was dann auch geschah. Er schlug ihn, wie wir wissen, zum Generalsekretär der Partei vor usw.

Auf der anderen Seite hat er sich bei den verschiedensten Gelegenheit sehr kritisch, ja sogar sehr abfällig über Trotzki geäußert.

Beispiele:

Im August 1909 bezeichnet er ihn als einen 'verabscheuungswürdigen Karrieristen und Fraktionsmacher'; im Januar 1911 nennt er ihn 'Judas Trotzki'; Anfang 1914 schreibt Lenin, dass Trotzki 'bisher zu keiner wichtigen Frage des Marxismus eine feste Meinung gehabt hat' und dass er 'wohltönende und leere Phrasen liebt'. 1915 kritisiert er seine 'hochfliegende Phraseologie, mit der er seinen Opportunismus rechtfertigt'; 1916 bezeichnet er ihn als 'Kautskyaner', also wiederum als Opportunisten; 1917 nennt er ihn ein 'Schwein, das hohle linke Phrasen drischt'; 1918 kritisiert er ihn wegen seiner Weigerung, die Anweisungen des ZK für die Brester Friedensverhandlungen ignoriert zu haben, was zu einem 'viel demütigeren Frieden' mit den Deutschen geführt habe; 1921 kritisiert er ihn, weil er die Gewerkschaften militarisieren wollte usw. usf. Selbst der Trotzki sehr zugetane Historiker Isaac Deutscher stellt fest, dass es noch 1922 ernste Meinungsverschiedenheiten zwischen Lenin und Trotzki gab. Deutscher:

> *"Im ganzen Sommer 1922 ... blieben die Meinungsverschiedenheiten zwischen Lenin und Trotzki bestehen."*[266]

266- Isaac Deutscher, ‚The Prophet Unarmed. Trotsky 1921-1929', Oxford 1989, SS. 35 und 65, Der unbewaffnete Prophet.

Im gleichen Jahr soll dann Lenin plötzlich und ohne erkennbaren Grund seine Meinung über Trotzki radikal geändert haben, sodass er bereit war, ihn als den 'wohl fähigsten Mann im ZK' zu bezeichnen, dass er sogar bereit war, ihn für den verantwortungsvollen Posten des Generalsekretärs der Partei vorzuschlagen oder zumindest dies in Erwägung zu ziehen!

Hier ist zu fragen: Warum sollte Lenin die Absicht gehabt haben, einem seiner ärgsten Widersacher den Posten des Generalsekretärs des ZK seiner Partei, die auf der Prager Konferenz von 1912 ohne Hinzuziehung Trotzkis schuf, anzuvertrauen? Warum sollte er Stalin, den er selbst 1912 für die Wahl ins Politbüro vorschlagen hatte und den er später auch für den Posten des Generalsekretärs vorschlug, diesen Posten wieder zu nehmen, nur weil er angeblich 'zu grob' sei, angeblich bezugnehmend auf eine Äußerung Stalins gegenüber seiner Frau? Dies ergibt keinerlei Sinn. Sacharow:

"All diese Beispiele zeigen, dass die Dokumente nicht echt waren. Aber gehen wir der Frage nach, wer die Urheber des 'Testaments' waren. Wer konnte von ihnen profitieren?

Die Autoren dieser Legende, des Leninschen 'Testaments', sind Trotzki, Fotjewa, Sinowjew und Bucharin. Sie waren es, die diese Texte in die politische Arena 'einfügten', lange vor W. I. Lenins Tod. Sie warteten so lange, bis Lenin nicht mehr in der Lage war zu schreiben, zu diktieren oder Materialien zu lesen. Sie selbst schrieben diese Dokumente, um ein politisches Instrument für ihren Kampf gegen J. W. Stalin zu haben.

Trotzki, mit Unterstützung einer der Sekretärinnen, von Fotjewa, fabrizierte den sog. Artikel 'Zur Frage der Nationalitäten oder Autonomie?' Während sie dies taten, behaupteten sie in aller Öffentlichkeit, dass sie keinerlei Direktiven dafür hatten, dass jedoch W. I. Lenin sie dazu aufgefordert habe. Aber sie konnten nicht mehr sagen, wann dies geschehen sei." [267]

267· W. A. Sacharow, ‚Die Fälschung des Lenin-Testaments', in: ebd., S. 91.

d. Sacharows Schlussfolgerung

Sacharow kommt am Ende seines Aufsatzes zu folgender Schlussfolgerung:

"Wir haben gute Gründe anzunehmen, dass Lenin nicht der Autor dieser Artikel, Briefe oder anderer Dokumente war. Wir brauchen heute historische Korrekturen, um Lenins Lehren von diesen Fälschungen zu säubern.

Wir müssen Lenins 'Testament' im Zusammenhang mit dem politischen Leben in dieser Zeit sehen, im Zusammenhang mit den politischen Kämpfen, die vom W. I. Lenin in den Jahren 1921/22 gegen Trotzki geführt wurden. Dieser Kampf wurde von Lenin zusammen mit Stalin, als seinem zuverlässigsten Verbündeten geführt, der Lenins Linie vorantrieb und ihr folgte, der auch nach Lenins Tod die schwere Last der Fortsetzung des Kampfes gegen Trotzki auf sich nahm. Der fabrizierte Text des 'Testaments' kann nur in einem viel größerem Zusammenhang verstanden werden, im Zusammenhang mit den Auseinandersetzungen innerhalb des ZK der Partei mit Trotzki und seiner Gruppe. ... Der ganze Plan dieser Gruppe bestand objektiv darin, Stalin aus der Führung zu verdrängen mit Hilfe der Autorität Lenins, um den politischen Kurs der Russischen Kommunistischen Partei, Bolschewiki, zu ändern."[268]

Dem ist nichts hinzuzufügen.

e. Abschließende Bemerkungen zum 'Testament'

War Trotzki zu einer solchen Fälschung überhaupt in der Lage?- Durchaus. Wir haben schon bei anderen Gelegenheiten feststellen müssen, dass er Behauptungen über Stalin aufgestellt hat, die völlig frei erfunden waren, dass er Lenin Äußerungen zuschob, die dieser

268· Ebd., S. 96.

nie gesagt hatte, darunter die Äußerung, dass Stalin ein 'Koch ist, der uns die Suppe versalzen wird'. Warum also sollte er nicht auch mit Hilfe von Fotjewa das Testament gefälscht haben, um Lenin erneut Dinge unterzuschieben, die nicht vom ihm stammten, um ihm auf diese Weise seine eigene politische Linie, darunter seine opportunistische Linie in der Nationalitätenfrage unterzuschieben? Trotzki besaß auch ein Motiv, dies zu tun: Stalin war das Haupthindernis, um selbst den höchsten Posten in der Partei zu erhalten, er war das Haupthindernis für einen radikalen Politikwechsel, den er in der Partei anstrebte.

Stalin hat damals seinen Rücktritt als Generalsekretär selbst vorgeschlagen, als Lenins 'Briefe' bekannt wurden, von denen er annahm, dass sie authentisch seien. Dieser Vorschlag wurde aber von der Mehrheit der ZK-Mitglieder abgelehnt, die ihn baten zu bleiben. Er blieb bis zum Oktober 1952 Generalsekretär, als er auf dem Ersten Plenum des ZK nach dem 19. Parteitag der KPdSU vorschlug, dieses Amt abzuschaffen.

War Lenins Frau, Nadeschda Krupskaja dazu in der Lage, eine solche Intrige, ein solches Komplott mitzutragen?

Sie musste davon gewusst haben, weil sie die Person war, die dafür sorgte, mit wem Lenin noch Kontakt haben durfte und mit wem nicht mehr. Sie und nur sie kontrollierte damals den Zugang zu Lenin. Fakt ist, dass sie damals, zumindest zeitweilig, zur Opposition um Trotzki, Sinowjew und Kamenjew gehörte. Sie hat dies selbst dadurch bewiesen, dass sie die 'Erklärung der 13', das wohl wichtigste politische Manifest der damaligen Opposition, unterschrieb. Sie trat auch noch 1925 auf dem 14. Parteitag für die Opposition auf. Ein Jahr später, als die Opposition völlig isoliert und diskreditiert war, verließ sie sie ohne Angabe von Gründen, wohl um ihren Posten im Zentralkomitee zu behalten.

Krupskaja hat später auch behauptet, dass Stalin, der vom ZK den Auftag hatte, dafür zu sorgen, dass die ärztlichen Anweisungen für Lenin strikt eingehalten wurden, sich ihr gegenüber am Telefon 'grob' verhalten habe. Dies sei Ende März 1923 geschehen. Stalin hatte sich darüber beschwert, dass sie ihrem Mann ganz gezielt bestimmte 'Informationen' zuspielen würde und drohte damit, die Angelegenheit vor die Zentrale Kontrollkommission der Partei zu bringen. Krupskaja war damals Parteimitglied und auch Mitglied im ZK. Sie beschwerte sich dann bei Kamenjew über 'Stalins rüde Beschimpfungen' und trug dem kranken Lenin die Sache zu, der daraufhin an Stalin geschrieben haben soll, dass, falls er sich nicht 'für die Grobheit gegenüber seiner Frau entschuldigt', er ihm die Freundschaft 'aufkündigen' werde. Einige Tage darauf erlitt Lenin erneut einen Schlaganfall. Auch dieser 'Brief', so Sacharow, sei nicht von Lenin unterschrieben worden.

Es kann davon ausgegangen werden, dass auch dieser dritte und letzte Brief nicht von Lenin stammte, sondern von der Opposition, um Stalin für das Amt des Generalsekretärs menschlich zu disqualifzieren. Der Brief wurde etwa einen Monat vor dem Parteitag geschrieben. Es sollte ganz offensichtlich der Eindruck für die Delegierten des Parteitags der Eindruck erweckt werden, dass Lenin Stalin fallengelassen habe und dass er sich jetzt hinter Trotzki und seine Opposition, zu der damals auch schon Nikolai Bucharin und seine 'linken' (später rechten) Kommunisten gehörten, gestellt habe, die er Zeit seines Lebens bekämpft hatte. Aber in Wirklichkeit bringt auch dieser letzte Brief nur den Wunsch der Opposition zum Ausdruck, Stalin zu entmachten.

f. Die Vorstellungen der Opposition für einen kapitalistischen Regime-Change

Die Fabrikation des 'Lenin-Testaments' war ein stiller Putsch, um durch die Beseitigung Stalins aus der führenden Position in der bolschewistischen Partei und mit der Einsetzung Trotzkis einen fundamentalen Politwechsel hinzubekommen. Die Opposition wollte direkt an die Macht, um diese gewonnene Macht für einen politischen Richtungswechsel zu benutzen. Das, wozu man unmittelbar nach der Oktoberrevolution nicht in der Lage war, Stalin, Lenin und andere gewaltsam auszuschalten, was Bucharin später vor den Augen der Weltöffentlichkeit zugeben sollte, wollte man anscheinend durch die Inszenierung dieses Komplotts erreichen.

Worin bestanden nun konkret die politischen Vorstellungen der Opposition um Trotzki, Sinowjew, Kamenjew, Bucharin, Pjatakow und anderen, die in Lenins Partei eine Fraktion gebildet hatten?

1. Die Frage des staatlichen Außenhandelsmonopols

Am 20. November 1922 hält Lenin seine letzte Rede. Er spricht auf einer Vollversammlung des Moskauer Sowjets über die Innen- und Außenpolitik der Sowjetregierung. Darin bringt er seine Überzeugung zum Ausdruck, dass das Russland der NÖP eines Tages das sozialistische Russland sein wird. Er hatte noch eine weitere Rede vorbereitet, eine Rede für den Allrussischen Sowjetkongress, konnte sie aber aus gesundheitlichen Gründen nicht mehr halten. Noch im gleichen Jahr schreibt er einen letzten Brief an Stalin, in dem er sich besorgt über das Außenhandelsmonopol äußert. Er beauftragt Stalin damit, diesen Brief auf dem nächsten Plenum des Zentralkomitees zu verlesen. In diesem Brief greift er Bucharin und andere Gegner des staatlichen Außenhandelsmonopol an und wirft ihnen vor, eine Politik im Interesse der russischen Großbauern, der Kulaken, zu betreiben. Das ZK-Plenum, auf dem Stalin den Vorsitz führt, weist die Vorstellungen Bucharins und der Opposition zurück.[269] Daraus geht geht hervor, dass die Opposition damals gegen das staatliche Außenhandelsmonopol, das Unterpfand für einen unabhängigen sozialistischen Weg und für die staatliche Unabhängigkeit Sowjetrusslands, auftrat und es beenden wollte, um einen ungestörten Zustrom von ausländischem Kapital und damit auch eine erneute Abhängigkeit vom imperialistischen Ausland zu ermöglichen. Die

269. vgl. J. Jaroslawski, ebd., S. 131.

lebensnotwendigen Industriezweige wollte man dem Auslandskapital in Konzession geben und damit die Situation wieder herstellen, die vor der Revolution bestanden hatte.

Vor dem Parteitag im April 1923, dem 12. Parteitag, auf dem man vorhatte, Stalin abzusetzen und Trotzki einzusetzen, hatten Bucharin und Sokolnikow, ein Parteigänger Trotzkis, den Vorschlag gemacht, das staatliche Außenhandelsmonopol wieder abzuschaffen, das unter Lenin eingeführt worden war:

"Der 12. Parteitag wehrte die Anschläge auf die Unverletzbarkeit des Außenhandelsmonopols entschieden ab."[270]

2. Die Frage der Bedienung der Auslandsschulden

Unmittelbar nach der Oktoberrevolution hatte die neue Sowjetregierung sämtliche Auslandsschulden der alten zaristischen Regierung annulliert. Russland wurde zum ersten Mal vollkommen schuldenfrei. Die Opposition jedoch war dafür, die Schulden, die der Zar im Ausland eingegangen war, zu bezahlen:

"Sie (das sind Trotzki, Radek u. a. - Verf.) schlugen vor, die Schulden der zaristischen Regierung, die von der Oktoberrevolution annulliert worden waren, zu bezahlen."[271]

3. Die Frage der Schließung unrentabler Betriebe

Trotzki hatte auf dem Parteitag vorgeschlagen, bestimmte Großbetriebe der Schwerindustrie, die damals noch nicht rentabel und mit Verlusten arbeiteten, die aber für die Landesverteidigung und den Aufbau des Sozialismus lebenswichtig waren, wieder zu schließen, mit der Begründung, dass sie keinen Gewinn erwirtschafteten:

"Trotzki schlug gleichzeitig vor, Großbetriebe von solcher Bedeutung für die Landesverteidigung wie die Putilow-Werke, die Brjansker Werke und andere stillzulegen, da sie seiner Behauptung

270· ‚Kurzer Lehrgang', ebd., S. 318.

271· Ebd..

nach keine Gewinne erbrachten. Der Parteitag lehnte die Vorschläge mit Entrüstung ab."[272]

Der 'wohl fähigste Mann im ZK' (so heißt es im 'Lenin-Testament') machte also Vorschläge, die, wenn sie verwirklicht worden wären, zum Ruin des sowjetischen Sozialismus geführt hätten, zur Abschaffung des Außenhandelsmonopols und damit auch der staatlichen Souveränität Russlands führen konnten, der sozialistische Betriebe stilllegen wollte wie die berühmten Putiow-Werke. Wie kann Lenin diesen Mann, der im Grunde für die Restauration des Kapitalismus in Russland eintrat, für das wichtigste Amt in der Partei empfohlen haben? Unvorstellbar.

4. Die Frage der sog. georgischen Abweichler

In Georgien gab es damals an der Spitze der kommunistischen Partei eine Gruppe von Nationalisten, die nicht nur gegen die von Lenin und Stalin ins Leben gerufene transkaukasische Union waren, sondern auch gegen die Gründung der UdSSR Ende Dezember 1922. Zu ihr gehörten Budu Mdiwani and andere, die die Parteispitze bildeten. Sie wiesen damals die Armenier aus Tiflis aus, erließen ein Gesetz, wonach eine Georgierin, die einen Nichtgeorgier heiratete, die georgische Staatsbürgerschaft entzogen wurde usw.

Trotzki und seine Gruppe unterstützten sie.[273]

Alle Vorschläge der Opposition wurden mit großer Mehrheit auf dem 12. Parteitag, auf dem man eigentlich Trotzki zum Generalsekretär machen und Stalin ablösen wollte, abgelehnt. Trotzki hatte also nicht den Hauch einer Chance, auf diesem Parteitag an die Macht zu kommen. Es nützte ihm nichts, dass er von Lenins Frau Nadeschda Krupskaja unterstützt wurde. In einem Brief an ihn, schrieb sie:

272· Ebd..

273· vgl. ebd., S. 319.

"Ich wünsche Ihnen, Leo Davidowitsch, Gesundheit und Kraft und umarme Sie." [274]

Stalin triumphierte einmal mehr. Auf dem Parteitag wurde er im Amt des Generalsekretärs bestätigt. Er war es auch, der die wichtigsten Referate hielt und die größte Unterstützung bekam.

274· Emil Ludwig, ‚Stalin', Italia 1946, S. 98, italienische Ausgabe: ‚Le auguro, Leone Davidovic, forza e salute e l'abbraccio' · N. Krupskaja.

12. Lenins Tod

Am 21. Januar 1924 stirbt Lenin nach langer schwerer Krankheit in Gorki (heute Nishni Nowgorod).

Am Tage der Beisetzung Lenins, an der in Moskau 700.000 Menschen bei klirrender Kälte teilnehmen, ruht die Arbeit im ganzen Land für fünf Minuten.

Aber auch im Ausland kommt es zu zahllosen Trauerkundgebungen. Das internationale Proletariat trauert um seinen großen Sohn, seinen Vorkämpfer und Führer.

"Die Eisenbahnen standen still, die Arbeit in den Werken und Fabriken ruhte. In tiefster Trauer geleiteten die Werktätigen der ganzen Welt Lenin, ihrer Vater und Lehrer, ihren besten Freund und Verteidiger, zu Grabe."[275]

Wie reagierte damals die Arbeiterklasse der Sowjetunion auf Lenins Tod? Massen strömen in die KPR, B, die Aufnahmeanträge sind kaum zu bewältigen. Daraufhin verkündet das ZK das Leninsche Parteiaufgebot.

"Mehr als 240.000 Arbeiter traten damals in kurzer Zeit in die Reihen der bolschewistischen Partei ein."[276]

Zwei Tage später spricht Stalin auf einer Gedenkveranstaltung des Zweiten Sowjetkongresses der UdSSR. Er beginnt seine Rede damit, dass er Kommunisten als Menschen von besonderem Schlag bezeichnet:

"Wir sind aus besonderem Material geformt, wir sind diejenigen, die die Armee des großen proletarischen Strategen bilden, die

275· ‚Kurzer Lehrgang', ebd., S. 324.

276· ‚Kurzer Lehrgang', ebd., S. 325.

Armee des Genossen Lenin. Es gibt nichts Höheres als die Ehre, dieser Armee anzugehören."[277]

Stalin erinnerte an Lenins wahres Testament, an sein wahres Vermächtnis und schwört, dieses Vermächtnis zu wahren und in Ehren zu erfüllen:

"Als Genosse Lenin von uns schied, hinterließ er uns das Vermächtnis, die Diktatur des Proletariats zu schützen und zu festigen. Wir schwören dir, Genosse Lenin, dass wir unsere Kräfte nicht schonen werden, um auch dieses dein Gebot in Ehren zu erfüllen! ...

Als Genosse Lenin von uns schied, hinterließ er uns das Vermächtnis, die Union der Republiken zu festigen und zu erweitern. Wir schwören dir, Genosse Lenin, dass wir auch dieses dein Gebot in Ehren erfüllen werden. ...

Als Genosse Lenin von uns schied, hinterließ er uns das Vermächtnis, den Grundsätzen der Kommunistischen Internationale die Treue zu wahren. Wir schwören dir, Genosse Lenin, dass wir unser Leben nicht schonen werden, um den Bund der Werktätigen der ganzen Welt, die Kommunistische Internationale, zu festigen und zu wahren."[278]

Stalin zählt insgesamt sieben Dinge auf, die ihm wichtig erschienen, wenn der Aufbau des Sozialismus in der Sowjetunion erfolgreich voranschreiten sollte: die Wahrung der leninischen Parteiprinzipien, die Bewahrung der Einheit der Partei, die Diktatur des Proletariats, das Bündnis zwischen der Arbeiterklasse und der Bauernschaft, die Stärkung der neuen Union der Sozialistischen Sowjetrepubliken, die der Roten Armee und schließlich das Eintreten für den proletarischen Internationalismus in Gestalt der Kommunistischen Internationale.

Stalin hatte hier unbedingt Recht:

Ohne eine leninsche Kampfpartei kann man keinen Sozialismus

277· Stalin-Werke, Bd. 6, ebd., S. 41, Zum Tode Lenins'.

278· ,Kurzer Lehrgang', ebd., S. 325f.

aufbauen; mit einer bürgerlichen Wahlpartei, in die jeder nach Belieben ein-und wieder austreten kann, funktioniert das nicht. Ohne eine geeinte Partei kann man keinen Sozialismus aufbauen, denn sie wird zu einem zerstrittenen Haufen, der nur noch mit sich selbst beschäftigt ist, zu einem stumpfen Schwert. Ohne die Diktatur des Proletariats besitzt man nicht die nötige machtpolitische Voraussetzung, um den Sozialismus aufzubauen. Sie ist die unabdingbare Voraussetzung für einen sozialistischen Aufbau. Ohne das Bündnis zwischen Arbeiterklasse und Bauernschaft kann man auf Dauer den Sozialismus nicht verteidigen, denn die Sowjetmacht isoliert sich im eigenen Volk und untergräbt damit ihre Machtbasis. Ohne eine starke Armee kann man diesen Sozialismus, kann man die Arbeiter- und Bauernmacht, nicht gegen das feindliche imperialistische Ausland verteidigen, das alles tun wird, dieses Experiment zunichte zu machen, was die Geschichte bewiesen hat. Ohne eine starke Sowjetunion konnte die Nationalitätenfrage nicht gelöst werden, wären die einzelnen Völkerschaften wieder, wie in der Vergangenheit, übereinander hergefallen. Und schließlich brauchte man auch die internationale proletarische Solidarität, um sich als sozialistisches Land nicht zu isolieren.

All diese Prinzipien waren von Lenin entwickelt worden, und sie galt es jetzt, wo man dabei war, zum Aufbau des Sozialismus zu schreiten, einzuhalten, um erfolgreich zu sein. Um diese Fragen ging es inhaltlich. Stalin kleidete diese Prinzipien in die Form eines Schwurs, weil ihm bewusst war, dass der religiöse Einfluss im russischen Volk noch stark war, dass man ihn aber nutzen konnte, um diese zentral wichtigen Prinzipien für einen erfolgreichen sozialistischen Aufbau unter die Leute zu bringen. Deshalb wählte er diese Form.

Trotzki nahm nicht an Lenins Beisetzung teil. Später behauptete er, dass er in Suchumi im Kaukasus 'einen rätselhaften Infekt ausheilen' musste, ein andermal behauptete er, dass er über den Termin der Beisetzung 'falsch informiert' worden sei. Wieder ein andermal meinte er, dass 'sein Wagen auf ein Abstellgleis geschoben wurde' und er nicht rechtzeitig nach Moskau kommen konnte, usw.[279] Über Stalins Rede auf der Gedenkveranstaltung des Zweiten Sowjetkongresses zwei Tage nach Lenins Tod schrieb er:

"Über Lenins Sarg verlas Stalin den auf ein Stück Papier geschriebenen Schwur, das Vermächtnis des Lehrers treu zu hüten - in jenem Parteistil verfasst, den er im Tifliser Theologenseminar erlernt hatte. Seinerzeit wurde dieser Schwur kaum beachtet. Heute steht er in allen Schulbüchern und nimmt den Platz der Zehn Gebote ein."[280]

Hier stimmen schon die einfachen Fakten nicht: Stalin sagte dies nicht auf der Beerdigung Lenins 'über Lenins Sarg', sondern auf der offiziellen Gedenkveranstaltung des Sowjetkongresses. Und woher will er wissen, dass der Schwur Stalins, das Erbe Lenins und damit auch den Leninismus zu wahren, 'damals kaum beachtet wurde'? Stalins Rede wurde vier Tage später in der 'Prawda' abgedruckt.

Der historische Mainstream zu Stalins Schwur, die Prinzipien des Leninsmus zu wahren:

Isaac Deutscher:

"... obwohl man nicht daran zweifeln kann, dass in Stalins exaltiertem Abschiedsgruß eine Spur von Unehrlichkeit steckte."[281]

Robert Payne:

"Mit diesen Worten setzte Stalin sich selbst als Hohepriester des Leninkults und Anführer der Gläubigen ein. ... Dieser seltsam liturgische Gesang offenbart mit seiner Mischung von Arroganz, Doppelzüngigkeit und Zynismus Stalins überraschend kühnen und eigenwilligen Beschluss, einen ständigen Lenin-Kult zu begründen. .. Er glorifizierte nur einzelne Aspekte, die ihm nützlich sein konnten."[282]

279· vgl. Michael Morozow, ‚Der Georgier. Stalins Weg und Herrschaft', München und Wien 1980, S. 84.

280· L. Trotzky, ebd., S. 487.

281· Isaac Deutscher, ‚Stalin · eine politische Biografie', ebd., S. 353.

282· Robert Payne, ‚Stalin · Macht und Tyrannei', ebd., S. 310.

George Paloczi Horvath:

"Nach Jahrzehnten harter Arbeit hatte er jetzt das zu Kopf steigende Gefühl, nun endlich in der Mitte der Bühne zu stehen."[283]

Michael Morozow:

"... Vor 2.123 Delegierten des 2. Sowjetkongresses der UdSSR leistete er einen sechsfachen Schwur und präsentierte sich so als Erbe des Toten."[284]

Robert Conquest:

"Die Rede Stalins war wegen ihres an eine Litanei erinnernden Tons bemerkenswert. ...Als Stalin von Lenins Tod hörte, war er vor Freude außer sich."[285]

Wolfgang Leonhard:

"Stalin trauerte nicht, er schwor. ... Es gelang ihm, die Erinnerung an Lenin als Revolutionsführer für seine eigenen Zwecke zu nutzen. Er etablierte den Mythos eines starken Führers, für dessen Nachfolge niemand anders als er selbst in Frage kommen würde."[286]

Maximilian Rubel:

"In sechs Schwurformeln proklamierte der Redner die 'sechs Gebote der neuen Kirche'."[287]

Allan Bullock:

"Baschanow konnte nur die Heuchelei Stalins darin erkennen, dass er öffentlich dem Führer Loyalität schwur, über dessen Tod er sich in privaten Kreisen erfreut gezeigt hatte."[288]

283· George Paloczi Horvath, ‚Stalin', Zürich 1968, S. 237.

284· Michael Morozow, ‚Der Georgier · Stalins Weg und Herrschaft', München und Wien 1989, S. 84.

285· Robert Conquest, ‚Stalin · der totale Wille zur Macht. Biographie', ebd., S. 152 und S. 154.

286· Wolfgang Leonhard, ‚Anmerkungen zu Stalin', ebd., S. 29 und S. 32.

287· Maximilian Rubel, ‚Stalin', ebd., S. 58.

288· Alan Bullock, ‚Hitler and Stalin · Parallel Lives', New York 1991, English edition, S. 132, Hitler und Stalin · parallele Leben.

Unterstellungen und Erfindungen, bis hin zu 'seiner Freude über den Tod Lenins' - , wenn es um Stalin geht, darf daran kein Mangel sein. Bei einigen stimmen schon die Fakten nicht: Sie reduzieren Stalins 'Gebote' von sieben auf sechs (Maximilian Rubel), Trotzki verlegt die Rede auf Lenins Beerdigung. Auffallend ist auch das allgemeine Desinteresse, das diese so genannten Geschichtsforscher an den inhaltlichen Fragen zeigen, an der Diktatur des Proletariats oder an der Roten Armee, der Kommunistischen Internationale, an der Parteieinheit usw. All dies interessiert sie nicht, ist nicht erwähnenswert, im Gegenteil: all dies ist ihnen ein Gräuel. Es gilt, von diesen lästigen Inhalten abzulenken und sich auf die Form zu konzentrieren, in der Stalin seine Rede gekleidet hatte, um daraus ein Instrument für Stalins unstillbaren Machthunger zu machen.

13. Stalins Kampf gegen den Trotzkismus

a. Einleitung

Die Zeit unmittelbar nach Lenins Tod im Januar 1924 ist gekennzeichnet durch drei Merkmale:

1. In Russland, aber auch in anderen Nationen der jungen UdSSR, bessert sich die wirtschaftliche Lage merklich, auch wenn der Vorkriegsstand der Produktion noch nicht wieder erreicht werden kann und die Arbeitslosigkeit auf einem hohen Niveau bleibt.
2. Zu dieser Zeit gelingt es der UdSSR, eine ganze Reihe von Verträgen mit dem kapitalistischen Ausland abzuschließen, was dem Land eine wichtige Atempause für den friedlichen sozialistischen Aufbau unter der NÖP verschafft.
3. Stalin geht in dieser Zeit offensiv gegen die trotzkistische Opposition vor. Er unternimmt den Versuch, auf theoretischem Gebiet den Leninismus noch stärker in der Partei, die sehr stark nach Lenins Tod angewachsen ist, zu verankern und verbindet dies mit einem entschlossenen Kampf gegen den Trotzkismus. Damit beugt er auch einer ideologischen Verwässerung und Verflachung innerhalb der KPR, B vor und schweißt sie stärker zusammen. Die trotzkistische Opposition wird zusehends isoliert und verliert unter den Mitgliedern der Partei immer weiter an Rückhalt, so dass sie schon bald gezwungen sein wird, in den Untergrund zu gehen, um im Verborgenen gegen die Sowjetmacht zu arbeiten. Der Sieg über den Trotzkismus sei, so Stalin, die Voraussetzung für einen erfolgreichen sozialistischen Aufbau.

b. Die wirtschaftliche Lage bessert sich

Zu dieser Zeit geht es noch immer darum, die Volkswirtschaft der UdSSR nach dem verheerenden Bürgerkrieg wieder herzustellen und den Vorkriegsstand zu erreichen.

Obwohl die sowjetische Wirtschaft jetzt auf allen Gebieten wächst, sich die sozialistische Industrie erfolgreich entwickelt und die Löhne steigen, bleibt die Industrie noch weit hinter dem Vorkriegsstand zurück. Sie erreicht nur etwa 50 Prozent des Niveaus von 1913:

"Gegen Ende 1923 wurden noch eine Million Arbeitslose gezählt."[289]

Das wirtschaftliche Wachstum reicht also noch nicht aus, um den vielen Arbeitslosen Arbeit in der sowjetischen Industrie zu verschaffen. Die Preise für städtische Erzeugnisse sind noch übermäßig hoch, was daran liegt, dass der Handel immer noch zum Teil von privaten Händlern, die man auch als 'Nepleute' bezeichnet, dominiert wird. Die sowjetische Währung verliert zusehends an Wert.

Im Februar 1924 beschließt das ZK deshalb, eine Währungsreform einzuleiten, um die Lage zu stabilisieren. Man führt den 'Tscherwonez' ein, rangiert die alten Sowsnaki-Geldscheine aus, führt Geldmünzen ein, bindet die Währung ans Gold, macht sie damit stabil. Nun ist die regelmäßige Auszahlung der Löhne wieder gesichert. Gleichzeitig geht man entschlossen gegen Spekulanten und Privathändler vor, entwickelt das sozialistische Genossenschaftswesen im Handel und senkt die Preise für Industrieerzeugnisse, was auch den Bauern zugute kommt. Die Absatzkrise wird beseitigt.

Ende 1925 nähert sich die Produktion in Industrie und Landwirtschaft wieder dem Vorkriegsniveau.

289. ‚Kurzer Lehrgang', ebd., S 320.

c. Die UdSSR erzielt wichtige diplomatische Erfolge

Parallel zur wirtschaftlichen Lage verbessert sich auch die außenpolitische. In dieser Zeit ist G. W. Tschitscherin Außenminister der UdSSR, ein ehemaliger Vertrauter Lenins, dessen diplomatisches Geschick dazu beiträgt, dass die Sowjetunion die internationale Isolation teilweise durchbrechen kann.

Im Januar 1924 vollzieht sich in Großbritannien ein politischer Machtwechsel. Die neue Labourregierung unter MacDonalds löst die konservative Regierung Baldwin ab und erkennt am 1. Februar die Sowjetunion diplomatisch an.

Eine Woche darauf wird zwischen der UdSSR und Italien ein Handelsvertrag abgeschlossen. Es folgt die diplomatische Anerkennung durch Italien. Ende Oktober zieht auch Frankreich nach und nimmt ebenfalls diplomatische Beziehungen auf. Auch dort hatte es einen Regierungswechsel gegeben. Auch mit China werden jetzt diplomatische Beziehungen aufgenommen.

Die Liste der Länder, mit denen die UdSSR im Jahre 1924 diplomatische Beziehungen herstellt, ist bemerkenswert: Norwegen, Österreich, Schweden, Dänemark, Ungarn, Mexiko, Island, Uruguay.

Mit Deutschland bestehen bereits seit Anfang der zwanziger Jahre normalisierte Beziehungen durch den Pakt von Rappalo, jedoch verschlechtern sich die Beziehungen wieder mit dem Überfall der Berliner Polizei auf die sowjetische Handelsvertretung.

Die USA brauchen bis zur Präsidentschaft Roosevelts im Jahre 1933, um sich zu einem solchen Schritt durchzuringen.

Neben der diplomatischen Anerkennung erreicht die Sowjetregierung auch, dass es zum Abschluss einer ganzen Reihe von Nichtangriffsverträgen und Neutralitätspakten kommt. Ende 1925 wird ein Neutralitätspakt mit der Türkei abgeschlossen, im April 1926 auch mit Deutschland.

Der Hauptgrund für die Normalisierung der Beziehungen zur Sowjetunion war zweifellos das politische und wirtschaftliche Erstarken des Landes. Auch die Gründung der Sowjetunion Ende 1922 hat ganz sicher eine große Rolle gespielt. Nun werden auch die Interessen der kleineren Mitglieder der UdSSR und nicht nur die Russlands auf internationaler Ebene vertreten. Sie genießen den Schutz der Zentralregierung, die sie gegen das kapitalistische Ausland abschirmt, und sie können unter diesem Schirm ihre zerrüttete Wirtschaft aufbauen.

d. Stalins Offensive gegen die Trotzkisten

Um die bolschewistische Partei, die einen mächtigen Mitgliederzuwachs nach Lenins Tod erlebte, ideologisch zu festigen und um den noch einflussreichen Trotzkismus zu besiegen, den die Opposition an die Stelle des Leninismus setzen will, hält Stalin eine ganze Reihe von Vorträgen an der Swerdlow-Universität vor jungen Arbeitern. Später erscheint dazu sein Buch 'Über die Grundlagen des Leninismus', das zu seinen Standardwerken gehört.

Vorher hatte sich Folgendes ereignet:

Trotzki hatte versucht, alle oppositionellen Gruppierungen - die so genannten Dezisten, die 'linken' Kommunisten, die 'Arbeiteropposition' und andere, zu vereinigen, ähnlich wie er es im Jahre 1912 tat, als er seinen 'Augustblock' gegen Lenin ins Spiel brachte. Es entsteht die gegen die Partei gerichtete 'Plattform der 46'. Sie fordert einen Fraktionsstatus in der Partei, obwohl Lenin noch auf dem 10. Parteitag die Bildung von Fraktionen als mit der Parteimitgliedschaft unvereinbar erklärt hatte. Die Plattform malt ein düsteres Bild von der Lage im Land und sagt den baldigen Untergang der Sowjetunion voraus.

Mehr noch:

Gleich danach veröffentlicht Trotzki einen Brief, in dem er an die jungen Parteimitglieder appelliert, sich den alten, erfahrenen Parteifunktionären entgegenzustellen und gibt sich darin als Advokat der Jugend aus. Er spricht davon, dass die alte Leninsche Garde 'entartet' sei, die Jugend dagegen sei das 'sicherste Barometer der Partei'.[290] Der Brief wird an alle Zellen der Partei verschickt, um dort diskutiert zu werden. Erneut wird der Partei eine Diskussion aufgezwungen, um Uneinigkeit zu stiften, in einer Zeit, da man zusammen die Ärmel aufkrempeln muss, um die großen Probleme des Landes gemeinsam zu meistern. Die Diskussion erfasst sofort die gesamte Partei und nimmt sie monatelang in Anspruch, lähmt sie regelrecht.

Im Januar tritt die 13. Parteikonferenz zusammen, auf der Stalin das Hauptreferat hält. Sie verurteilt die trotzkistische Opposition und stellt fest, dass es sich bei ihr um eine 'kleinbürgerliche Abweichung vom Marxismus' handelt.

Im Mai 1924 veröffentlicht Trotzki seine Schrift 'Die Lehren des Oktober'. Darin versucht er, den Leninismus durch den Trotzkismus zu ersetzen. Stalin kontert damit, dass er die Zerschlagung des Trotzkismus zur Aufgabe der ganzen Partei erklärt:

"Ohne den Trotzkismus zu zerschlagen, kann man unter den Bedingungen der NÖP nicht den Sieg erringen, kann man nicht die Verwandlung des heutigen Russland in ein sozialistisches Russland erreichen."[291]

Vor diesem Hintergrund entfaltet Stalin nun seine ideologische Offensive an der Swerdlow-Universität und dann auch in der Partei selbst mit 'Grundlagen des Leninismus'.

e. Was ist 'Leninismus'?

Er beginnt seine erste Vorlesung damit, dass er den Begriff 'Leninismus' definiert:

"Der Leninismus ist der Marxismus der Epoche des Imperialismus und der proletarischen Revolution. Genauer: Der Leninismus ist die Theorie und Praxis der proletarischen Revolution im Allge-

290· vgl. ‚Kurzer Lehrgang', ebd., S. 322.

291· ‚Kurzer Lehrgang', ebd., S. 324.

meinen, die Theorie und Taktik der Diktatur des Proletariats im Besonderen."[292]

Der Leninismus ist also nicht nur die Anwendung des Marxismus auf die besonderen russischen Verhältnisse (so definierte der Oppositionspolitiker Sinowjew den Leninismus in seiner Schrift). Leninismus nach Stalin ist eine Weiterentwicklung des Marxismus. Seine Besonderheit bestehe darin, dass er aus der Oktoberrevolution hervorging, aber auch darin, dass er schon vorher, vor der Revolution, in der Auseinandersetzung mit dem Opportunismus der Zweiten Internationale entstand. Ohne diese Auseinandersetzung wäre der Leninismus nicht entstanden. Dass er entstand, schuf bessere ideologische Voraussetzungen für einen erfolgreichen Kampf gegen den Kapitalismus, der damals dabei war, in den Imperialismus überzugehen.

Aus diesen Gründen sei der Leninismus etwas Besonderes, etwas Neues, das der Marxismus bis dahin nicht hervorgebracht habe und auch gar nicht hervorbringen konnte, weil er in einer ganz anderen historischen Epoche entstanden war, in der Epoche des Konkurrenzkapitalismus, als es noch keine Monopole, keine Kartelle und Großkonzerne gab, als es noch keinen Imperialismus gab.

Was ist also das Wichtigste am Leninismus?

"Wenn der Leninismus die Theorie und Taktik der proletarischen Revolution ist, und die Diktatur des Proletariats den Hauptinhalt der proletarischen Revolution bildet, so ist klar, dass das Wichtigste am Leninismus in der Frage der Diktatur des Proletariats besteht, in der Ausarbeitung, in der Begründung und Konkretisierung dieser Frage."[293]

Das heißt erstens, dass der Leninismus eine Antwort auf die Frage gibt, wie man eine proletarische Revolution organisieren muss, damit sie erfolgreich ist und wie man sie erfolgreich verteidigen kann.

292· J. Stalin, ‚Über die Grundlagen des Leninismus. Zu Fragen des Leninismus', Berlin 1946, S. 6.

293· Ebd., S. 79.

Das heißt zweitens, dass der Leninismus auch eine Antwort auf die Frage gibt, wie man eine Arbeiter- und Bauernmacht schaffen kann, wie man sie erhalten und festigen kann und wie man auf dieser Grundlage dann den Sozialismus aufbauen kann.

Die Diktatur des Proletariats, die proletarische Staatsmacht, ist jedoch kein Selbstzweck, sondern diene dem Aufbau des Sozialismus, dem Aufbau einer neuen Gesellschaft ohne Ausbeutung, dem Aufbau einer neuen Zivilisation, die diesen Namen verdient. Und dieser Aufbau sei auch in einem einzelnen Land, das von kapitalistischen Staaten umgeben ist, möglich, worauf Lenin schon 1915 in seinem Schweizerischen Exil hingewiesen hatte. Eine gleichzeitige Revolution in mehreren Ländern sei, so Lenin, auch völlig unwahrscheinlich, weil die Entwicklung in den imperialistischen Staaten ungleichmäßig verlaufe. Solange aber Russland das einzige Land bleibe, das eine sozialistische Revolution organisiert und zum Sieg geführt hat, bleibe auch die Möglichkeit einer Konterrevolution und eines Zurück zum Kapitalismus bestehen. Dies ändere sich erst mit dem internationalen Sieg der sozialistischen Revolution.

Ist der Leninismus ein Dogma?

> *"Deshalb sagte Lenin, dass 'die revolutionäre Theorie kein Dogma ist', dass sie 'nur im engen Zusammenhang mit der Praxis einer wirklichen Massenbewegung und einer wirklich revolutionären Bewegung endgültig Gestalt annimmt', ... denn die Theorie muss der Praxis dienen, sie muss 'auf die in der Praxis gestellten Aufgaben eine Antwort geben', ... muss anhand der Praxis überprüft werden."*[294]

Daraus ergibt sich, dass der Leninismus kein Dogma ist, dass er ständig anhand der Praxis überprüft und weiterentwickelt werden muss. Der Leninismus bereichert sich also ständig durch die neuen Erfahrungen, die die revolutionäre Bewegung im Laufe der Zeit sammelt und verarbeitet sie.

294· Ebd., S. 14, Stalin Lenin zitierend.

f. Was ist 'Trotzkismus'?

Erstens:

Der Trotzkismus verneint die Möglichkeit und die Notwendigkeit eines Bündnisses zwischen Arbeiterklasse und Bauernschaft. Die arme Bauernschaft sei keine revolutionäre Kraft, sie sei 'kleinbürgerlich' und 'rückständig' und nicht revolutionär. Nach Trotzki brauche man die 'reaktionäre Bauernschaft' nicht, man könne nach einer erfolgreichen Revolution gleich mit einer reinen 'Arbeiterregierung' beginnen. Nach der Februarrevolution von 1917 war die Losung Trotzkis damals: 'Die Arbeiterregierung jetzt!'

Die Ursprünge dieser Theorie: Sie wurde im Jahre 1905 von Rosa Luxemburg und dem Millionär Parvus entwickelt. Trotzki übernahm sie, machte sie sich zu eigen und verbreitete sie.

Diese Theorie, so Stalin damals in seinen Vorträgen vor den jungen Arbeitern der Swerdlow-Universität, würde unvermeidlich zu einer Niederlage führen, weil sie das Proletariat isolieren würde, besonders aber in Russland, einem vorwiegend bäuerlich geprägten Land. Lenin habe diese Theorie damals schon kritisiert und verurteilt. Der Leninismus dagegen sei die Idee der Arbeitermacht im engen Bündnis mit der Bauernschaft, zu der aber nicht reiche Landbesitzer und Großpächter gehören - unter Führung der Arbeiterklasse.

Die politische Praxis hat bewiesen, dass diese Theorie zur Niederlage der Revolution führt. Sie wurde 1919 in Ungarn zur Anwendung gebracht, als dort eine Räterrepublik entstanden war, deren Führung sich Trotzkis und Luxemburgs Theorien zu eigen gemacht hatte. Nach ein paar Monaten brach die Ungarische Räterepublik zusammen. Sie hatte keine Unterstützung in der ungarischen Bauernschaft gefunden.

Zweitens:

Der Trotzkismus lehnt eine einheitliche, geschlossene Partei ab, in der es keine Fraktionen und unterschiedliche politische Strömungen gibt. Stattdessen bevorzugt er 'Blocks' mit allen möglichen opportunistischen Strömungen. Stalin verweist auf Trotzkis 'Augustblock' - ein Block Trotzkis mit den Menschewiki, mit den 'Gottsuchern', mit den Liquidatoren, die eine illegale Arbeit im Untergrund ablehnten und anderen politischen Strömungen im damaligen Russland vor der Oktoberrevolution. Später ging Trotzki einen Block mit Bucharin ein, um die Sowjetmacht zu Fall zu bringen und scheute auch nicht davor zurück, mit Nazideutschland ein Bündnis einzugehen.

Der Leninismus dagegen vertritt die Ansicht, dass nur eine ideologisch geschlossene Partei, die auf festen marxistischen und leninistischen Prinzipien steht, in der Lage ist, die Diktatur des Proletariasts zu verteidigen und den Sozialismus aufzubauen.

Drittens:

Der Trotzkismus hält den Aufbau des Sozialismus in einem Land für unmöglich, wenn nicht vorher, gleichzeitig oder wenig später nach der Revolution sich auch in anderen industrialisierten Ländern mit einem starken Proletariat Revolutionen ereignen. Der Aufbau des Sozialismus ohne eine solche 'Weltrevolution' würde automatisch zur 'Entartung' und 'Bürokratisierung' der Partei und der Staatsführung führen. Man könne zwar den Aufbau des Sozialismus in Russland beginnen, aber ohne eine solche 'Weltrevolution' könne sie nicht zu Ende geführt werden, könne auch die Arbeitermacht nicht behauptet werden. Daran, so Trotzki, 'darf man nicht einen Augenblick lang zweifeln'.[295] Trotzki damals:

"Es wäre aussichtslos zu glauben ..., dass sich zum Beispiel ein revolutionäres Russland einem konservativen Europa gegenüber behaupten könne."[296]

Die Gegenposition vertrat Lenin schon 1915:

"Die Ungleichmäßigkeit der ökonomischen und politischen Entwicklung ist ein unbedingtes Gesetz des Kapitalismus. Hieraus folgt,

295· L. Trotzki: ‚Unsere Revolution', S. 278.

296· Stalin-Werke, Bd. 8, Berlin 1952, S. 295.

dass der Sieg des Sozialismus ursprünglich in wenigen kapitalistischen Ländern oder sogar in einem einzigen Land möglich ist."[297]

Die praktische Konzequenz aus dieser theoretischen Position: Die russischen Trotzkisten plädierten dafür, weitreichende Zugeständnisse an die kapitalitischen Staaten zu machen, sie waren dafür, das Auslandskapital wieder in Russland zuzulassen, die Zarenschulden zu bezahlen, unrentable Betriebe der Schwerindustrie wieder zu schließen und das sozialistische Außenhandelsmonopol wieder abzuschaffen. Trotzkismus ist also Unglaube an einen erfolgreichen sozialistischen Aufbau in einem einzelnen Land, etwas, das die Opposition damals als 'nationale Beschränktheit' bezeichnete.

Viertens:

Trotzkismus ist militanter Anti-Leninismus. Trotzki in seinem Buch 'Über Lenin', das er vor der Oktoberrevolution schrieb: 'Lenin ist ein Mann, der überall Terror verbreiten will, der alles allein entscheiden will', er sei ein 'Blanquist', also ein Putschist, ein 'Jakobiner' usw.

Lenin fasste damals (1914) das Wesen des Trotzkismus so zusammen:

"Trotzki liebt wohltönende und leere Phrasen. Wir hatten Recht, als wir Trotzki einen Vertreter der 'schlechtesten Elemente des Fraktionismus' nannten. Trotzki ... besitzt keinerlei ideologische und politische Bestimmtheit. Unter der Tarnkappe des 'Nicht-Fraktionismus' vertritt Trotzki energisch die Interessen einer Gruppe im Ausland, die sich dadurch auszeichnet, dass sie keine festen Prinzipien und keine Verankerung in der russischen Arbeiterbewegung besitzt.

Es gibt viel Beiwerk in Trotzkis Phrasen, aber sie haben keinerlei Bedeutung. ... Trotzki versucht, die Bewegung zu zerrütten und eine Spaltung herbeizuführen. ... Ende 1903 war Trotzki ein

297· Ebd., S. 225, Lenin über die Losung der Vereinigten Staaten von Europa.

leidenschaftlicher Menschewik, ... 1904 verließ er die Menschewiki und nahm eine schwankende Position ein, und jetzt proklamiert er seine absurde linke Theorie von der 'permanenten Revolution'. In der Periode der Desintegration ... ging er wieder nach rechts und im August 1912 beteiligte er sich an dem Block mit den Liquidatoren. Er hat sie jetzt erneut verlassen, obwohl er das Wesen ihrer kitschigen Ideen wiederholt." [298]

g. Der 'neue' Trotzkismus

Der Trotzkismus, und das zeigt seine Geschichte, hat es immer verstanden, sich neue Fassaden zuzulegen, was damals, als Stalin gegen den Trotzkismus in die Offensive ging, auch schon der Fall war.

Er unterschied schon Mitte der zwanziger Jahre den alten vom neuen Trotzkismus. 1924, als er sein Buch über den Leninismus schrieb, hatte der Trotzkismus sich ein neues Mäntelchen umgelegt, seine Fassade neu angestrichen, um sich nicht in der bolschewistischen Partei zu isolieren. Stalin unterscheidet deshalb den alten vom neuen Trotzkismus. Der neue Trotzkismus griff Lenin nicht mehr offen an, wie der alte dies noch getan hatte ('Lenin, der überall Terror verbreitet'), sondern umarmte ihn jetzt kräftig. Trotzki gab sich als 'Lenins engster Gefährte' und 'Fortsetzer seiner Arbeit' aus. Die alte Theorie von der permanenten Revolution wurde ausrangiert, die Gegnerschaft gegen das bolschewistische Parteiprinzip nach außen fallengelassen, aber nach innen unter einem neuen Etikett weitergeführt. Trotzki stellte jetzt die neuen, meist jungen Parteimitglieder, den alten, angeblich 'entarteten' gegenüber, und Stalin nahm nun die Rolle Lenins ein, den es ordentlich niederzumachen galt. Stalin sei ein 'Gegner Lenins' gewesen. Der alte Anti-Leninismus wich dem neuen Anti-Stalinismus, womit später der Schulterschluss zu

298· W. B. Bland, ‚Lenins Testament, 1922/23', http://ml-review.ca/CommunistLe, deutsche Version 2015, S. 9, zitiert nach W. I. Lenin, ‚Die Zerrüttung der Einheit unter dem Deckmantel der Einheit', in: W. I. Lenin, Gesammelte Werke, Bd. 20, Moskau 1964, S. 329, 331ff, 345, 346f.

allen sowjetfeindlichen Elementen im In- und im Ausland hergestellt war. Die revolutionäre Phraseologie aber wurde fleißig weiter gepflegt, um den eigenen Opportunismus zu tarnen.

Der neue Trotzkismus sei sehr gefährlich, so Stalin, und er begründete dies so:

"Weil der Trotzkismus seinem ganzen Gehalt nach alle Chancen hat, zum Mittelpunkt und Sammelbecken nichtproletarischer Elemente zu werden, die die Schwächung, die Zersetzung der Diktatur des Proletariats anstreben. ... Das jetzige Vorgehen der Trotzkisten hat den Zweck, den Bolschewismus zu diffamieren und seine Grundlagen zu untergraben. Die Aufgabe der Partei besteht darin, den Trotzkismus als ideologische Strömung zu begraben."[299]

In den dreißiger Jahren wandelte sich der Trotzkismus erneut und ging zum Terror gegen die Sowjetmacht über. Aus einer ideologischen Strömung in der Arbeiterbewegung, so Stalin, wurde ein Sammelbecken für den antisowjetischen Terrorismus, der nicht davor zurückscheute, hochrangige Parteimitglieder zu ermorden, der bereit war, mit Hitlerdeutschland und dem kaiserlichen Japan zusammenzuarbeiten.

Stalin sprach sich damals dagegen aus, die trotzkistische Opposition sofort aus der Partei auszuschließen:

"Was die Repressalien anbelangt, so bin ich entschieden dagegen. Nicht Repressalien, sondern einen entfalteten ideologischen Kampf gegen den wiederauflebenden Trotzkismus brauchen wir jetzt."[300]

Administrative Maßnahmen hätten dazu geführt, dem Trotzkismus ein neues Ansehen zu verleihen, er hätte sich als 'Opfer des Stalinismus', als Opfer des 'Stalinschen Bürokratismus' oder als 'Opfer von Stalins Diktatur' aufführen können. Man hätte sagen können: Wir suchen die Diskussion und den Meinungsstreit, sie aber ent-

299· Stalin-Werke, Bd. 6, ebd., S. 319.

300· Ebd..

larven sich als Unterdrücker der Meinungsfreiheit und zeigen damit ihr wahres diktatorisches, bürokratisches Gesicht, wir aber sind wahre Demokraten!

Wie richtig diese Orientierung Stalins war, zeigte sich schon bald: Drei Jahre später, 1927, kam es in der Partei zu einer Mitgliederbefragung. Das Ergebnis: Nicht einmal ein Prozent der befragten Parteimitglieder sprachen sich noch für den Trotzkismus aus. Er hatte in der KPR, B so gut wie keine Anhänger mehr und war gezwungen, seine politische Arbeit in den Untergrund oder ins Ausland zu verlegen, wo er wohlwollende Unterstützung bei den dort herrschenden Cliquen fand. Aus einer kleinbürgerlichen Strömung wurde nun ein organisierter Kampf gegen die Sowjetmacht an der Seite der schlimmsten Imperialisten, darunter Nazideutschland.

14. Die Anfänge der sozialistischen Industrialisierung

a. Die Ausgangssituation

Lenin:

"Die einzige materielle Grundlage für den Sozialismus kann nur die maschinelle Großindustrie sein, die imstande ist, auch die Landwirtschaft zu reorganisieren." [301]

Mit der sozialistischen Industrialisierung betrat man damals völliges Neuland. Es gab keine Blaupause dafür. Das Wenige, das Marx and Engels dafür hinterlassen hatten oder hinterlassen konnten, war keine Hilfe, noch das, was die erste Arbeitermacht, die Pariser Kommune von 1871, an Erfahrungen dafür sammeln konnte. Sie kam ja gar nicht dazu, den Sozialismus aufzubauen. Lenin hatte jedoch in seinen letzten Monaten einige interessante Artikel dazu diktiert, wenn man an 'Über das Genossenschaftswesen' denkt oder an 'Unsere Revolution', an 'Lieber weniger, aber besser' und andere, worin er zum Ausdruck brachte, dass nach der Oktoberrevolution und mit der Etablierung der Arbeiter- und Bauernmacht im Staat wichtige Voraussetzungen bestünden, um zum Aufbau des Sozialismus voranzuschreiten:

"Wenn alle wichtigen Produktionsmittel sich in den Händen des sozialistischen Staates befinden, und wenn die Bauernschaft vom Proletariat angeführt wird, enthält das Genossenschaftswesen allein schon alle Voraussetzungen für den Aufbau einer vollständigen sozialistischen Gesellschaft." [302]

301· ‚Politische Ökonomie' · ein Lehrbuch, Berlin 1955, S. 386.

302· J. Jaroslawski, ebd., S. 139, Lenin zitierend.

Die Weichen für den sozialistischen Aufbau und für die sozialistische Industrialisierung, waren also durch die Oktoberrevolution gestellt worden, ohne sie wäre sie nicht möglich gewesen. Ohne die politische Entmachtung des russischen Feudalismus und seines Trägers, der Aristokratie, und des Kapitalismus und seines Trägers, der Bourgeoisie, hätte man sie sich noch so sehr herbeisehen können: Sie wäre ein schöner Traum geblieben. Die neuen Machtverhältnisse schufen die Voraussetzungen dafür. Mit ihnen war die Verstaatlichung der großen privaten Industriebetriebe möglich geworden, war die Arbeiterkontrolle in ihnen möglich geworden, der Achtstundentag, die Verstaatlichung der Banken, des Transportwesens, der Bergwerke. Durch sie war es möglich, die Auslandsschulden zu annullieren - auch dies eine ganz wichtige Voraussetzung für den sozialistischen Aufbau. Unglaublich große Geldmittel hätten allein für deren Abzahlung aufgebracht werden müssen, und sie wären nicht für den sozialistischen Aufbau verfügbar gewesen.

Die junge Sowjetunion Mitte der zwanziger Jahre glich also einer Art sozialistischem Labor, in dem vieles ausprobiert werden musste, in dem das eine übernommen und das andere wieder verworfen werden musste. Umso höher muss man das schließlich Erreichte bewerten und umso nachsichtiger muss man gegenüber den Fehler sein, die dabei gemacht wurden, die dabei zwangsläufig gemacht werden mussten.

Ein wichtiger erster Schritt zur sozialistischen Industrialisierung war GOELRO, der erste Staatsplan Russlands mit einer Laufzeit von zehn Jahren, der Plan zu seiner umfassenden Elektrifizierung, durch den Bau von 30 Kraftwerken im ganzen Land, um die künftigen sozialistischen Betriebe mit Strom zu versorgen. Diese ersten 30 Kraftwerke besaßen eine Leistungsfähigkeit von 1.500.000 Kilowatt und hatten einen Bauwert von 800 Millionen Goldrubel. Sie waren das solide Fundament für ein riesiges neues, sozialistischen Gebäude, das nun systematisch und nach einem Bauplan errichtet wurde.

Wann wurde der Beschluss dafür gefasst? Er wurde auf dem 14.

Parteitag der bolschewistischen Partei gefasst, der zwischen dem 18. und 31. Dezember 1925 in Moskau stattfand. Stalin hielt das Hauptreferat. Er erklärte darin, dass es jetzt darauf ankomme,

> *"... unser Land aus einem Agrarland in ein Industrieland zu verwandeln, das imstande ist, aus eigener Kraft die notwendige Produktionsausrüstung zu erzeugen. Darin besteht das Wesen, die Grundlage unserer Generallinie."* [303]

Aus eigener Kraft, ohne Hilfe des Auslands, von dem ohnehin keine Hilfe zu erwarten war. Es kam also darauf an, alle eigenen Kräfte zu mobilisieren, um die gesamte Volkswirtschaft zu industrialisieren, auch und gerade auf lokaler Ebene, um drei Aufgaben zu erfüllen: um zu gewährleisten, das unter der NÖP die sozialistischen Elemente das Übergewicht über die kapitalistischen erhielten, um zu gewährleisten, dass das technische Niveau und die Arbeitsproduktivität entscheidend angehoben wurden, mit dem Ziel der

> *"Sicherung der notwendigen Unabhängigkeit der Volkswirtschaft der Sowjetunion unter den Verhältnissen der kapitalistischen Umkreisung."* [304]

Aber woher die Mittel nehmen? Die UdSSR besaß anders als England im 18. und 19. Jahrhundert, als dieses Land mit seiner Industrialisierung, mit dem Aufbau seiner Textilindustrie begann, keine Kolonien, es erhielt keine Auslandskredite trotz einer Reihe diplomatischer Erfolge. Es blieb also nur die so genannte 'innere Akkumulation', also das Sparsamkeitsprinzip. Das eigene, vom Mund Abgesparte musste in den Aufbau der Schwerindustrie, in das Fundament für die gesamte sozialistische Volkswirtschaft, gesteckt werden. Lenin:

> *"Wir müssen zusehen, dass ... jede Kopeke, die wir sparen, in die Entwicklung einer umfangreichen Maschinenindustrie gesteckt wird, in die Entwicklung der Elektrifizierung, in die Torfindustrie,*

303· Stalin-Werke, Bd. 7, Berlin 1952, S. 308, ‚Der 14. Parteitag der KPdSU, B'.

304· Ebd., S. 294.

in die Fertigstellung des Wolchow-E-Werkes usw. Darin, nur darin, besteht unsere Hoffnung. Nur wenn wir das erreicht haben, werden wir, bildlich gesprochen, in der Lage sein, das Pferd zu wechseln, also von dem abgemagerten Gaul des kleinen Muschiks, das Pferd einer Ökonomie, die für ein ruiniertes Bauernland steht, auf das andere Pferd zu wechseln, hinter dem das Proletariat her ist und hinter dem es her sein muss: das Pferd einer umfangreichen Maschinenindustrie, das der Elektrifizierung, das von Wolkowstroi usw."[305]

Wie verhielt sich die Opposition dazu? Sie lehnte den GOELRO-Plan ab, vertrat die Auffassung, dass man einen militarisierten Arbeitsdienst schaffen sollte, um das Land zu industrialisieren. Als sie mit diesen Plänen für eine Rosskur gescheitert war, schwenkte sie um und vertrat die Ansicht, dass die Sowjetunion ein Agrarland bleiben, dass sie sich in erster Linie auf die Erzeugung von Rohstoffen und Lebensmitteln konzentrieren sollte. Hier gelte es, die reichen Großbauern, die Kulaken, zu unterstützen, die bestimmte Geldmittel besaßen. Maschinen könnte man aus dem kapitalistischen Ausland einführen. Wozu also überhaupt eine großangelegte Industrialisierung beginnen? Warum auch die staatliche Industrie entwickeln, zumal diese Industrie angeblich gar nicht sozialistisch, sondern 'staatskapitalistisch' sei.

Der Parteitag lehnte den 'Gegenplan' der Opposition ab.

b. Wie man ans Werk ging

Noch während des Bürgerkrieges begann man mit dem Bau des großen Wolchow-Kraftwerkes. Schon im Dezember 1926 war es fertig. Einige Monate zuvor konnte das Sterowsker Kraftwerk im Donbass in Betrieb genommen werden. Auch das Schatursker E-Werk war inzwischen fertig. Im Juli 1926 ging man an den Bau des ersten Traktorenwerkes der UdSSR in Stalingrad.

305· J. Jaroslawski, ebd., S. 139, aus Lenin, Gesammelte Werke, Bd. 9, S. 400f, englische Ausgabe.

Die ersten Ansätze einer gesamtwirtschaftlichen Planung gab es schon zwei Jahre bevor der erste Fünfjahrplan 1928 in Kraft trat. Um die Jahreswende von 1925/26 wurden die ersten so genannten Kontrollziffern eingeführt. Was sind Kontrollziffern? Es sind Planvorgaben an die Betriebe, mit dem Auftrag, ein bestimmtes Produktionsvolumen in einem bestimmten Zeitraum zu erreichen. Dieses Planvolumen wurde vom Obersten Volkswirtschaftsrat der UdSSR vorgegeben, der am 5. Dezember 1917, nur einen Monat nach der Oktoberrevolution gebildet wurde. Er hatte Zweigstellen im ganzen Land, die seine Anweisungen umsetzten und deren Ausführung kontrollierten. Diese Anweisungen besaßen für die jeweiligen Betriebsleiter Gesetzeskraft.

Diese Kontrollziffern, die zusammengenommen eine Art Jahresplan ergaben, erwiesen sich jedoch mit der Zeit als völlig unzureichend, denn die Wirtschaft wuchs ständig. Auf dem Vierten Sowjetkongress im April 1927 beschloss man, die Regierung damit zu beauftragen, zu einer längerfristigen Planung überzugehen. Es sollte ein Fünfjahrplan sein. Dieser erste Fünfjahrplan von 1928 bis 1932 sollte dann in die Geschichte Russlands als einzigartige Großtat eingehen.

Auch die Landwirtschaft, die sich noch überwiegend in privater Hand befand, sollte nicht zurückbleiben. Die Vielzahl von kleinbäuerlichen Betriebe wirtschafteten mit völlig veralteten, ja mittelalterlichen Methoden, die ganz und gar unproduktiv waren. Es gab so gut wie keine modernen Maschinen auf diesen Höfen, weder Traktoren noch Mähmaschinen, von Mähdreschern ganz zu schweigen.

Dieser Zustand der Rückständigkeit und der geringen Produktivität konnte nur durch die Gründung von Genossenschaften beendet werden. Der Vierte Sowjetkongress beschloss deshalb, die schon bestehenden Kollektivwirtschaften, die es als Staatsgüter, als Sowchosen, schon gab, mit allen Mitteln zu fördern, um aus ihnen Musterbetriebe zu machen. Diese Musterbetriebe sollten das Vorbild abgeben für die vielen Kleinbauern, um sie zu veranlassen, sich in Produktionsgenossenschaften zusammenzuschließen - aber auf strikt freiwilliger Grundlage.

Auch die Rote Armee sollte modernisiert werden. Kliment E. Woroschilow, der damalige Volkskommissar für das Militärwesen, betonte in seiner Rede vor den Delegierten die Notwendigkeit, Armee und Flotte gründlich zu modernisieren, um die Landesverteidigung zu gewährleisten, was aber nur auf der Basis einer erfolgreichen sozialistischen Industrialisierung machbar sei.

c. Schnell regt sich Widerstand

Immer dann, wenn ein souveränes Land daran geht, seine eigene Industrie und Landwirtschaft aus eigener Kraft und mit den eigenen Mitteln zu entwickeln, unter Nutzung der eigenen Bodenschätze und anderer Ressourcen, weckt es den Unmut der Imperialisten auf der ganzen Welt, die dann versuchen, diesen Prozess mit allen Mitteln zu behindern, weil es bedeutet, dass sich ein solches Land aus ihrem Machtbereich verabschiedet. Dies ist ein absolutes Gesetz des Imperialismus, das für alle Zeiten Gültigkeit besitzt.

England war damals das führende imperialistische Land, das 'Imperium' sozusagen, und die britischen Konservativen, allen voran ein Mann wie Winston Churchill, zählten zu den größten Kolonialisten und Kriegstreibern, waren sie es ja auch gewesen, die 1918 die Intervention von 14 Staaten gegen die junge Sowjetrepublik organisierten. Sie wollten Russland unbedingt als Halbkolonie und Einflusssphäre erhalten - ohne eigene entwickelte Industrie, ohne moderne Landwirtschaft, ohne moderne Technik, abhängig vom imperialistischen Ausland und seinen 'Märkten' und ohne einen souveränen Status - ein Land in der Art wie Indien damals, das völlig von England abhängig blieb, das völlig rückständig blieb und sich nicht entwickeln konnte.

Die Spitzenmannschaft der britischen Imperialisten, angeführt von konservativen Politikern wie Baldwin, Chamberlain oder Churchill, war die unter der Labourregierung erfolgte Anerkennung der Sowjetunion ein Dorn im Auge. Misstrauisch beobachteten sie auch die Unterstützung der sowjetischen Gewerkschaften für den britischen Bergarbeiterstreik von 1926. Diese Clique wollte den Abbruch der diplomatischen Beziehungen zur Sowjetunion und plante eine neue militärische Intervention.

Im Mai 1927 hatte sie ihr Ziel erreicht: Die britische Regierung brach die gerade erst aufgenommen diplomatischen und Handelsbeziehungen zur UdSSR wieder ab. Dann organisierte man in Warschau eine Provokation, um den imperialistischen Mächten einen Vorwand für einen neuen Krieg zu verschaffen: Dort wurde der sowjetische Botschafter Wojkow ermordet. Aber die Sowjetunion ließ sich nicht provozieren, begann keinen Krieg gegen Polen, das von England und Frankreich gesteuert wurde. Sie brauchte unbedingt den Frieden für das große Aufbauwerk, für die geplante sozialistische Industrialisierung und Modernisierung des Landes.

Es bleibt aber nicht bei solchen Provokationen: Auch andere Methoden werden jetzt angewendet, um den sozialistischen Aufbau in der Sowjetunion, die inzwischen zu einer großen Baustelle geworden war, zu hintertreiben und zu sabotieren: 1927 wird die so genannte Schachty-Affäre aufgedeckt. Der dann folgende Schachty-Prozess gegen eine Reihe von sowjetischen Spezialisten, darunter Professor Ramsin, der sogar Mitglied des Obersten Volkswirtschaftsrates der UdSSR war, bringt ans Tageslicht, wie man vorhatte, durch die Lahmlegung von Maschinen, durch das Absaufenlassen von Gruben oder durch das Explodierenlassen von Schächten das große Aufbauwerk im Donbass zu behindern. Ramsin war Kopf einer geheimen Organisation, auch 'Industriepartei' genannt, die von Frankreich aus angeleitet wurde und zweitausend Mitglieder besaß. Diese Organisation der alten zaristischen technischen Intelligenz wurde von den ehemaligen Besitzern der Gruben im Donbass, die nach der Revolution nach Frankreich geflohen waren, und dort die 'Torgprom' gründet hatten, angeleitet und finanziert. Zu den Finanziers gehörte auch

G. N. Nobel.[306] Diese Organisation hat dann in der Sowjetunion ein weit verzweigtes Sabotagenetz aufgebaut, um den Wiederaufbau der Industrie unter sozialistischem Vorzeichen zu sabotieren.

Bei dem Schachtyprozess kam auch heraus, dass man in Frankreich eine neue Aggression gegen die Sowjetunion geplant hatte: Der französische Generalstab hatte eine Sonderkommission unter Vorsitz von Oberst Joinville ins Leben gerufen, die einen neuen Angriff auf die UdSSR plante. Der Angriff sollte 1929 stattfinden. Derselbe Joinville hatte noch 1918 zur Zeit des 'Bürgerkrieges' die alte französische Interventionsarmee in Sibirien unter seinem Befehl gehabt.[307]

Ramsin wurde zunächst von einem Volksgericht zusammem mit seinen Komplicen wegen seiner Sabotagetätigkeit zum Tode verurteilt. Man begnadigte ihn jedoch, ließ ihn in der Haft seine wissenschaftlichen Studien weiter betreiben, und er wurde dann später ein loyaler Anhänger der Sowjetmacht, der dann im Zweiten Weltkrieg sogar für eine Erfindung den Stalin-Preis erhielt.

Die Lehre aus dem Schachty-Prozess:

Es hatte sich gezeigt, dass die alte, eng mit dem Zarismus verbundene technische Intelliganz unzuverlässig war, dass man eine eigene Sowjetintelligenz schaffen musste, die aus der Arbeiterklasse kam. Überall entstehen nun technische Schule, sog. Industrieschulen, um diese neue Intelligenz auszubilden, die sich in Zukunft als viel zuverlässiger erweisen sollte.

306· vgl. auch M. Sayers, A. Kahn, ‚Die große Verschwörung', Berlin 1949, S. 159.

307· vgl. ebd., S.161.

15. Der erste Fünfjahrplan

a. Stalin und die Notwendigkeit der Planung

Hätte die Sowjetunion nicht auch ohne Plan und ohne eine Planwirtschaft ihre Wirtschaft genauso erfolgreich, wenn nicht noch erfolgreicher aufbauen können? Gab es nicht damals auch sozialistische Länder, die ohne Planung ausgekommen sind, darunter Jugoslawien? Warum war der erste Fünfjahresplan damals überhaupt notwendig? War die sowjetische Opposition nicht im Recht, die keinen Plan wollte, die schon den Elektrifizierungsplan Goelro ablehnte, darunter Leute wie Trotzki, Rykow oder Pjatakow?

Anfang der 50iger Jahre arbeitete man in der Sowjetunion an einem neuen Lehrbuch zur Politischen Ökonomie. Stalin überwachte die Erstellung des Lehrbuches und lud in regelmäßigen Abständen die namhaftesten Ökonomen des Landes zu sich in den Kreml ein, um den Entwurf des Werkes zu besprechen.

Auf einer dieser Sitzungen, die alle protokolliert und dokumentiert wurden, sah er sich gezwungen, seinen Chef-Ökonomen, die später unter Chruschtschow und Breschnew offen zum Revisionismus übergingen, zu erklären, warum eine Planwirtschaft im Sozialismus notwendig ist. Stalin:

> *"Worin besteht die wichtigste Aufgabe der Planung? Die wichtigste Aufgabe der Planung besteht in der Gewährleistung der Unabhängigkeit der sozialistischen Ökonomie von der kapitalistischen Umkreisung. Das ist die absolut wichtigste Aufgabe. Es ist eine Art Kampf mit dem Weltkapitalismus."*[308]

308- Ethan Pollock, ‚Conversations with Stalin on Questions of Political Economy', Working Paper 33, at: http://cwihp.si.edu, dt. Übersetzung 2014, S. 8, Gespräche mit Stalin über Fragen der Politischen Ökonomie.

Stalin noch etwas genauer:

Die vordringlichste Aufgabe der Planung bestehe darin,

> "... *einen Zustand zu erreichen, wo Metall und Maschinen ganz in unseren Händen sind und wir nicht mehr von der kapitalistischen Ökonomie abhängig sind. DARAUF kommt es an!*"[309]

Er verwies in diesem Zusammenhang auch auf den großen Elektrifizierungsplan GOELRO.

Es komme als bei der Planung ganz entscheidend darauf an, sich nicht von der kapitalistischen Weltwirtschaft abhängig zu machen. Ist man aber einmal von ihr abhängig, dann büßt man schnell auch seine politische und staatliche Unabhängigkeit ein - das Unterpfand für den Aufbau des Sozialismus in einem Land.

Die zweitwichtigste Aufgabe, so Stalin, bestehe in der

> "... *Festigung des sozialistischen Systems sowie darin, alle Kräfte, die den Kapitalismus wieder auferstehen lassen wollen, auszuschließen. Rykow und Trotzki in ihrer Zeit schlugen die Schließung unrentabler Betriebe vor (die Putilow-Werke und andere). Das hätte zur 'Schließung' des Sozialismus geführt. Das Kapital wäre zu den Mehlfabriken geflossen und in die Produktion von Spielsachen, weil das Gewinn bringt. Wir konnten diesen Weg nicht gehen.*"[310]

Das heißt also, dass man den Sozialismus nicht nach dem Rentabilitätsprinzip aufbauen kann. Das Gewinnprinzip darf nicht das Kriterium für den sozialistischen Aufbau sein. Wenn man ihm folgen würde, müsste man, wie dies England im 19. Jahrhundert tat, die Textilindustrie, also die Leichtindustrie, zuerst aufbauen und erst danach die zuerst unrentabel arbeitende und viel Kapital verschlingende Schwerindustrie. Man hätte kein Fundament für die Entwicklung der Gesamtwirtschaft, denn die Schwerindustrie bildet dieses Fundament.

309· Ebd., Hervorhebung von mir.

310· Ebd., S. 9.

Die dritte Aufgabe der Planung im Sozialismus bestehe darin, keine Ungleichgewichte zuzulassen. Damit es zu keinen solchen Ungleichgewichten kommen kann, damit es zu einer proportionalen, also gleichgewichtigen, aufeinander abgestimmten Entwicklung aller Zweige der Volkswirtschaft kommen kann, seien auch große Reserven vonnöten - Reserven in Gestalt von Fonds, also von Kapital, aber auch von Arbeitskraft.

Die sozialistische Planung muss also so organisiert werden, dass das zur Verfügung stehende Kapital nicht dem Gewinnprinzip entsprechend verteilt wird, weil man sonst nur solche Wirtschaftszweige aufbauen kann, die rentabel arbeiten, andere aber nicht. Das von Staat kontrollierte Kapital muss in die Bereiche fließen, die für den Aufbau der gesamten Wirtschaft langfristig am wichtigsten sind - und das sei eindeutig die Schwerindustrie.

Dies waren die wichtigsten Prinzipien, auf deren Grundlage der Erste Fünfjahrplan, auch liebevoll 'Pjatiletka' genannt, in der jungen Sowjetunion entstand. Weil man diesen Grundsätzen folgte, war man schließlich so überaus erfolgreich mit diesem Plan, war es möglich, einen gewaltigen, vorher nie gekannten wirtschaftlichen Aufschwung bei der Industrieproduktion, aber auch in anderen Bereichen zu erzielen. Nie wieder hat man es geschafft, in so kurzer Zeit einen so gewaltigen wirtschaftlichen Fortschritt zu erzielen, nie wieder hat man es geschafft, das Gesicht eines Landes so grundlegend in so kurzer Zeit zu verändern, mit dem Ergebnis, dass aus einem rückständigen Agrarland schon bald ansatzweise ein modernes Industrieland wurde, das dann auch eine moderne Armee erhielt.

Andere 'sozialistische' Länder, die diesen Prinzipien nicht folgten, erlitten schon bald nach ihrer Gründung Schiffbruch. In Tito-Jugoslawien zum Beispiel, wo man das Gewinnprinzip schalten und walten ließ und keine verbindlichen Planziffern für die gesamte Wirtschaft zuließ, um das ausländische, westliche Kapital nicht abzuschrecken, schlichen sich schon bald wieder die alten kapitalistischen Krankheiten ein: Arbeitslosigkeit, Arbeitsemigration,

Inflation, Betriebsschließungen, wirtschaftliche Disproportionen innerhalb der jugoslawischen Föderation, Nationalitätenkonflikte, Versorgungskrisen usw. Auch in der anfangs noch anseitsweise sozialistischen DDR begann man Mitte der sechziger Jahre im Zuge der großen Wirtschaftsreform - Neues Ökonomisches System der Planung und Leitung genannt - mit der Wiedereinsetzung des Gewinnprinzips. Auch dort schlichen sich schon bald wieder die alten Krankheiten des Kapitalismus ein, und auch dort war schon bald eine gesamtgesellschaftliche Planung nicht mehr möglich.

Stalin in einem seiner Gespräche mit den Sowjet-Ökonomen:

> *"Die Planwirtschaft ist nicht unser Wunsch, sie ist unumgänglich oder sie wird zusammenbrechen. ... Sie ist unumgänglich wie der Brotverbrauch."*[311]

b. Voraussetzungen

Man könnte der Meinung sein, dass die Planwirtschaft sofort nach der Oktoberrevolution hätte eingeführt werden müssen. Warum hat man überhaupt zehn Jahre lang gewartet und den ersten Fünfjahrplan erst 1928 und nicht schon 1918 eingeführt?

Die Antwort lautet:

Für die Einführung der umfassenden Planung einer sozialistischen Volkswirtschaft müssen bestimmte Voraussetzungen gegeben sein, ohne sie muss sie scheitern. Welches sind diese Voraussetzungen?

1. Das sozialistische Eigentum. Man kann erst damit beginnen, wenn die wichtigsten Produktionsmittel in der Hand des proletarischen Staates sind. Alle Betriebe müssen durch dieses Eigentum vereint sein. Es gibt keine Konkurrenz mehr unter ihnen. Diese Voraussetzung schuf man gleich nach der Oktoberrevolution, als man daranging, alle Industriebetriebe per Dekret zu nationalisieren.

311· Ebd., S. 7.

2. Schuldenfreiheit. Ein an das kapitalistische Ausland verschuldetes Land kann keinen Sozialismus aufbauen. Er lässt sich nicht mit den Krediten des Internationalen Währungsfonds oder mit denen der Deutschen Bank oder der Weltbank keine sozialistische Volkwirtschaft aufbauen. Immer sind mit solchen Krediten politische Auflagen verbunden, die dies gar nicht zulassen, darunter Auflagen zur Privatisierung, politische Zugeständnisse zur Einschränkung der nationalen Souveränität usw. Auch diese Voraussetzung schuf man gleich nach der Oktoberrevolution, als man die Schulden des Zaren ans kapitalistische Ausland annullierte.
3. Eine geeinte führende Partei in Staat und Gesellschaft. Gibt es in der kommunistischen Partei Fraktionen und ständige Auseinandersetzungen, ständige Konflikte, was den einzuschlagenden Kurs angeht, so kommt man nicht dazu, ein solches Projekt anzugehen. Es kann dann passieren, dass erste, richtige Schritte in Richtung Planung, nach einem Machtwechsel an der Spitze der Partei wieder rückgängig gemacht werden. Der endgültige Sieg über die trotzkistische Opposition im Jahre 1927 war die Voraussetzung für die Einführung des Ersten Fünfjahrplans, der von der Opposition abgelehnt wurde.
4. Zwischen Stadt und Land musste zunächst einmal ein reger Warenaustausch stattfinden. Es durfte keinen Mangel an Waren geben. Auf der Basis des Mangels und einer daniederliegenden Landwirtschaft kann keine Planwirtschaft auf die Dauer erfolgreich sein. Man kann dann nur den Mangel planvoll verteilen. Die Bauern mussten in der Lage sein, Industriewaren zu kaufen, die Arbeiter der Betriebe mussten günstig mit Lebensmitteln und Textilien versorgt werden, die sozialistischen Betrieben mussten Rohstoffe erhalten, es durfte keine Getreideboykotts und kein Spekulationsunwesen mehr geben. Noch Anfang 1928 sah sich Stalin gezwungen, nach Sibirien zu reisen, um dort das von Spekulanten und Kulaken für Spekulationszwecke zurückgehaltene Getreide für die Rote Armee einzufordern. Stadt und Land

müssen also eng miteinander verbunden sein, es muss ein festes Bündnis zwischen Arbeitern und Bauern existieren. Ohne dieses Bündnis steht die Planwirtschaft auf tönernden Füßen.

Dieses enge Bündnis zwischen der Arbeiterklasse und der armen Bauernschaft erforderte auch die Kollektivierung der Landwirtschaft und die Brechung der Macht der Großbauern, der Kulaken, die sich gleichzeitig als Wucherer und Spekulanten betätigten, Getreide zurückhielten, um damit zu spekulieren und das ganze russische Dorf in ihren Klauen hielten. Diese Macht musste gebrochen werden, um die enge Verzahnung zwischen Stadt und Land auf ein festes Fundament zu stellen.

Das heißt also, dass die Planwirtschaft auf zwei Beinen stehen muss: auf dem der sozialistischen Industrialisierung und auf dem der sozialistischen Kollektivierung der Landwirtschaft. Die Praxis hat bewiesen, dass es anders nicht geht: Nach dem Zweiten Weltkrieg unterließ man es in Polen, aber auch in Tito-Jugoslawien, die Landwirtschaft zu kollektivieren. Es kam immer wieder zu Versorgungskrisen, die landwirtschaftliche Produktion entzog sich der Planung, die gesamtwirtschaftliche Planung musste Stückwerk bleiben, sie stand nur auf einem Bein.

5. Es muss ein bestimmtes kulturelles Niveau erreicht sein. Ohne eine gut ausgebildete Arbeiterschaft ist Planung ebenfalls unmöglich. Man braucht Betriebsleiter, die lesen, schreiben und Bücher führen können, die etwas von Leitung und Arbeitsorganisation verstehen, man braucht Ingenieure, technisches Personal auf allen Ebenen, das gut ausgebildet ist, das Maschinen bedienen, reparieren und warten kann. Dieses Personal musste die Sowjetunion selbst ausbilden, man konnte sich nicht auf alte Kader aus der Zarenzeit verlassen, was die Schachty-Affäre bewiesen hatte. Es musste also ein ganzes System von Hoch- und Fachschulen geschaffen werden, und der Analphabetismus musste besiegt werden. Ist eine dieser Voraussetzungen nicht gegeben, kann man nicht mit der Planwirtschaft beginnen.

Diese Grundsätze für den planvollen sozialistischen Aufbau galten nicht nur für das sozialistische Russland. Sie gelten für alle Länder, die nach einer erfolgreichen sozialistischen Revolution darangehen, den Sozialismus aufzubauen. Die gesellschaftliche Praxis hat gezeigt, dass nur so ein erfolgreicher Aufbau des Sozialismus langfristig möglich ist. Verzichtet man auf die Planung der Wirtschaft oder wird sie nicht konsequent in allen Bereichen der Volkswirtschaft durchgeführt, dann machen sich früher oder später die Gesetze bemerkbar, die den Kapitalismus regieren: das Wert- und Profitprinzip, das Prinzip von Angebot und Nachfrage, also die so genannten Marktkräfte brechen sich wieder Bahn. Die sozialistischen Ansätze gehen wieder verloren, der Kapitalismus wird restauriert, es kommen die ersten zyklischen Krisen, die typisch sind für den Kapitalismus, und früher oder später erhebt die Konterrevolution wieder ihr Haupt und geht daran, vom Ausland unterstützt, das sozialistische System auszuhebeln.

c. Erste Schritte

Schon sechs Wochen nach der Oktober-Revolution, am 5. Dezember 1917, schuf man den Obersten Volkswirtschaftsrat. Er hatte von vorneherein die Aufgabe, die gesamte Wirtschaft zu regulieren und auch schon ansatzweise zu planen, und wurde dafür mit besonderen Vollmachten ausgestattet. Er besaß zum Beispiel das Recht, Betriebe zu beschlagnahmen, die noch in privater Hand waren oder von ihren ehemaligen Eigentümern verlassen worden waren; er besaß das Recht der Zwangsverwaltung, das der zwangsweisen Zusammenführung von kleineren Betrieben zu größeren. Alle bisher bestehenden Einrichtungen zur Regulierung der Wirtschaft wurden ihm unterstellt.

Am 1. Juli 1918 erhielt er per Dekret der neuen Sowjetregierung alle privaten Betriebe im Wert von mehr als 200.000 Rubel zugewiesen. Sie wurden Eigentum der Russischen Sozialistischen Föderativen Sowjetrepubliken, der RSFSR.

Natürlich kann eine einzelne staatliche Behörde mit Sitz in Moskau nicht ein Riesenland wie die Sowjetunion alleine von oben planen. Um diese Aufgabe zu bewältigen, schuf man auf lokaler Ebene örtliche Organe, Sowjets für die Volkswirtschaft, und zwar flächendeckend - von der polnischen Grenze bis hin zum Pazifischen Ozean.

Mit der Planung im engeren Sinne begann man Anfang der zwanziger Jahre, mitten im Bürgerkrieg. Aber es war damals in erster Linie eine Planung zur Überwindung der Feinde, der Interventen und Weißgardisten, eine Planung zur Unterstützung der Kriegführung. Fast jede Fabrik war angehalten, der Roten Armee und ihren Bedürfnissen zuzuarbeiten, sie mit allem Notwendigen zu versorgen, mit Waffen, Munition, Textilien usw. Hier sammelte man die ersten wichtigen Erfahrungen in Sachen Planung.

Im Mai 1918 fand der Erste Gesamtrussische Kongress der Volkswirtschaftsräte in Moskau statt. Eine Resolution umschrieb den Aufgabenbereich der lokalen Sowjets der Volkswirtschaft, darunter die Entwicklung der Produktivkräfte durch die Festlegung verbindlicher Produktionsziele, die Mobilisierung sämtlicher Fachkräfte, die Einführung einer strikten Arbeitsdisziplin, die Versorgung der Dörfer mit Vieh, Maschinen und Fertigwaren.

Diese Planungsansätze nahm man auch ins Parteiprogramm auf, das Lenin noch entworfen hatte und im März 1919 beschlossen wurde. Der nächste Schritt: Die Bildung der Staatlichen Plankommission durch die Sowjetregierung, auch Gosplan genannt, das staatliche Organ, das mit der Feinplanung betraut wurde.

Einer von Lenins Ideengebern war der deutsche Professor Karl Ballod, dessen Buch 'Der Zukunftsstaat - Produktion und Konsum im sozialistischen Staat' Lenin gelesen hatte. Ein weiterer unentbehrlicher Assistent Lenins war Genosse Krschischanowski, der den Auftrag erhielt, den Elektrifizierungsplan zu entwerfen. Er war es dann auch, der den ersten Fünfjahrplan entwarf. 1929 zeigte er stolz den Brief vor, den er von Lenin erhalten hatte, um den Elektrifizierungsplan zu entwerfen. Lenin in diesem Brief:

"Könnten Sie nicht einen Plan erstellen - keinen technischen, sondern einen politischen Plan, den das Proletariat versteht? Zum Beispiel: Innerhalb der nächsten zehn Jahre (oder auch fünf?) werden wir 20 (oder auch 30 oder 50?) Kraftwerke bauen, die das Land mit einem Netzwerk solcher Anlagen überziehen, jede mit einem Aktionsradius von, sagen wir, 400 Werst (oder 200, wenn wir nicht mehr schaffen). ... Wir brauchen sofort einen solchen Plan, um den Massen eine leuchtende, unbeeinträchtigte Perspektive zu geben, wofür sie arbeiten können. Und in zehn oder zwanzig Jahren werden wir Russland elektrifizieren, ganz Russland, sowohl die Industrie als auch die Landwirtschaft." [312]

d. Wie der Plan gemacht wurde

Wurde der Plan von oben diktiert? Kein Plan für ein Sechstel der Erde kann allein von oben entworfen und dann diktiert werden. Die Pläne in der Sowjetunion Stalins wurden von oben UND von unten gemacht, und sie entstanden nicht am grünen Tisch und nicht an einem Tag oder in einer Woche. Sie wurden von der obersten Planungsbehörde Gosplan, die für die Feinplanung zuständig war, über einen langen Zeitraum hinweg entworfen, oft wieder verworfen, korrigiert, revidiert und mit Vorschlägen von ganz unten präzisiert und aktualisiert.

Jedes Jahr erhielt Gosplan Daten aus jedem Betrieb der UdSSR, sei es eine normale Fabrik, ein Bergwerk, eine Kollektivwirtschaft, eine Coop-Handelsgesellschaft, ein Krankenhaus, eine Universität, ein Ministerium oder auch ein Theater; sie erhielt detaillierte Berichte über das, was dort im letzten Jahr hergestellt oder getan wurde und womit man sich im kommenden Jahr beschäftigen wollte. Dieser Bericht enthielt Angaben über wie viele Arbeitskräfte dort beschäftigt waren, welche Mengen und Arten von Material oder welche Bauelemente benötigt wurden, welche finanziellen Dientleistungen oder welchen Transport-Service man künftig in Anspruch nehmen

312· Webbs 1941, ebd., S. 615.

wolle usw. Sogar die Millionen von Klein- und Kleinstbauern, die noch nicht in Kollektivwirtschaften organisiert waren, ja selbst die nomadischen Stämme, die noch nicht sesshaft waren, wurden nicht vollständig vom Plan ignoriert.

Um diese Unmenge an statistischem Material zu verarbeiten und auszuwerten, wurden im Laufe der Zeit weitere Behörden geschaffen, die eng mit Gosplan zusammenzuarbeiten hatten, darunter eine nationale Behörde zur Bilanzführung, ein Institut für Wirtschaftsforschung, eine All-Unions-Akademie für Planung mit untergeordneten Zweigstellen in Moskau und Leningrad. Mitte der dreißiger Jahre belief sich das Gosplan-Personal auf einige tausend Statistiker und Wissenschaftler der unterschiedlichsten Art.

Das Ergebnis war dann die Aufstellung eines vorläufigen Plans, der aber durch die Vorschläge von unten ständig ergänzt und präzisiert wurde. Und hier gab es immer zwei verschiedene Varianten, die gegeneinander konkurrierten: einen 'ersten' Plan und einen 'optimalen'. Der letzte setzte die Produktionsziele wesentlich höher an als der erste. Oft entschied sich dann die Partei oder der Sowjetkongress für die zweite.

Das Ziel dieser bis ins Detail gehenden ständigen Planung: zu gewährleisten, dass alle Regionen von der Industrialisierung profitieren konnten, dass keine Region auf Kosten einer anderen bevorzugt wurde, um so den Wohlstand im ganzen Land, nicht nur in den großen Städten, zu vergrößern, wobei den ärmeren Regionen, die über Jahrhunderte von den unterschiedlichsten Regierungen sträflich vernachlässigt worden waren, besondere Hilfe zuteil wurde. Keine nationale Minderheit sollte ausgelassen, sondern musste systematisch gefördert und mit besonderen staatlichen Mitteln in ihrer Entwicklung gefördert werden, um sie eines Tages auf das Niveau der anderen Nationalitäten zu bringen. Der Fortschritt und die Industrialisierung sollten überall ankommen, selbst bei den rückständigsten Stämmen, die noch von Jagd und Fischfang lebten.

Keine andere Regierung, kein anderer Staat hat sich je ein solches Projekt auf die eigenen Fahnen geschrieben.

e. Wie der Plan sabotiert wurde

Kein gesellschaftlicher Fortschritt ohne Widerstand. Immer muss er sich gegen den erbitterten Widerstand rückwärtsgewandter Kräfte durchsetzen, immer wird ein heftiger Klassenkampf um ihn geführt.

Zu diesen rückwärtsgewandten Kräften - und das zeigte ihre Einstellung gegenüber dem Ersten sowjetischen Fünfjahrplan - gehörten auch die links verkleideten 'Sozialisten', die 'linken' Kommunisten, die Trotzkisten, die Menschewiki, die so genannten Sozialrevolutionäre, die 'Arbeiteropposition' und andere kleinbürgerliche Gruppierungen. Sie alle lehnten 'Pjatiletka', den ersten Fünfjahrplan ab. Hier war man sich ausnahmsweise einmal einig.

Beginnen wir mit den Trotzkisten:

Trotzki befand sich zur Zeit des Ersten Fünfjahrplans (1928-1932) in der Türkei im Exil auf der schönen Schwarzmeerinsel Prinkipo, wohin er sich nach seiner Ausweisung aus der UdSSR (vorher war er in Kasachstan in der Verbannung gewesen) im Jahre 1929 zusammen mit seinem Hofstaat und seinen zahlreichen Sekretären niedergelassen hatte. Dort besuchte ihn 1931 der deutsche Schriftsteller Emil Ludwig. Ludwig führte ein längeres Gespräch mit ihm wie er es auch mit Stalin getan hatte. Trotzki meinte, dass sich nun ganz Russland in einer 'Krise' befände, dass der Plan ein 'Versager' sei, dass die 'Arbeitslosigkeit im Zunehmen begriffen' sei, dass die sowjetische Wirtschaft und Industrie 'vor ihrem Niedergang steht' usw.[313]

Er blieb sich treu: Der Aufbau des Sozialismus in einem Land ist nicht möglich, wenn nicht vorher oder gleichzeitig im Westen auch Revolutionen stattfinden. Also musste auch der Plan scheitern.

Die Menschewiki:

Im März 1931 wurde einigen menschewistischen Verschwörern vor dem Obersten Sowjetischen Gericht in Moskau der Prozess gemacht. Vierzehn Menschewiki, die zu einer Sabotage-Organisation gehörten, waren verhaftet worden. Der Menschewik Groman, der

313· vgl. Michael Sayers und Albert E. Kahn, ebd., S. 211.

direkt in der Staatlichen Plankommission Gosplan saß, hatte dort versucht,

"... den Plan durch Aufstellung falscher Statistiken und durch Herabsetzung des Produktionsprogramms in den lebenswichtigen Industrien zu gefährden."[314]

Nach der Oktoberrevolution, die sie boykottiert hatten, waren die meisten Menschewiki in den Untergrund gegangen und hatten dort ein 'Unionsbüro der Menschewiki' gegründet. Die Organisation wurde vom Ausland großzügig mit Spenden versehen, darunter auch von der 'Torgprom' in Paris, die falsche 'Industrie- und Handelskammer' der in der Pariser Emigration lebenden ehemaligen russischen Industriekapitäne. Aber auch die 'Zweite Internationale' Karl Kautskys ließ sich nicht lumpen. Der Menschewik Lazar Salkind sagte beim Prozess aus, dass der Kontaktmann des Unionsbüros für die in der Emigration lebenden antisowjetischen Gruppen, Raphail Abramowitsch, im Namen der Torgprom die Losung ausgegeben habe,

"... unbedingt zu aktiven Sabotagemethoden überzugehen, um die sowjetische Wirtschaftsführung zu stören und in den Augen der Arbeiterklasse und der Bauernmassen zu diskreditieren. Als den zweiten Grundpfeiler des Kampfes gegen die Sowjetmacht bezeichnete Abramowitsch die militärische Intervention."[315]

Die Verschwörer kamen glimpflich davon: Am 9. März 1931 wurden die 14 Angeklagten zu Gefängnisstrafen von fünf bis zehn Jahren verurteilt.

Zwei Jahre später beginnt der Prozess gegen die Vickers-Ingenieure:

Sechs britische und zehn russische Ingenieure, die im Moskauer Büro des britischen Elektobaukonzerns Metropolitan-Vickers angestellt waren, wurden von der GPU (der Nachfolgeorganisation der Tscheka) verhaftet und ebenfall vor Gericht gestellt. Auch sie

---

314· Ebd., S. 172.

315· Ebd., S. 173.

gehörten zur Torgprom, standen aber auch mit der britischen Spionage in Verbindung. Alle Beteiligten, bei einer Ausnahme, legten Geständnisse ab. Das Urteil: drei bis zehn Jahre Gefängnis. Einigen britischen Angeklagten wurde gestattet, nach England auszureisen.

Bucharins 'rechte Kommunisten' (die Nachfolge-Organisation seiner ehemals 'linken Kommunisten' in der bolschewistischen Partei):

Auch er, der später ein Bündnis mit Trotzki einging und den 'Block der Rechten und Trotzkisten' gründete, war ein entschiedener Gegner der sozialistischen Planwirtschaft. Dazu die beiden Webbs, Sydney und Beatrix, die sich damals in der Sowjetunion aufhielten und dann ein zweibändiges Werk über das sowjetische Aufbauprojekt schrieben:

> *"Während sie (gemeint die rechten Opportunisten um Bucharin in der KPdSU, B - Autor) in Worten zugaben, dass es eine Planwirtschaft in der UdSSR gab, waren sie gleichzeitig dagegen, weil sie sich weigerten zuzugeben, dass die Industrialisierung der entscheidende Hebel für die Wiederherstellung der Volkswirtschaft ist. ... Statt eines Fünf-Jahrplans schlugen sie einen Zweijahrplan vor, in dem nicht die Industrie, sondern die Landwirtschaft im Vordergrund stehen sollte, nicht die sozialistische Umgestaltung auf dem Lande, sondern die Festigung der privaten Bauernwirtschaften."*[316]

Mit den 'privaten Bauernwirtschaften' waren die Wirtschaften der russischen Großbauern, der Kulaken gemeint, die angeblich 'friedlich in den Sozialismus hineinwachsen' würden, so Bucharin. In diesen Oppositionskreisen setzte man auf die reiche Bauernschaft, auf die privaten bäuerlich-kapitalistischen Wirtschaften, also auf die russische Dorfbourgeoisie, die natürlich gegen jeden Plan waren, der nur ihre Geschäfte, darunter auch ihre Spekulationsgeschäfte, gestört hätte.

Hätte sich die Partei damals für diesen 'Plan' Bucharins entschieden, wäre die Sowjetunion ein Agrarland geblieben und hätte sich

---

316- Webbs 1941, ebd., S. 620, Gosplans Bericht aus dem Jahre 1933 zitierend.

auch nicht aus der Abhängigkeit vom imperialistischen Ausland befreien können, denn dies kann nur ein Staat mit einer entwickelten eigenen Industrie. Auf dem Lande hätte es weiterhin die verheerenden Hungersnöte gegeben, von denen die arme Bauernschaft in erster Linie immer wieder und in regelmäßigen Abständen, nach jeder Dürreperiode betroffen war.

f. Das sowjetische Wirtschaftswunder

Die US-amerikanische Auslandskorrespondentin Anna Louise Strong, die sich zur Zeit des ersten Fünfjahrplans in der UdSSR aufhielt und die Möglichkeit hatte, selbst die entlegensten Regionen zu besuchen, hielt später in einem ihrer Reisetagebücher ihre Eindrücke fest. Sie befand sich damals auch in Taschkent/Usbekistan, das sie auf ihrem Pferd sitzend bereiste. Sie schreibt an einer Stelle:

"Nicht durch Zufall hörte ich in Zentralasien zum ersten Mal etwas vom Fünfjahrplan. Die Taschkenter Zeitung brachte eine riesige Balkenüberschrift:

IN FÜNF JAHREN WERDET IHR ZENTRALASIEN NICHT WIEDERERKENNEN!

Dann sah man eine Landkarte der Region, die sich über eine halbe Seite erstreckte, auf der neue Bauprojekte, neue Eisenbahnlinien, neue Fabriken eingezeichnet waren, und jedes einzelne Projekt trug ein Datum, an dem es in Angriff genommen und eines, an dem es beendet werden sollte. Es war das gemeinsame Projekt der zentralasiatischen Organisationen, das noch mit dem zentralen Plan aus Moskau abgestimmt werden musste."[317]

Ein Jahr später war sie wieder dort, ritt auf ihrem Pferd in den Pamir, in das zu Tadschikistan gehörende Hochland zwischen Russland, Indien und China, dem Dach der Welt. Tadschikistan war damals schon Mitglied der UdSSR und eine Sowjetrepublik.

317· Anna Louise Strong, ‚The Stalin Era' · Die Stalin-Ära · Prism Key Press, USA, 2011, S. 23, im Folgenden zitiert als ‚A. L. Strong'.

Irgendwo auf ihem Kamelpfad traf sie auf einen usbekischen Straßenarbeiter:

"Er konnte nur drei russische Wörter: Straße, Auto und Pjatiletka (Fünfjahrplan). Mit diesen und mit vielen stolzen Handbewegungen erzählte er mir, dass der Kamelpfad in eine Straße für Autos verwandelt werde - bis hin zur Grenze, und dann zehn Tage mit dem Pferd. Der Fünfjahrplan mache es möglich."[318]

Ein Jahr später war sie wieder dort. Der Anlass: die feierliche Eröffnung der neuen Eisenbahnlinie Turkestan-Sibirien am 1. Mai 1930. Sie schrieb in ihr Tagebuch:

"Schienen in einer Länge von tausend Meilen waren von Norden nach Süden durch unbewohnte Ebenen und Wüsten gelegt worden. ... Sie hatten es in Rekordzeit geschafft - anderthalb Jahre früher als der 'Plan' es vorsah. ... Alle von uns wussten, dass diese Eisenbahnlinie die Geschichte Asiens neu schrieb, denn sie verband den sibirischen Weizen und das sibirische Holz mit der zentralasiatischen Baumwolle, brachte den Sowjethandel dich an die Grenze von Westchina und schuf am fernen südöstlichen Rand der Sowjetunion eine dünne, stählerne Verteidigungslinie."[319]

Schon nach einem Jahr hatte Zentralasien sich ein neues Kleid angelegt. Aber auch andere Teile der Sowjetunion veränderten rasch ihr Gesicht. Städte sprossen aus dem Boden, vor allem dort, wo man die neue Schwerindustrie ansiedeln wollte: strategisch günstig hinter dem Ural oder zumindest dich daran, wie die neue Stadt 'Magnetberg' oder auch Magnitogorsk genannt, an den Abhängen des Süd-Urals. Anna Louise Strong über Magnitogorsk:

"Magnitogorsk - der Name heißt Magnetberg - war noch größer als Kuznezk. ... Es mag genügen zu erwähnen, dass eine Stadt mit 180.000 Einwohnern innerhalb von anderhalb Jahren an den

318· Ebd..

319· Ebd., S. 24.

Berghängen des Urals aus dem Boden schoss - fünfhundert Meilen Bahnlinie von der nächsten Stadt entfernt. Es war die größte Baustelle der Welt, die stolz von sich behaupten konnte, dass dort die größten Eisenerzvorkommen der Welt lagerten - eine Stadt der Jugend, mit der Energie der Jugend, wo 60 Prozent der Arbeiter unter 24 Jahren waren, eine Stadt mit 35 Nationalitäten, wo bereits 13 Schulen, eine technische Hochschule sowie zwei technische Universitäten, eine für Metallurgie und eine andere für Bauhandel entstanden waren. Sie hatte schon ein Stadttheater, ein halbes Dutzend Filme und einen Zirkus, der besser war als der von Swerdlowsk.

Auch diese Stadt sollte ein Stahlwerk bekommen, um für den Ural das zu sein, was Kuznezk für Sibirien war. Auch sie wurde durch die gewaltigen Anstrengungen der Arbeiter aus der ganzen UdSSR gebaut, und auch hier erfanden junge Arbeiter neue Arbeitsmethoden und kürzere Wege. Man stand im Wettbewerb mit Kuznezk um neue Rekorde. Und diese beiden Städte waren nur zwei unter vielen Giganten, die der Fünfjahrplan hervorbrachte."[320]

Als Pjatiletka abgeschlossen war, war das eingetreten, was der usbekische Straßenarbeiter prophezeit hatte. Auf dem vereinigten Plenum des ZK und der Zentralen Kontrollkommission der KPdSU, B Anfang Januar 1933 konnte Stalin stolz folgende Feststellung treffen, die eine stürmische Ovation erntete:

"Wir hatten keine Eisenhüttenindustrie, diese Grundlage der Industrialisierung des Landes. Jetzt haben wir sie. Wir hatten keine Traktorenindustrie. Jetzt haben wir sie. Wir hatten keine Automobilindustrie. Jetzt haben wir sie. Wir hatten keinen Werkzeugmaschinenbau. Jetzt haben wir ihn. Wir hatten keine ernstzunehmende, keine moderne chemische Industrie. Jetzt haben wir sie. Wir hatten keine wirklich ernstzunehmende Industrie zur Herstellung landwirtschaftlicher Maschinen. Jetzt haben wir sie. ...

All das hat dazu geführt, dass unser Land aus einem Agrarland zu einem Industrieland geworden ist, denn der Anteil der Indus-

---

320· Ebd., S. 33f.

trieproduktion an der Gesamtproduktion stieg im Verhältnis zur Produktion der Landwirtschaft von 48 Prozent zu Beginn des Fünfjahrplans (1928) auf 70 Prozent am Ende des vierten Jahres des Fünfjahrplans 1932."[321]

Im weiteren Verlauf seiner Rede zieht Stalin Vergleiche. Er weist darauf hin, dass der Umfang der Industrieproduktion der UdSSR bis Ende 1932 im Vergleich zum Vorkriegsstand um 334 Prozent angewachsen ist. Im gleichen Zeitraum ist die Industrieproduktion der USA damals auf 84 Prozent des Vorkriegsstandes zurückgegangen, die Großbritanniens auf 75, die Deutschlands sogar auf 62.[322]

Lässt man sich diesen Vergleich auf der Zunge zergehen, dann nimmt es nicht Wunder, wenn ausgerechnet in dieser Zeit, also Anfang 1933, die deutschen Nazis vom deutschen Industriekapital, aber auch unterstützt und gefördert durch das internationale Finanzkapital, in Zentraleuropa an die Macht geschoben wurden - mit dem nicht erklärten Ziel, dieses Aufbauwerk durch eine gewaltige militärische Anstrengung, durch die Entfesselung eines neuen, gut vorbereiteten modernen Krieges gegen die so erfolgreiche Sowjetunion eines Tages wieder zunichte zu machen, um diesen 'Schandfleck' für den internationalen Imperialismus wieder zu entfernen, auch um zu verhindern, dass dieses Beispiel woanders in Europa oder in der Welt Schule machen konnte.

Stalin sieht nach diesem kolossalen Erfolg für die Sowjetunion schon weiter voraus und umreißt die nächste Aufgabe: Er weist in seiner Rede darauf hin, dass der Erfolg ein Ergebnis des großen Arbeitsenthusiasmus war, den der erste Fünfjahrplan freigesetzt hatte. Aber das allein reiche nun nicht mehr aus: Hinzukommen müsse die Meisterung der neuen Aufgaben, die Meisterung der neuen Technik, um so eine bedeutende Steigerung der Arbeitsproduktivität zu erreichen. DIES sei nun die Hauptaufgabe.

Auf dieser Basis entstand Pjatiletka Nr. 2 - für die Jahre 1933-37.

321- Stalin-Werke, Bd. 13, Berlin 1955, S. 160f, ‚Die Ergebnisse des ersten Fünfjahrplans'.

322- vgl. ebd., S. 163.

g. Die Reaktion des Auslands

Die Reaktion des Auslands kann man in zwei Teile teilen: in eine arrogant herablassende und in eine realistischere.

In der ersten Zeit wurde der Plan nur mit 'Hohn und Spott übergossen' (Stalin). Später, als man erkannte, dass da etwas Ungewöhnliches im Gang war, schickte man alle möglichen 'Abgesandten', Pressevertreter, Gewerkschafter, Delegationen usw. in das 'rückständige Russland', um das Experiment genauer unter die Lupe zu nehmen. Danach wurden die Reaktionen etwas realistischer und Zeitungen, die vorher noch von einem 'Scheitern' sprachen, haben sich dann sogar korrigiert, wie die 'Financial Times'.

Hier zunächst einige abschätzige Reaktionen:

Die 'New York Times' schrieb damals:

"Der Fünfjahrplan ... ist eine reine Spekulation." [323]

Der britische 'Daily Telegraph':

"Betrachten wir den Plan als Prüfstein für die so genannte Planwirtschaft, so müssen wir sagen, dass er vollständig gescheitert ist." [324]

Die Londoner 'Financial Times':

"Stalin und seine Partei stehen infolge ihrer Politik vor dem Bankrott des Fünfjahrplan-Systems und dem Scheitern aller Aufgaben, die der Fünfjahrplan erfüllen sollte." [325]

Die römische Zeitschrift 'Politica' meinte:

"Sie haben viel geschafft. ... Und trotzdem ist die Katastrophe da. Sie ist eine für jedermann offensichtliche Tatsache. Davon haben sich Freunde und Feinde, Bolschewisten und Antibolschewisten, die Oppositionellen von rechts und von links überzeugt." [326]

Nach einiger Zeit wurde man etwas realistischer:

---

323. Stalin-Werke, Bd. 13, ebd., S. 147.

324. Ebd..

325. Ebd., S. 148.

326. Ebd..

Die britische Zeitung 'The Round Table' schrieb:

"Die Errungenschaften des Fünf-Jahrplans sind eine erstaunliche Erscheinung. ..."[327]

Die französische Zeitung 'Le Temps' sah sich gezwungen zu schreiben:

"Im Wettbewerb mit uns haben die Bolschewiki die Partie gewonnen."[328]

Noch einmal die 'Financial Times':

"Die UdSSR ... hat es fertiggebracht, eine eigene Automobilindustrie zu schaffen."[329]

'The Nation' (USA):

"Die vier Jahre des Fünfjahrplans haben wahrhaft bemerkenswerte Ergebnisse gezeitigt."[330]

Dr. Emile Joseph Dillon, der von 1877 bis 1914 in Russland lebte und an verschiedenen russischen Universitäten unterrichtete, ging nach der Revolution in die Emigration.

Bei seiner Abreise 1918 hatte er noch geschrieben:

"In der bolschewistischen Bewegung zeichnet sich nicht einmal der Schatten einer konstruktiven sozialen Idee ab. ... Der Bolschewismus ist ein umgestülpter Zarismus. Die Behandlung, die er den Kapitalisten angedeihen lässt, ist genauso übel wie die, die die Zaren den Leibeigenen verpassten."[331]

Zehn Jahre später kam er nach Russland zurück, sah sich die 'bolschewistische Bewegung' noch einmal genauer und aus nächster Nähe an und schrieb:

327· Ebd., S. 149.

328· Ebd..

329· Ebd., S. 150.

330· H. Barbusse, ebd., S. 246.

331· Webbs 1941, S. 810, E. J. Dillon, ‚The Eclipe of Russia' zitierend, 1918, S. 388, der Niedergang Russlands.

"Überall denkt das Volk, arbeitet, organisiert es sich, macht wissenschaftliche Entdeckungen und industrielle Erfindungen. Wenn man aus einer Vogelperspektive die zahlreichen Aktivitäten der Bürger der sowjetischen Republiken überblicken könnte, dann würde man kaum seinen Augen wegen all dieser Beweise trauen. Es gibt nichts wie sie, nichts, was es an Vielfalt, Intensität und Zielstrebigkeit damit aufnehmen könnte. Der revolutionäre Elan lässt riesige Hindernisse wegschmelzen und verbindet völlig verschiedene Elemente zu einem großen Volk; nicht eine Nation im alten Wortsinn, sondern ein starkes Volk, das durch einen fast schon religiösen Enthusiasmus zusammengeschweißt worden ist. ... Die Bolschewiki haben damals vieles von dem verwirklicht, was sie angestrebt hatten und mehr als was durch irgendeine menschliche Organisation unter den schwierigen Bedingungen, mit denen sie es zu tun hatten, hätte erreicht werden können. Sie haben 150 Millionen apathische menschliche Wesen mobilisiert, Halbtote in lethargischem Zustand, und sie flößten ihnen einen neuen Geist ein. Sie haben die ganze alte Weltordnung auf einem Sechstel der Erde zertrümmert und begraben und beerdigen sie auch anderswo. ... Die Art und Weise, wie sie mit ihrer Heimstätte und den Nationalitäten umgehen, ist ein Meisterwerk an Einfallsreichtum und Eleganz."[332]

Nicht nur die Vertreter von bürgerlichen Presseorganen bereisten damals die größte Baustelle der Welt, die sich Sowjetunion nannte, sondern auch Arbeiterdelegationen aus aller Welt. In seiner Rede über die Ergebnisse des ersten Fünfjahrplans zitiert Stalin eine belgische Arbeiterdelegation:

"Wir sind begeistert von dem gewaltigen Aufbau, den wir aus unserer Reise beobachtet haben. In Moskau wie in Makejewka, Gorlowka, Charkow und Leningrad konnten wir feststellen, mit welchem Enthusiasmus dort gearbeitet wird. Die Maschinen sind alle von modernster Konstruktion, in den Betrieben ist alles sauber, es

---

332· Ebd., S. 810f, aus: E. J. Dillon, ‚Russia Today and Tomorrow', 1929, SS. 328, 336f.

gibt viel Luft und Licht. Wir haben gesehen, wie in der UdSSR den Arbeitern ärztliche und sanitäre Hilfe erwiesen wird. Die Arbeiterwohnungen sind in der Nähe der Betriebe gebaut. Die Arbeitersiedlungen haben ihre Schulen und Kinderkrippen; für die Kinder wird außerordentlich gut gesorgt. Wir konnten den Unterschied zwischen den alten und den neuerbauten Betrieben, zwischen den alten und den neuen Wohnungen sehen. Alles, was wir gesehen haben, hat uns eine klare Vorstellung von der gewaltigen Kraft der Werktätigen gegeben, die unter der Führung der kommunistischen Partei eine neue Gesellschaft aufbauen. Wir haben in der UdSSR einen großen kulturellen Aufschwung festgestellt, während in anderen Ländern auf allen Gebieten Verfall und Arbeitslosigkeit herrschen. Wir konnten sehen, auf welch ungeheure Schwierigkeiten die Werktätigen in der Sowjetunion auf ihrem Weg stoßen. Umso mehr verstehen wir den Stolz, mit dem sie auf ihre Siege verweisen. Wir sind überzeugt, dass sie alle Hindernisse überwinden werden."[333]

Darin sah Stalin die internationale Bedeutung des Plans.

Die Welt spaltete sich also in zwei Teile: Die einen, so Stalin, kläfften unablässig die Sowjetunion weiter an und die anderen gerieten angesichts der für alle sichtbaren Erfolge des Plans in Erstaunen, erst recht aber die einfachen Arbeiter aus anderen Ländern.

Einer der lautstarksten 'linken' Kläffer war damals Leo Trotzki. In seiner Stalin-Biografie ist nur an einer einzigen Stelle von dem ersten Fünfjahrplan die Rede, natürlich im Zusammenhang mit Stalins 'schlechtem Charakter':

"Er (also Stalin - Autor) stellte sich seinen Fünfjahrplan der Rache auf, und sogar seinen Zehnjahrplan."[334]

333· Stalin-Werke, Bd. 13, ebd., S. 153, ‚Die Ergebnisse des ersten Fünfjahrplans'.

334· L. Trotzky, ebd., S. 528.

16. Die Kollektivierung der Landwirtschaft

a. Periodische Hungersnöte

Diejenigen, die meinen, dass die 'Zwangskollektivierung' (Michael Gorbatschow) der sowjetischen Landwirtschaft 'Millionen von Toten' eingebracht hat, vergessen meist zu erwähnen, wie viele Opfer die mittelalterliche russische Landwirtschaft mit dem abgemagerten Klepper und dem selbstgebastelten Hakenpflug, auf der Basis der kleinen individuellen bäuerlichen Wirtschaft und der Herrschaft der Gutsbesitzer, des faktischen Weiterbestehens der Leibeigenschaft in vielen Regionen des Landes gefordert hat, vor allem aber in jenen Gebieten, die aufgrund ungünstiger klimatischer Verhältnisse in regelmäßigen Abständen von verheerdenden Hungerkatastrophen betroffen waren, die alle vier oder fünf Jahre das Land heimsuchten und die tatsächlich Millionen Tote forderten, hauptsächlich unter der armen Bauernschaft, die keine Mittel und Möglichkeiten besaß, in die Städte zu gehen, um dort Schutz und Nahrung zu suchen, die kaum Möglichkeiten besaß, für solche Fälle Reserven anzulegen wie dies bei den reichen Bauern, den Landaristokraten oder den Großpächtern der Fall war.

Grover Furr schreibt dazu in seinem Buch 'Blood Lies' (Blutlügen):

"Es gab Hunderte von Hungersnöten in der russischen Geschichte, eine alle zwei oder drei Jahre. ...Hungersnöte haben Russland hundertemal im Verlauf des letzten Jahrtausends heimgesucht. Ein Bericht aus dem Jahre 1988 geht diesen Hungersnöten in den historischen Annalen nach, angefangen im Jahr 736 nach Christi bis zum Jahr 1914." [335]

335· Grover Furr, ‚Blood Lies', New York 2014, S. 57, Blutlügen.

Die Hungersnöte waren nicht nur eine Folge ungünstiger Klimaverhältnisse, sondern auch das Resultat einer jahrhundertelangen Rückständigkeit der Verhältnisse auf dem Land, denn Missernten kommen immer wieder vor. Lenin in seinem Aufsatz über den 'Hunger', den er 1912 im Exil schrieb:

"Wiederum Hunger - wie ehedem im alten Russland, vor dem Jahre 1905. Missernten kommen überall vor, aber nur in Russland führen sie zu verzweifeltem Elend, zur Hungersnot für Millionen Bauern."[336]

Trotz dieser periodischen Hungersnöte exportierte das Zarenregime Getreide!

Auch mit der Oktober-Revolution waren diese Hungersnöte noch längst kein Kapitel der Vergangenheit. Grover Furr listet in seinem oben genannten Buch die Hungersnöte auf, die es noch nach 1917 gegeben hat, als es noch keine kollektivierte Landwirtschaft gab:

"Das Jahr der beiden Revolutionen, 1917, verzeichnete einen ernsten Ernteausfall, der in den Städten 1917 und 1918 zu einer Hungersnot führte. In den 20iger Jahren erlebte die UdSSR eine Serie von Hungersnöten: von 1920 bis 1923 an der Wolga und in der Ukraine, aber auch in Westsibirien 1923; an der Wolga und in der Ukraine erneut 1924/25 sowie eine Reihe von wenig erforschten Hungersnöten in der Ukraine 1928/29."[337]

Oft waren diese Hungersnöte von Typhusepidemien begleitet.

Die Sowjetregierung unternahm aber von Anbeginn alles, um die Folgen dieser Hungersnöte zu lindern: 1921, als es zu der großen Hungersnot mit Tausenden von Toten kam - Mitten im Bürgerkrieg -,forderte Lenins Regierung internationale Hilfe an. Die norwegische Hilfsorganisation Friedjoff Nansen war zur Stelle, aber auch US-amerikanische Organisationen leisteten Hilfe.

336· Lenin-Werke, Bd. 15, Moskau 1941, S. 415, zitiert nach: Große Sowjet-Enzyklopädie, Bd. 1, ebd., S. 882f.

337· Grover Furr, ‚Blood Lies', ebd., S. 57.

Mit der Einführung der landesweiten Kollektivierung der Landwirtschaft sollten auch diese periodischen Hungersnöte ein für allemal beseitigt werden. Als die Kollektivierung 1933 abgeschlossen war, als der Widerstand der Kulaken dagegen gebrochen war, gab es in der Sowjetunion keine Hungersnöte mehr, wenn man einmal von der Hungersnot im Jahre 1946/47 in der Ukraine absieht, die aber die Folge der enormen Zerstörungen waren, die die Nazis in der Ukraine, vor allem auch auf den Dörfern angerichtet hatten. Tausende von Dörfern waren abgebrannt und die Kolchosen und Sowchosen dem Erdboden gleich gemacht worden.

Selbst während des Zweiten Weltkrieges hungerte niemand mehr, und die Rote Armee wurde während des gesamten Krieges zuverlässig mit Lebensmitteln versorgt, obwohl in den ersten Kriegsjahren weite Teile des sowjetischen Westens und Südwestens von der deutschen Wehrmacht besetzt waren und als Nahrungsmittellieferanten ausfielen. Die Kollektivierung hatte wesentlich zum Sieg über die deutschen und anderen europäischen Faschisten, die 1941 ins Land eingefallen waren, beigetragen.

b. Mittelalterliche Verhältnisse

Wie mittelalterlich und rückständig die Verhältnisse auf dem Lande vor der sozialistischen Kollektivierung waren, beschreibt Anna Louise Strong in ihren Aufzeichnungen:

"Die russischen Bauern wirtschafteten 1928 mit den Methoden des Mittelalters - Methoden, die sogar bis in biblische Zeiten zurückreichten. Sie lebten in Dörfern und legten lange Strecken zu ihren Feldern zurück. Ein Familienbesitz von zehn oder zwanzig Ar wurde dann noch in ein Dutzend Parzellen aufgeteilt, die häufig weit verstreut auseinander lagen und so grotesk schmal waren, dass kaum eine Egge darin wenden konnte.

Ein Viertel der Bauern besaß noch nicht einmal ein Pferd; weniger als die Hälfte besaß zwei Pferde oder zwei Ochsen. So pflügte man nur selten und wenn, dann nur sehr oberflächlich, oft mit Hilfe von selbstgebauten Hakenpflügen, ohne eiserne Pflugschar. Man säte mit der Hand, wobei die Saat aus einer Schürze auf die Erde fiel, und der Wind und die Vögel noch einen Teil davon wegtrugen. Es gab nur wenige Maschinen. Der Fordson-Trecker, den ich für eine Kinderkolonie an der Wolga erhielt, wurde im Umkreis von 200 km berühmt, weil er der einzige war."[338]

Hinzukamen die patriachalischen Verhältnisse in den Familien. Der Alte Herr hatte dort das absolute Sagen. Aberglaube, Kirche und Religion bestimmten den Alltag der meisten russischen Bauern. 'Heilige Tage' legten den Zeitpunkt der Aussaat fest; nach religiösen Prozessionen wurden die Felder bewässert, mit 'heiligem Wasser' besprengt, um so die 'Fruchtbarkeit zu gewährleisten'. Trecker wurden von den tief Gläubigen als Teufelsmaschinen bezeichnet. Es kam vor, dass Priester Menschenmengen anführten, um sie zu steinigen.[339]

Der Kampf um eine moderne Landwirtschaft wurde so zum Kampf auch gegen die Religion, die ihr oft im Wege stand.

Aber noch ein großes Problem trat hinzu: das der Getreidehortung durch raffgierige und auf höhere Getreidepreise spekulierende Großbauern, auch Kulaken genannt. Im Januar 1928 fuhr Stalin nach Sibirien, um sich an Ort und Stelle dem Problem anzunehmen. Auf einer Parteiversammlung sagte er erzürnt:

"Sehen Sie sich die Kulakenwirtschaften an! Dort sind die Speicher und Scheunen voller Getreide. Das Getreide liegt, weil keine Speicherräume mehr frei sind, in offenen Schuppen. In den Kulakenwirtschaften gibt es Getreideüberschüsse von 50.000 bis 60.000 Pud je Wirtschaft (1 Pud = 16,38 kg - Autor) - nicht mitgerechnet die Vorräte für Saatzwecke, Ernährung, Fütterung des Viehs, und da sagen Sie, der Getreidebeschaffungsplan sei nicht erfüllbar?"[340]

338- A. L. Strong, ebd., S. 37.

339- vgl. ebd..

340- Stalin-Werke, Bd. 11, Berlin 1954, S. 2, ‚Über die Getreidebeschaffung und die Entwicklungsperspektiven'.

Dabei gab es ein Gesetz gegen die Spekulation - Artikel 7 des Strafgesetzbuches der RSFSR. Die Kulaken kümmerte das wenig. Sie spekulierten auf höhere Preise und Straflosigkeit, weil auch die Partei auf dem Land ihnen nichts antat. Aber die Menschen in den Städten, die Betriebe, aber auch die Soldaten der Roten Armee blieben ohne ausreichende Versorgung. Und jene Großpächter betrieben nicht nur Landwirtschaft, sie betrieben auch Kreditgeschäfte. Wenn die Kleinbauern die Kredite nicht rechtzeitig zurückzahlen konnten, wurden ihre Ernten beschlagnahmt, die sie als Sicherheit zu stellen hatten. So kontrollierten die Kulaken auch teilweise die Ernten der kleineren Bauern. Sie hielten das gesamte russische Dorf in ihrer Faust (russ. kulak) nach der Enteignung der Landaristokraten und Gutsbesitzer.

Der sowjetische Staat zahlte damals dreimal so viel für das Getreide der Kulaken wie für das der Dorfarmut und der mittelgroßen Bauern. Das musste ein Ende haben! Wenn aber einfache Gesetze nichts ausrichten konnten, weil die Machtverhältnisse auf dem Lande stärker waren, dann mussten andere Maßnahmen her: Es mussten große Kollektivwirtschaften und staatliche Sowjetwirtschaften geschaffen werden, um dem Kulaken allmählich das Wasser abzugraben.

c. Was tun?

Stalin auf jener Parteiversammlung:

"Man muss sich darüber im Klaren werden, dass wir auf der Basis der kleinen individuellen Bauernwirtschaft nicht mehr weiter vorankommen können, dass wir Großwirtschaften in der Landwirtschaft brauchen, die imstande sind, Maschinen anzuwenden und die meisten Waren zu liefern."[341]

Dafür gab es zwei Wege: den kapitalistischen und den sozialistischen.

Der kapitalistische Weg: Wenn man diesen Weg einschlagen wollte, hätte man die reichen Bauern fördern müssen, sie wären

341. Ebd., S. 7.

noch reicher geworden, und es wäre zu einer noch stärkeren sozialen Differenzierung im russischen Dorf gekommen - eine Entwicklung, die damals nach der Ersten Russischen Revolution von 1905 vom zaristischen Minister Stolypin befürwortet und eingeleitet wurde, der die reichen Bauern gezielt förderte, ihnen sogar die russische 'Mir' übereignete, das tausend Jahre alte dörfliche Gemeineigentum, um der Revolution auf dem Lande das Wasser abzugraben, um auf dem Lande einen starken bäuerlichen Mittelstand zu schaffen. Ein Großteil der kleinen und mittleren Bauern hätte der Konkurrenz der Großbauern nicht standgehalten, wäre ruiniert worden, mit der Folge, dass jene Bauern in die Städte gezogen wären.

Der sozialistische Weg: Wenn man diesen Weg einschlagen wollte, musste man die Dorfarmut organisieren, sie für die Kollektivwirtschaften gewinnen, dort die Masse der Klein- und mittleren Bauern zusammenführen, um als moderne, mit Maschinen ausgestattete Kollektivwirtschaft allmählich die Überhand auf dem russischen Dorf gegen die Kulakenwirtschaften zu gewinnen. Die einfachen Bauern würden auf dem Land bleiben, um dort nicht nur für ihr eigenes Wohl, sondern auch für das Wohl der Arbeiter in den Städten zu sorgen, um sie mit billigen Lebensmitteln oder Textilien zu beliefern, aber auch um die Soldaten der Armee zu versorgen. Eine Getreidespekulation wäre unmöglich gemacht worden.

Wollte man den Sozialismus nicht langfristig wieder zugrunde richten, wollte man diesen Weg nicht nur in der Stadt, sondern auch auf dem Land, dort, wo die ganz überwiegende Mehrheit der russischen Bevölkerung lebte, gehen, dann musste man sich für den sozialistischen Weg entscheiden. Auf einem Bein konnte man den Sozialismus in einem kleinbäuerlich geprägten Land wie Russland nicht aufbauen, denn solch ein Zustand bringt gesetzmäßig die Restauration des Kapitalismus hervor. Stalin brachte es auf den Punkt:

"Folglich ist für die Festigung der Sowjetordnung und den Sieg des sozialistischen Aufbaus in unserem Lande die Sozialisierung der Industrie allein völlig ungenügend. Dazu ist es notwendig, von der

Sozialisierung der Industrie zur Sozialisierung der gesamten Landwirtschaft überzugehen."[342]

Im Dezember 1927 fand der 15. Parteitag der KPdSU, B in Moskau statt. Inzwischen war die trotzkistische Opposition besiegt worden, man hatte Luft zum Durchatmen bekommen und konnte sich nun voll und ganz auf diese Aufgabe konzentrieren. Man beschloss, auf dem Lande den sozialistischen Weg und nicht den kapitalistischen zu gehen, so wie dies von der Opposition immer wieder vorgeschlagen worden war. Man verabschiedete die Resolution 'Über die Arbeit auf dem Lande':

> *"In der gegenwärtigen Periode muss die Aufgabe der Vereinigung und Umgestaltung der kleinen individuellen Bauernwirtschaften zu großen Kollektiven als die Hauptaufgabe der Partei auf dem Lande angesehen werden."*[343]

d. Voraussetzungen der Kollektivierung

Kollektivwirtschaften konnten nicht geschaffen werden, ohne dass bestimmte Voraussetzungen gegeben waren, genauso wie die sozialistische Industrialisierung nicht ohne bestimmte Voraussetzungen begonnen werden konnte. Man wollte nicht auf Sand bauen. Welches waren diese Voraussetzungen?

Erstens: Man kann nicht vom grünen Tisch aus und per Dekret kollektivieren. Das funktioniert nicht. Es bedurfte einer Massenbewegung für Kollektivierung. Diese Bewegung musste einerseits in der Partei selbst entstehen, andererseits außerhalb der Partei - in der armen Landbevölkerung. Anders konnte die Macht der Kulaken nicht gebrochen werden. Es handelte sich hier um echte soziale Revolution, um einen Wandel in der sozialen Ordnung, und Revolutionen werden nicht von oben dekretiert, sondern bedürfen einer starken Bewegung aus der Mitte des Volkes. Stalin:

342· Ebd., S. 7.

343· Ebd., S. 8.

"Aber die bloße Voraussicht der führenden Spitze unserer Partei, dass Kollektiv- und Sowjetwirtschaften notwendig sind, genügt nicht, um die MASSENBEWEGUNG für Kollektiv- und Sowjetwirtschaften ins Leben zu rufen und zu organisieren."[344]

Die einfachen Bauern mussten sich an Hand ihrer eigenen Erfahrungen von den Vorzügen des gemeinschaftlichen Wirtschaftens überzeugen, dass es für sie und ihre Familie besser und vorteilhafter war, gemeinschaftlich zu wirtschaften, statt auf der eigenen kleinen Scholle, und dann oft noch mit einem Berg von Schulden am Hals.

Hier konnte man an die schon bestehende Genossenschaftsbewegung anknüpfen. Es gab ja schon Genossenschaften - Konsumgenossenschaften, Kreditgenossenschaften, Absatzgenossenschaften, Handelsgenossenschaften, Coops, Gesellschaften zur gemeinsamen Anschaffung von Maschinen; es gab sage und schreibe vierzig verschiedene Arten von Vereinigungen, die allein auf die Entwicklung von Getreidesorten oder Tierprodukte spezialisiert waren. Diese Genossenschaften zählten schon vor der Kollektivierung zehn Millionen Mitglieder, und der Gedanke, dass es vorteilhaft ist, sich gegenseitig zu unterstützen und Gemeindeland zusammen zu bewirtschaften, war tief in der Psyche des russischen Kleinbauern verankert. Die russische Dorfgemeinschaft mit ihrem Gemeindeland hatte es jahrhundertelang gegeben, die man 'Mir' (Frieden) nannte. Hierauf konnte man aufbauen.

Zweitens: Große finanzielle Mittel mussten vom Staat aufgebracht werden, um Maschinen anzuschaffen. Es galt, neue Gebäude zu errichten, Straßen zu bauen, neue Einrichtungen zu schaffen, darunter auch kulturelle, es galt, Schulen, Bibliotheken, Clubhäuser, Fachhochschulen, Akademien, Forschungseinrichtungen, Kindergärten, sanitäre Einrichtungen zu schaffen.

Drittens: Voraussetzung dafür war eine einigermaßen entwickelte Industrie, denn die Kolchosen und Sowchosen mussten mit Trak-

344- Stalin-Werke, Bd. 12, Berlin 1954, S. 57, Hervorhebung durch Stalin.

toren, Maschinen, Werkzeugen und Kunstdünger versorgt werden, mussten aber auch mit Fachkräften und Spezialisten versorgt werden. Man musste Maschinen-Traktorenstationen schaffen, um die Kollektivwirtschaften kostenlos mit Maschinen zu versorgen, denn sie selbst besaßen nicht die Mittel, um sie sich anzuschaffen. Diese auch einfach MTS genannten Organisationen lieferten aber nicht nur die modernsten Maschinen, darunter schon Dreschmaschinen, sondern auch die Traktoristen, die in der Lage waren, Maschinen zu reparieren und zu warten. Man schuf Reparaturparks mit Mechanikern, die defekte Fahrzeuge und Maschinen sofort reparierten - auf Staatskosten wohlgemerkt - und die funktionierende instandhielten. Die Idee entstand in Odessa/Ukraine im Jahre 1927.

All diese Voraussetzungen waren erst zehn Jahre nach der Oktoberrevolution vorhanden.

e. Wie kollektivieren?

Nicht durch Zwang, sondern durch Überzeugung und auf völlig freiwilliger Basis. Schon Lenin hatte sich in seiner letzten Schrift über die Genossenschaften dafür ausgesprochen, nicht den geringsten Zwang bei der Kollektivierung anzuwenden:

> *"In dem Bestreben, jede Art von Genossenschaften wie auch die landwirtschaftlichen Kommunen der Mittelbauern zu fördern, dürfen die Vertreter der Sowjetmacht nicht den geringsten Zwang ausüben, um solche Vereinigungen zu bilden.*
>
> *Nur diejenigen Vereinigungen sind von Wert, die von den Bauern selbst aus eigener, freier Initiative gebildet und deren Vorteile von ihnen in der Praxis erprobt worden sind. Übereilung auf diesem Gebiet ist schädlich."*[345]

Stalin unterstützte dieses Prinzip voll und ganz, sodass jeder Vorwurf, er habe eine 'Zwangskollektivierung' gewollt, der ihm von seinen ruhmlosen Nachfolgern und den westlichen Nachbetern oft

345· Stalin-Werke, Bd. 12, Berlin 1954, S. 57, Hervorhebung durch Stalin.

gemacht wurde, ins Leere geht. Stalin in seiner 'Antwort an die Genossen Kollektivbauern':

> *"Der Leninismus lehrt, dass jeder Versuch, den Bauern die Kollektivwirtschaft mit Gewalt aufzuzwingen, dass jeder Versuch, Kollektivwirtschaften durch Zwang zu errichten, nur negative Resultate zeitigen, nur die Bauern von der kollektivwirtschaftlichen Bewegung abstoßen kann."*[346]

Es wäre eine Dummheit, so Stalin, wenn man mit Gewalt Kollektivwirtschaften schaffen wollte:

> *"Man kann nicht mit Gewalt Kollektivwirtschaften schaffen. Das wäre dumm und reaktionär."*[347]

Weiterhin galt es, die unterschiedlichen Bedingungen in den verschiedenen Gebieten der UdSSR zu berücksichtigen, die verschiedenen Wirtschaftsformen, die verschiedenen Kulturstufen, den unterschiedlichen Entwicklungsgrad in den Gebieten. Lenin:

> *"Zentralrussland, die Ukraine und Sibirien über einen Kamm zu scheren, sie in eine bestimmte Schablone zu zwängen, wäre die größte Torheit."*[348]

Und schließlich drittens, worauf Stalin in seiner Antwort an die Genossen Kollektivbauern auch hinweist: Man darf eine noch nicht abgeschlossene Bewegung nicht überspringen. Daraus ergab sich, dass man mit der landwirtschaftlichen Kommune, in der alles private Eigentum vergesellschaftet ist, warten musste, weil die allermeisten Bauern dazu nicht bereit waren, dass man das Artel zu Hauptform machen musste, in dem das einzelne Mitglied einer Kollektivwirtschaft auch eine eigene kleine Wirtschaft, mit einer eigenen Kuh, einem Gemüsegarten, mit Hühnern und Gänsen besitzen durfte. Stalin macht sich für diese Form der Kollektivwirtschaft stark.

346· Stalin-Werke, Bd. 12, ebd., S. 179f.

347· Stalin-Werke, Bd. 12, ebd., S. 170, ‚Vor Erfolgen von Schwindel befallen'.

348· Lenin-Werke, Bd. 32, S. 198, russ., aus: ebd., S. 182.

f. Die Anfänge der Kollektivierungsbewegung und ihre Fehler

Wann begann die Kollektivierungsbewegung für die Schaffung von Kolchosen und Sowchosen, also für die Schaffung von Kollektivwirtschaften, die dem Kollektiv selbst gehören (Kolchosen) und denjenigen Kollektivwirtschaften, in denen der Staat der Eigentümer ist (Sowchosen oder Staatsgüter)?

Sie begann im Herbst 1929. Anna Louise Strong erlebte sie selbst an der unteren Wolga:

"Ich erlebte, wie die Kollektivierung an der unteren Wolga im Herbst 1929 wie ein Sturm losbrach. Es war eine Revolution, die einen tieferen Wandel brachte als die Revolution von 1917, deren Frucht sie war. Landarbeiter und arme Bauern ergriffen die Initiative, um ihre Lage durch staatliche Hilfe zu verbessern. Die Kulaken kämpften erbittert mit allen Mitteln dagegen, auch mit Brandstiftung und Morden."[349]

Sie gibt wieder, was der Vorsitzende einer Kollektivfarm-Union aus der Region Atkarsk an der unteren Wolga, nördlich von Stalingrad, ihr damals sagte, einen ganzen Stapel Telegramme stolz hin und her schwenkend:

"Am 20. November (1929 - Autor) war unsere Region zu 50% kollektiviert; am 1. Dezember zu 65%. Wir kriegen jeden Tag die neuen Zahlen. Am 10. Dezember werden es voraussichtlich 80% sein."[350]

Hatte Stalin das so gewollt? Aus dem Vorangegangenen ergibt sich, dass er dies so nicht gewollt hatte. Frau Strong bestätigt dies:

"Amerikanische Kommentatoren sprechen davon, dass die Kollektivfarmen von Stalin erzwungen wurden. Sie gehen sogar so weit zu behaupten, dass er Millionen von Bauern absichtlich hun-

349- A. L. Strong, ebd., S. 39.

350- Ebd..

gern ließ, um sie dazu zu veranlassen, den Kollektivwirtschaften beizutreten.

Das ist unwahr. Ich habe mich damals auf dem Lande aufgehalten und weiß, was passierte. Stalin hat sicherlich den Wandel gefördert und gelenkt. Aber der Elan zu kollektivieren, war so groß und alles verlief so viel schneller als Stalin es geplant hatte. Es gab dann zu wenige Maschinen für die Farmen, nicht genügend Buchhalter, nicht genügend Leiter. ..."[351]

Gibt es für diese Beobachtung der US-amerikanischen Korrespondentin eine Bestätigung?

Die beiden britischen Gewerkschafter und Mitglieder der reformsozialistischen Fabier-Gesellschaft, Sydney und Beatrix Webb, hielten sich damals ebenfalls in der Sowjetunion auf und bestätigen das, was Frau Strong schrieb:

"Während für das erste Jahr nur eine 20-prozentige Kollektivierung vorgesehen war, wurden etwa 55 Prozent erreicht. Auf einen so rapiden Wandel war die sowjetische Regierung nicht vorbereitet. Mehr als die Hälfte der neuen Kollektivwirtschaften konnte nicht mit Traktoren versorgt werden."[352]

Wenn die sowjetische Regierung oder Stalin nicht die treibenden Kräfte dieser überstürzten Kollektivierung war, wer waren sie dann? Es gab zwei davon:

Zum einen waren es übereifrige Kollektivierer, von denen wir schon einen kennengelernt haben; es waren junge, enthusiastische Bauern aus der russischen Dorfarmut, denen es gar nicht schnell genug gehen konnte, das Joch der Kulaken abzuschütteln; es waren junge Bauern und Landarbeiter, ehemalige Tagelöhner, die Söhne von Leibeigenen, die endlich aus der jahrhundertelang Armutsfalle heraus wollten, die am Horizont schon ein neues, besseres Leben heraufziehen sahen.

351· Ebd., 38.

352· Webbs 1941, ebd., S. 246.

Zum anderen waren es Kräfte, die aus der Mitte der Partei kamen. Bei den örtlichen Funktionären soll es häufig die Tendenz gegeben haben, mit Kollektivierungszahlen anzugeben, sich groß zu tun, in dem Bestreben, andere zu überbieten - in der Art eines missverstandenen sozialistischen Wettbewerbs. Stalin kritisierte diese Funktionäre später in seinem berühmten Artikel 'Vor Erfolgen von Schwindel befallen'. Einige übereifrige Parteifunktionäre gingen sogar so weit, mit dem Einsatz der Armee zu drohen, wenn die Bauern nicht in die Kolchosen eintreten wollten.[353]

Hat Stalin es vielleicht bei bloßen Worten belassen und sonst nichts unternommen?

Kurz nach dem Erscheinen von Stalins Artikel 'Vor Erfolgen von Schwindel befallen', schritt man zur Tat: Es erging ein Beschluss des Zentralkomitees, um die begangenen Fehler wieder auszubügeln. Der Beschluss trug den Titel: 'Über die Bekämpfung der Verzerrungen der Parteilinie in der Kollektivwirtschaftsbewegung', datiert vom 15. März 1930.

Welche Konsequenzen hatte dies für übereifrige Funktionäre? Es hatte die Konsequenz, dass sie ihrer Posten enthoben wurden:

"Funktionäre, die es nicht verstehen oder nicht gewillt sind, einen entschiedenen Kampf gegen die Verzerrungen der Parteilinie zu führen, sind ihrer Posten zu entheben und durch andere zu ersetzen."[354]

Die Leitungen ganzer Gebiete wurden erneuert, darunter das Moskauer Gebiet oder der Kaukasus.

Alle Kollektivwirtschaften, die per Dekret und durch Zwang errichtet worden waren, wurden wieder aufgelöst. Es waren mehr als die Hälfte der bisher errichteten. Viele Bauern verließen die Kolchosen, aber schon bald sollten sie wieder zurückkehren.

353· vgl. Ludo Martens, ‚Stalin anders betrachtet', ebd., S. 132.

354· ‚Kurzer Lehrgang', ebd., S. 374.

g. Drei Arten von Kollektivierung

Schon vor dem Einsetzen der großen Kollektivierungsbewegung 1929 hatte es verschiedene Formen von kollektiver Bewirtschaftung des Bodens gegeben, die auf freiwilliger Basis entstanden waren, die es teilweise sogar schon vor der Revolution gegeben hatte. Die beiden Webbs sprechen von etwa 80.000 Kollektivwirtschaften der unterschiedlichsten Art, an deren Stelle nun die Kolchosen und die Sowchosen treten sollten. Drei Arten kollektiven Wirtschaftens hatten sich dabei klar herauskristallisiert:

1. Die freiwillige gemeinsame Feldbestellung und Ernteeinbringung

Hier kann man eigentlich nur im eingeschränkten Sinn von einer Kollektivwirtschaft sprechen. Vielleicht sollte man stattdessen 'gelegentliches kollektives Wirtschaften' sagen, worunter in erster Linie Erntegemeinschaften, Gemeinschaften der gegenseitigen Hilfe auf bestimmten Gebieten zu rechnen sind, ohne dass man die eigene individuelle Wirtschaft aufgab.

2. Das Artel

Beim Artel arbeitet man nicht nur bei bestimmten Anlässen oder zu bestimmten Jahreszeiten zusammen, sondern legt den eigenen Boden, die Wirtschaftsgebäude, das Arbeitsvieh, die Werkzeuge, die Maschinen, den Kunstdünger usw. zusammen und bildet einen gemeinsamen Fonds. Die Mitglieder des Artels behalten jedoch ihr eigenes Haus, ihren Obst- oder Gemüsegarten, ihr Kleinvieh, den Bienenstock, das Hausschwein, die eigene Kuh, die Gänse ..

Diese Form der Genossenschaft oder Produktionsgenossenschaft war schon 1895 in der Provinz Kherson in der Südukraine, nördlich der Krim entstanden. Später gab es diese Kollektivwirtschaft auch in Sibirien. Hier muss man zwei Formen unterscheiden: die Kolchose und die Sowchose. Die Kolchose befindet sich im gemeinsamen Eigentum der Kolchosmitglieder, ist also kein staatliches Eigentum; die Sowchose ist ein Staatsgut, das dem proletarischen Staat gehört.

3. Die Kommune

Hier sind nicht nur die Felder, Äcker, die Wirtschaftsgebäude und das meiste Vieh Gemeineigentum, sondern auch die Wohnhäuser und Obstgärten. Sämtliche landwirtschaftlichen Angelegenheiten werden gemeinschaftlich geregelt. Das Privateigentum ist weitgehend abgeschafft. Sämtliche Erträge werden untereinander aufgeteilt. Nach der Oktoberrevolution gab es in Sowjetrussland 'mindestens einige tausend Kommunen, die an verschiedenen Orten errichtet wurden' und erfolgreich arbeiteten.[355]

h. Das Artel als Modell

Die sowjetische Führung entschied sich für das Artel als Modell der Agrarwirtschaft. Stalin in 'Vor Erfolgen von Schwindel befallen':

"Das Artel ist das wichtigste Kettenglied der kollektivwirtschaftlichen Bewegung, weil es die zweckentsprechendste Form zur Lösung des Getreideproblems ist. Das Getreideproblem aber ist das wichtigste Kettenglied im System der gesamten Landwirtschaft, weil ohne seine Lösung weder das Problem der Viehzucht (Klein- und Großvieh) gelöst werden kann noch das Problem der gewerblichen Nutzpflanzen und Spezialkulturen, die der Industrie die wichtigsten Rohstoffe liefern."[356]

So sehr war die Sowjetregierung darauf bedacht, dass jedes einzelne Mitglied oder jede einzelne Familie eines Artels eine eigene Kuh haben durfte, dass man die Landwirtschaftsbank anwies, ohne Stellung irgendwelcher Sicherheiten großzügig Kredite für die Anschaffung von Kälbern zu gewähren.[357] Warum hat man sich nicht für die Kommune entschieden wie man dies in Mao Tse-tungs China getan hat? Weil der sowjetische Bauer darauf nicht vorbereitet

---

355· vgl. Webbs 1941, ebd., S. 277.

356· Stalin-Werke, Bd. 12, ebd., S. 173, ‚Vor Erfolgen von Schwindel befallen'.

357· vgl. Webbs 1941, ebd., S. 727.

war, zu lange hatte er auf seiner eigenen Scholle gearbeitet, zu sehr war das Eigentumsdenken in ihm verwurzelt. Stalin verurteilte deshalb die Versuche übereifriger Aktivisten des 'Großen Sprungs', sofort zur Kommune überzugehen:

"Das Artel ist noch nicht verankert, und schon werden Wohnhäuser, Kleinvieh und Geflügel 'vergesellschaftet', wobei diese 'Vergesellschaftung' in bürokratisch-papiernes Dekretieren ausartet, denn noch fehlen die Bedingungen für eine solche Vergesellschaftung."[358]

Stalin verweist auf das Leninsche Prinzip, dass man der Entwicklung der Massen nicht vorauseilen darf, sich nicht von den Massen lösen darf, sondern dass man gemeinsam mit ihnen gehen muss. Sie müssten sich selbst anhand ihrer eigenen Erfahrungen von der Richtigkeit der Vorschläge der Partei überzeugen.

Er vergleicht die übereifrigen Bestrebungen auf dem Gebiet der Kollektivierung mit dem Herunterholen von Kirchenglocken, etwas, das nur den Feinden der Bewegung in die Hände spielen würde und das man deshalb auch nicht als 'revolutionär' bezeichnen könne:

"Kirchenglocken herunterholen - man denke nur, was für eine rrrevolutionäre Tat!"[359]

Man schuf ein Musterstatut für die Kollektivwirtschaften, das den Bauern ihren Privatbesitz an Haus und Hof garantierte. Sie erhielten auch das Recht, dass ihnen aus dem Bodenfonds der Kolchose oder Sowchose eine bestimmte Fläche für Gemüse- und Obstgärten zustand.[360]

Das Artel wurde zum beliebtesten Modell und trat schon bald überall im Land seinen Siegeszug an. Es entsprach genau den damaligen Bedingungen und dem Bewusstseinsstand der meisten Bauern in der Sowjetunion, die bereit waren, sich freiwillig den Kollektiv-

358· Stalin-Werke, Bd. 12, ebd., S. 173f.

359· Ebd., S. 174.

360· vgl. Nikolaus Basseches, ‚Stalin · das Schicksal eines Erfolgs', ebd., S. 168.

wirtschaften anzuschließen. Mit der Kommune wären sie überfordert gewesen. Man hätte sie hineinzwingen müssen, was aber nur negative Folgen für die gesamte Bewegung gehabt hätte.

i. Wer waren die 'Kulaken'?

Wer waren die Kulaken, die so hartnäckig gegen die Kollektivierung der sowjetischen Landwirtschaft Widerstand leisteten? Welche soziale Stellung nahmen sie Ende der 20iger Jahre im russischen Dorf ein?

Die Oktoberrevolution hatte zur Enteignung der russischen Gutsbesitzer geführt, die über Jahrhunderte hinweg die Hauptstütze des Zarenregimes bildeten. Der Zar war immer ihr Zar gewesen, der Vertreter ihrer Interessen, ihrer Anliegen. Diese reichen Landbesitzer und Aristokraten, die überlicherweise in den Großstädten oder auch im Ausland überwinterten - Frankreich war ihr bevorzugtes Land - verloren ihren gesamten Besitz durch das Leninsche Dekret über den Boden: der gesamte Boden und alle Wälder wurden nationalisiert, wurden entschädigungslos in Volkseigentum überführt.

Damit waren aber die Klassengegensätze im russischen Dorf noch längst nicht beseitigt. Sie existierten weiter, obwohl einer der beiden Hauptfeinde des russischen Bauern, als Klasse liquidiert war. Offiziell war der Boden nun Eigentum aller und durfte weder gekauft noch verkauft werden. Aber: Neben den noblen Landaristokraten hatte es immer schon eine andere wohlhabende Schicht gegeben: die der reichen Händler, die neben ihrer Landwirtschaft auch Kreditgeschäfte tätigten oder einen anderen einträglichen Handel betrieben, zum Beispiel mit Vieh handelten.

Sie profitierten davon, dass viele Bauern auch nach den Umwälzungen von 1917 nicht von ihrer kleinen Parzelle leben konnten, die ihnen zugesprochen worden war. Oft verpachteten sie sie an diese Händler und gingen in die Stadt, um dort zu arbeiten. Der alte russische Dorfwucherer, auch 'Kulak' (russ. Faust) genannt, besaß das Geld, um dieses Land zu pachten. Dadurch entstanden immer größere Bauernwirtschaften, die dann auch das Recht hatten, 'Knechte' und 'Mägde' zu beschäftigen, ganz in der Art der enteigneten Herren, die nach Westeuropa geflohen waren. Unter der NÖP, die den Kapitalismus auf dem Lande zeitweilig zuließ, hatten sie dazu auch das Recht.

Als der vierjährige Bürgerkrieg vorbei war, war man gezwungen festzustellen, dass es auf dem Dorf keine demokratische soziale Revolution gegeben hatte; es hatte nur eine antifeudale gegeben, die aber nichts Grundlegendes an der Ausbeutung der Kleinbauern und Landarbeiter geändert hatte, außer dass die Restbestände der Leibeigenschaft, die es in verschiedenen Landesteilen noch gab, endgültig abgeschafft wurden.

Wie sah die soziale Hierarchie auf dem russischen Dorfe aus?

Oben die neue reiche Schicht von Großpächtern, die Kulaken, die die sog. Dorfbourgeoisie bildeten, die jetzt auch den alten Besitz der Gutsbesitzer kontrollierte; darunter die Mittelbauern, also Bauern, die vielleicht zwei Pferde und ein paar Kühe besaßen, die nach oben schielten, um auch eines Tages Kulak zu werden; dann schließlich die Dorfarmut, zu der diejenigen Bauern gehörten, die noch nicht einmal ein eigenes Pferd besaßen, aber auch die vielen Landarbeiter, die nun zwar nicht mehr als Fast-Leibeigene auf den großen Gutshöfen arbeiten mussten, aber nun aus wirtschaftlichen Gründen gezwungen waren, auf dem Hof eines Kulaken für einen lächerlich geringen Lohn zu schuften.

Dieser Kulak verdiente nicht nur damit Geld, dass er billige Arbeitskraft ausbeutete, sondern auch damit, dass er seine Getreideüberschüsse gerne zu überhöhten Preisen an den Staat verkaufte oder, wenn das nicht möglich war, an reiche Privathändler, wenn sie ihm einen ordentlichen Preis zahlten. Auch kaufte er seine Ackergeräte bei solchen Händlern, die er meist persönlich kannte. Der mittlere und der Kleinbauer, die keine Überschüsse erwirtschafteten, waren dazu nicht in der Lage.

Nach der Oktoberrevolution war diesen Kulaken auch das Wahlrecht nicht entzogen worden; sie konnten wählen und sich wählen lassen, ließen sich gerne in den neuen Dorfsowjet wählen, um dort ihre eigenen Klasseninteressen wahrzunehmen. Bald beherrschten sie aufgrund ihrer dominanten sozialen Stellung im Dorf den Dorfsowjet, den man nach der Revolution eigentlich für die Dorfarmut eingeführt hatte.

Dazu Nikolaus Basseches in seiner Stalin-Biografie:

"Wenn die Entwicklung so weiterging, war es sichtlich unvermeidlich, dass sich schließlich die Diktatur der Partei auflösen musste. Die privatwirtschaftliche Sphäre hätte das vollbracht, was die ganzen weißen gegenrevolutionären Armeen mit den Waffen nicht zustande gebracht hatten: den Sturz des Bolschewismus.

Viele ausländische Beobachter in Moskau sahen eine solche Entwicklung auch als unvermeidlich an, zahlreiche Russen, auch Mitglieder der Kommunistischen Partei, erhofften sie." [361]

Im russischen Dorf - und dort lebte damals die ganz überwiegende Mehrheit der Bevölkerung - hatte also keine sozialistische Revolution stattgefunden; es hatte nur eine anti-gutsherrliche stattgefunden, eine anti-feudale Revolution. Der Kapitalismus regierte mit seinen eisernen Gesetzen das Dorf weiter. Die aktivsten Träger des Kapitalismus, die am meisten von ihm profitierten, waren die Kulaken, die sich aus der Schicht der Wucherer und Händler herausgebildet hatten, auch dadurch gefördert, dass der damalige zaristische Innenminister Stolypin nach der Ersten Russischen Revolution von 1905 ihnen die alte russische Mir vermachte, die im Gemeinbesitz befindlichen Wälder, Seen, Wiesen und Äcker. Auf diese soziale Schicht konnte sich die sowjetische Konterrevolution hundertprozentig verlassen. Die Mitglieder dieser Ausbeuterschicht ging dann auch oft zu den ukrainischen Nationalisten oder Faschisten, zu den sog. Sozialrevolutionären, zu den Menschewiki oder auch zur 'linken', später 'rechten' Opposition in der bolschewistischen Partei, die von Bucharin angeführt wurde. Der Kulak war ein geschworener,

361· Nikolaus Basseches, ‚Stalin · das Schicksal eines Erfolgs', ebd., S. 138.

fanatischer Feind der Sowjetmacht, und er kontrollierte praktisch das gesamte russische Dorf, zwang die kleinen, mittellosen Bauern oft in die Schuldknechtschaft. Lenin war nicht gut auf diese Leute zu sprechen:

"Die Kulaken sind die vertiertesten, rohesten, brutalsten Ausbeuter, die in der Geschichte anderer Länder mehr als einmal die Macht der Gutsbesitzer, der Könige und Pfaffen und Kapitalisten wiederhergestellt haben. ... Diese Blutsauger haben sich während des Krieges an der Not des Volkes bereichert, sie haben Tausende und Abertausende Rubel zusammengerafft, indem sie die Preise für Getreide und andere Produkte hinaufschraubten. ... Diese Vampire brachten und bringen den Boden der Gutsbesitzer an sich, sie zwingen die armen Bauern immer und immer wieder in die Schuldknechtschaft." [362]

Stalins Einstellung deckte sich mit der Lenins:

"Der Kulak ist ein Feind der Sowjetmacht. Mit ihm leben wir nicht in Frieden und können wir nicht in Frieden leben. Unsere Politik gegenüber dem Kulakentum ist eine Politik seiner Liquidierung als Klasse. ... Diese Spinnen und Blutsauger, die Kollektivwirtschaften in Brand stecken, Vorkämpfer der Kollektivwirtschaften morden und versuchen, die Aussaat zu vereiteln, weiter zu dulden, hieße den Interessen der Arbeiter und Bauern zuwiderzuhandeln." [363]

j. Der Widerstand der Kulaken gegen die Kollektivierung

Die Kulaken hatten klar erkannt, dass es bei der Kollektivierung darum ging, wer in Zukunft die Ernten und das Dorf insgesamt kontrollieren würde: er, der Großpächter und Geldverleiher, oder

362· Lenin-Werke, Bd. 28, russ., S. 39, deutsch in ‚Ausgewählte Werke in zwei Bänden', Bd. 2, S. 407f, aus: Stalin-Werke, Bd. 12, ebd., S. 197.

363· Stalin-Werke, Bd. 12, ebd., S. 197f, ‚Antwort an die Kollektivbauern'.

aber die breite Masse der Dorfarmut zusammen mit den Mittelbauern, die von ihrer eigenen Arbeit oder von derem Verkauf lebten.

Welche Formen und Ausmaße nahm dieser Widerstand an?

1. Viehabschlachtungen

Dazu Frederik Schumann, der Anfang der 30iger Jahre die Ukraine als Tourist besuchte:

"Die Opposition ... kam zunächst in Form von Abschlachtungen der Viehbestände und Pferde zum Ausdruck. Die Tiere sollten nicht kollektiviert werden. Das Ergebnis war ein harter Schlag für die sowjetische Landwirtschaft, weil die meisten Kühe und Pferde den Kulaken gehörten. Zwischen 1928 und 1933 ging der Pferdebestand von nahezu 30 Millionen auf weniger als 15 Millionen zurück."[364]

Diese Zahl deckt sich mit den Angaben, die von Sydney & Beatrix Webb gemacht wurden. Aus der bei ihnen abgebildeten Tabelle über den Viehbestand der Sowjetunion geht hervor, dass der Pferdebestand 1929 34 Millionen Pferde betrug; 1933 war er auf 16,6 Millionen zusammengeschmolzen, also auf weniger als die Hälfte. Ähnlich der Rinderbestand: Er ging von 68,1 Millionen im Jahre 1929 auf 38,6 Millionen im Jahre 1933 zurück. Schumann spricht von genau 38 Millionen Rinder und Kühen in diesem Jahr. Bei den Webbs lesen wir:

"Der gesamte Viehbestand belief sich 1933 nur noch auf weniger als vier Neuntel im Vergleich zum Jahr 1929."[365]

Auch der Bestand an Schweinen halbierte sich in dieser Zeit.

Schuman bemerkt dazu, dass sich die sowjetische Landwirtschaft von diesem Massenabschlachten, das von den Kulaken organisiert

---

364· Ludo Martens, ‚Stalin anders betrachtet', ebd., S. 176f, nach: Douglas Tottle, ‚Fraud, Famine and Fascism. The Ukrainian Genocide Myth from Hitler to Harvard', Progress Books, Toronto 1987, S. 94.

365· Webbs 1941, ebd., S. 246.

worden war, auch im Jahre 1941, als der große Krieg begann, noch nicht wieder erholt hatte.

2. Brandstiftungen

Eine weitere Form des Widerstands war der Terrorismus. Wirtschaftsbebäude der Kolchosen, Häuser und Scheunen, in denen Getreide gelagert oder Tiere gehalten wurden, wurden abgefackelt. Anna Louise Strong, die sich im Frühjahr 1930 in Südrussland aufhielt, schrieb in ihr Reisetagebuch:

"Am nächsten Morgen hörte ich im Zentrum der Stadt ähnliche Beschwerden, mit denen ein erschöpfter Parteisekretär von morgens bis spät abends von Seiten der Bauern konfrontiert wurde. 'Der Vorsitzende ist nicht da', erklärte er, 'er hilft gerade in einem Dorf, wo die Kulaken letzte Nacht eine Scheune mit 27 Pferden in Brand gesteckt haben, auf die man bei der Aussaat angewiesen war. Er muss die Soforthilfe organisieren."[366]

3. Morde

Eine dritte Form, die der erbitterte Widerstand der Großpächter annahm, war der Mord an bolschewistischen Funktionären, die die Kollektivierung organisierten und vorantrieben.

Isaac Mazepa, der ehemalige ukrainische Ministerpräsident, der 1918 mit den deutsch-kaiserlichen Besatzern kollaborierte, gab dies 1934 offen zu:

> *"Zuerst gab es in den Kolchosen Massenunruhen, oder aber die kommunistischen Funktionäre wurden umgebracht."*[367]

Frederik Schumann bestätigt diese Aussage:

"Manche (Kulaken) haben Funktionäre ermordet. ..."[368]

366· A. L. Strong, ebd., S. 43.

367· Webbs 1941, ebd., S. 247, Isaac Mazepa, ‚Die Ukraine unter bolschewistischer Herrschaft', in: Slavonic Review', Januar 1934, S. 342. Mazepa emigrierte, nachdem die Ukraine sozialistisch geworden war, in die CSSR und lehrte dort an einer ukrainischen Landwirtschaftsschule.

368· Ludo Martens, ebd., S. 177, nach Douglas Tottle, ebd..

4. Der Boykott von Aussaat und Ernteeinbringung

Mazepa fügt noch eine weitere Form des Widerstandes hinzu: den passiven Widerstand. Mazepa wörtlich:

"Aber später bevorzugte man ein System passiven Widerstands, das darauf abzielte, DIE PLÄNE DER BOLSCHEWIKI FÜR DIE AUSSAAT UND DIE EINBRINGUNG DER ERNTE SYSTEMATISCH ZU DURCHKREUZEN. ... DIE OPPOSITION DER UKRAINISCHEN BEVÖLKERUNG HAT DEN PLAN FÜR DIE GETREIDEEINLAGERUNG FÜR 1931 UND NOCH MEHR DEN FÜR 1932 ZUM SCHEITERN GEBRACHT.

Die Katastrophe von 1932 war der härteste Schlag, den die Sowjetukraine seit der Hungersnot von 1921/22 hinnehmen musste. Die Kampagnen für die Herbst- und Frühlingsaussaat wurden zu einem Reinfall. Ganze Landstriche blieben unausgesät. Hinzukam noch, dass, als letztes Jahr die Ernte eingebracht wurde, in vielen Gebieten, besonders auch im Süden, 20, 40 oder sogar 50 Prozent auf den Feldern liegenblieb und entweder gar nicht geerntet oder beim Dreschen vernichtet wurde."[369]

Frederik Schuman bestätigt diese Aussage:

"Eine noch größere Zahl hat sich geweigert zu säen und zu ernten, vielleicht in der Überzeugung, dass die Behörden ihnen Zugeständnisse machen und die Ernährung auf jeden Fall sichern würden. Und daraus folgte dann die 'Hungersnot' der Jahre 1932/33. Traurige Berichte, meistens fiktiv, erschienen in der Nazipresse sowie in den USA in den Hearst-Blättern."[370]

369· Webbs 1941, ebd., Isaac Mazepa zitierend, ebd., Hervorhebungen von Mazepa selbst.

370· Ludo Martens, ebd..

5. Sabotage

Dazu Lazar Kaganowitsch, das zuständige ZK-Mitglied für Landwirtschaftsfragen, der damals mit der Durchführung der Kollektivierung betraut war. In seinem Bericht vom Januar 1933 schrieb er:

"Sie (die Kulaken) dringen als Buchhalter, Manager, Lagerhaus-Verantwortliche, Brigadeführer usw. und häufig auch als Leitungsmitglieder in die Kollektivfarmen ein, und diese antisowjetischen Elemente sind dann bestrebt, Sabotage zu organisieren, ruinieren Maschinen, säen unfachmännisch, stehlen das Eigentum der Kollektivfarmen, untergraben die Arbeitsdisziplin, organisieren den Diebstahl von Saaten oder legen geheime Getreidelager an, sabotieren die Ernteeinbringung und mitunter schaffen sie es, den Kolchos zu desorganisieren."[371]

6. Ukrainischer 'Nationalismus'

In der Ukraine aber auch in der Emigration, in Frankreich oder in der Tschechoslowakei, wohin viele ukrainische Politiker, die mit den deutschen Besatzern 1918/19 kollaboriert hatten, geflohen waren, nutzen diese ukrainischen Emigranten die Unzufriedenheit unter den Kulaken mit der Kollektivierung und darüber, wie fehlerhaft sie anfangs organisiert wurde, um die gesamte Bauernschaft anzustacheln, für eine 'unabhängige Ukraine' zu kämpfen - unabhängig von der Sowjetmacht, aber völlig abhängig vom westlichen Imperialismus:

"Die gesamte organisierte Bewegung für eine unabhängige Ukraine, so wurde uns mitgeteilt, sei ab 1928 darauf gerichtet gewesen, die Bauern dazu anzustacheln, sich der Kollektivierung zu widersetzen."[372]

371- Webbs 1941, ebd., S. 264, den Bericht von L. Kaganowitsch an das ZK der KPdSU, B zitierend, in: Moscow Daily News, 20. Januar 1933.

372- Webbs 1941, ebd., S. 247.

k. Wurde von Stalin eine Hungersnot organisiert?

Wjatscheslaw Molotow, ehemaliger sowjetischer Ministerpräsident und langjähriger Außenminister der Sowjetunion, der damals aktiv in die Kollektivierungsbewegung eingebunden war, sagte zu der Frage später in einem Interview Folgendes:

"Interviewer: 'Es gibt Autoren, die sagen, dass die Hungersnot von 1933 bewusst von Stalin und der gesamten Führung organisiert wurde'. - Molotow: 'Das sagen die Feinde des Kommunismus!' - 'Aber fast 12 Millionen starben 1933 den Hungertod ..' - Molotow: 'Diese Zahlen sind nie belegt worden.' - 'Nie belegt worden?' - 'Nein, ganz und gar nicht. In jenen Jahren war ich draußen im Land und versuchte, Getreide heranzuschaffen. Solche Dinge wären mir nicht entgangen. Das war schier unmöglich. Ich reiste zweimal in die Ukraine, ich besuchte Sytschewo im Ural und einige Orte in Sibirien. Ich habe natürlich nichts dergleichen gesehen. Diese Behauptungen sind absurd. Es stimmt zwar, dass ich damals keine Gelegenheit hatte, in die Wolga-Region zu reisen. Es ist möglich, dass es den Menschen damals schlechter ging.' ... "[373]

Der ehemalige sowjetische Außenminister streitet also ab, dass es überhaupt damals eine Hungersnot in der Ukraine gegeben hat. War er befangen, weil er die offizielle Politik vertreten musste? Wie sahen es 'unbefangenere' Journalisten und Touristen, die damals das Land bereisten? Teilen sie seine Einschätzung oder lehnen sie sie ab?

1. Sherwood Eddy, der damals eine Tour durch Russland unternahm und mit seiner US-amerikanischen Reisegesellschaft auch einige sowjetische Dörfer besuchte:

"Unsere Reisegesellschaft bestand aus vielleicht 20 Personen, als wir über die Dörfer fuhren und auch das Gerücht mitbekamen, dass

373· ,Molotov Remembers. Inside Kremlin Politics, Conversations with Felix Chuev, edited with an introduction and notes by Albert Resis', Chicago 1993, S. 243f. Molotow erinnert sich.

in dem Dorf Gawrilowka alle Einwohner außer einem verhungert waren. Wir brachen sofort auf, um der Sache nachzugehen. Wir teilten uns in vier Gruppen auf, dazu vier Dolmetscher, die wir selbst aussuchen durften und besuchten dann die Einwohnerbehörde, wo das Geburten- und Sterberegister geführt wurde. Wir besuchten den Dorfpriester, den örtlichen Sowjet, den Richter, den Schulleiter und fragten jeden einzelnen Bauern, dem wir begegneten.

Wir fanden heraus, dass von 1.100 Familien drei Einwohner an Typhus gestorben waren. Sie haben dann sofort die Schule und die Kirche geschlossen, die gesamte Bevölkerung geimpft und so die Epidemie ausgetilgt, ohne dass es zu einem neuen Fall kommen konnte. Wir waren nicht in der Lage, auch nur einen einzigen Fall eines Hungertoten zu entdecken, obwohl viele den Mangel beklagten. Es war ein weiteres Beispiel dafür, wie wilde Gerüchte, Russland betreffend, verbreitet wurden."[374]

2. Andere britische und US-Journalisten, die damals die Gegenden bereisten, in denen es zu 'Hungernöten' gekommen sein sollte, teilten den beiden britischen Gewerkschaftern, den Webbs, in den Jahren 1933 und 1934 mit, dass

"...sie keinen Grund zu der Annahme sahen, dass das Problem größter gewesen sei als wie es die offiziellen Stellen beschrieben hatten."[375]

3. Ein pensionierter hoher Beamter der indischen Regierung, der Russisch sprach und sich gut mit dem zaristischen Russland auskannte und der 1932 einige der angeblich am schwersten von der Hungersnot betroffenen Gebiete besuchte, teilte den Webbs mit, dass er keine Beweise gefunden habe für etwas, das indische Offizielle als 'Hungersnot' bezeichnen würden.[376]

374· Webbs 1941, ebd., S. 259, Anmerkung 1, aus: Sherwood Eddy, ‚Russia Today. What can we learn from it?', 1934, Russland heute. Was können wir davon lernen?.

375· Ebd., S. 260.

376· vgl. ebd., S. 259.

Wir haben oben selbst gesehen, dass ein führender ukrainischer Politiker selbst zugab, dass die

"Opposition in der ukrainischen Bevölkerung das Scheitern der Ernteeinbringung im Jahre 1931 verursacht hat, und in noch stärkerem Maße gelang dies 1932." [377]

Aus dem Gesagten und aus dem, was wir oben schon über den Boykott der Aussaat und Ernteeinbringung, über das Niederbrennen von Scheunen mit Getreide und Pferden gehört haben, ziehen die beiden Webbs die Schlussfolgerung, dass das, womit sich die Sowjetregierung damals, etwa ab 1929, konfrontiert sah, keine Hungersnot war, sondern ein weit verbreiteter, gut organisierter Generalstreik von Teilen der Großbauernschaft, der von ukrainischen Nationalisten und Emigranten im Ausland bewusst angestachelt wurde, um die Sowjetmacht zu Fall zu bringen.

Später schuf man den Mythos vom 'Holodomor', der von Stalin und dem Rest der Sowjetregierung absichtlich herbeigeführten Hungersnot, die angeblich Millionen Menschen dahinraffte, wobei man sich auch nicht zu schade war, Bilder aus der Zeit der Hungersnot von 1921 zu benutzen, um den Gerüchten mehr Glaubwürdigkeit zu verleihen. Dieser Mythos wurde schon 1935 von ukrainischen Nationalisten geschaffen und wird heute wieder benutzt, um gegen die Russische Föderation Stimmung zu machen, um die antirussische Stimmung anzuheizen. Er wird aber auch von sog. Geschichtsforschern benutzt, um Stalin den Mord an 'Millionen unschuldiger Menschen' in die Schuhe zu schieben, wobei die Zahlen, die man ins Spiel bringt, sich gewaltig in ihrer Höhe unterscheiden.

Wir verfügen heute über eine große Zahl von Dokumenten, die widerlegen, dass Stalin, 'absichtlich in der Ukraine eine Hungersnot herbeiführte', darunter befindet sich auch der Stalin-Kaganowitsch-Briefwechsel. Stalin setzt sich in einem Schreiben vom 25. Juli 1932 aus seinem Urlaubsort an den für die Kollektivierung

---

377· Ebd., S. 261.

verantwortlichen sowjetischen Funktionär Lazar Kaganowitsch für eine Reduzierung der Getreideabgaben an den Staat ein, was die Ukraine betrifft:

".. drittens: eine genauere Untersuchung der ukrainischen Angelegenheiten in dieser Zeitspanne hat bereits die Notwendigkeit einer Hilfe für die ukrainischen Kollektivfarmen in Form einer teilweisen Reduzierung des Plans gezeigt."[378]

Der Plan für Einzelbauern, die sich nicht den Kollektivfarmen anschließen wollten, wurde um ein Drittel gekürzt.[379]

l. Die Deportation der Kulaken

Gewöhnlich wird die Deportation der Kulaken, oder eines Teils von ihnen, denn es wurden nicht alle umgesiedelt, im historischen Mainstream als schreiendes Unrecht, als das Werk eines rachsüchtigen Stalin oder als das einer allgegenwärtigen und allgewaltigen Geheimpolizei namens GPU hingestellt und moralisch an den Pranger gestellt. Millionen Menschen seien dabei umgebracht worden, wobei die Zahlen mit zunehmendem zeitlichem Abstand immer weiter nach oben geschraubt werden.

Im 'Schwarzbuch des Kommunismus' heißt es dazu:

"Mehr als zwei Millionen Bauern wurden deportiert, darunter 1,8 Millionen zwischen 1930 und 1931. Sechs Millionen verhungerten und Hunderttausende starben während der Deportation."[380]

Nach einem Beleg oder einer Quelle für diese Behauptung sucht man dort vergeblich. Es wird einfach darauf spekuliert, dass der Le-

378- ‚The Stalin-Kaganovich Correspondence 1931-36', zusammengestellt und herausgegeben von R. W. Davies u. a., New Haven und London 2003 by Yale University, S. 168, Der Briefwechsel zwischen Stalin und Kaganowitsch 1931-36. Am 17. August 1932 beschloss das Politbüro der KPdSU, B Stalins Vorschläge anzunehmen.

379- vgl. ebd..

380- Stéphane Courtois u.a., ‚Das Schwarzbuch des Kommunismus', München und Zürich 1998, S. 165.

ser die Behauptung unbesehen und ungeprüft hinnimmt und nicht weiter hinterfragt, zumal eine solche Behauptung den gängigen Vorurteilen entspricht.

Auch kümmert man sich in solchen Kreisen wenig um die Gründe für die Deportationen und Umsiedlungen. Für die antikommunistischen Verfasser des Schwarzbuches reicht es festzustellen, dass

"... die Zwangskollektivierung des Agrarlands ein regelrechter Krieg des Sowjetstaates gegen eine ganze Nation von kleinen Betrieben.."[381]

... gewesen sei.

Der Höhepunkt dieses 'Krieges gegen eine ganze Nation' sei die 'furchbare Hungersnot von 1932/33' gewesen, welche

"die Behörden mit der Absicht verursacht hatten, um den Widerstand der Bauern zu brechen. Mit der Gewalt gegen die Bauern sammelte man Erfahrungen mit Methoden, die später gegen andere soziale Gruppen eingesetzt wurden. In dieser Hinsicht steht die Gewalt für eine entscheidende Entwicklungsphase des stalinistischen Terrors."[382]

Sehen wir uns die Methodik, die hier angewendet wird, etwas genauer an: Man stellt zunächst eine unbewiesene Behauptung auf 'Millionen von Toten'. Dann bringt man eine Hypothese zur Erklärung dieser unbewiesenen Behauptung ins Spiel, die ebenfalls unbewiesen bleibt: 'regelrechter Krieg des Sowjetstaates gegen eine ganze Nation', um die Behauptung plausibel und sinnvoll erscheinen zu lassen, denn Kriege fordern ja bekanntlich Tote. Anschließend fügt man eine weitere unbewiesene Behauptung an: 'Mit der Gewalt sammelte man Erfahrungen mit Methoden..' und gelangt dann zu einer Wertung, indem man auf dieser Grundlage einen ganzen Zeitabschnitt pauschal zur 'entscheidenden Entwicklungsphase des

381· Ebd..

382· Ebd..

stalinistischen Terrors' erklärt, was dann haargenau der Sichtweise des historischen Mainstreams entspricht.

Das heißt also, dass man eine hypothetische, bloß konstruierte, vermutete 'Realität', die dem eigenen antikommunistischen Weltbild entspricht, in eine 'tatsächliche' umfälscht. Dieses Weltbild wird apodiktisch als 'Realität' hingestellt, an der es nichts zu rütteln gibt. Wer es doch tut, gilt Stalinist.

Welches sind die Fakten?

Tatsache ist, dass es damals, als die Sowjetunion daran ging, die Kollektivierung auf dem Lande durchzuführen, also in den Jahren 1929-1933 etwa, eine zwangsweise Umsiedlung von Kulaken in entfernte Gebiete gegeben hat. Es wurden aber nicht schlechthin 'die Bauern umgesiedelt', sondern nur ganze bestimmte Bauern, nämlich ein Teil der russischen Großbauern, der, wie wir gesehen haben, mit aller Gewalt diese Kollektivierung verhindern wollte, und dabei auch das Mittel des Terrorismus anwandte, mit dem Ziel, nicht die dominierende, ausbeuterische Stellung im russischen Dorf zu verlieren, um nicht den Kampf um die Ernten und um das große Geschäft mit ihnen, aber auch um das Viehgeschäft und das Kreditgeschäft zu verlieren.

War dies ein 'Krieg des Sowjetstaates gegen eine ganze Nation von kleinen Betrieben'?

Wer führte damals wirklich einen Krieg gegen die russische Bauernschaft, vor allem gegen die Dorfarmut, gegen die kleinen, oft landlosen Bauern, die bereit waren, sich in Kollektivwirtschaften zu organisieren, um aus der jahrhundertelangen Armutsfalle herauszukommen? Waren es die Besitzer von Kleinbetrieben?

Es waren die Besitzer von großen bäuerlichen Betrieben, die Landarbeiter beschäftigten und sie für sich gegen einen Hungerlohn arbeiten ließen, die gleichzeitig auch fragwürdige Kreditgeschäfte auf Kosten der armen Bauernschaft tätigten, die Getreide zurückhielten, um die Preise hochzutreiben, die tatsächlich einen Krieg gegen die einfachen russischen Bauern führten, die zur kollektivierten

Landwirtschaft übergehen wollten, indem sie deren Scheunen und Häuser in Brand steckten, die in den Kolchosen Diebstähle begingen und Sabotage betrieben, die zum Boykott der Aussaat und der Ernten aufriefen und jene Bauern, die bereit waren, in die Kolchosen oder Sowchosen einzutreten, mit dem Leben bedrohten, die kommunistische Funktionäre ermordeten, die sie vorher auf schwarze Listen gesetzt hatten. Sie führten diesen Krieg, der nichts anderes als ein Klassenkrieg, ein Bürgerkrieg war.

Aus diesen Gründen wurde dieser Teil der gewalttätigen Großbauernschaft, der Kulaken, ausgesiedelt, denn ohne eine solche Aussiedlung hätten sich die neuen Kollektivwirtschaften nicht friedlich und normal entwickeln können.

Wer veranlasste diese Deportationen? Die übliche Antwort: Stalin und seine allmächtige GPU. Auch hier wird wieder eine bloße Behauptung, die auf einem Vorurteil beruht, zur Tatsache erklärt. Aber wie kamen diese Deportationen wirklich zustande?

Anna Louise Strong hat damals ein dörfliches Ausweisverfahren für bestimmte Kulaken miterlebt:

"Gewöhnlich wird außerhalt der Sowjetunion angenommen, dass die Ausweisungen von einer geheimnisvollen und allmächtigen GPU vorgenommen wurden. Das tatsächliche Verfahren war jedoch ganz anders: Auf Dorfversammlungen armer Bauern und Landarbeiter wurden Listen von Kulaken, die 'unsere Kollektivfarmen mit Gewalt behindern', erstellt, und anschließend wandte man sich an die Regierung mit der Bitte, sie zu deportieren.

In den turbulenten Tagen von 1930 nahm ich an vielen solcher Versammlungen teil. Es gab harte, erbitterte Diskussionen, auf denen eine nach der anderen jener 'besten Familien' unter die Lupe genommen wurde, die sich das beste Land unter den Nagel gerissen hatten, die die Arbeiter ausbeuten konnten, weil ihnen die Werkzeuge gehörten, was die 'besten Familien' in aller Regel in der Geschichte tun, und die jetzt den Aufstieg der Kollektivfarmen durch Brandstiftung, Viehabschlachtungen und Mord bekämpften. ...

Die Versammlungen, an denen ich selbst teilgenommen habe, zeichneten sich durch größere Ernsthaftigkeit, Gerechtigkeitssinn und Ausgewogenheit in der Diskussion aus als irgendein Gerichtsverfahren, das ich in Amerika mitbekommen habe. Diesen Bauern war bewusst, dass sie harte Bestrafungen aussprechen konnten, und sprachen sie nicht leichten Herzens aus. ...

Die Leute, die sich vorstellen, dass die ländliche Revolution, die zur Kollektivierung führte, ein 'Krieg zwischen Stalin und den Bauern' war, waren selbst nicht vor Ort, als der Wirbelwind losbrach. ...

Es war ein harter, erbitterter und auch beileibe kein unblutiger Konflikt. ...

Städtische und regionale Ausschüsse der UdSSR überprüften die Listen mit den Kulaken, die deportiert werden sollten, damit es zu keinen Exzessen kommen konnte."[383]

Der 'Krieg des Sowjetstaates gegen eine ganze Nation von kleinen Betrieben' entpuppt sich somit als antikommunistische Propaganda, um diejenigen in Schutz zu nehmen, die tatsächlich einen langen Krieg gegen die Nation von Millionen Kleinbauern und Landarbeitern führten und ihn zusammen mit den alten Gutsherrn und Aristokraten, unter dem Schutz des Zarismus, schon jahrhundertelang gegen die werktätige russische Bauernschaft geführt hatten, die nun endlich, nach so vielen Jahrhunderten, an den Schalthebeln der Macht saß.

Waren diese Ausweisungen ein 'schreiendes Unrecht', wie immer wieder behauptet wurde?

Das würde bedeuten, dass die Dorfversammlungen, auf denen die Listen der auszuweisenden Kulaken-Familien zusammengestellt wurden, der Minderheit der reichen Großpächter und Wucherer 'schweres Unrecht' zugefügt haben.

383· Webbs 1941, ebd., S. 267, nach: A. L. Strong, ‚The Soviet Dictatorship', in: American Mercury, Oktober 1934, verwiesen wird auch auf die Schilderung der Bäuerin Eudoxia Paschina in ‚Collective Farm Trud' · die Arbeit auf der Kollektivfarm · Moskau 1932, S. 60f.

Vergessen wird dabei, dass die Bauern damals in der UdSSR nicht Eigentümer des Bodens waren. Sie waren seit der Oktoberrevolution Nutznießer des nationalisierten Bodens, um diesen Boden zu bestellen, nicht nur in ihrem eigenen Interesse, sondern auch im Interesse der gesamten Nation, im Interesse der sicheren Versorgung der Städte, aber auch der Sowjetarmee mit erschwinglichen Lebensmitteln. Die organisierte Weigerung, dies zu tun, die in der Ukraine damals zu einer Massenerscheinung wurde - angestachelt von ukrainischen Nationalisten und Faschisten - war Grund genug, ihnen dieses Nutzungsrecht wieder zu entziehen, das sie durch diese Weigerung verwirkt hatten.

In den Gebieten, in die man sie deportierte, konnte sich diese parasitäre Minderheit nützlich machen, konnte sie ehrlicher Arbeit nachgehen, zum allgemeinen Nutzen, sei es als Gleisarbeiter an den zu erbauenden großen Eisenbahntrassen, beim Bau von Kanälen, beim Fällen von Holz, bei der Schürfung von Mineralien oder auch im Bergbau.

m. Der Sturm legt sich

Nachdem die übelsten und destruktivsten Mitglieder der Kollektivfarmen und die erbittersten Feinde der Kollektivierung ausgesiedelt worden waren, kamen die neuen Großwirtschaften endlich zu Ruhe. Der Sturm begann sich zu legen:

> *"Einige der Dörfer, die noch 1932 zu den widerspenstigsten bei der Feldbestellung gehört hatten und die im Winter 1932/33 am meisten gehungert hatten, gehörten dann 1934 zu den fleißigsten und ernteten reichlich die Früchte ihrer besseren Arbeit."*[384]

Obwohl die Ernte von 1934 auf Grund des schlechten Klimas weniger üppig ausfiel als die im Jahr davor, erhielt die Sowjetregierung fast die gleiche Menge an Getreide. Die bessere Arbeitsdisziplin, die

384· Webbs 1941, S. 271.

erhöhte Motivation und die Beruhigung in den Kollektivwirtschaften machten es möglich. Der Anteil der Ernte, der in der Kolchose nach Abgabe der Naturalsteuer verblieb, fiel bedeutend höher aus als der, den die ehemaligen Einzelbauern vorher erwirtschaftet hatten.

Thomas Campbell, Agrarexperte aus Kanada und Berater der Sowjetregierung:

> *"Wegen des vermehrten Pachtlandes und der höheren Erträge der Kollektivwirtschaften, infolge des größeren Einsatzes von Traktoren und moderner Gerätschaften und Produktionsmethoden, hat sich das Einkommen pro Haushalt auf der Kollektivfarm um mindestens 150 Prozent im nationalen Durchschnitt und um mehr als 200 Prozent in zahlreichen Ortschaften erhöht."*[385]

Obwohl es in diesem Jahr in ganz Südeuropa, und auch in Südrussland, eine lange Dürreperiode gegeben hatte, kam es dieses Mal in Russland zu keiner Hungersnot. In früheren Zeiten war es so, dass die Menschen in solchen Fällen ihr Vieh abschlachteten und die Städte flohen, um sich dort als Hilfsarbeiter durchzuschlagen.

Drei Maßnahmen hatte man auf Regierungsebene ergriffen, um künftigen Hungerkatastrophen vorzubeugen:

1. Man verabschiedete ein neues Gesetz zur Ernteeinbringung;
2. Überall im Land fanden regionale Kongresse für einen systematischen Erfahrungsaustausch statt, was effektives Wirtschaften auf dem Dorf anging. In Moskau organisierte man den 'Kongress des besten Farmers'. Erfolgreich wirtschaftende Bauern sollten ihre Methoden allen zugänglich machen, mit denen sie gute Ernteergebnisse erzielt hatten;
3. Die Einführung von 'politodels' in den Maschinen-Traktoren-Stationen. 20.000 Menschen, darunter erfolgreiche Fabrikdirektoren, Armeeführer, Universtitätsprofessoren und andere

385· Ebd., S. 272, aus: Thomas D. Campbell, ‚Russia, Market of Menace', 1932, S. 65 · Russland · der drohende Markt.

Experten leisteten freiwillige Arbeit als Berater der MTS, um die neuen Großfarmen ordentlich in Schwung zu bringen.

Diese landesweite Anstrengung von 1934 besiegte die Dürre von 1934. Die Ernte fiel trotz des ungünstigen Wetters nicht schlechter aus als die Rekordernte aus dem Jahr davor. Ein Jahr später war die Lage in den Kollektivfarmen schon so stabil, dass kaum noch jemand die Kolchose wieder verlassen wollte.

Während die Auslandspresse von 'Stalins Krieg gegen die Bauern' faselte, war in der damaligen sowjetischen Presse von einem anderen Krieg die Rede: von dem Krieg für einen höheren Ernteertrag oder von einem Krieg gegen die Dürre.[386]

Es kam noch etwas hinzu: die Mentalität des Bauern änderte sich aufgrund der neuen Verhältnisse. Er lernte jetzt nicht nur lesen und schreiben, sondern begann auch, sich für Naturwissenschaft und sogar für Kunst zu interessieren. Denn: Fast jede Großfarm besaß ihren Theaterkreis, ihren Fallschirmspringer- oder Segelflieger-Club, ja sogar ihre eigenen Pilotenkurse - nützliche Hobbys, die sich später im Zweiten Weltkrieg bezahlt machen sollten. Später wurden auch Flugzeuge für die Aussaat verwendet oder einfach für Besorgungen in der nächstgelegenen Stadt, die der Kolchose zur Verfügung standen.

Der Fortschritt war ins russische Dorf eingezogen.

n. Die Kollektivierung sicherte den Sieg über die Nazi-Wehrmacht

Ludo Martens ist in seinem Buch über Stalin ('Stalin anders betrachtet') ist der Meinung, dass die Kollektvierung damals die Sowjetunion in die Lage versetzte, der Naziinvasion zu widerstehen und diesen Krieg schließlich siegreich zu beenden. Hat er damit Recht? Ist das nicht etwas gewagt zu behaupten? Hat nicht die Rote Armee diesen Sieg alleine errungen?

386· vgl. A. L. Strong, ebd., S. 49f.

Am 7. November 1943, zum 26. Jahrestag der Oktoberrevolution, hielt Stalin eine Ansprache, in der er auf Folgendes hinwies:

"Bekanntlich war unser Land durch den Einfall der faschistischen Heerhaufen zeitweilig der wichtigsten landwirtschaftlichen Gebiete der Ukraine, des Don- und Kubangebietes beraubt. Und trotzdem versorgten unsere Kollektivwirtschaften und Sowjetgüter ohne nennenswerte Störungen die Armee und das Land mit Lebensmitteln. Gewiss, ohne die Kollektivwirtschaftsordnung, ohne die aufopferungsvolle Arbeit der Kollektivbauern hätten wir diese äußerst schwierige Aufgabe nicht bewältigen können.

Leidet unsere Armee im dritten Jahr des Krieges keinen Mangel an Lebensmitteln, wird unsere Bevölkerung mit Lebensmitteln und unsere Industrie mit Rohstoffen versorgt, so ist das ein Ausdruck der Kraft und der Lebensfähigkeit der Kollektivwirtschaftsordnung und des Patriotismus der Kollektivbauernschaft." [387]

Martens stellt fest, dass die von den faschistischen Truppen verwüsteten Gebiete - und das waren nicht nur die deutschen Truppen, sondern auch die italienischen, finnischen, rumänischen, ungarischen, slowakischen und spanischen - 47 Prozent der bearbeiteten Bodenfläche ausmachten. 98.000 Kollektivfarmen seien zerstört worden.[388] Es gab damals insgesamt rund 240.000 Kolchosen und Sowchosen. Es wurden also etwa 40 Prozent aller Kollektivwirtschaften von den Faschisten zerstört, wovon besonders die Ukraine betroffen war, wo die ukrainischen Nationalisten kräftig an diesem Zerstörungswerk auf der Seite der Nazis beteiligt waren.

Dennoch konnte die Rote Armee während des ganzen Krieges zuverlässig mit Lebensmitteln versorgt werden. Dies war ein Ausdruck der 'Kraft und der Lebensfähigkeit der Kollektivwirtschaftsordnung' und des 'Patriotismus der Kollektivbauernschaft' (Stalin in seiner oben angeführten Rede). Hinzukam, dass

387· Stalin-Werke, Bd. 14, Dortmund 1976, Verlag Roter Morgen, S. 327, ‚Der 26. Jahrestag der Oktoberrevolution'.

388· vgl. L. Martens, ebd., S. 147.

"... in den Jahren 1943/44 im Osten der UdSSR 12 Millionen ha neue Anbauflächen urbar gemacht wurden."[389]

Die deutschen Faschisten und ihre Verbündeten konnten die Kollektivwirtschaften zwar abbrennen, was sie besonders auf ihren Rückzügen taten, aber sie waren nicht in der Lage, das System zu vernichten, sie waren nicht in der Lage, die Bauern dazu zu bewegen, zum alten System der Einzelwirtschaft oder gar zur Gutsherrschaft zurückzukehren.

Auch Nikolaus Basseches ist der Meinung, dass ohne die Kollektivierung die Sowjetunion den Krieg nicht überstanden hätte, wenn er schreibt:

"Man kann ruhig sagen, dass dank der Kollektivierung die Sowjetunion den Zweiten Weltkrieg überstanden hat."[390]

Er vergleicht damit die Lage Russlands im Ersten Weltkrieg:

"Es waren die Bauern, die das Land nicht mehr verteidigen wollten, es waren die Bauern, die den Frieden wollten, ..."[391]

Im Zweiten Weltkrieg aber wollten sie das Land verteidigen, denn es war nun ihr Land geworden. Sie hatten viel zu verteidigen: Sie hatten die neu gewonnene Freiheit, aber auch ihre kulturellen Errungenschaften zu verteidigen, ihr neues Leben. Wäre die Nazi-Wehrmacht nicht besiegt worden, was wäre dann auf dem Lande passiert? Die Deutschen hätten ihre Gauleiter und SS-Oberen als neue Gutsherrn eingesetzt und hätten die einfachen Bauern wieder in die Leibeigenschaft, ja in die völlige Versklavung gezwungen. Sie hatten also viel zu verlieren. Martens, Bettelheim zitierend:

"Die überwältigende Mehrheit der Bauern hat gezeigt, wie stark sie mit dem neuen Landwirtschaftssystem verbunden ist. Man hat-

---

389· Ludo Martens, ebd., S. 147, nach: Bruno Bettelheim, ‚L'économie soviétique', Paris 1950, SS. 83, 90 · Die sowjetische Wirtschaft.

390· Nikolaus Basseches, ebd., S. 169.

391· Ebd..

te den Beweis während des Krieges, denn in den von den deutschen Truppen besetzten Regionen hat sich allen zerstörerischen Versuchen der Nazibehörden zum Trotz die Kollektivwirtschaftsform aufrechterhalten."[392]

Martens Behauptung ist also durchaus berechtigt. Die Rote Armee besaß durch die Kollektivwirtschaftsordnung ein sicheres Hinterland, ohne das keine Armee auf die Dauer siegen kann. Und: Es hatte sich gezeigt, dass das neue System, dass die neue sozialistische Landwirtschaft, die neue Großwirtschaft, dem kapitalistischen überlegen war. In den westeuropäischen Ländern, in die die Naziarmee vor ihrem Überfall auf die Sowjetunion eingefallen war, war sie mühelos in der Lage gewesen, innerhalb weniger Wochen die Länder zu besetzen.

392· Ludo Martens, ebd., nach: B. Bettelheim, ebd., S. 113f.

17. Die sowjetische Kulturrevolution

a. Die Befreiung der Frau

Nur eine echte Revolution, eine Revolution, die die sozialen und ökonomischen Lebensbedingungen radikal umwälzt, die die Klassenherrschaft abschafft oder zumindest eine fortschrittliche Klasse zur Macht verhilft und eine rückschrittliche von der Macht verdrängt, kann auch den Menschen, seine Gewohnheiten, seine Denkweise, seine Ansichten, sein Weltbild, seine Einstellung zum Mitmenschen, sein soziales Verhalten, seine Sitten und Gebräuche zum Positiven verändern.

Ein bloßer Putsch, der die Oktoberrevolution nach Ansicht der meisten westlichen Historiker gewesen sein soll, vermag dies nicht. Er tauscht nur das leitende Personal an der Spitze einer Pyramide aus und lässt fast alles andere, vor allem aber die sozialen Strukturen, beim Alten. Er verändert die Menschen kaum, verändert nicht ihre materiellen Lebensbedingungen, deren Wandel für die Veränderung der Mentalität des Menschen ausschlaggebend ist. Aber die Oktoberrevolution und die Revolution auf dem Lande, die Kollektivierung der Landwirtschaft, veränderten die Menschen, machten aus ihnen neue Menschen.

Diese Veränderungen darf es nicht gegeben haben, wenn man der offiziellen Geschichtsschreibung folgt, oder sie werden als 'Experimente am Menschen', als 'künstliches Schaffen eines neuen Menschen' verteufelt.

Was war das Neue, das es nicht gegeben haben durfte?

Beginnen wir an einer beliebigen Stelle mit diesem Neuen: mit der Emanzipation der sowjetischen Frau, vor allem der arbeitenden Frau. Welchen Status besaß sie unter dem Zarismus, der dreihundert Jahre das Land regiert hatte, nämlich von 1617 bis 1917?

Im zaristischen Zivilrecht hieß es unter anderem:

"Eine Ehefrau hat in allen Dingen ihrem Ehemann zu gehorchen und darf sich in keiner Weise gegen seine Autorität auflehnen."[393]

Sie durfte deshalb auch ohne Zustimmung ihres Ehemannes keine Arbeit annehmen (§ 2.202, X. Buch des zaristischen Zivilrechts). Gelang es ihr, einen Beruf zu ergreifen, wie den einer Lehrerin, einer Krankenschwester oder einer Telefonistin, wurde sie sofort entlassen, wenn sie heiratete. Verheiratete Frauen erhielten keinen eigenen Pass, so dass sie auch das Haus nicht ohne Genehmigung ihres Mannes verlassen durften. Wenn sie aus Verzweiflung weglief, durfte die Polizei sie wieder zurückbringen.

Leo Tolstoi beschreibt in 'Anna Karenina' das tragische Los einer verheirateten russischen Frau, die ihre eigenen Wege gehen wollte, die der Stimme ihres Herzens folgte, und diese Frau war keine Arbeiterin oder Bäuerin, sondern kam aus der gehobenen Gesellschaftsschicht, sie war eine gebildete, kultivierte Frau, die im privilegierten Moskau lebte. Und wie endete schließlich ihr Versuch sich zu befreien? Ihre Lage war am Ende so hoffnungslos, so ausweglos, so verzweifelt, dass sie sich vor einen Zug warf und ihrem Leben ein Ende bereitete.

Wie trostlos und wie verzweifelt muss erst recht das Los der einfachen russischen Frauen gewesen sein, besonders der Frauen auf dem Lande, besonders der Frauen im asiatischen Teil Russlands, besonders aber der Frauen, die sich wie Anna Karenina befreien wollten, die einen Freiheitsdrang besaßen!

Der gleiche Tolstoi lässt in einem seiner Stücke, das den Titel 'Die Macht der Finsternis' trägt - 1888 in Petersburg uraufgeführt und dann verboten - den Bauern Mitritsch über die russische Bauersfrau sagen:

"Was ist eine Bauersfrau? Nichts als Abschaum. Sie sind alle blind wie Maulwürfe. Sie wissen nichts. Eine Bauersfrau, eine

393· Webbs 1941, ebd., S. 813, § 107, X. Buch des zaristischen Zivilrechts.

Baba, hat weder etwas gesehen noch etwas gehört. Ein Mann kann etwas lernen, wenn er andere mal in einer Kneipe trifft oder auch, wenn er mal im Gefängnis sitzt oder wenn er in der Armee dient.

Aber was kann man von einer Frau erwarten? Bringt ihr irgendjemand etwas bei? Der einzige, der ihr jemals etwas beibringt, ist ein betrunkener Bauer, wenn er sie mit seinem Riemen schlägt - das ist alles, was ihr beigebracht wird."[394]

Fast alle Bauersfrauen waren damals Analphabeten. Drei Viertel der Arbeiterfrauen in den Städten konnten weder lesen noch schreiben.

Das allerschwerste Los jedoch hatten wohl die einfachen Frauen in Zentralasien. Anna Louise Strong:

"Hier waren die Frauen Vieh. Sie wurden in jungen Jahren verheiratet und danach nie wieder in der Öffentlichkeit gesehen ohne ihren 'Paranja', ihren langen, schwarzen Schleier aus Pferdehaaren, der das ganze Gesicht verbarg und Atmung und Sicht behinderte. Die Tradition verlieh den Ehemännern das Recht, ihre Frau zu töten, wenn sie den Schleier ablegen wollte."[395]

Der Kampf für die Befreiung der Frau musste von den Frauen selbst geführt werden und war nicht weniger kompliziert wie der für die sozialistische Kollektivierung, stieß auf keinen geringeren Widerstand der alten Mächte der Finsternis.

Unsere US-amerikanische Journalistin berichtet von Massenentschleierungen in der 'heiligen Stadt' Buchara im Süden Usbekistans anlässlich des Internationalen Frauentags am 8. März:

"Massenkundgebungen fanden in verschiedenen Stadtteilen statt an jenem Tag, und Rednerinnen drängten darauf, dass 'jede sofort den Schleier abwerfen soll'. Anschließend kamen Frauen auf die Tribüne, warfen ihren Schleier vor den Rednern weg und gin-

---

394- Ebd., S. 814, nach Ester Conus, ‚The Protection of Motherhood and Childhood in the Soviet Union', 1933, S. 4, Der Schutz der Mutter und des Kindes in der Sowjetunion.

395- A. L. Strong, ebd., S. 54.

gen dann auf die Straße, um dort zu demonstrieren. Dort waren Tribünen aufgebaut, auf denen Sprecher der Regierung die Frauen begrüßten. Andere Frauen schlossen sich dem Zug von ihrem Zuhause aus an und warfen ihre Schleier auf die Tribüne.

Diese Parade brach die Tradition der Verschleierung im heiligen Buchara. Viele Frauen haben dann natürlich zuhause wieder den Schleier umgehängt, um ihren Männern gegenübertreten zu können, aber der Schleier war von dann ab immer seltener zu sehen."[396]

Die Sowjetmacht zog alle Register, um die Befreiung der Frau aus der mittelalterlichen Rückständigkeit voranzubringen: Erziehung im Sinne der Gleichberechtigung in den Bildungseinrichtungen, Propaganda in den Zeitungen und Zeitschriften, neue Gesetze, öffentliche Prozesse gegen Männer, die ihre Frauen umgebracht hatten usw. Auf das, was im alten Russland nicht als Verbrechen, sondern allerhöchsten als Kavaliersdelikt angesehen wurde, stand jetzt die Todesstrafe.

Die sozialistische Industrialisierung brachte damals einen gewaltigen Schub für die Befreiung der Frau. Frau Strong berichtet von einem Besuch in einer Seidenfabrik:

"Ich besuchte eine neue Seidenfabrik in der Altstadt von Buchara. Der Direktor, ein blasser, erschöpfter Mann, der, ohne sich Schlaf zu gönnen, eine neue Industrie vorantrieb, erzählte mir, dass die Fabrik wohl noch lange unprofitabel arbeiten würde. 'Wir bilden Frauen aus den Dörfern aus als künftiges Personal in Turkestan. ... Wir verlangen, dass Frauen im Werk keinen Schleier tragen'."[397]

In dem Gedicht einer Fabrikarbeiterin hieß es:

"Auf meinem Weg in die Fabrik
Fand ich ein neues Kopftuch,
Ein rotes Kopftuch, ein seidenes Kopftuch,

396· Ebd., S. 55.

397· Ebd. S. 56.

Von meiner eigenen Hände Arbeit erworben,

Das Getöse der Fabrik in mir,

Es gibt mir den Rhythmus,

Es gibt mir die Kraft."[398]

Schon Karl Marx hatte auf dem Ersten Kongress der von ihm mitgegründeten Internationalen Arbeiterassoziation, der Ersten Internationale, der 1866 in Genf stattfand, erklärt, dass der Kampf der Arbeiterklasse gegen den Kapitalismus erfolglos bleiben würde, wenn die Frau nicht aus ihren wirtschaftlichen Zwängen befreit werden würde, und Lenin hatte erklärt, dass der

"Sieg für den Sozialismus unmöglich ist, solange die ganze Hälfte der arbeitenden Menschheit, die arbeitende Frau, nicht die gleichen Rechte wie der Mann genießt, solange sie in ihrem Haushalt und in ihrer Familie wie eine Sklavin behandelt wird."[399]

Im November 1918 hatte in Moskau die Erste Allrussische Konferenz der Proletarischen und Bauersfrauen stattgefunden - mitten im Bürgerkrieg - mit fast 1.200 Delegierten aus allen Landesteilen.

Nach der Oktoberrevolution wurde die vollständige Gleichheit der Geschlechter zur Grundlage sämtlicher Gesetze und sämtlicher offizieller Regierungsdekrete. Frauen erhielten das aktive und passive Wahlrecht, den Achtstundentag wie die Männer, den gleichen Lohn für die gleiche Arbeit. Wenn sie heirateten, behielten sie alles, was sie besaßen, sie hatten das Recht, sich scheiden zu lassen, alle Bildungseinrichtungen standen ihr offen. 1935 waren zwei Drittel aller Ärzte und Lehrer Frauen; 1934 konnten neun Zehntel lesen und schreiben. Im gleichen Jahr war die Zahl der Mädchen, die Schulen besuchten, genauso hoch wie die der Jungen Frauen[400] machten jetzt auch in der hohen Politik Karriere: Alexandra Kollontai wurde

398· Ebd..

399· Webbs 1941, S. 815, Lenin zitierend.

400· vgl. Webbs 1941, ebd., S. 816.

Sowjetbotschafterin in Schweden, Warwara Nikolajewa Jakowlewa war die erste sowjetische Finanzministerin der Russischen Sozialistischen Föderativen Sowjetrepublik...

b. Die Bildungs- und Erziehungsrevolution

Auf dem Zweiten Allrussischen Kongress für Politische Erziehung im Jahre 1921 äußerte sich Lenin so über den kulturellen Stand der damaligen Sowjetrepublik:

"Wir sind ein armseliges, unkultiviertes Volk. Wir müssen von der halbasiatischen kulturellen Rückständigkeit sprechen, die wir noch nicht abgestreift haben. ... Wir sind, gelinde gesagt, ein Volk, das sich sozusagen auf dem Stand einer gemäßigten Barbarei befindet." [401]

Wodurch war diese extreme Rückständigkeit entstanden, besonders die der zahlreichen Völker, die damals zum Russischen Reich gehörten? Stalin:

"Die Politik des Zarismus, die Politik der Gutsbesitzer und der Bourgeoisie gegenüber diesen Völkern bestand darin, alle Ansätze zu einem Staatswesen bei ihnen zu ertöten, ihre Kultur zu verstümmeln, ihrer Sprache Beschränkungen aufzuerlegen, sie in Unwissenheit zu halten und sie schließlich nach Möglichkeit zu russifizieren. Das Ergebnis einer solchen Politik war ein niedriges Entwicklungsniveau und politische Rückständigkeit der Völker." [402]

Da, wo kein Staat oder kein Staatswesen ist, kann sich ein Volk auch nicht entwickeln, kann es auch seine Kultur nicht entwickeln. Im zaristischen Russland gab es dieses Staatswesen und damit auch ein funktionierendes Bildungs- und Erziehungswesen, aber auch ein reges kulturelles Leben, obwohl eingeräumt werden muss, dass fortschrittliches Gedankengut und fortschrittliche Literatur verboten

---

401· Webbs 1941, ebd., S. 927, Lenin zitierend, nach: M. Epstein, ‚The Fight for Cultural Advance', Moskau 1933, S. 30, Der Kampf um den kulturellen Fortschritt.

402· Stalin-Werke, Bd. 5, ebd., S. 20, ‚Über die nächsten Aufgaben der Partei in der nationalen Frage'.

war und dem Zensor anheimfiel. Aber es gab ein russisches Theater, eine russische Oper, es gab das weltberühmte russische Ballet. Das ist nicht zu leugnen. In den adeligen Familien hatte man einen Hauslehrer für den Nachwuchs oder zwei, die ihn unterrichteten. Ein Klavier stand im Haushalt einer jeden 'besseren Familie', die Kinder lernten gute Manieren, Mathematik und Französisch, wurden sogar dazu angehalten, sich mit den Eltern und Erziehern auf Französisch zu unterhalten, wurden ausgeschimpft, wenn sie das französische Wort für 'Schaufel' nicht sagen konnten (entnommen aus: Tolstois 'Anna Karenina').

Aber dieses Bildungswesen diente ausschließlich den Interessen des Adels, der reichen Kaufmannschaft, der Russisch Orthodoxen Kirche, der Armeeführung und der russischen Verwaltungsbürokratie, für die es dann auch genügend Ärzte, Rechtsanwälte, Lehrer und andere Spezialisten gab. Man wollte gut versorgt sein.

Das zaristische Bildungssystem war ein Klassensystem, darauf angelegt, den Fortbestand des Zarismus und seines ganzen aristokratischen, halbfeudalen, halbkapitalistischen und bürokratischen Unterbaus sicherzustellen. Bildung für die Massen gab es nicht. Wozu sollte auch eine Arbeiter- oder Bauersfrau lesen und schreiben lernen? Welchen Nutzen hatte davon die russische Aristokratie oder die Kaufmannschaft? Es nutzte diesen Klassen, die Massen in Unwissenheit zu halten. Um so beherrschbarer waren sie. Das Ergebnis dieser Bildungspolitik: im Revolutionsjahr 1917 waren 75 Prozent der russischen Bevölkerung Analphabeten. Nur ein Viertel konnte lesen und schreiben.

An den Rändern des russischen Riesenreiches sah es noch trostloser aus: Es gab zahlreiche Nationalitäten, die noch nicht einmal eine eigene Schriftsprache besaßen. Der Unterricht in der Muttersprache war verboten. Die russischen Gouverneure sorgten dafür, dass sich niemand in den Amtsstuben in der Muttersprach unterhielt. Kinder, die im Kaukasus zum Beispiel Georgisch oder Armenisch auf dem Schulhof sprachen, also ihre Muttersprache, wurde ein entwürdigendes Schild um den Hals gehängt, auf dem ein Hund mit einer heraushängenden Zunge zu sehen war. Nur ein Hund spricht Georgisch, nur ein dummer Hund spricht Armenisch!

Wie sollte sich unter solchen Umständen eine beliebige Nation, die keine russische war, aber zum Zarenreich gehörte, kulturell entwickeln können? Aber auch die russische Nation insgesamt konnte sich unter solchen Umständen nicht entwickeln. Sie blieb eine Halbkolonie des kapitalistischen Westens.

An die Stelle dieses Kastensystems der Erziehung traten nun nach der Oktoberrevolution Lenins Vorstellungen von einer ganz anderen Bildung und Erziehung - einer Bildung und Erziehung für die breite Masse, die auf drei Säulen ruhte: Unentgeltlichkeit, Säkularismus (Weltlichkeit, Trennung von Kirche und Staat), Universalismus (Bildung für alle, Schulpflicht für alle). 1931, unter Stalin, wurde sie verbindlich per Gesetz eingeführt.

Am 10. März 1939, also acht Jahre später, präsentierte Stalin auf dem 18. Parteitag der KPdSU, B stolz die Daten über den inzwischen erreichten kulturellen Fortschritt des sowjetischen Volkes. Er sprach von einer Kulturrevolution:

> *"Was die kulturelle Lage des Volkes betrifft, so folgte ihre aufsteigende Entwicklung dem Aufschwung der materiellen Lage des Volkes auf dem Fuße. Vom Standpunkt der kulturellen Entwicklung des Volkes war die Berichtsperiode wahrhaftig eine Periode der Kulturrevolution. Die Durchführung der allgemeinen Schulpflicht und des Unterrichts in den Sprachen der Nationalitäten der Sowjetunion, die steigende Zahl der Schulen und der Lernenden aller Stufen, das Anwachsen der Zahl der Spezialisten, die eine Hochschule absolviert haben, die Schaffung und Festigung einer neuen, einer Sowjetintelligenz - das ist das allgemeine Bild des kulturellen Aufschwungs des Volkes."* [403]

403· Stalin-Werke, Bd. 14, ebd., S. 207, ‚Rechenschaftsbericht an den 18. Parteitag'.

Schon auf dem 17. Parteitag der Partei im Januar 1934 konnte er feststellen, dass das kulturelle Niveau des sowjetischen Volkes gewaltig angehoben worden war:

"Was die kulturelle Entwicklung des Landes betrifft, so haben wir in der Berichtsperiode a) die Einführung der allgemeinen Schulpflicht in der ganzen UdSSR und die Erhöhung des Prozentsatzes der Lese- und Schreibkundigen von 67 Prozent Ende 1930 auf 90 Prozent Ende 1933; b) das Anwachsen der Schülerzahl in den Schulen aller Stufen von 14. 358.000 im Jahre 1929 auf 26.419.000 im Jahre 1933, ..."[404]

Jedes Jahr kamen drei Millionen neue Schüler hinzu.

Das Bildungsprivileg war abgeschafft: Unter den Studierenden der höheren Lehranstalten waren 51,4 Prozent Arbeiterkinder und 16,5 Prozent Bauernkinder (Stand: 1934). Zum Vergleich: In Deutschland lag der Arbeiteranteil damals nur bei 3,2 Prozent, der der Kleinbauern nur bei 2,4 Prozent, was die Studierenden in den höheren Lehranstalten im Unterrichtsjahr 1932/33 anbetraf.[405]

Kinder genossen nun auch eine Vorschulerziehung: 1929 kamen nur 838.000 Kinder in den Genuss dieser Erziehung. Vier Jahre später waren es schon fast 6 Millionen, nämlich 5.917.000.

Die Zahl der wissenschaftlichen Forschungseinrichtungen betrug 1929 nur 400 im ganzen Land; vier Jahre später waren es schon 840.[406]

Alle Kinder gingen in die gleiche Schule. Privatschulen waren abgeschafft, dazu private Elite-Internate für Kinder aus reichen Familien, es gab keine Aufnahme- und Studiengebühren mehr. Die Folge: ein nie vorher gekannter kultureller und wissenschaftlicher Fortschritt, der keinen Winkel der Sowjetunion unberührt ließ. Dazu der britische Arzt H. N. Brailsford, der kein Kommunist war,

404· Stalin-Werke, Bd. 13, ebd., S. 300, ‚Rechenschaftsbericht an den 17. Parteitag'.

405· vgl. Stalins Rechenschaftsbericht an den 17. Parteitag, ebd., S. 301.

406· vgl. ebd..

aber von dem kulturellen Aufbruch in der Sowjetunion beeindruckt war und sich den Sinn für Objektivität bewahrt hatte:

"Alle objektiven Beobachter haben den Bolschewiki zugestanden, dass sie nicht gezögert haben, ein Volk von Analphabeten in die Schule zu schicken. Aber ihr Ehrgeiz ist noch kühner: Sie beabsichtigen, für jedes russische Kind die Bedingungen zu schaffen, sowohl die psychischen als auch die geistigen, die es in die Lage versetzen wird, seinen Geist bestmöglichst zu entwickeln. ... Ihr Glaube besteht darin, dass man durch eine große, aufopferungsvolle Anstrengung eine ganze Generation, die in Russland heranwächst, auf ein hohes kulturelles Niveau heben kann." [407]

Diese Anstrengung, so der britische Arzt, sei ohne Beispiel, denn bisher sei es immer und überall so gewesen, dass

"dass privilegierte herrschende Klassen nie ernsthaft die Absicht hatten, dass die Kinder der Arbeiter die gleichen Chancen haben sollten wie ihre eigenen." [408]

c. Die Entwicklung der Sprachen

Ohne die Entwicklung der Sprachen in den einzelnen Regionen der Sowjetunion hätte es keine kulturelle Entwicklung gegeben. Es wäre nicht möglich gewesen, den Analphabetismus zu besiegen. Die einzelnen Nationalitäten mussten also zunächst einmal das Recht haben, den Schulunterricht in der eigenen Muttersprache abzuhalten. Stalin in 'Der Marxismus und die nationale und koloniale Frage', ein Werk, das er schon 1913 in Österreich verfasste:

"Nur die Nation selbst hat das Recht, über ihr Schicksal zu bestimmen; niemand hat das Recht, sich in das Leben einer Nation gewaltsam einzumischen, ihre Schulen und sonstigen Einrich-

---

407· Webbs 1941, ebd., S. 295, nach: H. N. Brailsford, ‚The Russian Workers' Republic', 1921, S. 74ff · Die russische Arbeiterrepublik.

408· Ebd..

tungen zu zerstören, ihre Sitten und Gebräuche umzustoßen, ihre Sprache zu knebeln, ihre Rechte zu schmälern. ... Die Aufgabe der Partei besteht darin, ... im eigenen Land Presse, Schulen, Theater, Klubs und überhaupt Kultur- und Bildungsstätten in der Muttersprache zu entwickeln."[409]

Den ersten Schritt in diese Richtung unternahm die Sowjetregierung sofort nach der Oktoberrevolution: Am 15. November 1917 erließ sie die 'Deklaration der Rechte der Völker Russlands'. In ihr wurde das Recht der Nationen auf eine 'freie Entwicklung der nationalen Minderheiten sowie aller ethnographischen Gruppen, die das Territorium Russlands bevölkern' garantiert. Diese Deklaration beinhaltete auch das Recht, den Schulunterricht in der Muttersprache abzuhalten. Drei Jahre später wurde es gesetzlich verankert. Später erhielt es auch Verfassungsrang. Das heißt: die Amtssprache war ab jetzt die Muttersprache. Vorher war das Russische überall die Amtssprache gewesen. Die Muttersprache musste nun vor Gericht und auf den Behörden und in den Schulen gesprochen werden. Das entscheidende Fundament für die kulturelle Entwicklung war gelegt.

Nun bestand aber ein großes Problem, was diese Muttersprache anging: Die große Mehrheit der Sprachen Russlands besaß kein Schrifttum. Das einzige Schrifttum bestand oft nur aus religiösen Texten wie dem 'Vaterunser' oder die 'Zehn Gebote'. Hinzukamen einzelne, von den Kirchenführern genehmigte Texte, die dann aber auch nur wieder einer kleinen Gruppe von Intellektuellen und Priestern zugänglich war.

Ein zweites großes Problem: Der Wortschatz vieler nichtrussischer Sprachen war sehr begrenzt. Er bestand eigentlich nur aus Wörtern und Redewendungen des Alltagslebens. Es gab ja in vielen Gebieten überhaupt keine Industrie, so konnte auch kein dementsprechender Wortschatz entstehen.

Gelehrte, die sich mit den nichtrussischen Sprachen beschäftig-

409· J. Stalin, ‚Der Marxismus und die nationale und koloniale Frage', Berlin 1952, S. 43 und 133.

ten, waren rar gesät. Die einzigen, die dies aus Idealismus heraus taten, waren Gelehrte, die von der Zarenpolizei in entfernte Regionen verbannt worden waren oder die ins Ausland flüchteten, um einer solchen Verbannung zu entkommen und die dann ihre Zeit dort häufig mit der Erforschung der Sprachen unterdrückter Völker verbrachten.

Dies war die Lage vor der Oktoberrevolution: kein Schrifttum, kärglicher Wortschatz, kaum eine systematische Sprachenforschung.

Nach der Oktoberrevolution änderte sich alles in dieser Beziehung: Jetzt ging man nicht nur sporadisch, sondern systematisch an die Verschriftung der unterdrückten Sprachen. Wollte man eines Tages den Schulunterricht in der Muttersprache abhalten, brauchte man Schulbücher, brauchte man eine Literatur für die breiten Massen, benötigte man auch Schulgrammatiken. Sie entstanden schon bald durch die Zusammenarbeit zwischen den muttersprachlichen Lehrern an den ersten öffentlichen Schulen, die man einrichtete einerseits, und den im Zentrum neu geschaffenen Forschungseinrichtungen andererseits.

Es war notwendig, Alphabete zu entwickeln. Zuerst nahm man das Lateinische als Basis, später ging man zum russischen Alphabet über, weil das Russische den Minderheiten näher war. Der Fortschritt war dann so gewaltig, dass schon 1935 an den Schulen der UdSSR in mehr als 80 verschiedenen Sprachen Unterricht erteilt werden konnte. In all diesen Sprachen wurden auch Bücher, Zeitungen, Zeitschriften gedruckt und gelesen; Bibliotheken und Leseclubs entstanden in jedem Werk. Die beiden britischen Gewerkschafter, die diesen gewaltigen kulturellen Aufbruch damals mitbekamen konnten in diesem Jahr erstaunt feststellen:

"Es gibt jetzt Zeitungen in 88 Sprachen!"[410]

Den größten Sprung nach vorn machten die rückständigsten Regionen und Nationalitäten, darunter Tadschikistan in Zentralasien.

410· Webbs 1941, ebd., S. 893.

Vor der Oktoberrevolution waren dort 99,5 Prozent der Bevölkerung Analphabeten. Aber auch dort wurde das Analphabetentum, auch dank Stalins konsequenter Nationalitätenpolitik, restlos beseitigt. Dazu schreibt die Große Sowjet-Enzyklopädie:

> *"Während man im Jahre 1914 in Tadschikistan insgesamt 400 Schüler zählte, gab es 1945 schon 3.051 Schulen mit 294.000 Schülern. ... Bereits 1940 gab es in Tadschikistan sieben Hochschulen, darunter ein medizinisches Institut, ein landwirtschaftliches Institut, pädagogische Institute und Lehrerseminare sowie 27 technische Lehranstalten. ... 1940 gab es 391 Volksbibliotheken (...) mit einem Buchbestand von 373.000 Bänden."* [411]

Seit 1932 gab es dort eine Zweigstelle der Akademie der Wissenschaften der UdSSR, die 1950 zur Akademie der Wissenschaften der Tadschikischen SSR umgewandelt wurde.

Die Minderheiten, die es in den einzelnen Sowjetrepubliken gab, genossen auch das Recht, eigene Schulen zu haben und den Unterricht in der eigenen Sprache abzuhalten. Woimmer genügend Familien einer nationalen Minderheiten zusammen kamen, ganz gleich ob in der Stadt oder auf dem Land, besaßen sie das verfassungsmäßig garantierte Recht auf eine eigene Schule, wo der Unterricht in der Muttersprache abzuhalten war.

In der Ukraine zum Beispiel gab es nicht nur ukrainische Schulen, sondern auch polnische, jüdische, russische, weißrussische, deutsche, griechische, estnische, lettische, litauische, moldawische, bulgarische Schulen.

Nur so konnten sich diese Nationalitäten und Völker entwickeln. Wenn sie weiterhin gezwungen worden wären, den Unterricht ausschließlich auf Russisch abzuhalten - eine Sprache, die ihnen oft verhasst war, die ihrer Kultur und Mentalität fremd war, die ihrem ganzen Leben, ihren Traditionen fremd war - hätten sie sich nicht oder nicht so schnell entwickeln können. So fanden sie zu ihrer eige-

---

411- Große Sowjet-Enzyklopädie, Bd. 2, Berlin 1952, S. 1.995f.

nen Identität zurück, konnten sich ihr eigenes Staatswesen aufbauen, ihre eigene Wirtschaft, den eigenen Handel, ihr eigenes Bildungs- und Erziehungswesen, ihre eigene nationale Literatur, Musik, ihr eigens Theaterwesen usw.

Das bedeutete nicht, dass sie nun ein abgekapseltes Eigenleben führten, dass sie mit der Union nichts mehr zu tun haben wollten. Im Gegenteil: Diese Union sorgte ja gerade dafür, dass sie sich auf dieser Basis so gut entwickeln konnten. Und das Gemeinsame, das es in allen Teilen des Landes gab, war die proletarische Diktatur, die kommunistische Partei, die die arbeitenden Menschen vertrat, egal welcher Hautfarbe, Rasse, Sprache, Nationalität oder Herkunft, schweißte sie alle zusammen in einer sozialistischen Union, aus der niemand mehr austreten wollte, in die, im Gegenteil, immer neue Nationalitäten und Völker eintraten. Das Russische war auch nicht aus den kulturellen Institutionen verbannt, wenn es nicht mehr die Amtssprache war: Es wurde weiterhin in den Schulen gepflegt - als erste Fremdsprache, und auch durch das Russische wurden alle diese Völker zusammengehalten. Es war die Basis der gegenseitigen Verständigung.

d. Kultur für die Massen

Lesehunger!

"Ob nun die ganze Bevölkerung der UdSSR im westlichen Sinne des Wortes 'kultiviert' ist oder nicht, sei dahingestellt, aber es ist dennoch offensichtlich, dass sie nach und nach zu einer lesenden Bevölkerung wird. Jeder Junge, jedes Mädchen, jeder Fabrikarbeiter, jeder Büroangestellte, wir können sogar fast sagen, jeder Bauer unter dreißig, scheint ein alles verschlingender Leser zu sein."[412]

Die UdSSR unter Stalin wird zu einer lesenden Nation, zu einer Nation der Leser, und er selbst, der alles verschlingende Leser, der am Tag gewöhnlich 500 Seiten durchsah, was er als seine 'tägliche Ration' bezeichnete, in dessen Privatbibliothek man nach seinem

412· Webbs 1941, ebd., S. 921.

Tod über 20.000 Titel fand, machte es vor. Dieser ganz spezielle Hunger brauchte Nahrung, die schon bald geliefert wurde: Die Zahl der Bibliotheken für das einfache Volk stieg rasant an, von 40.300 im Jahre 1933/34 auf 70.000 im Jahre 1938/39; die Bücherbestände wuchsen von 86 auf 127 Millionen im gleichen Zeitraum.[413]

Auch die Auflagen der Zeitungen schossen angesichts dieses neuen Kulturhungers in die Höhe, ebenso die Zahl der Theater, der Leseclubs, der Kinos, der Wanderkinos, der Orchester, der kleinen Musikgruppen, ja selbst der Kindertheater.

Jede größere Fabrik erhielt ihre Bibliothek:

> *"Die Stalingrader Traktorenwerke besitzen zwei Bibliotheken: eine mit allgemeiner Literatur, die 86.000 Bände umfasst und die andere mit naturwissenschaftlichen und technischen Werken – 116.000 Bände."*[414]

Bibliotheken gab es in den Zweigstellen fast jeder größeren Organisation, ganz gleich, ob es sich um eine gewerkschaftliche Organisation, um einen Co-op, um den Komsomol, um die Armee, um einen Sportverein, eine Schule, ein Institut oder um einen einfachen Club handelte:

> *"Von einem Ende bis zum anderen der UdSSR gibt es sicherlich heute, im Jahre 1935, mehr als 50.000 solcher Bibliotheken, kleine oder große, die fast alle über genügend Geldmittel verfügen, um ihre Sammlungen ständig zu vergrößeren."*[415]

Die Nachfrage nach Büchern war so enorm angewachsen, dass die staatlichen Verlage nicht mehr nachkamen mit dem Drucken von Werken, weil jede neue Ausgabe sofort vergriffen war, und alle Bücher waren spottbillig.

Das Angebot konnte sich sehen lassen: Man übersetzte die bes-

413· vgl. Stalins Rechenschaftsbericht an den 18. Parteitag, Stalin-Werke, Bd. 14, ebd., S. 207.

414· Webbs 1941, ebd., S. 921, Anmerkung 1.

415· Ebd..

ten Werke der klassischen Literatur aus dem Westen in die wichtigsten sowjetischen Sprachen, darunter die Werke von Dante, Chaucer, Shakespeare, Voltaire, Balzac, Flaubert, Goethe, Dickens, aber auch die Romane von zeitgenössischen Autoren. Natürlich ließ man auch die russischen Klassiker nicht aus, die Werke von Puschkin, dem Schöpfer der modernen russischen Sprache oder die von Leo Tolstoi, dem großen russischen Humanisten, Gesellschafts- und Kirchenkritiker. Natürlich traf man eine Auswahl: westliche Schundliteratur, billige Unterhaltungsliteratur und Kitsch wurden gemieden.

Museen gab es nicht nur in den Städten. Jedes größere Dorf hatte nun sein eigenes Museum. Das Theater, die Oper und sogar das Ballett, das im zaristischen Russland der privilegierten Oberschicht vorbehalten war, wurde jetzt allen zugänglich und war in jeder Kleinstadt anzutreffen. Die großen Fabriken, aber auch die Kollektivwirtschaften besaßen ihre eigenen Bühnen, hatten ihre Laienspielgruppen. Wo es noch keine gab, lud man Theater-Gruppen ein, um Stücke aufzuführen. In den Großstädten waren die Theater jede Nacht mit Arbeiter-Publikum gefüllt. Die Kunst begann, fest unter den Massen Fuß zu fassen. Lenin einst gegenüber Clara Zetkin:

> *"Das, was WIR über die Kunst denken, ist nicht so wichtig, aber das, was die Millionen darüber sagen, das ist wichtig, denn die Kunst beginnt erst, wenn sie fest unter den Massen Fuß gefasst hat."* [416]

Und dass sie Fuß gefasst hatte, daran konnte zehn Jahre nach Lenins Tod kein Zweifel mehr bestehen. Sein Nachfolger Stalin hatte viel dazu beigetragen, dass sein Traum in der neuen Sowjetunion in Erfüllung gehen konnte. Die UdSSR war eine Kulturnation geworden. Aus einem 'armseligen, unkultivierten Volk' (Lenin 1921), aus einem halb-barbarischen Volk war ein Kulturvolk geworden. Der Stand einer 'gemäßigten Barbarei' (Lenin) war innerhalb von nur einem Jahrzehnt überwunden worden. Entstanden war eine neue Zivilisation: der sowjetische Kommunismus.

416. Ebd., S. 297, Anm. 1, Lenin zu Clara Zetkin, meine Hervorhebung.

18. Die Lage der Religionen

a. Die Privilegien der Russisch-Orthodoxen Kirche unter dem Zaren

Um der damaligen UdSSR Kulturfeindschaft und Barbarei zu unterstellen, wird häufig darauf verwiesen, wie unzivilisiert, wie unkultiviert, wie brutal und gewaltsam damals in der Sowjetunion nach der Oktoberrevolution mit dem Eigentum der Kirchen und mit den Kirchen selbst umgegangen wurde. Klöster seien skandalöserweise geschlossen und enteignet worden, der Russisch-Orthodoxen Kirche habe man ihren gesamten Besitz entwendet, man habe ihr die Goldschätze geraubt; man habe die wunderschönen russischen Kirchen verfallen lassen und sie in Lager- oder Sporthallen verwandelt; von einem bis zum anderen Ende der Sowjetunion sei der christliche Glaube rücksichtslos augerottet, seien Christen verfolgt worden; es habe ein Kreuzzug gegen die Religion stattgefunden. Nichts sei dem Kommunismus heilig, er richte nur 'Trümmer und Verwüstungen' an (Papst Pius XI).

Papst Pius XI, 1931 in seiner Enzyklika 'Quadragesimo Anno': Der Kommunismus ..

"..verfolgt in Theorie und Praxis seine beiden Hauptziele: schärfster Klassenkampf und äußerste Eigentumsfeindlichkeit. Nicht auf Schleich- und Umwegen, sondern mit offener und rücksichtsloser Gewalt geht er aufs Ziel. Vor nichts schreckt er zurück; nichts ist ihm heilig. Zur Macht gelangt, erweist er sich von unglaublicher und unbeschreiblicher Härte und Unmenschlichkeit. Die unseligen Trümmer und Verwüstungen, die er in dem ungeheuren Ländergebiet von Osteuropa und Asien angerichtet hat, sprechen eine beredte Sprache." [417]

417· Stéphane Courtois u. a., ‚Das Schwarzbuch des Kommunismus', München/Zürich 1998, S. 41, Papst Pius XI zitierend, ohne Quellenangabe.

Sind diese Vorwürfe berechtigt? In welchem Zustand befand sich damals die Russisch-Orthodoxe Kirche vor der großen Umwälzung in Russland im Jahre 1917?

Das Oberhaupt jener Kirche war damals der Zar wie in England der König das der Anglikanischen Kirche gewesen war. Zar Nikolaus II, der 1894 nach dem Tod seines Vorgängers Zar Alexander den Thron bestieg (Alexander war Alkoholiker und starb an Nierenversagen; er pflegte seine eigenen Söhne mit einer riesigen Hundepeitsche zu züchtigen), hatte als seinen Berater in religiösen Fragen Rasputin eingestellt. Dieser war vom Primaten der Russisch-Orthodoxen Kirche offiziell anerkannt worden und wurde von ihm hofiert. Die beiden Webbs:

"Der Zar war das Oberhaupt der Orthodoxen Kirche, und in den letzten Jahren seiner Herrschaft war Rasputin sein Berater in Religionsfragen. Dieser Abenteurer hatte es durch seine widerlichen Trinkgelage und sexuellen Orgien, verbunden mit religiösem Fanatismus, gepaart mit der üblichen Käuflichkeit, geschafft, nicht nur die gewöhnlichen kapitalistischen Kreise, sondern auch die inneren korrupten Zirkel der russischen Gesellschaft so sehr abzustoßen, dass man ihn dann schließlich gewaltsam von der Bildfläche verschwinden ließ, wofür ein Verwandter des Zaren sorgte." [418]

Wie sah es an der Basis dieser Hauptkirche Russlands aus?

"Der Dorfpriester war meist ein Analphabet und habgierig dazu. Die Klöster, die über hohe Einnahmen verfügten, waren Nester für die Verbreitung des Wunderglaubens." [419]

Diese Dorfpriester wurden damals im Volksmund verächtlich als 'Langmähnige' oder auch als 'Hengste' bezeichnet.[420]

Die russisch-orthodoxe Kirche war also eine Staatskirche, mit

418· Webbs 1941, ebd., S. 1.004, Wladimir Korostowets zitierend, ‚Seed and Harvest', 1931, SS. 193f, Saat und Ernte.

419· Ebd..

420· vgl. A. S. Schapowalow, ‚Auf dem Weg zum Marxismus', Köln 1978, S. 42.

dem Zaren als Oberhaupt. Sie verfügte über eine ganze Reihe von Privilegien, in deren Genuss andere Religionen damals in Russland nicht kamen.

Alle Russen waren von Geburt an automatisch Mitglieder in dieser Staatskirche und konnten nicht wieder aus ihr austreten. Es bestand nur die Möglichkeit, zu einer anderen Religionsgemeinschaft überzutreten, und auch dies war nur mit Genehmigung des zuständigen Provinz-Gouverneurs möglich. Der Zar hatte in allen religiösen Dingen das letzte Wort ähnlich wie der Papst in Rom. Nur die Staatskirche besaß das Recht, für ihre Glaubenslehre zu werben. In den Schulen wurde natürlich Religionslehre erteilt. Eine Trennung von Schule und Kirche gab es nicht. Die anderen Religionen besaßen solche Vorrechte nicht. Von Glaubens- und Gewissensfreiheit konnte im zaristischen Russland keine Rede sein.

b. Das Sowjet-Dekret zur Trennung von Kirche und Staat

Die Oktoberrevolution machte diesen mittelalterlichen Zuständen ein Ende. Mit ihrem Dekret vom 23. Januar 1918 über die Trennung von Staat und Kirche verlor die Russisch-Orthodoxe Kirche ihren Sonderstatus. Damit war die Toleranz in Glaubens- und Gewissensfragen wieder hergestellt.

Die Reaktion der Kirchenoberen ließ nicht lange auf sich warten: Im Frühjahr 1918 trat in Moskau das Konzil der Russisch-Orthodoxen Kirche zusammen. Es verdammte das Dekret als

> *"böswilligen Eingriff in das gesamte Leben der orthodoxen Kirche und als offene Verfolgung der Kirche."*[421]

Aber dabei blieb es nicht:

Der damalige Patriach Tichon, der auf diesem Konzil zum Kirchenoberhaupt gewählt worden war, schritt entschlossen zur Tat und

421· Große Sowjet-Enzyklopädie, Bd. 2, Berlin 1952, S. 1.852.

"..erließ ein Sendschreiben, in dem er die Sowjetmacht und ihre Führer in den Kirchenbann tat und die Gläubigen zum Kampf aufrief." [422]

Wie man einst Leo Tolstoi wegen seiner kirchenkritischen Ansichten aus der Staatskirche ausschloss, obwohl er tief religiös war, so tat man es nun auch mit der gesamten atheistischen sowjetischen Führung.

Der Verlust der einstigen Privilegien, die man so lange genossen hatte, wurde als 'Kirchenverfolgung' deklariert. Aber auch die Oberhäupter der Muslime schlossen sich dem Aufruf Tichons gegen die Sowjetmacht an. Sie riefen ihre Gläubigen dazu auf, sich nicht am Kampf der Sowjetmacht gegen die weiße Reaktion und die zahlreichen Interventen aus dem Ausland zu beteiligen. Ein Teil der muslimischen Geistlichkeit verfolgte diese Linie sogar noch während des Zweiten Weltkriegs, worauf es bei den muslimischen Tataren zu Massenverweigerungen für den Dienst in der Roten Armee kam. Die Folge: Die Tataren wurden umgesiedelt, was dann später als 'Zwangsumsiedlung' hingestellt wurde.

Als es dann 1921 zu einer verheerenden Dürreperiode im Wolgagebiet kam, entschloss sich Lenins Sowjetregierung dazu, der ehemaligen Staatskirche die Goldschätze zu beschlagnahmen, um damit Brot für die Hungernden zu kaufen. Daraufhin ging ein Teil der Kirchenführer ins Ausland und beteiligte sich von dort aus an der Stimmungsmache gegen die gottlosen Bolschewiki.

Später, während des Großen Vaterländischen Krieges, unterstützte die orthodoxe Kirche die Rote Armee und ihren Abwehrkampf gegen die ins Land eingefallene faschistische Koalition. Zu dieser Zeit gab man zu, dass die Prozesse gegen einzeln Kirchenführer wegen ihrer Beteiligung an der Konterrevolution während des Bürgerkrieges gerechtfertigt gewesen seien. Tichons Nachfolger, Patriarch Sergius, der der Sowjetmacht loyal gegenüber eingestellt

422· Ebd..

war, schrieb damals in seinem Buch 'Die Wahrheit über die Religion in Russland':

"In den Jahren nach der Oktoberrevolution fanden wiederholt Prozesse gegen Kleriker statt. Aus welchem Grunde stellte man diese Leute vor Gericht? Doch nur deswegen, weil sie sich unter dem Schutz des Priestergewandes und des Kirchenbanners im antisowjetischen Sinne betätigt hatten." [423]

Die verurteilten Priester wurden also nicht wegen ihrer Glaubenshaltung verurteilt oder weil sie Christen bleiben und keine Atheisten werden wollten, sondern weil sie mit der Konterrevolution zusammen gegen die Sowjetmacht gekämpft hatten. Auch Tichon wurde 1923 vor Gericht gestellt. In seinem Testament forderte er später die Gläubigen auf, sich der Sowjetordnung anzuschließen.

Als dann die deutsche Wehrmacht im Juni 1941 die Sowjetunion überfiel, erklärte die neue Kirchenführung, dass es

"..die heilige und unabdingbare Pflicht eines jeden Christen ist, gegen die Eindringlinge zu kämpfen." [424]

Man sammelte während der Kriegsjahre sogar Spenden für die Rote Armee, darunter für eine Panzerkolonne. Als Stalin Anfang März 1953 starb, beteiligte sich die Russisch-Orthodoxe Kirche an den Begräbnisfeierlichkeiten.

c. Volkswut gegen die Kirche

Es gab in der ersten Zeit nach der Oktoberrevolution zweifellos Exzesse gegen die Russisch-Orthodoxe Kirche, die man nicht ableugnen kann:

"In den ersten Jahren der Konfusion während des 'Kriegskommunismus', in den Schrecken des Bürgerkriegs und während der Hungersnot von 1921 gab es in vielen Dörfern und Städten alle

---

423- Ebd., S. 1.860.

424- Ebd., S. 1.861.

möglichen Exzesse, hervorgerufen durch die Volkswut gegen die Kirche und ihre Priester, genauso wie es solche Exzesse auch gegen die Landbesitzer und Kapitalisten gegeben hat.

Das Land, das vorher den Klöstern und anderen kirchlichen Einrichtungen gehört hatte, wurde beschlagnahmt und unter den örtlichen Bauern aufgeteilt. ... Eine unbekannte Zahl von Priestern, die unter der Dorfbevölkerung besonders verhasst waren oder die sich gegen die Enteignungen gewehrt hatten, wurde umgebracht. In vielen Dörfern kam es vor, dass Kirchen in Clubs, Schulen oder Lagerhäuser für Getreide umgewandelt wurden - unter dem Beifall der Dorfbewohner. ...Die Sowjetregierung war für einige Jahre nicht in der Lage, diese weitverbreitete Stimmung unter Kontrolle zu bekommen. ... Die Schließung von Kirchen und ihre Verwendung für weltliche Zwecke durch bloßen Mehrheitsbeschluss auf einer Dorfversammlung, setzte sich für einige Zeit unkontrolliert fort. Anti-Gott-Museen wurden in den Städten eingerichtet, oft in umgewandelten Kirchen und Klöstern ..."[425]

d. Antireligiöse Aufklärung

'Heilige Relikte' wurden in solchen Museen der ganz anderen Art ausgestellt, um die falschen Wundertaten der Priester und ihren Betrug am Volk zu entlarven. Es gab, so die Webbs, auch reichlich Bilder dort zu sehen, auf denen die enge Verbindung zwischen den Kirchenoberen und der Zarenfamilie oder auch mit hohen Armeeführern gezeigt wurde. Es gab Schaubilder zu sehen, die zeigten, wie hoch die Einnahmen der Klöster aus den Abgaben waren, die man der armen Landbevölkerun abgepresst hatte.

Aber warum sollte man solche Ausstellungen nicht machen? War dies eine 'Kirchenverfolgung' oder eine 'Christenverfolgung'? War es nicht eher eine Entlarvung der volksfeindlichen Praktiken einer Kirche, die über Jahrhunderte hinweg die russischen Bauern in den

425· Webbs 1941, ebd., 1.007

Klauen des Aberglaubens gehalten und ihnen Abgaben auferlegt hatte? Was hatten diese volksfeindlichen Praktiken überhaupt mit dem wahren Christentum zu tun? Warum sollte eine fortschrittliche Regierung, die eng mit dem Volk verbunden war, nicht den Aberglauben, den Wunderglauben, die Heiligenverehrung oder das enge Bündnis der Kirchenfürsten mit den besitzenden und machthabenden Schichten an den Pranger stellen, um die Menschen gleichzeitig über die wahren Ursachen der Armut aufzuklären?

Schon bald wurde eine antikirchliche, antirelgiöse Aufklärung betrieben, die von der Basis ausging - zuerst von Einzelnen, dann von örtlichen antireligiösen Gesellschaften. Ab 1922 brachten sie ein Wochenblatt mit dem Titel 'Der Gottlose' (Beswoschnik) heraus. Drei Jahre später fanden sich 'die Gottlosen' aus dem ganzen Land in Moskau zu einer allrussischen Versammlung zusammen, um zu beraten, wie man die antireligiöse Aufklärung besser unters Volk bringen könnte. Man gründete die 'Union der Militanten Atheisten', die sich schon bald über die ganze Sowjetunion mit Zweigstellen ausbreitete. Es entstand eine antireligiöse Bewegung. Aus ihren anfänglich 9.000 Zellen wurden schon bald 50.000, dann 70.000. 1935 konnte ein kompetenter Beobachter feststellen, dass bereits die Hälfte der Bevölkerung nicht mehr zur Kirche ging und diese Hälfte in keiner Kirche mehr Mitglied war.[426]

Die soziale Atmosphäre wurde antireligiös in der ganzen Sowjetunion, aber es gab keine Christen- oder Kirchenverfolgung. Es gab kein Gesetz gegen die Ausübung einer bestimmten Glaubensrichtung, es hat keinen Ausschluss vom öffentlichen Dienst für Menschen gegeben, von denen bekannt war, dass sie praktizierende Gläubige waren, kein Kind wurde von der Schule verwiesen, kein Jugendlicher von der Hochschule, nur weil er oder sie einer bestimmten Religionsgruppe angehörte. Auch waren die Kirchen nicht überall geschlossen. Die Webbs schilderten 1934 die Lage so:

426· vgl. Julius F. Hecker, ‚Religion und Kommunismus‘, 1933, S. 220 und 226, aus: Webbs 1941, S. 1.009.

"Im Jahre 1934, so wurden die Autoren informiert, gab es in Moskau mehr als 40 Kirchen für die Glaubensausübung, in Kiew ungefähr die Hälfte, aber in den neu erbauten Industriestädten gibt es keine mehr. Es gibt römisch-katholische Gottesdienste in Leningrad und Moskau, die nicht gestört werden und gut besucht sind; die Juden haben ihre Synagogen, die Muslime ihre Moscheen - in Kasan gleich mehrere. Es gibt sogar buddhistische Tempel, und einige evangelische Sekten besitzen ihre eigenen Gebetshäuser. ...

In den Dörfern, so wird berichtet, seien drei Viertel der Kirchen immer noch geöffnet für die Glaubensausübung, aber mit stark verminderter Anhängerschaft. ...

Nur eine überwältigende Mehrheit auf Dorfversammlungen reicht jetzt aus, um eine Kirche zu säkularisieren. ...Ikonen kann man aber immer noch in den vielen Isbas, den russischen Bauernhäusern und sogar in den Kollektivfarmen sehen." [427]

Es war in der Sowjetunion nicht gestattet, religiöse Gefühle zu verletzen oder eine Religion in der Öffentlichkeit lächerlich zu machen. Kirchenschließungen waren nun nicht mehr so einfach durchzuführen wie noch in den frühen zwanziger Jahren.

P. Kerschentzew in 'Bolschwismus für Anfänger' brachte das zum Ausdruck, was auch Lenin vertreten hatte:

"Derjenige, dessen religiöse Gefühle verletzt werden, wird nur umso religiöser werden." [428]

In der Verfassung von 1936, an der Stalin an führender Stelle mitarbeitete, hieß es in Artikel 124:

"Um die Gewissensfreiheit des Bürgers zu garantieren, wird die Kirche in der UdSSR vom Staat getrennt und die Schule von der Kirche. Die Freiheit der Religionsausübung und die Freiheit der antireligiösen Propaganda wird allen Bürgern garantiert." [429]

427· Webbs 1941, ebd., S. 1.011.

428· Ebd., S. 1.014, P.Kerschentzew, ‚Bolschewismus für Anfänger', 1931, S. 78.

429· Ebd., S. 528, Anhang, ‚Die neue Verfassung der UdSSR von 1936' im Wortlaut.

Wo stand Stalin in dieser Frage?

In seiner Rede vor dem Achten Sowjetkongress am 25. November 1936 anlässlich der Diskussion über den Entwurf der neuen Sowjetverfassung sagte er Folgendes:

"Weiter folgte ein Abänderungsvorschlag zu Artikel 124 des Verfassungsentwurfes, der eine Änderung des Artikels dahingehend fordert, dass die Ausübung religiöser Kulthandlungen verboten werde.

Ich glaube, dass dieser Abänderungsvorschlag abzulehnen ist, da er dem Geist unserer Verfassung nicht entspricht." [430]

Auch einen weiteren Abänderungsvorschlag zum Verfassungsentwurf lehnte er ab. Er betraf das aktive und passive Wahlrecht, das durch Artikel 135 des Entwurfs garantiert werden sollte. Den Geistlichen sollte danach weiterhin das Wahlrecht entzogen werden, so wie man dies in der ersten Verfassung von 1924 getan hatte angesichts ihrer Haltung gegenüber der Sowjetmacht während des Bürgerkrieges. Stalin wörtlich:

"Die Sowjetmacht hat den nicht werktätigen und Ausbeuterelementen das Wahlrecht nicht auf alle Ewigkeit entzogen, sondern zeitweilig für eine gewisse Periode. Es gab eine Zeit, da diese Elemente einen offenen Krieg gegen das Volk führten und sich den Sowjetgesetzen widersetzten." [431]

Lenin war schon 1919 der Meinung, dass die Zeit nicht mehr fern sei, da die Sowjetmacht es für nützlich halten werde, dass allgemeine Wahlrecht ohne jegliche Einschränkung einzuführen.

430· Stalin-Werke, Bd. 14, ebd., S. 87.

431· Ebd., S. 87.

19. Das neue sowjetische Gesundheitssystem

a. Was die Sowjetmacht vorfand

Welches war das zaristische Erbe, das die neue Sowjetmacht auf dem Gebiet der Medizin und des Gesundheitswesens im Herbst 1917 vorfand?

"Das zaristische Russland, das relativ wenig Ärzte hatte, und das im Allgemeinen neun Zehntel der Bevölkerung vernachlässigte, gewährte dem Adel und den Reichen doch eine medizinische Versorgung, die für die damalige Zeit als recht effizient angesehen werden muss.

Es brachte auch eine gewisse Zahl von Leute mit außergewöhnlichem Intellekt hervor wie Melnikow, Speranski oder Pawlow, die auf verschiedenen Gebieten der Medizin internationale Anerkennung fanden." [432]

Die russische Medizin zur Zeit des Zarismus besaß demnach als akademische Disziplin ein recht hohes Niveau für die damalige Zeit, kümmerte sich aber wenig um die Bedürfnisse der überwiegenden Mehrheit der Bevölkerung, und schon gar nicht um die der vielen unterdrückten Völker und Nationalitäten des russischen Reiches.

K. Maistrach schreibt dazu in einem Artikel über das sowjetische Gesundheitswesen:

"In den von den nationalen Minderheiten bewohnten Randgebieten gab es für die einheimische Bevölkerung überhaupt keine ärztliche Hilfe." [433]

432- Webbs 1941, ebd., S. 844.

433- Große Sowjet-Enzyklopädie, Bd. 1, ebd., S. 1.216.

Nimmt man die Zahl der Ärzte und der Krankenhausbetten als Maßstab für ein einigermaßen gutes Gesundheitswesen eines Landes (obwohl dies längst nicht alles ist, was ein gutes Gesundheitswesen ausmacht) und vergleicht die Zahlen von 1913 mit denen aus späteren Jahren unter der Sowjetmacht, dann springt ins Auge, in was für einem erbärmlichen Zustand sich das zaristische Gesundheitswesen damals befand.

Nehmen wir die zunächst die Zahl der Ärzte:

Die Große Sowjetenzyklopädie spricht von 19.800 Ärzten im Jahre 1913, als zum letzten Mal offizielles Zahlenmaterial von den zaristischen Behörden veröffentlicht wurde. Diese Zahl bezieht sich auf die späteren Grenzen der Sowjetunion. In Russland selbst, das ja nur einen Teil der UdSSR ausmachte, waren es aber weit weniger, nämlich nur 12. 667 (nach: Anna J. Haines, 'Health Work in Soviet Russia', 1928, S. 94). In der Stadt kam ein Arzt auf 7.000 Einwohner; auf dem Land ein Arzt auf 21.000 Einwohner. In vielen Gebieten Russlands war es nichts Außergewöhnliches, wenn ein Arzt sogar 40.000 Menschen zu versorgen hatte, wenn man hier überhaupt noch von einer 'Versorgung' sprechen kann.

Die Gesamtzahl der Ärzte 1931 in der gesamten UdSSR: 76.000.[434] 1935 kam ein Arzt auf 2.000 Menschen. Man spricht von mehr als 80.000 Ärzten im Jahre 1935.[435]

Nehmen wir dann die Zahl der Krankenhausbetten:

1913 gab es in den Städten und auf dem Lande etwas weniger als 150.000 Krankenhausbetten; 1941 war diese Zahl auf über 660.000 angestiegen; 1946 betrug sie trotz des verheerenden Krieges fast 700.000.[436]

Im Zarismus waren die Krankenhäuser sehr ungleich über das Land verteilt. Die großen Städte wurden weit besser versorgt als das

434· nach Roubakin, ‚Rote Medizin', 1934, S. 219.

435· vgl. Webbs 1941, ebd., S. 842.

436· vgl. Große Sowjet-Enzyklopädie, Bd. 1, ebd., S. 1.221.

Land. In einem zaristischen Krankenhaus hatte ein Arzt im Durchschnitt 70 bis 80 Patienten zu versorgen.[437]

Maistrach stellt in seinem Artikel fest, dass es im zaristischen Russland noch nicht einmal eine einheitliche sanitäre Verwaltung gab, auch gar keine Gesundheitsgesetzgebung. Der Staat wurde nur aktiv, wenn es Epidemien gab, zum Beispiel eine Cholera-oder Typhus-Epidemie, die die adelige und großbürgerliche Gesellschaft bedrohte, oder wenn es auf dem Lande eine Hungersnot gab, die die Versorgung der Städte in Frage stellte. Auch Sanatorien habe es kaum gegeben. Wenn Mitglieder des Adels an Tuberkulose erkrankten, reisten sie gewöhnlich ins Ausland und kurierten dann in Karlovy Vary oder anderswo in Europa ihre Kranheiten aus, wo sie dann auch unter ihresgleichen blieben. In Tolstois Romanen kann man dies nachlesen.

Lenins Leibarzt, der legendäre Dr. Semaschko, der dann das neue Gesundsheitssystem in Russland entwickelte, beschrieb damals das zaristische Erbe mit folgenden Worten:

> *"Die zaristische Regierung hinterließ der Sowjetmacht ein schreckliches Erbe fehlender hygienischer Verhältnisse: die außergewöhnlich schlechten materiellen Bedingungen der Arbeitermassen in Stadt und Land, die polizeiliche Unterdrückung, die jede öffentliche Aktivität im Keim erstickte, die erbarmungsloses Ausbeutung der Arbeiter und der armen Bauern, das niedrige kulturelle Niveau der Bevölkerung und die dementsprechend niedrige hygienische Kultur - all dies zusammen genommen schuf einen günstigen Nährboden für Epidemien und Krankheiten, ...die jährlich Millionen von Menschenleben forderten. ...Ein Viertel all dieser Krankheiten war direkt auf die schlechten wirtschaftlichen und Lebensbedingungen zurückzuführen. ...Die Sterblichkeitsrate in der Bevölkerung ... während des letzten Jahrzehnts vor dem Krieg ... war 28,4 bis 30 pro tausend, ... und der Krieg unterminierte dann*

437· vgl. ebd..

vollständig die Gesundheit der Bevölkerung und die medizinische Organisation."[438]

Die Zeit war reif für ein völlig neues Gesundheitssystem - ein System, das der breiten Masse der Bevölkerung und nicht mehr nur einem Zehntel davon diente.

b. Dr. Semaschkos neues Gesundheitssystem

Das Gesundheitssystem, das nach der Oktoberrevolution in der RSFSR und dann auch später in der UdSSR eingeführt wurde, war von einem engen Gefährten Lenins, von Dr. Nikolai Alexandrowitsch Semaschko, entwickelt worden.

Zwischen 1907 und 1917 stand er an der Seite Lenins, als dieser in der Emigration, in der Schweiz lebte. Im Juli 1918 erhielt er von ihm den Auftrag, das neue 'Volkskommissariat für die Gesundheit der RSFSR' auf die Beine zu stellen. Semaschkos Ziel: die Sozialisierung der Medizin. Was verstand er darunter? Semaschko:

> *"Der Staat muss für jeden Einzelnen, schon gleich zu Beginn ... die Verantwortung für eine freie und qualifizierte medizinische Behandlung übernehmen. Nur dann werden alle privaten Krankenhäuser und alle kommerziellen privaten Praxen wie ein Schatten vor der Sonne verschwinden. Das ist die Perspektive der kommunistischen Medizin."*[439]

Das neue Ministerium erhielt ein Statut, das den Tätigkeitsbereich des Ministeriums umschrieb: Das Ministerium sei zuständig für die Gesundheit des Volkes und verfolge das Ziel, die Gesundheitsstandards der Nation zu verbessern und alle Bedingungen, die der Gesundheit abträglich sind, abzuschaffen. So hieß es in Artikel

438· Webbs 1941, ebd., S. 834f, nach: N. D. Semaschko, ‚Gesundheitschutz in der UdSSR', 1934, S. 11ff.

439· Ebd., S. 836, nach: Dr. N. A. Semaschko, ‚Die Grundlagen der sowjetischen Medizin', russ., Moskau 1926, zitiert nach: Anna J. Haines, ‚Health Work in Soviet Russia', NYC, 1928, S. 15.

eins des Dekrets der Regierung der RSFSR aus dem Jahre 1921. Das neue Ministerium stellte sich zunächst einmal die Aufgabe, die Gesundheit der gesamten Bevölkerung wiederherzustellen. Es war das Jahr der großen Hungersnot, die sich noch dazu in einem völlig zerstörten Land ereignete. Dr. Semaschko sah es als seine dringlichste Aufgabe an, in ganz Russland flächendeckend ein nationales Gesundheitswesen aufzubauen, das jeden versteckten Winkel erreichen konnte.

Um das Ergebnis vorwegzunehmen: Es entstand das größte nationale Gesundheitssystem der Welt - in einer Zeit, da in anderen Ländern, in denen die kapitalistische Krise wütete, die Leistungen für das Gesundswesen rigoros zusammengestrichen wurden.

Alle Ärzte, alle Sanitäter, egal, wo sie sich befanden, wo sie tätig waren, alle Krankenschwestern und alle Apothekerinnen wurden nun staatliche Angestellte. Die private, kommerzielle Medizin, die Zweiklassen-Medizin, eine Medizin für die privilegierte Oberschicht und eine andere für den Rest der Bevölkerung, wie sie so typisch ist für kapitalistische Länder, war damit abgeschafft.

c. Das neue System bewährt sich

Besonders augenfällig war der Fortschritt nach Einführung des kostenlosen, umfassenden und universellen nationalen Gesundheitssystems in jenen Regionen, in denen es während der dreihundertjährigen zaristischen Herrschaft praktisch keine Gesundheitsvorsorge gegeben hatte.

In der Tadschikischen SSR zum Beispiel stieg die Anzahl der Krankenhausbetten zwischen 1913 (im alten Tadschikistan) und 1941 (im sozialistischen) um das 100fache; in der Kasachischen SSR um das 15fache.[440]

Aber diese nüchternen Zahlen vermitteln nur ein blasses Bild von dem gewaltigen sozialen Fortschritt und dem neuen frischen

440· vgl. Große Sowjet-Enzyklopädie, Bd. 1, ebd., S. 1.217.

Wind, der in diese Länder einzog. Wie sah es ein Beobachter, der nicht im Verdacht stand, Kommunist zu sein wie der britische Arzt H. N. Brailsford, der 1920 die ländliche Provinz Wladimir (120 km nördlich von Moskau) besuchte, um sich dort an Ort und Stelle über das neue System zu informieren. Ein Jahr später hielt er seine Eindrücke in seinem Buch 'The Russian Workers' Republic' - Die Russische Arbeiterrepublik - fest. Er schrieb u. a.:

"Ich hatte eine denkwürdige Unterhaltung mit dem medizinischen Personal der Gesundheitsabteilung in der Provinz Wladimir. Nur ein Arzt in der ganzen Provinz war Kommunist, und er befand sich in keiner leitenden Position. Auf der anderen Seite war nicht ein einziger Arzt im Zuge des allgemeinen Exodus der reichen Klasse geflohen. ...

Die ganze medizinische Betreuung ist kostenlos, und die Ärzte leben wie andere Arbeiter der etwas höheren Kategorie. ... Es gab einen Mangel an fast jeder Arznei, an Desinfektionsmitteln, Instrumenten. ... Dennoch war die Gesundheitsabteilung mutig an die Arbeit gegangen, mit Intelligenz und dem russischen Improvisationstalent. Man hatte 50 Entlausungs- und Desinfektionsstationen gegen Typhus eingerichtet, und die Folge war, dass es im letzten Winter keine Epidemie mehr gegeben hat. Der Typhus war jetzt unter dem Vorkriegsstand. Man hatte vier neue Sanatorien für Tuberkulose eröffnet und für die Dorfbewohner hatte man umherziehende Dozenten aufs Land geschickt, um über Hygiene aufzuklären, aber auch über Kinderbetreuung und Krankenpflege und nutzte dabei auch das Kino.

Die Ärzte waren im Großen und Ganzen zufrieden, sie gingen in ihrer Arbeit auf und hatten das Gefühl, dass sie 'ihrem Ideal dienen' konnten. Sie verwirklichten ihren Lebenstraum, der bisher nur ganz verschwommen vorhanden gewesen war.

Unter dem alten System waren ihnen ständig Hindernisse in den Weg gelegt worden, aber jetzt erhielten sie jede nur mögliche Ermutigung. Als er mir beim Abschied die Hand schüttelte, sagte der

Direktor zu mir, und er betonte dies besonders: *'Ich habe noch nie die Sowjetregierung umsonst um irgendetwas gebeten.'*[441]

Dies waren also die Männer und Frauen der ersten Stunde, die das 'Wunder' möglich machten: idealistische Ärzte und Krankenschwestern, die ihren Lebenstraum, etwas für andere zu tun, für andere da zu sein, jetzt verwirklichen konnten. Solche Leute brauchte Dr. Semaschko, um das neue System aufzubauen. Ohne ihren Idealismus wäre auch sein eigener wohl wieder verflogen.

Der Idealismus wird von oben unterstützt und mit den nötigen materiellen Mitteln versorgt, und auch für die Aus- und Weiterbildung wird viel getan. Kein angehender Arzt braucht sich nach der Ausbildung, die übrigens sehr praxisbezogen war, Sorgen um eine Anstellung zu machen, denn der Bedarf an engagiertem medizinischen Personal ist riesig - besonders aber auf dem Lande, in der fernen Provinz.

Auf allen Gebieten des Gesundheitsschutzes, auf dem Gebiet der Prävention, der Behandlung, der Nachsorge und auf dem der Erholung werden nun Fortschritte erzielt - auch auf dem Gebiet des Mutter- und Säuglingsschutzes. Die Sterblichkeit bei schwangeren Frauen verringert sich um die Hälfte innerhalb kurzer Zeit; es gibt Entbindungskliniken in jeder Stadt, aber auch auf dem Lande. Man richtet eine Schwangerschaftsvorsorge ein sowie ein System von Beratungszentren für werdende Mütter. Es gibt nun Milchküchen für Kleinkinder. Sogar auf den Bahnhöfen finden Frauen mit Kleinkindern Kinderkrippen vor, wo sie ihre mitgebrachten Lieblinge eine Zeitlang zurücklassen können, wenn sie dringende Einkäufe in der Stadt zu erledigen haben. Die Kindersterblichkeit, die vor 1914 in Europa den höchsten Stand aufwies, fällt 1936 unter den Wert von Spanien, Österreich und Rumänie.[442]

441· Webbs 1941, ebd., S. 852f, H. N. Brailsford, ‚The Russian Workers' Republic', 1921, pp. 67f.

442· Quelle: David M. Cole, ‚Josef Stalin · Man of Steel', London 1942, S. 90f · J. Stalin · Mann aus Stahl.

Im zaristischen Russland gab es ganze 550 Kinderkrippenplätze, es gab also praktisch keine; 1946 sind es 704.600, d. h. rund 1.400 mal so viele.[443]

Auch bei der Tuberkulose-Bekämpfung erzielt man bemerkenswerte Erfolge: Zwischen 1913 and 1941 verringert sich die Zahl der Todesfälle auf weniger als die Hälfte, die Zahl der Erkrankungen geht auf ein Drittel zurück.[444]

Die Bevölkerung der Sowjetunion steigt Mitte der dreißiger Jahre um jährlich rund drei Millionen an - damals die Bevölkerungzahl von ganz Finnland.

Besonders die Arbeiter und ihre Familien profitieren von dem neuen Gesundheitssystem. Schon 1932, als die beiden Webbs die neuen Stalingrader Traktorenwerke besichtigen, fällt ihnen auf, was sich dort inzwischen getan hatte. Dort arbeiteten schon damals mehr als 40.000 Arbeiter. Der Chefarzt des Werkes hatte hier 110 Ärzte unter sich. Vier Fünftel davon waren Frauen. Hinzukamen 135 Krankenschwestern. Das dortige Gesundheitszentrum, so die Webbs, habe einem kleinen Krankenhaus geglichen. Täglich seien dort über 2.000 Arbeiter betreut worden. Es gab dort sogar Schlammbäder, spezielle Bäder gegen Rheuma, Massagen wurden angeboten, es gab eine psychologische Betreuung.

Das riesige Werksrestaurant bot täglich spezielle Gerichte für kranke Arbeiter an, die nach Vorlage eines Rezepts ausgegeben wurden. Für Kinder im Alter von zwei Monaten bis drei Jahren gab es dort sechs verschiedene Kinderkrippen in sechs verschiedenen Häusern, in denen die arbeitenden Frauen ihre Kinder während einer Schicht zurücklassen konnten. Die Kinder wurden je nach Alter in verschiedenen Räumen untergebracht, wo eine Betreuerin sich um zehn Kinder kümmerte.[445]

Der Große Krieg hat dann vieles von dem, was man sich in mü-

443· vgl. Große Sowjet-Enzyklopädie, Bd. 1, ebd., S. 1.232.

444· vgl. ebd., S. 1. 224.

445· vgl. Webbs 1941, ebd., S. 851.

hevoller, ja liebevoller Arbeit aufgebaut hatte, wieder zerstört, er hat dem neuen sowjetischen Gesundheitssystem unermesslichen Schaden zugefügt, der nie wieder in Form von Reparationen gutgemacht worden ist. In den von der deutschen Wehrmacht und ihren faschistischen Verbündeten besetzten Gebieten wurden Tausende Krankenhäuser, Polikliniken, Kinderkrippen und andere soziale Einrichtungen zerstört, obwohl es dafür keine militärische Notwendigkeit gab. Die deutsche Luftwaffe bombardierte Krankenhäuser und bedeckte sich damit mit Schimpf und Schande. Die Geburtenzahl ging wieder zurück in der Sowjetunion, eine ganze Reihe von Erkrankungen, die man vorher ausgerottet hatte, tauchte wieder auf, darunter Tuberkulose und Malaria, was besonders in den besetzten Gebieten der Fall war.[446]

Die Naziwehrmacht konnte Krankenhäuser zerstören, konnte das Tolstoi-Museum in Jasnaja Paljana zerstören und in einen Soldatenfriedhof verwandeln, aber sie war nicht in der Lage, die Idee des Kommunismus zu zerstören, konnte nicht verhindern, dass schon bald das Semaschkosche System wiederhergestellt wurde, das sich so sehr in der Praxis bewährt hatte und dass auch das Tolstoi-Museum in seiner alten Pracht wieder an genau der alten Stelle wieder dastehen würde. Und auch diejenigen, die den Sozialismus in der Sowjetunion verraten haben und daran gingen, den Kapitalismus zu restaurieren, die Chruschtschows, Breschnews, Kossygins, die Gorbatschows und Jelzins, können die großen Errungenschaften des damaligen Systems nicht vergessen machen, zu tief sind die Spuren, die es in der Erinnerung der Menschen hinterlassen hat. Sie sind eng mit den Namen Lenin und Stalin verbunden and werden es immer bleiben.

446· vgl. K. Maistrach, ‚Gesundheitswesen', in: Große Sowjet-Enzyklopädie, Bd. 1, S. 1.239.

20. Das Ringen um die Steigerung der Arbeitsproduktivität

a. Lenin über den sozialistischen Wettbewerb

Die, den Sozialismus in Worten verteidigen, sagen oft: Wozu braucht man im Sozialismus einen Wettbewerb? Der Wettbewerb ist doch typisch für das kapitalistische System, wo der eine den anderen niedermacht, ihn in den Bankrott treibt, um sich selbst den höchsten Marktanteil zu sichern. Typisch für den Sozialismus ist es doch, dass es so etwas nicht gibt.

Die, die den Kapitalismus verteidigen, sagen oft: Die Sozialisten verkennen völlig die Natur des Menschen. Sie ist auf Kampf und Konkurrenz angelegt und der Kapitalismus entspricht dem. Der Sozialismus aber will keine Konkurrenz, die doch notwendig ist, um die besten Produkte herzustellen. Ohne sie gibt es keinen Fortschritt. Der Sozialismus senkt das Niveau ab und führt zur Stagnation und Mangelwirtschaft. Deshalb ist auch die Arbeitsproduktivität im Kapitalismus viel höher als im Sozialismus, was sich in der Praxis gezeigt hat. Die Niederlage des Sozialismus hat all dies bewiesen!

Zwei Monate nach dem Oktoberumsturz, als es darum ging, die neue Ordnung, die neue Arbeitermacht, die Diktatur des Proletariats, gegen den erbitterten Widerstand der Konterrevolution zu verteidigen, zu festigen und auszubauen, setzte Lenin sich mit diesem Argument auseinander, das bis heute immer wieder gegen den Sozialismus vorgebracht wird. In seiner kleinen Schrift 'Wie soll man den Wettbewerb organisieren?', die er im Dezember 1917 schrieb, findet man den Satz:

> *"Der Sozialismus erstickt keineswegs den Wettbewerb, im Gegenteil: Er schafft erstmalig die Möglichkeit, ihn wirklich auf breiter Grundlage, wirklich im Massenumfang anzuwenden."* [447]

447· W. I. Lenin, ‚Wie soll man den Wettbewerb organisieren?‘ Berlin 1960, S. 3.

Es sei auch ein immer wieder neu vorgebrachtes und weit verbreitetes Vorurteil, dass der Kapitalismus der großen Monopole und Aktiengesellschaften die Konkurrenz und den Unternehmungsgeist fördere, wie dies noch zur Zeit der kleinen Warenproduktion der Fall gewesen sei. Er unterdrücke jetzt die Initiative der Massen. Auf den 'oberen Sprossen der sozialen Leiter' gebe es diese Konkurrenz auch nicht mehr. Was es aber gebe, sei 'Finanzschwindel, Despotismus und Liebedienerei'.[448]

Der Sozialismus dagegen schaffe erstmalig die Möglichkeit, diesen Wettbewerb auf 'breiter Grundlage, wirklich im Massenumfang' anzuwenden. Hier könnten sich alle Talente und Fähigkeiten der einfachen Menschen erst richtig entfalten - Talente, die der Kapitalismus 'zu Tausenden und Millionen mit Füßen tritt'.[449]

Lenin glaubte an die schlummernden, reichen Kräfte in der Arbeiterschaft, wenn er schrieb:

"Erdrückt von der kapitalistischen Ordnung, können wir uns gegenwärtig nicht einmal genau vorstellen, welche reichen Kräfte in den Massen der Werktätigen, in den mannigfaltigen Arbeitskommunen eines großen Staates, in den intellektuellen Kräften stecken, die bisher als stumme Vollstrecker der Pläne der Kapitalisten arbeiteten, welche Kräfte noch schlummern und in einer sozialistischen Organisation der Gesellschaft geweckt werden können."[450]

Wenn die Arbeiter- und Bauernklasse wirklich die Kontrolle und die Rechnungsführung über die Produktion übernehmen wolle, wenn sie vorhabe, die Führung im Land zu übernehmen, dann gehe das nur, wenn das große Reservoir an Talenten aus der Arbeiter- und Bauernschaft genutzt werde. Und um dieses Reservoir anzuzapfen, brauche man den Wettbewerb, aber nicht irgendeinen, sondern den sozialistischen, der nicht den anderen Wettbewerber besiegen und

448· ebd..

449· ebd., S. 4.

450· Große Sowjet-Enyklopädie, Bd. 1, ebd., S. 1.158, nach: Lenin-Werke, Bd. 22, Moskau 1940, S. 467f.

niedermachen will, sondern ihm helfen will, das gleiche hohe Niveau, das gleiche hohe Produktionsniveau zu erreichen wie derjenige, der vorangegangen ist.

Nur so könne die Arbeiterklasse oder auch die Bauernklasse zeigen, dass sie in der Lage ist aufzubauen, nicht nur in der Lage, die alte Ordnung zu stürzen, sondern auch eine neue, bessere, produktivere und menschlichere zu schaffen.

Hätte er diesen starken Glauben an die Kräfte aus der Arbeiter- und Bauernschaft nicht gehabt, dann hätte er sich auf die zaristischen Spezialisten, auf die alte technische Intelligenz, auf die alten Funktionäre aus der kapitalistischen Industrie und der zaristischen Beamtenschaft stützen müssen, dann hätte er sich, wie Trotzki dies wollte, auf die alten zaristischen Offiziere in der Roten Armee verlassen müssen, die keineswegs wollten, dass eine neue sozialistische Ordnung entstand, die nur ihre Karriere retten wollten und die dann in der Praxis bewiesen, dass auf sie nicht der geringte Verlass war. Sie begingen massenhaft Verrat. Die neue Ordnung konnte nur mit frischen Kräften aus der Arbeiterklasse aufgebaut werden, aber nicht mit entliehenen aus der alten Oberschicht. Um diese neuen Kader zu bekommen, mussten jene verborgenen Kräfte aus dem arbeitenden Volk geweckt werden, und das war nur möglich, wenn man den sozialistischen Wettbewerb entwickelte.

b. Wie der sozialistische Wettbewerb anfangs organisiert wurde

In seinem Aufsatz: 'Die nächsten Aufgaben der Sowjetmacht' (1918) entwickelt Lenin die Prinzipien des sozialistischen Wettbewerbs:

1. Veröffentlichtung der Ergebnisse des Wettbewerbs;
2. Vergleichbarkeit und Vergleichung der Ergebnisse und
3. Ermöglichung der Wiederholung der Bestleistungen im Massenumfang.

Das wichtigste Instrument: die sozialistische Presse. Sie müsse in ein Organ der Erziehung der Massen verwandelt werden. Aber wie kann man Menschen zu Bestleistungen 'erziehen'?

Erst einmal komme es darauf an, sie darüber zu informieren, wie man die alltägliche Arbeit nach den allerneuesten Methoden am effektivsten organisieren kann.[451]

Mitten im Bürgerkrieg, am 6. April 1919, organisieren dann die Eisenbahnarbeiter des Rangierwerks Moskau-Kasan die ersten sog. Subbotniks, die Samstags-Initiativen - ein mitreißendes Beispiel, das sofort Schule macht. Lenin war begeistert:

> *"Es ist der Anfang einer Umwälzung, die schwieriger, wesentlicher, radikaler, entschiedener ist als der Sturz der Bourgeoisie, denn das ist ein Sieg über die eigene Trägheit, über die eigene Undiszipliniertheit, über den kleinbürgerlichen Egoismus, über die Gewohnheiten, die der fluchbeladene Kapitalismus dem Arbeiter und Bauern als Erbe hinterlassen hat."*[452]

Am 16. August 1919 beteiligen sich in Petrograd Hunderte von Menschen gleich am ersten Stadt-Subbotnik - in jedem Bezirk der Stadt. Vierzehn Tage später beim dritten Subbotnik sind es schon Tausende, die mitmachen. Auch in der Wiederaufbau-Periode nach dem Bürgerkrieg behält man die Subbotniks bei. Sie werden zu einem Markenzeichen des Leninschen Sozialismus.

Was passiert gleichzeitig? Gleichzeitig bilden sich sog. Stoßbrigaden im Kohlerevier des Donezbeckens: Einzelne Arbeiterbrigaden setzen sich das Ziel, die Arbeitsproduktivität, die noch sehr niedrig ist, anzuheben. Aber die Resonanz ist zunächst noch gering. Einen richtigen Aufschwung erhalten sie erst durch den Arbeitsenthusiasmus, der mit der Aufstellung und Proklamierung des ersten Fünfjahrplans, mit 'Pjatiletka', entfacht wird. Es sind prächtige Jugendliche

451· vgl. Große Sowjet-Enzyklopädie, Bd. 1, S. 1.158, Zitat aus: Lenin-Werke, dt. ebd., S. 464.

452· Ebd., S. 1.159, aus: Lenin-Werke, Bd. 24, S. 329, deutsch in: Lenin und Stalin über den Wettbewerb, Berlin 1948, S. 27.

aus Leningrad, die im Komsomol organisiert sind, die vorangehen, die die Idee der Stoßbrigade aufgreifen und dafür sorgen, dass sie verbreitet wird. Im Werk 'Roter Wyborger' in Leningrad werden die ersten Verpflichtungen im sozialistischen Wettbewerb eingegangen. Schon bald gibt es Hunderttausende von Stoßarbeitern.

c. Stalin über den sozialistischen Wettbewerb

Stalin erklärt den sozialistischen Wettbewerb zur Methode des sozialistischen Aufbaus schlechthin:

"Der Wettbewerb ist die kommunistische Methode zum Aufbau des Sozialismus auf der Grundlage der höchstmöglichen Aktivität der Millionenmassen von Werktätigen." [453]

Aber zwischen dem sozialistischen Wettbewerb und dem kapitalistischen Konkurrenzkampf gebe es einen grundlegenden Unterschied. Sie verkörperten zwei völlig verschiedene Prinzipien:

"Das Prinzip der Konkurrenz lautet: Niederlage und Vernichtung der einen, Sieg und Herrschaft der anderen. Das Prinzip des sozialistischen Wettbewerbs ist: kameradschaftliche Unterstützung des Zurückgebliebenen von Seiten der Führenden, um so einen Gesamtaufschwung zu erreichen." [454]

Das Allerwichtigste:

"Das Großartigste am Wettbewerb ist, dass er in den Ansichten der Menschen über die Arbeit eine radikale Umwälzung hervorruft, denn er verwandelt die Arbeit aus einer schimpflichen und schweren Last, als die sie früher galt, in eine Sache der Ehre und Würde, des Ruhms und des Heldentums." [455]

453· Ebd., S. 1.160, ‚Lenin und Stalin über den sozialistischen Wettbewerb', 1937, S. 113f.

454· Ebd..

455· Ebd., S. 1.161.

d. Die Ausweitung des sozialistischen Wettbewerbs

Die Bewegung greift auch auf das Land über. Auch hier entstehen Tausende von Stoßbrigaden, um die Arbeitsproduktivität zu erhöhen, was im Endeffekt allen zugute kommt. Man organisiert die Arbeit in den Kolchosen in kleinen Brigaden, geht von den großen, anonymen ab, weil in den kleinen die individuelle Leistung eines jeden Kolchosmitgliedes besser kalkuliert werden kann.

In den schweren Kriegsjahren 1941-45 bewährte sich besonders das System, aber vor allem auch die dadurch geschaffene neue Einstellung zur Arbeit. Man nutzt die Idee der Stoßbrigaden, um die Front bestmöglich zu versorgen. Weil die meisten Männer im Krieg sind, gilt es, in den Betrieben mit weniger Personal auszukommen. Frauen und Jugendliche, die noch über wenig Produktionserfahrungen verfügen, werden so schnell wie möglich angelernt. Es bildet sich eine Bewegung zur bestmöglichen Übermittlung von Arbeitserfahrungen an die Jungarbeiter. Der Dreher Pavel Spechow aus dem Werk 'Uralmasch' war ihr Begründer.

Es entstehen die 'Frontbrigaden' des Komsomol, die von Jekaterina Baryschnikowa gegründet werden: Jede Brigade verpflichtet sich, den Plan mit weniger Personal genauso gut zu erfüllen, um so noch mehr Arbeiter freizustellen. Gerade in den Rüstungswerken kam es damals besonders darauf an, eine hohe Arbeitsproduktivität zu erreichen, so viele Waffen und so viel Material wie möglich für die Front in kürzester Zeit zu produzieren.

Stalin würdigte die Arbeit solcher Pioniere für eine höhere Arbeitsproduktivität im Hinterland in seiner Ansprache zum 26. Jahrestag der Oktoberrevolution im November 1943:

> *"Gestützt auf die Mitarbeit des ganzen Volkes erhielt die Rote Armee ohne Unterbrechung Kriegsmaterial. ... Man darf mit voller Berechtigung sagen, dass neben dem heroischen Kampf der Roten Armee die aufopfernde Arbeit der Sowjetmenschen im Hinterland*

als beispiellose Großtat des Volkes zur Verteidigung seiner Heimat eingehen wird."[456]

Stalin spricht von einem 'wahren Arbeitsheroismus'.

e. Die Stachanow-Bewegung

Auch die Stachanow-Bewegung diente der Erzielung einer möglichst hohen Arbeitsproduktivität, und wie der sozialistische Wettbewerb wurde auch sie schon bald zu einem Markenzeichen des sowjetischen Sozialismus in der Stalin-Zeit.

Anna Louise Strong beschreibt in 'The Stalin Era' (Die Stalin-Ära), wie sie damals die Anfänge der Bewegung Mitte der dreißiger Jahre erlebte:

"In der zweiten Hälfte von 1935 begann die Stachanow-Bewegung das Land durchzurütteln. An Hunderten von Orten gleichzeitig fingen Arbeiter an neuen Maschinen an, die bisherigen Produktionsnormen zu kippen - oft gegen die Gleichgültigkeit oder den Widerstand der Betriebsleitung, aber genau registriert und beobachtet von ihren Arbeitskollegen.

Die Welt sah hin und bezeichnete die Bewegung als 'Beschleunigung'. Aber sie war viel mehr als nur das: Es war ein Erstürmen der internationalen Produktivitätsstandards. Einige Bergleute im Donbass übertrafen die Produktion im deutschen Ruhrgebiet um das Doppelte; einige Schmiede in den Gorki-Werken brachen die Rekorde von Ford; einige Schuhmacher in Leningrad übertrafen die Bata-Werke in der Tschechoslowakei um 50 Prozent."[457]

Es war also eine Bewegung von unten, keine von oben befohlene. Einige der ersten Pioniere wurden sogar wegen ihrer neuen Ideen auf die Abschussliste gesetzt. Stalin setzte sich für sie ein:

456· Stalin-Werke, Bd. 14, ebd., S. 326, ‚Der 26. Jahrestag der Oktoberrevolution'.

457· A. L. Strong, ebd., S. 58.

"Was Bussygin betrifft, so ist bekannt, dass er seine Neuerungen beinahe mit dem Verlust seines Arbeitsplatzes gebüßt hätte und nur dank des Eingreifens des Abteilungsleiters, des Genossen Sokolinski, im Betrieb bleiben konnte." [458]

Was war bloß in die sowjetischen Arbeiter gefahren? Warum strengten sie sich plötzlich so an, wo es doch eigentlich in einem Arbeiterstaat darum gehen muss, dass der normale Arbeiter einen gemütlichen Job hat, dass er relativ viel verdient und wenig dafür tut? Was trieb sie an? Anna Louise Strong berichtete damals von dem Ersten Kongress der Stachanowisten in Moskau und fing die Atmosphäre dort so ein:

"Die Leute, die am Allrussischen Kongress der Stachanowisten teilnahmen - ganz Moskau wollte dorthin - erzählten von seinen lautstarken Beifalls- und Hurrarufen. Die Presse wurde romantisch und sprach von der 'Zähmung des Streitrosses der Naturwissenschaften', von der 'Vorbereitung auf den Kommunismus, wo jeder nach seinen Bedürfnissen erhält'.

In allen Diskussionen traten die Eigenschaften des neuen Menschen zutage: eine freudige Initiative, ein Stolz bei der Meisterung komplizierter Verfahren, eine bewusste Zusammenarbeit mit der Gesellschaft, Lernhunger." [459]

Es waren nicht mehr die alten Arbeiter, es waren neue Arbeiter, die jetzt das Gefühl besaßen, in ihrem eigenen Staat zu leben, in dem eigenen Werk zu arbeiten, in der eigenen Gesellschaft zu wirken. Sie hatten die Entfremdung schon abgelegt, die typisch ist für die alte Gesellschaft, sie arbeiteten für sich, nicht für einen fremden Herren, und sie wollten zeigen, was in ihnen steckte, sie entwickelten einen nie gekannten Ehrgeiz, einen nie vorher gekannten Stolz auf die eigene Arbeitsleistung. Lassen wir Stachanow selbst zu Wort kommen:

458· Stalin-Werke, Bd. 14, ebd., S. 36, ‚Rede auf der ersten Unionsberatung der Stachanowisten'.

459· A. L. Strong, ebd..

"Der Internationale Tag der Jugend stand vor der Tür. Ich wollte ihn mit einem Rekord begehen. Meine Genossen und ich hatten uns schon länger überlegt, uns von den Fesseln der Norm freizumachen und die Bergarbeiter vom Zaun zu lassen, ihre Bohrer mal eine volle Schicht nur reinhauen zu lassen." [460]

Aus diesen Worten sprechen zwei Dinge: Verbundenheit mit der Gesellschaft, der es zu dienen gilt (Internationaler Tag der Jugend steht vor der Tür...) und eine enorme Kraft, die raus will, die sich befreien will, die sich beweisen will ('von den Fesseln ... freimachen', 'reinhauen lassen'). Und dann der Lernhunger! Sein Kollege Bussygin:

"Von nichts träumte ich so oft wie vom Studieren. Ich will wissen, wie Hämmer hergestellt werden, möchte sie selbst herstellen können." [461]

Und dann diese Kühnheit, die an Verwegenheit grenzt. Die Genossin Slawnikowa hatte sich vorgenommen, den Rekord an einer Maschine zu brechen, an die man sie nicht heranlassen wollte. Der skeptische Vorarbeiter sah sie zu sehr als Frau im alten Sinne. Slawnikowa:

"Ich bin eine Fallschirmspringerin. Ich habe keine Angst vor der Norm, ich werde sie umstoßen!" [462]

Neue Menschen? Oder einfach nur: die sowjetischen Arbeiter durften endlich zeigen, was in ihnen steckte, durften endlich ihre schlummernden Talente und Fähigkeiten einbringen, durften sich in ihrem eigenen Staat beweisen.

Schnell erreicht die neue Bewegung auch das russische Dorf, wo jetzt nicht mehr nur die Kulaken den Ton angeben, sondern die Arbeiter in den Kolchosen und Sowchosen. Hier arbeitet Marie Demtschenko als Zuckerrübenpflanzerin. Die Brigade, die sie anführt, hat

---

460· Ebd., S. 59.

461· Ebd.

462· Ebd..

sich zum Ziel gesetzt, die Ernte beträchtlich zu steigern. Nachdem sie die lokale Feuerwehr dazu bewegen konnten, ihre Felder ordentlich zu sprengen, schaffen sie einen neuen Rekord. Maries Brigade wird nach Moskau eingeladen zu den Feierlichkeiten anlässlich des Jahrestages der Oktoberrevolution. Sie erzählt Stalin, wie sie davon geträumt habe, die Führer des Landes zu sehen. Stalin:

"Aber jetzt gehören Sie auch zu den Führern!" [463]

Er fragt sie, was sie haben will. Sie antwortet: 'Nichts, ich würde aber gerne Zuckerrüben studieren'. Sie erhält die Zulassung zum Studium.

Dann noch ein weiterer Rekord der etwas anderen Art: Eine Gruppe turkmenischer Reiter hatte auf ihrem Weg nach Moskau 2.690 km auf dem Pferd quer durch die Wüsten zurückgelegt. Stalin empfing auch sie und lobte ihre

"Zielstrebigkeit, Ausdauer ... und ihren festen Charakter." [464]

Ein letztes Beispiel, das von dem Schmied Wassilijew. Er konnte es im Urlaub nicht mehr aushalten. Vier Tage vor Ablauf seines Urlaubs kehrt er seinen Betrieb zurück, um 'Andrianow zu schlagen'. Dann liest er in der Zeitung, dass ein anderer Schmied aus Charkow seinen neuen Arbeitsrekord gebrochen hat. Er sei dann 'explodiert', habe es aber nicht ganz geschafft, an die neue Bestleistung heranzukommen. Daraufhin überlegt er sich zusammen mit seiner Brigade, wie man direkt am Arbeitsplatz die Arbeit sinnvoller organisieren kann. Danach wird der Rekord aus Charkow gebrochen.

Auch wenn Namen uns heute wenig sagen und die wenigsten noch wissen, wer Alexej Stachanow war, so möchte ich doch nicht versäumen, ein paar stolze russische Namen in Erinnerung zu rufen, Namen von Menschen, die sich damals um ihr Land verdient gemacht haben: Es war der Arbeiter Smetanin, der sich in der Schu-

---

463. Ebd., S. 57.

464. Ebd..

hindustrie wie Stachanow im Bergbau ins Zeug legte; es war Kriwonow im Verkehrswesen, es war Mussinski in der Holzindustrie, es waren Arbeiterinnen wie Jewdokija und Winogradowa in der Textilindustrie, es waren Maria Demtschenko, Marina Gnatjenko, P. Angelina, Polagutin, Kolessow, Borin, Kowardad in der Landwirtschaft - die ersten Pioniere der neuen Bewegung für eine höhere Arbeitsproduktivität, die, die andere mit sich fortrissen, die ihr Land und den Sozialismus nach vorne brachten.[465]

f. Neue Menschen

Wenige Tage nach dem Empfang in Moskau erscheint in der 'Prawda' ein Leitartikel über den idealen sowjetischen Charakter:

> *"Starke und originelle Individualität, keine Unterwürfigkeit und kein blindes Vertrauen, sondern Bewusstheit, Kühnheit, Entscheidungsfreude, ... eine starke Individualität, die untrennbar mit einem starken Kollektiv der Werktätigen verbunden ist. Aus dem klaren Ziel von Millionen ... entsteht eine bemerkenswerte, freiwillige Disziplin."*[466]

Die Stachanow-Arbeiter lehnen Überstunden ab. Das sei ein Zugeständnis an die Ineffizienz! Man müsse einen Rhythmus finden, der nicht physisch erschöpft. Wenn die Arbeit richtig ausgeführt werde, dann fühle man sich besser, so heißt es.

Diese Worte enthüllen das ganze Geheimnis: Ein neues Lebensgefühl war entstanden. Welche Riesenkräfte die neue Ordnung freisetzte! Die Arbeit wurde aus einer Mühsal, der man sich jeden Tag unterziehen musste und deren Früchte man selbst nicht ernten durfte, zu einem Vergnügen. Man arbeitete für keinen Rothschild, für keinen Nobel mehr und erst recht nicht für irgendeinen Zaren in Petersburg. Diese Zeiten waren nun endgültig vorüber.

465· vgl. ‚Kurzer Lehrgang‘, ebd., S. 409.

466· Ebd.,, S. 57f.

Für eingefleischte und unbelehrbare Antikommunisten bleibt dies ein Geheimnis. Sie verbinden mit einem solchen Kommunismus nur Zwang, Druck, Antreiberei, Arbeitshetze, Gewalt von oben, Stalinismus und Terror, Diktatur, Angst vor Strafe... Sie können dieses neue Lebensgefühl nicht verstehen und nachvollziehen, weil sie einer anderen Klasse angehören, meist dem Kleinbürgertum oder der Oberschicht, für die sie in der Regel ihre Machwerke, auch ihre Stalin-Biografien, schreiben. Dort herrscht die Auffassung: Man muss die faulen Arbeiter immer antreiben, sonst tun die nichts. Ohne Zwang geht es nicht. Sie brauchen Druck, Druck, Druck!

War Stalin ein Antreiber?

Im Mai 1935 hält er eine Rede vor Absolventen der Akademien der Roten Armee. Er sagt unter anderem:

"Seht euch die Genossen Stachanow-Leute näher an! Was sind das für Menschen? Das sind hauptsächlich Arbeiter und Arbeiterinnen in jungen und mittleren Jahren, technisch beschlagene Kulturmenschen, die Musterbeispiele an Genauigkeit und Pünktlichkeit in der Arbeit liefern, die den Zeitfaktor in der Arbeit zu schätzen wissen und die gelernt haben, die Zeit nicht nur nach Minuten, sondern sogar nach Sekunden zu messen. ...

Sie schreiten kühn vorwärts, brechen mit den veralteten technischen Normen und schaffen neue, höhere Normen. ...

Ist es nicht klar, dass die Stachanow-Leute Neuerer in unserer Industrie sind, dass die Stachanow-Bewegung die Zukunft unserer Industrie darstellt, dass sie den Keim des künftigen kulturellen und technischen Aufschwungs der Arbeiterklasse in sich birgt, dass sie den Weg öffnet, auf dem allein jene Höchstleistungen der Arbeitsproduktivität erzielt werden können, die für den Übergang vom Sozialismus zum Kommunismus und für die Überwindung des Gegensatzes zwischen körperlicher und geistiger Arbeit notwendig sind?" [467]

467· ‚Kurzer Lehrgang', ebd., S. 411.

Stalin war kein Antreiber, sondern jemand, der eine Bewegung aus dem Volke für eine höhere Arbeitsproduktivität unterstützte - der Schlüssel für den Sieg über den Kapitalismus. Ihm war bewusst, dass sich nur so der Sozialismus in der UdSSR weiterentwickeln, dass er nur so eines Tages in den Kommunismus übergehen konnte.

Auf diese Weise wuchs die Arbeitsproduktivität in Industrie und Landwirtschaft um ein Vielfaches. Der zweite Fünfjahrplan für die Jahre 1933-1937 wurde wie der erste schon nach vier Jahren und drei Monaten vorfristig erfüllt. Die Reallöhne stiegen.

> *"Der Lohnfonds wuchs von 34 Milliarden im Jahre 1933 auf 81 im Jahre 1937."* [468]

Anders als in kapitalistischen Ländern, erhielten die Arbeiter das Mehr an Produktion selbst: in Gestalt höherer Löhne oder besserer Sozialleistungen. Eine Klasse von Parasiten, die sich wie im Kapitalismus die Resultate der höheren Arbeitsproduktivität aneignet, gab es nicht mehr.

g. Braucht der Sozialismus den Wettbewerb?

Der Sozialismus braucht nicht irgendeinen Wettbewerb, er braucht einen spezifischen, einen sozialistischen Wettbewerb. Nur so können die verborgenen Talente der Massen und ihre Initiative entwickelt werden. Dieser Wettbewerb hat nichts mit dem gnadenlosen Konkurrenzkampf im Kapitalismus zu tun, wo es nur darum geht, einen lästigen Konkurrenten aus dem Feld zu schlagen, um sich seine eigene Position zu sichern - im Interesse eines höheren Profits. Der Sozialismus braucht einen solchen Wettbewerb nicht, denn er vernichtet bestehende Ressourcen und Arbeitsplätze und fördert den Kampf aller gegen alle.

Es zeichnet den sozialistischen Wettbewerb aus, dass in ihm alle Wirtschaftszweige zusammengeführt werden und nach einem ge-

---

468- Ebd..

meinsamen, einheitlichen Plan arbeiten. Wäre dies nicht der Fall, dann würde das Gesetz der Konkurrenz, das im Sozialismus aufgehoben ist, wieder regieren und wertvolle Kapazitäten und lebensnotwendige Betriebe vernichten und Arbeiter solcher Betriebe auf die Straße setzen.

Der Sozialismus braucht den gut organisierten sozialistischen Wettbewerb, um den Plan zu erfüllen und überzuerfüllen, was allen zugute kommt, was die sozialistische Gesellschaft reicher und das Leben im Sozialismus lebenswerter macht. Ohne ihn würde tatsächlich Mangelwirtschaft entstehen. Der Sozialismus muss unbedingt eine höhere Arbeitsproduktivität erzielen als der Kapitalismus, um sich langfristig behaupten zu können, weil er sonst wieder untergeht.

Der Feudalismus hat die Sklavenhaltergesellschaft besiegt, weil er eine höhere Arbeitsproduktivität brachte; der Kapitalismus hat den Feudalismus besiegt, weil dieser eine höhere Arbeitsproduktivität erreichte und der Sozialismus kann nur dann den Kapitalismus besiegen, wenn er selbst eine höhere Arbeitsproduktivität hervorbringt. Wenn der Sozialismus entartet und dadurch die Unterstützung der Massen verliert, wenn er seine Anziehungskraft einbüßt, wenn die Menschen nur noch lustlos Dienst nach Vorschrift machen, stagniert er, dann geht er unter, was die jüngste Geschichte bewiesen hat.

21. Stalins Kampf gegen den Bürokratismus

a. War Stalin ein 'Bürokrat'?

Dass Stalin einen hartnäckigen Kampf gegen den Bürokratismus geführt hat, ist weitgehend unbekannt. Bekannter ist das, was Trotzki in seinen Büchern über Stalin und die Sowjetbürokratie schrieb, auch deshalb, weil es im Westen in hohen Auflagenzahlen verbreitet wurde. Das, was Stalin über den Bürokratismus sagte und schrieb und was er dagegen unternahm, ist systematisch von westlichen Historikern unterdrückt worden, die sich meist alle auf Trotzki berufen, wenn es um 'Quellen' geht. Es passt auch besser zum sorgsam gepflegten Bild des 'grausamen Diktators', wenn Stalin ein Verteidiger der 'Sowjetbürokratie' bleibt, denn Diktatoren führen nur selten einen solchen Kampf.

Einer der, der im Windschatten von Trotzki segelte, der Autor und Sowjet-Historiker Wolfgang Leonhard, der unzählige Bücher über die Sowjetunion schrieb und noch in seinen letzten Jahren ein Pamphlet gegen Stalin zu Papier brachte, schreibt dort, dass

> *"... unter Stalin ... der Begriff 'Diktatur des Proletariats' dazu benutzt wurde, ein bürokratisches System zu rechtfertigen, dessen Nutznießer ihre Privilegien mit Gewalt verteidigten."* [469]

Das heißt also, dass Stalin angeblich ein 'bürokratisches System' (die gesamte staatliche Ordnung der Sowjetunion ist damit gemeint) gerechtfertigt oder es zumindest geduldet habe.

All dies kann man schon bei dem Ideengeber solcher Historiker, die es mit der Wahrheit oft nicht sehr genau nehmen, nachlesen, darunter in Trotzkis Stalin-Biografie 'Stalin - ein Bild seines Lebens'.

469· Wolfgang Leonhard, ‚Anmerkungen zu Stalin', ebd., S. 111.

Dort ist auf Seite 516 gleich dreimal von der 'Bürokratie' (gemeint die angeblich 'neue herrschende Klasse' in der Sowjetunion) die Rede; einmal ist die Rede von nicht näher bezeichneten 'bürokratischen Entstellungen'. Stalin habe an der Spitze dieser Bürokratie gestanden und damit den 'Thermidor', den 'Verrat an der Oktoberrevolution' eingeleitet. Also war Stalin folgerichtig ein 'Totengräber der Partei und der Revolution'.[470]

Was hat Stalin selbst dazu gesagt? Er hat sich bei den verschiedensten Gelegenheiten gegen die Tendenz zur Bürokratisierung und gegen das bürokratische Verhalten von hohen Parteifunktionären geäußert.

"Einer der schlimmsten Feinde unseres Vormarsches ist der Bürokratismus. Er lebt in unseren Organisationen - sowohl in den Parteiorganisationen als auch in den Organisationen des Kommunistischen Jugendverbandes, sowohl in den Gewerkschaftsorganisationen als auch in den Wirtschaftsorganisationen."[471]

In seinem Brief an Molotow vom 28. September 1930, den er aus seinem Urlaubsort schrieb, fordert er diesen dazu auf, eine Kommission zur Untersuchung bürokratischer Auswüchse ins Leben zu rufen und darin den Vorsitz zu übernehmen:

"Ich halte eine solche Kommission für absolut notwendig als Maßnahme für die Gesundung unserer Apparate und für den Kampf gegen den Bürokratismus, der uns förmlich auffrisst."[472]

Er führt gleich mehrere Beispiele von bürokratisierten Organisationen an:

"Warum entwickeln sich diese Organisationen bei uns nicht? Warum sind sie nicht von pulsierendem Leben erfüllt? Ist es nicht klar,

470· ebd., S. 500.

471· Stalin-Werke, Bd. 11, Berlin 1954, S. 63, ‚Rede auf dem Achten Kongress des Kommunistischen Jugendverbandes'.

472· ‚Stalin · Briefe an Molotow, 1925-1936', hrsg. von Lars T. Lih u. a., Berlin 1996, Brief Nr. 69, S. 238.

dass der Bürokratismus in den Gewerkschaften und dann noch der Bürokatismus in den Parteiorganisationen diese wichtigen Organisationen der Arbeiterklasse daran hindern, sich zu entwickeln?" [473]

Wer ist seiner Meinung nach der schlimmste Bürokrat?

"Das Schlimme ist, dass es sich nicht um die alten Bürokraten handelt. Es handelt sich um die neuen Bürokraten, Genossen, es handelt sich um Bürokraten, die mit der Sowjetmacht sympathisieren, es handelt sich schließlich um Bürokraten aus den Reihen der Kommunisten. Der kommunistische Bürokrat ist der gefährlichste Typ des Bürokraten. Warum? Weil er seinen Bürokratismus mit seiner Parteimitgliedschaft maskiert, und solche kommunistischen Bürokraten gibt es bei uns leider nicht wenig. " [474]

Weit davon entfernt, 'ein bürokratisches System zu rechtfertigen', hat Stalin es bekämpft. Stalin führte den Kampf gegen den Bürokratismus, den Lenin noch in seinen letzten Lebensjahren eingeleitet hatte, konsequent weiter.

b. Was tun gegen Bürokratismus?

Stalin war kein Mann leerer Worte, er ließ ihnen meist sofort Taten folgen, was die Aufforderung an Molotow zeigt, eine Kommission zur Untersuchung bürokratischer Auswüchse in bestimmten Organisationen zu gründen. Aber schon von Anfang an hat er durch Taten, nicht nur durch Worte, bewiesen, dass er es damit ernst meinte.

Stalin hatte in Lenins Kabinett nicht nur ein Portefolio, das des Volkskommissars für Nationalitätenfragen, sondern später noch ein zweites: das des Volkskommissars für die Arbeiter- und Bauerninspektion, auch 'rabkrin' genannt. Dieses Ministerium hatte die alleinige Aufgabe, sich gleich von Beginn an um bürokratische

473. Ebd., S. 64.

474. Ebd..

Auswüchse zu kümmern. Es beschäftigte sich auch mit den Beschwerden einfacher Leute über leitende Funktionäre.

Wie schätzten Außenstehende, die nicht im Verdacht standen, Anhänger der Sowjetmacht oder Sympathisanten der Bolschewiki zu sein, die Arbeit dieses von Stalin geleiteten Ministeriums ein? Ein britischer Beobachter namens W. H. Chamberlain schrieb damals:

"Es ist eine Art ständige Superkommission für Revision und Kontrolle. Sie ist ständig dabei, die anderen Ministerien zu inspizieren, ob es dort Spuren von Schmiergeldern gibt, ob es Bürokratismus gibt und andere Missbräuche.

Rabkrin verfügt über ein weit ausgelegtes Netz: Seine Inspektoren blicken überall hinein, angefangen mit der Leitung des Moskauer Kunstmuseums bis hin zu einer neuen Industrieanlage, von der Qualifikation von Funktionären in Dagestan hin zu den Bauernwirtschaften im Kuban. Natürlich sind solche Überprüfungen in den Behörden, die ihnen unterliegen, nicht sehr beliebt. ... Aber die allgemeine Meinung ist, dass Rabkrin eine gute Arbeit zu machen scheint. ..."[475]

Die beiden britischen Gewerkschafter hielten damals ihren Eindruck in folgenden Sätzen fest:

"In der Sowjetunion selbst gibt es eine fortgesetzte Kritik von unten an dem großen, und wie oft angenommen, an dem wachsenden Übel der Bürokratie. Darunter versteht man - mal ganz abgesehen von der wachsenden Zahl von Leuten, die ein Einkommen beziehen, das beträchtlich über dem der Masse des Volkes liegt - die Angewohnheit von Funktionären, die Wünsche oder die Gefühle der Öffentlichkeit und sogar die der Mitglieder in den Organisationen dieser Funktionäre zu missachten."[476]

475· Webbs 1941, ebd., S. 476, Anhang zum 2. Kapitel, W. H. Chamberlains ‚Soviet Russia', 1930, S. 119 zitierend..

476· Ebd., S. 1.211f.

Stalin stellte sich ganz entschieden auf die Seite derjenigen, die als einfache Parteimitglieder Opfer eines herzlosen, formalen und bürokratischen Verhaltens durch bestimmte hohe Funktionäre geworden waren:

"Ein anderes Beispiel. Ich meine das Beispiel der Genossin Nikolajenko. Wer ist Genossin Nikolajenko? Genossin Nikolajenko ist ein einfaches Parteimitglied. Sie gehört zu den 'kleinen' Leuten. Ein ganzes Jahr lang gab sie Signale über die schlimme Lage in der Parteiorganisation von Kiew, enthüllt die Sippenwirtschaft, das kleinbürgerliche, spießerhafte Herangehen der Funktionäre, die Unterdrückung der Selbstkritik, das Überhandnehmen der trotzkistischen Schädlinge.

Man suchte, sie sich vom Leibe zu halten wie eine zudringliche Fliege. Um sie schließlich loszuwerden, schloss man sie kurzerhand aus der Partei aus. Weder die Kiewer Organisation noch das ZK der Kommunistischen Partei der Ukraine (Bolschewiki) halfen ihr, dieses verworrene Knäuel zu entwirren. Und was stellte sich nach der Untersuchung der Sache heraus? Es stellte sich heraus, dass Genossin Nikolajenko Recht hatte, die Kiewer Organisation aber Unrecht. Nicht mehr und nicht weniger. ...

Wie Sie sehen, stehen einfache Menschen der Wahrheit mitunter bedeutend näher als manche hohen Institutionen. ... Man könnte noch Dutzende und Hunderte anderer solcher Beispiele anführen."[477]

Das war also der 'Bürokrat Stalin', der sich auf die Seite der einfachen Parteimitglieder stellte und der über die Bürokraten zu sagen pflegte:

"Für die alten Verdienste soll man sich vor ihnen verneigen, für die neuen Fehler und den Bürokratismus aber sollte man ihnen tüchtig eins drauf geben."[478]

477· Stalin-Werke, Bd. 14, ebd., S. 155, ‚Über die Mängel der Parteiarbeit'.

478· Stalin-Werke, Bd. 11, ebd., S. 65, ‚Rede auf dem 8. Kongress des Kommunistischen Jugendverbandes'.

Wie kann man den Bürokratismus beseitigen? Auch dafür hatte er ein Rezept:

"Die Organisation der Kontrolle von unten, die Organisierung der Kritik der Millionenmassen der Arbeiterklasse gegen den Bürokratismus in unseren Institutionen, gegen ihre Mängel, gegen ihre Fehler. ... Die Hauptsache ist jetzt, gegen den Bürokratismus ... eine breite Welle der Kritik von unten auszulösen. ... Daher die dringliche Aufgabe der Partei: schonungsloser Kampf gegen den Bürokratismus, Organisierung der Massenkritik von unten, Berücksichtigung dieser Kritik in den praktischen Beschlüssen über die Beseitigung unserer Mängel." [479]

Wie kann sich eine große Organisation, eine Massenpartei vor dem Bürokratismus schützen, wie kann sie lebendig und voller Leben bleiben? Um diesen Punkt zu verdeutlichen, bezog er sich einmal auf die griechische Mythologie, auf den Antäus-Mythos, um seinen Zuhörern klar zu machen, was man tun muss, um dem Bürokratismus Paroli zu bieten:

"Die alten Griechen hatten in ihrer Mythenwelt einen berühmten Heros, den Antäus, der, wie in der Mythologie erzählt wird, ein Sohn Poseidons, des Meeresgottes, und der Gäa, der Göttin der Erde war.

Er hegte eine besondere Anhänglichkeit für seine Mutter, die ihn geboren, ernährt und erzogen hatte. Es gab keinen Helden, den er, Antäus, nicht besiegt hätte. Es galt als ein unbesiegbarer Heros. Worin bestand seine Kraft? Sie bestand darin, dass er jedesmal, wenn er in einem Kampf mit einem Gegner in Bedrängnis kam, die Erde, seine Mutter, berührte, die ihn geboren und ernährt hatte, und so neue Kraft schöpfte.

Aber dennoch besaß er eine schwache Stelle: die Gefahr, auf irgendeine Weise von der Erde losgerissen zu werden. Seine Feinde spekulierten auf diese Schwäche von ihm und lauerten ihm auf. Und

479· Ebd., S. 66.

es fand sich einer, der diese Schwäche ausnutzte und ihn besiegte. Das war Herkules. Wie aber besiegte er ihn? Er riss ihn von der Erde los, hob ihn in die Luft und nahm ihm so die Möglichkeit, die Erde zu berühren und erdrosselte ihn auf diese Weise in der Luft.

Ich denke, wir Bolschewiki erinnern uns an den Heros der griechischen Mythologie, an Antäus. Wie Antäus sind sie dadurch stark, dass sie die Verbindung mit ihrer Mutter, mit den Massen, aufrechterhalten, die sie erzeugt, genährt und erzogen haben, und solange sie diese Verbindung mit ihrer Mutter, mit dem Volk, aufrechterhalten, haben sie alle Aussicht, unbesiegbar zu bleiben."[480]

Das heißt also, dass eine Organisation, eine Partei, immer dann unbesiegbar bleibt, wenn sie es versteht, den Kontakt zu ihrer Basis, zu ihrer Klasse, aufrechtzuerhalten, wenn sie bereit ist, von den einfachen Menschen, denen sie zu dienen hat, zu lernen, wenn sie es versteht, diese einfachen Menschen, die einfachen Mitglieder einer Partei zu schätzen, als Individuen zu achten und zu fördern, zu ermutigen und anzuspornen, Verantwortung zu übernehmen, wenn sie sich ständig auf diese Weise erneuert und dadurch jung, frisch und lebendig bleibt.

So wurde das Jahr 1928 zum Jahr der Selbstkritik-Kampagnen erklärt. Die Selbstkritik nahm Massencharakter an. Alle, vor allem die oberen Chargen, mussten Rechenschaft über ihre Arbeit und über ihre Fehler auf offenen Versammlungen ablegen.

c. Wo kam der Bürokratismus her?

Wo kam der Bürokratismus her? Ist er eng mit dem Sozialismus selbst verbunden, so eine Art Markenzeichen des Sozialismus, wie immer wieder von Gegnern des Kommunismus behauptet wird? Bringt nicht erst der Aufbau des Sozialismus, die Schaffung eines riesigen 'bürokratischen' Planungsapparates zur Planung der Wirtschaft, dieses Phänomen hervor?

480· Stalin-Werke, Bd. 14, ebd., S. 156, ‚Über die Mängel der Parteiarbeit'.

Lenin sah es so:

"... es ist notwendig, dass wir begreifen, dass der Kampf gegen den Bürokratismus ein absolut notwendiger Kampf ist und dass er ebenso kompliziert ist wie der Kampf gegen das kleinbürgerliche Element. Der Bürokratismus ist in unserer Staatsordnung so sehr zum wunden Punkt geworden, dass in unserem Parteiprogramm von ihm die Rede ist, und zwar deshalb, weil er mit diesem kleinbürgerlichen Element ... im Zusammenhang steht." [481]

Die kleinbürgerliche Mentalität ist nach Lenin eine Hauptquelle des Bürokratismus. Der Kleinbürger ist in erster Linie an sich selbst interessiert, vor allem an seinem Posten und an seinen Pfründen und er neigt dazu, nach oben zu buckeln und nach unten zu treten.

Aber allein schon die Schaffung einer riesigen Behörde und die Unterlassung eines Kampfes gegen den Bürokratismus können dazu führen, dass sich Routine einschleicht, dass sich bestimmte verkrustete Strukturen bilden, die dazu führen, dass der Kontakt zu den einfachen Menschen und ihren Problemen verloren geht. Entartungserscheinungen im Sozialismus schon in einem sehr frühen Stadium sind die Folge. In einem zweiten Schritt können sich Sippen- und Vetternwirtschaft einschleichen, in einem dritten Korruption, wenn die Kontrolle von unten und oben versagt.

Stalin führt eine weitere Quelle an: die mangelnde Achtung vor dem Menschen. Dies sei ein Überbleibsel aus der Vergangenheit. Man müsse lernen, die Menschen zu schätzen. Oft würden Menschen nur wie Schachfiguren behandelt. Man habe inzwischen gelernt, die Maschinen zu schätzen, aber bei den Menschen sei das noch anders:

"Die Maschinen zu schätzen und darüber zu berichten, wie es um die technische Ausrüstung der Werke und Fabriken bestellt ist, das hat man gelernt. Aber ich kenne keinen einzigen Fall, wo man mit der gleichen Lust darüber berichtet hätte, wie viele Menschen

481- Stalin-Werke, Bd. 11, ebd., S. 117, ‚Gegen die Vulgarisierung der Losung der Selbstkritik', aus: Lenin-Werke, Bd. 32, S. 167, russ..

wir in einer bestimmten Periode herangebildet und wie wir ihnen geholfen haben, sich zu entwickeln und sich in der Arbeit zu stählen.

Wodurch ist das zu erklären?

Das ist dadurch zu erklären, dass man bei uns noch nicht gelernt hat, die Menschen zu schätzen, die Arbeitskräfte zu schätzen, die Kader zu schätzen."[482]

In seiner Rede vor den Absolventen der Roten Armee im Mai 1935 erzählt er von einer Begebenheit aus seiner letzten Verbannung in Sibirien, um diesen Punkt zu verdeutlichen. Eine Gruppe von Leuten sei zum Fluss gegangen, um Holz aus dem reißenden Wasser zu fischen. Als sie wieder zurückkamen, fehlte einer. Stalin fragte sie, wo er denn abgeblieben sei und bekam dies zur Antwort:

"Was gibt es da zu fragen? Er ist ertrunken."[483]

Stalin weiter:

"Und in demselben Augenblick eilte einer von ihnen irgendwo hin und sagte: 'Die Stute muss getränkt werden!' Auf meinen Vorwurf, dass ihnen am Vieh mehr liege als an den Menschen, antwortete einer unter allgemeiner Zustimmung der anderen: 'Was liegt uns schon an ihnen, an den Menschen? Menschen können wir immer machen, aber eine Stute ... versuch mal, eine Stute zu machen!'

Da habt ihr einen bedeutsamen, aber sehr charakteristischen Zug. Mir scheint, dass das gleichgültige Verhalten mancher unserer Leiter zu den Menschen, zu den Kadern, und das Unvermögen, die Menschen zu schätzen, ein Überbleibsel jenes sonderbaren Verhaltens der Menschen zu Menschen ist, das in der eben erzählten Episode aus dem fernen Sibirien zum Ausdruck kam."[484]

Der Bürokratismus hat also nichts mit dem Sozialismus selbst zu tun, ist keine zwangsläufige Begleiterscheinung bei seinem Aufbau.

482· Stalin-Werke, Bd. 14, ebd., S. 28f.

483· Ebd., S. 29.

484· Ebd..

Er ist ein Überbleibsel aus der alten Klassengesellschaft, aber auch ein Überbleibsel aus alten Zeiten, wo der Existenzkampf die Menschen hart machte, sie unempfänglich machte für die Bedürfnisse von Menschen, der dazu führte, dass Arbeitstiere und Gegenstände oft höher geschätzt wurden als Menschen. Mit all diesen alten Einstellungen hat der Sozialismus nichts gemein. Im Gegenteil: im Sozialismus steht der Mensch im Mittelpunkt, was nicht bedeutet, andere Lebewesen gering zu achten. Das alte Erbe vergangener Jahrhunderte lässt sich aber nicht von einem Tag auf den anderen beseitigen. Es ist tief in der Psyche des Menschen verwurzelt. Deshalb muss ein ständiger Kampf dagegen geführt werden. Unterbleibt dieser bewusste Kampf gegen das Erbe der Vergangenheit, schleicht sich auch der Bürokratismus wieder ein. Wie wir jedoch gesehen haben, gehörte Stalin zu jenen, die sich dieser Aufgabe voll bewusst waren.

22. Die Verfassung von 1936

Die neue Sowjetverfassung aus dem Jahre 1936 wird mitunter auch 'Stalinsche Verfassung' genannt, um anzudeuten, dass Stalin diese Verfassung allein verfasst hat. Das ist unrichtig. Obwohl unbestritten ist, dass er einen großen Anteil an der Ausarbeitung der Verfassung hatte, war sie das Werk einer vielköpfigen Kommission mit mehr als dreißig Mitgliedern. Stalin führte den Vorsitz in dieser Kommission. Außerdem muss erwähnt werden, dass Dutzende von Abänderungsanträgen aus der Bevölkerung nach einer halbjährigen Verfassungsdiskussion später Eingang in den Verfassungstext fanden. Es war also nicht die Verfassung Stalins, sondern eine aus der Mitte des sowjetischen Volkes geborene Verfassung.

a. Die Ursprünge der neuen Verfassung

Im Februar 1935 fasste der Siebte Sowjetkongress der Sowjetunion den Beschluss, eine neue Verfassung auszuarbeiten. Der Grund: Die alte Verfassung aus dem Jahre 1924 war inzwischen veraltet. Sie entsprach nicht mehr den gewaltigen Veränderungen, die sich in den stürmischen zwanziger und dreißiger Jahren in der UdSSR vollzogen hatten.

Der Sozialismus in der UdSSR hatte sich jetzt gefestigt, die Konterrevolution schien (schien!) geschlagen zu sein, eine neue, mächtige sozialistische Industrie war entstanden, das System der krisenfreien Planwirtschaft war fest in der ganzen Sowjetunion etabliert, die private Wirtschaft und der private Handel waren nur noch Randerscheinungen, die Kulaken als Klasse waren ausgeschaltet, die Nepleute, die Wucherer und Spekulanten waren ebenfalls verschwunden und das System der Kollektivwirtschaften in Form des Artels hatte sich weitgehend durchgesetzt. Man konnte jetzt daran gehen, eine neue Verfassung auszuarbeiten, um diese Veränderungen zu berücksichtigen, aber auch um das Wahlrecht, das bisher eingeschränkt war, wieder zu liberalisieren. Bisher war es so, dass bestimmte Gruppen in der Sowjetunion kein Wahlrecht besaßen, darunter 50.000 Geistliche, aber auch hohe, ehemals zaristische Militärs, die im Bürgerkrieg die weiße Konterrevolution unterstützt hatten. Jetzt wollte man damit Schluss machen und allen das aktive und passive Wahlrecht zugestehen. Man ging auch vom indirekten Wahlrecht ab und ging zum direkten über.

Am 6. Februar 1935 fasst jener Sowjetkongress den Beschluss, eine Verfassungskommission zu schaffen. Sie besteht aus 31 Mitgliedern. In ihr arbeiten Historiker, Ökonomen, Politikwissenschaftler und andere, um den Entwurf auszuarbeiten.

Nach monatelangen Vorarbeiten legt die Kommission im Frühjahr ihren Entwurf vor. Am 6. Juni wird er schließlich von der Sowjetregierung gebilligt und der Bevölkerung zur Diskussion unterbreitet. Anna-Louise Strong bekam diese Diskussionen mit und trug in ihr Tagebuch ein:

"Er (also der Verfassungentwurf - Autor) wurde auf 527.000 Versammlungen diskutiert, an denen 36 Millionen Menschen teilnahmen. Monatelang war jede Zeitung gefüllt mit Leserbriefen. 154.000 Änderungsvorschläge kamen auf den Tisch, von denen sich natürlich viele wiederholten und von denen einige eher für ein Gesetzbuch geeignet waren als für eine Verfassung. 43 Abänderungsvorschläge kamen dann am Ende dabei heraus durch diese Volksinitiative."[485]

Dann der nächste Schritt: In der großen Halle des Kreml treffen sich im November 1936 die Mitglieder der verfassungsgebenden Versammlung - über 2.000 Teilnehmer. Was waren das für Menschen, die dort zusammenkamen? Waren es lauter Staatsrechtsprofessoren, Experten, hohe Staatsbeamte, Politiker irgendeiner 'Bürokratie', um mit Trotzki zu sprechen? Anna-Louise Strong:

485· A. L. Strong, ebd., S. 62.

"Es war ein Kongress der 'neuen Menschen', die sich in der Industrie, in der Landwirtschaft, in der Wissenschaft hervorgetan hatten. Bauern kamen, die jetzt nicht mehr allgemein als 'Getreidebauern', sondern als Spezialisten, Traktoristen oder Mähdrescherfahrer bezeichnet wurden, von denen die meisten Rekorde aufgestellt hatten. Es gab Direktoren von großen Werken, berühmte Künstler und Chirurgen, den Präsidenten der Akademie der Wissenschaften.

Dies war die neue Vertretung der Sowjetunion gegen Ende des zweiten Fünfjahrplans."[486]

b. Eine Verfassung der Demokratie und des Sozialismus

Diese 'neuen Menschen' stellten auf ihrer verfassungsgebenden Versammlung einmütig fest, dass die sowjetische Gesellschaft ihre Gesellschaft war, dass sie aus zwei befreundeten Klassen bestand - den Arbeitern und Bauern; sie stellten fest, dass die UdSSR, die Union der Sozialistischen Sowjetrepubliken, ein sozialistischer Staat der Arbeiter und Bauern war (Artikel eins der neuen Verfassung).

Das höchste Machtorgan laut Verfassung war der Oberste Sowjet der UdSSR, also nicht die Regierung. Es setzte sich aus zwei Kammern zusammen, die völlig gleichberechtigt waren: dem Sowjet der Union und dem Sowjet der Nationalitäten. Der Oberste Sowjet wurde von den Bürgern der UdSSR auf vier Jahre gewählt. Er wählte dann seinerseits zwei Gremien: ein Präsidium und den Rat der Volkskommissare, die Regierung der Sowjetunion. Die Amtsdauer betrug vier Jahre.

Wählen konnte jeder, der das 18. Lebensjahr vollendet hatte. Auch das passive Wahlrecht hatte man mit achtzehn Jahren. Man wählte auf der Grundlage des allgemeinen, gleichen, direkten und geheimen Wahlrechts.

486· Ebd., S. 63.

Kommen wir auf die historische Tagung der Verfassungsgebenden Versammlung zurück:

Abschnitt für Abschnitt geht die Versammlung die Grundrechte und Grundpflichten des Sowjetbürgers durch. Per Akklamation werden die einzelnen Grundrechtsartikel gebilligt: Artikel 118, Artikel 119, bis man beim letzten Artikel 133 angekommen ist, der die Grundpflicht enthält, das Vaterland zu verteidigen.

Die Liste ist lang: Sie reicht vom Recht auf Arbeit, vom Recht auf Erholung, vom Recht auf Bildung und Ausbildung, auf materielle Unterstützung im Krankheitsfall und im Alter, vom Recht auf Gleichberechtigung, vom Recht auf Meinungsfreiheit, auf freie Religionsausübung, auf Vereinigungs- und Versammlungsfreiheit, vom Demonstrationsrecht, vom Asylrecht bis hin zur Pflicht, das sozialistische Eigentum zu schützen, die Arbeitsdisziplin einzuhalten, die Gesetze zu befolgen und das Land zu verteidigen.

Die Verfassung ist eine Ohrfeige für den in Deutschland jetzt regierenden Nazifaschismus, der die Demokratie für überlebt ansieht, und nun begrüßten hier im Kreml alle Sprecher ausnahmslos und überschwänglich die Demokratie und den Sozialismus! Während Hitler von der Überlegenheit der germanischen Rasse über die slawische und von den jüdischen Untermenschen sprach, hieß es in der neuen Sowjetverfassung in Artikel 123 unzweideutig:

> *"Die Gleichberechtigung der Bürger der UdSSR, unabhängig von Nationalität oder Rasse in allen Bereichen des wirtschaftlichen, staatlichen, kulturellen, sozialen und politischen Lebens, ist ein unabänderliches Gesetz.*
>
> *Jede direkte oder indirekte Einschränkung dieser Rechte, oder umgekehrt, jede Begründung direkter oder indirekter Privilegien für Bürger wegen ihrer Rasse oder Nationalität und jede Propagierung rassistischer oder nationaler Ausschließlichkeit, von Hass und Verachtung, werden vom Gesetz bestraft."* [487]

487· Webbs 1941, ebd., S. 528ff, ‚The New Constitution of 1936', complete text · Die neue Verfassung, vollständiger Text.

Der Kontrast konnte kaum größer sein.

In seiner Rede vor dem Kongress ging Stalin auf diesen Punkt ein. Er sagte:

"Jetzt, da die trübe Welle des Faschismus die sozialistische Bewegung der Arbeiterklasse mit Schmutz bespritzt und die demokratischen Bestrebungen der Besten der zivilisierten Welt in den Kot zieht, wird die neue Verfassung der UdSSR ein Anklageakt gegen den Faschismus sein und davon zeugen, dass Sozialismus und Demokratie unbesiegbar sind. Die neue Verfassung der UdSSR wird eine moralische Hilfe und eine reale Stütze für all diejenigen sein, die jetzt den Kampf gegen die faschistische Barbarei führen."[488]

Er weist noch auf einen weiteren entscheidenden Unterschied hin: auf den zwischen einer bürgerlichen und einer sozialistischen Verfassung:

"Die bürgerlichen Verfassungen beschränken sich gewöhnlich darauf, die formalen Rechte der Staatsbürger zu fixieren, ohne sich um die Bedingungen der Verwirklichung dieser Rechte zu kümmern. Man spricht von der Gleichheit der Staatsbürger, vergisst aber, dass es keine wirkliche Gleichheit zwischen Unternehmer und Arbeiter, zwischen Gutsbesitzer und Bauer geben kann, wenn die ersteren den Reichtum und das politische Gewicht in der Gesellschaft besitzen, die anderen aber beides entbehren, wenn die ersteren die Ausbeuter und die anderen die Ausgebeuteten sind. Oder weiter:

Man spricht von Rede-, Versammlungs- und Pressefreiheit, vergisst aber, dass all diese Freiheiten sich für die Arbeiterklasse in leeren Schall verwandeln können, wenn sie der Möglichkeit beraubt ist, geeignete Räumlichkeiten für Versammlungen, gute Druckereien, genügend Mengen Druckpapier usw. zur Verfügung zu haben."[489]

---

488. Stalin-Werke, Bd. 14, ebd., S. 89f, ‚Über den Entwurf der Verfassung der UdSSR'.

489. Ebd., S. 70.

Der Achte Sowjetkongress billigte einmütig die neue Verfassung. Anschließend gingen Millionen von Menschen auf die Straße und feierten die neue Verfassung. In der ganzen fortschrittlichen Welt wurde damals dieses Ereignis begrüßt. Zu den Gratulanten gehörte auch Sun Yat-sen in China, der Chef der chinesischen Befreiungsorganisation Kuomintang. Aber auch viele westliche Schriftsteller gehörten dazu, darunter Romain Rolland in der Schweiz. Rolland damals:

"Dies haucht den Parolen, die bisher bloße Träume der Menschheit waren, neues Leben ein, den Parolen von Freiheit, Gleichheit, Brüderlichkeit." [490]

Die neue Verfassung beinhaltete auch das Recht auf Arbeit, das in so gut wie keiner bürgerlichen Verfassung zu finden ist, auch nicht im Grundgesetz der Bundesrepublik Deutschland.

Später erlässt man auf Vorschlag Stalins ein Gesetz, das es möglich macht, einen Abgeordneten, der seinen Wählerauftrag 'vergessen hat', vorzeitig abzuberufen.

Im Dezember 1937 spricht Stalin vor einer Wählerversammlung. Er sagt:

"Nimmt man die kapitalistischen Länder, so bestehen dort zwischen Abgeordneten und Wählern gewisse eigenartige, ich möchte sagen, ziemlich sonderbare Beziehungen: Solange die Wahlen im Gang sind, liebäugeln sie mit den Wählern, scharwenzeln vor ihnen, schwören ihnen Treue, geben einen Haufen aller möglichen Versprechungen ab. Es scheint, als sei die Abhängigkeit der Abgeordneten von den Wählern vollständig.

Sobald aber die Wahlen stattgefunden und die Kandidaten sich in Abgeordnete verwandelt haben, ändern sich die Beziehungen von Grund auf. Statt der Abhängigkeit der Abgeordneten von den Wählern erweist es sich, dass sie völlig unabhängig sind.

490· A. L. Strong, ebd., S. 64.

Für die Dauer von vier oder fünf Jahren, also unmittelbar bis zu den neuen Wahlen, fühlt sich der Abgeordnete völlig frei, unabhängig vom Volk, von seinen Wählern. Er kann von einem Lager ins andere überwechseln, er kann von einem richtigen Weg auf einen falschen abgleiten, er kann sich sogar in gewisse Machinationen nicht ganz sauberen Charakters verstricken, er kann Purzelbäume schlagen wie es ihm beliebt - er ist unabhängig. ...

Diesen Umstand hat unsere Verfassung berücksichtigt und hat in einem Gesetz festgelegt, nach dem die Wähler das Recht haben, ihre Abgeordneten vor Ablauf der Frist abzuberufen, wenn sie Flausen zu machen beginnen, wenn sie vom Weg abweichen, wenn sie ihre Abhängigkeit vom Volk vergessen.

Das ist ein ausgezeichnetes Gesetz, Genossen! Der Abgeordnete muss wissen, dass er Diener des Volkes ist. ..."[491]

Diese Äußerungen haben an Aktualität nichts eingebüßt.

Der Unterschied zwischen einer bürgerlichen und einer sozialistischen Demokratie. Stalin:

"Man spricht von Demokratie. Was aber ist Demokratie? Die Demokratie in den kapitalistischen Ländern, wo es antagonistische Klassen gibt, ist in letzter Instanz eine Demokratie für die Starken, eine Demokratie für die besitzende Mehrheit.

Die Demokratie in der Sowjetunion ist im Gegenteil eine Demokratie für die Werktätigen, d. h. eine Demokratie für alle. ... Deshalb glaube ich, dass die Verfassung der UdSSR die einzige bis zum Letzten demokratische Verfassung der Welt ist."[492]

Stalin war auch für die Einführung von Referenden und ihre Verankerung in der neuen Verfassung. In einem Brief an Molotow vom 26. September 1935, spricht er sich dafür aus:

491· Ebd., S. 164ff.

492· Ebd., S. 78, ‚Über den Entwurf der Verfassung'.

> *"Eine Präambel ist meiner Meinung nach nicht notwendig. Ich denke, wir sollten das Referendum einführen."* [493]

Der 'allmächtige Diktator' konnte sich in dieser Frage jedoch nicht im Zentralkomitee der KPdSU, B durchsetzen. So wurde der Volksentscheid nicht in die Verfassung übernommen.

---

493. ‚Stalin · Briefe an Molotow, 1925-1936', ebd., S. 257, Brief Nr. 83.

23. Der Internationalist Stalin oder: Die Sowjetunion und der Spanische Bürgerkrieg

Es wurde und wird oft behauptet, dass die Sowjetunion unter Stalin nur mit sich selbst beschäftigt gewesen sei, dass sie dem Internationalismus abgeschworen habe, dass auch Stalin dies tat. Stalin sei im Grunde ein 'großrussischer Nationalist' gewesen. Wolfgang Leonhard schrieb:

"Der großrussische Nationalismus wurde zur herrschenden Ideologie."[494]

Beschäftigen wir uns mit Primärquellen, nicht mit Sekundärliteratur. Was hat Stalin selbst über den großrussischen Nationalismus gesagt oder geschrieben? Im März 1923 schrieb er:

"Deshalb ist die entschlossene Bekämpfung der Überreste des großrussischen Chauvinismus die erste Tagesaufgabe unserer Partei."[495]

Wenn Stalin zum großrussischen Nationalist wurde, hätte sich diese Haltung in seinen Handlungen ausdrücken müssen. War dies der Fall? Nehmen wir den Spanischen Bürgerkrieg (1936-1939).

Im Februar 1936 kam in Spanien eine frei gewählte republikanische Volksfrontregierung an die Macht, die von einem Sozialisten geführt und von der Kommunistischen Partei Spaniens untersützt wurde. Fünf Monate später, im Juli des Jahres, war diese fortschrittliche Regierung von einem Militärputsch durch General Franco bedroht. Teile des spanischen Militärs, aber auch die katholische

---

494· Wolfgang Leonhard, ‚Anmerkungen zu Stalin', ebd., S. 104.

495· Stalin-Werke, Bd. 5, ebd., S. 164, ‚Die nationalen Momente im Partei- und Staatsaufbau'.

Kirche des Landes, unterstützten den Putschgeneral, der dann mit seinen in Marokko zusammen getrommelten Söldnertruppen die Hauptstadt Madrid bedrohte. Als Antwort auf diese Bedrohung strömen nun (ab 1936) Tausende von Freiwillige nach Spanien, um der republikanischen Regierung zu helfen. Es entstehen die ersten internationale Brigaden, um den Putschisten in den Arm zu fallen, um Madrid zu verteidigen.

Am 15. Oktober sendet Stalin ein Telegramm an den Führer der Kommunistischen Partei Spaniens, José Diaz:

"Die Arbeiter der Sowjetunion tun nur ihre Pflicht, wenn sie den revolutionären Massen Spaniens die Hilfe gewähren, die sie in der Lage sind zu gewähren. Sie sind sich der Tatsache bewusst, dass die Befreiung Spaniens vom Joch der faschistischen Reaktionäre keine private Affäre des spanischen Volkes ist, sondern die gemeinsame Sache der ganzen fortgeschrittenen und fortschrittlichen Menschheit."[496]

Schon zwei Monate vorher, im August, hatte Stalin darauf gedrungen, dass die Sowjetunion in Spanien tätig wird: Am 27. August trifft Marcel Rosenberg, der sowjetische Botschafter, mit einem 'stattlichen Gefolge von Militärexperten, Marine- und Luftwaffenattachés in Madrid ein'.[497]

Hat die Sowjetunion der republikanischen Regierung nur ein paar symbolische Waffen geschickt, um zu zu demonstrieren, dass sie internationalistisch und nicht chauvinistisch eingestellt war? Die Sowjetunion schickte jedoch:

"806 Militärflugzeuge, überwiegend Kampfflugzeuge, 362 Panzer, 120 gepanzerte Fahrzeuge, 1.555 schwere Geschütze, ungefähr 500.000 Gewehre, 340 Granatwerfer, 15.113 Maschi-

496· William B. Bland, ‚The Soviet Union and the Spanish Civil War', aus: COMpass, April 1996, Nr. 123, Die Sowjetunion und der Spanische Bürgerkrieg, S. 11 der dt. Übersetzung.

497· vgl. ebd., S. 12, Edward H. Carr, ‚The Comintern and the Spanish Civil War', London 1984, S.22, Die Komintern und der Spanische Bürgerkrieg.

nengewehre, mehr als 110.000 Flugbomben, etwa 3,4 Millionen Munitionskisten, ..., Torpedoboote,...Radiostationen, Unterwassergeschosse und Treibstoff."[498]

Auch sowjetische Freiwillige beteiligen sich an den Kämpfen in Spanien, unter anderem im Bataillon 'Tschapajew', einem Bataillon der internationalen Brigaden, das später weit mehr als 30.000 Interbrigadisten zählen sollte, aber auch als Piloten. Die sowjetischen Gewerkschaften sammeln Spenden für Lebensmittel und Kleidung für Frauen und Kinder. In jeder größeren Stadt der UdSSR werden während der ersten Wochen des Bürgerkrieges Versammlungen organisiert, um die sowjetische Solidarität mit dem spanischen Volk zu bekunden.

Anders die 'demokratischen' Staaten - die USA, Großbritannien oder Frankreich. Sie verhängen ein Waffenausfuhrverbot gegen die Volksfrontregierung und machen auf 'Nichteinmischung', gründen in London ein 'Nichtenmischungskomitee'; Francos 'Rebellen' dagegen erhalten von Hitlerdeutschland und dem faschistischen Italien Mussolinis großzügige Hilfe. Schon bald bombardieren deutsche Flugzeuge spanische Städte, darunter die baskische Stadt Guernica, die von der deutschen 'Legion Condor' dem Erdboden gleichgemacht wird.

Die Sowjetunion war damals das einzige europäische Land, dass die spanische Volksfrontregierung tatkräftig unterstützte, das internationale Solidarität übte, bis hin zur militärischen Unterstützung. Wäre, wie Leonhard behauptet, der großrussische Nationalismus damals zur herrschenden Ideologie in der UdSSR geworden, hätte man dies sicherlich nicht getan. Seine Behauptung kann also nicht stimmen.

Aber es gab in der Sowjetunion damals starke Kräfte, die keine internationale Solidarität mit dem kämpfenden Spanien üben wollten, die eine andere Solidarität bevorzugten: die mit den 'demokratischen' europäischen Ländern, darunter Großbritannien. Was waren

498· William B. Bland, ebd., S. 12 d. dt. Übers., aus: ‚Internationale Solidarität', Moskau 1976, S. 329ff.

dies für Kräfte, die im Staatsapparat der damaligen UdSSR noch über einen großen Einfluss verfügten? Ein Beispiel: der damalige Außenminister der UdSSR Maksim Litwinow. Litwinow war 1918, als Trotzki noch sowjetischer Außenminister war, von ihm ins Außenamt geholt worden. Dazu John Carswell:

> *"Diese Ernennung (damals zum Botschafter der Sowjetrepublik in London - Autor) wurde offiziell von Trotzki vorgenommen."*[499]

Als Trotzki nach seinem Verrat in Brest-Litowsk schon nicht mehr Außenminister war, stieg sein Zögling Litwinow zum stellvertretenden sowjetischen Außenminister auf. 1930, nach dem Rücktritt des damaligen sowjetischen Außenministers Tschitscherin, wurde er dessen Nachfolger. Er blieb es neun Jahre lang - bis 1939, als W. Molotow ihn auf Drängen Stalins ablöste. Im Frühjahr 1945 beklagte er in einem Interview mit dem US-Journalisten und Geheimdienstmitarbeiter Edgar Snow, dass die Westmächte es zugelassen hätten, dass die Sowjetunion so weit nach Osteuropa vordringen konnte. Noch bis 1946 blieb er stellvertretender Außenminister. Dann erst gelang es Stalin, ihn loszuwerden. Er wurde in den Vorruhestand geschickt.

Jener Litwinow arbeitete als Vertreter der Sowjetunion damals im sog. Nichteinmischungskomitee der Westmächte mit. Dort unterlief er Stalins Kurs, sich mit der Volksfrontregierung in Spanien zu solidarisieren und präsentierte die Sowjetunion als Anhängerin der westlichen Nichteinmischungspolitik, die auf eine Unterstützung Francos hinauslief. Litwinow damals:

> *"Die Sowjetunion ... zieht in Erwägung, dass alle Ausländer, ... die in irgendeiner Weise an den militärischen Operationen teilnehmen, aus Spanien abgezogen werden. Die sowjetische Regierung ist bereit, alles in ihren Kräften Stehende zu tun, um dazu beizutragen, dies zu erreichen."*[500]

499· William B. Bland, ebd. S. 17f., John Carswell zitierend: ‚The Exile · The Life of Ivy Litvinov', London 1983, S. 86, Das Exil · Das Leben der Ivy Litwinow.

500· Ebd., S. 14, TASS-Mitteilung vom 31. Juli 1937, in: Jane Degras, Hrsg., ‚Sowjetische Dokumente zur Außenpolitik', Band 3, London 1953, S. 249.

Dazu kommentiert Bland:

> *"Die Entscheidung, im Nichteinmischungskomitee zu bleiben und weiterhin eng mit den britischen und französischen Imperialisten zusammenzuarbeiten, ging hauptsächlich auf Maksim Litwinow zurück."* [501]

Während also Stalin für die militärische Unterstützung der spanischen Republik eintrat, lehnte das damalige sowjetische Außenamt diese ab und solidarisierte sich stattdessen mit den Westmächten und ihrer heucherlischen Nichteinmischungspolitik. Stalin gelang es aber, Litwinow und seine Anhänger auszumanövrieren und an ihnen vorbei die Hilfe zu organisieren - sicherlich kein Sonntagsspaziergang, sondern ein hartes Stück Arbeit. So erhielt der damalige Chef des militärischen Nachrichtendienstes, Walter Kriwitzki, am 2. September aus Moskau die erste Anweisung, umgehend die militärische Unterstützung zu organisieren. In der Anweisung heißt es:

> *"Weiten Sie sofort Ihre Operationen auf den Spanischen Bürgerkrieg aus. Mobilisieren Sie alle verfügbaren Agenten und Einrichtungen zwecks sofortiger Schaffung eines Systems zum Ankauf und Transport von Waffen nach Spanien."* [502]

Stalin setzte sich nicht nur für die Unterstützung der spanischen Republik ein, sondern auch für den britischen Bergarbeiterstreik 1926 und wies die sowjetischen Gewerkschaftsführer an, die britischen Bergleute mit Spenden zu unterstützen. Er unterstützte die Chinesische Revolution.

Die Behauptung Leonhards, dass Stalin zum großrussischen Nationalisten wurde oder dies sogar von Anbeginn war, ist also nachweislich falsch. Stalin war Internationalist.

501· Ebd..

502· Ebd., S. 12, Walter H. Kriwitzki, ‚I was Stalin's Agent', London 1939, S. 100, Ich war Stalins Agent.

24. Die Moskauer Prozesse

a. Der Mord an Sergej Kirow

Am 1. Dezember 1934 wird der eng mit Stalin befreundete Leningrader Sekretär der KPdSU, B, Sergej Kirow, vor seinem Büro hinterrücks und aus nächster Nähe erschossen. Kirow und Stalin waren langjährige Weggefährten. Stalins Bodyguard, Alexis Rybin, noch 1989 in einer Dokumentation:

"Kirow war Stalins bester Freund. Er ging mit ihm in die Sauna." [503]

"Kirow - Sekretär der Kommunistischen Partei in Leningrad - war Stalins enger Freund und wahrscheinlicher Nachfolger." [504]

Beide hatten schon im Bürgerkrieg Seite an Seite gegen die konterrevolutionären Banden gekämpft, beide verbrachten gemeinsam ihren Urlaub und arbeiteten eng zusammen gegen die sowjetische Opposition, angeführt von Trotzki, Bucharin, Kamenjew und Sinowjew.

Kirow wurde nach der Absetzung von Grigori Sinowjew in Leningrad Parteichef und entfernte dort als neuer Erster Sekretär der KPdSU, B in der Stadt, aber auch in der Provinz Trotzkis und Sinowjews Anhänger aus der lokalen Parteiführung. Sein Arbeitsplatz: das berühmte Smolny-Institut, wo im Herbst 1917 unter Lenins Führung die Oktoberrevolution organisiert worden war. Danach wurde es zum Hauptquartier der Leningrader Partei.

Was ereignete sich genau an jenem denkwürdigen 1. Dezember 1934? Einen Tag nach dem Mord an Kirow kann man in der 'Prawda' Folgendes lesen:

503- ‚I was Stalin's Bodyguard' - Ich war Stalins Bodyguard - Auszug aus einer Dokumentation, at: https://www.youtube.com/watch?v=2bcmGnygsU.

504- A. L. Strong, ebd., S. 69.

"Am 1. Dezember um 16 Uhr 30 ist der Sekretär des Zentralkomitees sowie des Leningrader Komitees der Allunions-Kommunistischen Partei, Bolschewik und Mitglied des Präsidiums des Zentralen Exekutivkomitees der UdSSR, Genosse Sergej Kirow durch die Hand eines Mörders, einem heimlichen Feind der Arbeiterklasse, ums Leben gekommen. Der bewaffnete Täter ist verhaftet worden. Seine Identität wird ermittelt."[505]

Der genaue Tathergang:

Der Mörder betrat das Gebäude des ehemaligen Smolny-Instituts, ging dann in den ersten Stock und verbarg sich auf der Etagentoilette, von wo aus der Haupteingang einsehbar war. Als Kirow das Gebäude betreten hatte und dann in den Flur zu seinem Büro entlang ging, tauchte der Mörder plötzlich aus seinem Versteck auf und schoss ihm mit einem Nagan-Revolver in den Hinterkopf. Kirow wurde dann blutüberströmt und bewusstlos in sein Büro getragen, wo er kurz darauf verstarb. In der Nähe des Mörders, der bewusstlos am Boden lag, wurde der Revolver gefunden. Er wurde dann von Leuten des NKWD, des sowjetischen Geheimdienstes, verhaftet.[506]

Dieser Tathergang findet sich in fast identischer Form auch bei Grover Furr, in seinem Aufsatz 'The Murder of Sergei Kirov'[507]. Bei Furr findet sich der Zusatz, dass der Mörder versucht habe, sich selbst umzubringen, es ihm aber nicht gelungen sei.

Wer war der Mörder?

Einen Tag darauf, am 3. Dezember, macht die 'Prawda' Angaben zur Person des Mörders: Er heißt Leonid Wassilewitsch Nikolajew. Man erwähnt, dass er 1904 geboren wurde, einmal für die Leningrader Arbeiter- und Bauerninspektion gearbeitet habe, dass er mit Milda Draule, einer Lettin, verheiratet war und zwei Kinder hatte.

505· William B. Bland, ‚The Kirov Murder', at: http://ml-review.ca/aml/MLRB/_13-KIRov.HTM, S. 1 d. dt. Übers., Der Kirow-Mord, zitiert nach: Robert Conquest, ‚Stalin and the Kirov Murder', London 1989, S. 7.

506· Angaben nach William B. Bland, ebd. S. 3.

507· Kettering/Ohio/USA 2013, S. 3.

Mit 16 war er in die kommunistische Partei eingetreten. Im März 1934, ein Dreivierteljahr vor dem Mord, war er aus der Partei ausgeschlossen worden. Er wurde aber später wieder aufgenommen.

Was passiert unmittelbar nach der Tat?

Schon am Abend des 1. Dezember, gleich nachdem die Nachricht von der Tat Moskau erreicht hat, machen sich Stalin, Woroschilow, Molotow und Schdanow auf den Weg nach Leningrad, um die Untersuchung selbst in die Hand zu nehmen. Drei der vier Reisenden sind Mitglieder des Politbüros der KPdSU, B. Am 2. Dezember gegen 7.30 Uhr erreichen sie Leningrad. Stalin beteiligt sich persönlich an der Vernehmung des Mörders.

Es stellt sich heraus, dass Nikolajew ein paar Tage vorher, als er den Smolny betreten wollte, durchsucht worden war und dass man in seiner Aktentasche einen geladenen Revolver sowie ein Notizbuch gefunden hatte. Nikolajew war schon zu diesem Zeitpunkt festgenommen und zum Kommandanten des Smolny gebracht worden. Nach einer Intervention des stellvertretenden Leningrader NKWD-Vorsitzenden Saporoschets war er aber wieder auf freien Fuß gesetzt worde.[508]

Dann ereignet sich am gleichen Tag noch etwas sehr Merkwürdiges: Als man den Bodyguard von Kirow, Borissow, als Zeugen kommen lassen will, erleidet dieser auf der Fahrt zum Smolny einen tödlichen Unfall.

Kurz darauf wird die gesamte Führung des Leningrader NKWD aus ihren Ämtern entfernt und am 4. Dezember verhaftet. Jakow Agranow wird neuer Vorsitzender des Leningrader Geheimdienstes.

Stalin verlässt Leningrad am 4. Dezember und kehrt nach Moskau zurück. Gegen Mittag findet dort die Beisetzung Kirows statt. Stalin hält Ehrenwache am Sarg seines Freundes.

Als sich Stalin am Abend des 1. Dezembers auf den Weg nach Leningrad macht, passiert Folgendes: Das Präsidium des Zentra-

508· vgl. W. B. Bland, ebd., S. 4f.

lexekutiv-Komitees des Obersten Sowjets, das Gesetzgebungsbefugnisse besitzt, beschließt eine Art Anti-Terrorgesetz, wonach das NKWD angewiesen wird, Todesurteile, nachdem sie ausgesprochen wurden, sofort zu vollstrecken. Eine Begnadigung aus irgendwelchen Gründen, ist nicht mehr möglich. Außerdem werden die Untersuchungsbehörden angewiesen, die Fälle jener Angeklagten zu beschleunigen, die Terroranschläge vorbereitet hatten.

Anfang/Mitte Dezember:

102 weißgardistische Terroristen, die im Ausland ausgebildet, mit Waffen versorgt wurden und dann illegal in die UdSSR einreisten, um dort Terroranschläge zu verüben, werden zwischen dem 5. und dem 18. Dezember vom höchsten sowjetischen Gericht abgeurteilt. Die meisten werden hingerichtet. Später wurden diese Fälle stets mit dem Kirow-Mord in Verbindung gebracht, um den Anschein zu erwecken, dass nach Kirows Ermordung der sowjetische Staatsapparat Amok lief und Unschuldige unbesehen abgeurteilt hat. Zwischen beiden Ereignissen bestand jedoch keinerlei Verbindung. Sie fielen nur zeitlich zusammen.

14. Dezember:

Weitere Komplicen von Nikolajew werden verhaftet, darunter auch Iwan Bakajew, der ehemalige Chef der Leningrader Sicherheitspolizei sowie Grigori Jewdokimow, der Sekretär der Leningrader Parteiorganisation.

16. Dezember:

Grigori Sinowjew, Kirows Vorgänger im Amt, und sein Freund Lew Kamenjew sowie fünf andere werden im Zusammenhang mit dem Kirow-Mord verhaftet.[509]

22. Dezember:

Nikolajew, sein Komplice Kotolynow und 12 weitere Angeklagte werden vor Gericht gestellt.

509· vgl. W. B. Bland, ebd., die ‚Prawda' vom 23. Dezember 1934 zitierend.

23. Dezember:
Es wird bekanntgegeben, dass die Verdächtigen Sinowjew und Kamenjew 'wegen Mangels an Beweisen' nicht vor Gericht kommen.

28./29. Dezember:
Es findet der Prozess gegen Nikolajew und zehn seiner Komplicen statt. Allen kann nachgewiesen werden, dass sie zum Leningrader Zentrum der Sowjetopposition gehörten. Sie werden zum Tode verurteilt und kurz darauf erschossen.[510]

15./16. Januar 1935:
Es findet der erste Prozess gegen Sinowjew, Kamenjew und 17 weitere Angeklagte in Leningrad vor dem Militärkollegium des höchsten sowjetischen Gerichts statt. Die Öffentlichkeit ist ausgeschlossen. Sinowjew und Kamenjew verneinen, am Mord an Kirow beteiligt gewesen zu sein. Sie übernehmen jedoch eine gewisse 'moralische und politische Verantwortung' für die Tat. Sinowjew wird zu zehn, Kamenjew zu fünf Jahren Gefängnis verurteilt. Der Vorwurf: Sie seien 'aktive Rädelsführer' sowie 'aktive Mitglieder' einer geheimen Gruppe gewesen. [511]Niemand wird zum Tode verurteilt.

23. Januar:
Es beginnt der Prozess gegen die 12 NKWD-Beamten, die am 4. Dezember 1934 verhaftet worden waren. Unter ihnen befindet sich auch Iwan Saporoschets, der Nikolajew freiließ, nachdem man in seiner Aktentasche einen geladenen Revolver gefunden hatte. Aber der Vorwurf lautet nur 'kriminelle Fahrlässigkeit'. Die Angeklagten bekennen sich schuldig. Sie erhalten Freiheitsstrafen von drei bis zehn Jahren. Sie brauchen die Strafe jedoch nicht anzutreten, sondern werden nur dienstlich herabgestuft und können weiterarbeiten.

510- vgl. W. B. Bland, ebd. S. 11, Friedrich Adler ‚Der Hexenprozess in Moskau', London 1936, zitierend.

511- vgl. W. B. Bland, ebd., S. 12, Robert Conquest ‚Stalin und der Kirow-Mord', S. 66, zitierend.

1936:

Sinowjew, Kamenjew, Jewdokimow, Bakajew und der Trotzkist Smirnow werden in Frühjahr erneut verhört und anschließend erneut angeklagt. Die Anklage wird aber erst am 15. August 1936 veröffentlicht.

b. Der erste öffentliche Moskauer Prozess, August 1936

Vier Tage später beginnt in Moskau ein öffentlicher Prozess gegen sie. Auch westliche Journalisten und Diplomaten sind als Zuschauer zugelassen. Insgesamt werden 16 Leute angeklagt. Trotzki und sein Sohn Sedow werden in Abwesenheit angeklagt. In dem Prozessprotokoll heißt es dazu:

> *"Die durch das Material der vorliegenden Strafsache der unmittelbaren Vorbereitung und persönlichen Leitung der Organisierung von Terrorakten in der UdSSR gegen die Führer der KPdSU, B und des Sowjetstaates überführten, im Ausland befindlichen L. Trotzki und sein Sohn Sedow, sind im Fall, dass sie auf dem Gebiet der Union der SSR angetroffen werden, sofort zu verhaften und vor das Militärkollegium des Obersten Gerichts der Union der SSR zur Aburteilung zu stellen."*[512]

Vierzehn der 16 Angeklagten bekennen sich schuldig, darunter auch Sinowjew und Kamenjew. Der Trotzkist Iwan Smirnow streitet seine Schuld ab.

Beginnen wir mit Lew Kamenjew, der, als das ZK der bolschewistischen Partei im Oktober 1917 die Aufstandsvorbereitungen traf, zusammen mit Sinowjew gegen den Aufstandsplan stimmte und sich einige Tage vor der Revolution an die Zeitung 'Nowaja

512· Prozessbericht über die Strafsache des trotzkistisch-sinowjewistischen terroristischen Zentrums, verhandelt vor dem Militärkollegium des Obersten Gerichtshofs der UdSSR, 19.-24. August 1936, Moskau 1936, Red Star Press, London 1974, dt. Übers., S. 39, im Folgenden ‚Prozessbericht 1' abgekürzt.

Schisn' (Neues Leben) wandte mit der Bitte, die geheimen Abmachungen dazu publik zu machen. Lenin bezeichnete ihn damals als 'Streikbrecher'. Kamenjew vor Gericht:

"Im Juni 1934 fuhr ich persönlich nach Leningrad, wo ich den aktiven Sinowjew-Anhänger Jakowlew beauftragte, parallel zur Gruppe Nikolajew-Kotolynow einen Anschlag auf Kirow vorzubereiten. Anfang November 1934 war ich aus dem Bericht von Bakajew über alle Einzelheiten der Vorbereitung der Ermordung Kirows durch die Gruppe Nikolajew unterrichtet." [513]

Daraufhin stellte ihm Staatsanwalt Wyschinski die folgende Frage:

"Die Ermordung Kirows ist unmittelbar das Werk Ihrer Hände?" [514]

Kamenjews Antwort:

"Ja." [515]

Das heißt also: Man hatte einen Plan B für den Fall, dass Nikolajew die Nerven verlieren oder vorher verhaftet werden sollte. Dann sollte Kamenjews Ersatztruppe einspringen und die Tat dann doch noch ausführen. Aber man hatte sogar einen weiteren Plan C, und zwar für den Fall, dass die gesamte Gruppe auffliegen sollte. Kamenjew verrät ihn uns:

"Da wir wussten, dass wir aufgedeckt werden konnten, fassten wir eine ganz kleine Gruppe ins Auge, die für diesen Fall die terroristische Tätigkeit fortsetzen sollte. Dazu hatten wir Sokolnikow bestimmt. Es schien uns, dass seitens der Trotzkisten, Serebrjakow und Radek diese Rolle mit Erfolg spielen konnten." [516]

513· Prozessbericht 1, S. 67.

514· Ebd..

515· Ebd..

516· Ebd..

Wer war Grigori Sokolnikow? Es war kein anderer als der damalige stellvertretende sowjetische Außenminister - Außenminister unter Maksim Litwinow, von dem wir inzwischen wissen, dass er 1918 von Trotzki ins sowjetische Außenamt geholt wurde, um dort eine probritische Politik zu betreiben.

Kamenjew sagte auch aus, dass man gute Kontakte zu anderen antisowjetischen Gruppen hatte und mit ihnen, wie er sich ausdrückte, 'Verhandlungen' führte, darunter die Gruppe Lominadse-Schatzkin, aber auch mit den Anführern der früheren sog. Arbeiteropposition seien Gespräche geführt worden. Auch die 'rechten Kommunisten' Bucharin, Rykow und Tomski, hätten mit seiner Gruppe sympathisiert. Bucharin habe aber die Taktik verfolgt, das Vertrauen der sowjetischen Führung nicht zu verspielen.[517]

Fahren wir fort mit Grigori Sinowjew. Auch er hatte im Oktober 1917 zusammen mit Kamenjew gegen den Aufstandsplan der Parteiführung gestimmt und wollte den Oktober-Aufstand lieber verschieben. Sinowjew war lange Zeit Vorsitzender der Kommunistischen Internationale und sogar Politbüro-Mitglied.

Sinowjew vor Gericht:

> *"Wir bestimmten auch die Personen, gegen die sich die Waffe des Terrors richten sollte: In erster Linie wurde der Name Stalin genannt, dann die Namen Kirow, Woroschilow und weitere Führer der Partei und der Regierung.*
>
> *Zur Verwirklichung dieser Pläne wurde das trotzkistisch-sinowjewistische Zentrum geschaffen, in dem ich, Sinowjew, und von den Trotzkisten Smirnow, die führende Rolle haben."*[518]

Sinowjew bejahte Wischinskis Schlussfolgerung, dass er und Trotzki die ausschlaggebende Rolle bei der Organisierung des terroristischen Blocks gespielt hätten. Trotzki, der sich zu dieser Zeit im Exil befand, hatte in der Sowjetunion seine Werkzeuge. Dazu ge-

517· vgl. ebd., S. 68.

518· Prozessbericht 1, ebd., S. 73.

hörte auch Iwan Smirnow, dem er seine Anweisungen übermitteln ließ. Trotzki hatte also auch die Personen genannt, die Opfer von Terroranschlägen werden sollte, darunter Stalin und Kirow. Sinowjew berichtete von den von Trotzki übermittelten Direktiven zur Liquidierung Stalins schon bei seiner Vernehmung am 28. Juli 1936. Das Vernehmungsprotokoll steht uns heute zur Verfügung. Er sagte:

"Im Sommer, als der Plan für den Putsch fertig war, der uns direkt zu Volksfeinden machte, erhielt ich die Direktive Trotzkis über die Notwendigkeit der Ermordung Stalins, die uns von Iwan N. Smirnow überbracht wurde, die zweifellos von entscheidender Bedeutung für das Vereinigte Trotzkistisch-Sinowjewistische Zentrum war."[519]

Neben Smirnow gehörte auch Karl Radek zu Trotzkis Verbindungsleuten, der Chef der damaligen 'Iswestja', aber auch Fritz David, der Redenschreiber des späteren Präsidenten der DDR, Wilhelm Pieck, der sich damals in der UdSSR aufhielt und zur engeren Führung der Komintern gehörte. David (Krugljanski) gab an, sich im November 1932 mit Trotzki getroffen zu haben und von ihm die Anweisung erhalten zu haben, Stalin zu ermorden. David:

"Er (Trotzki - Autor) schlug vor, in die UdSSR zu fahren und persönlich, ohne die Hilfe anderer, ohne jede Organisation, ohne Verbindung zu anderen Trotzkisten, den Terrorakt zu verüben."[520]

Der Mordanschlag gegen Stalin sollte, so David vor Gericht, 'internationalen Charakter' haben:

"Dieser Schuss müsse, mach einem Ausdruck Trotzkis, in der ganzen Welt Widerhall finden."[521]

Das Werkzeug Trotzkis, Fritz David, arbeitete dann zwei Varianten für die Liquidierung Stalins aus. Plan A: Stalin sollte auf dem

519· Transcript of Interrogation of Zinoviev, Grigorii Vasil'evich of 28 July 1936, at: http://musweb.montclair.edu/~furrg/research/zinovievinterrog072836.html, S. 5, Die Vernehmung von Grigori Sinowjew am 28. Juli 1936.

520· Prozessbericht 1, ebd., S. 115.

521· Ebd..

13. Plenum des Exekutivkomitees der Kommunistischen Internationale umgebracht werden; Plan B: Stalin auf dem Kongress der Komintern im Sommer 1935 durch einen Schuss aus dem Publikum umzubringen. Er hatte vor, diesen Anschlag zusammen mit seinem Komplicen Berman-Jurin auszuführen. Der Terroranschlag konnte aber nicht ausgeführt werden, weil David nicht nahe genug an Stalin herankommen konnte:

Wyschinski: 'Warum wurde der Terrorakt nicht ausgeführt?'

David: *'In der Anklageschrift heißt es richtig, dass ich an Stalin nicht herankommen konnte.'"*[522]

Stalin hielt auf dem Siebten Weltkongress der Komintern nur eine kurze Begrüßungsansprache an die Delegierten und fuhr dann in seinen Sommerurlaub.

Nach dem missglückten Anschlag erschienen dann bei David zweimal Abgesandte von Sedow, Trotzkis Sohn, die ihm Vorwürfe machten und gleichzeitig darauf drängten, den Anschlag entsprechend den Anweisungen Trotzkis dennoch auszuführen.

Einen weiteren Anschlag gegen Stalin sollte Bakajew ausführen, der unter Sinowjew und Kamenjew arbeitete und direkt am Kirow-Mord beteiligt war. Er sagte aus, dass dieser Anschlag gegen Stalin im Oktober 1934 in Moskau unter Kamenjews Leitung vorbereitet wurde. Er sollte ihn in Moskau ausführen, aber er sei missglückt.[523]

Warum wandte sich die vereinigte trotzkistisch-sinowjewistische Opposition überhaupt dem Terror zu? Hätte man Stalin und seine Umgebung nicht politisch besiegen können? Sinowjew:

"Ende 1932 wurde es offensichtlich, dass sich unsere Hoffnungen nicht erfüllten. ... Es war Tatsache, dass die Generallinie der Partei siegt."[524]

522· Ebd., S. 116.

523· vgl. ebd., S. 60.

524· Ebd., S. 127.

Der Mitangeklagte Mratschkowski:

"Die Hoffnungen auf den Zusammenbruch der Politik der Partei müssen als vernichtet angesehen werden. Die bis dahin angewandten Kampfmittel haben keine positiven Resultate gebracht. Es blieb nur ein einziger Weg des Kampfes: der Weg der gewaltsamen Beseitigung der Führer der Partei und der Regierung. ... Die Hauptaufgabe bestand darin, Stalin und die anderen Führer der Partei und der Regierung zu beseitigen."[525]

Über die Rolle Trotzkis sagte der gleiche Angeklagte:

"Im Herbst 1932 traf ein Antwortschreiben von Trotzki ein, in dem er den Beschluss über die Vereinigung mit den Sinowjewleuten billigte. Trotzki teilte gleichzeitig durch seinen Abgesandten Gawen mit, dass die Vereinigung auf der Basis des Terrors stattfinden müsse, wobei Trotzki erneut betonte, dass Stalin, Woroschilow und Kirow ermordet werden müssten."[526]

In der Morgensitzung des 23. August halten die Angeklagten ihre Schlussworte. Kamenjew sagt:

"Ich war zusammen mit Sinowjew und Trotzki Organisator und Leiter der terroristischen Verschwörung, die eine Reihe terroristischer Anschläge gegen die Führung der Regierung und der Partei unseres Landes geplant, vorbereitet und die den Mord an Kirow durchgeführt hat."[527]

Sinowjew:

"Ich möchte noch einmal sagen, dass ich mich voll und ganz schuldig bekenne. Ich bin schuldig, nach Trotzki der zweite Organisator des trotzkistisch-sinowjewistischen Blocks gewesen zu sein, der sich das Ziel setzte, Stalin, Woroschilow und eine Reihe anderer Führer

525. Ebd., S. 129.

526. Ebd., S. 42f.

527. Ebd., S. 173.

der Partei und Regierung zu ermorden. Ich bekanne mich schuldig, der Hauptorganisator des Mordes an Kirow gewesen zu sein." [528]

Geklärt werden muss noch, wie es sein konnte, dass Nikolajew, obwohl er bei seinem ersten Mordversuch im Smolny ertappt wurde, obwohl der geladene Revolver in seiner Aktentasche gefunden wurde, wieder freigelassen werden konnte und wie es sein konnte, dass Kirows Bodyguard Borissow jenen merkwürdigen 'tödlichen Unfall' auf dem Weg zu seiner Vernehmung erlitt.

Auch diese beiden Rätsel sollten sich bald lösen. Aber sie lösten sich erst auf dem dritten Moskauer Prozess, der im März 1938 stattfand. Es war der Mitangeklagte Bulanow, der dazu die entscheidende Aussage machte. Bulanow belastete den damaligen Chef des NKWD, Genrich Jagoda schwer, der in das Komplott zur Ermordung Kirows eingeweiht war und der dann dafür sorgte, dass Nikolajew bei seinem zweiten Versuch, Kirow umzubringen nicht wieder 'irrtümlicherweise' durchsucht wurde, der aber auch dafür sorgte, dass Borissow den tödlichen Unfall erlitt, sodass er keine Aussage mehr machen konnte. Auch Kirows Bodyguard Borissow war an der Ermordung Kirow beteiligt gewesen. Bulanow:

"Jagoda erzählte mir ferner, dass ein Mitarbeiter der Leningrader Verwaltung des Volkskommissariats für Innere Angelegenheiten an der Ermordung Kirows mitbeteiligt war. Als Regierungsmitglieder nach Leningrad kamen, um ihn als Zeugen zu vernehmen, war Saporoschets davon beunruhigt und beschloss, Borissow zu ermorden, da er befürchtete, er werde die Hintermänner Nikolajews verraten. Auf Anweisung Jagodas richtete es Saporoschets so ein, dass das Auto, das Borissow in den Smolny bringen sollte, einen Unfall erlitt. Borissow wurde bei diesem Unfall getötet und auf diese Weise wurden sie einen gefährlichen Zeugen los." [529]

528· Ebd., S. 174.

529· Prozessbericht über die Strafsache des Antisowjetischen Blocks der Rechten und Trotzkisten, Moskau 1938, Red Star Press London, 3. Aufl. 1987, dt. Version, S. 606, im Folgenden ‚Prozessbericht 3' zitiert.

Bulanow sagte auch aus, dass die erste Festnahme und Durchsuchung Nikolajews versehentlich erfolgt sei, dass die Wache des Smolny nicht in die Pläne eingeweiht gewesen sei, dass dieser 'Fehler' dann aber später dank Jagodas eingreifen nicht wieder passierte.

Die Führung des NKWD (Jagoda) war also Teil des Komplotts gewesen. Sie gehörte mit zum Vereinigten Block der Trotzkisten und Sinowjewisten. Man brauchte sie, um Nikolajew den ungehinderten Zugang zum Smolny zu ermöglichen.

Es besteht also kein Zweifel daran, dass Trotzki, Sinowjew und Kamenjew die Hauptdrahtzieher des Mordes an Sergei Kirow gewesen sind und dass die NKWD-Führung dabei mitspielte. Der Fall Kirow ist also damals restlos und bis ins letzte Detail aufgeklärt worden.

Nach Stalins Tod, als die sowjetische Konterrevolution mit Chruschtschow an der Spitze an die Macht kam, sollte dies alles nicht mehr wahr gewesen sein. Chruschtschow setzte sofort eine Kommission ein, um nachzuweisen, dass Stalin selbst den Mord in Auftrag gegeben habe. Als sich zeigt, dass die Kommission nicht in der Lage ist, auch nur einen einzigen Beweis dafür zu erbringen, einigt man sich darauf, Nikolajew als Einzeltäter, als russischen Lee Harvey Oswald, hinzustellen, der den Mord aus eigenen 'persönlichen Motiven' heraus begangen habe. Stalin habe dann den Mord angeblich dazu benutzt, einigen seiner Rivalen den Mord in die Schuhe zu schieben, um sie auf diese Weise loszuwerden - durch die Erzwingung falscher Geständnisse.

Dies ist bis heute die offizielle Version in der Russischen Föderation. Die offizielle Version im Westen geht noch weiter: Es ist die des britischen Historikers Robert Conquest, der stets behauptete, dass Stalin den Mord selbst angeordnet habe. Auch Trotzki hat dies später behauptet, um von seinen eigenen Machenschaften abzulenken.

Zum Schluss zwei Stellungnahmen von US-amerikanischen Journalisten, die sich damals in der Sowjetunion aufhielten und sich die Prozesse ansahen.

Der amerikanische Journalist Walter Duranty schrieb damals zum ersten Moskauer Prozess:

"Auf der anderen Seite scheint es wenige Zweifel daran zu geben, dass sich die Angeklagten des Verrats nach Artikel 58 des sowjetischen Strafgesetzbuches schuldig gemacht haben." [530]

Anna Louise Strong, die amerikanische Auslandskorrespondentin, wohnte dem ersten Moskauer Prozess bei. Sie fasste ihren Eindruck so zusammen:

"Ich saß im Gerichtssaal und beobachtete, wie sich die Geschichte entwickelte. Sinowjew und Kamenjew, einst Freunde Lenins und herausragende Theoretiker, erzählten den Richtern, dem Publikum und der Welt, dass sie, als sie die Macht durch den Aufstieg Stalins verloren hatten, sich verschworen hatten, die Macht durch den Mord an mehreren führenden Politikern, darunter wohl auch Stalin, zu ergreifen, durch Agenten, die, falls sie erwischt werden würden, nicht die Namen der Hauptverschwörer kennen, sondern als gewöhnliche Agenten der deutschen Gestapo durchgehen würden.

Die Hauptverschörer mit noch makellosem Ansehen würden daraufhin die 'Einheit der Partei' beschwören, um der neuen Lage gerecht zu werden. In der ganzen Verwirrung würden sie sich dann wichtige Posten sichern. Einer von ihnen, Bakajew, der für den Posten eines Vorsitzenden der GPU vorgesehen war, würde dann die Mörder liquidieren, um alle Beweisstücke gegen die höheren Chargen zu vernichten. Das war die Geschichte, die ich jeden Tag im Gerichtssaal mitbekam. Die Angeklagten waren gesprächig. Sie trugen keine Spuren von Folter.

Kamenjew sagte, dass sich 1932 herausgestellt hatte, dass Stalins Politik vom Volk gebilligt worden war und dass er durch politische Mittel nicht mehr gestürzt werden konnte, sondern nur noch durch 'individuellen Terror'. Wir ließen uns darin von einer grenzenlosen

530· Walter Duranty, ‚The Kremlin and the People', New York 1941, Der Kreml und das Volk.

Verbitterung gegen die Führung leiten und von einem Hunger nach der Macht, der wir einmal ganz nahe waren."[531]

c. Der zweite öffentliche Moskauer Prozess, Januar 1937

Der zweite öffentliche Moskauer Prozess findet zwischen dem 23. und dem 30. Januar 1937 statt. Siebzehn weitere Personen sind angeklagt, Hochverrat begangen zu haben. Es sind dieses Mal ausschließlich Trotzkisten, die hohe staatliche Ämter in der UdSSR bekleideten. Einige Beispiele: Unter den Angeklagten befindet sich Grigori Sokolnikow, den wir schon kennen gelernt haben: Er war stellvertretender sowjetischer Außenminister unter Litwinow; unter ihnen befindet sich Karl Radek, der Chef der Tageszeitung 'Iswestija'; unter ihnen ist Juri Pjatakow, der Mitglied im Obersten Volkswirtschaftsrat war usw.

Was wurde ihnen vorgeworfen? Ihnen wurde vorgeworfen, eine geheimes Reserve-Zentrum, ein sog. 'paralleles Zentrum' für den Fall gebildet zu haben, dass die Sinowjew-Verschwörung auffliegen würde. Woher wusste man davon? Die Angeklagten des ersten Moskauer Prozesses vom August 1936 hatten dies angegeben. Kamenjew, Sinowjew und Reingold hatten diesbezügliche Angaben gemacht. Dazu Staatsanwalt Andrei Wyschinski noch auf dem ersten Moskauer Prozess:

"In den vorangegangenen Sitzungen haben einige Angeklagte (Kamenjew, Sinowjew und Reingold) bei ihren Aussagen auf Tomski, Bucharin, Rykow, Uglanow, Radek, Pjatakow, Serebrjakow und Sokolnikow als auf Personen hingewiesen, die in dem einen oder anderen Grade an jener verbrecherischen konterrevolutionären Tätigkeit beteiligt sind."[532]

531· A. L. Strong, ebd., S. 70.

532· Prozessbericht 1, ebd., S. 117f.

Das Anklagematerial gegen Sokolnikow reiche bereits aus, um ihn 'konterrevolutionärer Verbrechen' zu überführen. Er wird nun auf dem zweiten Moskauer Prozess des Hochverrates angeklagt. Zu den Angeklagten gehörte auch Karl Radek:

"Während des Parteikampfes im Jahre 1923 schloss ich mich der trotzkistischen Opposition an ..."[533]

Radek erzählte bei seiner Verhandlung von drei Briefen, die ihm Trotzki in den Jahren 1934, 1935 und 1936 geschickt hatte. In dem ersten Brief schrieb Trotzki von einem bevorstehenden Krieg mit Nazideutschland. Er würde ganz sicher zu einer Niederlage der Sowjetunion führen. Dies sei dann die Stunde für den Machtantritt des trotzkistisch-sinowjewistischen Blocks. Das heißt nichts anderes als dass Trotzki der russische Quisling für die Nazis sein wollte. Dazu Karl Radek:

"Ich erhielt drei Briefe von Trotzki ... In seinem Brief aus dem Jahre 1934 stellt Trotzki die Frage folgendermaßen: Der Machtantritt des Faschismus in Deutschland ändert die Situation von Grund auf. Er bedeutet Krieg in allernächster Perspektive, den unausbleiblichen Krieg, umso mehr als sich gleichzeitig die Lage im Fernen Osten verschärft. Trotzki zweifelt nicht daran, dass dieser Krieg zu einer Niederlage der Sowjetunion führen wird. Diese Niederlage, schrieb er, schafft die reale Situation für den Machtantritt des Blocks. Er zog daraus den Schluss, dass der Block an einer Verschärfung der Konflikte interessiert sei."[534]

Trotzki war also noch nicht einmal ein Antifaschist, noch weniger ein Pazifist, sondern ein Kollaborateur Nazideutschlands, mit dessen Hilfe er in Moskau die Macht übernehmen wollte. Er lebte damals in der Nähe von Oslo im Exil, wo er auch den Mitangeklag-

---

533· Prozessbericht über die Strafsache des sowjetfeindlichen trotzkistischen Zentrums, Moskau 1937, Red Star Press, London 1987, dt. Version, S. 90, im Folgenden ‚Prozessbericht 2' abgekürzt.

534· Ebd., S. 116.

ten Pjatakow in geheimer Mission empfangen hatte. Hohe Nazibeamten reichten sich bei ihm die Klinke in die Hand, was später zur Ausweisung Trotzkis aus Norwegen führen sollte. Er fand dann in Mexiko Exil. Radek:

"Also blieb als reale Variante übrig, auf Grund der Niederlage zur Macht zu gelangen." [535]

Trotzki wusste, dass ein Quisling der Nazis deren Willen würde bedingungslos ausführen müssen. Radek sagte dem Gericht und der anwesenden Weltöffentlichkeit, zu welchen Zugeständnissen Trotzki bereit war:

"Denn erstens meinte Trotzki, dass als Resultat der Niederlage territoriale Zugeständnisse unvermeidlich sind, wobei er bestimmt die Ukraine nannte. Zweitens war von einer Aufteilung der UdSSR die Rede. Drittens sah er vom ökonomischen Standpunkt aus solche Folgen der Niederlage voraus: Nicht nur sollten die für die kapitalistischen Staaten wichtigen Industrieprojekte in Konzession gegeben werden, sondern auch wichtige ökonomische Objekte, welche die kapitalistischen Elemente namhaft machen würden, sollten ihnen übergeben, als Privateigentum verkauft werden." [536]

Der Nazi-Kollaborateur in spe Leo Trotzki hatte noch mehr vor. Radek:

"Auf dem Gebiet der Agrarpolitik stellte er vollkommen klar die Frage, die Kollektivwirtschaften müssen aufgelöst werden, und machte den Gedanken geltend, dass die Traktoren sowie die anderen komplizierten landwirtschaftlichen Maschinen den Einzelbauern zwecks Wiederherstellung einer neuen Kulakenschicht zur Verfügung gestellt werden sollten. ... Es war klar, dass von der Restauration des Kapitalismus die Rede war." [537]

535· Ebd., S. 125.

536· Ebd..

537· Ebd..

Trotzki vertrat auf diesem Gebiet ähnliche Ansichten wie Nikolai Bucharin, der auch dafür eingetreten war, die Kulakenwirtschaften zu stärken, der ihnen zugerufen hatte: 'Bereichert euch!' Deshalb stand auch einem Block mit Bucharins 'rechten Kommunisten' nichts im Wege.

Wie weit Trotzki mit seinen 'Zugeständnissen' gegenüber dem faschistischen Deutschland zu gehen bereit war, zeigt besonders der zweite Brief, den er Radek im Dezember 1935 zukommen ließ. Radek weiter:

> *"Es war noch etwas sehr Wichtiges in dieser Direktive, nämlich die Formulierung, dass die Angleichung der sozialen Ordnung in der UdSSR an jene der faschistischen Siegerländer unausbleiblich ist, wenn wir uns überhaupt behaupten wollen. Eben dieser Gedanke der Angleichung, der ein Pseudonym für die Restauration des Kapitalismus war, war das spezifisch Neue, das uns sofort in die Augen sprang, als wir diese Direktive erhielten."*[538]

Der 'proletarische Revolutionär' Trotzki, der später Stalins Aufstieg als 'Thermidor' bezeichnete, also als die sowjetische Version der französischen Konterrevolution, der sich in seiner Stalin-Biografie seitenlang über diesen 'Stalinschen Thermidor' auslässt, über Stalin, den 'Verräter der Revolution' usw., ist nun bereit, den deutschen Nazis die Ukraine zu schenken, ist bereit, die sozialistische Ordnung zu opfern, um sie der deutschen faschistischen anzugleichen, ist bereit, die sozialistischen Fabriken ans kapitalistische Ausland in Konzession zu geben, ist bereit die sozialistische Ordnung auf dem Lande rückgängig zu machen und die Kulaken, die Blutsauger der russischen Dorfarmut, zu unterstützen usw.

Radek wusste noch mehr zu berichten:

> *"Die dritte Bedingung war für uns die neueste, nämlich an Stelle der Sowjetmacht das aufzurichten, was er als die bonapartistische*

538· Ebd., S. 126.

Macht nannte. Für uns war klar, dass das der Faschismus ohne eigenes Finanzkapital ist, der einem fremden Faschismus dient."[539]

Der 'proletarische Revolutionär' Trotzki verwandelte sich in einen russischen Mussolini (auch der war einst Sozialist gewesen), in den Duce einer russisch-faschistischen Regierung von Hitlers Gnaden.

Trotzkis 'Reserve-Zentrum' organisierte in der ganzen UdSSR Sabotageakte, Brandstiftungen, Explosionen in Gruben, im Verkehrswesen, es plante Terrorakte und führte sie aus, betrieb Spionage für das kapitalistische Ausland. Besonders Betriebe, die für die Landesverteidigung wichtig waren, darunter große Rüstungsbetriebe, waren von den Sabotageakten der Trotzkisten betroffen. Trotzki hatte die Anweisung gegeben, auch vor 'Menschenopfern nicht haltzumachen', denn 'je mehr Opfer desto besser, weil dies bei den Arbeitern Erbitterung hervorrufen wird'.[540]

Wir haben ihr im Kern schon die spätere Strategie der Sowjetopposition, die während der 'Jeschowschina' zur Anwendung kommen sollte: Durch ungezügelten Terror gegen möglichst viele Unschuldige und gegen Volkseigentum Unmut und Unzufriedenheit mit der Sowjetmacht zu schüren, um möglichst viele Menschen gegen diese Volksmacht, gegen die sowjetische Führung und Stalin aufzubringen. Und auch dafür hatte man eine 'paralleles Zentrum' zur Verfügung: dieses Mal die noch nicht zerschlagene Gruppe um Nikolai Jeschow, der seit 1936 NKWD-Vorsitzender war und den überführten Jagoda abgelöst hatte. Erst zwei Jahre später, im Jahre 1937, konnte dieses neue antisowjetische Reservezentrum aufgedeckt werden.

Dreizehn der siebzehn Angeklagten werden zum Tode verurteilt, vier zu längeren Haftstrafen, darunter auch der geständige und sehr redselige Radek.

Einer, der bei diesem zweiten öffentlichen Moskauer Prozess im Zuschauerraum saß und sich die Verhandlung ansah, war der deut-

---

539· Ebd., S. 126f.

540· vgl. Urteil des Militärkollegiums, ebd., S. 631.

sche Schriftsteller Lion Feuchtwanger. Später hielt er seine Eindrücke in dem kleinen Band 'Moskau 1937 - Ein Reisebericht für meine Freunde' fest. Er geht darin besonders auf die damals schon im Westen eifrig verbreiteten Gerüchte ein, dass die Geständnisse der Angeklagten manipuliert oder erzwungen worden seien. Einige Journalisten schrieben, dass sie 'hypnotisiert' worden seien, andere dass man den Angeklagten irgendein geheimnisvolles Mittel verabreicht habe, andere wiederum, dass man die Aussagen mit ihnen lange vorher intensiv einstudiert habe usw. Dazu schreibt Feuchtwanger:

> *"Auch mir schien, solange ich in Westeuropa war, die Anklage im Sinowjew-Prozess von Grund auf unglaubwürdig, die hysterischen Geständnisse der Angeklagten schienen mir durch geheimnisvolle Mittel erpresst, die ganze Verhandlung kam mir vor wie ein mit vollendeter, befremdlicher und grausiger Kunst inszeniertes Theaterstück vor. Als ich in Moskau dem zweiten Prozess beiwohnte, als ich Pjatakow, Radek und seine Freunde sah und hörte, zergingen in dem sinnlichen Eindruck dessen, was diese Angeschuldigten und wie sie es sagten, meine Bedenken, sie sich Salz in Wasser auflöst. Wenn das gelogen war oder arrangiert, dann weiß ich nicht, was Wahrheit ist. Wenn ein Regisseur diese Gerichtsszenen hätte arrangieren müssen, dann hätte es jahrelanger Proben bedurft, um die Angeklagten so einzuspielen, dass sie einander in Kleinigkeiten eifrig korrigierten und dass ihre Bewegtheit sich auf so unterdrückte Art äußerte. Kurz, es müssen Hypnotiseure, Giftmischer und Justizbeamte, welche die Angeklagten präparierten, abgesehen von ihren verblüffenden Eigenschaften, auch ausgezeichnete Regisseure und Psychologen gewesen sein. ...*
>
> *Hätte man der Weltöffentlichkeit vorgeführt nicht nur, was die Angeklagten gesagt haben, sondern auch, wie sie es gesagt haben, ihren Tonfall, ihre Gesichter - ich denke, es gäbe dann nur mehr wenige Ungläubige. Sie gestanden alle. ..."*[541]

541· Lion Feuchtwanger, ‚Moskau 1937 · Ein Reisebericht für meine Freunde', Berlin 1993, S. 87, S. 94.

Warum gestanden sämtliche Angeklagten? Feuchtwanger:

> *"Dass die Angeklagten gestehen, erwidern die Sowjetleute, erklärt sich aus einem sehr einfachen Grunde: Weil sie nämlich während der Voruntersuchung durch Zeugen und Dokumente dergestalt überführt waren, dass Leugnen sinnlos wäre. Dass ALLE gestehen, erklärt sich daraus, dass man keineswegs sämtliche Trotzkisten, die in das Komplott verwickelt waren, vor Gericht gestellt hat, sondern eben nur diejenigen, die bis ins Letzte überführt waren."*[542]

Denjenigen, die die Anklage gegen Trotzki, den 'Freund und Weggefährten Lenins', den 'Revolutionär', den 'Organisator der Oktoberrevolution' usw. usf. für absurd und an den Haaren herbeigezogen hielten, hält Feuchtwanger das Interview entgegen, dass sein Schriftstellerkollege Emil Ludwig mit Trotzki in der Türkei in seinem Exil führte. Ludwig schrieb einen Bericht darüber in seinem Buch 'Geschenke des Lebens'. Feuchtwanger:

> *"... und was damals schon Trotzki geäußert hat, sollte all denjenigen zu denken geben, welche die Anklage gegen ihn ungereimt und absurd finden. 'Seine eigene Partei', berichtete Ludwig, ich zitiere wörtlich, 'nennt Trotzki überall zerstreut und daher schwer abzuschätzen.' - 'Und wann könnte man sie sammeln?' - 'Bei irgendeinem objektiv neuen Anlass, etwa bei einem Krieg oder einer neuen Intervention Europas, das aus der Schwäche der Regierung Macht schöpfen könnte.' - 'Dann würde man aber gerade Sie nicht herauslassen, wenn jene Sie hereinlassen möchten.' - Pause der Verachtung. 'Ach, da würden sich wohl Wege finden.' Jetzt lächelt sogar Frau Trotzki.*
>
> *So urteilt Trotzki über die Möglichkeit, ob Trotzki mit den Faschisten paktiert hat."*[543]

542· Ebd., S. 97, Hervorhebung durch L. Feuchtwanger.

543· Ebd., S. 89f.

Vor dem Gerichtsgebäude, so Feuchtwanger, demonstrierten eine Viertelmillion Menschen gegen die trotzkistischen Angeklagten. Als der Prozess zuende ist, die Urteile verlesen worden sind und die Soldaten erscheinen, um die Verurteilten in ihre Unterkünfte zurückzuführen, legt einer die Hand auf Karl Radeks Schulter, um ihn aufzufordern, ihm zu folgen. Dieser, so Feuchtwanger, wandte sich, grüßend die Hand hebend und winkend den anderen, die zum Tode verurteilt wurden, zu und lächelte dabei. Radek war nicht zum Tode, sondern nur zu einer längeren Haftstrafe verurteilt worden. ...

d. Stalins Reaktion auf die beiden ersten Moskauer Prozesse

Vom 3. bis zum 5. März 1937 tagt das Plenum des Zentralkomitees der KPdSU, B. Das Thema: 'Die Mängel in der Parteiarbeit und Maßnahmen zur Liquidierung der trotzkistischen und sonstigen Doppelzüngler'. Stalin fasst am Schlusstag die Berichte und Diskussionsreden zusammen und zieht einige Schlussfolgerungen für die künftige Arbeit. Seine Bestandsaufnahme sieht so aus:

1. Das Ausmaß der Schädlingsarbeit:
   Fast sämtliche Organisationen seien von der 'Schädlings-, Sabotage- und Spionagetätigkeit von Agenten ausländischer Staaten, unter denen die Trotzkisten eine aktive Rolle spielten', betroffen gewesen.[544]
2. Dieses Ausmaß sei möglich geworden dadurch, dass ...
   ... Agenten ausländischer Staaten, darunter Trotzkisten, sogar auf einige hohe Positionen gelangt seien.[545]
3. Dies wiederum sei dadurch möglich geworden, dass ..
   ... führende Genossen nicht das wahre Gesicht jener Schädlinge, Spione, Saboteure und Mörder erkannt hätten, sondern durch

544· vgl. Stalin-Werke, Bd. 14, ebd., S. 119.

545· vgl. ebd..

ihre Sorglosigkeit dazu beitrugen, dass jene Agenten auf diese hohen Positionen gelangen konnten.[546]

All dies habe sich aus den Diskussionsreden ergeben.

Anschließend geht er auf den Punkt 'politische Sorglosigkeit' genauer ein. Dies sei die eigentliche Ursache dafür gewesen, dass es überhaupt so weit kommen konnte. In zwei Rundschreiben habe das ZK nach dem Mord an Kirow vor dieser politischen Vertrauensseligkeit gewarnt. An vielen Stellen der Partei sei man der Meinung gewesen, dass sich der innere Feind automatisch angesichts der vielen Erfolge von selbst zurückziehen und friedlich 'in den Sozialismus hineinkriechen' werde. Dies sei aber grundfalsch, denn, und so hieß es in dem ersten Rundschreiben des ZK schon:

"je hoffnungsloser ihre Lage wird, umso eher werden sie zu den 'äußersten Mitteln' greifen, als dem einzigen Mittel der im Kampf gegen die Sowjetmacht zum Untergang Verurteilten."[547]

Der Klassenkampf erlösche nicht mit jedem weiteren Schritt des Vormarsches, sondern verschärfe sich!

In dem zweiten Rundschreiben des ZK an die Parteimitglieder sei darauf hingewiesen worden, dass die Trotzkisten alle Feinde der Werktätigen um sich scharen, darunter die Kulaken, die Weißgardisten, die Spione, Saboteure, die Provokateure..., um ihre Ziele gemeinsam zu erreichen und dass sie sich sehr gut maskierten.

Jeder einzelne in der Partei sei nun aufgerufen, Wachsamkeit zu zeigen, um diesen Leuten das Handwerk zu legen. Trotz dieser Warnungen sei aber wenig geschehen, zumal klar geworden sei, dass der Trotzkismus sein Wesen geändert habe, dass er keine politische Strömung in der Partei mehr sei, sondern 'im Solde ausländischer Spionagedienste steht'. Daraus gelte es für die Zukunft Lehren zu ziehen: Die Partei müsse zu einer 'uneinnehmbaren Festung gemacht

546· vgl. ebd..

547· Ebd..

werden, in die kein einziger Doppelzüngler einzudringen vermag'.[548]

Stalin über die Schwäche der Partei: Jetzt bestehe sie nicht mehr in der technischen Rückständigkeit wie noch vor ein paar Jahren, sondern in dem Mangel an Schulung und Wachsamkeit. Er fordert eine umfassende und gründliche Schulung der Parteimitglieder, eine gründliche politische Erziehung, um einer erneuten 'politischen Blindheit' vorzubeugen. Er schlägt ein neues System von Parteischulungen vor.

Gleichzeitig aber warnt er vor einer übertriebenen Auslegung der beschlossenen Resolution zur Behebung der Mängel. In der konkreten Praxis sei ein 'individuelles, differenziertes Herangehen an die Menschen erforderlich', denn, so Stalin in Vorahnung künftiger Missbräuche und Exzesse dieser Resolution durch übereifrige Parteigenossen oder durch solche, die die Resolution für ihre eigenen Zwecke missbrauchen wollten:

> *"Man darf nicht alle über einen Kamm scheren. So ein summarisches Verfahren kann der Sache des Kampfes gegen die wirklichen trotzkistischen Schädlinge und Spione nur schaden."*[549]

Stalin wendet sich gegen eine Trotzkistenhatz:

> *"Unter unseren verantwortlichen Genossen gibt es eine gewisse Anzahl ehemaliger Trotzkisten, die sich schon längst vom Trotzkismus abgewandt haben und den Kampf gegen den Trotzkismus nicht schlechter, ja besser führen als manche unserer verehrten Genossen, die nie in die Lage gekommen sind, nach der Seite des Trotzkismus hin zu schwanken. Es wäre töricht, solche Genossen jetzt in Verruf zu bringen."*[550]

548· vgl. ebd., S. 121f.

549· Ebd., S. 146.

550· Ebd..

e. Der Prozess gegen die Militärverschwörer

Am 11. Juni 1937, genau ein halbes Jahr nach dem zweiten öffentlichen Moskauer Prozess beginnt der Prozess gegen eine Gruppe hochrangiger Militärs.

Vor dem Militärkollegium der Obersten Sowjetischen Gerichts stehen acht Militärs: die Generäle Tuchatschewski, Jakir, Uborewitsch, Kork, Eidemann, Feldmann, Primakow und Putna. Ein weiterer Verschwörer, Gamarnik, der ehemalige Leiter der Politischen Hauptverwaltung der Roten Armee, hatte kurz vor Beginn des Prozesses Selbstmord begangen.

Allen wird Landesverrat, Spionage und Sabotage vorgeworfen.

Der Prozess findet unter Ausschluss der Öffentlichkeit statt, da sensible militärische Angelegenheiten Gegenstand der Gerichtsverhandlung sind.

Die Quellenlage:

Marschall Semjon Budjonny, der große Reitergeneral aus dem Bürgerkrieg, der zu den Geschworenen gehört, macht sich im Verlauf der Verhandlung ausgiebig Notizen, die er dann später in Form eines Briefes an den damaligen Volkskommissar für Verteidigung der UdSSR, Kliment Woroschilow, weitergab. Diese Notizen stehen uns heute zur Verfügung. Sie wurden inzwischen auch ins Deutsche übertragen. Ein weiteres Dokument, das uns heute in englischer Sprache zur Verfügung steht, ist der Schwernik-Report aus dem Jahre 1962, in dem Angaben über die Aussagen der Angeklagten gemacht werden. Außerdem wurden 1994 zwei Texte zu den Geständnissen von Marschall Tuchatschewski und seinen Komplicen in der Russischen Föderation freigegeben, die ins Englische übertragen wurden. Alles weitere Material, besonders das damals geführte Gerichtsprotokoll ist nach wie vor unter Verschluss oder nur solchen Forschern zugänglich, die die offizielle Version, dass es keine Verschwörung gegeben hat, unterstützen. Nur ihnen wird Zutritt zu den Archiven gewährt.

Das erste Dokument, Budjonnys Aufzeichnungen, befindet sich auf der Website von Prof. Grover Furr, Montclair University New

York, bei: http://msuweb.montclair.edu/~furrg, die beiden weiteren in seinem Buch 'Leon Trotsky's Collobaration with Germany and Japan'.[551]

Obwohl nicht alle Dokumente zu dem Fall freigegeben worden sind - darunter besonders die Vernehmungsprotokolle der Angeklagten - enthalten die drei genannten nicht nur Hinweise, sondern sogar ausreichend Beweise dafür, dass es tatsächlich eine Militärverschwörung gegeben hat und dass die Angeklagten sich des Landes- und Hochverrates schuldig gemacht haben. Daran kann nach Einsicht dieser Unterlagen kein Zweifel bestehen.

Alle Angeklagten waren geständig und 'bereuten' ihren Verrat an der Sowjetunion, wie sie vor Gericht sagten. Sie wurden kurz nach Ende des Prozesses erschossen.

Unter Chruschtschow wurden sie später 'rehabilitiert' und als völlig unschuldig hingestellt, ja sogar als 'Helden' bezeichnet. Chruschtschow selbst hat sich so geäußert:

"Er (gemeint General Tuchatschewski - Autor) war unser glänzender stellvertretender Volkskommissar für Verteidigung."[552]

Der 'Kommunist' Chruschtschow stellte sich vor die angeklagten Generäle, besonders hob er General Jakir hervor. Der Sohn Jakirs half ihm übrigens später bei der Abfassung seiner Erinnerungen.

Tuchatschewskis Aussagen

Beginnen wir mit dem Angeklagten Marschall Tuchatschewski. Marschall Budjonny schreibt in seinem Brief an Woroschilow:

"Als Tuchatschewski seine Erklärung abgab, versuchte er zuerst das Geständnis, das er bei der Voruntersuchung abgegeben hatte, zu widerrufen. ... Er habe versucht, gegenüber der Regierung zu beweisen, dass die neu entstandene Lage das Land in die Niederlage

551· Leo Trotzkis Kollaboration mit Deutschland und Japan, Kettering/Ohio/USA 2017.

552· ‚Chruschtschow erinnert sich. Die authentischen Memoiren', ebd., S. 93, hiernach zitiert als ‚Chruschtschow erinnert sich'.

führen werde, aber angeblich habe ihm niemand zugehört. Auf den Rat verschiedener Mitglieder der Sondersitzung hin unterbrach ihn dann Genosse Ulrich (der Vorsitzende des Gerichts - Autor) und fragte ihn:

'Wie kann Tuchatschewski diese Motivation mit dem in Einklang bringen, was er in der Voruntersuchung gestanden hat, dass er nämlich mit dem deutschen Generalstab verbunden war und dass er seit 1925 als Agent des deutschen Geheimdienstes gearbeitet hat?'

Dann räumte Tuchatschewski ein, dass man ihn natürlich als Spion bezeichnen könne, dass er jedoch außer in mündlicher Form keinerlei Informationen an den deutschen Geheimdienst weitergegeben habe, obwohl er durchaus zugab, dass auch dies Spionage sei.

Danach las ihm Genosse Ulrich sein Geständnis vor, in dem Tuchatschewski geschrieben hatte, dass er persönlich schriftliches Material an einen Agenten des deutschen Generalstabs weitergegeben habe, und zwar über die Organisation, Verschiebung und Gruppierung der motorisierten und mechanisierten Kavallerie-Teile des WMD (Weißrussischer Militärdistrikt) sowie des UMD (Ukrainischer Militärdistrikt) ...

Danach gestand Tuchatschewski mehr oder weniger all das, was Jakir schon gesagt hatte, wobei es ein paar belanglose Differenzen gab."[553]

Aus dem Schwernik-Bericht ist zu entnehmen, dass Tuchatschewski ein umfangreiches Geständnis in der Voruntersuchung abgelegt hatte, das er persönlich unterzeichnete. Dort sagt Tuchatschewski:

"Schon 1928 wurde ich von Jenukidse in die Organisation der Rechten gebracht. 1934 machte ich mit Bucharin Bekanntschaft. Spionagekontakte zu den Deutschen hatte ich seit 1925, als ich nach Deutschland fuhr, um dort zu studieren und an Manövern teilzunehmen. ... Bei meiner Reise nach London 1936 arrangierte

553· ‚Budjonnys Brief an Woroschilow, 26. Juni 1937', at: http://msuweb.montclair.edu/~furrg, dt. Übersetzung, S. 3.

Putna für mich eine Zusammenkunft mit Sedow (Trotzkis Sohn und Kontaktmann - Autor). Ich befand mich mit Feldman, S. S. Kamenjew, Jakir, Eideman, Jenukidse, Bucharin, Karachan, Pjatakow, I. N. Smirnow, Jagoda, Osepian und in anderen in einer Verschwörung."[554]

Auch in den beiden Texten, die 1994 in Russland über den Prozess veröffentlicht wurden, ist von Tuchatschewskis Geständnissen die Rede. Danach sagte Tuchatschewski u. a. wörtlich:

"Ich sagte Kork, dass ich Verbindungen sowohl zu Trotzki als auch zu den Rechten hätte und beauftragte ihn, neue Mitglieder im Moskauer Distrikt anzuwerben."[555]

Er gab auch zu, Trotzkis Anweisungen, die er über einen Verbindungsmann namens Romm, einen Trotzkisten, erhielt, an die anderen Führer der Militärverschwörung weitergegeben zu haben. In einer dieser Anweisungen hatte Trotzki zum Ausdruck gebracht, dass es nicht mehr ausreiche, nur neue Kader zu rekrutieren, sondern dass man aktiver werden müsse. Der deutsche Faschismus würde die Trotzkisten in ihrem Kampf mit Stalin unterstützen, und deshalb müsse die Militärverschwörung dem deutschen Generalstab auch Informationen zukommen lassen und innerhalb der Armee Sabotage betreiben und Terrorakte gegen die Regierung organisieren. Auch mit dem japanischen Generalstab müsse man zusammenarbeiten. Tuchatschewski wörtlich:

"Diese Anweisungen Trotzkis habe ich an das Zentrum der Verschwörung weitergereicht."[556]

Er gab auch zu, über Trotzkis Sohn Sedow und General Putna Anweisungen von Trotzki erhalten zu haben. Putna habe ihm ge-

---

554- Grover Furr, ‚Leon Trotsky's Collaboration with Germany and Japan', ebd., S. 160, Leo Trotzkis Kollaboration mit Deutschland und Japan, http://perpetrator2004.narod.ru/documents/Great_Terror/Shernik_Report.rar.

555- Ebd., S. 153, aus: ‚Molodaja Guardia' - Junge Garde-Magazin - ‚Ausgaben 9.

556- Ebd., S. 154.

sagt, dass Trotzki einen direkten Kontakt zur deutschen Regierung und zum deutschen Generalstab habe:

"Putna sagte mir, dass Trotzki einen dirakten Draht zur Hitlerregierung und zum Generalstab hergestellt habe und dass das Zentrum der antisowjetischen Militärverschwörung sich damit beschäftigen sollte, Niederlagen an jenen Fronten zu organisieren, wo die deutsche Armee operieren würde."[557]

Hier bestätigt sich erneut, Trotzkis direkte Zusammenarbeit mit Nazideutschland.

In seinem Schlusswort bekannte sich Tuchatschewski schuldig.[558]

Jakir über das Wesen der Verschwörung

Als erster wurde jedoch General Jakir vernommen, der das Wesen der Militärverschwörung umriss. Dazu Sowjetmarschall Budjonny in seinen Aufzeichnungen:

"In seiner Rede vor Gericht ging Jakir auf das Wesen der Verschwörung ein, die sich die Aufgabe gestellt hatte, den Kapitalismus in unserem Land auf der Grundlage einer faschistischen Diktatur wiederherzustellen.

Sie hatten vor, auf zwei Wegen dieses Ziel zu erreichen: erstens durch den Sturz der bestehenden politischen Macht durch interne Kräfte mit Hilfe eines Militärputsches und zweitens, wenn dies nicht gelingen sollte, dann mit Hilfe der Herbeiführung der militärischen Niederlage unter Beteiligung des deutschen Faschismus, des japanischen Militarismus sowie Polens. Was diese letzte Variante angeht, so waren sie bereit, den Interventen als Belohnung einen Teil des Territoriums unseres Landes abzutreten: die Ukraine an Deutschland, den Fernen Osten an Japan.

557- Ebd., S. 155, Steven J. Main ‚The Arrest and ‚Testimony' of Marhal of the Soviet Union M. N. Tukhachevsky, Mai/Juni 1937, auch in: Molodaja Guardia - Junge Garde-Magazin, Ausgaben 9 und 10, 1994.

558- vgl. auch Budjonnys Brief an Woroschilow, ebd., S. 8.

Um die Niederlage der sowjetischen Armee herbeizuführen, hatten sie ein Abkommen mit dem deutschen Generalstab, vertreten durch General Rundstedt und General Köstring, geschlossen. Ein Plan für die Herbeiführung der Niederlage der Roten Armee in Kriegszeiten war eigens dafür entworfen worden.

Im ersten wie im zweiten Fall sollten alle verfügbaren Mittel eingesetzt werden, um die sowjetische Regierung und die Parteiführung zu stürzen. Sie schreckten vor nichts zurück, weder vor Gewalt (Terror), Spionage, Diversion, Sabotage, Provokation noch vor der Bloßstellung von Parteiführung, Regierung, Armee und Sowjetmacht. Jakirs Worten zufolge waren sie übereingekommen, dass in dieser Angelegenheit alle Mittel vertretbar seien.

Sie orientierten sich an Trotzki als politischem Führer und an seinem Block, zu dem auch Sinowjew-Anhänger, Rechte, Nationalisten, Menschewiki, Sozialrevolutionäre usw. gehörten. ...

Die Ursprünge dieser Verschwörung gehen im Grunde auf das Jahr 1934 zurück, aber schon vorher, Anfang 1925, habe es, so Jakir, 'Gespräche einer prinzipienlosen Gruppierung' gegeben. ..."[559]

Die anderen Verschwörer fügten den Angaben von Tuchatschewski und Jakir nur noch unwesentliche Details hinzu. Der jüdische General Feldman wies darauf hin, dass das Verschwörerzentrum nicht erst 1934, sondern sogar schon 1931 gegründet worden sei. Einige zählten sich zu Trotzkis Soldaten, andere, wie Tuchatschewski, fühlten sich wie 'Napoleons ohne Armee' (Primakow) und hatten eigene bonapartistische Ambitionen. Allen gemeinsam war, dass sie für Nazideutschland arbeiteten, dass sie Spione des faschistischen Deutschlands waren, die sich 'schon seit der Revolution in unsere Reihen eingeschlichen haben' (Budjonny in seinen Schlussfolgerungen). General Primakow in seiner Schlussrede:

"Wir arbeiteten für das faschistische Deutschland."[560]

559· Ebd., S. 2.

560· ‚Budjonny's Brief an Woroschilow, 26. Juni 1937', ebd., S. 11 d. dt. Übers..

Nikolai Jeschow bestätigt die Existenz der Militärverschwörung

Im Jahr 2006 wurde das Geständnis des ehemaligen Vorsitzenden des NKWD, Nikolai Jeschow, von der Russischen Föderation freigegeben. Am 26. April 1939 wurde Jeschow zum wiederholten Male vernommen. Bei dieser Vernehmung bestätigte er die Existenz der Verschwörung:

> *"Jegorow gab mir die Namen der Teilnehmer dieser Verschwörergruppe. ... Er fügte hinzu, dass es in der Roten Armee zwei Gruppen gebe, die miteinander konkurrieren: die trotzkistische Gruppe von Gamarnik, Jakir und Uborewitsch einerseits und die bonapartistische Offiziersgruppe um Tuchatschewski."* [561]

Jegorow gehörte zu den Mitverschwörern, die die Aufgabe hatten, die Kontakte zu den Nazis zu pflegen. Jegorows Kontaktleute: der Nazigeneral Hammerstein und der deutsche Militärattaché in Moskau, General Köstring. Beide hatten von Hitler den Auftrag, sich um 'das russische Geschäft' zu kümmern. Köstring zu Jeschow in Moskau, wo sie sich trafen:

> *"Wir müssen auf jede nur erdenkliche Art unseren Einfluss in der Roten Armee verstärken, um so die russische Armee im entscheidenden Moment in einer Weise dirigieren zu können, die den deutschen Interessen entspricht."* [562]

Sie glaubten also, mit Hilfe der Militärverschwörung nach einem Überfall auf die Sowjetunion die Rote Armee in der Hand zu haben. W. Molotow, der ehemalige sowjetische Außenminister und Ministerpräsident brachte es später in einem Interview auf den Punkt:

561· ‚Die Vernehmung von Nikolai Jeschow, ehemaliger Volkskommissar für Innere Angelegenheiten der UdSSR', at: https://msuweb.montclair.edu/~furrg/research/transla, dt. Übers., S. 18.

562· Ebd., S. S. 19.

"Dank 1937 gab es kein Fünfte Kolonne in unserem Land während des Krieges."[563]

General Alksnis, jr. späte Entdeckung

Zu den damaligen Militärrichtern gehörte auch General Alksnis. Sein Enkel, auch General mit Namen Alksnis, der die offizielle Version als Dumaabgeordnete in Russland jahrelang unterstützte, wird 1990 der Zugang zu den Archiven gestattet, um dort Nachforschungen zu seinem Großvater anzustellen. Er wusste, dass sein Großvater zu den Geschworenen gehörte, die dem Prozess beiwohnten. Er findet im Archiv das Gerichtsprotokoll, das er aber nicht kopieren darf. Danach ändert er seine Meinung. Später begründete er seinen Sinneswandel in einem Interview so:

"Zeitungsberichte behaupten, dass die Angeklagten ihre Schuld vollständig abstritten. Aber dem Protokoll nach haben sie alle ihre Schuld eingestanden. ... Und in dem Protokoll gibt es eine Unmenge an Einzelheiten, lange Dialoge, gegenseitige Beschuldigungen und viele präzise Angaben. Es ist einfach unmöglich, so etwas zu arrangieren. ... Mir ist das Wesen der Verschwörung nicht bekannt, aber dass sie tatsächlich existierte in der Roten Armee und dass Tuchatschewski daran beteiligt war, davon bin ich heute vollständig überzeugt.

Interviewer: Was war denn der Hauptanklagepunkt?

Alksnis: Alles war das vorhanden: Spionage, Vorbereitung eines Staatsstreiches, Sabotage ...

Interviewer: Was bedeutet denn 'Spionage'? Sie haben von der Begegnung auf der Datscha erzählt ...

Alksnis: Ja, ja mit dem deutschen Militärattaché. Sie sprachen darüber, wie man es mit den deutschen Militärkontakten koordinieren könnte. Sie hatten laufend Kontakte ..."[564]

563· ‚Molotow Remembers', ebd., S. 254, Molotow erinnert sich.

564· Grover Furr, ‚Leon Trotsky's Collaboration with Germany and Japan', ebd., S. 114f,

Chruschtschow rehabilitiert die Verschwörer

Jemand, der gar nicht glücklich war über die Entlarvung der fünften Kolonne in der UdSSR damals, war der spätere Erste Sekretär der KPdSU Nikita Sergejewitsch Chruschtschow, der mit Hilfe hochrangiger sowjetischer Militärs (Marschall Schukow) 1953 die Nachfolge Stalins antrat.

Er beklagt in seinen Erinnerungen die Verurteilung und Hinrichtung der überführten und geständigen Generäle so:

"Unsere besten Befehlshaber sind als Feinde des Volkes ausgelöscht worden!"[565]

Die Militärrichter, darunter auch Marschall Semjon Budjonny und General Alksnis, bezeichnet er als 'Henker'.[566]

Nach dem 20. Parteitag der KPdSU im Februar 1956, auf dem die ehemalige konterrevolutionäre Sowjetopposition sich endgültig an der Spitze der Sowjetunion festsetzen konnte und auf dem Chruschtschow seine 'Geheimrede' hielt, wird eine Briefmarke mit einem Bild von General Jakir herausgegeben.[567] Die Verschwörer werden allesamt von Chruschtschow rehabilitiert und als 'Opfer des Stalinismus' hingestellt.

f. Der dritte öffentliche Moskauer Prozess

Vom 2. bis zum 13. März 1938 findet der dritte und letzte öffentliche Prozess statt - dieses Mal gegen den 'Block der Rechten und Trotzkisten'. Einundzwanzig Personen haben sich wegen Hoch- und Landesverrats, Spionage und Sabotage gegen die Sowjetunion zu verantworten, darunter auch Nikolai Bucharin, der ehemalige

---

Transkript der Audioaufnahme des Gesprächs mit dem Duma-Abgeordneten W. I. Alksnis, zitiert nach: Wladimir Bobrow, ‚Rasschifrovka audiosapisi besedu s deputatom V. I. Alksisom.

565· ‚Chruschtschow erinnert sich', ebd., S. 157.

566· vgl. ebd., S. 93.

567· ebd., Anm. 21.

Präsident der Kommunistischen Internationale und ehemaliges Politbüromitglied, darunter der ehemalige sowjetische Finanzminister Grigori F. Grinko, darunter der ehemalige Vorsitzende des NKWD, Genrich G. Jagoda, darunter Aleksei I. Rykow, ehemaliges Mitglied im Obersten Volkswirtschaftsrat, darunter Christian Rakowski, ehemaliger Sowjetbotschafter in Japan, aber auch zwei Ärzte, die beschuldigt werden, Morde durch Falschbehandlungen an hohen sowjetischen Funktionären wie Menschinski (Jagodas Vorgänger im Amt) oder Kuibyschew (einer der Planungschefs der UdSSR) sowie an dem Schriftsteller Maxim Gorki und seinem Sohn Maxim Peschkow begangen zu haben.

Auch bei diesem Prozess sind wieder westliche Journalisten und Diplomaten zugelassen. Einer von ihnen ist der US-Botschafter Joseph E. Davies, der später seine Eindrücke in seinen Erinnerungen 'Mission to Moscow' festhielt.

Einige Angeklagte verteidigen sich selbst, andere haben Verteidiger wie Braude und Kommodow - Mitglieder des Moskauer Verteidigerkollegiums. Nicht nur die Geständnisse der Angeklagten werden verwertet, sondern auch die Gutachten der Sachverständigen - darunter zwei medizinische Gutachten. Alle Angeklagten bekennen sich schuldig. Achtzehn von ihnen werden zum Tode verurteilt, drei von ihnen, darunter auch der langjährige Sowjetdiplomat Rakowski, der zu Trotzkis Gruppe gehörte, erhalten längere Haftstrafen.

Die Angeklagten waren nicht gefoltert worden. Dies hat Bucharin ausdrücklich betont, aber auch ein Mann, der zu seinem Umfeld gehörte, nämlich Valentin Astrow. Anfang der neunziger Jahre, nach dem Zusammenbruch der UdSSR, gab er an, dass er fair von den Vernehmern behandelt worden sei.[568] Wäre er gefoltert worden, hätte er dies ganz sicher in seinen zahlreichen Artikeln, die er damals noch schrieb, nicht unerwähnt gelassen.

Welches war der Kern der Anklage?

568· vgl. Grover Furr, ‚The Murder of Sergei Kirov', ebd., S. 415.

Die Verschwörer hatten sich das Ziel gesetzt, die Sowjetmacht mit Hilfe zweier ausländischer Mächte, mit Hilfe des faschistischen Deutschland und des militaristischen Japan zu stürzen, um dann anschließend selbst die Macht zu übernehmen. Diese Macht wollten sie dann dazu benutzen, um, wie sie angaben, den Kapitalismus in der UdSSR zu restaurieren. Sie waren auch bereit, jenen Mächten sowjetische Gebiete abzutreten, darunter die Ukraine an Nazideutschland und den Ostteil Sibiriens, das Primorje-Gebiet, an das kaiserliche Japan.

Der Kopf der Verschwörung war Nikolai Bucharin. Er machte dazu sehr ausführliche Angaben, auch schon in der Voruntersuchung, deren Protokolle heute verfügbar sind. Diese Angaben sind Teil des stenografischen Protokolls, das auch ins Deutsche übertragen wurde. Hier ein kleiner Auszug. Bucharin wird von Staatsanwalt Wyschinski, dem Anklagevertreter, zu den Zielen seiner Organisation befragt:

"Wyschinski: Welche Ziele verfolgte diese konterrevolutionäre Organisation?

Bucharin: Diese konterrevolutionäre Organisation, wenn man dies kurz formulieren soll ..

Wyschinski: Vorläufig kurz.

Bucharin: Sie verfolgte im Grunde genommen ... als ihr Hauptziel die Restauration der kapitalistischen Verhältnisse in der UdSSR.

Wyschinski: Den Sturz der Sowjetmacht?

Bucharin: Den Sturz der Sowjetmacht. Das war das Mittel zur Realisierung dieses Ziels.

W.: ..auf dem Wege?

B.: Wie bekannt ..

W.: Auf dem Wege eines gewaltsamen Sturzes?

B.: Ja, auf dem Wege eines gewaltsamen Sturzes dieser Macht.

W.: Mit Hilfe?

B.: Durch Ausnutzung aller Schwierigkeiten, die der Sowjetmacht im Wege standen, insbesondere durch Ausnutzung des Krieges, der prognostisch in Aussicht stand.

W.: Der prognostisch mit wessen Hilfe in Aussicht gestellt wurde?

B.: Von Seiten auswärtiger Staaten.

W.: Unter welchen Bedingungen?

B.: Unter den Bedingungen, wenn man es konkret sagen soll, einer ganzen Reihe von Zugeständnissen.

W.: .. bis zu ...

B.: Bis zu territorialen Abtrennungen.

W.: Das heißt?

B.: Soll man das Tüpfelchen auf das i setzen, dann unter den Bedingungen einer Zerstückelung der UdSSR.

...

W.: Zugunsten?

B.: ..zugunsten Deutschlands, zugunsten Japans, zum Teil auch Englands .."[569]

Bucharin gab zu, seit 1918 schon in Opposition zur Sowjetmacht gestanden zu haben. Er gab zu, schon damals die Verhaftung führender sowjetischer Politiker, darunter Lenin, Stalin und Swerdlow, geplant zu haben:

"W.: Angeklagter Bucharin - Sie waren 1918 Organisator und Leiter der sog. Gruppe 'linker Kommunisten'?

B.: Ich war einer der Organisatoren.

W.: Sie waren einer der Organisatoren.

B.: Ja. ...

W.: Sprachen Sie offen von der Verhaftung Lenins, Stalins und Swerdlows?

B.: Von dieser Verhaftung war die Rede, aber nicht von der physischen Vernichtung. ..."[570]

Die Zeugin Jakowlewa, die zu Bucharins Gruppe gehört hatte, widersprach ihm daraufhin:

W.: Sie bestätigen vor Gericht, dass Ihnen Bucharin auch von der politischen Zweckmäßigkeit, von der Notwendigkeit der Er-

569· ‚Prozessbericht 3', ebd., S. 405.

570· Ebd., S. 485ff.

mordung Lenins als Hauptes des Sowjetstaates, Stalins und Swerdlows als der Führer der Partei und Regierung gesprochen haben?
Jakowlewa: Bucharin sprach davon."[571]

Bucharin: keine erzwungenen Geständnisse

In seinem Schlusswort äußerte sich Bucharin auch zu der Frage, ob seine Geständnisse durch künstliche Mittel erzwungen wurden. Er sagte:

"Oft erklärt man die Reue mit verschiedenen, völlig unsinnigen Sachen wie etwa mit tibetanischen Pulvern usw. Von mir will ich sagen, dass ich im Gefängnis, in dem ich etwa ein Jahr gesessen habe, arbeitete, studierte, den Kopf bewahrte. Das ist eine tatsächliche Widerlegung aller Märchen und unsinnigen konterrevolutionären Dummheiten.

Man spricht von Hypnose. Aber ich habe vor Gericht auf dem Prozess auch juristisch meine Verteidigung geführt, habe mich an Ort und Stelle orientiert, mit dem staatlichen Ankläger polemisiert, und jeder auch nicht besonders in den entsprechenden Zweigen der Medizin erfahrene Mensch wird zugeben müssen, dass es eine solche Hypnose überhaupt nicht geben kann."[572]

Auch Anna-Louise Strong hatte Gelegenheit, sich den Prozess anzusehen. Sie gibt ihren Eindruck so wieder:

"War die Geschichte glaubwürdig? Die meisten Zeitungen außerhalb der UdSSR nannten ihn ein abgekartetes Spiel. Die meisten, die im Gerichtssaal saßen, darunter auch die Auslandskorrespondenten, waren der Meinung, dass die Dinge zutrafen.

Ich hörte den Angeklagten zu, oft nur wenige Meter von ihnen entfernt, und für mich war der Prozess, durch den einst revolutionäre Führer zu Verrätern geworden waren, nachvollziehbar."[573]

571· Ebd., S. 487.

572· Ebd., S. 846.

573· A. L. Strong, ebd., S. 71.

US-Botschafter Davies: Keine 5. Kolonne mehr 1941

US-Botschafter Joseph Davies, der sich den Prozess jeden Tag ansah, schrieb an seine Tochter:

"Liebe Bijou,

In der letzten Woche habe ich mit die täglichen Sitzungen des Verratsprozesses gegen Bucharin angesehen. Keine Frage, du hast ihn sicherlich auch in der Presse verfolgt. Es ist Wahnsinn! ... Er offenbart die Umrisse eines Komplotts, das fast zum Sturz der Regierung geführt hätte. ...Es scheint sich zu bestätigen, dass ein Komplott Anfang November 1936 bestand, um einen Staatsstreich durchzuführen mit Tuchatschewski an der Spitze, der im Mai des folgenden Jahres ausgeführt werden sollte."[574]

Davies gibt auch die Meinungen der anderen Diplomaten wieder, die sich den Prozess ansahen:

"Die Meinung der Diplomaten, die sich den Prozess regelmäßig angesehen haben, war durchweg so, dass der Fall die Tatsache bestätigt hat, dass es eine ansehnliche politische Opposition gab und eine äußerst ernstzunehmende Verschwörung."[575]

Drei Jahre später, als der Krieg gegen die Sowjetunion begann, ging Davies seine Aufzeichnungen noch einmal durch. Hat er seine Meinung geändert? Davies sah sich, im Gegenteil, bestätigt:

"Die wichtigsten Angeklagten waren in eine Verschwörung eingetreten und besaßen ein Übereinkommen mit Deutschland und Japan, um diesen Regierungen bei einem militärischen Angriff auf die Sowjetunion Hilfe zu leisten. Sie kooperierten und billigten Pläne, Stalin und Molotow umzubringen, um dann eine militärische Erhebung gegen den Kreml zu organisieren, die von General Tuchatschewski angeführt werden sollte. ...

574· Joseph E. Davies, ‚Mission to Moscow', London 1945, S. 177, at: https://archive.org/stream/missiontomoscow035156m.

575· Ebd..

Sie unterstützten die deutschen Pläne zu Russland, dass deutsche Firmen Konzessionen erhalten sollten bei der Förderung von Eisenerz, Mangan, Öl, Kohle, Holz und anderen großen Ressourcen der Sowjetunion. ...

Um die ganze Bedeutung zu erfassen, muss man sich vorstellen, als wenn der Finanzminister Morgenthau, der Handelsminister Jones, Staatssekretär Welles, Botschafter Bullit, Botschafter Kennedy oder der Sekretär Early bei uns zugegeben hätten, mit Deutschland zusammen eine Verschwörung organisiert zu haben, um bei einer Invasion in den Vereinigten Staaten zusammenzuarbeiten.

1941 gab es in Russland keine fünfte Kolonne mehr. Sie hatten sie erschossen. Die Säuberung hatte das Land gereinigt und den Verrat ausgetilgt."[576]

Stärkung der Roten Armee

Stalin auf dem 18. Parteitag der KPdSU, B im März 1939:

"Einige Vertreter der ausländischen Presse schwatzen davon, die Säuberung der Sowjetorganisationen von Spionen, Mördern und Schädlingen vom Schlage eines Trotzki, Sinowjew, Kamenjew, Jakir, Tuchatschewski, Rosengolz, Bucharin und anderen Ungeheuern hätte das 'Sowjetsystem erschüttert', hätte Zersetzung in dieses hineingetragen. ... Wäre es nicht richtiger zu sagen, dass die Säuberung der Sowjetorganisationen von Spionen, Mördern, Schädlingen zu einer weiteren Festigung dieser Organisationen führen musste und tatsächlich geführt hat?"[577]

Traf diese Einschätzung in der Praxis zu? Sie traf tatsächlich zu, denn: Schon 1938 erlitt Japan seine erste große Niederlage gegen die Sowjetunion durch die gründlich gereinigte Rote Armee, als die japanischen Imperialisten am 29. Juli 1938 im Gebiet des Chassan-Sees die sowjetische Grenze überschritten und dann anschlie-

576· Ebd..

577· Stalin-Werke, Bd. 14, ebd., S. 210f.

ßend zwei Höhen besetzten. Die japanischen Truppen wurden vernichtend geschlagen.

Das Gleiche widerfuhr den Japanern ein Jahr später im August 1939, als sie in die mit der Sowjetunion befreundete Mongolei einfielen. Teile der Roten Armee kesselten die japanischen Truppen ein und bereiteten ihnen einen weitere Niederlage. Sie verloren dort auf einen Schlag 60.000 Mann. Die Mongolei wurde nicht von Japan besetzt dank dieses entschlossenen Eingreifens einer Armee, die keine 5. Kolonne mehr im Rücken hatte.

War also 'Zersetzung' in die Rote Armee hineingetragen worden, war die Rote Armee durch die Verratsprozesse geschwächt worden, was auch ein Nikita Chruschtschow, der mit den Verrätern sympathisierte, behauptet hat, und was unzählige westliche, aber auch russische Historiker dann nicht müde wurden zu wiederholen? Das Gegenteil war der Fall, was das Vorgehen gegen die japanische Aggression zeigt. Dank der drei großen Verratsprozesse brauchte die Sowjetunion während des großen Krieges nicht an zwei Fronten zu kämpfen, an einer äußeren gegen die faschistischen Eindringlinge und an einer inneren gegen die Landesverräter, angeführt von Bucharin und Trotzki.

Ludo Martens schreibt in seinem Buch 'Stalin anders betrachtet' über die Entscheidung, die fünfte Kolonne zu beseitigen:

> *"Die Entscheidung, die 5. Kolonne physisch zu beseitigen, war kein Zeichen der Paranoia eines Diktators, wie es die Nazipropaganda behauptete. Sie zeigte die Entschlossenheit Stalins und der Partei der Bolschewiki, dem Faschismus in einem Kampf auf Leben und Tod entgegenzutreten. Durch die Eliminierung der 5. Kolonne hat Stalin das Leben von mehreren Millionen Menschen Sowjetbürgern gerettet. Diese Toten hätten den zusätzlichen Preis bedeutet, der in dem Fall zu zahlen gewesen wäre, wenn die äußere Aggression aus Sabotage, Provokationen und innerem Verrat hätte Profit schlagen können."* [578]

578· Ludo Martens, ‚Stalin anders betrachtet', ebd., S. 291.

Michael Gorbatschow hat das Kunststück fertig gebracht, Nikolai Bucharin aus Anlass seines 100. Geburtstages und des 50. Jahrestages seiner Verurteilung im Jahre 1988 zu rehabilitieren. Er rehabilitierte einen Hochverräter, aber was soll man von Hochverrätern anderes erwarten, als dass sie ihresgleichen unterstützen?

25. Die Jeschowschina

a. Was war die 'Jeschowschina'?

Der Begriff steht für die willkürlichen, verfassungs- und gesetzwidrigen Verhaftungen, Verbannungen, Folterungen und Erschießungen einer großen Zahl unschuldiger Menschen in der damaligen Sowjetunion, für die illegalen Verurteilungen durch Schnellgerichte ('Troikas'), von Zehntausenden Menschen, die zwischen 1937 und 1938 über einen Zeitraum von insgesamt 16 Monaten hinweg, unter dem bloßen Vorwand, 'Konterrevolutionäre' oder 'Sowjetfeinde', 'Spione', 'Verräter' oder 'Volksfeinde' zu sein, Opfer der kriminellen Machenschaften der führenden antisowjetischen Verschwörer-Gruppe im sowjetischen NKWD wurden.

Dieses Phänomen wird 'Jeschowschina' genannt, weil Nikolai Jeschow damals als Volkskommissar für Innere Angelegenheiten an der Spitze des sowjetischen Geheimdienstes und des Innenministeriums stand, der mit seinen Komplicen zusammen, darunter sein Stellvertreter Frinowski, dafür sorgte, dass es zu Massenverhaftungen und -erschießungen kommen konnte, mit dem erklärten Ziel, in der sowjetischen Bevölkerung Unzufriedenheit zu schüren, um so eine günstige Atmosphäre für einen Staatsstreich zu schaffen, der die Sowjetmacht Anfang November 1938 beseitigen sollte.

Mit diesen Massenverhaftungen sollten vor allem ehrliche Kommunisten und ehrliche Sympathisanten des sowjetischen Sozialismus, die loyal zur Sowjetmacht standen, unter dem Vorwand, 'Konterrevolutionäre', 'Volksfeinde', 'Spione' oder 'Auslandsagenten' zu sein, beseitigt werden, um sie aus wichtigen Positionen im Staats- und Regierungsapparat, aber auch aus der Komintern, der Kommunistischen Internationale, zu entfernen, um so die Anhängerschaft der Sowjetmacht zu dezimieren und das Ansehen der sozialistischen Sowjetmacht im Ausland herabzusetzen.

Diese Pläne, darunter die Vorgehensweise bei den Repressionen und Verfolgungen, waren, wie die inzwischen freigegebenen Dokumente, darunter zahlreiche Vernehmungsprotokolle, beweisen, mit dem faschistischen Deutschland abgesprochen worden, das Jeschow seit 1934 als Agenten rekrutiert hatte.

b. Das Ausmaß

Das Ausmaß der Jeschowschina ist inzwischen von ehrlichen Historikern, darunter auch Prof. Grover Furr von der Montclair University of New York, dokumentiert worden. Furr stützt sich in seinem Buch 'Chruschtschow log' ('Krushchev Lied', Kettering/Ohio/USA 2011) auf offizielles Zahlenmaterial, das under dem Chruschtschow-Regime nach dem 20. Parteitag der KPdSU im Jahr 1956 veröffentlicht wurde. Nach dem von P. N. Pospelow vorgelegten Daten ergibt sich folgendes Bild über die Zahl der Opfer der Jeschowschina:

Jahr	1935	1936	1937	1938	1939	1940
Verhaftungen	114.456	88.873	918.671	629.695	41.627	127.313
Exekutiert	1.229	1.118	353.074	328.618	2.601	1.863

Quelle: http://www.alexanderyakovlev.org/almanah/inside/almanah-doc/55752

Hierbei muss Folgendes angemerkt werden:

P. N. Pospelow war Chruschtschows Redenschreiber, der ihm auch die Geheimrede verfasst hat, in der, wie Grover Furr selbst herausfand, über sechzigmal gelogen wurde. Die Zahlen, die ein solcher Lügner produziert, müssen also kritisch betrachtet werden. Sie können übertrieben sein. Alexander Jakowlew, von dessen Seite diese Zahlen sind, war der Erfinder der 'Perestroika', dem Gorbatschow in der Zeit der Perestroika die sowjetischen Archive anvertraute, der in Großbritannien später mit einer Ehrendoktor-Würde ausgezeichnet wurde, wohl nicht, weil er über die Stalin-Zeit die Wahrheit verbreitet hat, wohl eher, weil der versucht hat, die Sowjetgeschichte im Sinne des Westens umzuschreiben. Wir wissen also nicht, ob es wirklich über 700.000 Opfer der Jeschowschina gegeben hat.

Stalins enger Mitarbeiter, Wjatscheslaw Molotow, wurde dazu später von seinem Biografen Felix Tschujew befragt, und er antwortete ihm so:

> *"Heutzutage bekommt man die wirklichen Fakten nicht wie auf einem silbernen Tablett serviert. Sie sind zusammengepanscht und auf jede Weise korrumpiert worden sozusagen, und durch alle möglichen anderen Fakten verdunkelt worden. Es scheint heute unmöglich zu sein, aus diesem Dilemma einen Ausweg zu finden."* [579]

Aus dem obigen Dokument geht hervor, dass nach Berijas Amtsantritt an der Spitze des NKWD Ende 1938 die Zahl der Verhaftungen und Exekutionen drastisch zurückging. Es war die Zeit (ab 1939), als die Verantwortlichen für die Exzesse zur Rechenschaft gezogen wurden und als man über einhunderttausend unschuldig Verhafteten wieder freiließ und später rehabilitierte.

Stalin selbst hatte für den Wandel an der Spitze des NKWD gesorgt.

c. Die Vernehmungen von Nikolai Jeschow

Die Verhörprotokolle zum Fall Jeschow, darunter seine umfangreichen Geständnisse, sind teilweise von der Russischen Föderation freigegeben worden. Auch die seines Stellvertreters Frinowski stehen uns heute zur Verfügung. Das Material ist inzwischen auch ins Deutsche übersetzt worden und auf folgender Seite einsehbar:

msuweb.montclair.edu/~furrg/research/translations/jeschows_vernehmungen.html

Grover Furr, der die Protokolle auf seine Seite gestellt hat, ist jedoch der Meinung, dass bisher längst nicht alles Vernehmungsmaterial freigegeben worden ist. Das verfügbare Material beweist jedoch,

579· ‚Molotow Rembembers', ebd., S. 253, Molotow erinnert sich, Interview am 18. 12. 1970.

dass es sich bei Jeschow und seiner weit im NKWD verzweigten Organisation um eine Nachfolgeorganisation des im März 1938 vom höchsten sowjetischen Gericht verurteilten antisowjetischen, profaschistischen 'Blocks der Rechten und Trotzkisten' handelte, der eng mit Hitlerdeutschland und auch mit dem kaiserlichen Japan zusammengearbeitete.

Die Rekrutierung Jeschows durch die deutsche Spionage

Jeschow gab an, gleich zweimal von der deutschen Auslandsspionage als Agent angeworben worden zu sein: 1930 in Königsberg und dann noch einmal 1934 in Wien, als die Nazis schon in Berlin an der Macht waren. Jeschow bei seinem Verhör am 21. Juni 1939:

"Vernehmer Rodos: Wann wurden Sie deutscher Spion?
Jeschow: Ich wurde 1930 in Königsberg rekrutiert.
Rodos: Was hat Sie dorthin verschlagen?
Jeschow: Ich wurde vom Volkskommissariat für Landwirtschaft dort hingeschickt.."[580]

Diese erste Verpflichtung für den deutschen Geheimdienst hatte er in den vorangegangenen Verhören noch verschwiegen. Bei seiner Vernehmung vom 27. April 1939 teilte er mit, dass er erst 1934 bei einer Kur in Wien von der Nazi-Spionage angeworben wurde, aber auch schon vorher polnischer Spion war.

"Vernehmer: Bei der letzten Vernehmung gestanden Sie, dass Sie zehn Jahre lang für Polen spioniert haben. Sie verheimlichten jedoch eine Reihe Ihrer Spionagekontakte. Die Untersuchung fordert von Ihnen, ein wahrheitsgetreues und ausführliches Geständnis zu dieser Frage abzulegen. ...Gestehen Sie alle ihre Spionageverbindungen, die Sie der Untersuchung verheimlichten sowie die Umstände Ihrer Anwerbung!

580· ‚Die Vernehmung von Nikolai Jeschow, ehemaliger Volkskommissar für Innere Angelegenheiten der UdSSR', ebd., S. 39, vgl. auch: http://www.memo.ru/history/NKVD/kto/biogr/gb169.htm.

Jeschow: Ich wurde 1934 unter folgenden Umständen als deutscher Geheimdienstagent angeworben. Im Sommer schickte man mich zu einer Kur nach Wien zu Professor Norden.

Vernehmer: Wer ist Norden?

Jeschow: Norden ist Deutscher. ... Zahlreiche kranke Menschen aus vielen Ländern der Welt, darunter auch führende Arbeiter aus der UdSSR, fuhren oft zu Norden nach Wien zur Behandlung.

Vernehmer: Wer zum Beispiel?

Jeschow: Soweit ich weiß, behandelte Norden Tschubar, Gamarnik, Jakir, Weinberg und Metalikow.

Vernehmer: Wer warb Sie an?

Jeschow: Ich wurde von Dr. Engler, dem Hauptassistenten von Norden für die Zusammenarbeit mit dem deutschen Geheimdienst angeworben. ... Engler verlangte von mir eine kurze schriftliche Verpflichtung für eine Zusammenarbeit mit dem deutschen Geheimdienst, die ich dann gab.

Vernehmer: Das heißt, Sie gaben ihnen eine Verpflichtungserklärung?

Jeschow: Ja."[581]

Jeschow war also schon seit 1930 deutscher Spion, hatte aber auch vorher schon für die polnische Spionage gearbeitet und ließ sich dann noch einmal von der Nazi-Spionage in Österreich rekrutieren.

In der Folgezeit erhielt er dann über einen Mittelsmann namens Dr. Taitz - ein sowjetischer Arzt, der mit Engler zusammenarbeitete - Spionageaufträge für Hitlerdeutschland:

"Vernehmer: Was für Spionageaufträge erhielten Sie von Taitz?

Jeschow: Taitz meinte, dass Engler in erster Linie an geheimen Informationen über die Bewaffnung der Roten Armee sowie an allen Einzelheiten über die Verteidigungskraft der UdSSR interessiert sei.

Zu dieser Zeit war ich Vorsitzender der Industrieabteilung des

581· Ebd, S. 7f.

Zentralkomitees der Partei und stellvertretender Vorsitzender der Parteikontrollkommission, die ich praktisch leitete. In dieser Kommission gab es eine Militärgruppe, die von N. Kuibyschew geleitet wurde, und das Material, mit dem sie arbeitete, unterlag einer besonders strengen Geheimhaltung, und deshalb arbeitete sie unter meiner Führung. ..."[582]

Weshalb die deutsche Spionage ausgerechnet an Jeschow interessiert war. Jeschow:

"Zu der Zeit war ich schon Sekretär des ZK und Leiter der Abteilung führender Parteiorgane, Vorsitzender der Parteikontrollkommission und Vorsitzender der Kommission für Auslandsaufträge. Der deutsche Geheimdienst wusste das sehr genau, und ich erhielt von Mnatsakanow (ein Gestapoagent - Autor) den Auftrag, mittels dieser Positionen Sabotagearbeit zu leisten und die Parteiarbeit zu unterminieren. ...

Vernehmer Rodos: Was für Aufträge gab Ihnen Mnatsakanow?

Jeschow: Ich erzählte ihm also aus Politbürositzungen, ZK-Vollversammlungen, von Gesprächen mit Stalin, Molotow, Kaganowitsch und anderen Führern, übergab ihm den Inhalt geheimer Briefe und Telegramme des ZK sowie des Rates der Volkskommissare."

Vernehmer Rodos: Sie haben ganze Arbeit geleistet ..."[583]

Bei seinen 'Kuraufenthalten' im Ausland traf Jeschow auch den deutschen General Hammerstein, der von der Hitlerregierung mit dem 'russischen Geschäft' betraut war. Hammerstein hatte von seinen Informanten erfahren, dass der alte NKWD-Chef Jagoda kurz vor der Enttarnung stand und dass Jeschow nun gute Aussichten hatte, sein Nachfolger zu werden.

Hammerstein brachte Jeschow gegenüber den Wunsch zum Ausdruck, Jagodas Position zu übernehmen. Er war ganz offensichtlich sein Wunschkandidat. Jeschow:

582· Ebd., S. 11.

583· Ebd., S. 48.

"Ich traf mich noch dreimal mit Hammerstein. Beim zweiten Treffen drückte er sein Interesse an den Einzelheiten an dem Mord an S. M. Kirow aus sowie darüber, wie große der Einfluss der Trotzkisten, Sinowjewleute und der Rechten in der Partei sei.

Ich informierte ihn ausführlich, und wies besonders hin, dass es zu jener Zeit unter den Tschekisten Anzeichen von Verzweiflung gab und dass Jagodas Position nach dem Mord an Kirow erschüttert war. Dann sagte Hammerstein: 'Es wäre gut, wenn Sie Jagodas Nachfolger werden würden!'"[584]

Die Zielgruppe der Jeschowschina: Anhänger der Sowjetmacht

Im Jahre 1936, als die Untersuchungen gegen Jagoda im Zusammenhang mit dem Mord an Kirow begonnen hatten, wurde Jeschow sein Nachfolger. Die deutsche Spionage hatte nun ihren Mann an der Spitze des NKWD. Die Jeschowschina konnte beginnen. Ihr Hauptziel: die sowjetische Bevölkerung durch willkürliche Verhaftungen und Erschießungen einzuschüchtern, ein Klima der Angst und der Unsicherheit zu erzeugen und sie gegen die eigene Führung aufzubringen, um eine geeignete Atmosphäre für einen Sturz der Sowjetmacht zu schaffen.

Die Strategie: den Kampf der Sowjetregierung gegen antisowjetische und konterrevolutionäre Kräfte, der um jene Zeit in vollem Gang war, für die eigenen Zwecke auszunutzen, um ihn in einen Kampf gegen diese Regierung umzufunktionieren. Jeschow bei einer seiner Vernehmungen:

"Als in den Provinzen die sog. Grenzen für die Repression von ehemaligen Kulaken, Weißgardisten, konterrevolutionären Geistlichen und Kriminellen ausgeschöpft waren, stellten wir, die Verschwörer, und ich ganz besonders, die Regierung vor die Frage, dass es notwendig sei, die Dauer der Massenrepressionen zu verlängern

584· Ebd., S. 16.

sowie die Zahl der Verhafteten zu erhöhen. Um die Notwendigkeit für eine Verlängerung der Massenoperationen zu beweisen, behaupteten wir, dass die Kolchosen auf dem Lande und die Fabriken in den Städten stark von konterrevolutionären Elementen infiziert seien und betonten das Interesse der arbeitenden Menschen in Stadt und Land an solchen Maßnahmen.

Vernehmer: Ist es ihnen gelungen, eine Verlängerung der Massenoperationen zu erwirken?

Jeschow: Ja. Wir erreichten eine Verlängerung der Massenoperationen und eine Erhöhung der Zahl der Verhafteten. ... Die Regierung hatte verständlicherweise keine Vorstellung von unseren konspirativen Plänen und entschied einzig auf der Grundlage der Notwendigkeit der Verlängerung der Operationen, ohne sich darüber Gedanken zu machen, wie sie ausgeführt wurden. In diesem Sinne haben wir die Regierung natürlich eindeutig hinters Licht geführt. ...

Vernehmer: Nachdem es Ihnen gelungen war, die Massenoperationen zu verlängern, erreichten Sie das gesetzte Ziel der Verschwörung durch die Strafmaßnahmen gegen die Sowjetmacht Unzufriedenheit in der Bevölkerung zu schüren?

Jeschow: Ja.

Vernehmer: In welchen Gebieten ist es ihnen besonders gelungen, Ihre verschwörerischen Pläne zu verwirklichen und wie äußerte sich dies?

Jeschow: Besonders in Regionen wie der Ukraine, in Weißrussland. ...Das lässt sich in erster Linie vielleicht dadurch erklären, dass unsere Arbeit sich auf diese Gebiete konzentrierte sowie dadurch, dass fast alle Vorsitzenden der U-NKWD-Abteilungen in den Gebieten Verschwörer waren."[585]

In der Ukraine sorgte der damalige ukrainische Innenminister Uspenski dafür, dass die Massenrepressionen besonders drastisch fortgesetzt wurden. Uspenski war ein enger Vertrauter des späteren sowjetischen Ministerpräsidenten und Parteivorsitzenden Nikita

585. Ebd., S. 71f.

Chruschtschow, der Ende der dreißiger Jahre als Moskauer Parteichef in die Ukraine abgeschoben wurde. Dort bekleidete er dann den Posten eines Ersten Sekretärs der Ukrainischen Kommunistischen Partei. Zusammen mit seinem Innenminister Uspenski sorgte er dann dafür, dass über 50.000 Menschen verhaftet wurden. Ein großer Teil davon wurde auf persönliche Veranlassung Chruschtschows umgebracht. Er war selbst Mitglied einer der berüchtigten Schnellgerichte, der sog. Troikas, die dafür sorgten, dass die Anordnungen Jeschows umgesetzt wurden.

Noch einmal Jeschow:

> *"Ich muss sagen, dass die ganze Stoßrichtung der Massenoperationen im ukrainischen Gebiet in vielerlei Hinsicht in einer provokatorischen Weise durchgeführt wurde und einen bedeutenden Teil der Bevölkerung betraf, der der Sowjetmacht nahestand."* [586]

Es war also Sinn der Jeschowschina, gerade jene Teile der Bevölkerung zu treffen, die Sympathien für die Sowjetmacht hegten, aber auch um ehrliche Kommunisten als Konterrevolutionäre zu diffamieren, um sie so aus wichtigen Positionen in der Partei und anderswo zu entfernen, um Platz für Gegner der Sowjetmacht zu schaffen. Dies war ganz besonders auch in der Komintern der Fall, der Kommunistischen Internationale, bei den dort arbeitenden ausländischen kommunistischen Parteien.

Wie man dort vorging, wird später gezeigt werden.

d. Die Erklärung von Jeschows Stellvertreter M. Frinowski

Auch die Erklärung von Jeschows Stellvertreter an der Spitze des NKWD ist inzwischen von der Russischen Föderation freigegeben worden. Aber es fehlen die Vernehmungsprotokolle, die nach wie vor unter Verschluss sind.

586. Ebd., S. 73.

Frinowski bestätigt in seiner Erklärung, die er am 11. April 1939 abgab, also nach Jeschows Verhaftung, dass Jeschows und seine Organisation zum Block der Rechten und Trotzkisten gehörte. Nachdem die Träger dieses Blocks, darunter Bucharin und Rykow, aber auch Jagoda, ausgeschaltet worden waren, habe Jeschows Gruppe die alten Ziele weiter verfolgt. Jeschow habe nach der Verhaftung von Bucharin und Rykow zu ihm gesagt:

"Er sagte, dass die Verhaftungen einen großen Verlust für die Rechte bedeuten. ... Meine und seine Hauptaufgabe sei es nun, die Untersuchung so zu steuern, dass möglichst viele Kader der Rechten erhalten bleiben."[587]

Nach der Zerschlagung des alten Blocks der Rechten und Trotzkisten tritt nun Jeschows Zentrum stärker in den Vordergrund und wird zum Kristallisationspunkt der sowjetischen Opposition - mit engen Kontaken zu Nazideutschland. Frinowski gab an, dass Jeschow und Jewdokimow die führenden Leute im Zentrum gewesen seien. Welches war das Hauptziel der Organisation nach der Zerschlagung des alten Blocks?

Frinowski:

"Nach der Verhaftung der Mitglieder des Zentrums der Rechten bestand das neue Zentrum aus Jeschow und Jewdokimow. Es organisierte:

1. *So weit dies möglich war, die Bewahrung der antisowjetischen Kader der Rechten vor der Vernichtung;*
2. *die Ablenkung der Schläge auf ehrliche Parteikader, die loyal zum Zentralkomitee der Partei standen;*
3. *die Erhaltung der rebellischen Kader im Nord-Kaukasus sowie in anderen Regionen und Gebieten der UdSSR, wobei man vorhatte, von ihnen im Fall internationaler Komplikationen Gebrauch zu machen;*
4. *die intensive Vorbereitung von Terroranschlägen gegen die Führer von Partei und Regierung,*

587· http://msuweb.montclair.edu/~furrg/research/frinovskyeng.html, S. 9, engl. Text.

5. die Machtübernahme der Rechten mit Jeschow als Führer. "[588]

Frinowskis Geständnis ist insofern besonders aufschlussreich, als es etwas über die Methoden aussagt, mit denen man unter Jeschow im NKWD gearbeitet hat, wenn es zum Beispiel darum ging, falsche Geständnisse zu erpressen:

"Die Untersuchungsabteilung im Apparat wurde eingeteilt in: Knochenbrecher-Vernehmer, Knochenbrecher und gewöhnliche Vernehmer. "[589]

Dann beschreibt er diese drei Kategorien etwas ausführlicher: Die 'Knochenbrecher-Vernehmer', die aus den Reihen der Verschwörer rekrutiert wurden, durften unbeaufsichtigt verhaftete Personen zusammenschlagen, um auf die Schnelle 'Geständnisse' von ihnen zu erlangen. Diese Leute waren nicht dumm: Sie konnten fehlerfrei schreiben und elegant Geständnisse formulieren. Zu ihnen gehörte auch ein gewisser Minajew, der von Frinowsky erwähnt wird, von dem weiter unter im Zusammenhang mit der Jeschowschina in der Komintern noch die Rede sein wird.

Die 'einfachen' Knochenbrecher waren reine Werkzeuge, die sich die Angeklagten aus den Zellen holten und sie so lange zusammenschlugen, bis sie das Gewünschte aussagten. Oft erinnerten die anderen Vernehmer die Verhafteten an diese Leute, um sie dazu zu veranlassen, ein Geständnis zu unterschreiben, so dass ihre Anwesenheit gar nicht mehr nötig war.

Die 'einfachen Vernehmer' konnten völlig selbstständig arbeiten und kümmerten sich um die kleinen Fälle, die den Verschwörern nicht so wichtig waren.

Die Vernehmer erstellten aufgrund ihrer Notizen Berichtsentwürfe, die von Jeschow oder Frinowski oder anderen durchgesehen, 'korrigiert' und ergänzt wurden. Jeschow überarbeitete die Berichte dann oft noch einmal, ohne die Verhafteten gesehen zu haben. Häu-

588· Ebd., S. 12, engl. Text.

589· Ebd..

fig wurden die Berichte von den Vernehmern auch selbst geschrieben, so Frinowski.

Zu den illegal und rechtswidrig Verhafteten gehörte unter anderem auch der Chef der sowjetischen Staatsbank Marjasin. Frinowski schreibt, dass er von Jeschow persönlich vernommen wurde und immer wieder alles abstritt. Dann soll Jeschow ihm zugerufen haben: 'Wir werden Sie schlagen, schlagen, schlagen!'.[590]

Die ehrlichen, einfachen Mitarbeiter im NKWD, die von diesen Machenschaften nichts ahnten, wurden in dem Glauben gehalten, dass die Direktiven, die von Jeschow und seinem Stellvertreter kamen, Direktiven der Partei und der Regierung waren, die sie gefälligst auszuführen hatten, womit sie ungewollt zu Beteiligten an den Verbrechen und an Jeschows Verschwörung wurden.

Auf Parteiversammlungen behaupteten Jeschow und seine Mitverschwörer, dass sie zu den 'Besten der Besten' im Kampf gegen die Konterrevolution und gegen Volksfeinde gehörten, zu den 'Wachsamsten unter den Wachsamen' usw., um ihre Machenschaften zu verbergen, was sogar so weit führte, dass Jeschow eine offizielle Auszeichnung erhielt.

e. Die Jeschowschina in der Komintern

Die Kominternführung unter Manuilski und Dimitroff setzt die Jeschowschina in der KI um

Die Jeschowschina machte auch vor der Kommunistischen Internationale und in den darin organisierten Parteien und Organisationen nicht halt. Unter dem Vorwand, 'Trotzkisten' oder Anhänger des Trotzkismus zu sein, unter dem Vorwand, ein 'Konterrevolutionär' zu sein, ein 'Spion' zu sein oder auch nur versucht zu haben, 'Stalin zu beleidigen', wurden alte, gestandene, bewährte Revolutionäre, die führende Positionen in den ausländischen Parteien und auch in der Kominternführung bekleideten, aus dem Hotel Lux in

590· vgl. ebd..

Moskau, wo sich damals viele führende KP-Führer befanden, bei Nacht und Nebel abgeholt und in die Lubljanka, in das berüchtigte Moskauer Gefängnis gebracht und dort, ohne dass Angehörige benachrichtigt wurden, festgehalten und wochenlang verhört. Oft wurden Angehörige, Ehefrauen oder Freunde gleich mit verhaftet und später deportiert.

Aber nicht nur führende Genossen waren betroffen. Nimmt man die Kommunistische Partei Polens als Beispiel, dann waren es dort Tausende, die Opfer der Jeschowschina wurden. Bekannt geworden ist der Fall der 700 polnischen Kommunisten, die sich nach dem Ende des Bürgerkriegs in der Sowjetunion aufhielten und deren beste Leute auch in der Komintern aktiv waren, darunter solche gestandenen Revolutionäre wie Lenski, Bronkowski, Walecki oder Krajewski.

Auch die deutschen Kommunisten, die damals nach dem Nazi-Putsch vom Januar 1933 in die Sowjetunion geflohen waren und dann in der Komintern arbeiteten, wurden zu Tausenden Opfer der Hexenjagden auf ehrliche Revolutionäre, die ihrer Sache treu ergeben waren und dann häufig aus irgendeinem nichtigen Grunde oder weil sie diffamiert worden waren, als 'Trotzkisten', 'Spione' oder als 'Konterrevolutionäre' verhaftet, verschleppt oder exekutiert wurden.

Wir können vor diesen Exzessen und Verbrechen, die von höchster Stelle in der Komintern ausgingen, nicht die Augen verschließen und die führenden Funktionäre, die diesen Wahnsinn mitgemacht oder sogar losgetreten haben, dürfen nicht länger als 'große kommunistische Führer' oder als 'proletarische Helden' bezeichnet werden. Wir müssen genau hinsehen und nachprüfen, um festzustellen, wer damals die Jeschowschina in der Komintern umgesetzt hat, wer die Hauptverantwortlichen waren und dürfen dabei auch vor 'großen Namen' nicht halt machen.

Leider scheuen viele Kommunisten oder die, die sich dafür halten, heute immer noch davor zurück, sich der Aufgabe einer gründlichen Aufarbeitung dieses Phänomens zu stellen, weil sie anscheinend

Angst haben, dass in diesem Zusammenhang bestimmte Persönlichkeiten, die für die Verfolgungen Unschuldiger mitverantwortlich waren, nachträglich Schaden nehmen könnten.

Einer, der die Jeschowschina in der Komintern selbst miterlebte und seine Eindrücke später festhielt, war der finnische Kommunist Arvo Tuominen, der damalige Generalsekretär der Finnischen Kommunistischen Partei, der Mitglied des Präsidiums der Komintern war. In seinem Buch 'The Bells of the Kremlin' (Die Glocken des Kreml) beschreibt er, wie auf einer Präsidiumssitzung Stimmung gegen die im Visier der Jeschow-Leute befindlichen polnischen Kommunisten Stimmung gemacht wurde. Er nennt dabei den Kominternführer Dmitri Manuilski, der damals mit Georgi Dimitroff und Palmiro Togliatti zusammen die Komintern leitete. Manuilski bezeichnete die polnischen Genossen pauschal als 'eingereiste Spione', die angeblich im Solde der damaligen polnischen Regierung Pilsudski gestanden hätten, die, wie er sich ausdrückte, 'siebzehn Jahre lang eine schmutzige Arbeit gegen die Sowjetunion' verrichtet hätten. Lenski und Bronkowski wurden ausdrücklich genannt, so Tuominen, und der Spionage bezichtigt. Als Manuilski dies sagte, waren beide schon vom NKWD verhaftet worden. Tuominen wörtlich:

> *"Natürlich waren wir sehr nachdenklich, als wir die Sitzung verließen. Die verhafteten Leute waren Berühmtheiten, erprobte Revolutionäre ... , und uns entging nicht, dass nicht nur diese 700 gejagt wurden, sondern auch eine große Zahl ihrer Angehörigen und Freunde, ganz allgemein all solche, die irgendetwas mit ihnen zu tun hatten und wurden im gleichen Netz gefangen.*
>
> *Man kann davon ausgehen, dass mehrere tausend polnische Kommunisten im Verlaufe der Säuberungen unter den Führungen der kommunistischen Parteien liquidiert wurden."*[591]

Ähnlich verfuhr das Präsidium der Komintern, geleitet von Georgi Dimitroff und Dmitri Manuilski, auch mit der Führung der Est-

591· Arvo Tuominen, ‚The Bells of the Kremlin', hrsg. von P. Heiskanen, London/Hanover/Kanada 1983, S. 221ff, Die Glocken des Kreml.

nischen und Litauischen Kommunistischen Partei. Um den Vorsitzenden der Kontrollkommission der Komintern (die alle Mitglieder von ausländischen kommunistischen Parteien registrierte und überprüfte), den estnischen Bolschewiken Avelt loszuwerden und um den Posten neu zu besetzen, fasste das Präsidium den Beschluss, Avelt erst zu diffamieren und dann an das NKWD auszuliefern. Tuominen:

> *"Es wurde verkündet, dass er in die Aktivitäten sowjetischer Feinde verwickelt gewesen sei, und dass er durch die Positionen, die er innegehabt hatte, über zwei Jahrzehnte hinweg großen Schaden angerichtet habe. Und das war's. Gleichzeitig sagte man, dass das Zentralkomitee der estnischen Partei ebenfalls unter Verdacht stünde."*[592]

So ließ man ihn vom NKWD abholen und übergab ihn Jeschows 'Knochenverbrecher-Vernehmern'. Seinen Mitarbeiter Allas, der sich um die Parteigeschäfte der estnischen Partei kümmerte und der an TBC erkrankt war, verhaftete man ebenfalls. Das gleiche Schicksal, so Tuominen, ereilte auch die Führung der litauischen Partei. Die Führungen der baltischen kommunistischen Parteien seien danach dann von Sozialdemokraten übernommen worden. So wurden die baltischen Parteien von gestandenen Revolutionären gesäubert. An ihre Stelle traten 'Menschewiki'.

Die Kominternsäuberungen treffen viele Mitglieder der Thälmannschen KPD

Mit vielen deutschen Kommunisten, die nach 1933 in der Sowjetunion Zuflucht gefunden hatten und die die UdSSR oft als ihre Heimat oder als ihr sozialistisches Heimatland bezeichneten, verfuhr das Präsidium der Komintern, zu dem auch der spätere Präsident der DDR, Wilhelm Pieck gehörte, kaum anders.

An dieser Stelle soll nicht unerwähnt bleiben, welches schwere Schicksal viele deutsche Kommunisten, die zum engsten Kreis von Ernst Thälmann, dem einstigen Vorsitzenden der KPD gehörten, in

592. Ebd..

der Zeit der Jeschowschina ereilte. Am Fall von Heinz Neumann, Thälmanns Redenschreiber, der auch das Vertrauen von Stalin genoss, soll dies exemplarisch verdeutlicht werden.

Auch Neumann war nach dem Machtantritt der Nazis in Deutschland im Januar 1933 in die Sowjetunion geflohen wie so viele andere deutsche Kommunisten. Dort arbeitete er als Redakteur beim Verlag Ausländischer Arbeiter. Er war aber auch nach wie vor in der Parteigruppe der KPD sowie in der Komintern aktiv. Neumann hatte schon in der Weimarer Republik in Deutschland lange Zeit als politischer Gefangener im Gefängnis zugebracht. Am 26. November 1937 wird er, der den Nazis mutig entgegentrat ('schlagt sie, wo ihr sie trefft' war damals sein Leitspruch), ausgerechnet im Land seiner Wahl als 'Konterrevolutionär' erschossen. Seine Frau Margarete wird mit ihm zusammen festgenommen und kommt später in ein kasachisches Arbeitslager. Später liefert man sie an Hitlerdeutschland aus, mit dem Ergebnis, dass sie sofort ins Konzentrationslager Ravensbrück eingeliefert wird, wo sie bis Kriegsende inhaftiert bleibt.

Das kommunistische Ehepaar Neumann wohnte damals zusammen mit anderen kommunistischen Emigraten im Hotel Lux in Moskau, wo sie beide 1937, als sich die Jeschowschina auf dem Höhepunkt befand, nachts verhaftet wurden.

Die Anklageschrift ist uns erhalten geblieben. Dort heißt es, dass Heinz Neumann, der von Stalin an seinem Urlaubsort empfangen wurde, 'Verbindungen zu den Führern der antisowjetischen kominternfeindlichen Organisation Pjatnitzki/Knorin hergestellt' und in 'ihrem Auftrag eine 'illegale Organisation in der KPD gebildet' habe. Ihm wird weiterhin vorgeworfen, dass er einen 'Kampf gegen die Führung der KPD führte', um 'diese Führung an sich zu reißen', dass er 'auch einen Kampf gegen die Komintern und die KPdSU, B geführt' habe und dass er schließlich auch noch 'Verbindung zum internationalen trotzkistisch-bucharinistischen Zentrum in der Schweiz' besaß.[593]

593· Hermann Weber, Ulrich Mählert, Hrsg., ‚Terror. Stalinistische Parteisäuberungen 1936·1953', Paderborn 1998, S. 182f.

Der in der Anklageschrift erwähnte 'Kominternfeind' Pjatnitzki war übrigens ein Vertrauter Lenins und war jahrelang Kassierer, aber auch Bote der bolschwistischen Partei Lenins gewesen. Noch 1934, kurz bevor Georgi Dimitroff Vorsitzender der Komintern wurde, gehörte er zum engsten Führungskreis der Organisation zusammen mit Wilhelm Knorin, dem Finnen Otto Kuusinen und Dimitri Manuilski. Auch Pjatnitzki und Knorin sollten der Jeschowschina zum Opfer fallen.

Wie ging es weiter mit dem deutschen Kommunisten Heinz Neumann? Aufgrund jener 'Erkenntnisse', die das zuständige sowjetische Militärgericht von Jeschows NKWD erhalten hatte, wurde er nach einem nur 10-minütigen Prozess zum Tode verurteilt und anschließend erschossen; sein Vermögen wurde eingezogen.

Das ergangene 'Urteil' bildet nun die Grundlage für eine Reihe weiterer Verhaftungen führender KPD-Leute in der UdSSR. Auch sie gehörten zum engsten Kreis von Ernst Thälmann. Hier einige Beispiele dafür, wen es traf:

Am 15. Mai 1937 verhaftet man ausgerechnet den Parteitheoretiker der KPD, Kurt Sauerland. Am 22. März 1938 wird der Autor von 'Der dialektische Materialismus' (Berlin 1932) zum Tode verurteilt. Das ehemalige Politbüro-Mitglied Hermann Remmele wird schon am 7. März 1937 zum Tode verurteilt; Fritz Schulte, ehemaliges Mitglied des alten ZKs der KPD in der Weimarer Republik, und zuständig für die Gewerkschaftsarbeit in der KPD, wird am 21. Februar 1938 verhaftet und in ein Lager eingewiesen, wo er schon bald stirbt. Es trifft auch Hermann Schubert, der von Ernst Thälmann als Nachfolger für den Fall seines Todes bestimmt worden war. Er wird am 15. Mai 1937 vom NKWD verhaftet und ein Jahr später erschossen.[594]

Ähnlich ergeht es dem Sekretär von Thälmann, Erich Birkenhauer aus Essen, der mit Thälmann zusammen am 3. März 1933 in

594- vgl. ebd., S. 181f.

Berlin von der Gestapo verhaftet worden war. Auch er wird Opfer der Jeschowschina, aber auch Thälmanns anderer Redenschreiber, Werner Hirsch, erleidet ein ähnliches Schicksal in der Sowjetunion. Man schickt ihn in ein sibirisches Arbeitslager im hohen Norden der UdSSR, wo er umkommt. Auch ihn hatte man denunziert und dann zu einer längeren Lagerhaft verurteilt. Damit war fast die gesamte alte KPD-Führung liquidiert, nicht im faschistischen Deutschland, wo man dies erwartet hätte, sondern ausgerechnet in der sozialistischen Sowjetunion!

Im Jahre 1935 wird in einem Vorort von Moskau eine neue KPD-Führung gewählt. Man nennt die Veranstaltung, zu der nur bestimmte Mitglieder der KPD eingeladen werden, 'Brüsseler Konferenz', eine Art Parteitag. Es wird eine neue KPD-Führung gewählt. Die alten ehemaligen Gegner Thälmanns, darunter Wilhelm Pieck, Walter Ulbricht und Herbert Wehner ('Kurt Funk'), der sich 1942 nach Schweden absetzen sollte, gelangen an die Spitze der KPD. Der rechtsgerichtete Kominterführer Palmiro Togliatti, der mit Manuilski und Dimitroff ab 1934 die Kominternspitze bildet, ist anwesend und macht sich für die neue Führung stark. Die neue KPD-Führung, die statutenwidrig zustande gekommen war, bleibt von der Jeschowschina verschont.

Es bleibt aber nicht bei einzelnen Verhaftungen von Spitzenfunktionären. Mit dem NKWD-Befehl Nr. 00439 ermächtigt der überführte Nazi-Spion Jeschow am 29. Juli 1937 das NKWD, jetzt auch Massenverhaftungen unter den deutschen Staatsangehörigen in der UdSSR vorzunehmen. Darunter sind viele deutsche Arbeiter, die in sowjetischen Rüstungsbetrieben arbeiten und dort ihr Brot verdienten. Dazu Reinhard Müller, der den Verfolgungen in der UdSSR zur Zeit der Jeschowschina nachging:

"Laut Angaben der deutschen Vertretung beim EKKI (Exekutivkomitee der Komintern, dem erweiterten Führungskern der KI) wurden bis Ende 1937 551 KPD-Mitglieder verhaftet. ... Verhaftet oder ausgewiesen wurden vor allem seit 1937 nahezu alle Wirtschaftsemigranten, die als ausländische Arbeiter im Bergbau und in der Industrie eingesetzt waren."[595]

Am 29. Oktober 1938 schreibt die Frau eines verhafteten deutschen Komintern-Angestellten einen Brief an Stalin, in dem sie ihm ihr Leid klagt:

"Vor ungefähr einem Jahr begannen nun die Massenverhaftungen. Täglich erfuhr man neue Namen. Man staunte: der auch und der auch? Aber jeder war überzeugt, sie haben sicher etwas getan. Viele Genossen haben sich gescheut einzugestehen, dass sie nachts, wenn schwere Schritte zu hören waren, Herzklopfen bekamen. Als die Verhaftungen immer weitergingen, entstand, ungelogen, eine allgemeine Angst. Und jeden Tag: Hast du schon gehört, der auch! Jetzt ist die Stimmung unter den deutschen Genossen so: Sie stehen den vielen Verhaftungen völlig ratlos gegenüber. Sie sagen: 'Es kann unmöglich sein, dass die deutsche Partei in ihren Reihen so viele schlechte Elemente hat, dass alle Verschickten wirklich Spione, Konterrevolutionäre usw. sind. Ganz offen sagen die Genossen: Es gibt keinen Zweifel, wir kommen alle dran."[596]

Jeschows 'Knochenbrecher-Vernehmer' Minajew will weitere Verhaftungen. Herbert Wehner liefert neue Namen

Jeschows Stellvertreter Michail Frinowski nannte bei seiner Vernehmungen den Namen Alexander Minajew als einen seiner 'Knochenverbrecher-Vernehmer'. Dieser Minajew bekleidete im NKWD eine hohe Position. Er war Chef der berüchtigten 'Dritten Abteilung' beim NKWD. Diese Abteilung streckt auch ihre Fühler zur Komintern aus und wendet sich in regelmäßigen Abständen an die Kaderabteilung der Komintern, die alle Daten über die kommu-

595· Reinhard Müller, ‚Wir kommen alle dran. Säuberungen unter den deutschen Politemigranten in der Sowjetunion, 1934-1938', in: Hermann Weber u. a. ‚Terror', ebd., S. 157.

596· Ebd., S. 158.

nistischen Emigranten in der UdSSR besaß. Diese Kaderabteilung verfügte auch über sämtliche Daten von KPD-Mitgliedern, die sich in der Sowjetunion aufhielten. Um diese Daten aussagekräftiger zu machen, verfassen bestimmte führende Funktionäre Charakteristiken über die einzelnen Genossen, die dann an die Kaderabteilung der Komintern weitergereicht wurden. Bei der KPD war es das neue Führungsmitglied Herbert Wehner, der Referent des Kominternführers Palmiro Togliatti, der solche Charakteristiken schrieb und weiterreichte. Er besaß als ehemaliger Organisationschef der KPD die gesamte Mitgliederkartei der KPD und brachte sie mit nach Moskau. In seinen Dossiers führt er die seiner Meinung nach 'guten' und die 'schlechten' Eigenschaften bestimmter Genossen auf. Diese Dossiers dienen dann als Grundlage für Verhaftungen durch Jeschows NKWD. Später, als Wehner kurz vor der Enttarnung als britischer Geheimdienstmann steht, flieht er nach Schweden und spielt sich dort der schwedischen Polizei in die Hände.[597]

Wehners damaliger Anwalt Dr. Georg Branting nach Einsicht in Wehners Vernehmungsprotokolle:

"Dieser Mann ist weder ein Kommunist noch ein Antifaschist. Wehner ist ein Provokateur und Verräter. Ich muss es ablehnen, ihn zu verteidigen."[598]

Wehner macht später in der SPD Karriere und wird sogar Minister für Gesamtdeutsche Fragen in der Bundesrepublik Deutschland.

Nach der Verhaftung des deutschen Kommunisten Heinz Neumann wendet sich Jeschows 'Knochenbrecher-Vernehmer' Minajew an die Kaderabteilung der Komintern, um weitere deutsche Genossen festnehmen zu können. Dort wird er fündig. Er findet dort Wehners Charakteristiken. Er wendet sich an Jeschow, um weitere Verhaftungen bei den Deutschen genehmigt zu bekommen und er-

597· Nachweise für Wehners Spitzeltätigkeit bei: H. Frederik, ‚Gezeichnet im Zwielicht seiner Zeit', München 1970, sowie bei: Reinhard Müller, ‚Die Akte Wehner, Moskau 1937 bis 1941', Berlin 1993.

598· H. Frederik, ebd., S. 283.

hält sie prompt. Die Verhaftungswelle kann weitergehen. Der Fall Wehner zeigt, dass nicht Stalin für die Verhaftungswelle verantwortlich war, dass ganz andere Kräfte dahinterstanden, die ein Interesse daran hatten, möglichst viele standhafte und erprobte Kommunisten ans Messer zu liefern, darunter viele, die dem Nazi-Terror in Deutschland durch die Flucht in die Sowjetunion entgangen waren. Das NKWD wurde zum verlängerten Arm der Gestapo.

Was wurde aus Alexander Minajew? Am 6. November wird er von dem neuen Leiter des NKWD, Lavrenti P. Berija, verhaftet und am 25. Februar 1939 wegen seiner Verbrechen hingerichtet.

f. Jeschows Putschversuch

Der 21. Jahrestag der Oktoberrevolution am 7. November 1938 wäre eigentlich ein Tag zum Feiern gewesen in der damaligen Sowjetunion. Ausgerechnet an diesem Tag aber sollte Jeschows Putsch gegen die Sowjetführung stattfinden. Unmittelbar vor diesem Termin wird der Putsch durch den neuen stellvertretenden NKWD-Vorsitzenden Lavrenti Berija jedoch vereitelt. Ihm war es gelungen, die Kontrolle über die Truppenteile des NKWD zu erlangen, die den Putsch durchführen sollten. Jeschow bei seiner Vernehmung am 24. Juli 1939 über den Putschversuch:

"Vernehmer Rodos: Fahren Sie fort, was haben Sie auf Ihrer Datscha diskutiert?

Jeschow: Wir beschlossen, dass die Truppen des Inneren, die in Moskau stationiert waren und die Frinowski als Erstem Stellvertreter des Kommissars unterstanden, den Staatsstreich ausführen sollten.

Was ihn betraf, so sollte er eine Kampftruppe ausbilden, die in der Lage gewesen wäre, die Mitglieder der Regierung, die bei der Parade anwesend waren, zu liquidieren. Danach beschlossen wir, einen endgültigen Plan für einen Coup im September oder Oktober vorzubereiten und Direktiven an unsere Leute in den Republiken und Bezirken darüber zu erlassen, was sie am 7. November zu tun hatten.

Rodos: Wer war bei diesem Treffen anwesend?

Jeschow: Nur drei von uns: Frinowski, Schukowski und ich. Das war entweder Ende September oder Anfang Oktober in meinem Büro.

Rodos: Was haben Sie besprochen?

Jeschow: Zu diesem Zeitpunkt war der Handlungsspielraum unserer Organisation schon ernsthaft eingeschränkt, als Berija das NKWD übernommen hatte. Er ersetzte Frinowski, und wir konnten dann nicht mehr die Truppen des Inneren verwenden.

Rodos: Aber wieso? Er muss doch seine Agenten dort gehabt haben!

Jeschow: Ja, er hatte seine Leute, aber Berija hatte schon Informationen über unsere Verschwörung und ließ fast alle im September verhaften. Ich konnte diese Verhaftungen nicht verhindern, ohne mich selbst zu entlarven. Dann schlug Frinowski vor, den Coup aufzuschieben und die Macht durch Vergiftungen von Regierungsmitgliedern zu übernehmen - in erster Linie Stalin, Molotow und Woroschilow. Ihr Tod hätte sofort Verwirrung im Land erzeugt, was wir für eine Machtübernahme ausnutzen konnten. Wir schätzten ein, dass wir danach sämtliche Regierungsmitglieder und Mitglieder im NKWD, die uns entgegenstanden, verhaften konnten, unter dem Vorwand, dass sie Verschwörer seien, die schuld sind am Tod unserer Führer."[599]

Aber die Gifte standen noch nicht zur Verfügung! Jeschow:

"Frinowski meinte, dass Dagin die Vergiftungen vornehmen würde und dass Alechin und Schukowski ihm die giftigen Substanzen geben würde. Aber wir mussten die Gifte parat haben. Wir beschlossen also, diesen Terroranschlag dann auszuführen, wenn die benötigten Gifte verfügbar waren. Wir beschlossen, uns dann zu treffen, wenn Dagin die Gifte besaß, um dann einen genauen Plan

599· Die Vernehmung von Nikolai Jeschow, ebd., S. 54 der dt. Übers., Jeschows Vernehmung am 24. Juli 1939, engl. Version: https://msuweb.montclair.edu/~furrg/research/ezhovinterrogs.html.

für den Staatsstreich zu entwerfen. Aber Schukowski wurde dann ein paar Tage nach diesem Treffen unerwartet festgenommen und danach auch Alechin und Dagin, sodass ich nicht wusste, ob Dagin das Gift schon hatte."[600]

Jeschow gab auch an, dass die deutsche Regierung nach der Festnahme der Militärverschwörer auf einen solchen Putsch gedrängt habe. Bei seiner Vernehmung am 26. April 1939 sagte er:

"Köstring (der deutsche Militärattaché in Moskau - Autor) war äußerst ungehalten über all diese Ereignisse. Er stellte mich unverblümt vor die Alternative, dass wir entweder sofort irgendwelche Maßnahmen ergreifen sollten oder wir würden Gefahr laufen, einer nach dem anderen beseitigt zu werden. Köstring kam auf unseren alten Plan eines so genannten 'kurzen Schlages' zurück und verlangte, dass er ohne zu zögern auszuführen sei."[601]

Köstrings Wortwahl zeigt, wer damals im NKWD wirklich das Sagen hatte.

Jeschow wurde 1941 wegen Hoch- und Landesverrats zum Tode verurteilt und anschließend erschossen. Damit war aber noch nicht die alte revolutionäre GPU Lenins wiederhergestellt: Es galt, auf allen Ebenen, Jeschows Komplicen dingfest zu machen und die zu Unrecht Verhafteten und Deportierten zu entlassen und zu rehabilitieren - eine schwere, mühselige und nicht ganz ungefährliche Aufgabe für den neuen Vorsitzenden des NKWD, den Georgier Lavrenti Pawlowitsch Berija, den Stalin nach Moskau holte, um im NKWD gründlich aufzuräumen.

g. Die Wiederherstellung der Verfassung

Zunächst war Berija nur als Stellvertreter Jeschows eingesetzt, was sich aber bald ändern sollte: Am 22. November 1938 sieht sich

---

600· Ebd..

601· Ebd., S. 23, der dt. Übers., engl. Version: https://msuweb.montclair.edu/~furrg/research/ezhov042639.

Jeschow gezwungen zurückzutreten, der neue Stellvertreter Berija, der Frinowski ersetzt hatte, übernimmt nun auch die Führung des NKWD. Er gibt Anweisung an alle Dienststellen, sofort alle Repressionen einzustellen, alle operativen Befehle des NKWD, auf deren Grundlage sie ausgeführt wurden, aufzuheben, die Arbeit der berüchtigten Schnellgerichte, der Troikas, einzustellen und eine Reihe von ganz offensichtlich zu Unrecht Verhafteter zu entlassen. Alle Verhaftungen müssen jetzt von der Staatsanwaltschaft kontrolliert werden. Die Verfassung soll wieder hergestellt werden.

Schon eine Woche vorher, am 17. November, war das ZK der KPdSU, B unter Führung Stalins zusammengetreten. Es verabschiedet die Resolution 'Über Verhaftungen, staatsanwaltliche Aufsicht und Führung von Untersuchungen'. Darin heißt es:

> *"Feinde des Volkes und Spione, die von ausländischen Geheimdiensten angeleitet wurden, haben sich sowohl in die zentralen als auch in die lokalen Organe des NKWD eingenistet und dort ihre subversive Tätigkeit fortgesetzt, um auf jede nur erdenkliche Weise die Arbeit von Untersuchungsführern zu behindern. Sie hatten im Sinn, ganz gezielt die sowjetischen Gesetze zu pervertieren, indem sie massenhaft ungerechtfertigte Verhaftungen einleiteten und gleichzeitig darauf bedacht waren, ihre eigenen Komplicen, besonders aber jene, die in das NKWD eingetreten waren, vor der Vernichtung zu bewahren."* [602]

Zwei Monate später kommt eine detaillierte Bestandsaufnahme heraus: Am 29. Januar 1939 erscheint ein offizieller Bericht, der die massiven Verstöße gegen die sozialistische Gesetzlichkeit in der Amtszeit von Jeschow (1936-1938) zum Inhalt hat. Er stellt Folgendes fest:

1. Die meisten hohen Positionen im NKWD waren unter Jeschow von Verschwörern besetzt worden, was Ergebnis einer gezielten Personalpolitik war;

602· Grover Furr, ‚Yezhov vs. Stalin. The Truth about Mass Repressions and the So-called ‚Great Terror' in the USSR', Kettering/Ohio/USA, 2016, S. 107, Jeschow gegen Stalin. Die Wahrheit über die Massensäuberungen und den ‚Großen Terror' in der UdSSR.

2. Völlig unschuldige Menschen waren verhaftet und exekutiert worden und gleichzeitig ließ man die wahren Feinde der Sowjetmacht laufen;
3. Geständnisse wurden mit Gewalt erzwungen, wobei die Zahl der Geständnisse durch vorher festgelegte Quoten geregelt war, die jeder Vernehmer erfüllen musste;
4. Jeschow hat alles getan, um diese Praktiken vor den führenden Organen der Partei und der Regierung zu verheimlichen.[603]

Im März 1939 findet in Moskau der 18. Parteitag der KPdSU, B statt. Andrei Schdanow, ein enger Verbündeter Stalins, in seiner Rede:

> *"Die Verleumdung ehrlicher Mitarbeiter unter der Flagge der 'Wachsamkeit' ist gegenwärtig die gängigste Methode zur Tarnung und Maskierung der feindlichen Tätigkeit. ... Ihre Hauptanstrengungen richten die Feinde darauf, die ehrlichen bolschewistischen Kader zu zerschlagen."*[604]

Berija entlässt gleich in seinem ersten Amtsjahr über einhunderttausend zu Unrecht Verfolgter aus Gefängnissen und Arbeitslagern. Um ein Beispiel zu zitieren:

Derjenige, der im Sommer 1945 auf seinem Pferd auf dem Roten Platz die große Siegesparade zusammen mit Marschall Schukow abnehmen durfte, war Sowjetmarschall Konstantin Rokossowski. Rokossowski, der in seinen Erinnerungen Stalin verteidigt, hatte großen Anteil an den zahlreichen Siegen der Roten Armee gegen Hitlerdeutschland, auch am Sieg bei Stalingrad. Auch er wurde Opfer der Jeschowschina. 1937 nahm man ihn unter Vorwänden fest und steckte ihn ins Kresty-Gefängnis in Leningrad, wo er misshandelt wurde. Am 22. März 1940, als sein Fall aufgearbeitet worden

603- vgl. ebd., S. 112.

604- Andrei Schdanow, ‚Abänderungen am Statut der KPdSU, B, in: ‚Kommunistische Internationale', Sonderheft, S. 244ff, auch in: Red Channel, http://red-channel.de/mlliteratur/sowjetunion/shdano.

war, entlässt man ihn. Auch seine Frau und seine Tochter waren von Jeschows Schergen verhaftet worden. Seine Denunzianten hatten ihm vorgeworfen, ein 'japanischer Spion' zu sein. Er hat in seiner Haft kein einziges Geständnis unterschrieben, wofür er geschlagen wurde. Stalin hatte eine hohe Meinung von ihm, vertraute ihm und betraute ihn mit den Vorbereitungen zur Schlacht um Stalingrad.

1962 verlangt Nikita Chruschtschow, Stalins Nachfolger, dass Rokossowski etwas Negatives über Stalin zu Papier bringt. Er weigert sich und sagt zu ihm: 'Das werde ich nicht tun, Stalin ist für mich ein Heiliger.' Daraufhin verliert er seinen Posten als Stellvertretender Verteidigungsminster der Sowjetunion und wird durch Luftwaffengeneral Kyrill Moskalenko, ein Verbündeter Chruschtschows, ersetzt. Rokossowski:

> *"Ich stehe morgens auf, recke mich ein bisschen und stelle fest, dass ich keinen Job mehr habe. Niemand braucht uns heute mehr. Wir sind bloß Hindernisse für diejenigen, die die Vergangenheit auf ihre Weise darstellen wollen."* [605]

Berija wurde im Juli 1953 aus einer Politbürositzung heraus illegal von den Sowjetgenerälen Moskalenko und Schukow mit vorgehaltener Pistole verhaftet, inhaftiert und im Dezember 1953 unter Vorwänden zum Tode verurteilt. Auch er unterschrieb kein einziges falsches Geständnis. Als der Prozess gegen ihn vorbei war, wurde er, der sich für die zu Unrecht Verhafteten eingesetzt hatte, der Jeschows Putsch vereitelt hatte, von Chruschtschows Leuten erschossen. So war nach Stalins Tod das Pendel wieder zur anderen Seite ausgeschlagen.

h. Die Rolle Nikita Chruschtschows während der Jeschowschina

Es gelang jedoch ganz offensichtlich nicht, alle Netzwerke der sowjetischen Opposition zu zerschlagen. Eine ganze Reihe von Je-

605· ‚Molotow Remembers', ebd., S. 290, Marschall Golowanow zitierend · Molotow erinnert sich.

schows Komplicen überlebten die 'Berichtigung', und als der Krieg gegen Nazideutschland kam, und jeder gebraucht wurde, als man sich mit ganzer Kraft auf die Abwehrschlachten konzentrieren musste, ließ die Wachsamkeit naturgemäß wieder nach und neue oppositionelle Strukturen entstanden, besonders aber an der Spitze der Roten Armee und in der kommunistischen Partei. Die kommunistische Partei, die von Stalin während des Krieges, als er jeden Tag an anderer Stelle gebraucht wurde, vernachlässigt werden musste, wurde nun wieder zu einer Hochburg der Trotzki-, Bucharin- und Jeschow-Nachfolger, die sich nicht mit den gewaltigen revolutionären Veränderungen in Industrie und Landwirtschaft, die in der gesamten Gesellschaft der UdSSR stattgefunden hatten, abfinden konnten, die das Rad der Geschichte wieder zurückdrehen wollten.

Sind dies bloße Vermutungen?

Der sowjetische Oberst Tokajew, der 1948 in den Westen ging und ein Anhänger Trotzkis, Bucharins und Sinowjews war (er nennt sie in seinem Buch 'Comrade X' - London 1956, S. 175 - 'unsere Märtyrer') gibt dort zu, dass er selbst in der Partei eine größere Untergrundorganisation leitete, die nie entdeckt worden sei. Einer, der dazugehörte, könnte der spätere Nachfolger Stalins, Nikita Chruschtschow gewesen sein. Er gehörte zu jenen, auf die genau die Beschreibung von Andrei Schdanov zutraf, die er auf dem 18. Parteitag der KPdSU, B im März 1939 vornahm, um diejenigen zu charakterisieren, die sich unter der Flagge der Wachsamkeit tarnten, um ihre antisowjetischen Säuberungswellen durchzuziehen. Als Parteichef in der Ukraine, aber auch schon vorher in Moskau, war er für den Tod von Tausenden ehrlichen Kommunisten und einfachen Sympathisanten mit der Sowjetmacht verantwortlich. Die Zahl der Verhafteten in der Ukraine, die er mit seinem Komplicen Uspenski vornahm, der von Jeschow in seinen Geständnissen ausdrücklich als Verbündeter genannt wird, übersteigt die Zahl von 50.000. Der Jeschow-Vertraute Uspenski, damals ukrainischer Innenminister unter Chruschtschow, hat selbst zugegeben, dass er mit Jeschow und Chruschtschow unter einer Decke steckte:

"Ich betrachte mich als Schüler von Nikolai Jeschow. Genosse Jeschow hat uns gelehrt, die Volksfeinde zu bekämpfen, unser Land, unser Vaterland von den Feinden zu säubern. Ich versichere, dass ich dem Genossen Jeschow, dem kämpferischen Führer des NKWD in jeder Hinsicht folgen werde.

Und erst, nachdem der gläubige Stalinist Nikita Sergejewitsch Chruschtschow in die Ukraine kam, hat die Vernichtung der Volksfeinde ernsthaft begonnen." [606]

Uspenski sagte dies auf einer Wahlveranstaltung in Proskurow/ Ukraine 1938.

In einem einzigen Jahr gelang es dem angeblich 'gläubigen Stalinisten Chruschtschow', der in seiner späteren 'Geheimrede' Stalin die Schuld an der Jeschowschina in die Schuhe schieben sollte, zur Zeit des 'Großen Terrors' in der Ukraine,

"... 70 Prozent der Mitglieder des ukrainischen Zentralkomitees niederzustrecken." [607]

Pistrak weiter:

"Und war nicht Chruschtschow, der mehr als zehn Jahre lang der Herrscher der Ukraine war, auch für die Liquidierung von Zehntausenden von Menschen verantwortlich, die nicht der Partei angehörten und die in den Jahren der großen Säuberung und auch später noch ohne Grund sterben mussten?" [608]

Chruschtschow über Jeschow in seinen Erinnerungen:

"Andererseits hatte ich auch gegen Jeschow nichts einzuwenden. Er war fleißig und verlässlich." [609]

Fleißig und zuverlässig bei der Liquidierung Tausender unschuldiger Menschen, ein fleißiger Henker, ganz nach dem Geschmack von Chruschtschow.

606· Lazar Pistrak, ‚Chruschtschow unter Stalin', Stuttgart 1962, S. 180.

607· Ebd., S. 183.

608· Ebd..

609· ‚Chruschtschow erinnert sich. Die authentischen Memoiren', ebd., S. 99.

Sind die Zahlen und Vorkommnisse, die Pistrak zitiert, nicht eventuell übertrieben?

Sowjetmarschall Golowanow, der damals, 1937, aus der Partei ausgeschlossen wurde und nur knapp dem Tode entging, machte dazu später in einem Interview nähere Angaben:

"Wenn Sie wissen wollen, was ich von 1937 denke, werde ich es Ihnen sagen: Es war ein nationales Unglück. ... 54.000 wurden von Chruschtschow in der Ukraine verhaftet, als er den Vorsitz in der berüchtigten Troika dort führte. Er war es, der die Urteile unterschrieb!"[610]

Er wollte damit sagen, dass nicht Stalin diese Urteile unterschrieb, sondern Chruschtschow, dennoch spricht er von einer Verantwortlichkeit auch Stalins.

Bevor Chruschtschow in die Ukraine abgeschoben wurde, war er in Moskau Chef der Parteiorganisation gewesen. Dies war noch zu Beginn der Jeschowschina. W. P. Pronin, ein Zeitzeuge, der Chruschtschow damals noch in Moskau erlebte, berichtete später darüber, wie er ihn dort erlebt hatte:

"Frage: ...und Chruschtschow? Welche Erinnerungen haben Sie noch an ihn?

Pronin: Er hat die Repressionen aktiv unterstützt. Ein Damoklesschwert hing über seinem Kopf. 1920 hatte er für die trotzkistische Linie gestimmt. ... Chruschtschow billigte die Repressionen gegen ein große Zahl von Mitgliedern der Partei und der Sowjets. Unter ihm wurden alle der 23 Gebietssekretäre der Stadt verhaftet. Und fast alle Sekretäre in den Gebieten der Moskauer Landkreise, sämtliche Sekretäre des Moskauer Komitees und des Moskauer Stadtkomitees der Partei wurden verhaftet: Katzenellenbogen, Margolin, Kogan, Korytni - alle Leiter der Sektionen, sogar Chruschtschows eigener Assistent.

610· ‚Molotov Remembers', ebd., S. 291.

Auch als er schon in der Ukraine war, bestand Chruschtschow damals im Politbüro darauf, dass die zweite Reihe der Führungsgarnitur im Moskauer Stadtkomitee der Partei verhaftet wurde. ..."[611]

Pronin stellt fest, dass dies Chruschtschows eigener Beitrag war und dass im Spätherbst (1938 - Autor), als Schtscherbakow die Führung des Moskauer Stadtkomitees übernahm und Chruschtschow in die Ukraine abgeschoben wurde, kein einziger mehr verhaftet worden sei.

In seinen Erinnerungen schildert Chruschtschow, wie einfach es damals war, Widersacher loszuwerden:

"*Damals war es einfach genug, sich unliebsamer Personen zu entledigen. Man brauchte nur jemanden als Volksfeind zu denunzieren, die örtliche Parteiorganisation warf einen Blick auf den Bericht, schlug sich in gerechter Empörung an die Brust und sorgte dafür, dass der Denunzierte verschwand.*"[612]

Chruschtschow vergisst zu erwähnen, dass er einer der Einpeitscher der Jeschowschina in der Ukraine war, der diese Methode perfekt beherrschte, um ehrliche Kommunisten aus der Parteiführung in der Ukraine zu entfernen und um sie durch Sowjetfeinde zu ersetzen.

In seiner Ansprache an den 14. Parteitag der Ukrainischen KP, der 1938 stattfand, als die Jeschowschina in der Ukraine wütete, tönte er:

"*Unsere Sache ist eine heilige Sache. Wer auf halbem Weg stehenbleibt, wessen Hände zittern und Knie schwach werden, ehe er zehn Feinde auslöscht, der gefährdet die Revolution. Es ist nötig, dass wir die Feinde ohne Gnade bekämpfen. Wir wollen jeden von der Erde vertilgen, der die Arbeiter und Arbeiter angreifen will!*

611- Grover Furr, ‚Krushchev Lied', ebd., S. 250f, zitiert nach: W. Allilujew, ‚Chronik einer Familie', Moskau 2002, S. 172.

612- ‚Chruschtschow erinnert sich', ebd., S. 90.

Für jeden Tropfen Blut eines eherlichen Arbeiters werden wir einen Eimer vom schwarzen Blut vergießen."[613]

Diese Worte wurden später Stalin von Historikern in den Mund geschoben.

Das war damals die Sprache Jeschows. Es war die Sprache derjenigen, die das Blut unschuldiger Menschen für ihre konterrevolutionären Zwecke bereit waren zu vergießen, die über Leichen gingen. Der gleiche Chruschtschow wurde später nicht müde, gerade diese seine eigenen Praktiken anzuprangern und Stalin dafür verantwortlich zu machen, der mit diesen Praktiken 1939 Schluss machte. Erinnert sei an seine sog. Geheimrede, die er im Februar 1956 auf dem 20. Parteitag der KPdSU hielt.

613· Lazar Pistrak, ebd., S. 186f, aus: ‚Bilschowik Ukraini'; Nr. 7, 1938, S. 11.

26. Der Kampf um Frieden und Sicherheit

a. Die sowjetische Außenpolitik in den dreißiger Jahren

Der Kampf um den Frieden beginnt unmittelbar nach der Oktoberrevolution. Das Erste, was der Zweite Allrussische Sowjetkongress, die höchste staatliche Institution im neuen Russland, unmittelbar nach der Revolution am 25. Oktober 1917 beschließt, und zwar noch am Abend des gleichen Tages, ist das Dekret für den Frieden. Allen kriegführenden Regierungen wird ein 'gerechter und demokratischer Frieden ohne Annexionen und Kontributionen, ein sofortiger Waffenstillstand und die Aufnahme von Verhandlungen' angeboten.[614] Der Waffenstillstand soll auf drei Monate zur Führung von Friedensverhandlungen abgeschlossen werden.

Die Reaktion des Auslands: Russland Verbündete, England, Frankreich und die USA, verurteilen das Dekret und verlangen von der neuen Sowjetregierung, den Krieg unbedingt an ihrer Seite weiterzuführen. Die Reaktion der neuen Sowjetregierung: Sie sieht sich gezwungen, mit dem kaiserlichen Deutschland, dem Hauptkriegsgegner, in der weißrussischen Grenzstadt Brest-Litowsk einen separaten Frieden zu schließen. Dieser Frieden ist kein echter Frieden im Sinne des Friedensdekrets, sondern ein Raubfrieden, wie Lenin ihn nennt, der jetzt an der Spitze der neuen russischen Regierung steht. Dieser Raubfrieden zwingt sie, Deutschland die Ukraine, Gebiete Weißrusslands, die baltischen Staaten and andere Gebiete des ehemaligen russischen Reiches zu überlassen, aber er gewährt zumindest eine Atempause, um die neue sozialistische Ordnung zu festigen.

614- vgl. Große Sowjet-Enzyklopädie, Bd. 1, ebd., S. 664.

Während des Bürgerkrieges, der sich unmittelbar an den großen Krieg anschließt, intervenieren vierzehn Staaten in Russland, um die Revolution zu erwürgen und um das alte Russland an der Seite weißgardistischer Generäle wiederherzustellen, aber vor allem um den halbkolonialen Status dieses alten Russland wieder aufzurichten.

Es sind folgende Staaten, die, ohne Russland den Krieg zu erklären, auf das vom Weltkrieg ausgelaugte Land mit ihren Militärberatern und Söldnern wie die Heuschrecken herfallen: Deutschland, England, Frankreich, Polen, die USA, Japan, Griechenland, Rumänien, Finnland, Estland, Lettland, Litauen, die Tschechoslowakei und die Türkei. Allein England gab nach eigenen Angaben 100 Millionen englische Pfund dafür aus. Der Bürgerkrieg, der eigentlich keiner war, sondern eine ausländische Intervention, die sich auf konterrevolutionäre Kräfte im Inneren Russlands stützte, dauert noch bis Ende 1922 an, als Japan im Oktober aus Wladiwostok vertrieben werden kann. Auch die USA müssen sich aus der Stadt mit ihren Truppen zurückziehen. Noch gegen Ende dieses 'Bürgerkrieges' waren Polen (mit französischer Unterstützung) und Finnland (mit deutscher Unterstützung) in Sowjetrussland eingefallen. Vergeblich.

Das Dekret für den Frieden wurde von all diesen kapitalistischen Mächten als ein Fetzen wertloses Papier behandelt. Was dann schließlich den Frieden bringt, ist die Kraft der Roten Armee, auf drei Millionen Soldaten angewachsen, die alle Interventen aus dem Land vertreibt, die sich wiederum auf die Kraft der russischen Arbeiterklasse und auf die der einfachen russischen Bauern stützen kann. Das neue Kräfteverhältnis, aber kein Friedenswille, zwingt die imperialistischen Staaten den Krieg zu beenden. Sie hatten einsehen müssen, dass das geeinte Volk mit einer revolutionären Volksregierung an der Spitze nicht zu besiegen ist.

Als die Intervention beendet ist, geht die neue Sowjetregierung daran, auf internationaler Ebene für ihre Anerkennung, aber auch für den Erhalt des internationalen Friedens zu werben. Ihr Außenminister ist G. Tschitscherin, ein Vertrauter Lenins. Auf der Konferenz von Genf im Jahre 1922 hat er seinen ersten internationalen Auftritt. Er schlägt den anwesenden Mächten vor, die Rüstungen drastisch zu beschränken. Tschitscherin:

> *"Die Kräfte für die Wiederherstellung der Weltwirtschaft werden erdrosselt werden, solange über Europa und der Welt die Drohung neuer Kriege schwebt."* [615]

Er erhält von den ehemaligen russischen Verbündeten England und Frankreich keine Antwort. Dann unterschreibt er im Auftrag der Sowjetregierung den Vertrag von Rapallo mit Deutschland. Alle Schulden werden mit sofortiger Wirkung annulliert. Während die Westalliierten Deutschland über die nächsten Jahre und Jahrzehnte Milliarden an Reparationsleistungen aufbürden (Versailler Vertrag), die das Land nicht stemmen kann, zeigt sich die neue Sowjetregierung großzügig und hilft Deutschland, wieder auf die Beine zu kommen.

Auch die Türkei profitierte damals von der russischen Diplomatie. Auf der Konferenz von Lausanne erkennt die Sowjetregierung den neuen modernen laizistischen Staat der Türkei Attatürks an. Die Sowjets unterschreiben noch einen weiteren Vertrag, den Kellog-Pakt, der den Krieg ächtet.

Als das faschistische Deutschland und das militaristische Japan den Völkerbund verlassen, um freie Hand für ihre neuen Kriegsvorbereitungen zu bekommen, tritt die Sowjetunion der neuen Völkergemeinschaft bei (1934) und setzt sich dort für ein kollektives europäisches Sicherheitssystem ein, aber auch für eine klare Definition der Aggression. Sie stößt bei den imperialistischen Mächten auf taube Ohren. Als der finnisch-sowjetische Krieg Ende 1939 ausbricht, wird sie sogar aus dem Völkerbund ausgeschlossen.

Stalin war damals der Meinung, dass man selbst eine so schwache und zahnlose Organisation wie den Völkerbund unterstützen müsse:

---

615. A. L. Strong, ebd., S. 83.

"Die Sowjetunion ist der Ansicht, dass man in so unruhigen Zeiten auch eine so schwache internationale Organisation wie den Völkerbund nicht ignorieren soll."[616]

Mit der Zeit wird immer deutlicher, dass dieses Konstrukt der imperialistischen Siegermächte ein stumpfes Schwert gegen einen neuen Krieg auf europäischem Boden ist. Die sowjetische Führung konzentriert sich nun auf den Abschluss bilateraler Vereinbarungen mit einzelnen Staaten:

Im Mai 1935 schließt sie einen Beistandspakt mit Frankreich ab; dann einen ähnlichen Vertrag mit der Tschechoslowakei. Im März 1936 kommt ein Beistandspakt mit der Mongolei zustande und im August 1937 ein Nichtangriffspakt mit China, das im gleichen Jahr Opfer einer japanischen Aggression wird.

b. Prinzipien sowjetischer Außenpolitik

Auf dem 18. Parteitag der KPdSU, B Anfang März 1939 erläutert Stalin den Delegierten die Prinzipien der sowjetischen Außenpolitik. Es sind vier Prinzipien:

"1. *Wir sind für den Frieden und für die Festigung sachlicher Beziehungen mit allen Ländern, ...*

2. *Wir sind für friedliche, freundschaftliche und gutnachbarliche Beziehungen mit allen Nachbarländern, die mit der Sowjetunion eine gemeinsame Grenze haben, ...*

3. *Wir sind für die Unterstützung der Völker, die Opfer einer Aggression geworden sind und für die Unabhängigkeit ihrer Heimat kämpfen.*

4. *Wir fürchten keine Drohungen der Aggressoren und sind bereit, auf einen Schlag der Kriegsbrandstifter, die versuchen sollten, die Unabhängigkeit der Sowjetunion zu verletzen, mit einem doppelten Schlag zu antworten.*

616· Stalin-Werke, Bd. 14, ebd., S. 191, aus Stalins Rechenschaftsbericht an den 18. Parteitag der KPdSU, B.

Das ist die Außenpolitik der Sowjetunion." (Stürmischer, anhaltender Beifall). [617]

Welches war das Fundament dieser neuen Außenpolitik, die es zu Zarens Zeiten nie gegeben hatte? Stalin:

"In ihrer Außenpolitik stützt sich die Sowjetunion ..

1. *auf ihre wachsende wirtschaftliche, politische und kulturelle Macht;*
2. *auf die moralische und politische Einheit unserer Sowjetgesellschaft;*
3. *auf die Freundschaft der Völker unseres Landes;*
4. *auf die Rote Armee und die rote Kriegsmarine;*
5. *auf ihre Friedenspolitik;*
6. *auf die moralische Unterstützung der Werktätigen aller Länder, deren ureigenstes Interesse die Erhaltung des Friedens ist;*
7. *auf die Einsicht der Länder, die aus diesen oder jenen Gründen an einer Verletzung des Friedens nicht interessiert sind."* [618]

Daraus leitet er die Hauptaufgabe der Partei auf dem Gebiet der Außenpolitik ab: eine Politik des Friedens zu betreiben.

c. Beschwichtigungspolitik

Es gibt gute Gründe zu behaupten, dass der Zweite Weltkrieg nicht erst mit Hitlers Überfall auf Polen am 1. September 1939 begonnen hat: Schon 1935 überfiel das faschistische Italien Abessinien (heute Äthiopien) und machte es zu seiner Kolonie. Ein Jahr später organisiert es zusammen mit Nazideutschland die Intervention in den Spanischen Bürgerkrieg und unterstützt General Francos Putsch gegen die frei gewählte Spanische Republik. Spanische Städte wie die baskische Stadt Guernica werden von den Faschisten dem Erdboden gleichgemacht. Am 7. April 1939 marschieren italienische Truppen in Albanien ein. Im Jahre 1937 greift das milita-

617· Ebd., S. 192.

618· Ebd.

ristische, hochgerüstete Japan nach der Annexion der Mandschurei im Jahre 1931 China an und besetzt Peking und Schanghai. Ende 1938 besetzt es auch Kanton und später noch die Insel Hainan. Anfang 1938 annektiert das faschistische Deutschland Österreich und nennt die Besetzung des Landes 'Anschluss', dann folgt die Annexion des tschechoslowakischen Sudetenlands.

Schon bevor Hitlerdeutschland Polen überfiel, war im Grunde genommen der Zweite Weltkrieg schon auf drei Kontinenten, in Afrika, in Asien und auch in Europa angekommen.

Es bildeten sich zwei große imperialistische Lager heraus: die sog. Achse, die sich nach dem Abschluss des sog. Antikominternpaktes zwischen Hitlerdeutschland, dem faschistischen Italien Mussolinis und dem kaiserlichen Japan herausgebildet hatte und einen äußerst aggressiven Charakter trug und die Entente zwischen England, Frankreich und den USA, die nach außen weniger aggressiv auftrat und die versuchte, durch ihre Diplomatie die Aggressivität der Achsenmächte von sich abzulenken und auf die sozialistische Sowjetunion zu richten. Das Hauptinstrument: die Politik der 'Nichteinmischung', des Gewährenlassens der faschistischen Hauptmächte, was diese dazu ermutigte, weitere Länder zu bedrohen und in ihren Bannkreis zu ziehen. Es kam dann, was kommen musste: Hitlerdeutschland marschiert nach der Annexion des Sudetenlands, der die Ententemächte England und Frankreich im Herbst 1938 in München ihre Zustimmung gegeben hatten ('Münchener Abkommen'), in Prag ein, um die 'Rest-Tschechoslowakei' zu zerschlagen.

Die Sowjetunion protestiert gegen den Völkerrechtsbruch im März 1939 und schlägt eine sofortige Konferenz vor, um weiteren Aggressionen einen Riegel vorzuschieben, um den Faschismus in Europa nicht noch weiter vorrücken zu lassen. Die sowjetische Regierung, immer noch bemüht, ein kollektives Sicherheitssystem für Europa zu schaffen, wendet sich an England, Frankreich, Polen, Rumänien und die Türkei, um den Faschismus zu stoppen. Die Reaktion des damaligen britischen Premierministers Chamberlain: der Vorschlag sei 'verfrüht' - ein weiteres Signal an Hitler, sich noch weitere Aufmarschgebiete gegen die Sowjetunion in Europa anzueignen, darunter das Memelgebiet Litauens, und er bedroht jetzt auch Danzig, Polens einzigen Hafen zur Ostsee. Mitte April 1939 stehen sieben deutsche Divisionen direkt an der polnischen Grenze (Angaben nach Anna Louise Strong, ebd., S. 86).

Frau Strong beschreibt, wie sie im Nordkaukasus an ihrem dortigen Urlaubsort die Nachricht von der Münchner Konferenz erhielt, die diesen Ereignissen vorangegangen war:

"Ich befand mich damals im Nordkaukasus im Urlaub, als die Nachricht von der Münchener Konferenz kam. Es gab fröhliche Zustimmung, als die Tschechen damit drohten, sich zu wehren. Mehrere Offiziere buchten schon ihre Flüge nach Moskau. 'Es kann sein, dass wir den Tschechen helfen müssen.'.

Dann aber erreichte uns die Nachricht, dass Benesch (der damalige tschechoslowakische Präsident - Autor) dem Druck der Briten und Franzosen nachgegeben hatte. Die Buchungen wurden wieder storniert. 'Da können wir jetzt nichts machen', meinte ein Offizier zu mir am Tisch. 'Es ist wohl besser, wir bereiten uns auf die nächste Aggression vor - auf die gegen Polen und Frankreich'.

Sie diskutierten über die Kräfte hinter dem Verrat. Warum waren Daladier (der damalige französische Ministerpräsident, ein 'Sozialist' - Autor) und Chamberlain bereit, 27 tschechoslowakische Divisionen zu opfern und eine der besten Befestigungslinien in Europa? Was veranlasste sie, Hitler eine der besten Rüstungsfirmen zu überlassen, die Skoda-Werke? Waren sie bewusste Verräter oder einfach nur schwach? Der Leiter eines örtlichen Industriebetriebes sagte darauf: 'Du kannst es in vier Worte fassen: Angst vor dem Bolschewismus'."[619]

Diese Angst vor dem Bolschewismus, oder wohl genauer gesagt, dieser Hass auf ihn, hatte schon Jahre vorher dazu geführt, dass die britische Regierung Nazideutschland großzügig mit Krediten unter

619· A. L. Strong, ebd., S. 86.

die Arme griff. Umfangreiche britische, aber auch US-amerikanische Investitionen in Nazideutschland waren an der Tagesordnung. Die reaktionärsten Kreise in England, die britischen Tories, sahen ganz offensichtich in Hitler den 'starken Mann und Gangster gegen die Sowjets' (A. L. Strong). Aber es gab auch andere Stimmen, realistischere Stimmen auf der Insel:

"Stimmen in Großbritannien und Frankreich verlangten ein Bündnis mit der UdSSR, um Hitler zu stoppen. 'Die Einheit mit der UdSSR kann den Frieden retten', erklärte Lloyd George, Großbritanniens ehemaliger Premierminister."[620]

Und sogar der alte, eingefleischte Sowjetfeind Winston Churchill verlangt am 7. Mai 1939 im britischen Unterhaus eine Allianz mit der UdSSR! Ausgerechnet er, der noch 1919 die Intervention von 14 Staaten in Russland organisiert hatte, um den Sozialismus wieder zu zerschlagen und das alte Zarenregime wieder aufzurichten. Einen Monat vorher war in England eine Gallup-Umfrage veröffentlicht worden, wonach 92 Prozent der britischen Wähler ein Bündnis mit der Sowjetunion wollten!

So erhält die sowjetische Außenpolitik Rückenwind aus dem britischen Volk. Die herrschenden Kreise im Westen, die eng mit dem deutschen Faschismus verbunden waren und mit ihm sympathisierten, sahen sich gezwungen, Verhandlungen über eine Dreierallianz zu führen - zwischen England, Frankreich und der Sowjetunion. Aber jeder neue Vorschlag aus Moskau wird sofort aufs Eis gelegt. Verhandeln ja, aber Ergebnisse - bloß das nicht! Und dann dies: Anfang Mai 1939 erklärt sich Chamberlain im britischen Unterhaus bereit, stattdessen einen Nichtangriffspakt mit Hitlerdeutschland abzuschließen. Zwei Tage später weist er den sowjetischen Vorschlag für eine Militärallianz zurück. Nach außen hin tut man aber so, als wolle man sich die sowjetische Option offenhalten, aber hinter dem Rücken der Weltöffentlichkeit verhandelt der britische Minister für

620· Ebd., S. 87.

Überseehandel gleichzeitig mit Nazi-Deutschland über die Vergabe eines Kredits in Höhe von einer halben Milliarde Pfund Sterling.[621]

Ende Juli 1939 unternimmt die sowjetische Regierung einen letzten Versuch: Sie schlägt vor, dass Großbritannien und Frankreich unverzüglich Militärmissionen nach Moskau entsenden, um auf der Stelle die gemeinsame Verteidigung Osteuropas zu diskutieren und zu organisieren. Die britische und fanzösische Regierung erklären sich ein paar Tage später bereit, militärische Gespräche mit Moskau zu führen. Ein britischer Admiral mit dem klangvollen Namen Reginald Plunkett-Ernie-Erle-Drax wird zum Leiter der britischen Delegation ernannt. Die Delegation hat es nicht eilig, nach Moskau zu kommen. Sie fährt mit dem langsamsten Verkehrsmittel, einem alten Dampfer. Dazu Bill Bland:

> *"Die Delegation verließ Tilbury (östlich von London - GS) mit einem langsamen Dampfer Richtung Leningrad, von wo aus sie mit dem Zug nach Moskau weiterfuhr. Als sie schließlich am 11. August in Moskau angekommen war, musste die sowjetische Delegation feststellen, dass sie gar keine Verhandlungsvollmachten besaß, sondern nur 'Gespräche führen' wollte. Darüberhinaus war die britische Delegation angewiesen worden, 'die Gespräche sehr langsam angehen zu lassen'."*[622]

Der sowjetische Verteidigungsminister Kliment Woroschilow hatte Folgendes vorgeschlagen:

Falls Hitler Polen angreifen sollte, würde die Sowjetunion zwei Armeen schicken: eine in Richtung Ostpreußen im Norden und eine weitere durch Südpolen in Richtung Mitteldeutschland. Die britisch-französische Delegation erwiderte, dass sie so etwas nicht ohne Zustimmung der polnischen Regierung beschließen könne, dass man sich also erst mal an Warschau wenden müsse. Später gab

621· vgl. A. L. Strong, ebd., S. 87.

622· William B. Bland, ,The German-Soviet Non-Aggression Pact of 1939', ,Dokumente zur britischen Außenpolitik, Bd. 6, London 1953, App. S. 763 zitierend, bei: http://ml-review.ca/aml/AllianceIssues/WBBJVSNaziPact.htm.

sie an, dass die polnische Regierung den Vorschlag abgelehnt habe. So wurden die Verhandlungen ergebnislos abgebrochen. Churchill dazu in seinen Erinnerungen:

"Das sowjetische Angebot wurde tatsächlich ignoriert. Sie (gemeint die sowjetischen Vorschläge - Autor) wurden nicht in die Waagschale gegen Hitler geworfen und wurden mit einer Gleichgültigkeit, wenn nicht sogar mit einer Geringschätzung behandelt, die bei Stalin Spuren hinterließ. Die Ereignisse nahmen ihren Lauf, so als ob Sowjetrussland gar nicht existieren würde. Dafür mussten wir später teuer bezahlen." [623]

d. Der deutsch-sowjetische Nichtangriffsvertrag

Der geschichtliche Hintergrund

In dieser Situation nimmt die Sowjetregierung das Angebot Hitlers an, einen Nichtangriffsvertrag abzuschließen. Wer diesen geschichtlichen Hintergrund weglässt, was die meisten Historiker hierzulande tun, fälscht die Geschichte, mit dem Ziel, der Sowjetunion anzulasten, eine räuberische Politik der Aufteilung Polens zusammen mit den deutschen Nazis betrieben zu haben, was 'beweise', dass Stalinismus und Nazismus nur zwei Seiten der derselben Medaille seien, dass beide Systeme totalitär und friedensfeindlich waren und dass die einzigen wahren Friedensmächte damals England, Frankreich und dann noch die USA gewesen seien, also die 'demokratischen Länder'.

Am 23. August 1939 wird der Pakt, der weder ein Bündnis noch ein Freundschaftsvertrag war, zwischen Deutschland und der UdSSR in Moskau von den Außenministern Ribbentrop und Molotow unterzeichnet.

623· Winston Churchill, ‚The Second World War', London 1948, Bd. 1, S. 239f, zitiert nach: Ian Grey, ‚Stalin · Man of History', ebd., S. 302, Stalin · Mann der Geschichte.

Die britischen Konservativen, die in München noch Hitler unterstützt hatten und als 'ihren' Mann ansahen, spiehen Gift und Galle:

"Zum ersten Mal heulten sie nach Hitlers Blut."[624]

Auch einige Alliierte Hitlers schäumten: Die italienische Regierung unter dem ehemaligen 'Sozialisten' und nun Faschisten Benito Mussolini, aber auch Putschgeneral Franco, der nach der Zerschlagung der Internationalen Brigaden und der spanischen Volksfrontregierung in Madrid eingezogen war, brachte öffentlich seine Missbilligung zum Ausdruck. Die japanische Regierung, die zu jener Zeit den Krieg gegen die UdSSR in der Mongolei probte, griff die deutsche Regierung ebenfalls mit scharfen Worten an. Man hatte doch vorgehabt, gemeinsam mit Hitler nun endlich bald zum großen Schlag gegen die Sowjetunion auszuholen, woraus nun vorerst nichts wurde. Die japanischen Invasionstruppen wurden, ohne dass ihnen Nazitruppen zu Hilfe eilen konnten, am Halchin Gol vernichtend geschlagen. Zwanzigtausend japanische Soldaten fanden bei den Zusammenstößen mit der Roten Armee im Fernen Osten den Tod. Zehntausende gerieten in sowjetische Gefangenschaft.

Kein Bündnisvertrag, sondern ein Neutralitäts- und Gewaltverzichtsvertrag

Um was für einen Vertrag handelte es sich denn nun, wenn es kein Bündnis- oder Freundschaftsvertrag war?

Er war im Grunde ein bloßer Neutralitätspakt, aber auch einer des Gewaltverzichts sowie der friedlichen Zusammenarbeit und sollte auf zehn Jahre abgeschlossen werden. Er knüpfte an den alten, zwischen Weimar-Deutschland und der UdSSR im Jahre 1926 abgeschlossenen Neutralitätspakt an. Aus den sieben Vertragsartikeln geht dies unzweideutig hervor:

624· A. L. Strong, ebd., S. 90.

"Artikel eins:

Die beiden Hohen Vertragsschließenden Parteien verpflichten sich, sich jedem Akt der Gewalt, jeder Angriffshandlung und jedem Angriff aufeinander, sei es allein oder in Gemeinschaft mit anderen Mächten, zu enthalten.

Artikel zwei:

Sollte eine der Hohen Vertragsschließenden Parteien Opfer einer kriegerischen Handlung durch eine dritte Partei werden, so wird die andere Vertragsschließende Partei in keiner Weise dieser dritten Partei Unterstützung gewähren.

Artikel drei:

Die Regierungen der beiden Hohen Vertragsschließenden Parteien werden in Zukunft zu Konsultationszwecken ständigen Kontakt unterhalten, um Informationen über Probleme auszutauschen, die ihre gemeinsamen Interessen berühren.

Artikel vier:

Sollten Kontroversen oder Konflikte zwischen den beiden Hohen Vertragsschließenden Parteien entstehen, so wird sich keine der Parteien an irgendeiner Machtgruppe beteiligen, die direkt oder indirekt gegen die andere Partei gerichtet ist.

Artikel fünf:

Sollten Kontroversen oder Konflikte zwischen den Hohen Vertragsschließenden Parteien über das eine oder andere Problem entstehen, dann werden beide Parteien diese Kontroversen ausschließlich durch einen freundschaftlichen Meinungsaustausch oder, falls nötig, durch die Einrichtung von Schiedskommissionen beilegen.

Artikel sechs:

Der vorliegende Vertrag wird auf zehn Jahre abgeschlossen, mit der Bestimmung, dass, wenn eine der Hohen Vertragsschließenden Parteien ihn nicht ein Jahr vor Ablauf dieser Periode kündigt, sich die Gültigkeit des Vertrages automatisch um fünf weitere Jahre verlängert.

Artikel sieben:

Der vorliegende Vertrag soll so schnell wie möglich ratifiziert werden. Die Ratifizierungsurkunden sollen in Berlin ausgetauscht werden. Die Vereinbarung tritt mit der Unterzeichnung in Kraft."[625]

Angeblich habe man dann auch noch am gleichen Tag ein 'geheimes Zusatzprotokoll' vereinbart und unterschrieben, um, wie es später hieß, die Einflusssphären der beiden Vertragsparteien in Osteuropa festzulegen.

Dieses angebliche Protokoll hatte im Prinzip nur drei Artikel. In Artikel vier stand nur noch, dass es von beiden Parteien 'streng geheimgehalten' werden sollte. Was soll in diesem 'Zusatzprotokoll' gestanden haben?

Das 'geheime Zusatzprotokoll' - eine angloamerikanische Fabrikation

"Geheimes Zusatzprotokoll.

Artikel eins:

Im Falle einer territorialen und politischen Neuordnung in den Gebieten, die zu den baltischen Staaten (Finnland, Estland, Lettland, Litauen) gehören, soll die nördliche Grenze von Litauen die Grenze der Einflusssphären Deutschlands und der UdSSR bilden. In diesem Zusammenhang werden die Interessen Litauens im Gebiet von Wilna von jeder Seite anerkannt.

Artikel zwei:

Im Falle einer territorialen und politischen Neuordnung in den Gebieten, die zum polnischen Staat gehören, sollen die Einfluss-

625· http://www.fordham.edu/halsall/mod/1939pact.html.

sphären Deutschlands und der UdSSR ungefähr entlang der Linie der Flüsse Narew, Wistula und San verlaufen. Die Frage, ob es im Interesse der beiden Hohen Vertragsschließenden Staaten liegt, einen unabhängigen polnischen Staat zu erhalten und welche Grenzen ein solcher Staat haben sollte, kann nur abschließend im Verlauf der weiteren politischen Entwicklungen endgültig geklärt werden. In jedem Falle werden die beiden Regierungen diese Angelegenheit auf dem Wege einer friedlichen Vereinbarung lösen.

Artikel drei:

Was Südosteuropa angeht, so weist die sowjetische Seite auf ihr Interesse an Bessarabien hin. Die deutsche Seite erklärt ihr vollständiges politisches Desinteresse an diesen Gebieten.

Artikel vier:

Das Protokoll soll von beiden Seiten streng geheim gehalten werden." [626]

Es bestehen berechtigte Zweifel daran, ob diese Geheimvereinbarung echt ist. Diese Zweifel werden durch fünf Umstände erhärtet:

1. Der damalige langjährige sowjetische Außenminister und spätere Präsident der UdSSR, Andrei Gromyko, hat das Dokument als 'Fälschung' bezeichnet. Als junger Diplomat war er damals schon in die Vorgänge um den Abschluss des Neutralitätspaktes eingeweiht und hätte es sicherlich mitbekommen, wenn eine solche Zusatzvereinbarung unterschrieben worden wäre.

2. Auch der damalige sowjetische Außenminister Wjatscheslaw Molotow sprach von einer Fabrikation. 1983 äußerte er sich dazu in einem Interview:

"Frage des Interviewers: Im Westen wird ständig geschrieben, dass ein geheimes Abkommen zusammen mit dem Nichtangriffspakt 1939 abgeschlossen wurde. ...

626· Ebd..

Molotow: Überhaupt keins.

Interviewer: Es gab keins?

Molotow: Es gab keins, nein, das ist absurd.

Interviewer: Wir können uns darüber unterhalten?

Molotow: Natürlich gibt es hier nichts geheimzuhalten. Meiner Meinung nach wurden diese Gerüchte verbreitet, um unser Ansehen zu beschädigen. Nein, nein, diese Sache ist sehr sauber. Es konnte überhaupt keine solche Vereinbarung geben. Ich war ganz nahe an der Sache dran. Ich war sogar daran beteiligt, und ich kann Ihnen versichern, dass das ohne Zweifel eine Fabrikation ist."[627]

An einer anderen Stelle in seinen Erinnerungen fügt er hinzu, dass sich Stalin mit einem solchen Abkommen nicht beschmutzt hätte.

3. Das 'geheime Zusatzprotokoll' wurde erst kurz nach dem Ende des Zweiten Weltkriegs von den Angloamerikanern in den Archiven des ehemaligen Nazi-Außenamtes in Berlin 'entdeckt'.[628] Nur auf diesem mysteriösen Fund basiert überhaupt die angebliche Existenz dieses Dokuments. Auch in der offizielen Großen Sowjet-Enzyklopädie von 1952 wird das Zusatzprotokoll nicht erwähnt.
4. Die Festlegungen in dem Dokument widersprechen dem realen Kriegsverlauf nach dem Nazi-Überfall auf Polen am 1. September 1939. Wenn die Einflusssphären wirklich am 23. August zwischen Deutschland und der UdSSR durch das Geheimabkommen festgelegt waren, warum, so ist zu fragen, änderte sich dann der Grenzverlauf dieser 'Einflusssphären' in Polen dreimal nach Beginn des Naziüberfalls, bevor der endgültige Verlauf auf der Konferenz vom 28. September zwischen Deutschland und der UdSSR festgelegt wurde?

627· ‚Molotov Remembers', ebd., S. 13, 29. April 1983.

628· vgl.: William B. Bland, ‚The German-Soviet Nonaggression Pact of 1939', bei: http://ml-review.ca/aml/AllianceIssues/WBBJVSNaziPact.htm, S. 15.

Warum, so ist weiter zu fragen, marschierte die Rote Armee in Wilna ein, wenn die Hauptstadt Litauens laut Zusatzprotokoll bei Litauen bleiben sollte? Damit hätte sich die Sowjetunion vertragsbrüchig gemacht und den gesamten Vertrag in Frage gestellt, was aber nicht in ihrem Interesse lag. Sie brauchte die Atempause, der ihr der Vertrag bot.
Warum, so ist zu fragen, setzte sich die sowjetische Armee erst in Bewegung, als die polnische Regierung nach Rumänien geflohen war und die Gefahr bestand, dass die Nazi-Wehrmacht ungehindert weiter gen Osten bis zur sowjetischen Westgrenze durchmarschieren konnte und nicht schon früher? Ist dies nicht eher ein Indiz dafür, dass die UdSSR keine Aufteilung Polens wollte, sondern verhindern wollte, dass die Nazitruppen die sowjetische Westgrenze erreichten?

5. Wenn die Sowjetunion damals zusammen mit Nazideutschland den 'unabhängigen polnischen Staat' absichtlich aufgeteilt hat, um das Land zu versklaven, weshalb fiel dann aber die Reaktion der westlichen Staaten damals so milde aus? Weshalb haben die USA, Frankreich oder England damals keine Sanktionen gegen die Sowjetunion verlangt oder den Ausschluss aus dem Völkerbund, wenn es sich wirklich um einen Angriff gegen einen Verbündeten des Westens gehandelt hat? Warum haben sie nicht einmal protestiert? Weshalb hat Frankreich, das mit Polen durch einen militärischen Beistandspakt verbunden war, nicht der Sowjetunion den Krieg erklärt? Die USA haben damals die Neutralitätserklärung der Sowjetunion akzeptiert, die sie nach der Besetzung der östlichen Gebiete abgab. Warum hat der polnische Oberbefehlshaber Rydz-Smigly damals seinen Soldaten nicht befohlen, gegen die sowjetische Armee vorzugehen, wenn es sich um eine sowjetische Aggression gegen Polen gehandelt hat? Er befahl ihnen aber, weiter gegen die deutsche Wehrmacht zu kämpfen.

Weiterhin sollte man sich vergegenwärtigen, dass jene angeblichen polnischen Ostgebieten vom polnischen Staat 1921 gegen

Ende des russischen Bürgerkrieges völkerrechtswidrig von Polen annektiert worden waren. Die Polen bildeten in diesen Gebieten nur eine Minderheit der Bevölkerung. Die Mehrheit waren Ukrainer und Weißrussen. Durch die sowjetische Besetzung, die von der Bevölkerung stürmisch begrüßt wurde, entgingen die Menschen in diesen Gebieten zunächst einmal den Nazipogromen, die sie in ihren besetzten Gebieten typischerweise durchführten, und in jenen Gebieten lebten sehr viele ukrainische Juden, die die ersten Opfer der Nazibesetzung geworden wären. So wie sie später in der Ukraine hausten, hätte die Nazitruppen, vor allem aber die SS, schon 1939 in jenen Gebieten gewütet, weshalb die Mehrheit der dort lebenden Menschen froh war, dass die sowjetischen Truppen die Gebiete besetzten. Sie boten Schutz vor dem SS-Terror.

Atempause für Verteidigungsanstrengungen

Der Einmarsch der Roten Armee in die damaligen ostpolnischen, eigentlich ukrainisch-weißrussischen Westgebiete, war somit kein Überfall auf ein souveränes Land, denn dieses Land besaß keine Regierung und keinen Staat mehr, weil ihre Regierung fahnenflüchtig geworden war. Durch den Vormarsch konnte die Rote Armee verhindern, dass die Nazitruppen die strategisch wichtigen Städte Wilna und Lwow besetzten, und sie konnte sich so die Pufferzone vor ihrer Grenze erhalten. Die von Polen 1921 widerrechtlich annektierten Gebiete konnten Weißrussland und der Ukraine wieder zurückgegeben werden.

Weniger als einen Monat nach diesem Vormarsch, der am 17. September erfolgte, schloss die UdSSR Militärallianzen mit den drei baltischen Staaten Estland, Lettland und Litauen ab. Diese Staaten waren in der Vergangenheit oft Heerstraßen für Invasionen nach Russland gewesen. Wichtige Marinestützpunkte kamen auf diese Weise unter die Kontrolle der Sowjetunion und nicht unter die Nazideutschlands. Jetzt ging die um ihre Sicherheit besorgte Sowjetunion daran, von den baltischen Staaten bis hinunter zum Schwarzen Meer ein riesiges Verteidigungsgebiet aufzubauen. Dafür hatte sie nun durch den Nichtangriffsvertrag zunächst einmal Zeit gewonnen.

In seiner Rundfunkansprache vom 3. Juli 1941, als die Naziwehrmacht zusammen mit ihren faschistischen Verbündeten schon ins Land eingefallen war, nahm Stalin noch einmal Bezug auf den Vertrag:

> *"Was haben wir durch den Abschluss des Nichtangriffsvertrages mit Deutschland gewonnen? Wir haben unserem Land für anderthalb Jahre den Frieden gesichert sowie die Möglichkeit, unsere Kräfte zur Abwehr vorzubereiten, falls das faschistische Deutschland es riskieren sollte, unser Land trotz des Paktes zu überfallen."* [629]

Stalin gehörte zu denjenigen in der sowjetischen Führung, die unablässig darauf drängten, diese Pause entschlossen zu nutzen und die Verteidungsanstrengungen zu intensivieren. Hier einige Maßnahmen:

- Die Abschaffung des Siebenstundentages. Der achtstündige Arbeitstag, einschließlich Samstagsarbeit, wird wieder eingeführt, auch um die Rüstungsindustrie anzukurbeln;
- Die Herabsetzung des Wehrpflichtigenalters auf 19 Jahre;
- Der Bau von Bestigungsanlagen entlang der neuen Westgrenze;
- Die Entwicklung neuer Waffen und Waffensysteme. Man entwickelt den Panzer vom Typ T-34.
- Der Anstieg der Rüstungsproduktion um 39 Prozent im Verlauf des Dritten Fünfjahrplans und andere Maßnahmen.

Stalin scheute vor harscher Kritik nicht zurück, wenn er den Eindruck hatte, dass es mit dem Stand der Kriegsvorbereitungen nicht zum Besten stand. Auf der Feier zum 23. Jahrestag der Oktoberrevolution am 7. November 1940 sagt er:

> *"Wir haben die Japaner am Halchin Gol besiegt. Aber unsere Flugzeuge blieben hinter denen der japanischen zurück, was ihre*

629· Stalin-Werke, Bd. 14, ebd., S. 238, Stalins Rundfunkansprache vom 3. Juli 1941.

Geschwindigkeit und Flughöhe anging. Wir sind auf einen solchen Luftkampf, wie er zwischen Deutschland und England geführt wird, nicht vorbereitet. Es hat sich herausgestellt, dass unsere Flugzeuge nur 35 Minuten in der Luft bleiben können, die deutschen und englischen aber bis zu einigen Stunden. Wenn unsere Streitkräfte, das Transportwesen usw. nicht genauso stark sind wie die unserer Gegner - und das sind alles kapitalistische Staaten, auch jene, die sich als unsere Freunde ausgeben - dann werden die uns auffressen." [630]

Und dann wird er richtig harsch und wütend und lässt seinen Unmut freien Lauf. Stalin auf derselben Feier:

"Ich kann doch lernen, lesen, jeden Tag achtgeben. Warum könnt Ihr das nicht? Ihr lernt nicht gerne, lebt selbstgefällig dahin, gebt das Erbe Lenins mit beiden Händen aus (Kalinin: 'Man muss über die Zeiteinteilung nachdenken. Es fehlt irgendwie an Zeit!'). Nein, darum geht es nicht! Die Menschen wollen ein sorgloses Leben, wollen nicht lernen und umlernen. Ihr hört mich an und alles bleibt beim Alten.

Aber ich werde es Euch zeigen, wenn mir der Kragen platzt. Ihr wisst schon, wie ich das kann. Ich werde auf die Fettwänste eindreschen, dass es nur so kracht!

Ich trinke auf jene Kommunisten, auf jene Bolschewiki, auf jene Parteimitglieder und Parteilose - die parteilosen Bolschewiki sind gewöhnlich weniger selbstgefällig - die verstehen, dass man lernen und umlernen muss!" [631]

Stalin - ein Feind der Selbstgefälligen, der Müßiggänger, der selbstgefälligen Parteifunktionäre, der Postenjäger, derjenigen, die nicht dazulernen wollen, die nicht die große Gefahr erkennen wollten, die dem Land und dem Sozialismus drohte, die bei einem Zurückbleiben der Verteidigungsanstrengungen dem Land drohte.

630· Georgi Dimitroff, ‚Tagebücher 1933-1943', Berlin 2000, S. 316.

631· Ebd., S. 316f.

Alle Theorien und Behauptungen, dass es Stalin unterlassen habe, sein Land rechtzeitig auf den großen Krieg vorzubereiten, erweisen sich als Schall und Rauch, als die Fantasieprodukte von Auftragsschreibern.

Aber es war nicht nur die Atempause, die man nun durch den Pakt gewonnen hatte, die ein großes Plus für die Sowjetunion bedeutete. Noch etwas anderes Positives kam hinzu, und auch das wurde durch den Vertrag mit Nazideutschland erreicht:

Das imperialistische Lager, das noch vorher eine geschlossene Front darstellte, wenn man beispielsweise an den Spanischen Bürgerkrieg denkt, wo alle imperialistischen Mächte praktisch alle am gleichen Strang zogen, gleich ob 'demokratisch' oder faschistisch organisiert: Zum ersten Mal stand die UdSSR nun nicht mehr allein da, sondern es bestand die Aussicht, zusammen mit den Westalliierten den Krieg gegen den europäischen Faschismus zu führen. Dazu Albert Resis in 'Molotov Remembers':

> *"Für Molotow war die Große Allianz von 1941 bis 1945 ein Ergebnis des deutsch-sowjetischen Nichtangriffsvertrages. Der Vertrag, so behauptet er, spaltete die Imperialisten untereinander und verhinderte eine imperialistische, antisowjetische Einheitsfront. Als dann die deutsche Invasion kam, hatte die UdSSR Großbritannien und die USA auf ihrer Seite."*[632]

c. Das Ringen um die Sicherung Leningrads

Der historische Hintergrund

Moskau nutzt die Atempause auch dazu, das nur 30 oder 40 km von der finnischen Grenze liegende Leningrad gegen einen möglichen Angriff zu sichern. Leningrad konnte von finnischem Territorium aus unter Artilleriefeuer genommen werden, und feindliche Schiffe konnten durch den Finnischen Meerbusen dicht vor die sowjetische Wiege der Revolution gelangen.

632· ‚Molotov Remembers', ebd., S. 5f.

Darauf hatte schon der finnische Delegierte, Jrjo Sirola, 1928 auf dem Sechsten Kongress der Kommunistischen Internationale aufmerksam gemacht. Sirola:

"Genossen - das kleine Finnland spielt bei den Kriegsvorbereitungen der Imperialisten gegen die Sowjetunion eine wichtige Rolle. Seine Grenze ist nur 40 km von Leningrad entfernt. ... Dass sich Finnland an England orientiert, ist allgemein bekannt. Beträchtliche Summen britischen Kapitals sind in Finnland angelegt worden."[633]

Finnland hatte gleich nach der Oktoberrevolution von der neuen Sowjetregierung die Unabhängigkeit erhalten (Dezember 1917) und hörte damit auf, Teil des Russischen Reiches zu sein, was es seit 1808/09 als Großfürstentum gewesen war. Aber nachdem der ehemalige zaristische General Baron Carl Mannerheim mit Hilfe deutsch-kaiserlicher Truppen die Finnische Revolution niedergeschlagen hatte, wurde das Land zu einem Werkzeug imperialistischer Mächte. Es beteiligte sich als Werkzeug Englands auch an Churchills Koalition der 14 Staaten, die 1918/1919 in Russland einfielen, um die Revolution niederzuschlagen. Laut Mannerheim bestand Finnlands historische Mission darin,

"... den Bolschewismus aus Leningrad zu vertreiben."[634]

Der zitierten 'The Times' war damals schon aufgefallen, dass Sowjetrussland, und besonders Petrograd, im Norden leicht angegriffen werden konnten. Sie schrieb zu der Zeit:

"Wenn wir uns die Karte ansehen, werden wir feststellen, dass der beste Zugang nach Petrograd vom Baltischen Meer aus besteht und dass der kürzeste und einfachste Weg durch Finnland verläuft, dessen Grenzen sich nur 30 Meilen von der russischen Hauptstadt

633- William B. Bland, ‚Der sowjetisch-finnische Krieg 1939-1940', London 1990, S. 3 der dt. Übers, engl. Text bei: http://ml-review.ca/aml/CommunistLe, zitiert nach: ‚Internationale Pressemitteilungen', Bd. 8, Nr. 61 vom 11. September 1928, S. 1.081.

634- Ebd., S. 2, nach: Carl Mannerheim, in: ‚The Times', London, 7. Oktober 1919, S. 9.

entfernt befinden. Finnland ist der Schlüssel für Petrograd und Petrograd ist der Schlüssel für Moskau."[635]

Das reaktionäre Finnland, das knapp der sozialistischen Revolution dank deutscher Hilfe entgangen war und nun zu einer Hochburg des Anti-Bolschewismus geworden war, wofür auch Mannerheim und die Deutschen gesorgt hatten, konnte nun erneut als Sprungbrett für einen Angriff benutzt werden wie schon 1919.

Dass diese Gefahr real war, zeigte auch die weitere Entwicklung: im Sommer 1941 beteiligt sich Finnland am Überfall Nazi-Deutschlands auf die Sowjetunion und besetzt weite Gebiete von Sowjet-Karelien, das es jahrelang besetzt hält.

Dies war der Hintergrund, vor dem die Sowjetregierung 1939 darauf drang, mit Finnland in Verhandlungen einzutreten, um die Sicherheitslage für die Sowjetunion im Nordwesten, besonders aber die der Stadt Leningrad zu verbessern.

Sowjetische Verhandlungsziele

Der Sowjetunion ging es damals hauptsächlich um die Regelung zweier Fragen:

1. Die Sicherheit Leningrads herzustellen;
2. freundschaftliche Beziehungen zum benachbarten Finnland herzustellen.

Um das erste Ziel zu erreichen, musste verhindert werden, dass die Kriegsschiffe eines möglichen Feindes ungehindert und unkontrolliert in die Gewässer des Finnischen Meerbusen eindringen konnten, dass also die Sowjetunion die Kontrolle über den Zugang zu diesem Gewässer erhielt. Warum war dies wichtig, ja lebenswichtig für die USSR? Weil sich zur Zeit des Bürgerkrieges (1918-1922) gezeigt hatte, dass der Meerbusen von den Engländern genutzt wurde, um Petrograd für die Konterrevolution zurückzugewinnen.

635· Ebd., S. 3, nach: ‚The Times‘, London, 17. April 1919, S. 14.

Es musste aber auch verhindert werden, dass dem Feind der Zugang zu den westlich und nordwestlich vom Eingang zu Leningrad liegenden Inseln verwehrt wurde.

Es musste schließlich auch erreicht werden, dass die finnische Grenze, die nur 30 bis 40 Kilometer von Leningrad entfernt war und somit in Artilleriefeuer-Reichweite lag, etwas weiter nach Norden und Nordwesten zurückverlegt wurde.

Um das zweite Ziel zu erreichen, schlugen die sowjetischen Unterhändler einen Beistandspakt mit Finnland vor. Dadurch würde es Finnland unmöglich gemacht werden, sein Territorium für die Interessen anderer imperialistischer Länder zur Verfügung zu stellen.

Wie reagierte die finnische Regierung auf diesen Vorschlag? Sie lehnte ihn umgehend ab.

Das zweite Ziel war also vorerst nicht zu erreichen, man musste sich auf das erste konzentrieren: auf die Sicherung Leningrads.

Um einen Teil des ersten Ziels zu erreichen, also die Kontrolle über den Zugang zum Finnischen Meerbusen, schlug die Sowjetunion der finnischen Regierung vor, ihr den Hafen auf der Insel Hangö zur Pacht zu überlassen und ihr zu gestatten, dort eine sowjetische Garnison zu stationieren. Sie schlug ihr weiterhin vor, die Grenze zu Leningrad auf eine Entfernung von 70 Kilometern zurückzuverlegen. Dafür sollte Finnland mit einem doppelt so großen sowjetischen Gebiet entschädigt werden.

Dies waren die sowjetischen Vorschläge, die ausschließlich von ihren Sicherheitsinteressen diktiert wurden. Die Sowjetunion hatte also keine 'imperialistischen' Absichten, auch nicht die Absicht, die Revolution nach Finnland zu exportieren. Sie wollte sich nicht in finnische Angelegenheiten einmischen. Auch später, als Finnland schon geschlagen war, hat sie keine Gebiete in Finnland besetzt und verzichtete sogar auf die Zahlung von Reparationen.

Diese Vorschläge waren Gegenstand verschiedener Verhandlungsrunden mit den finnischen Unterhändlern. Sie fanden im Oktober und November 1939 in Moskau statt.

Wie reagierte die finnische Regierung auf die Verpachtung von Hangö? Sie lehnte den Vorschlag ab. Dann machte Stalin, der sich ansonsten aus den Verhandlungen heraushielt, den Vorschlag, der UdSSR stattdessen eine der kleineren, östlich von Hangö gelegenen Inseln zu verpachten, darunter die Insel Jussaro. Auch dieser Vorschlag wurde umgehend abgelehnt. Am 9. November 1939 übergaben die finnischen Unterhändler Molotow die entsprechende Note. Darin hieß es:

> *"Die finnische Regierung sieht keine Möglichkeit, den Vorschlag anzunehmen."*[636]

Die finnische Delegation verlässt Moskau am 13. November das letzte Mal. Sie brach von sich aus die Verhandlungen ab. Die britische Regierung hat bei diesem Beschluss sicherlich eine ganz entscheidende Rolle gespielt. Sie hat die finnische Regierung ganz offensichtlich gedrängt, keinen Kompromiss mit den Sowjets einzugehen. Sie war es dann auch, die die finnische Seite während des Krieges massiv mit Waffen unterstützte und die die finnische Seite auch politisch und diplomatisch unterstützte, die sie immer wieder aufforderte, nicht aufzugeben, durchzuhalten, den Krieg nicht zu beenden, die sogar zum Schluss bereit war, direkt einzugreifen, was ihr dann von schwedischer und norwegischer Seite aus verwehrt wurde. Britische und französische Truppen erhielten keine Durchmarscherlaubnis.

Schon während der Verhandlungen mobilisiert die finnische Regierung im Oktober und in den ersten Novemberwochen ihre Truppen und versetzt sie in Alarmbereitschaft. Die Mobilisierung ist am 14. Oktober abgeschlossen.[637] Wäre die finnische Seite an einer einvernehmlichen Lösung des Konfliktes interessiert gewesen, hätte sie dies nicht getan. Die Mobilisierung beweist, dass sie die Verhandlungen nur zum Schein führte und dass sie zu keinerlei Kompromiss bereit war bzw. bereit sein durfte.

636· Ebd., S. 11, nach: ,The Development of Finnish-Soviet Relations of 199', Helsinki 1940, S. 49f · Die Entwicklung der Finnisch-sowjetischen Beziehungen.

637· vgl. Keesing's Contemporary Archives, Bd. 3, S. 3.773, zit. n. W. B. Bland, ebd., S. 13.

Britischen Staatsbürgern wurde auch erlaubt, in den finnischen Streitkräften zu dienen, obwohl sich England mit Deutschland im Krieg befand.

Wie der Krieg begann

Bis heute gibt die westliche Geschichtsschreibung der Sowjetunion die Schuld am Ausbruch der Kampfhandlungen. Selbst in angeblich 'seriösen' Quellen wie dem 'Brockhaus' kann man dazu Folgendes lesen:

> *"Die UdSSR provozierte 1939 einen Krieg (Winterkrieg), in dem Finnland unterlag."* [638]

Das genaue Gegenteil war der Fall. Die Provokationen gingen von der finnischen Seite aus, die einseitig die Verhandlungen abgebrochen hatte und ihre Truppen schon seit Oktober, wie wir gesehen haben, in Alarmbereitschaft versetzt hatte, während dies auf sowjetischer Seite nicht der Fall war. Die sowjetische Seite war an der Fortsetzung der Gespräche interessiert.

Am 26. November überreicht Außenminister Molotow dem finnischen Botschafter eine Protestnote, in der es heißt:

> *"Unsere Truppen, die auf der Karelischen Landenge in der Nähe des Dorfes Mainila stationiert sind, waren heute, am 26. November, um 3:34 nachmittags, Ziel eines unerwarteten Artilleriebeschusses von finnischem Territorium aus. Es wurden insgesamt sieben Kanonenschüsse abgefeuert, wodurch drei einfache Soldaten und ein Unteroffizier getötet wurden. ...Die sowjetischen Truppen haben das Feuer nicht erwidert."* [639]

Dazu später Sowjetmarschall Wassilewski in seinen Erinnerungen:

> *"Am 26. November eröffnet die finnische Seite in der Nähe der Ortschaft Mainila das Feuer auf sowjetische Grenzposten. Ähnliche Provokationen wiederholten sich in den folgenden Tagen. Am 30.*

638· ‚Der Brockhaus in einem Band', 15. Auflage, Gütersloh/München 2012, S. 275.

639· William B. Bland, ‚Der sowjetisch-finnische Krieg 1939-1940', ebd., S. 14, ‚The Development of Finnish-Soviet Relations of 1939' zitierend, ebd. S. 70f.

November nahmen Truppenteile der Roten Armee die Kampfhandlungen auf, um die Angriffe des Gegners abzuwehren und unsere Grenzen zu sichern."[640]

Auch Winston Churchill bestätigt diese Feststellung in seiner Erinnerungen:

"Der finnische Krieg begann folgendermaßen: ... einige russische Grenzposten wurden von den Finnen beschossen und getötet. ... Die Einheit der Grenzwachen beschwerte sich bei der Roten Armee. ... Moskau wurde um Anweisungen ersucht. Sie erhielten den Befehl, das Feuer zu erwidern."[641]

Um solchen Provokationen in Zukunft vorzubeugen, schlägt die sowjetische Seite vor, die finnischen Grenztruppen 20 bis 25 km von der Grenze zurückziehen. Die Reaktion Finnlands: der Vorschlag wird abgelehnt. Am 27. November reagiert der finnische Botschafter in Moskau auf die Protestnote Molotows so:

"Es ist meine Pflicht, Ihren Protest zurückzuweisen und festzustellen, dass Finnland keinen feindseligen Akt gegen die Sowjetunion, wie Sie behaupten, begangen hat."[642]

Hatten die sowjetischen Grenzsoldaten sich also selbst erschossen? Die Reaktion der Sowjetunion: Sie kündigt den Nichtangriffsvertrag mit Finnland aus dem Jahre 1932. Die finnischen Angriffe gehen weiter. Molotow zwei Tage später:

"Es ist bekannt, dass die Angriffe der finnischen Truppen auf sowjetische Truppen anhalten, nicht nur auf der Karelischen Landenge, sondern auch an anderen Stellen der Grenze zwischen der UdSSR und Finnland. Die Regierung der Sowjetunion kann eine solche Situation nicht länger hinnehmen."[643]

640· A. M. Wassilewski, ‚Sache des ganzen Lebens', Berlin 1977, S. 86.

641· William B. Bland, ebd., nach: Winston Churchill, ‚The Second World War. Triumph and Tragedy', Bd. 6, London 1954, S. 317f. Der Zweite Weltkrieg · Triumph und Tragödie.

642· W. B. Bland, ebd., S. 14.

643· Ebd., S. 15.

General Meretzkow erhält nun vom Zentrum die Anweisung, innerhalb von einer Woche einen Gegenschlag vorzubereiten. Am 30. November ist es so weit. Meretzkow in seinen Erinnerungen:

"Um 8 Uhr, am 30. November begannen reguläre Einheiten der Roten Armee mit Operationen, um die antisowjetischen Aktionen zurückzuschlagen und der sowjetisch-finnische Krieg hatte begonnen."[644]

Die Behauptung des Brockhaus, dass die UdSSR den Krieg provozierte, entspricht also nicht den historischen Fakten.

Die finnische Seite führt nach dem Ausbruch der Feindseligkeiten nun auch noch einen diplomatischen Angriffskrieg gegen die Sowjetunion: Sie wendet sich an den Völkerbund mit der Bitte, die UdSSR auszuschließen. Der finnische Botschafter bei dieser von Großbritannien dominierten Organisation, Eino Holsti, überreicht ein Schreiben mit der Behauptung, dass

"... die Union der Sozialistischen Sowjetrepubliken ... unerwartet am Morgen des 30. November 1939 angegriffen hat."[645]

Die Sowjetunion wird umgehend aus dem Völkerbund ausgeschlossen. Der gleiche Völkerbund hatte tatenlos die Aggressionen Italiens und Deutschlands in der Zeit davor, ohne zu protestieren, durchgehen lassen.

Bis zuletzt wird Finnland, das diesen Krieg nicht gewinnen kann, dazu angestachelt, weiterzumachen. Noch kurz vor der finnischen Kapitulation verlangt die Londoner "The Times"

"Die ganze Stimmung in diesem Land verlangt, dass Finnland nicht fallen darf."[646]

... eine unverhüllte Aufforderung an die Londoner Regierung, direkt in den Krieg einzugreifen.

644· Ebd., S. 16, nach: K. A. Meretzkow, ‚Dem Volke dienen', Moskau 1971, S. 108f.

645· Ebd., S. 20, zitiert nach: ‚The Development of Finnish-Soviet Relations of 1939', ebd., S. 77.

646· Ebd., S. 37, ‚The Times', 5. März 1940, S. 9.

Als die finnische Regierung um Frieden bittet, versuchen London und Paris, die im Tandem operieren, die Unterzeichnung des Friedensvertrages mit der UdSSR zu torpedieren. Die schwedische Regierung muss als Vermittlerin einspringen.[647]

Am 12. März 1940 wird der Friedensvertrag unterzeichnet. Die Sowjetunion, die nach der Zerschlagung der gesamten finnischen Armee ganz Finnland besetzen konnte, tut dies jedoch nicht. Sie gibt das eroberte Petsamo wieder an Finnland zurück und erhebt keinerlei Reparationsansprüche, sondern beschränkt ihre Forderungen auf ein Minimum. Molotow:

> *"Wir verfolgten mit dem Friedensvertrag kein anderes Ziel als die Gewährleistung der Sicherheit Leningrads, Murmansks sowie die der Murmansker Eisenbahnlinie."*[648]

Der Friedensvertrag hat einen ähnlichen Wortlauf wie der deutsch-sowjetische Nichtangriffsvertrag vom 23. August 1939. In Artikel drei heißt es:

> *"Die beiden Vertragsschließenden Parteien verpflichten sich, sich jeden Angriffs auf die Gegenseite zu enthalten und sich nicht an Koalitionen zu beteiligen, die gegen eine der Vertragsschließenden Parteien gerichtet sind."*[649]

Als dann Nazi-Deutschland in den frühen Morgenstunden des 22. Juni 1941, die Sowjetunion überfällt, sind die Weißfinnen wieder dabei. Der Vertrag ist vergessen, ähnlich wie die deutschen Nazis ihren eigenen Nichtangriffsvertrag mit der Sowjetunion 'vergaßen'. Finnland wird erneut zum Aggressor und besetzt sogar jahrelang einen Teil der Sowjetunion. Auch an der Hungerblockade von Leningrad, die 900 Tage andauerte und über 800.000 Leningradern

647· vgl. A. L. Strong, ebd., S. 98.

648· Ebd., S. 41, Molotows Rede vor der 6. Sitzung des Obersten Sowjets der UdSSR zitierend, aus: W. Molotow, ‚Sowjetische Friedenspolitik', London 1941, S. 52f.

649· Ebd., S. 40, aus: W. P. Coates, ‚Russia, Finland and the Baltic States', London 1940, S. 168f, Russland, Finnland und die baltischen Staaten.

das Leben kostete, beteiligte sich die damalige finnische Regierung, das nun zu einem Alliierten Hitlers geworden war ähnlich wie das faschistische Italien, das faschistische Rumänien oder das faschistische Ungarn.

Der Winterkrieg wird für die Sowjetunion zu einem vollen Erfolg. Die beiden Autoren Read & Fischer schätzten seinen Ausgang so ein:

> *"Was Stalin anging, so war der Winterkrieg in streng strategischem Sinne für ihn ein Erfolg. Er war kurz, er dehnte sich nicht zu einem größeren Konflikt aus und erreichte seinen Zweck: die nördlichen Zugänge zu Leningrad waren jetzt sicher und die UdSSR kontrollierte den Zugang zum Golf von Finnland."*[650]

Der strategische Erfolg für die Sowjetunion bestand darin, dass sie nun eine breite Pufferzone von der Ostsee bis hinter zum Schwarzen Meer besaß. Diese Zone wird im Süden noch dadurch vervollständigt, dass Rumänien Bessarabien (heute Moldawien) wieder zurückgeben muss. Während des russischen Bürgerkrieges hatte sich Rumänien, die Schwäche der Sowjetregierung ausnutzend, das Gebiet angeeignet, obwohl die Mehrheit der Bevölkerung dort nicht rumänisch war und es immer wieder Aufstände gegen die rumänische Vorherrschaft gegeben hatte. Moldawien wird, wie schon nach der Oktoberrevolution, Sowjetrepublik.

Damit war der Verteidigungsring geschlossen.

650· Ebd., S. 47, zitiert nach: A. Read & D. Fischer, ‚The Deadly Embrace: Hitler, Stalin and the Nazi-Soviet Pact 1939-41', S. 4416, Die tödliche Umarmung ...

27. Der Krieg mit Nazideutschland beginnt

a. Wie westliche Historiker Stalins Verhalten zu Beginn des Krieges beurteilen

Was erfahren wir über das Verhalten Stalins nach dem Überfall Nazideutschlands und seiner Verbündeten am 22. Juni 1941? Einige Beispiele:

Erstes Beispiel: Wolfgang Leonhard.

Leonhard schreibt in seinem Buch 'Anmerkungen zu Stalin' Folgendes über Stalins Verhalten an jenem Tage:

> *"Als Stalin endlich erkannte, dass er einen fatalen Irrtum begangen hatte, war seine Reaktion nicht minder erstaunlich. Er fuhr auf seine Datscha und betrank sich. Erst am 3. Juli - fast zwei Wochen nach dem deutschen Überfall - trat Stalin wieder in der Öffentlichkeit auf."*[651]

Eine Quelle oder einen Nachweis für diese Behauptung führt der Autor nicht an.

Ähnlich der französische Autor Jean Elleinstein, wie Leonhard ein Anhänger Trotzkis:

> *"Vom 22. Juni bis zum 3. Juli verschwand Stalin völlig von der Bildfläche. Indem er ständig Wodka zu sich nahm, betrank er sich elf Tage lang."*[652]

Verfolgt man diese Behauptungen auf ihre Quelle zurück, dann stoßen wir auf Chruschtschows sog. Geheimrede:

651- Wolfgang Leonhard, ‚Anmerkungen zu Stalin', ebd., S. 158f.

652- Ludo Martens, ebd., S. 349, Jean Elleinstein zitierend: Jean Elleinstein, ‚Le socialisme dans un seul pays', Bd. II, Ed. Sociales, Paris 1973, S. 269, Der Sozialismus in einem Land.

"Stalin wollte den Mitgliedern des Zentrakomitees weder begegnen noch diese sprechen. Dieser Fakt zeigt, wie sehr Stalin in den ersten Tagen des Krieges demoralisiert war."[653]

Dass Stalin sich betrank, behauptet aber noch nicht einmal Chruschtschow.

Maximilian Rubel schreibt in seiner Stalin-Monographie:

"Der 'Unbezwingbare' (Koba) verfiel in einen Zustand totaler Niedergeschlagenheit und verkroch sich im Kreml, als ginge ihn das Ereignis nichts an."[654]

Dieses Mal verkroch sich Stalin nicht auf seine Datscha, sondern blieb im Kreml. Von Wodka ist keine Rede. Stalin blieb nüchtern.

Auch Rubel bezieht sich auf Chruschtschows 'Geheimrede'. Seine Stalin-Abhandlung erlebte sieben Auflagen!

Klaus Kellmann:

"Er verkroch sich auf seine Datscha und kappte alle Beziehungen nach außen."[655]

Stalin bleibt wieder auf seiner Datscha. Von einem Besäufnis ist aber nicht die Rede. Kellmann schmückt die Behauptung noch ein bisschen für den staunenden Leser aus, indem er eine kleine Geschichte anfügt: Zusammengekauert auf einem Sessel am Fenster, wo seine 'Kollegen' ihn vorfanden, habe er einen 'Brief an Hitler' verfasst. Kellmann weiter:

"Alles schien auf das Angebot eines Unterwerfungsfriedens hinauszulaufen, so wie ihn Lenin 1918 mit dem kaiserlichen Deutschland in Brest-Litowsk abgeschlossen hatte. Weiträumige Gebietsabtretungen von Karelien bis zur Bukowina, Getreide aus den Kornkammern und Öl vom Kaspischen Meer sollten den deut-

---

653· Ebd., Branko Lazitsch zitierend, ‚Chruschtschows Geheimrede auf dem 20. Parteitag', Berlin 1990, S. 74.

654· Maximilian Rubel, ‚Stalin · Bildmonographie', ebd., S. 110.

655· Klaus Kellmann, ‚Stalin · eine Biographie', ebd., S. 191.

schen Vormarsch zum Stillstand bringen. Sogar das Verpachten der Ukraine auf 95 Jahre war im Gespräch."[656]

Kellmann 'weiß' noch mehr: Der 'Brief an Hitler' soll dem deutschen Botschafter Schulenburg in Moskau überreicht worden sein. Der Experte in Sachen Stalin und einstiger Mitarbeiter der Landeszentrale für Politische Bildung in Schleswig-Holstein führt erneut keine Quelle an, die man überprüfen könnte. Die einzige Quellen: die Fantasie des Stalin-Biographen und das Verlangen, Stalin schlecht aussehen zu lassen.

Ein weiteres Beispiel für jemand mit einer ausgesprochen kreativen Begabung: der Stalin-Biograph Simon Sebaq Montefiore. Er schreibt über den 'demoralisierten Stalin' Folgendes:

"Der Zusammenbruch ließ sich angesichts von Stalins Deprimiertheit und Erschöpfung kaum bestreiten."[657]

Montefiore verlegt den Tatort auf die Datscha, auf die Stalin sich aber erst etwas später zurückgezogen haben soll. Auch er führt keine Quelle oder einen Beleg an. Das deutsche Staatsfernsehen ZDF über Montefiores Stalin-Biografie, die eine endlose Serie von nicht ausgewiesenen Zitaten enthält:

"Die neue Stalin-Biografie: bis zur letzten Seite spannend."[658]

Die Hauptquelle der Inspiration für solche Darstellungen ist Chruschtschows sog. Geheimrede, die er auf dem 20. Parteitag der KPdSU vor einem ausgewählten Kreis von Funktionären hielt. Dort sagte er wörtlich:

"Nach der ersten ernsten Katastrophe und Niederlage an der Front dachte Stalin, dass dies das Ende sei. In einer seiner Reden in jenen Tagen sagte er: 'All das, was Lenin schuf, haben wir für im-

656- Ebd..

657- Simon Sebaq Montefiore, ‚Stalin - am Hof des roten Zaren', ebd., S. 427.

658- Ebd., im Einband.

mer verloren. ..'. Danach, ja tatsächlich lange Zeit danach, ... stellte er jede Tätigkeit ein. ..."[659]

Dies ist das, was der Leser über Stalin nach dem Überfall Hitlerdeutschlands auf die UdSSR im Sommer 1941 erfahren soll. Er soll keine Fakten erfahren, er soll kleine Geschichtchen über den labilen und feigen Stalin erfahren, der auch vor einem Verrat nicht zurückschreckte.

b. Stalins Gästebuch im Kreml

Beschäftigen wir uns mit Fakten und nicht mit den Fantasieprodukten von Schreiberlingen. Woraus können wir solche Fakten gewinnen? Zum Beispiel aus dem Gästebuch, in das sich Besucher im Kreml einzutragen hatten, wenn sie mit Stalin zusammenkommen wollten. Auch am Tage des Überfalls, also an jenem Sonntag, den 22. Juni 1941 und auch an den Tagen danach, trugen sich dort die Besucher im Kreml ein. Nach jahrzehntelangem Verschluss, ist dieses Dokument inzwischen von der Regierung der Russischen Föderation freigegeben worden.

Das Gästebuch wurde übrigens im Jahre 1996 freigegeben, also lange bevor Wolfgang Leonhard, Klaus Kellmann oder ein Simon Sebaq Montefiore ihre Stalin-Abhandlungen schrieben. Sie hätten von diesem Dokument also Gebrauch machen können. Es stand ihnen zur Verfügung. Als Historiker und 'Kreml-Experten' mussten sie wissen, dass dieses Dokument inzwischen freigegeben worden war. Aber sie machten davon keinen Gebrauch. Stattdessen machten sie reichlich von ihrer Fantasie Gebrauch, und finden dann den Beifall der öffentlich-rechtlichen bundesdeutschen Medien, wie das Beispiel Montefiore zeigt.

659· Nikita S. Chruschtschow, ‚Die Geheimrede vor einer geschlossenen Sitzung des 20. Parteitags der Kommunistischen Partei der Sowjetunion', Nottingham 1976, S. 53, zitiert nach: William B. Bland, ‚Der Mythos von Stalins ‚Demoralisierung' 1941', in: COMpass-Magazin, Nr. 135, 2000, engl. Text bei: http://www.oneparty.co.uk/compass/compass/com13501.html.

Was geht aus den Eintragungen im Gästebuch konkret hervor?

Beginnen wir mit dem Tag des Überfalls, den 22. Juni 1941:

Um 5.45 Uhr morgens finden sich im Kreml bei Stalin die ersten Besucher in seinem Amtszimmer ein. Es waren Berija, Molotow, Mechlis, Timoschenko und Schukow, die sich dort in den frühen Morgenstunden bei Stalin einfanden. Die letzte Eintrag an diesem Tag ist die von Woroschilow, der sich um 16.45 wieder austrug. In dieser Zeit hatten sich 21 Personen bei Stalin angemeldet und mit ihm Gespräche geführt. Chruschtschows Name findet sich dort übrigens nicht.[660]

Stalins Arbeitstag am ersten Tag des Krieges betrug also elf Stunden, wenn man sich nur auf das Gästebuch stützt. Nimmt man noch die Erinnerungen von Marschall Schukow hinzu, so war er noch länger. Schukow schreibt, dass er sich sogar noch vor dem Überfall nachts um halb eins mit Stalin unterhalten habe:

"Alles deutete darauf hin, dass deutsche Kräfte sich der Grenze näherten. Um halb eins setzten wir Stalin davon in Kenntnis. Stalin fragte, ob die Direktive allen Distrikten zugeschickt worden sei. Ich bejahte dies."[661]

Auch Molotow bestätigt in seinen Erinnerungen, dass es diese Direktive gab, die die Truppen in Alarmbereitschaft versetzen sollte.

Danach scheint sich Stalin etwas hingelegt zu haben. Um 3:30 Uhr wurde er wieder von Schukow geweckt. Schukow:

"Ungefähr drei Minuten später nahm Stalin den Hörer ab. Ich berichtete über die Lage und bat um die Erlaubnis, mit Gegenschlägen zu beginnen. Stalin sagte nichts. Ich hörte das Geräusch seines Atems. 'Haben Sie mich gehört?' - Wieder Stille. Dann fragte Stalin: 'Wo befindet sich der Verteidigungsminister?' - 'Er unterhält

660· Wer das Gästebuch studieren möchte, findet das Dokument bei Prof. Grover Furr auf: http://chss.montclair.edu/english/furr/research/stalinvisitors41.pdf.

661· G. Zhukov, ‚Reminiscences and Reflections', Bd. 1, Moskau 1985, S. 280, Erinnerungen und Gedanken.

sich mit dem Kiewer Distrikt' - 'Sie kommen mit ihm zusammen sofort in den Kreml. Sagen Sie Poskrebyschew (Stalins Sekretär - Autor), alle Politbüromitglieder zu bestellen'."[662]

Auch Georgi Dimitroff, der damalige Chef der Komintern, war an diesem Morgen in den Kreml bestellt worden. Er machte dazu einen Eintrag in seinem Tagebuch. Unter das Datum 22. Juni 1941 trug er ein:

"*Sonntag. Um 7 Uhr morgens wurde ich dringend in den Kreml beordert. Deutschland hat die Sowjetunion überfallen. Der Krieg hat begonnen. Im Vorzimmer treffe ich Proskrebyschew, Timoschenko, Kusnetzow. ... Erstaunlich sind die Ruhe, Festigkeit und Zuversicht Stalins und aller anderen. ...*"[663]

Was ergibt sich daraus?

Daraus ergibt sich, dass Stalin sofort nach der Meldung des Überfalls aktiv wurde. Daraus ergibt sich weiter, dass er sich nicht auf seine Datscha zurückzog, sondern im Kreml blieb und dort in den ersten Tagen zumindest, fast ununterbrochen Gespräche führte, besonders am 23. Juni, als er, laut Gästebucheintragung, fast ununterbrochen Leute empfing, dass er nicht depressiv war, sondern, wie Dimitroff schrieb, Ruhe und Festigkeit, aber auch Zuversicht verbreitete.

Daraus ergibt sich, dass die Hauptquelle der oben angeführten Behauptungen, Chruschtschows Geheimrede, ein Machwerk war, um Stalins Rolle im Zweiten Weltkrieg herabzusetzen (Chruschtschow behauptete übrigens auch, dass Stalin militärische Operationen an dem Globus in seinem Amtszimmer plante), dass Chruschtschow gelogen hat, und dass diese Lügen unkritisch und unhinterfragt von Historikern übernommen und sogar noch weiter ausgeschmückt wurden, um das Anti-Stalin-Paradigma, zu bedienen (mehr dazu bei Grover Furr: 'Krushchev Lied', Kettering/Ohio/USA 2011, Chruschtschows Lügen).

662· Ebd., S. 281.

663· Georgi Dimitroff, ‚Tagebücher 1933-1943', ebd., S. 392.

Historiker, die bei Lügen ertappt werden, versuchen in aller Regel, ihre Konstruktionen durch Ersatzhypothesen zu retten. Als das Gästebuch veröffentlicht wurde, stellten sie fest, dass am 29. und 30. Juni keine Eintragungen gemacht wurden. Deshalb, so behaupteten sie, muss Stalins 'Zusammenbruch' an diesen beiden Tagen erfolgt sein. Aber auch an jenen beiden Tagen war Stalin aktiv. Dazu Grover Furr:

> *"Stalin war ununterbrochen aktiv seit dem 22. Juni und auch am 29. und 30. Juni. Aber 29. Juni gab es den berühmten Streit zwischen Stalin und seinen Kommandeuren, darunter mit Timoschenko und Schukow. ... Auch formulierte und unterzeichnete Stalin an diesem Tag die wichtige Direktive bezüglich des Partisanenkrieges. Am 30. Juni kam das gemeinsame Dekret des Obersten Sowjets, des Rates der Volkskommissare und des Zentralkomitees der Partei heraus, wodurch das Staatliche Verteidigungskomitee entstand.*
>
> *Auch General Dmitri Wolkogonow und Pawel Sudoplatow sind der Meinung, dass Chruschtschow log. Beide waren Stalin gegenüber feindlich gesonnen, besonders Wolkogonow ..."*[664]

Also selbst Stalins Gegner können nicht umhin, Chruschtschow als Lügner zu bezeichnen.

Stalin wurde damals zum Vorsitzenden des Staatlichen Verteidigungskomitee gewählt. Wäre er in der ersten Zeit des Krieges 'depressiv' und 'inaktiv' gewesen, hätte man jemand anders mit dem Vorsitz betraut. Stalin war nun, zu Beginn des Krieges,

1. Oberster Befehlshaber der Streitkräfte;
2. Generalsekretär des Zentralkomitees der KPdSU, B;
3. Er führte den Vorsitz über die Regierung, war also auch Ministerpräsident der UdSSR;
4. Er war Verteidigungsminister der UdSSR und schließlich auch
5. Vorsitzender des neu geschaffenen Staatlichen Verteidigungskomitees.

664- Grover Furr, ‚Krushchev Lied', ebd., S. 91f.

Er besaß also das Vertrauen der Kommandeure, der Parteiführung und der Regierung.

Schukow, der ebenfalls kein Stalin-Anhänger war, schreibt in seinen Erinnerungen etwas zur Arbeitsweise Stalins in dieser Zeit:

"Er arbeitete nach einem rigiden Plan - 15 bis 16 Stunden am Tag; er legte großen Wert auf den Generalstab und vertraute ihm voll und ganz. Im Allgemeinen fällte er keine wichtigen Entscheidungen, ohne zuerst den Lagebericht des Generalstabs zu sehen und sich mit seinen Vorschlägen zu befassen. ... Der Oberste Befehlshaber hatte ein strenges Regime etabliert. Zweimal am Tag legte ihm der Generalstab eine Lagekarte vor, auf der alle Veränderungen eingetragen waren, die in der Zwischenzeit eingetreten waren."[665]

Derjenige, der damals wohl am häufigsten mit Stalin zusammentraf, war Wjatscheslaw Molotow, der damalige sowjetische Außenminister. Molotow in einem späteren Interview über die ersten Tage nach Ausbruch des Krieges:

"Interviewer: Es wird behauptet, dass er in den ersten Tagen des Krieges seinen Kopf verlor und die Fähigkeit zu sprechen.

Molotow: Er litt, aber er zeigte davon nichts. Natürlich hatte er seine schwierigen Momente. Es ist Unsinn zu behaupten, dass er nicht litt. Aber er wird nicht so dargestellt, wie er wirklich war. Sie beschreiben ihn als einen reuigen Sünder. Nun, das ist natürlich absurd. Wie immer arbeitete er Tag und Nacht und verlor nie den Kopf oder seine Fähigkeit zu sprechen.

Interviewer: Wie verhielt er sich denn?

Molotow: Wie er sich verhielt? Wie wir es von ihm gewohnt waren: fest.

Interviewer: Aber Tscharkowski schreibt, dass er...

Molotow: Ich kann mich nicht daran erinnern, was Tscharkowski darüber geschrieben hat, aber wir sprachen über eine ganz

665· Marshal of the Soviet Union, G. Zhukov, Reminiscences and Reflections, ebd., S. 350, Erinnerungen und Gedanken.

andere Sache. Stalin sagte: 'Wir haben's vermasselt.' Dies bezog sich auf uns alle. Ich kann mich gut daran erinnern. Er sagte einfach: 'Wir haben's vermasselt, ja, haben wir.' In solch einem aufgewühlten Zustand befand er sich. Ich habe dann versucht, ihn etwas aufzuheitern."[666]

Chruschtschow kam in dieser Zeit gar nicht mit Stalin zusammen. Er befand sich in der Ukraine.

c. Stalins Radioansprache am 3. Juli

Am 3. Juli 1941 hält Stalin eine 20-minütige Radioansprache. Auch hier ist wieder interessant, wie bestimmte Historiker versucht haben, diese Rede in ein schiefes Licht zu rücken, um ihren Inhalt vergessen zu machen.

Beginnen wir wieder mit Wolfgang Leonhard. In seinen 'Anmerkungen zu Stalin' schreibt er:

"Seine Radioansprache war eine Katastrophe. Er nuschelte. Seine Worte waren kaum zu verstehen. Er sprach seine Sätze nur mit Mühe zu Ende. Es war keine Rede, die dem Volk Mut machen konnte."[667]

Der Stalin-Biograf Isaac Deutscher:

"Endlich, am 3. Juli 1941, brach Stalin sein Schweigen und übernahm damit wieder die Führung seines ratlosen Volkes. In einer Rundfunkansprache gab er zu, dass die Sowjetunion 'in großer Gefahr' sei.

Seine Stimme klang schwerfällig, zögernd, farblos. Seine Worte waren, wie üblich, mühsam geformt und trocken."[668]

Simon Sebaq Montefiore:

666· ‚Molotov Remembers', ebd., S. 39.

667· Wolfgang Leonhard, ‚Anmerkungen zu Stalin', ebd., S. 159.

668· Isaac Deutscher, ‚Stalin - eine politische Biografie', ebd., S. 590.

"Am 3. Juli wandte er sich mit einer neuen Stimme als Anführer der russischen Nation an das Volk. 'Genossen, Bürger', begann er konventionell seine Rundfunkansprache, betont leise sprechend, sodass man seinen Atem ebenso wie das Schlucken und Abstellen des Glases im ganzen Reich hören konnte." [669]

Robert Payne:

"Erst am 3. Juli, elf Tage nach dem deutschen Überfall, vernahm man wieder seine Stimme. Sie erklang aus einer Tonbandaufnahme, in der er langsam und stockend einen von ihm aufgesetzten Text vorlas." [670]

Robert Conquest:

"Stalin hielt sie (die Ansprache - GS) mit einer dumpfen, farblosen Stimme und unterbrach sich häufig schwer atmend. Die Rede vermittelte den Eindruck, dass Stalin am Ende seiner Kräfte war." [671]

Conquest bezieht sich auf Iwan Maiski, den damaligen sowjetischen Botschafter in London.

Auffällig an diesen Darstellungen ist, dass nicht auf den Inhalt der Ansprache eingegangen, sondern auf die Form der Rede, besonders auf Stalins Stimme abgehoben wird. Es soll der Eindruck erweckt werden, dass Stalin damals nicht Herr der Lage gewesen sei. Auffällig ist erneut auch wieder, dass Dinge einfach hinzuerfunden werden, wie dies bei Montefiore der Fall ist, der von 'einem Abstellen eines Glases' spricht und von 'Stalins Atem, der im ganzen Reich zu hören war'. Nichts davon ist davon zu hören.

Die Radioansprache kann man sich hier anhören, um sich selbst ein Urteil zu bilden:

https://www.youtube.com/watch?v=hSTQ7HTHMvo.

669· Simon Sebaq Montefiore, ‚Stalin · Am Hof des roten Zaren', ebd., S. 429.

670· Robert Payne, ‚Stalin · Macht und Tyrannei', ebd., S. 511.

671· Robert Conquest, ‚Stalin · Der totale Wille zur Macht', ebd., S. 304.

Jeder, der sich die Ansprache anhört, muss zu folgendem Urteil kommen:

Stalin spricht insgesamt 21 Miunten lang mit einer klaren, festen Stimme, die große Entschlossenheit, aber auch eine große Zuversicht in den Sieg zum Ausdruck bringt.

Inhaltlich trifft zu, was Georgi Dimitroff damals am 3. Juli in sein Tagebuch eintrug:

"Historische Rede Stalins: Erläuterung der Lage und Aufruf des ganzen Volkes zum erbarmungslosen Krieg und zur Vernichtung des Feindes." [672]

Wie so oft, wenn Historiker bei Lügen ertappt werden, erfinden sie eine Ersatzhypothese, um ihre erfundenen Behauptungen zu retten. So auch Leonhard. Da niemand abstreiten kann, dass Stalins Rede eine große Zuversicht in den Sieg und große Festigkeit und Entschlossenheit zum Ausdruck bringt, greift er zu einer Hilfshypothese:

"Die Rede ist nie wieder im Rundfunk übertragen worden. Später wurde sie neu eingespielt, mit einer fremden Stimme und als kämpferische Ansprache inszeniert." [673]

Auch für diese Behauptung finden wir bei ihm keinen Quellenhinweis oder irgendeinen anderen Beleg. Auf diese Weise versucht der führende bundesdeutsche 'Experte' in Sachen Sowjetgeschichte die von ihm behauptete 'katastrophale Ansprache' zu retten.

Zeitzeugen über die Ansprache

Wenden wir uns einem Zeitzeugen zu, dem sowjetischen Schriftsteller Konstantin Simonow, der damals als junger Journalist und Kriegsberichterstatter Stalins Rede las und seinen Eindruck später so wiedergab:

"Beim Lesen der Rede vom 3. Juli hatte ich das Gefühl, dass sie nichts verhehlte, nichts bemäntelte, dass sie dem Volk die volle

672- ‚Georgi Dimitroff, Tagebücher 1933-1943', Berlin 2000, S. 397.

673- Wolfgang Leonhard, ‚Anmerkungen zu Stalin', ebd., S. 159.

Wahrheit sagte, und das so, wie es unter den gegebenen Umständen möglich war. Das war erfreulich. Unter so bedrückenden Umständen die Wahrheit so auszusprechen, war für mich gleichbedeutend damit, die eigene Kraft unter Beweis zu stellen. ... Damals aber nach dieser Rede, hatte ich das Gefühl, ich müsste vom Fleck weg losziehen, um zu kämpfen und, wenn nötig, zu sterben, dass ich mich, auch wenn ich bis ans Weiße Meer oder bis zum Ural zurückweichen müsse, nicht ergeben würde, solange Leben in mir war."[674]

Warum hielt Stalin die Rede erst zwei Wochen nach dem Überfall und nicht schon einen Tag danach?

Wjatscheslaw Molotow dazu später in einem Interview:

"Er wollte nicht der Erste sein, um zu sprechen. Ein brauchte erst einmal ein klares Bild, um den richtigen Ton zu treffen und um die richtige Herangehensweise zu finden. Er konnte nicht wie ein Automat auf alles reagieren. Das war unmöglich. Er war schließlich auch nur ein Mensch.

Aber nicht nur ein Mensch - das ist nicht ganz richtig. Er war sowohl Mensch als auch Politiker. Als Politiker musste er abwarten, was passierte, denn er hatte eine sehr präzise Art zu reden, und es war unmöglich, sich sofort zu orientieren und eine klare Antwort zu geben.

Er sagte, er würde ein paar Tage abwarten, und wenn die Lage an der Front klar sei, dann würde er eine Rede halten."[675]

Molotow, der die erste Ansprache hielt, wies auch darauf hin, dass er seine Rede nicht allein verfasst hatte, sondern dass sie im Kollektiv ausgearbeitet worden war und dass Stalin daran beteiligt gewesen sei. Aber die Rede vom 3. Juli habe Stalin ganz allein verfasst.

674· Konstantin Simonow, ‚Kriegstagebücher · 1941', Bd. 1, Moskau 1977, S. 78f.

675· ‚Molotov Remembers', ebd., S. 38.

Der Inhalt der Rede

Stalin nahm kein Blatt vor den Mund. Er sagte den Menschen die Wahrheit über das Ausmaß der deutschen Eroberungen und die Gründe dafür. Stalin wörtlich:

"Die Tatsache aber, dass ein Teil unseres Gebietes dennoch von den faschistischen deutschen Truppen besetzt worden ist, erklärt sich hauptsächlich daraus, dass der Krieg des faschistischen Deutschlands gegen die UdSSR unter Bedingungen begonnen hat, die für die deutschen Truppen günstig und für die Sowjettruppen ungünstig waren. Es handelt sich darum, dass die Streitkräfte Deutschlands als eines kriegführenden Landes schon völlig mobilisiert waren, und die von Deutschland gegen die UdSSR geworfenen 170 Divisionen, die an den Grenzen der UdSSR aufmarschiert waren, befanden sich in voller Bereitschaft und warteten nur auf das Signal zum Vorgehen."[676]

Dieser Vorteil sei aber nicht von Dauer. Er sei nur vorübergender Natur, denn Deutschland habe sich durch den wortbrüchigen Überfall vor der ganzen Welt als Aggressor entlarvt und habe damit politisch verloren. Stalin weiter:

"Es ist nicht zu bezweifeln, dass dieser kurzfristige militärische Gewinn für Deutschland nur eine Episode ist, während der gewaltige politische Gewinn für die UdSSR ein ernster Faktor von langer Dauer ist, auf den gegründet sich entscheidende militärische Erfolge der Roten Armee im Krieg gegen das faschistische Deutschland entfalten müssen."[677]

Und damit hat er unbedingt Recht behalten.

Er sprach von der 'ganzen Größe der Gefahr', die dem Land drohe und dass nun mit der 'sorglosen Gelassenheit' und der 'Stimmung des friedlichen Aufbaus' Schluss sein müsse.

676· Stalin-Werke, Bd. 14, ebd., S. 237.

677· Ebd., S. 238.

Welche Ziele verfolge der Feind? Er setze sich das Ziel,

"..die Macht der Gutsbesitzer wieder aufzurichten, den Zarismus wieder herzustellen, die nationale Kultur und die nationale Eigenstaatlichkeit der Russen, Ukrainer, Weißrussen, Litauer, Letten, Esten, Usbeken, Tataren, Moldauer, Georgier, Armenier, Aserbaidschaner und der anderen freien Völker der Sowjetunion zu vernichten, sie zu germanisieren, sie zu Sklaven der deutschen Fürsten und Barone zu machen. Es geht also um Leben und Tod des Sowjetstaates, um Leben und Tod der Völker der Sowjetunion; es geht darum, ob die Völker frei sein oder in Verklavung geraten sollen."[678]

Die gesamte Arbeit müsse nun ab sofort auf den Krieg umgestellt werden, und mit dem Feind dürfe es kein Erbarmen geben.

Er appellierte an den Mut und die Kampfbereitschaft:

"Es ist ferner notwendig, dass in unseren Reihen kein Platz für Miesmacher und Feiglinge, für Panikmacher und Deserteure ist, dass die Menschen unseres Landes keine Furcht im Kampf kennen und opferwillig in unseren Vaterländischen Befreiungskrieg gegen die faschistischen Unterdrücker ziehen."[679]

Stalin fordert dazu auf, 'Tapferkeit, Kühnheit, Furchtlosigkeit im Kampf' zu zeigen, wie es Lenin gefordert habe. Alles sei nun den Interessen der Front unterzuordnen, jeder 'Fußbreit Sowjetbodens' müsse verteidigt werden; 'bis zum letzten Blutstropfen' müssten die Rote Armee, die Rote Flotte und alle Bürger der Sowjetunion kämpfen. Sie müssten jetzt die 'Kühnheit, Initiative und Findigkeit an den Tag legen, die unserem Volk eigen sind'.[680]

In den vom Feind besetzten Gebieten seien Partisaneneinheiten zu bilden, der Partisanenkrieg sei 'überall und allerorts' zu entfachen. In den besetzten Gebieten müssten für den Feind und alle Helfers-

---

678· Ebd., S. 239.

679· Ebd., S. 239f.

680· vgl. ebd., S. 240.

helfer 'unerträgliche Verhältnisse geschaffen werden', sie müssten 'auf Schritt und Tritt verfolgt und vernichtet und all ihre Maßnahmen vereitelt werden', denn dieser Krieg sei kein gewöhnlicher Krieg, sondern ein Volkskrieg, aber auch ein internationaler Krieg:

"Dieser Vaterländische Volkskrieg gegen die faschistischen Unterdrücker hat nicht nur das Ziel, die über unser Land heraufgezogene Gefahr zu beseitigen, sondern auch allen Völkern Europas zu helfen, die unter dem Joch des deutschen Faschismus stöhnen."[681]

Die Sowjetunion werde diesen Vaterländischen Befreiungskrieg nicht allein führen müssen:

"In diesem großen Krieg werden wir treue Verbündete haben an den Völkern Europas und Amerikas, darunter auch am deutschen Volk, das von den faschistischen Machthabern versklavt ist. Unser Krieg für die Freiheit des Vaterlandes wird verschmelzen mit dem Kampf der Völker Europas und Amerikas für ihre Unabhängigkeit, für die demokratischen Freiheiten. Das wird die Einheitsfront der Völker sein. ..."[682]

Zum Schluss weist er darauf hin, dass das Staatliche Verteidigungskomitee gegründet wurde, in 'dessen Hände jetzt die gesamte Macht im Staat konzentriert' sei.

Dann sein Appell:

"Alle unsere Kräfte für die Unterstützung unserer heldenhaften Roten Armee, unserer ruhmreichen Roten Flotte! Alle Kräfte des Volkes für die Zerschmetterung des Feindes! Vorwärts zu unserem Sieg!"[683]

Die Sowjetunion verwandelte sich in ein einziges großes Heerlager.

681· Ebd., S. 241.

682· Ebd., S. 242.

683· Ebd., S. 242.

Eine Anmerkung zu Wolfgang Leonhard

Noch eine Anmerkung zu Wolfgang Leonhard, der die Rede als 'Katastrophe' bezeichnete, der allen Ernstes meinte, dass diese Rede 'dem Volk keinen Mut machen konnte'.[684] Leonhard, in Wien geboren, war damals in jungen Jahren und befand sich in Moskau, wo er studierte. Als Hochschulstudent habe er diese Rede damals mitangehört und sei sehr enttäuscht gewesen. Kurz vor Ende des Krieges kehrt er zusammen mit der 'Gruppe Ulbricht' in das zerstörte Berlin zurück. Wilhelm Pieck, der spätere Präsident der DDR, der damals Vorsitzender der KPD war, hatte den Trotzki-Anhänger Leonhard, Deckname 'Wladimir', ausdrücklich bei der Kominternführung (Georgi Dimitroff) empfohlen, die dann die Gruppenzusammensetzung genehmigte. So kehrte 'Wladimir', damals schon ein Gegner Stalins und Anhänger Trotzkis, als KPD-Mann nach Deutschland zurück.

Aber schon 1949 setzt er sich ab und flüchtet nach Belgrad, und wird dann zu einem Verfechter des 'jugoslawischen Modells'. Später geht er in den Westen zurück und schreibt unzählige Abhandlungen über den Sowjetkommunismus, in denen er an Stalin und den sowjetischen Sozialismus kein gutes Haar lässt.

Als er feststellte, dass in Russland Stalins Ansehen wieder stieg, verfasste er seine Abhandlung 'Anmerkungen zu Stalin' in der Absicht, diesem Autoritätsgewinn Stalins in Russland und anderswo etwas entgegenzusetzen. Die ersten Zeilen dieses Buches lauten so:

> *"In Putins Russland bahnt sich Unheilvolles an: Stalin kehrt zurück. Er kehrt zurück in die Köpfe der Menschen und in den Alltag. Und mit ihm eines der dunkelsten Kapitel russischer Vergangenheit."*[685]

684· vgl. W. Leonhard, ebd., S. 159.

685· Wolfgang Leonhard, ‚Anmerkungen zu Stalin', ebd., S. 9.

28. Die Schlacht um Moskau

a. Einleitung

Durch den heimtückischen, und zu diesem frühen Zeitpunkt unerwarteten Überfall auf die Sowjetunion hatte sich Nazideutschland, wie Stalin sich in seiner Rundfunkansprache ausdrückte, 'in den Augen der ganzen Welt als blutiger Aggressor entlarvt'. Die Sowjetunion besaß jetzt zum ersten Mal Verbündete und stand nicht mehr wie bislang einer mächtigen Einheitsfront aus imperialistischen Staaten gegenüber, so wie dies noch zur Zeit des Bürgerkrieges der Fall war, als die junge Sowjetrepublik noch kaum über eine eigene Armee verfügte. Jetzt besaß sie Bündnispartner, so unzuverlässig sie auch sein mochten, sie besaß eine mächtige, von inneren Feinden gesäuberte Rote Armee, sie besaß ein festes Hinterland, ohne das keine erfolgreiche Armee auskommen kann, und sie besaß die Sympathie aller um ihre Befreiung vom Faschismus kämpfenden Völker.

Nazideutschland dagegen war international verhasst, vor allem durch die Besetzung und Plünderung westeuropäischer Länder, in die es mit seiner SS zusammen eingefallen war, wo schon bald ein KZ-Regime gegen die einheimische Bevölkerung errichtet wurde. Es war gezwungen, auf fremdem Territorium zu operieren, ohne festes Hinterland, wo es niemand trauen konnte und sah sich nicht nur einer gut vorbereiteten, gut organisierten und hoch motivierten Roten Armee und Roten Flotte gegenüber, sondern auch einem Partisanenkrieg im eigenen Rücken.

Die Sowjetunion hatte ihre Fünfte Kolonne rechtzeitig ausgeschaltet. Es gab nur noch wenige Quislinge, die nicht entdeckt worden waren, darunter ein General Wlassow, der zu den Nazis überlief und sich ihnen wie die ukrainischen Bandera-Banden auch anbiederte.

Infolge der sozialistischen Kollektivierung war sie in der Lage, die eigenen Truppen zuverlässig und ausreichend mit Lebensmitteln zu versorgen.

Durch die Schaffung einer zweiten Kohle- und Erzbasis im Ural, durch die Errichtung einer ganzen Reihe von Rüstungsbetrieben im Osten des Landes konnte innerhalb ganz kurzer Zeit die gesamte Industrie des Landes auf die Produktion von Waffen und Munition umgestellt werden. In Massen wurden jetzt moderne Panzer vom Typ T-34 gebaut, aber auch Flugzeuge, Geschütze oder moderne Raketenwerfer vom Typ Katjuschka.

Durch das Vorhandenseins des staatlichen Eigentums konnte die im Westteil der Sowjetunion bedrohte Industrie zügig und ohne dass der Widerstand von Privatkapitalisten im Weg stand nach dem Osten evakuiert und dort neu wieder aufgebaut werden. Auch das Getreide wurde in den Osten gebracht. Alles, was dem Feind nicht in die Hände fallen durfte, konnte sofort weggeschafft werden, ohne dass dies auf den Boykott von reichen Kulaken stieß, die immer in solchen Zeiten geneigt waren, Getreide zu verstecken und damit zu spekulieren.

So desolat, so verzweifelt und hoffnungslos die Lage zu Beginn des Krieges auch zu sein schien - besonders im Westteil der UdSSR, wo die Nazis nach ihrem blitzartigen Vormarsch mit ihrer berüchtigen SS sofort daran gingen, Judenpogrome zu organisieren, sowjetische Kriegsgefangene nach Deutschland zu deportieren und die Firmenschilder von Krupp und Thyssen vor den volkseigenen Betrieben aufzustellen, um zu zeigen, dass diese Betriebe nun Deutschland und seinen reichen Magnaten gehörten - so hoffnungsvoll sah doch die längerfristige Perspektive aus.

Warum sah die längerfristige Perspektive hoffnungsvoll aus?

Am 12. Juli 1941 unterzeichneten die Regierungen der Sowjetunion und Großbritanniens ein Abkommen über gemeinsame Kriegshandlungen gegen Deutschland. In der Großen Sowjet-Enzyklopädie ist darüber Folgendes zu lesen:

"Beide Regierungen sagten sich gegenseitige Hilfe und Unterstützung im Kampf gegen Hitlerdeutschland zu, sie verpflichteten

sich, ohne Einverständnis des anderen keinerlei Verhandlungen zu führen oder Waffenstillstands- und Friedensverträge abzuschließen. ... Der in Moskau eingetroffene persönliche Beauftragte des Präsidenten der USA, Harry Hopkins, gab in dessen Auftrag eine Erklärung ab, dass die Vereinigten Staaten von Nordamerika beabsichtigten, die Sowjetunion im Kampf gegen die deutsch-faschistischen Eindringlinge zu unterstützen."[686]

Die Sowjetregierung erntete nun die Früchte einer klugen Diplomatie. Es war ihr gelungen, die Isolation zu durchbrechen, es war gelungen, die Pläne der Chamberlains und Daladiers zunichte zu machen, mit Nazideutschland zusammen gegen die UdSSR Krieg zu führen. Wenn dies kein Hoffnungszeichen war!

Die Gespräche werden im September fortgesetzt: Als die deutsche Wehrmacht schon auf dem Vormarsch in Richtung Moskau ist, findet dort die erste Konferenz der Drei Großen statt, zwischen den Vertretern der UdSSR, den USA und Großbritannien. Der Roten Armee war es im ganzen Sommer des Jahres gelungen, die Kräfte der Wehrmacht im Raum von Smolensk zu binden, bis sie dann doch am 2. Oktober der Übermacht weichen musste, als 35 deutsche Elitedivisionen die sowjetischen Linien durchbrachen und den Generalangriff auf Moskau einleiteten.

Damit hatte die Schlacht um Moskau begonnen.

b. Stalins Rede auf dem Roten Platz vor den abmarschbereiten Soldaten

Am 7. November 1941, am 24. Jahrestag der Oktoberrevolution, hält Stalin eine weitere kämpferische Rede - dieses Mal direkt vor den abmarschbereiten Soldaten. Deutsche Flugzeuge bombardierten zu dieser Zeit schon Moskau, das teilweise evakuiert war und die deutschen Streitkräfte hatten bereits einige Vororte von Moskau erreicht. Stalin war in Moskau geblieben. Seine Standhaftigkeit war

686· Wolfgang Leonhard, ‚Anmerkungen zu Stalin', ebd., S. 9.

damals sicherlich eine ganz wichtige moralische Stütze für jeden einzelnen der dort stehenden Sowjetsoldaten, die dann sofort an die Front gingen.

Stalin begann seine Rede mit diesen Worten:

"Genossen Rotarmisten und Matrosen der Roten Flotte, Kommandeure und politische Funktionäre, Arbeiter und Arbeiterinnen, Kollektivbauern und Kollektivbäuerinnen, Kopfarbeiter, Brüder und Schwestern im Hinterland unseres Feindes, die ihr vorübergehend unter das Joch der deutschen Räuber geraten seid, und ihr, unsere ruhmreichen Partisanen und Partisaninnen, die ihr die rückwärtigen Einrichtungen und Dienste der deutschen Eindringlinge zerstört!" [687]

Wieder beschönigt er nichts. Er stellt die Lage so dar wie sie ist: Der Feind stehe vor den Toren Leningrads und Moskaus, eine ganze Reihe von Gebieten seien bereits verloren gegangen.

Aber gleichzeitig macht er Mut: Es habe Tage gegeben, wo 'unser Land sich in einer noch schwereren Lage befunden hat'. Er erinnert an das schwere Jahr 1918, als der erste Jahrestag der Revolution gefeiert wurde, als, so Stalin, 'Dreiviertel des Landes sich in den Händen der ausländischen Interventen befanden', als man keine Verbündeten hatte, als man noch keine Rote Armee besaß. 'Es fehlte an Getreide, es fehlte an Waffen, es fehlte an Ausrüstung'. Es fehlte an allem.

"Vierzehn Staaten bedrängten damals unser Land, aber wir verzagten nicht, wir ließen den Mut nicht sinken. Im Feuer des Krieges organisierten wir damals die Rote Amee und verwandelten unser Land in ein Kriegslager." [688]

Heute, so Stalin, sei die 'Lage unvergleichlich besser als vor 23 Jahren'. Das Land sei an Industrie und an Lebensmitteln unver-

687· Stalin-Werke, ebd., S. 259.

688· Ebd., S. 260.

gleichlich reicher als damals, und wer könne leugnen, dass 'unsere Rote Armee die vielgepriesenen deutschen Truppen schon damals in panikartige Flucht geschlagen hat'? Schon damals, 1918, habe die deutsche Armee schon einmal wie ein Räuber in Russland und in der Ukraine gehaust und wurde dann doch von den Soldaten der neuen Roten Armee vertrieben.

Er selbst hatte diese schwere Zeit damals als Volkskommissar für die Nationalitäten miterlebt, den man dann von einer Front zur anderen schickte, um dort, wo es brenzlig war, Ordnung und Moral wieder herzustellen. Schon damals war es ihm gelungen, die angeschlagene Moral wieder herzustellen, sei es im Süden Russlands im Kampf um Zarizyn gegen die Kosaken, sei es im Osten bei der Zurückeroberung von Perm gegen Admiral Koltschak, im Norden beim Kampf um Petrograd gegen General Judenitsch oder später noch einmal im Süden, als es galt, den weißen General Denikin unschädlich zu machen.

Stalin weist in seiner Rede auf den gerechten Charakter des Krieges als Befreiungskrieg hin, er bringt die großen Vorfahren in Erinnerung, die schon einmal ausländische Invasoren zur Strecke brachten und aus dem Land vertrieben, darunter Alexander Newski, darunter Dmitri Donskoi, Kusma Minin, Dmitri Poscharksi, Alexander Suworow oder Mikhail Kutusow im Kampf gegen die napoleonischen Eindringlinge. Er beendet seine Rede mit:

> *"Für die völlige Zerschmetterung der deutschen Eindringlinge! Tod den deutschen Okkupanten! Es lebe unsere ruhmreiche Heimat, ihre Freiheit, ihre Unabhängigkeit! Unter dem Banner Lenins zum Sieg!"*[689]

689· Ebd., S. 261.

c. Die erste schwere Niederlage der Nazi-Armee

Am 6. Dezember 1941 gehen die sowjetischen Truppen zum Gegenangriff vor Moskau über. Den deutschen Truppen war es nicht gelungen, nach zwei Offensiven die Stadt einzunehmen:

"Die deutschen Faschisten erlitten vor Moskau nach zweieinhalb Jahren militärischer Erfolge ihre erste schwere Niederlage."[690]

Die deutschen Truppen waren noch 1940 in Paris einmarschiert, ohne auf den geringsten Widerstand zu stoßen. Dort war es anders. Frankreich besaß weder einen Sozialismus noch einen Stalin, aber es besaß Kollaborateure, darunter Marschall Pétain.

Vierzig Tage lang bleibt die Rote Armee ununterbrochen in der Offensive gegen die zurückweichenden, teilweise schon demoralisierten deutschen Truppen, die so etwas noch nie erlebt hatten. Die Verluste sind gewaltig: Die Nazi-Wehrmacht verliert 300.000 Offiziere und Mannschaften, fast das gesamte Gebiet um Moskau herum wird befreit, darunter auch die Stadt Tula. Die Deutschen müssen sich sich Hunderte Kilometer gen Süden zurückziehen. Die Blitzkriegsstrategie der deutschen Generäle ist zum ersten Mal gescheitert. Aber auch zum ersten Mal ist die faschistische Armee gezwungen, gegen ein ganzes Volk zu kämpfen. Sie kann nicht einfach, wie davor in Frankreich und anderswo, in eine offene Stadt einmarschieren, ohne auf Widerstand zu stoßen. Sie sieht sich mit einer Festung konfrontiert, sie sieht sich mit einer Bevölkerung konfrontiert ohne Kollaborateure und Quislinge, die einen eisernen Willen besitzt standzuhalten und die einen Mann an der Spitze hat, der zum Symbol des antifaschistischen und patriotischen Widerstands wird und mit dessen Namen auf den Lippen viele Soldaten, die sich auf dem Schlachfeld in einer aussichtslosen Lage befinden, in den Tod gehen.

690· Große Sowjet-Enzyklopädie, Bd. 1, ebd., S. 745.

Wie sah es die andere Seite, wie sahen es die deutschen Soldaten, die in dieses Verderben gestürzt worden waren durch den Willen einer verbrecherischen und größenwahnsinnigen faschistischen Regierung, und die nun zum ersten Mal erleben mussten, wie es sich anfühlt, wenn man auf der Verliererstraße marschieren muss, was vorher immer nur das Schicksal der 'anderen' war?

Der sowjetische Schriftsteller Konstantin Simonow erwähnt in seinen beiden Kriegstagebüchern die Aufzeichnungen eines deutschen Offiziers, der die Ereignisse in den Tagen des deutschen Rückzugs vor Moskau miterlebte und sie in seinem Tagebuch festhielt. Sie wurden auf dem Höhepunkt der Kämpfe zufällig gefunden und sofort direkt an der Front übersetzt. Der Offizier schrieb:

"Wir erkennen, wie unmöglich es ist, die Verteidigungslinie zu halten. Ein weiterer Truppenrückzug wird in Erwägung gezogen. ... Etwa achthundert Leute wurden eingeliefert, vierzig mit Erfrierungen zweiten und dritten Grades. Vor Erschöpfung fallen die Menschen um, da wo sie gerade stehen.

Was soll nun werden? Kein Ersatz, der an die Stelle derer tritt, die heute ausfallen. Es gibt wirklich keine Division, die uns ablösen könnte. ...

Pioniere sprengen Panzer und Flak. Die rückwärtigen Truppenteile setzen sich befehlsmäßig ab und brennen die verlassenen Dörfer nieder. Das Feuer erhellt den Nachthimmel. ...

Beim Zusammentreffen mit ebenfalls zurückgehenden Regimentern gibt es erste Stauungen, doch ein völliges Durcheinander erwartet uns erst im nächsten Dorf. ...Es wird alles vernichtet, was den Bolschewiken nicht in die Hände fallen darf. ... Die erschöpften Pferde können die Gefährte nicht mehr ziehen und verenden. ... Wir geraten in eine heillose Unordnung. Hier und da herumliegende Munitionskästen und Kisten mit Granaten, die sich dann sogar türmen. ...

Welche erschütternden Bilder bieten sich uns! Ich glaube, Ähnliches habe ich nur während des Feldzuges im Westen gesehen bei der Flucht der französischen Truppen. Zertrümmerte Wagen, verstreute Patronen. ... Die moralische Verfassung und Disziplin sind bei diesen Rückzügen starken Belastungsproben ausgesetzt. ... Es ist ein unglaublicher Anblick. Überall völlig verwahrloste Gestalten, wie der letzte Dreck. ... In der 267. Division kam es sogar zu einer blutigen Auseinandersetzung. ..."[691]

Die Eintragungen waren im Verlauf von zehn Tagen vorgenommen worden - vom 7. bis zum 17. Dezember, als die deutschen Truppen in die Flucht geschlagen wurden. Sie konnten dem harten Winter noch dankbar sein, denn er erleichterte ihnen den Rückzug ohne größere Verluste. Sie hatten noch Zeit, Dörfer niederzubrennen. Marschall Rokossowski, der an der Abwehrschlacht vor Moskau teilnahm:

> *"Auf dem Rückzug brannten die Faschisten alle Dörfer nieder. Stand hier und da noch eine Hütte, konnte man sicher sein, dass sie vermint war."*[692]

Als Rokossowski mit seinen Soldaten in die von den deutschen Truppen auf ihrem Rückzug verlassene Stadt Kaluga kommt, muss er feststellen, dass die Deutschen während der Besatzung

> *" ..die Einwohner bis aufs Hemd ausgeplündert, ihnen keine warme Bekleidung und kein Schuhwerk mehr gelassen hatten. Da es in der Stadt keine Lebensmittel mehr gab, mussten wir alles nur Mögliche unternehmen, um die Bevölkerung vor dem Hungertod zu bewahren."*[693]

Der Mythos von der Unbesiegbarkeit der Naziarmee wurde vor Moskau begraben. Es fand ein Umschwung im gesamten Kriegsverlauf statt, wie Rokossowski schreibt. Nun war der Anfangsvorteil da-

---

691· Konstantin Simonow, ‚Kriegstagebücher', Bd. 1, ebd., S. 567f.

692· Konstantin K. Rokossowski, ‚Soldatenpflicht. Erinnerungen eines Frontoberbefehlshabers', Moskau 1968, S. 125.

693· Ebd., S. 132.

hin, bedingt durch den heimtückischen und unerwarteten Überfall, nun kamen die von Stalin in seiner Rundfunkrede erwähnten längerfristigen Faktoren ins Spiel, die später den Sieg bringen sollten.

Stalins Vorhersage, dass es keine unbesiegbare Armee gibt, hatte sich bewahrheitet. Die deutschen Faschisten waren plötzlich besiegbar geworden. Sie spürten nun zum ersten Mal am eigenen Leib, wie eine militärische Niederlage schmeckt, und die Realität der ganzen Grausamkeit des mörderischen Krieges, den sie den Völkern aufgezwungen haben, schlägt nun mit voller Wucht und Härte auf sie selbst zurück. Vielen deutschen Soldaten mag die Vorahnung für die spätere Katastrophe schon damals vor Moskau gedämmert haben.

Welche Folgen hatte die Niederlage der Naziarmee vor Moskau?

11.000 Ortschaften, davon über 60 Städte können befreit werden.[694]

Dazu Marschall der Sowjetunion A. M. Wassilewski:

"Dies war die erste strategisch bedeutsame Angriffsoperation der sowjetischen Truppen im Großen Vaterländischen Krieg. Die gegnerischen Stoßgruppierungen bei Moskau waren zerschlagen und 100 bis 250 km nach Westen zurückgeworfen worden. Die unmittelbare Gefahr für Moskau und das Moskauer Industriegebiet konnte damit gebannt werden und die Gegenoffensive sich zu einer allgemeinen Offensive am Westabschnitt ausweiten."[695]

Um Stalins Standhaftigkeit vergessen zu machen und ins Gegenteil zu verkehren, behaupteten einige westliche 'Historiker', darunter der britische Stalin-Biograf Robert Conquest, der auch für den britischen Geheimdienst MI6 tätig war, Folgendes:

"Stalin bot Hitler die baltischen Länder, die westliche Ukraine und Belorussland, Bessarabien und 'anderes Territorium' an als Gegenleistung für den Frieden."[696]

694· vgl. Große Sowjet-Enzyklopädie, Bd. 1, ebd., S. 746.

695· A. M. Wassilewski, ‚Sache des ganzen Lebens', Berlin 1977, S. 150.

696· Robert Conquest, ‚Stalin · der totale Wille zur Macht', ebd., S. 316.

Ähnliches hatten wir oben schon bei dem deutschen 'Historiker' Klaus Kellmann lesen müssen.

Eine Quelle bleibt er uns schuldig. Weil er keinen Beleg dafür hat, beruft er sich auf Molotow, der angeblich gesagt haben soll,

"Stalin beweise damit dieselbe notwendige Kühnheit, die Lenin in Brest-Litowsk gezeigt hatte."[697]

In Molotows Erinnerungen ('Molotov Remembers') gibt es dazu keine Stellen, die dies belegen könnten. Molotow sagt dort nur, dass Stalin sich geweigert habe, Moskau zu verlassen.

Sicherheitshalber beruft sich Conquest dann auch noch auf Lavrenti Berija, Stalins Sicherheitschef, der angeblich den Befehl erhalten haben soll, 'über den bulgarischen Botschafter in Moskau, Fühlung mit den Deutschen aufzunehmen'.[698]

Auch hierfür gibt er keine Quelle an. Es bleibt bei der Behauptung. Der Autor spekuliert erneut auf die Naivität und Gutgläubigkeit des Lesers, der den Worten eines Geschichtsprofessors schon Glauben schenken wird.

Die Krone setzt der US-amerikanische 'Historiker' Robert Payne auf, der allen Ernstes meinte, dass sich die Russen auf den Krieg mit Deutschland gefreut hätten:

"Für viele Russen bedeutete der Krieg eine willkommene Erleichterung von dem unerträglichen Druck des Stalin-Regimes."[699]

Damit nicht genug:

"Auf eine solche Invasion war Russland ganz und gar nicht vorbereitet, und daran war Stalin schuld. Seit siebzehn Jahren wirkte er als zerstörerische Kraft. Er hatte die Energie der Russen untergraben und sich bemüht, sie zu stumpfen Automaten zu machen. ... Dank seiner grenzenlosen militärischen Ignoranz und den Säu-

697· Ebd..

698· Ebd..

699· Robert Payne, ‚Stalin · Macht und Tyrannei', ebd., S. 509.

berungen des Offizierskorps, die mit einer Art automatischer Präzision bis zum Tage der Invasion weitergingen, besaß das Land praktisch keine Abwehr." [700]

Die Russen freuten sich also auf den Krieg mit Nazideutschland, der das kleinere Übel für sie war im Vergleich zu der stalinschen Tyrannei, der sie täglich ausgesetzt waren, und sie freuten sich darauf, obwohl das Land angeblich praktisch keine Abwehr, also keine nennenswerte Armee besaß. Den Sieg vor Moskau muss dann folgerichtig der strenge russische Winter bewirkt haben, was später zum Standardargument deutscher und anderer westlicher Geschichtsschreiber wurde. Zum Schluss noch der 'Historiker' Gerd Koenen:

"Der Zusammenbruch der Roten Armee im Sommer 1941 ist militärgeschichtlich ohne Präzedenz."[701]

Wenn der Wunsch zum Vater des Gedankens wird. Diese nur allzu menschliche Eigenschaft ist im privaten Leben nicht so schlimm. Schlimm wird sie nur, wenn Historiker oder solche, die sich dafür halten, mit ihren subjektiven Wünschen und Vorstellungen hausieren gehen und die Realität, die sie eigentlich von Berufs wegen untersuchen sollten, darüber vergessen und sie ihren eigenen Wünschen und Vorlieben unterwerfen.

700· Ebd..

701· Gerd Koenen, ‚Utopie der Säuberung. Was war der Kommunismus?' Berlin 1998, S. 320.

29. Wann kommt die Zweite Front?

Die Niederlage der deutschen Wehrmacht vor Moskau veranlasste das Hitler-Regime, sofort neue, frische Divisionen aus Europa abzuziehen und nach Russland zu verlegen, um die schweren Verluste wieder wettzumachen. Sie war dazu in der Lage, weil es im Westen keine zweite Front gab, die einige Kräfte der Nazi-Streitmacht gebunden hätte. So sah sich die Sowjetunion auch nach dem Sieg vor Moskau mit folgender unangenehmen Situation konfrontiert. Stalin auf der Festveranstaltung zum 25. Jahrestag der Oktoberrevolution:

"Nach überprüften und unanfechtbaren Angaben stehen von den 256 Divisionen, die Deutschland jetzt besitzt, an unserer Front nicht weniger als 179. Zählt man 22 rumänische Divisionen, 14 finnische, 10 italienische, 13 ungarische, eine slowakische und eine spanische Division hinzu, so sind es insgesamt 240 Divisionen, die jetzt an unserer Front kämpfen."[702]

Hinzukam, dass Nazideutschland damals auf die großen Reserven aus den besetzten Gebieten zurückgreifen konnte, die für den Krieg gegen die UdSSR mobilisiert wurden.

Die restlichen deutschen Divisionen wurden in den besetzten Gebieten, also in Frankreich, Belgien, den Niederlanden, in Jugoslawien, Polen, in der Tschechoslowakei, Norwegen oder auch in Griechenland eingesetzt. In Libyen, wo Nazideutschland einen Krieg gegen England führte, waren nur ganze vier deutsche Divisionen eingesetzt und damit gebunden - so Stalin in seiner Rede.

Wie sah es im Ersten Weltkrieg aus?

Im 1. Weltkrieg waren es 'nur' 85 deutsche Divisionen gewesen, die in Russland eingefallen waren, und es gab damals für Deutsch-

702· Stalin-Werke, Bd. 14, ebd., S. 285, ‚Der 25. Jahrestag der Oktoberrevolution'.

land einen Zweifrontenkrieg! Jetzt hingegen konnte fast das gesamte Kriegspotential an der Ostfront konzentriert werden, ohne dass sich die Situation für Nazideutschland an den anderen Fronten zum Nachteil verändern musste.

Was hatte dies nach der Niederlage der Wehrmacht vor Moskau zur Folge? Es hatte zur Folge, dass sich das faschistische Deutschland schon bald wieder von dem Desaster erholte, mit der weiteren Folge, dass es seine Eroberungszüge im Westen und im Süden Russlands fortsetzen konnte. Marschall Rokossowski schätzte die Lage so ein:

> *"Dem gegnerischen Oberkommando war es nach der Niederlage bei Moskau bis zum Sommer 1942 gelungen, seine Armeen mit Menschen und technischen Kampfmitteln aufzufüllen. Das Fehlen einer zweiten Front ermöglichte es ihm, frische Truppen aus Frankreich und Belgien nach dem Osten zu verlegen. ... Die Initiative war wieder in seine Hände übergegangen."*[703]

In dieser Situation flog Außenminister Molotow damals über das von den Deutschen kontrollierte Gebiet in einem waghalsigen Flug nach London und anschließend in die Vereinigten Staaten, um die Verhandlungen über die Errichtung einer zweiten Front im Westen in Gang zu bringen. Präsident Roosevelt, mit dem Molotow Gespräche führte, versprach die Schaffung dieser zweiten Front noch für das Jahr 1942. Molotow in seinen Erinnerungen:

> *"Er hatte gegen das von mir entworfene Kommuniqué nichts einzuwenden und meinte, dass 1942 eine zweite Front eröffnet werden würde."*[704]

So kam es zu einem Abkommen mit den Vereinigten Staaten 'Über die Grundlagen der gegenseitigen Hilfe in der Kriegführung gegen die Aggression'.

703· Konstantin K. Rokossowski, ebd., S. 160.

704· ‚Molotov Remembers', ebd., S. 46.

Diese Vereinbarung legte den Grundstein für die Anti-Hitler-Koalition. Wenig später erschien W. Churchill in Moskau, um weitere Verhandlungen mit der UdSSR zu führen. Churchill war etwas ehrlicher als Roosevelt: Er versprach keine zweite Front, dafür aber, die Sowjetunion materiell gegen die Nazi-Invasion zu unterstützen.

Für die sowjetische Diplomatie war dies ein großer Erfolg - auch ohne die Eröffnung der zweiten Front in Europa. Immer wieder konnte sie den US-Präsidenten an das gegebene Versprechen erinnern und das Nichteinhalten dieses Versprechens ausnutzen, um die Führung der USA unter moralischen Druck zu setzen. Stalin in einem solchen 'Erinnerungsschreiben' an Roosevelt und Churchill, das Marschall Wassiliewski in seinen Erinnerungen erwähnt:

> *"Stalin teilte mir mit, dass die Sowjetregierung ein Schreiben an den Präsidenten der USA, F. Roosevelt und an den Premierminister Großbritanniens, W. Churchill, gerichtet habe.*
>
> *In diesem Brief sei darauf hingewiesen worden, dass man der Sowjetunion versprochen habe, deutsche Kräfte von der sowjetisch-deutschen Front abzulenken. Inzwischen hätten jedoch die anglo-amerikanischen Aktivitäten in Tunesien nachgelassen. Dies habe es Hitler ermöglicht, zusätzliche Kräfte an die Ostfront zu verlegen. Damit sei das Versprechen gegenstandslos geworden."* [705]

Gleichzeitig bestand Stalin darauf, die zweite Front im Frühjahr 1943, spätestens aber im Sommer zu eröffnen und nicht erst in der zweiten Hälfte des Jahres, wie versprochen wurde. Aber auch dieser Termin wurde nicht eingehalten. Dies ermöglichte es Nazideutschland, mehr als zwei Dutzend Divisionen aus Westeuropa abzuziehen und an die Stalingrader Front zu verlegen.

Jedermann konnte damals sehen, dass die Sowjetunion kämpfte, während ihre westlichen Verbündeten mehr oder weniger die Hände in den Schoß legten und zusahen. Man spekulierte ganz offensicht-

705· A. M. Wassiliewski, ‚Sache des ganzen Lebens', ebd., S. 279.

lich darauf, die Sowjetunion durch den Krieg so sehr zu schwächen, dass man später mühelos alle Bedingungen aus einer Position der Stärke heraus diktieren konnte.

Als dann im Februar 1943 die Sowjetunion die Schlacht um Stalingrad für sich entschied, gratulierte Präsident Roosevelt zum Sieg und ließ der Stadt eine Ehrenurkunde überreichen - der gleiche Roosevelt, der für die Verzögerungstaktik verantwortlich gewesen war und der sein Versprechen Molotow gegenüber, die zweite Front schon 1942 zu eröffnen, gebrochen hatte. In der Urkunde hieß es:

> *"Wir geben unsere Bewunderung für die tapferen Verteidiger von Stalingrad Ausdruck, deren Tapferkeit, Mut und Opferbereitschaft während der Belagerung vom 13. September 1942 bis zum 31. Januar 1943 immer die Herzen aller freien Menschen höher schlagen lassen werden."*[706]

Es gibt nur ein einziges Wort, um dieses Verhalten angemessen zu umschreiben: Heuchelei.

Churchill wollte nicht nachstehen: Auch er, der immer wieder die zweite Front hinausgeschoben hatte, um die sowjetischen Truppen ja nicht zu entlasten, schenkte Stalin am 29. November auf der Konferenz von Teheran der 'Großen Drei' ein Ehrenschwert und überreichte es im Namen des britischen Königs.[707]

Wassiliewski, der damals Chef des sowjetischen Generalstabs war sowie stellvertretender Verteidigungsminister, stellte im März 1943 nach der großen Schlacht von Stalingrad fest, dass im Osten über 70 Prozent aller Divisionen der Wehrmacht standen, nämlich 204 von 298.

Als der Sieg bei Stalingrad im Januar 1943 schon absehbar war, womit die entscheidende Wende im Kriegsverlauf eingeleitet war, unterschrieben 26 Staaten mit der Sowjetunion eine Erklärung zur Zusammenarbeit im Krieg gegen Hitler-Deutschland. Die Unter-

706· Ebd., S. 259.

707· vgl. S. M. Schtemenko, ‚Im Generalstab', Bd. 1, Berlin 1985, S. 180.

zeichnerstaaten verpflichteten sich, weder einen Separatfrieden noch einen separaten Waffenstillstand mit den Mächten des faschistischen Blocks abzuschließen. Vor der Schlacht hatten sie sich nicht gerührt.

Aber die zweite Front bleibt aus.

Marschall Wassiliewski:

> *"Mit einer wirksamen Hilfe seitens der Verbündeten in der Antihitlerkoalition war nicht zu rechnen. Sie ließen sich mit der Eröffnung der zweiten Front in Europa Zeit. Ihnen lag daran, dass sich die Sowjetunion und Deutschland gegenseitig zermürbten. Statt in Europa Kampfhandlungen zu führen, taten sie es weitab von Deutschland auf Nebenkriegsschauplätzen gegen schwache Kräfte des faschistischen Blocks. Hier sei nur an Nordafrika erinnert, wo den Engländern im Mai 1942 insgesamt acht italienische und drei deutsche Divisionen gegenüberstanden."*[708]

Keine wirksame Hilfe waren auch die von den Alliierten gelieferten Mengen an Kriegsmaterial im Rahmen des 'Lend-Lease-Abkommens', die so Marschall Schukow, weit hinter dem Versprochenen zurückblieben:

> *"Der Anteil am Gesamtbedarf unseres Landes war unbedeutend. Wir hätten viel größere Lieferungen gebraucht. Aber selbst bei dem gelieferten Material gab es Beanstandungen. Unsere Panzerfahrer und Flugzeugführer schätzten die ausländischen Typen nicht. Besonders wurden die Panzer mit Benzinmotoren abgelehnt, weil sie wie Fackeln brannten."*[709]

Jemand, der die angloamerikanische Herangehensweise an den Verbündeten Sowjetunion damals treffend und ehrlich zum Ausdruck brachte, war der damalige Senator und spätere US-Präsident Harry S. Truman, der zu Roosevelts Partei der Demokraten gehörte. Er wählte dafür folgende Worte:

708· A. M. Wassiliewski, ‚Sache des ganzen Lebens', ebd., S. 150.

709· Georgi K. Schukow, ‚Erinnerungen und Gedanken', Bd. 2, Moskau 1969, S. 41.

"Wenn wir sehen, dass Deutschland gewinnt, so sollten wir Russland helfen, und wenn Russland gewinnt, so sollten wir Deutschland helfen. Sollen sie nur auf diese Weise möglichst viele totschlagen." ('Let them kill as many as possible').[710]

Dies war im Grunde die inoffizielle Politik der USA unter Roosevelt.

In der demokratischen Öffentlichkeit sprach man damals von dem sog. 'Phoney War' der Westmächte, dem falschen Krieg, dem nur vorgetäuschten Krieg gegen Hitler-Deutschland, dem Scheinkrieg. Die Sowjetunion sollte die Hauptlast tragen und für sie die Kastanien aus dem Feuer holen, so wie es Stalin ausdrückte.

Erst am 6. Juni 1944, als die Sowjetunion dabei war, ganz Europa vom Faschismus zu befreien, wurde die zweite Front in Frankreich eröffnet. Wassiliewski:

"Die damalige militärische, politische und strategische Lage ließ keinen Zweifel daran, dass Hitlerdeutschland dem Untergang zutrieb und die Sowjetunion imstande ist, die deutsche Wehrmacht allein zu schlagen und ganz Europa zu befreien. Das aber veranlasste unsere Verbündete, sich im Juni 1944 endlich mit der Eröffnung der zweiten Front in Europa zu beeilen."[711]

Die Westmächte kamen nicht als 'Befreier', sondern als Imperialisten und Besatzer, die befürchten mussten, dass ganz Europa unter den Einfluss der Sowjetunion und damit auch des Sozialismus geriet. Das musste unbedingt verhindert werden. Hier haben wir schon die Wurzeln des Kalten Krieges und der Politik des 'containment' der USA, der Politik der 'Eindämmung', oder besser: der Zurückdrängung, des 'Roll Back' des Sozialismus in Europa.

710· Karl Bittel, ‚Die imperialistischen Wurzeln der Teilung Deutschlands', in: Neue Welt, Heft 5, 1952, S. 526, aus: New York Times', New York, 24. Juni 1941.

711· A. M. Wassiliewski, ‚Sache des ganzen Lebens', ebd., S. 368.

30. Stalingrad

a. Einleitung

Jedes Jahr am 2. Februar wird im neuen kapitalistischen Russland der Schlacht von Stalingrad gedacht. Das Datum markiert den entscheidenden Wendepunkt im Kriegsverlauf. Im Frühjahr 2018 hielt Wladimir Putin wie immer eine kurze offizielle Ansprache und würdigte die Verteidiger der Stadt, lobte das Heldentum der Soldaten und die Rolle der einfachen Menschen bei der Verteidigung der Stadt und verwies auf die Bedeutung der Schlacht für das heutige Russland. So weit so gut.

Nur einmal in seiner Rede fiel der Name Stalin, aber nur in Verbindung mit dem Namen Stalingrad, den Putin nicht unerwähnt lassen wollte. Die Person Stalin aber blieb wie immer sorgfältig ausgespart, so als habe es ihn damals nicht gegeben.

Wie aber kann man Stalingrad gedenken, ohne auch an Stalin zu denken, der damals der Oberste Befehlshaber der Roten Armee, der sowjetische Verteidigungsminister, der Ministerpräsident der UdSSR, der Generalsekretär des ZK der KPdSU, B und der Vorsitzende des Staatlichen Verteidiungskomitees war, in dem damals während des Krieges die gesamte Macht der USSR konzentriert war?

Es ist dies nach wie vor die offizielle Linie der russischen Regierung so wie es die alte Linie schon unter Breschnew/Kossygin gewesen war, als man ihn zwar nicht mehr dämonisierte und als Massenmörder bezeichnete wie noch unter Chruschtschow, aber ihn einfach totschwieg. Stalin soll ein Tabu bleiben. Ihn zu erwähnen, könnte dazu führen, dass es zu einer Diskussion über seine Rolle im Großen Vaterländischen Krieg und als Folge davon zu einem Autoritätszugewinn für ihn führen würde. Jugendliche, die sich für die Zeit interessieren, könnten kritische Fragen stellen, auf die ihre heutigen Schulbücher keine Antwort geben. Das muss mit aller Macht verhindert werden!

Käme es zu einer solchen offenen und ehrlich geführten Diskussion, dann müsste man auch Stalins Befehl 'Nicht einen Schritt zurück!' vom 28. Juli 1942 erwähnen, der wesentlich dazu beitrug, dass der Umschwung im Großen Vaterländischen Krieg erzielt werden konnte.

Die heutige russische Regierung und ihr Präsident trauen sich anscheinend nicht, Stalins große Verdienste auch nur mit einem Wort zu würdigen, sie gehen um ihn herum wie die Katze um den heißen Brei. Die sozialen Kräfte, die hinter der heutigen russischen Regierung stehen, die Kräfte der russischen Bourgeoisie, die Nikita Chruschtschow einst hochgezüchtet hat, wollen keine Stalin-Diskussion, sie wollen eine Stalin-Tabuisierung, auch wenn sie keine offene Dämonisierung mehr befürworten, wie dies unter Chruschtschow und Gorbatschow noch der Fall war. Das überlassen sie heute den ukrainischen Faschisten.

Immerhin sprach Wladmir Putin am 2. Febuar 2018 nicht von der 'Schlacht um Wolgograd', sondern von der 'Schlacht um Stalingrad', zu sehr ist diese Schlacht mit dem Namen Stalin verbunden, als dass man es riskieren könnte, wie noch zu Zeiten Chruschtschows, Stalins Namen ganz wegzulassen, zu groß sind einfach seine Verdienste um den damals errungenen Sieg über die Hitler-Wehrmacht, zu stark ist er immer noch im Bewusstsein der Massen vorhanden.

b. Stalins Befehl 'Nicht einen Schritt zurück!'

Stalins Befehl 'Nicht einen Schritt zurück' war nicht nur ein nüchterner Befehl, sondern eine Rede, an die man sich erinnern sollte genauso wie man sich an seine Rede vom 7. November 1941 auf dem Roten Platz vor den abmarschbereiten Soldaten erinnern sollte. Aber auch diese Rede spart man sorgfältig bei offiziellen Veranstaltungen aus, so als habe es auch sie nie gegeben.

Wenden wir uns dieser Rede zu.

Stalins Bestandsaufnahme der im Sommer 1942 eingetretenen Lage war ernüchternd. Es hieß in den ersten Zeilen des Befehls:

"Nach dem Verlust der Ukraine, Weißrusslands, der baltischen Länder und des Donezbeckens sowie anderer Gebiete hat sich unser Landbesitz bedeutend verringert, d. h., dass wir jetzt viel weniger Menschen, weniger Brot, Metalle, weniger Werke und Fabriken haben. Wir haben über 70 Millionen Menschen verloren. ..."[712]

Stalin weiter:

"Ein weiterer Rückzug ist gleichbedeutend mit unserem Untergang und dem unserer Heimat. Jeder Fußbreit Erde, den wir aufgeben, stärkt den Feind und schwächt unsere Verteidigung und unser Land. ...'Nicht einen Schritt zurück!' muss von nun an unsere wichtigste Parole sein. Man muss hartnäckig sein, bis auf den letzten Blutstropfen jede Stellung, jeden Meter Sowjeterde verteidigen, man muss sich an jedes Stück Boden klammern und dieses bis zur letzten Möglichkeit verteidigen. Unsere Heimat erlebt schwere Tage. ..."[713]

Wie so oft schon bei anderen Gelegenheiten legt er den Finger auf die Wunde. 'Woran mangelt es bei uns?', fragt er und gibt gleich die Antwort selbst:

"Es fehlt uns an Ordnung und Disziplin in den Kompanien, Bataillonen, Regimentern und Divisionen, in den Panzereinheiten, in den Geschwadern der Luftwaffe. Darin besteht unser größter Fehler."[714]

Stalin beklagt, dass die Deutschen, obwohl sie nicht ihre eigene Heimat verteidigen und nur darum kämpfen, ein fremdes Land zu unterwerfen, eine bessere Disziplin besitzen. Die Abhilfe:

"Sollten wir uns nicht unseren Feind als Beispiel nehmen, so wie unsere Vorfahren beim Feind lernten und ihn nachher besiegten? Ich denke, wir müssen es."[715]

712· Stalin-Werke und Texte, ‚Nicht einen Schritt zurück', bei: http://www.stalinwerke.de/Diverses/keinen_schritt_zurueck.

713· Ebd..

714· Ebd..

715· Ibid..

Es sei vorgekommen, so Stalin, dass Kommandeure, Politkommissare, politische Leiter, ja ganze Einheiten von sich aus eigenmächtig ihre Stellungen verließen, dass Panikmacher andere dazu verleiten konnten, den Rückzug anzutreten und sogar die Front dem Feind öffneten. Damit müsse jetzt ein für allemal Schluss sein. Jeder, der dies tue, sei ein Verräter an der Heimat und müsse dementsprechend behandelt werden.

Dann erst kommt der eigentliche Befehl:

"1. *an die Kriegsräte, vor allem an die Oberbefehlshaber der Fronten, a. dafür zu sorgen, dass die Rückzugsstimmung der Truppen unbedingt unterbunden wird. ...b. Armeekommandeure, welche ein eigenmächtiges Verlassen der Stellungen ohne diesbezüglichen Befehl dulden, sind bedingungslos ihrer Posten zu entheben und vor ein Kriegsgericht zu stellen. c. sind im Bereich der Front 1 und 2 (je nach Bedarf) Strafbataillone zu je 800 Mann zu formieren. ...*

2. *an die Kriegsräte der Armeen und vor allem an die Armeeführer, a. im Armeebereich sind 3 bis 5 gut bewaffnete Einheiten (je 200 Mann) aufzustellen, die unmittelbar hinter unzuverlässigen Divisionen einzusetzen sind und die Aufgabe haben, im Falle eines ungeordneten Rückzugs der vor ihnen liegenden Divisionen jeden Flüchtenden und jeden Feigling zu erschießen, um damit dem ehrlichen Kämpfer bei der Verteidigung der Heimat beizustehen."*[716]

c. Jeder Ziegelsteinhaufen eine Festung

Dieser Befehl stellte dann die Disziplin in der Roten Armee wieder her. Sie hatte bei den ständigen Rückzügen im Sommer 1942 stark gelitten. Als dann die Schlacht um Stalingrad tobt, gibt es keine solche Rückzugsstimmung mehr, es gibt keine Panikmacher mehr, keine Deserteure. Der Kampf um jeden Meter sowjetischen Heimatbodens machte der Naziwehrmacht das Leben vor und in

716- Ibid..

Stalingrad zur Hölle. Die deutschen Faschisten und ihre rumänischen und italienischen Verbündeten stießen auf Granit, auf den eisernen Willen der Verteidiger von Stalingrad. Stalin hatte diesen eisernen Willen durch seinen Befehl mitgeformt. Daran kann kein Zweifel bestehen.

Anna Louise Strong über die hohe Moral der Verteidiger von Stalingrad:

"'Es gibt kein Land jenseits der Wolga' wurde zum geflügelten Wort in Stalingrad. Sie kämpften um jede Straße, um jedes Haus, um jeden Raum, sie benutzten Gewehre, Messer, Küchenstühle, heißes Wasser. Die Panzerfabrik fuhr fort, Panzer herzustellen und fuhr sie raus gegen den Feind, gleich nachdem sie den Fabrikhof verlassen hatten.

'Nicht ein einziges Gebäude ist noch intakt' - hieß es in einem deutschen Bericht. Dann kämpften die Menschen eben von den Kellern und Höhlen aus. 'Jeder Ziegelsteinhaufen kann zu einer Festung werden, wenn genügend Mut vorhanden ist!', hieß es. 'Jeder kleine Hügel, der zurückgewonnen wird, ist ein Zeitgewinn', kabelte ihnen Stalin.

Auf diese Weise kämpften die Einwohner Stalingrads 182 Tage lang. Dann kamen frische Reserven, die irgendwo im weiten Sibirien organisiert und ausgebildet worden waren und nahmen die Stadt in einer Zangenbewegung. Über 300.000 Deutsche gingen in die Falle. Sie ergaben sich am 2. Februar 1942. Hier wendete sich das Blatt an der langen Kriegsfront, hier wurde der deutsche Drang, die Welt zu unterwerfen, durch die Männer und Frauen einer heroischen Wolgastadt gebrochen." [717]

Nicht zu vergessen die Arbeiter des Stalingrader Traktorenwerks 'Roter Oktober', die eigene Divisionen aufstellten und mit der Roten Armee zusammen die Stadt verteidigten.

Armeegeneral Sergei M. Schtemenko zum Sieg bei Stalingrad:

717· A. L. Strong, ebd., S. 114f.

"Der Sieg bei Stalingrad ist der größte Stolz des Sowjetvolkes und seiner Streitkräfte. Hier wurde bekanntlich die am 23. November 1942 eingeschlossene Gruppierung des Gegners bis zum 2. Februar 1943 restlos zerschlagen. Nach beiderseitigen schweren Verteidigungs- und Angriffsoperationen büßte das faschistische Deutschland bei Stalingrad über anderthalb Millionen Mann ein und erlitt ungeheure materielle Verluste.

Stalingrad war, wie die nachfolgenden Ereignisse zeigten, die wichtigste Etappe unseres Sieges im Großen Vaterländischen Krieg. In der Geschichte gibt es bisher noch kein anderes Beispiel dafür, dass in weniger als drei Monaten eine zahlenmäßig so starke Armee vernichtet worden ist."[718]

d. Humane Kapitulationsbedingungen

Nicht unerwähnt lassen sollte man die humanen Kapitulationsbedingungen, die schon Ende November 1942 den deutschen Generälen überreicht wurden, als die Lage der beiden eingekesselten 6. und 4. Armee hoffnungslos geworden war. Sie wurden von Stalin gebilligt. Marschall Rokossowski erwähnt sie in seinen Erinnerungen. Was sahen sie vor?

Sie sahen vor, dass allen sich ergebenden Truppen Leib, Leben und Sicherheit, ja sogar ärztliche Betreuung garantiert wurde, aber auch die Rückkehr nach Deutschland bei Kriegsende ermöglicht werden sollte. Weiter heißt es in dem Dokument dazu:

"Alle Wehrmachtsangehörigen der sich ergebenden Truppen behalten ihre Uniform, ihre Rangabzeichen und Orden, die persönlichen Gebrauchs- und Wertgegenstände. Den höheren Offizieren werden Degen und Seitengewehr belassen. Den Offizieren, Unteroffizieren und Mannschaften, die sich gefangengeben, wird sofort normale Verpflegung verabreicht. Allen Verwundeten, Kranken und Frostbeschädigten wird ärztliche Hilfe zuteil."[719]

718· Sergei M. Schtemenko, ‚Im Generalstab', Berlin 1974, S. 59.

719· Konstantin K. Rokossowski, ‚Soldatenpflicht', ebd., S. 216, zitiert nach E. Weinert,

Das Angebot wurde, wie nicht anders zu erwarten, abgelehnt. Seine Annahme hätte Hunderttausenden Soldaten das Leben retten können, woran die Naziführer und -generäle jedoch nicht interessiert waren.

Der Kontrast zur Behandlung sowjetischer Kriegsgefangener, die nach Deutschland in Millionenzahl in die Zwangsarbeit oder ins KZ oder gar ins Vernichtungslager verschleppt wurden, konnte nicht deutlicher ausfallen.

Der deutsche General Nagel schrieb im September 1941:

"Im Unterschied zur Verpflegung von anderen Kriegsgefangenen (d. h. englischen und amerikanischen) sind wir nicht an irgendeine Verpflichtung gebunden, die bolschewistischen Kriegsgefangenen zu ernähren."[720]

Ludo Martens fügt hinzu, dass in den Vernichtungslagern von Ausschwitz und Chelmno die sowjetischen Krieggefangenen die ersten waren, die vorsätzlich durch tödliche Injektionen oder durch Gas umgebracht wurden.

e. Die sowjetische Partisanenbewegung

Es war die sowjetische Partisanenbewegung, die oft verhinderte, dass sowjetische Kriegsgefangene nach Deutschland verschleppt und in den Tod geschickt werden konnten. Stalin unterstützte sie in seinem Befehl vom 1. Mai 1943, worin es hieß:

"Die Partisanen und Partisaninnen müssen den rückwärtigen Einrichtungen und Diensten des Feindes, den Verkehrswegen, den Versorgungslagern, Stäben und Betrieben des Gegners wuchtige Schläge versetzen und die Nachrichtenverbindungen des Gegners zerstören, die breitesten Schichten der Sowjetbevölkerung in den vom Feind besetzten Gebieten in den aktiven Befreiungskampf

---

'Memento Stalingrad', Berlin 1957, S. 100ff.

720· Ludo Martens, 'Stalin anders betrachtet', ebd., S. 356, nach: Alan Clarc, 'La Guerre à l'Est', Paris 1966, S. 250 · Der Krieg im Osten.

einbeziehen und dadurch die Sowjetbürger vor der Verschleppung in die Sklaverei nach Deutschland und vor der Ausrottung durch die hitlerischen Banditen bewahren. ..."[721]

Nach der Wende in Stalingrad erlebt die sowjetische Partisanenbewegung einen Aufschwung. Es entstehen regelrechte Partisanenarmeen. An dieser Stelle seien einige der herausragenden Partisanenführer genannt, die sich damals durch ihren Heroismus auszeichneten: Kowpak, Fjodorow, Rudnew, Werschigora, Saslonow, Koslow, Saburow, Naumow, Ignatow. Jeder kannte sie, als die Sowjetunion noch existierte.

Die Partisanen Weißrusslands erklärten den Deutschen den Schienenkrieg. Tausende von Schienen wurden gesprengt, was viele Kriegsgefangene vor der Verschleppung nach Nazi-Deutschland bewahrte und den Transport der Nazitruppen oft wochenlang unterbrach.

721· Stalin-Werke, Bd. 14, ebd., S. 314, Befehl des Obersten Befehlshabers vom 1. Mai 1943.

31. Die Befreiung vom Faschismus

a. Die Schlacht bei Kursk

Ein weiterer Meilenstein auf dem Wege zur Befreiung der UdSSR von der faschistischen Okkupation war die große Schlacht bei Kursk.

Um das Ziel einer Einkreisung der sowjetischen Hauptstadt, das schon mit der Einnahme Stalingrads angestrebt worden war, doch noch zu erreichen, plante die Naziführung eine großangelegte Angriffsoperation gegen die in der Nähe der Stadt Kursk konzentrierten sowjetischen Truppen, um nach ihrer Zerschlagung erneut zu versuchen, auf Moskau zu marschieren. Der Plan nannte sich 'Zitadelle'. Dazu hieß es in dem Befehl des Nazi-Generalstabs vom 15. April 1943:

> *"Diesem Angriff kommt ... ausschlaggebende Bedeutung zu. Er muss schnell und durchschlagend gelingen. Er muss uns die Initiative für dieses Frühjahr und diesen Sommer in die Hand geben. ... Jeder Führer, jeder Mann muss von der entscheidenden Bedeutung dieses Angriffs durchdrungen sein."*[722]

Mit dieser Schlacht - eine der größten des Zweiten Weltkriegs - wollte die Naziführung also die Intitiative wieder zurückgewinnen, dem Krieg noch eine Wende geben, aber auch die angeschlagene Moral in den Truppen und im eigenen Land wieder herstellen. Deshalb konzentrierte sie ihre Elitetruppen und alles, was sie in Abwesenheit einer zweiten Front aus Westeuropa abziehen konnte, auf diesen Raum.

722- A. M. Wassiliewski, ‚Sache des ganzen Lebens', ebd., S. 293, nach: H. A. Jacobsen, ‚Der Zweite Weltkrieg 1939-1945 in Chroniken und Dokumenten', Darmstadt 1961, S. 544.

Die zunächst auf Verteidigung eingestellte Rote Armee ging, nachdem sie die Schläge der deutschen Wehrmacht erfolgreich abgewehrt hatte, selbst zur Offensive über und vertrieb die deutschen Truppen vollständig aus dem Gebiet, die dann über den Dnepr zurückwichen. Stalin zur Bedeutung dieser großen Schlacht:

"War die Schlacht bei Stalingrad ein Vorbote des Untergangs der faschistischen deutschen Armee, so führte die Schlacht bei Kursk sie in die Katastrophe." [723]

Die Schlacht war drei Monate im Voraus vom sowjetischen Generalstab und dem Obersten Befehlshaber, also auch von Stalin, vorbereitet worden. Schukow in seinen Erinnerungen:

"Die Zerschlagung der Hauptgruppierung des Gegners im Raum Kursk schuf die Voraussetzungen für die darauffolgenden großangelegten Angriffsorperationen der sowjetischen Truppen zur restlosen Vertreibung der Okkupanten von unserem Territorium und auch zur Befreiung Polens, der Tschechoslowakei, Ungarns, Jugoslawiens, Rumäniens und Bulgariens sowie zur endgültigen Niederwerfung des deutschen Faschismus." [724]

Nachdem bei Kursk die Elitetruppen der Nazis zerschlagen waren, nachdem die deutsche Wehrmacht zum dritten Mal entscheidend besiegt worden war, zeichnete sich ab, dass die Sowjetunion auch ohne zweite Front und vollständig aus eigener Kraft nicht nur das eigene Land, sondern auch ganz Europa vom Faschismus befreien konnte.

Aber auch zu diesem Zeitpunkt spekulierten die westlichen Eliten immer noch darauf, dass die UdSSR sich in den schweren Kämpfen mit der Naziwehrmacht erschöpfen würde. Immer noch war man nicht bereit, die zweite Front in Europa zu eröffnen, was die Teheraner Konferenz der drei Großmächte zeigen sollte.

723· Stalin-Werke, Bd. 14, ebd., S. 324, ‚Der 26. Jahrestag der Oktoberrevolution'.

724· Georgi K. Schukow, ‚Erinnerungen und Gedanken', Bd. 2, S. 130.

b. Die Teheraner Konferenz

Am 28. November 1943 wurde die Konferenz der Regierungschefs der Großen Drei in einem besonderen Gebäude der sowjetischen Botschaft in Teheran abgehalten.

General Schtemenko war bei dieser Konferenz anwesend. Er konnte Folgendes bezeugen: Wieder zögerten die westlichen Führer, Churchill und Roosevelt, die Eröffnung der zweiten Front hinaus. Sie waren nicht bereit, es der Sowjetunion leicht zu machen bei der Vertreibung der faschistischen Truppen. Ihr sollten weiter hohe Verluste durch die Nazitruppen zugefügt werden. Die eigenen Truppen dagegen sollten möglichst geschont werden.

Churchill versuchte, zweitrangige britische Operationen in Nordafrika als 'zweite Front' auszugeben. Man wollte es offensichtlich der Naziführung ermöglichen, weitere Truppen vom Westen abziehen zu können.

Aber angesichts des Drucks der Öffentlichkeit, dem Roosevelt und Churchill zuhause ausgesetzt waren und angesichts der Möglichkeit, dass die Sowjetunion eventuell aus eigener Kraft ganz Europa vom Faschismus befreien und bei der politischen Neugestaltung der Verhältnisse die Hauptrolle spielen könnte, war man dann doch bald bereit, die Operation 'Overlord' in Nordfrankreich durchzuführen. Als Termin war der Mai des kommenden Jahres vorgesehen.

Mit Roosevelts Unterstützung wurden die Pläne Stalins über die Eröffnung der zweiten Front in Nordfrankreich im Mai des nächsten Jahres auch von der britischen Delegation angenommen. Auch im Süden Frankreichs sollten Operationen der beiden westlichen Großmächte stattfinden. Der Mai verging ohne zweite Front, aber-Anfang Juni kam sie dann doch.

c. Zehn vernichtende Schläge

Es waren zehn vernichtende Schläge, die die Faschisten aus der Sowjetunion vertrieben, die allesamt 1944 erfolgten - so Stalin in seinem Lagebericht vom 6. November 1944:

Der erste Schlag: Leningrad.

Der Belagerungsring der Deutschen und Finnen, der die Stadt 900 Tage lang im Würgegriff gehalten hatte, konnte gesprengt werden. Über 800.000 Menschen waren dort als Folge der Blockade verhungert, weil die Stadt nur unzureichend und nur über einen einzigen Verbindungsweg versorgt werden konnte. Ende Januar 1944 wird die Stadt durch die Rote Armee befreit.

Der zweite Schlag: die Ukraine.

Hier wurde die 8. deutsche Armee zuerst eingeschlossen und dann vernichtet. Im Februar 1944 war die gesamte Ukraine befreit, allerdings agierten dort noch immer die ukrainischen Nazi-Kollaborateure, die Bandera-Faschisten, und setzten bis 1947 ihren Widerstand fort. Schon bald konnte die Rote Armee die rumänische Grenze überschreiten. Rumänien kämpfte damals an der Seite Nazi-Deutschlands.

Der dritte Schlag: die Krim.

Am 8. April 1944 beginnt die Befreiung der Krim. Die deutschen Besatzer werden ins Meer geworfen.

Der vierte Schlag: Karelien.

Im Juni beginnt die Offensive gegen die finnische Armee. Am 20. Juni war die Hauptstadt von Sowjet-Karelien, Petrosawodsk, befreit. Am 19. September muss sich Finnland ergeben. Es scheidet aus dem Krieg aus.

Der fünfte Schlag: Weißrussland und Litauen.

Er beginnt im Sommer 1944. Die von den Nazis 'Vaterlandswall' genannte Festung, die der Roten Armee den Weg nach Deutschland versperren sollte, wird durchbrochen. Damit ist der Weg nach Deutschland frei. Am 3. Juli wird Minsk befreit, das gleich zu Anfang der deutschen Überfalls besetzt worden war. Am 13. Juli wird die litauische Hauptstadt Wilna von der Roten Armee eingenommen.

Der sechste Schlag: die Westukraine.

Am 27. Juli wird Lwow, die Verwaltungshauptstadt der Westukraine befreit. Die ukrainischen Partisanen unter Führung von Kowpak spielten dabei eine große Rolle. Am 14. Oktober ist die gesamte Ukraine frei.

Der siebte Schlag: Moldawien.

Am 24. August wird die Hauptstadt Moldawiens, Kischinow, befreit. Am 31. August zieht die Rote Armee in die Hauptstadt Bukarest ein. Auch Rumänien muss aus dem Krieg ausscheiden. Die neue rumänische Regierung erklärt Deutschland sogar den Krieg. Bulgarien folgt im September nach dem Sturz des faschistischen Regimes.

Der achte Schlag: das Baltikum.

Am 22. September wird die estnische Hauptstadt Tallinn befreit, am 10. Oktober Riga, die lettische Hauptstadt. Die Rote Armee nähert sich Ostpreußen.

Der neunte Schlag: Jugoslawien.

Am 20. Oktober befreit die Rote Armee zusammen mit der jugoslawischen Volksarmee Belgrad. Am 13. Februar 1945 wird die ungarische Hauptstadt Budapest eingenommen. Ungarn erklärt Deutschland den Krieg.

Der zehnte Schlag: das Polargebiet.

Am 15. Oktober 1944 nimmt die Rote Armee zusammen mit der Nordmeerflotte Petsamo ein. Danach erreicht die Rote Armee die norwegische Grenze und marschiert in Norwegen ein, wo am 25. Oktober der norwegische Hafen Kirkenes eingenommen wird.[725] Durch diese zehn aufeinanderfolgenden wuchtigen Schläge waren die Hauptkräfte der Faschisten in der Sowjetunion zerschlagen worden - vom Nördlichen Eismeer bis hinunter zum Schwarzen Meer.

Am 29. Juli 1944 wird Stalin wegen seiner Verdienste um die Organisation des Sieges vom Obersten Sowjet mit dem 'Siegesorden' ausgezeichnet.

725· Quelle: Stalin-Werke, Bd. 14, ebd., S. 357ff.

Wann kam denn nun die zweite Front?

Erst am 6. Juni 1944 erfolgt mit zweijähriger Verspätung die Landung der Westalliierten in Frankreich, also ausgerechnet zu einer Zeit der Siegeszüge der Roten Armee, als immer deutlicher wurde, dass die sowjetischen Truppen schon bald Westeuropa erreichen konnten, um nicht nur Deutschland, sondern auch Frankreich vom Faschismus zu befreien.

Vor der Landung hatte es nur unbedeutende Operationen der Alliierten mit schwachen Kräften in Nordafrika und eine Landung in Italien gegeben, was zu keiner nennenswerten Entlastung der Roten Armee führte.

Es waren in erster Linie die britischen führenden Politiker, darunter Winston Churchill, die dafür die Verantwortung tragen. Das Ansehen von Churchill in der britischen Bevölkerung war im Sommer 1945 so tief gesunken, dass seine konservative Regierung bei den Parlamentswahlen im Vereinigten Königreich die Wahlen verlor. Es kam eine Labourregierung, aber kein Politwechsel.

Churchill hatte in den Maitagen 1945 sogar noch nach der bedingungslosen Kapitulation Hitlerdeutschlands dafür gesorgt, dass die deutschen Truppen von den von Großbritannien besetzten Gebieten Deutschlands zunächst nicht entwaffnet wurden, obwohl auf den großen Konferenzen dazu verbindliche Abmachungen getroffen worden waren, die die sofortige Auflösung der faschistischen Wehrmacht vorsahen. Schukow in seinen Erinnerungen:

> *"Nach der Begrüßung sagte Stalin: 'Während wir alle Soldaten und Offiziere der deutschen Wehrmacht entwaffnet und in Kriegsgefangenenlagern untergebracht haben, halten die Engländer die deutschen Truppen in voller Gefechtsbereitschaft und beginnen, mit ihnen zusammenzuarbeiten."*[726]

Marschall Rokossowski beschreibt in seinen Erinnerungen, wie er in den Jahren 1944 und 1945 die Befreiung von den faschistischen

726· Georgi K. Schukow, ‚Erinnerungen und Gedanken', Bd. 2, Moskau 1969, S. 350.

Truppen in der Bevölkerung erlebte. In den üblichen Dokumentationen im Westen ist meist nur von endlosen und trostlosen Kolonnen die Rede, die sich über die Straßen schleppten oder gar von 'Heimatvertriebenen'. Rokossowski:

"Nicht nur trostlose Gefangenenkolonnen schleppten sich über Deutschlands Straßen. Auch echte menschliche Freude schäumte in diesen Tagen über. Scharen jubelnder Menschen begrüßten uns in allen Sprachen der Welt. Bewegt sahen wir die Menge aus Angehörigen der verschiedensten Völker. Sie waren zerlumpt und größtenteils erschöpft. Viele konnten sich nicht mehr auf den Beinen halten und mussten sich aufeinander stützen. Aber aus ihren Augen leuchtete das Glück. Es waren ehemalige Häftlinge faschistischer Konzentrationslager, dem Tode Geweihte, die wir befreit und dem Leben wiedergegeben hatten. Von den Faschisten aus allen Ländern Europas zusammengetrieben, waren sie als rechtlose Sklaven dazu verurteilt gewesen, für ihre Unterdrücker zu arbeiten, bis Hunger, Krankheit und Erschöpfung sie niederwarfen. ... Unbeschreiblich war die in Worten, Gesten, Blicken und Tränen ausgedrückte Begeisterung, Freude und Dankbarkeit der Russen, Ukrainer, Weißrussen, Polen, Tschechen, Serben, Montenegriner, Franzosen, Belgier. Sie empfingen uns mit Liedern in ihrer Heimatsprache, mit Fähnchen, die ihre Nationalität kennzeichneten, mit Plakaten und Spruchbändern. In allen Sprachen gleichzeitig verkündeten sie den Ruhm der sowjetischen Soldaten und des Sowjetvolkes. Nie werde ich diese bewegenden Augenblicke vergessen."[727]

d. Wart' auf mich!

'Wart auf mich' (Konstantin Simonow) - ein Gedicht, das damals von Mann zu Mann, von Soldat zu Soldat ging und zu einer Art Hymne für die sowjetischen Soldaten wurde.

727- Konstantin K. Rokossowski, ‚Soldatenpflicht', ebd., S. 451.

Wart auf mich, ich komm' zurück,
Aber warte sehr,
Warte, wenn der Regen fällt
Geld und trüb und schwer.

Warte, wenn der Schneesturm tobt,
Wenn der Sommer glüht.
Warte, wenn die anderen längst,
Längst des Wartens müd.

Warte, wenn vom fernen Ort
Dich kein Brief erreicht,
Warte - bis auf Erden nichts
Deinem Warten gleicht.

Wart auf mich, ich komm' zurück!
Kalt und stolz hör zu.
Wenn der Besserwisser lehrt:
'Zwecklos wartest du!'

Wenn die Freunde wartensmüd
Mich bedauern schon,
Trauernd sich ans Fenster setzt
Mutter, Bruder, Sohn.

Wenn sie mein gedenkend dann
Trinken herben Wein.
Du nur trink nicht - warte noch
Mutig, stark, allein.

Wart auf mich, ich komm' zurück!
Ja - zum Trotz dem Tod,
Der mich hundert-, tausendfach
Tag und Nacht bedroht.

Für die Freiheit meines Lands
Rings umdröhnt, umblitzt,

Kämpfend fühl ich, wie im Kampf
Mich dein Warten schützt.

Was am Leben mich erhält,
Weißt nur du und ich:
Dass Du, so wie niemand sonst
Warten kannst auf mich.

e. Die Befreiung Berlins - das Ende des Krieges

Viele kennen das Bild von den beiden jungen sowjetischen Soldaten, die über dem Reichstagsgebäude in Berlin die rote Fahne hissen. Sie hatten einen Namen: Sie hießen Milton Kantarija und Mikhail Jegorow. Sie hatten am 30. April 1945 das Reichstagsgebäude von innen erklommen, die rote Fahne mit dem Sowjetstern in den Händen, die sie dann in schwindelnder Höhe anbrachten - zum Zeichen dafür, dass Berlin durch die Sowjetarmee erobert worden war, dass der Widerstand Nazideutschlands endgültig gebrochen war.

Bereits am 6. November 1944 hatte Stalin in seiner Rede auf der Festsitzung zum 27. Jahrestag der Oktoberrevolution gesagt:

> *"Von nun an und für immer ist unser Land vom Hitlergeschmeiß frei. Jetzt bleibt der Roten Armee noch ihre letzte abschließende Mission zu erfüllen: Gemeinsam mit den Armeen unserer Verbündeten die Zerschmetterung der faschistischen deutschen Armee zu Ende zu führen, die faschistische Bestie in ihrer eigenen Höhle zur Strecke zu bringen und über Berlin die rote Fahne des Sieges zu hissen.*
>
> *Wir haben Grund damit zu rechnen, dass diese Aufgabe von der Roten Armee in naher Zukunft erfüllt wird."* [728]

Und schon bald wehte die rote Fahne über Berlin zum Zeichen des Sieges über den europäischen Faschismus.

Noch zwei Wochen vorher hatte Hitler geprahlt, dass die Rote

728· Stalin-Werke, Bd. 14, ebd., S. 369, ‚Der 27. Jahrestag der Oktoberrevolution'.

Armee niemals Berlin betreten werde, dass sie vor Berlin geschlagen werden würde. Anschließend sollte dann eine neue Offensive gegen die UdSSR beginnen. Alles wurde gegen die unaufhaltsame Rote Armee aufgeboten: Greise, Halbwüchsige, die städtische Feuerwehr, die Polizei. Es war das letzte Aufgebot. Schon bald sollte sich Hitler der Verantwortung für seine in der Menschheitsgeschichte beipiellosen Verbrechen durch Selbstmord entziehen.

Am 2. Mai musste die Garnison Berlin kapitulieren. General Weidling war damals die Verteidigung der Stadt aufgetragen worden. Er musste an diesem Tag zusammen mit den noch verbliebenen 130.000 deutschen Wehrmachtssoldaten die weiße Fahne hissen. Am 8. Mai wurde die Kapitulationsurkunde unterschrieben.

Die Einnahme Berlins hatte nur 16 Tage gedauert. Die Sowjetarmee erlitt dabei schwere Verluste. Schukow:

> *"Bei dieser abschließenden Operation hatten die sowjetischen Truppen schwere Verluste, ungefähr 300.000 Gefallene und Verwundete."*[729]

Stalin am 9. Mai bei seiner Ansprache:

> *"Der große Tag des Sieges über Deutschland ist gekommen. Von der Roten Armee und den Truppen unserer Verbündeten auf die Knie gezwungen, hat sich das faschistische Deutschland für besiegt erklärt und bedingungslos kapituliert. ...*
>
> *Die Sowjetunion feiert den Sieg, wenn sie sich auch nicht anschickt, Deutschland zu zerstückeln oder zu vernichten."*[730]

Anna Louise Strong erlebte die Stimmung in Moskau in jenen Tagen. Am 30. April hatte man die Ausgangssperre aufgehoben und die Lichter gingen wieder an. Man bereitete sich auf den 1. Mai vor, den Tag der Arbeit. Die Menschen strömten in Scharen auf die Straße, um die Lichter zu genießen. Auf der Mai-Demonstration

729· Georgi K. Schukow, ‚Erinnerungen und Gedanken', Bd. 2, ebd., S. 332.

730· Stalin-Werke, Bd. 15, Dortmund 1979, S. 7f.

hätten sich die Menschen darüber unterhalten wie zum letzten Mal eine Parade auf dem Roten Platz abgenommen worden war, nämlich am 7. November 1941, als Stalin die aufmarschierten Truppen begrüßt und verabschiedet hatte, zu einer Zeit, als Moskau bombardiert wurde und man das Geschützfeuer hören konnte. Jetzt hatte Moskau ein festliches Kleid angelegt und überall waren die roten Sterne zu sehen, rote Fahnen und die Portraits der Sowjetführer.

"In Berlin kam der Waffenstillstand um 3 Uhr nachmittags, am 2. Mai. Die Nachricht erreichte Moskau am frühen Abend, womit die zweitägigen Ferien ihren Höhepunkt erreichten. Die Zitadelle des Nazifaschismus war gefallen. Von Osten und Westen überfluteten die Armeen der Vereinten Nationen das deutsche Land. Farbige Salutschüsse schossen in den Moskauer Himmel empor and wurden von Feuerwerkskörpern in den Straßen beantwortet.

Die Menschen gingen zu Bett, erschöpft und glücklich, wohlwissend, dass wenn sie aufwachten, sie vor den Problemen einer neuen Epoche stehen würden: die Beseitigung der Verwüstungen, die Errichtung des Friedens." [731]

f. Die westlichen Teilungspläne und die Reaktion Stalins

Schon auf der Konferenz von Teheran und dann auch auf der von Jalta im Februar 1945, als sich die drei Großmächte erneut trafen, um über die Nachkriegsordnung in Deutschland und Europa Verhandlungen zu führen, hatte Stalin darauf gedrungen, Deutschland nicht zu zerstückeln, sondern als Einheit zu betrachten. Er erteilte allen Plänen der Westalliierten, das Land in verschiedene Teilstaaten aufzuteilen eine klare Absage. Auch die Pläne einiger US-Politiker, Deutschland in einen Agrarstaat zu verwandeln (Morganthau-Plan), lehnte er entschieden ab.

731- A. L. Strong, ebd., S. 121.

Churchill gehörte zu denjenigen, die sich bei diesen Plänen besonders hervortaten. Er hatte schon auf der Teheraner Konferenz Ende 1943 vorgeschlagen, Deutschland in einen nördlichen und südlichen Staat aufzuteilen. Teile des neuen deutschen Südstaates sollten mit Österreich-Ungarn zu einer Donauföderation zusammengelegt werden.[732]

Es gab auch einen US-amerikanischen Zerstückelungsplan, den die US-Delegation mit zur Teheraner Konferenz brachte, der Folgendes vorsah:

1. ein verkleinertes Preußen;
2. die Zusammenlegung Hannovers mit Nordwestdeutschland;
3. Sachsen und das Gebiet um Leipzig als Teilstaat;
4. Bayern, Baden und Württemberg als weiteren Teilstaat;
5. Hessen, Darmstadt und Kassel sowie ein Streifen südlich des Rheins;
6. Internationale Kontrolle über das Ruhrgebiet, das Saargebiet sowie Hamburg und über den Kieler Hafen.[733]

Stalins Delegation wies diese Vorschläge, die dann auch auf der Potsdamer Konferenz im Juli 1945 wieder die Runde machen sollten, entschieden zurück. Stalins Begründung: Solche Pläne könnten nur zum Wiedererstehen eines starken deutschen Nationalismus führen - ähnlich wie nach dem Ersten Weltkrieg. Es komme aber darauf an, den Faschismus, den Militarismus und die Junkerkaste, die soziale Hauptstütze der beiden, mit den Wurzeln auszurotten, nicht aber Deutschland als Staat und als Volk.

Weder auf der Konferenz von Teheran, noch auf der in Jalta und Potsdam kamen die Westalliierten mit ihren Plänen durch. Auf der

---

732· vgl.: https://de.widipedia.org/wiki/Teheraner-konferenz.

733· Karl Bittel, ‚Die imperialistischen Wurzeln der Teilung Deutschlands. Eine historische Dokumentation der amerikanisch-englischen Zerstückelungspolitik von 1941 bis 1948‘, aus: Neue Welt, Halbmonatszeitschrift, 7. Jahrgang, Heft 5, März 1952, S. 530.

Potsdamer Konferenz im Juli/August 1945 setzte die sowjetische Delegation durch, dass Deutschland als Einheit zu betrachten sei. Nach außen stimmten die USA und Großbritannien diesem Beschluss zu. Aber nach innen hatten sie schon wieder ihre eigenen Pläne in der Hinterhand, um diesen Beschluss zu hintertreiben:

Schon am 10. Mai, ganze zwei Tage nach Kriegsende, hatte der neue Präsident der USA, Harry S. Truman, die Geheimdirektive JCS 1067 an General Eisenhower, den Oberbefehlshaber der US-Truppen in Deutschland, unterzeichnet, die das Gegenteil beinhaltete. Sie sah die Dezentralisierung Deutschlands vor, sowohl in staatlicher als auch in wirtschaftlicher Beziehung, sie sah praktisch die Balkanisierung Deutschlands vor. In der Direktive hieß es wörtlich:

> *"Sie werden keine Maßnahmen ergreifen, die a) dem wirtschaftlichen Wiederaufbau Deutschlands dienen oder b) das Ziel haben, die deutsche Wirtschaft zu erhalten oder zu verstärken. ... Im Kontrollrat werden Sie unter keinen Umständen Vorschläge machen oder Vorschläge unterzeichnen, die eine zentralisierte Kontrolle der deutschen Wirtschaft bezwecken."*[734]

Die Geheimdirektive blieb noch bis zum 17. Juli in Kraft und wurde erst 1947 durch neue Richtlinien ersetzt. Sie stand in direktem Widerspruch zu den Potsdamer Beschlüssen, in denen es hieß:

> *"Punkt 14. Während der Besetzungszeit ist Deutschland als eine wirtschaftliche Einheit zu betrachten."*[735]

Auch auf der Potsdamer Konferenz präsentierten sie Stalin wieder mit ihren Teilungsplänen für Deutschland. Dieses Mal war es Truman, der sie vorlegte, so Admiral Leahy in seinen Erinnerungen:

> *"Darin war ein 'Süddeutscher Staat' mit Baden-Württemberg, Bayern, Österreich und Ungarn mit der Hauptstadt Wien vorge-*

---

734. Ebd., S. 533.

735. Georgi K. Schukow, ‚Erinnerungen und Gedanken', ebd., S. 367f.

schlagen, also eine Verwirklichung der alten Habsburger Donaupläne. Außerdem sollte ein von den Alliierten gemeinsam kontrollierter separater 'Weststaat' gebildet werden - bestehend aus dem Rheinland, dem Ruhrgebiet und der Saar."[736]

Wieder legte Stalin sein Veto ein:

"Wir lehnen diesen Vorschlag ab. Er ist unnatürlich. Man soll Deutschland nicht zerstückeln, sondern es in einen friedliebenden, demokratischen Staat verwandeln."[737]

Sogar in der Urkunde zur bedingungslosen Kapitulation für Deutschland war ursprünglich die 'Zerstückelung' Deutschlands vorgesehen. Wieder war es Stalin, auf dessen Initiative hin dies verhindert wurde. Der Text wurde geändert und enthielt dann nicht mehr den Passus über die Zerstückelung.

Schon 1942, als die Befreiung der Sowjetunion noch längst nicht abzusehen war, hatte Stalin deutlich gemacht, dass sein Land nicht die Absicht habe, den deutschen Staat oder das deutsche Volk zu vernichten, sondern nur das Hitlerregime. In seinem Befehl vom 23. Februar 1942, der gleich nach der gewonnenen Schlacht von Moskau herauskam, hieß es unmissverständlich:

"In der ausländischen Presse wird manchmal darüber geschwätzt, dass die Rote Armee das Ziel habe, das deutsche Volk auszurotten und den deutschen Staat zu vernichten. Das ist natürlich ein dummes Gefasel und eine törichte Verleumdung der Roten Armee. Solche idiotischen Ziele hat die Rote Armee nicht und kann sie nicht haben. Die Rote Armee setzt sich das Ziel, die deutschen Okkupanten aus unserem Land zu vertreiben und den Sowjetboden von den faschistischen deutschen Eindringlingen zu befreien. ... Es wäre aber lächerlich, die Hitlerclique mit dem deutschen Volk, mit dem deutschen Staat gleichzusetzen.

736· Ebd., S. 534, W. D.Leahy „I was there", London 1950 zitierend, ohne Seitenangabe.

737· Georgi K. Schukow, ‚Erinnerungen und Gedanken', ebd., S. 369.

Die Erfahrungen der Geschichte besagen, dass die Hitler kommen und gehen, aber das deutsche Volk, der deutsche Staat bleibt."[738]

Auch nach der Potsdamer Konferenz war es stets die Sowjetunion, die darauf drängte, mit einem einheitlichen Deutschland einen Friedensvertrag abzuschließen, gesamtdeutsche Wahlen zu organisieren, eine gesamtdeutsche Regierung zu bilden und dann, nach einer gewissen Zeitspanne, alle ausländischen Truppen vom deutschen Boden abzuziehen. Noch im Frühjahr 1952 erneuerte Stalin diese Vorschläge, als es schon zwei deutsche Staaten gab. Wieder wurden seine Vorschläge sofort abgelehnt, ohne dass sie auch nur geprüft wurden, auch von der damaligen westdeutschen Adenauerregierung.

g. Sowjetische Soldaten helfen in Berlin beim Wiederaufbau

Als Sowjetmarschall Konstantin Rokossowski nach der Schlacht bei Moskau in das von der Roten Armee befreite Kaluga kam, musste er, wie wir gesehen haben, Folgendes feststellen:

"Während der Besatzung hatten die Faschisten die Einwohner bis aufs Hemd ausgeplündert, ihnen keine warme Kleidung und kein Schuhwerk mehr gelassen."[739]

Dies geschah nicht zufällig und war keineswegs der 'besonderen Brutalität einiger aus dem Ruder gelaufener Regimenter geschuldet, sondern die offizielle Herangehensweise bei der Behandlung der 'minderwertigen slawischen Rasse'. Ein Auszug aus dem Dienstbuch von Generalleutnant Halder, dem Chef des deutschen Generalstabs vom 26. Juni 1941, bestätigt dies. Dort heißt es:

738· Stalin-Werke, Bd. 14, ebd., S. 266, ‚Befehl des Volkskommissars für Verteidigung am 23. Februar 1942‘.

739· Konstantin K. Rokossowski, ‚Soldatenpflicht‘, ebd., S. 132.

"Der Führer ist fest entschlossen, Moskau und Leningrad dem Erdboden gleichzumachen, ihre Einwohner zu erledigen, die wir sonst während des Winters ernähren müssten."[740]

Schukow darüber, wie die Deutschen in Minsk hausten, nachdem sie im Sommer 1941 die Stadt erobert hatten:

"Als der Feind in die Stadt eingefallen war, begann er mit grausamen Massakern an der Bevölkerung, mit der Verbrennung und Zerstörung kultureller Schätze und historischer Monumente."[741]

Wie verhielt sich die sowjetische Armee gegenüber der Berliner Bevölkerung? Aus westlichen Quellen erfährt man meist nur etwas über die angeblichen Massenvergewaltigungen deutscher Frauen durch wild gewordene sowjetische Soldaten. Alles andere wird sorgfältig ausgeblendet. Niemand soll mehr wissen, weil ein Mehr an Wissen die von Amts wegen betriebene Russophobie und den Antikommunismus in Frage stellen könnte. Zwischen Faschismus und Stalinismus soll das Gleichheitszeichen bleiben.

Schukow in seinen Erinnerungen:

"Schon am 14. Mai eröffnete der Militärkommandant von Berlin, Generaloberst Bersarin, gemeinsam mit der neuen Direktion der Berliner Verkehrsbetriebe den Verkehr auf der ersten U-Bahn-Strecke, und Ende Mai waren bereits wieder fünf Strecken mit einer Gesamtlänge von 61 km in Betrieb. ..."[742]

Man stelle sich vor: Die deutsche Wehrmacht hätte sich nach der Eroberung Moskaus um das russische Verkehrswesen gekümmert und dafür gesorgt, Strecken wieder zu eröffnen! Unvorstellbar.

Weiter schreibt der sowjetische General:

740· Marshal of the Soviet Union G. Zhukov, ‚Reminiscences and Reflections', Bd. 1, Moskau 1985, S. 409, Erinnerungen und Gedanken, Anweisung Hitlers an den deutschen Generalstab, aus dem Dienstbuch von Generalleutnant Halder, Eintrag vom 11. Juli 1941.

741· Ebd., S. 309.

742· Georgi K. Schukow, ‚Erinnerungen und Gedanken', Bd. 2, ebd., S. 327.

"In der ganzen Stadt begann man mit der Enttrümmerung und dem Wiederaufbau. Daran beteiligten sich neben deutschen Fachleuten und Einwohnern auch sowjetische Pionier- und Spezialtruppen."[743]

Man stelle sich weiter vor: Einheiten der deutschen Wehrmacht oder der SS hätten nach der Eroberung Moskaus beim Wiederaufbau Moskaus geholfen! Undenkbar. Auf ihren Rückzügen brannte die faschistische Soldateska sämtliche Dörfer nieder.

Schukow weiter in seinen Schilderungen:

"Ende Mai waren die wichtigsten Bahnhöfe und Binnenhäfen ... zum Teil wiederhergestellt. Dadurch konnte eine normale Versorgung mit Brennstoff und Lebensmitteln sichergestellt werden. Um dieselbe Zeit wurden 21 Wasserwerke in Betrieb genommen, sieben instandgesetzte Gaswerke lieferten der Stadt täglich 340.000 Kubikmeter Gas. Die Betriebe und die Einwohner der wichtigsten Berliner Bezirke wurden mit Gas und Wasser fast vollständig versorgt."[744]

Man stelle sich weiterhin vor: Die deutsche Wehrmacht, zusammen mit der SS, hätten nach einer Eroberung des eingeschlossenen Leningrads dafür gesorgt, die Leningrader Bevölkerung wieder mit Lebensmitteln zu versorgen!

Die sowjetische Besatzungsmacht verteilte in Berlin Lebensmittel. Schukow:

"Als erste Hilfe der Sowjetregierung trafen in Berlin 96.000 Tonnen Getreide, 60.000 Tonnen Kartoffeln, rund 50.000 Stück Schlachtvieh sowie Zucker, Fett und andere Nahrungsmittel ein. Diese Soforthilfe bewahrte die deutsche Bevölkerung vor einer Hungersnot. ... Man muss die Gesichter der Berliner gesehen haben, die Brot, Graupen, Kaffee, Zucker und manchmal sogar ein wenig Fett und Fleisch zugeteilt bekamen."[745]

---

743. Ebd..

744. Ebd..

745. Ebd., S. 323ff.

Eine Woche nach Kriegsende machte das sowjetische Militärkommando einen Aushang für die Berliner Bevölkerung, aus dem hervorging, welche Maßnahmen man getroffen hatte, um die Versorgung der Berliner Bevölkerung zu gewährleisten. Darin hieß es:

"Um die regelmäßige Versorgung der Berliner Bevölkerung mit Lebensmitteln sicherzustellen, hat das Sowjetische Militärkommando durch den Kommandanten der Stadt Berlin der Stadtverwaltung ausreichende Mengen an Lebensmitteln zur Verfügung gestellt. Gemäß Befehl des Militärkommandanten der Stadt Berlin, Generaloberst Bersarin, sind ab 15. Mai 1945 folgende Lebensmittelrationen pro Person und Tag festgelegt:

BROT

1.) Schwerstarbeiter und Arbeiter in gesundheitsschädigenden Betrieben: 600 g.;

2.) Arbeiter, die nicht in schweren oder gesundheitsschädlichen Berufen tätig sind: 500 g.

3.) Angestellte: 400 g.

4.) Kinder, nichtberufstätige Familienangehörige und die übrige Bevölkerung: 300 g. ..."[746]

Es folgen Angaben über Nährmittel, Fleisch, Fett, Zucker, Kartoffeln, Kaffee und Salz. Der Erlass regelte auch die Ausgabe von Lebensmittelkarten. Er zeigt, dass die sowjetische Militärführung eine proletarisch internationalistische Linie verfolgte und sich zuallererst um die arbeitende Bevölkerung kümmerte, besonders aber um die Schwerstarbeiter und ihre Familien.

Schukow zählt eine ganze Reihe weiterer Maßnahmen auf, die schon sehr schnell nach der Einnahme Berlins durch die Rote Armee getroffen wurden, darunter die Eröffnung der Schulen Mitte Mai, die Wiederzulassung politischer Parteien im Juni, die Wiedereröff-

746· Bei: Versandantiquariat Bürck, info@buerck.com, Faksimile des Originals im Besitz des Antiquariats, www.buerck.com.

nung der Berliner Kinos und Bühnen im gleichen Monat und andere Maßnahmen des sowjetischen Stadtkommandanten Bersarin.

Bersarin hatte dann einen schweren Verkehrsunfall, bei dem er ums Leben kam: Auf dem Wege zu seinem Amtszimmer kollidierte der auf seinem Motorrad sitzende General mit einem LKW und starb an den Folgen der Verletzungen. Den Krieg aber hatte er unbeschadet überstanden. Welch ein Unglück! Bersarin stand für eine humane Behandlung der deutschen Bevölkerung, besaß nicht die geringste Rachsucht, sondern zeigte Großmut und Sensibilität, Achtung vor den einfachen Deutschen und war sich seinen Pflichten als verantwortungsbewusster General einer Siegermacht bewusst.

Welch ein himmelweiter Unterschied zwischen dem Verhalten der Naziwehrmacht in den besetzten sowjetischen Gebieten und dem der Roten Armee in den besetzten deutschen Städten! Barbarisches und an Inhumanität kaum noch zu überbietendes sadistisches Verhalten der deutschen Faschisten, das auf Verschleppung, Enteignung, Versklavung und sogar Ausrottung der sowjetischen Völker gerichtet war, Pogrome gegen die jüdische Minderheit in den baltischen Staaten, in der Ukraine oder in Weißrussland auf der einen Seite und menschliches Verhalten auf der anderen, um den Menschen in Berlin und anderswo in Deutschland wieder zu gestatten, ein normales Leben zu führen.

Der damalige sozialdemokratische Ministerpräsident der DDR, Otto Grotewohl, stellte dazu Folgendes fest:

> *"Die Hilfe der sowjetischen Besatzungsmacht für unsere Bevölkerung ist ohne Beispiel in der Geschichte. Weder Rachegedanken noch Siegerwillkür kennzeichnen die sowjetische Besatzungspolitik, sondern ehrliche Unterstützung der Arbeiterklasse bei der notwendigen demokratischen Umgestaltung des gesellschaftlichen Lebens."*[747]

747· Otto Grotewohl, ‚Im Kampf um die einige deutsche demokratische Republik', Reden und Aufsätze, Bd. 5, Berlin 1959, S. 491, zitiert nach ebd., S. 328f.

Und die Westallierten?

Als die Truppen der Westalliierten in den Westteil der Stadt einzogen, der ihnen von der UdSSR zugestanden worden war,

> *"... war das Leben der Bevölkerung in der Stadt im Allgemeinen normalisiert. ..."*[748]

Wäre es denkbar, dass US-amerikanische Soldaten im Irak beim Wiederaufbau des Landes helfen würden? Haben sie es getan? Wo haben sie mit Hand angelegt? Haben sie in Vietnam, über das sie mehr Bomben abwarfen als im gesamten Zweiten Weltkrieg über Deutschland, ihre Pioniere geschickt, um bei der Enttrümmerung mitzuhelfen? Haben sie Wiedergutmachungszahlungen geleistet? Nicht einen einzigen Dollar. Wäre es nicht an der Zeit, das Gleichheitszeichen woandershin zu setzen, zwischen dem US-Regime und dem Hitlerregime? Wäre es nicht an der Zeit, mit der unseligen, einst vom Vatikan in den zwanziger Jahren erfundenen Totalitarismustheorie Schluss zu machen, die das Satzzeichen zwischen Faschismus und Sozialismus setzt?

h. Maßnahmen der sowjetischen Militäradministration gegen Plünderer und Vergewaltiger

Ein Wort zu den Übergriffen sowjetischer Soldaten in Berlin, die es zweifellos gegeben hat:

Ein Dokument aus russischen Archiven belegt, dass Stadtkommandant Bersarin energisch gegen einige Soldaten vorging, die sich Verfehlungen schuldig gemacht hatten. In seinem Befehl Nr. 180 hieß es:

"Ich befehle:

1. *Zur entschiedenen Bekämpfung von Marodierern und anderen gesetzwidrigen Handlungen in Bezirken, in denen die Soldaten der*

748. Ebd., S. 329.

Armee stationiert sind, einen umfassenden Patrouillendienst einzurichten.

2. *Zum Patrouillendienst die besten Kräfte von Mannschaften, Unteroffizieren und Offizieren heranzuziehen.*
3. *Zur Kontrolle des Patrouillendienstes und der allgemeinen Ordnung in Berlin (östlicher Teil), aber auch um Plünderungen und Gewalttätigkeiten strikt zu unterbinden, ohne Ausnahme Stabsoffiziere aller Ebenen heranzuziehen. ..."*[749]

Die oft erhobenen Vorwürfe, die sowjetische Militäradministration habe nichts gegen diese Ausschreitungen unternommen, entbehren also jeder Grundlage.

749. Berliner Zeitung, https://www.berliner-zeitung.de/ein-dokument-aus-russischen-archiven-belegt-dass-b.

32. Warum die Sowjetunion den Krieg gewann

a. Zum Charakter des Zweiten Weltkrieges

Stalin schätzte den Zweiten Weltkrieg als von vorneherein antifaschistischen Krieg ein. Dieser Krieg sei nicht erst mit dem Eintritt der Sowjetunion in den Krieg zu einem antifaschistischen Krieg geworden, wie oft behauptet wird.

Er begründet dies damit, dass man den Zweiten Weltkrieg nicht mit dem Ersten vergleichen könne. Jener sei keine Kopie des Ersten gewesen. Er unterscheide sich von seinem Wesen und Charakter her grundlegend vom Ersten Weltkrieg. Er weist darauf hin, dass die faschistischen Achsenmächte, also Deutschland, Italien und Japan, schon lange bevor der Krieg ausbrach, bei sich zu Hause alle demokratischen Freiheiten abgeschafft, ein brutales Terrorregime errichtet und eine Eroberungspolitik auf Kosten unabhängiger Staaten begonnen hatten: Deutschland in Westeuropa, Italien in Afrika und auf dem Balkan und Japan in Ostasien, besonders in China. Stalins Schlussfolgerung:

> *"Infolgedessen nahm der Zweite Weltkrieg gegen die Achsenmächte, zum Unterschied vom Ersten Weltkrieg, gleich von Anfang an den Charakter eines antifaschistischen, eines Befreirungskrieges an, dessen eine Aufgabe denn auch die Wiederherstellung der demokratischen Freiheiten war. Der Eintritt der Sowjetunion in den Krieg gegen die Achsenmächte konnte den antifaschistischen Befreiungscharakter des Zweiten Weltkriegs lediglich verstärken und hat ihn auch tatsächlich verstärkt."*[750]

Der Zweite Weltkrieg sei ein Krieg der Völker um ihre nackte Existenz gewesen, die von den faschistischen Achsenmächten massiv bedroht gewesen sei.

750- Stalin-Werke, Bd. 15, ebd., S. 38, Rede auf der Wählerversammlung des Stalin-Wahlbezirks der Stadt Moskau, 9. Februar 1946.

b. 'Die sowjetische Gesellschafts-ordnung hat gesiegt'

Für die Sowjetunion war dieser Krieg, so Stalin, der grausamste und schwerste Krieg aller Kriege, die es in der Geschichte des Landes gegeben hat. Aber dieser Krieg sei nicht nur ein Fluch gewesen, sondern auch eine

"... Bewährungsprobe für alle Kräfte des Volkes. ...Der Krieg brachte eine Art Examen für unsere Sowjetordnung, unseren Staat, unsere Regierung, unsere Kommunistische Partei und zog das Fazit ihrer Arbeit, als wollte er uns sagen: Da sind sie, eure Menschen und Organisationen, ihre Taten und ihr Leben - schaut sie euch aufmerksam an und würdigt sie nach ihren Werken.

Darin liegt eine der positiven Seiten des Krieges."[751]

Stalin ist der Meinung, dass es nicht genüge, einfach festzustellen, dass man den Krieg gewonnen und dass der Feind eine Niederlage erlitten habe. Dies sei viel zu allgemein. Er stellt die Frage vielmehr so:

"Was kann dieser Sieg vom Gesichtspunkt des Zustandes und der Entwicklung der inneren Kräfte unseres Landes bedeuten?

Unser Sieg bedeutet vor allem, dass unsere sowjetische Gesellschaftsordnung gesiegt hat, dass die sowjetische Gesellschaftsordnung die Feuerprobe des Krieges mit Erfolg bestanden und ihre Lebensfähigkeit bewiesen hat. ... Der Krieg hat gezeigt, dass die sowjetische Gesellschaftsordnung eine wahrhafte Volksordnung darstellt, die aus dem Schoße des Volkes emporgewachsen ist und seine mächtige Unterstützung genießt, dass die sowjetische Gesellschaftsordnung eine durchaus lebensfähige und stabile Form der Gesellschaftsorganisation ist."[752]

751· Ebd., S. 39.

752· Ebd., S. 40.

Er geht sogar noch einen Schritt weiter und ist der Ansicht, dass der Krieg den Beweis erbracht habe, dass die sowjetische Ordnung eine 'bessere Form der Gesellschaftsorganisation ist als jede nicht-sowjetische Gesellschaftsordnung' und dass auch die sowjetische Staatsordnung gesiegt, dass der sowjetische Nationalitätenstaat alle Prüfungen des Krieges bestanden und seine Lebensfähigkeit unter Beweis gestellt' habe.

Lenin damals:

"Niemals wird man ein Volk besiegen, in dem die Arbeiter und Bauern in ihrer Mehrheit erkannt haben, empfunden und gesehen haben, dass sie ihre eigene Macht, die Sowjetmacht, die Macht der Werktätigen verteidigen, dass sie die Sache verteidigen, deren Sieg ihnen und ihren Kindern die Möglichkeit gewährleistet, alle Güter der Kultur zu genießen, von allen Werken der menschlichen Arbeit Gebrauch zu machen."[753]

c. 'Das russische Volk war die führende Kraft'

Beim Empfang im Kreml zu Ehren der Befehlshaber der Truppen der Roten Armee am 24. Mai 1945 brachte Stalin einen Toast auf das Wohl des sowjetischen Volkes aus. Er betonte dabei, dass er zuallererst auf das Wohl des russischen Volkes anstoße, weil es

"..sich in diesem Krieg die allgemeine Anerkennung als die führende Kraft der Sowjetunion unter allen Völkern unseres Landes verdient hat."[754]

Es habe bewiesen, dass es einen 'klaren Verstand, einen standhaften Charakter und Geduld besitzt'.

Er räumte ein, dass seine Regierung während des Krieges nicht wenige Fehler gemacht habe. Im ersten Kriegsjahr 1941/42 habe es Augenblicke gegeben, wo die Lage verzweifelt gewesen sei, als die

---

753· Aus: Konstantin K. Rokossowski, ‚Soldatenpflicht', ebd., S. 455, Lenin-Zitat ohne Quellenangabe.

754· Stalin-Werke, Bd. 15, Empfang der Befehlshaber.

Rote Armee zurückweichen und dem Feind viele Städte und Dörfer überlassen musste. Geduld habe das russische Volk deshalb bewiesen, weil es trotz jener verzweifelten Lage das Vertrauen zu seiner Regierung bewahrt habe:

> *"Ein anderes Volk hätte zu seiner Regierung sagen können: Ihr habt unsere Erwartungen nicht gerechtfertigt, macht, dass ihr fortkommt, wir werden eine andere Regierung einsetzen, die mit Deutschland Frieden schließt und uns Ruhe sichert. Doch das russische Volk hat nicht so gehandelt, denn es glaubte daran, dass die Politik seiner Regierung richtig war und brachte Opfer, um die Niederwerfung Deutschlands zu gewährleisten. Und dieses Vertrauen des russischen Volkes zur Sowjetregierung hat sich als der entscheidende Faktor erwiesen, der den historischen Sieg über den Feind der Menschheit, über den Faschismus, gesichert hat.*
>
> *Dem russischen Volk sei für dieses Vertrauen gedankt!*
>
> *Auf das Wohl des russischen Volkes!" (stürmischer Applaus).*[755]

Diese Worte Stalins wurden ihm später als 'Ausdruck eines großrussischen Nationalismus' ausgelegt. Der schon öfters erwähnte deutsche Historiker Wolfgang Leonhard gibt dieses Zitat in seinem Buch 'Anmerkungen zu Stalin' wieder. Gleich im Anschluss daran schreibt er:

> *"Der großrussische Nationalismus wurde zur herrschenden Ideologie."*[756]

In Wirklichkeit spiegeln Stalins Worte nur das hohe Vertrauen wider, das er besonders zum russischen Volk besaß, aber auch umgekehrt: das hohe Vertrauen der meisten Russen zu ihm, besonders aber der einfachen Russen, der Arbeiter und Bauern.

Die Grundlage dieses Vertrauens zur damaligen russischen Regierung, besonders während des Krieges, war sicherlich auch Stalins

755· Ebd., S. 15f.

756· Wolfgang Leonhard, ‚Anmerkungen zu Stalin', ebd., S. 104.

große Achtung vor den schlichten, einfachen, bescheidenen Menschen. Auf einem Empfang im Kreml sagte er:

> *"Ich möchte einen Toast auf das Wohl derer trinken, die wenig Orden haben, deren Lage man selten beneidet und die man als die 'Schrauben' des riesigen Regierungsapparates betrachtet, ohne die jedoch wir alle, die Marschälle und Befehlshaber der Fronten und der Armeen, wenn ich einmal so sagen darf, keinen Pfifferling wert wären. Es genügt nämlich, dass eine Schraube ausfällt und alles ist aus.*
>
> *Ich trinke auf das Wohl der einfachen, schlichten und bescheidenen Menschen, der 'Schrauben', die für das Funktionieren unseres riesigen Staatsapparates in allen seinen Bereichen sorgen: in den Wissenschaften, in der Wirtschaft, im Krieg. Es sind viele und ihre Namen sind Legion, denn es sind -zig Millionen. Es sind bescheidene Menschen. Niemand schreibt Bücher über sie, ihre Lage ist mittelmäßig, ihr Rang gering. Aber diese Menschen sind unsere Grundlage, so wie ein Gipfel auf einem Fundament gründet.*

Ich trinke auf das Wohl dieser Menschen, unsere Genossen, vor denen ich große Achtung habe."[757]

Umgekehrt genoss Stalin das Vertrauen des Volkes, besonders des russischen. Marschall Wassiliewski in seinen Erinnerungen:

> *"Entscheidend aber war, glaube ich, die große politische Autorität Stalins, das Vertrauen, das ihm das Volk und die Streitkräfte entgegengebracht haben."*[758]

d. 'Die erstklassige rote Armee hat gesiegt'

Der Krieg, so Stalin, habe auch gezeigt, dass sich die Rote Armee ihren Aufgaben gewachsen zeigte, dass sie kein 'Koloss auf tönernden Füßen' war, wie damals vor dem Krieg in der Auslandspresse behauptet wurde - ein Koloss, der beim 'Losschlagen der deutschen Truppen sofort zusammenbrechen' müsse. Stalin:

757· Ebd., S. 22.

758· A. M. Wassiliewski, ‚Sache des ganzen Lebens', ebd., S. 487.

"Jetzt dürfen wir sagen, dass dieser Krieg all diese Erklärungen als unbegründet und lächerlich über den Haufen geworfen hat. Der Krieg hat gezeigt, dass die Rote Armee kein 'Koloss auf tönernden Füßen' ist, sondern eine erstklassige Armee, eine Armee unserer Zeit ist, die eine durchaus moderne Bewaffnung, ein höchst erfahrenes Kommandeurskorps, eine hohe Moral und einen vorzüglichen Kampfgeist besitzt."[759]

Die Meinung im Ausland habe sich jetzt geändert, die Kritiker der Roten Armee seien rarer geworden und die Auslandspresse bringe immer häufiger auch anerkennende Worte, in denen 'das meisterhafte Können ihrer Soldaten und Kommandeure, ihre tadellose Strategie und Taktik hervorgehoben werden'.

Diese Armee habe nun erstklassige Waffen, nicht nur tapfere Soldaten, denn, so Stalin, Tapferkeit genüge nicht, um einen Feind zu überwinden, der über eine große Armee, hervorragende Waffen und gut ausgebildete Offiziere verfüge. Um einen solchen Feind zu überwinden, brauche man

"... durchaus moderne Waffen, und zwar in ausreichendem Maße, sowie eine gut organisierte Versorgung gleichfalls in genügendem Ausmaß. Dafür braucht man jedoch auch, und zwar in ausreichender Menge, solche elementaren Dinge wie Metall für die Erzeugung von Waffen, Geräte und Betriebseinrichtungen, Brennstoff für die Aufrechterhaltung der Arbeit der Betriebe und des Verkehrs, Baumwolle für die Herstellung von Bekleidung, Getreide für die Versorgung der Armee."[760]

e. Die schwerindustrielle Basis für die Kriegführung wurde rechtzeitig gelegt

Durch die drei Fünfjahrpläne, ihre Erfüllung und Übererfüllung wurde die wirtschaftliche Grundlage für die Versorgung der Roten

759· Stalin-Werke, Bd. 15, ebd., S. 43, Rede auf der Wählerversammlung.

760· Ebd., S. 44.

Armee geschaffen. Sie schufen erst die materiellen Möglichkeiten, um den Feind zu besiegen.

Die Situation im zaristischen Russland vor dem Ersten Weltkrieg sei ungleich schlechter gewesen, so Stalin: 1913, ein Jahr vor Beginn des Krieges, wurden, seinen Angaben zufolge, nur 4,22 Millionen Tonnen Roheisen erzeugt; 1940, am Vorabend des Überfalls auf die Sowjetunion, seien es 15 Millionen Tonnen gewesen, also fast viermal so viel.

In nur dreizehn Jahren habe sich das Land aus einem Agrarland in ein Industrieland verwandelt. Voraussetzung dafür sei die Politik der Industrialisierung gewesen, die mit der Entwicklung der Schwerindustrie begonnen wurde. Die Verstaatlichung der Banken und der Privatindustrie habe es ermöglicht, sehr schnell die Mittel für die Industrialisierung zusammenzuführen.

Stalin erinnert daran, dass zum Beispiel während der Schlacht um Moskau die ersten T-34 Panzer vom Band liefen und dann sofort eingesetzt wurden. Die neuen Panzerfabriken waren kaum errichtet, als sie schon anfingen zu produzieren und ihre Produkte direkt an die Front lieferten. Hier standen keine privatkapitalistischen Interessen mehr im Wege.

Dies sei in diesem Maße nur möglich gewesen, weil vorher die Basis für die Schwerindustrie im Zuge der sozialistischen Industrialisierung gelegt worden war.

f. Die Kollektivierung der Landwirtschaft sicherte die Versorgung der Armee

Stalin weist in seiner Rede darauf hin, dass die Rote Armee ständig und gut mit Lebensmitteln versorgt wurde - während des ganzen Krieges:

> *"Was die Versorgung mit Lebensmitteln und Bekleidung betrifft, so ist allen bekannt, dass die Front in dieser Hinsicht nicht nur keinen Mangel, sondern sogar über die nötigen Reserven verfügte."* [761]

761· Ebd., S. 50.

Selbst in den kritischen Jahren, als die Rote Armee auf dem Rückzug war, konnte sie auch bei dem Verlust der Ukraine, der Kornkammer der Sowjetunion, trotzdem immer ausreichend versorgt werden.

Voraussetzung dafür war die sozialistische Kollektivierung und die Ausschaltung der Klasse der parasitären Kulaken, die vorher das Dorf kontrolliert hatten und in Kriegsjahren Getreide zurückhielten, um damit zu spekulieren.

1942, in dem wohl kritischten Jahr für die Sowjetunion, befanden sich 40 Prozent der gesamten Anbaufläche in den von den Faschisten kontrollierten Gebieten, die dort alles taten, um die landwirtschaftliche Produktion, besonders aber das sozialistische Eigentum, zunichte zu machen.

"Die deutsch-faschistischen Eindringlinge vernichteten bzw. transportierten nach Deutschland über 137.000 Traktoren, 49.000 Mähdrescher, vier Millionen Pflüge, Eggen und sonstige landwirtschaftliche Bodenbearbeitungsgeräte ... Die Zahl der Arbeitskräfte in den Kolchosen hatte stark abgenommen. ... Gleichwohl gelang es den Kolchosen und Sowchosen, alle Schwierigkeiten zu überwinden und ohne Unterbrechung die Front und die Stadtbevölkerung mit Nahrungsmitteln sowie die Industrie mit Rohstoffen zu versorgen."[762]

762· Große Sowjet-Enzyklopädie, Bd. 1, ebd., S. 769.

33. Der Beginn des Wiederaufbaus

a. Das Ausmaß der Zerstörungen

Anna Louise Strong, deren Mann in der Sowjetunion im Krieg umkam, beschreibt das Ausmaß der Zerstörungen in ihren Erinnerungen:

"Die Zerstörungen waren enorm. Fünfundzwanzig Millionen Menschen waren obdachlos, über 1.700 Städte und 27.000 Dörfer waren größtenteils oder vollkommen zerstört; ungefähr 38.500 Meilen Eisenbahnstrecke wurden vernichtet, weit mehr als was man benötigen würde, um am Äquator die Erde zu umfahren; 90 Prozent der Bergwerke im Donbass waren zerstört oder geflutet worden; der große Staudamm am Dnepr und das Industriegebiet um ihn herum waren verschwunden; Strömungen tauchten wieder im Fluss auf und die Flussschifffahrt war eingestellt; sieben Millionen Pferde waren abgeschlachtet oder abtransportiert worden ... Mehr als dreitausend Industriebetriebe mussten neu aufgebaut werden. Aber am schlimmsten waren die Verluste an Arbeitskräften. Die Zahl der Toten schwankt zwischen sieben bis zwanzig Millionen. Wenn man die Toten unter der Zivilbevölkerung hinzurechnet, dann waren es 20 Millionen und mehr. Jede einzelne Familie war betroffen. ...

Die Verluste der Sowjetunion überstiegen bei weitem die aller Verbündeter zusammengenommen. Sie waren hundertmal größer als die der USA. Es gab Dörfer im Süden, wo keine Männer mehr waren, die die jungen Frauen heiraten konnten, wo es viele Waisenkinder durch die Besatzung gab und wo väterlose Jugendliche Amok liefen." [763]

763- A. L. Strong, ebd., S. 121f.

Nimmt man nur eine Stadt wie die weißrussische Stadt Minsk, die schon im Sommer 1941 von den Nazis erobert wurde und die dann drei Jahre lang die faschistische Okkupation ertragen musste: Dort war kaum noch ein Wohngebäude stehengeblieben. Nur ein einziges Regierungsgebäude war erhalten, das die Deutschen für ihre Verwaltungsaufgaben benötigten. Alle Werke für die Versorgung der Stadt waren zerstört worden, sämtliche kulturellen Einrichtungen, alle Monumente waren gesprengt, nichts sollte mehr an den Kommunismus erinnern. Trupps von Brandstiftern zogen los, um so viel zu vernichten wie nur irgend möglich. In Minsk wurden über zwei Millionen Menschen Opfer der nazistischen Barbarei. Die Menschen, die dem Tod entrinnen konnnten, wohnten in Erdhütten, und noch lange nach der Befreiung waren sie dazu gezwungen, in diesen Löchern wie Tiere zu hausen.

Außenminister Molotow damals in seiner Note vom 6. Januar 1942, in der er auch den Rückzug der Deutschen aus dem Raum von Moskau beschreibt und was sie anrichteten:

> *"Beim Rückzug aus den Dörfern Krasnaja Poljana (Wohnort des großen russischen Schriftstellers Leo Tolstoi), Myschetskoje, Oscherelje, Wyssokowo im Gebiet von Moskau haben die Deutschen Schützenabteilungen aufgestellt, die die Häuser aus Flaschen mit brennbarer Flüssigkeit übergossen und anzündeten. Auf die Bewohner, die versuchten, die Brände zu löschen, eröffneten die Deutschen das Feuer aus Maschinenpistolen. Von elf Häusern im Dorf Myschetzkoje blieben fünf, von 200 Häusern in Oscherelje nur acht übrig. Im Dorf Wyssokowo blieben von 76 Häusern nur drei erhalten. Der siebzigjährige Grigorjew F. K. wurde für die Worte 'verbrennt meine Hütte nicht!' erschossen. ..."*[764]

Man könnte noch hinzufügen: Jasnaja Poljana wurde abgefackelt, auch das Haus mit der Bibliothek des Schriftstellers Leo Tolstoi,

764- I. Leshnew, ‚Die Zerstörungen der deutschen Wehrmacht in der UdSSR', in: ‚Neue Welt', Januar 1947, Heft 1, S. 11ff, auch bei: http://www.red-channel.de/mlliteratur/sowjetunion/leshnew.htm.

und man errichtete dann dort einen deutschen Soldatenfriedhof. Die russische Kultur war zum Abschuss freigegeben worden. Nichts sollte mehr von ihr übrigbleiben.

In Stalingrad stand nichts mehr. Die FDJlerin Edith Baumann, die nach dem Krieg mit einer Delegation zusammen die Stadt besuchte, über das Ausmaß der Zerstörungen:

> *"85 Prozent der Wohnhäuser wurden zerstört, fast alle Schulen, Kindergärten, kulturellen Bauten und Fabriken, rings um die Stadt ein ödes Land, kein Baum, kein Strauch, so weit das Auge reicht. Vor dem Krieg war Stalingrad von einem breiten Waldgürtel umgeben, der Schutz gegen die aus der Steppe herüberkommenden Winde bot. Nicht ein Baumstumpf ist übrig geblieben. ...*
>
> *Die Verwüstungen und die Trostlosigkeit der äußeren Umgebung von Stalingrad werden überwunden durch die Begeisterung, mit der die Menschen an den Aufbau dieser Stadt gehen, sodass man inmitten all der Trümmer zuversichtlich wird. Alles, was die Stalingrader bauen, bezeichnen sie als 'unser', es ist 'unsere Fabrik', 'unser Theater', 'unsere Stadt'."*[765]

Edith Baumann schrieb in dem Bericht über ihren Besuch in Stalingrad, dass dort vor dem Krieg 550.000 Menschen gelebt hatten; 1947, als sie sich dort aufhielt, sagte man ihr, dass die Stadt nur noch 330.000 Einwohner habe, dass die Menschen dort immer noch in den Kellern zerstörter Wohnhäuser hausten, dass auf eine Stalingrader Familie nur ein einziger Wohnraum käme.

b. Wiederaufbau schon während des Krieges

Aber sie konnte auch sehen, was sich dort in der Zwischenzeit wieder getan hatte: Es seien schon wieder viele neue Wohnhäuser entstanden, neue Schulen gebaut worden, neue Krankenhäuser, Kinderheime, Theater und Kinos, Wasserleitungen, Kanalisations-

765. Edith Baumann, ‚17 Tage in der Sowjetunion. Reiseeindrücke der ersten deutschen Nachkriegsdelegation', in: ‚Neue Welt', Heft 17, September 1947, S. 78ff.

anlagen; Straßenbahnen und Omnibusse seien wieder in Betrieb genommen worden.

Der Wiederaufbau der Stadt war besonders das Werk der sowjetischen Jugend. Man nannte sie damals die 'Stalingrader', die schon 1943 einem Aufruf des Zentralkomitees des Komsomols gefolgt waren und ihre besten Leute dort hingeschickt hatten: 10.000 Jungen und Mädchen, die vorher nie in der Stadt gewesen waren.

Ein Architekt zeigte ihr den Bauplan der neuen Stadt. Man hatte damals vor, den Wiederaufbau der Stadt innerhalb von nur zehn Jahren zu beenden.

Sie erwähnt in ihrem Bericht auch den Wiederaufbau des metallurgischen Werkes 'Roter Oktober'. Das Werk sei damals 162 Tage lang von der Naziwehrmacht belagert gewesen und dann nach einer 82-stündigen, ununterbrochenen Bombardierung völlig zerstört worden. Gleich nach dem Sieg in Stalingrad wurde mit dem Wiederaufbau begonnen. Als sie 1947 in Stalingrad war, waren schon wieder drei Viertel des Werkes neu erstanden:

> *"Die Fabrik, die 1943 mit 43 Arbeitern von vorne begann, hat heute eine Belegschaft von etwa 10.000 Männern und Frauen."*[766]

Der Wiederaufbau begann also schon während des Krieges. Gleich nachdem die Front von Stalingrad gen Westen abgerückt war, rückten die Traktoren der Maschinen-Traktoren-Stationen aus, um die vernachlässigten Felder zu bestellen. Frauen waren es meist, die damals auf den Treckern saßen. Die Traktorenwerke von Charkow und Stalingrad nahmen schon bald wieder die Produktion auf. Die Arbeiten an der Wiedererrichtung des Dnepr-Staudamms und des Wasserkraftwerkes am Dnepr, aber auch die Wiederherstellung der Industriebetriebe in seiner Nähe begannen schon 1944, als die deutsche Wehrmacht immer noch sowjetisches Territorium besetzt hielt.

Aber auch neue Eisenbahnstrecken wurden schon während des Krieges gelegt, darunter die Petschora-Bahn. Der Arbeitsheroismus

---

766. Ebd..

an der industriellen Front gesellte sich zum Heroismus der sowjetischen Soldaten an der Kriegsfront.

c. Reibungslose Umstellung auf Friedensproduktion

Aber im Unterschied zur Zeit nach dem Bürgerkrieg von 1918-22 hatte man es nun erheblich leichter, auch wenn die von den USA während des Krieges großspurig versprochenen Milliardenkredite ausgeblieben waren:

Man konnte direkt zur Friedensproduktion übergehen, ohne das System ändern zu müssen. Nach dem Bürgerkrieg waren kaum noch Reste an Industrie übriggeblieben. Man musste auf den Ruinen eines halb sozialistischen, halb kapitalistischen Wirtschaftssystems wieder ganz von vorne beginnen, und der Klassenkampf ging ungebrochen weiter, besonders auf dem Lande.

Jetzt konnte man auf der Basis eines fest verwurzelten sozialistischen Systems den Wiederaufbau einleiten, ohne noch Rücksicht auf kapitalistische Interessen nehmen zu müssen. Die zur Zeit der sozialistischen Industrialisierung Anfang der dreißiger Jahre geschaffenen industriellen Schwerpunkte an den Rändern des Ural waren vollständig von dem Vernichtungswahn der Nazis und ihrer europäischen Verbündeten verschont geblieben und brauchten nur weiter zu produzieren.

Dort hatte man während des Krieges wahre Produktionsrekorde aufgestellt: Die Eisenproduktion, aber auch die von elektischer Energie, war dort in den ersten Kriegsjahren fast verdoppelt worden. Diese Zentren der Schwerindustrie, die man damals wohlweislich weit entfernt von der Westgrenze der Sowjetunion in den Osten verlegt hatte, brauchten jetzt ihre Produktion nur noch auf Friedensproduktion umzustellen. Trotz der großen Menschenverluste verfügte man nun auch über eine gut ausgebildete eigene technische Intelligenz in den Betrieben, die ihr Handwerk verstand, auf die Verlass war und die nun daran gehen konnte, für den friedlichen

Wiederaufbau ihr Können unter Beweis zu stellen. Auch dies war nach dem Bürgerkrieg ganz anders gewesen. Man war angewiesen auf die alte zaristisch eingestellte, weitgehend unzuverlässige technische Intelligenz, die zu Sabotageakten neigte.

Am 18. März 1946 wurde der neue Fünfjahrplan für die Jahre 1946-1950 vom Obersten Sowjet der UdSSR verabschiedet. Stalin dazu:

"Die Hauptaufgaben des neuen Fünfjahrplans bestehen darin, die verheerten Betriebe unseres Landes wiederherzustellen, in Industrie und Landwirtschaft den Vorkriegszustand wieder zu erreichen und dann diesen Stand in einem mehr oder minder bedeutendem Ausmaß zu überschreiten.

Schon abgesehen davon, dass in nächster Zeit das Kartensystem wieder aufgehoben werden wird, wird mit besonderer Aufmerksamkeit gearbeitet werden an der Erweiterung der Produktion von Massenbedarfsartikeln, der Hebung des Lebensstandards der Werktätigen durch fortschreitende Senkung aller Warenpreise sowie der großzügigen Schaffung von wissenschaftlichen Forschungsinstituten aller Art, die der Wissenschaft die Möglichkeit geben können, ihre Kräfte zu entfalten." [767]

Dies bedeutete aber nicht, vom Primat der Entwicklung der Schwerindustrie wieder abzugeben, wie dies Stalins revisionistische Nachfolger tun sollten. Im Gegenteil: Langfristig müsse erreicht werden, dass

"... die Industrie in der Lage ist, 50 Millionen Tonnen Roheisen, an die 60 Millionen Tonnen Stahl, an die 500 Millionen Kohle und etwa 60 Millionen Tonnen Erdöl zu erzeugen." [768]

Mit langfristig meinte er die nächsten drei Planjahrfünfte.

Und auch hier wieder hatte er die Sicherheit seines Landes im Blick:

767· Stalin-Werke, Bd. 15, ebd., S. 50f, Rede auf der Wählerversammlung am 9. Februar 1946 in Moskau.

768· Ebd., S. 51.

"Nur unter diesen Bedingungen kann man damit rechnen, dass unser Vaterland gegen alle Zufälle gesichert ist." [769]

Eine Stadt brauchte nicht wieder aufgebaut zu werden: die Hauptstadt Moskau, die der Nazioffensive im Winter 1941 standgehalten hatte. Was wäre aus der Moskauer Metro geworden, fragt man sich, wenn die Nazis die Stadt erobert hätten? Was hätten sie aus diesem riesigen, einzigartigem Kunstwerk gemacht? Die Antwort ist einfach: Sie hätten es in einen Rübenacker verwandelt.

Edith Baumann besuchte mit ihrer FDJ-Delegation 1947 auch die Moskauer Metro, die im Krieg als Luftschutzbunker gedient hatte. Sie schrieb:

"Die Moskauer Metro ist kein Verkehrsmittel, das nach den Grundsätzen der Rentabilität und des Profits errichtet worden ist, sondern schlechthin als architektonisches Kunstwerk, das in der Welt einzigartig sein dürfte. Es gibt keinen Bahnhof, der in seiner Ausgestaltung irgendwie einem anderen gliche. Ein jeder ist ein Marmorpalast in den schönsten Farben und Formen, dessen gewölbte Decken kunstvolle Mosaikbilder zieren. ... Dieses Kunstwerk entstand zu einer Zeit, da Deutschland glaubte, durch einen räuberischen Überfall auf die Sowjetunion die Kultur des Abendlandes gegen den 'Strom aus dem Osten' verteidigen zu müssen." [770]

769. Ebd..

770. Ebd..

34. Die Anfänge des Kalten Krieges

a. Die Anfänge des Kalten Krieges

Der ehemalige sowjetische Außenminister und Ministerpräsident der UdSSR, W. Molotow, der damals über vieles, was sich hinter den diplomatischen Kulissen abspielte, gut informiert war, legte den Beginn des Kalten Krieges gegen die Sowjetunion auf den März 1945. Molotow in seinen Erinnerungen:

"Die Alliierten führten über Allen Dulles mit den Deutschen ab März 1945 Gespräche (gemeint: mit der Hitlerregierung, die zu diesem Zeitpunkt noch im Amt war - Autor), und sie teilten uns nichts darüber mit. Natürlich waren wir sehr misstrauisch ... Churchill gab Montgomery Anweisung, die deutschen Waffen aufzubewahren, weil sie sich als nützlich gegen die Sowjetunion erweisen konnten. ... Und Roosevelt wollte Luftwaffenstützpunkte gegen Japan im sowjetischen Fernen Osten. Er wollte bestimmte Gebiete der Sowjetunion besetzen, statt zu kämpfen. Später wäre es nicht leicht gewesen, sie wieder loszuwerden ..."[771]

Es gab also schon einen verdeckten Kalten Krieg gegen die Sowjetunion vor Ende des Zweiten Weltkrieges. Teil dieses heimlichen, nicht erklärten Krieges war die von dem neuen US-Präsident Harry S. Truman nach Roosevelts Tod im April 1945 unterzeichnete Geheimdirektive JCS 1067 an General Eisenhower, den Oberbefehlshaber der US-Streitkräfte im besetzten Deutschland. Der Verfasser dieser Direktive: der damalige stellvertretende US-Kriegsminister McCloy. Sie enthielt die Anweisung an die US-Militärverwaltung,

771- ,Molotov Remembers', ebd., S. 44f.

auf die Teilung Deutschlands hinzuarbeiten - entgegen der auf der Krimkonferenz in Jalta im Februar 1945 getroffenen Vereinbarungen zwischen Stalin, Roosevelt und Churchill, Deutschland als Einheit zu behandeln. Ziel: den Westteil Deutschlands abzutrennen, in ein neues westliches Militärbündnis - die spätere Nato - aufzunehmen und zu einem Aufmarschgebiet für einen Krieg gegen die Sowjetunion zu machen.

Vom verdeckten Kriegskurs gegen den einstigen Alliierten UdSSR ging man nach und nach zum offenen über. Ein Meilenstein dafür war Churchills Rede an der Universität Fulton im Bundesstaat Missouri im Frühjahr 1946 aus Anlass einer Ehrendoktorwürde-Verleihung, in der er der Sowjetunion ganz unverhüllt den Krieg erklärte. Man muss dazu sagen, dass Churchill damals nicht mehr britischer Premierminister war. Er war im Sommer 1945 abgewählt worden, als seine konservative Partei die Unterhauswahlen verlor und durch eine Labourregierung abgelöst wurde. Er besaß jedoch immer noch einen großen Einfluss auf die offizielle britische Politik und hatte in den USA einflussreiche Freunde, darunter Präsident Truman, der im April 1945 nach dem mysteriösen Tod von Franklin D. Roosvelt als ehemaliger Vizepräsident neuer US-Präsident geworden war. Später sollte Churchill sein Comeback machen und wieder britische Premierminister werden. Beide fuhren zusammen nach Fulton, wo Churchill seine berühmt berüchtigte 'Iron Curtain-Rede' halten sollte, so dass man davon ausgehen kann, dass diese Rede mit Truman vorher abgestimmt war.

b. Churchills Rede in Fulton/Missouri

Bevor er zum eigentlichen Kern seiner Rede kommt, setzt sich Churchill entschieden für die Bewahrung des Atomwaffenmonopols ein, welches die USA damals noch besaßen. Zur Erinnerung:

Die US-Luftwaffe hatte am 6. und 9. August 1945 von diesem Monopol in Japan Gebrauch gemacht, als sie über Hiroshima und Nagasaki zwei Atombomben abwarf, und dies, ohne dass es dafür noch eine militärische Notwendigkeit gab. Denn: Die Sowjetunion hatte auf der Berliner Dreimächte-Konferenz im Juli 1945 die Aufgabe übernommen, die japanische Armee im Fernen Osten zu besiegen. Am 10. August begannen die sowjetischen Operationen und schon am 23. August hatte die japanische Kwantung-Armee kapituliert. Fast 600.000 japanische Soldaten gerieten in sowjetische Kriegsgefangenschaft, 30.000 starben bei den Kämpfen.

Durch die beiden Atombombenabwürfe war die japanische Armee also in keiner Weise betroffen, sondern nur die japanische Zivilbevölkerung, aber auch 30.000 koreanische Zwangsarbeiter, die Japan im Krieg, als es Korea besetzt hielt, verschleppt hatte.

Die spätere Behauptung, die Abwürfe hätten den Krieg gegen Japan beendet ist also nachweislich falsch. Die Abwürfe richteten sich im Grunde gegen den damaligen Bündnispartner Sowjet-Bibbiano zunion: Er sollte bei der Gestaltung der Nachkriegsordnung im Fernen Osten keine Rolle mehr spielen, Japan sollte zu einer US-Kolonie gemacht werden, die man für den Krieg gegen die Sowjetunion benötigte.

Churchill beginnt seine Rede mit einem Hinweis auf das Atomwaffenmonopol der USA:

> *"Es wäre dennoch falsch und unvorsichtig, das Geheimwissen oder die geheimen Erfahrungen mit der Atomwaffe, die die Vereinigten Staaten, Großbritannien und Kanada jetzt teilen, der Weltorganisation anzuvertrauen. ... Ich glaube nicht, dass wir alle so gut schlafen könnten, wäre es anders gekommen und wenn irgendwelche kommunistischen oder neofaschistischen Staaten diese schrecklichen Werkzeuge jetzt monopoliisert hätten."*[772]

Allein schon die Angst vor einem solchen Szenarium könne dazu führen, der 'demokratischen Welt totalitäre Systeme aufzuzwingen' - mit unvorstellbaren Konsequenzen! Es sei, so Churchill, 'Gottes

---

772· Churchills Fulton-Rede, bei: https://www.nationalchurchillmuseum.org/sinews-of-peace-iron-curtain-speech.html.

Wille' gewesen, dass es nicht so gekommen ist. Die 'schrecklichen Werkzeuge' waren von den USA selbst zum ersten Mal über zivile Ziele eingesetzt worden und hatten Hunderttausenden Japanern nicht nur den Schlaf, sondern auch die Existenz geraubt.

Danach kommt er zum Kern seiner Rede, zu dem, was ihm besonders auf dem Herzen lag: auf die kommunistische Gefahr:

> *"Ein Schatten hat sich über den Schauplatz gelegt, der noch vor kurzem durch den alliierten Sieg so hell erleuchtet war. Niemand weiß, was Sowjetrussland und seine internationale kommunistische Organisation in der nahen Zukunft vorhaben oder wo die Grenzen ihrer expansiven und missionarischen Tendenzen zu finden sind."* [773]

Die 'internationale kommunistische Organisation', die Kommunistische Internationale oder kurz: Kominern, gab es übrigens zu dem Zeitpunkt, als Churchill seine Rede in Fulton hielt, nicht mehr: Sie war 1943 aufgelöst worden. Die neue 'Internationale', das Kominform-Büro, entstand erst ein Jahr später, 1947. Aber im Kopf von Churchill, den neuen, alten kalten Krieger, hatte diese Internationale nie aufgehört zu existieren und zu expandieren. Was es nicht mehr gab, musste erfunden werden, um die Bedrohung plastisch zu machen. Ein neues Bedrohungsszenarium wurde benötigt, um weiter an der Rüstungsschraube zu drehen und um den großen anglo-amerikanischen Mega-Konzernen kräftige Gewinne zu ermöglichen.

Um deutlich zu machen, wo jetzt der neue Gegner zu suchen sei, nachdem Nazideutschland besiegt war, benutzt er das seiner Fantasie entsprungene Bild vom 'eisernen Vorhang', der sich nun von Stettin an der Ostsee hinunter bis nach Triest an der Adria über den gesamten europäischen Kontinent gesenkt habe:

> *"Von Stettin an der Ostsee bis nach Triest an der Adria hat sich ein eiserner Vorhang über den Kontinent gelegt. Hinter dieser Linie liegen die Hauptstädte der alten Staaten von Osteuropa: Warschau,*

773· Ebd..

Berlin, Prag, Wien, Budapest, Belgrad, Bukarest und Sofia - all diese berühmten Städte und die Bevölkerung um sie herum - liegen in der sowjetischen Einflusssphäre, und alle unterliegen in der einen oder der anderen Form nicht nur dem sowjetischen Einfluss, sondern werden in höchstem Maße und in vielen Fällen zunehmend von Moskau kontrolliert. ....

Die kommunistischen Parteien, die in all diesen osteuropäischen Staaten sehr klein waren, befinden sich nun an herausragender Stelle und an der Macht - weit über ihre zahlenmäßige Stärke hinaus - und versuchen überall, eine totalitäre Kontrolle aufzurichten. Polizei-Regierungen dominieren in fast allen Fällen und es gibt, außer in der Tschechoslowakei, bis jetzt nirgendwo wahrhafte Demokratie."[774]

Aber damit nicht genug: Er sieht die 'expansiven und missionarischen Tendenzen' des Kommunismus auch in Gestalt 'fünfter Kolonnen' (gemeint die kommunistischen Parteien) in den Staaten diesseits des 'Eisernen Vorhangs':

"Jedoch in einer großen Zahl von Ländern, fern der russischen Grenzen und in der ganzen Welt, werden kommunistische fünfte Kolonnen geschaffen und arbeiten in vollkommener Eintracht und führen absolut gehorsam die Befehle aus, die sie vom kommunistischen Zentrum erhalten.

Außer im britischen Commonwealth und in den Vereinigten Staaten, wo der Kommunismus erst in den Kinderschuhen steckt, stellen die Kommunistischen Parteien oder fünften Kolonnen eine wachsende Herausforderung und Gefahr für die christliche Zivilisation dar."[775]

Kurz nach dieser Rede gibt Stalin der 'Prawda' ein Interview. Auf Churchills Ausführungen angesprochen, sagt er:

---

774. Ebd..

775. Ebd..

"Es ist unbezweifelbar, dass die Einstellung Churchills eine Einstellung für den Krieg ist, ein Aufruf zu einem Krieg gegen die Sowjetunion." [776]

Er stellt auch fest, dass Churchills neue Haltung mit dem bestehenden Bündnisvertrag zwischen England und der Sowjetunion nicht im Einklang stehe. Dieser Vertrag war 1942 unter maßgeblicher Beteiligung Churchills abgeschlossen worden und hatte eine Laufzeit von 20 Jahren. Er sah nicht nur eine Zusammenarbeit für die Dauer des Krieges, sondern auch eine für die Dauer des Friedens vor.

Churchill, ein Mann der Tat, beließ es nicht bei jenen Worten, sondern ließ ihnen schon bald Taten folgen. Im Juli 1946, als gerade die Friedenskonferenz in Paris tagt, um verschiedene Friedensverträge vorzubereiten, schlägt er vor, die 'Vereinigten Staaten von Westeuropa' zu schaffen - einen antisowjetischen Block mit deutscher Beteiligung. Seine Pläne sollten bald konkrete Gestalt annehmen und sind heute weitgehend realisiert worden.

c. Der Übergang zum offenen Konfrontationskurs

Wann wurde die Phase der offenen Konfrontation mit der Sowjetunion eingeleitet? Mit der Truman-Doktrin, bei der Churchill Pate gestanden hat. Am 12. März 1947 wird Trumans Direktive vom US-Kongress gebilligt, in dem die Kalten Krieger die Mehrheit besitzen. Die Truman-Doktrin beinhaltet die Politik des 'Roll Back', des 'Zurückrollens des Kommunismus', auch 'containment' (Eindämmung) genannt. Der Einfluss der Sowjetunion sollte mit Gewalt zurückgedrängt und die Zusammenarbeit mit ihr beendet werden, ein dichtes Netz von Militärbasen um sie herum sollte angelegt und die Nato mit zunächst 12 Mitgliedsstaaten gegründet werden, einschließlich Westdeutschland, das ihr Mitte der fünfziger Jahre beitreten sollte.

776· Stalin-Werke, Bd. 15, ebd., S. 64, ‚Prawda'-Interview, März 1946.

Drei Monate später: Trumans Außenminister Marshall verkündet den Marshall-Plan. Dieser Plan dient dem Ziel,

"... den Weg der Stärkung des Einflusses der amerikanischen Monopole in Europa zu bahnen."[777]

Er hat aber auch ein zweites Ziel: das Ziel, den Einfluss der fortschrittlichen sozialen Kräfte in Europa zu beschneiden und dann zurückzudrängen. Ein Beispiel: Frankreich werden die Gelder aus dem Plan nur unter der Bedingung gewährt, dass es die kommunistischen Minister, die nach dem Krieg in die bürgerliche Regierung übernommen wurden, wieder entfernt, was dann auch prompt passiert. Sie werden alle entlassen.

Der Truman-Doktrin ging ein Eklat voraus: Auf der Londoner Außenminister-Konferenz im Dezember 1946 macht der sowjetische Außenminister Wjatscheslaw Molotow den Vorschlag, einen Friedensvertrag mit Deutschland als einheitlichen Staat auszuarbeiten - gemäß den Potsdamer Beschlüssen vom Juli/August 1945. Der Vertrag sollte innerhalb von zwei Monaten abgeschlossen werden. Um diesen Plan zunichte zu machen, sprengt US-Außenminister Marshall auf Anweisung Trumans am 15. Dezember die Londoner Konferenz. Er stellt einen Antrag auf 'Vertagung'. Schon einen Tag später, am 16. Dezember, kommt es zu separaten Verhandlungen zwischen den westlichen Außenministern über die Bildung eines deutschen Teilstaates. Man ist die Sowjetunion und ihre lästigen Vorschläge endlich los und bleibt unter sich, kann die eigenen Nachkriegsplänen ungehindert vorantreiben.

Diese Vorgehensweise war gut vorbereitet worden: Schon am 2. Dezember 1946 war die sog. Bizone entstanden: die Zusammenlegung der amerikanischen mit der britischen Zone - ein erster Schritt zur Abspaltung Westdeutschlands, um einen antikommunistischen, remilitarisierten, aggressiven und völlig US-hörigen deutschen Teil-

777· Andrei J. Wyschinski, ‚Die Lehre Lenins-Stalins von der proletarischen Revolution und vom Staat', Berlin 1949, S. 42.

staat zu gründen. Es dauert nicht lange und die französische Zone wird der Bizone zugeschlagen. Es entsteht die Trizone. Als Belohnung erhält Frankreich das Saargebiet, das bis 1957 bei Frankreich bleibt, womit Frankreich für zehn Jahre den Zugriff auf die großen Ressourcen dieses Gebiets erhält. Damit sind die Weichen für die Gründung der Bundesrepublik Deutschland gestellt. Der Teilstaat soll anschließend in einen aggressiven, antisowjetischen Militärblock eingegliedert werden.

Der nächste Schritt folgt am 23. Februar 1948. Auf der neuen Londoner Konferenz wird der Beschluss bekannt gegeben, die Bildung eines deutschen Teilstaates zu vollziehen (sog. Londoner Empfehlungen).

Einer der treibenden Kräfte hinter dieser neuen anglo-amerikanischen Konfrontationspolitik ist der Leiter der Wirtschaftsabteilung der US-Militärregierung in Frankfurt/Main, Brigadegeneral William H. Draper. Draper war ein Mann der Wall-Street. Er war Vizepräsident der US-Bank Dillon Read & Co.

Draper wird von Truman dann zum Sonderbevollmächtigten für die Schaffung der Nato ernannt, die im April 1949 gegründet wird.

35. Stalins Friedenspolitik

a. Stalins Friedenspolitik in der Zeit vor Gründung der beiden deutschen Staaten

Während die USA und Großbritannien entschlossen Kurs nehmen auf Konfrontation und Kriegsvorbereitung, auf Kalten Krieg, Teilung Deutschlands, militärische Einmischung in die Angelegenheiten souveräner Staaten, auf die Organisierung von Putschen für einen 'Regime Change' in unzähligen Ländern (darunter im Iran, in Guatemala, Brasilien und anderswo) und zügig an die Gründung einer aggressiven transatlantischen Allianz gehen, hält Stalins Sowjetunion an der Politik der Verständigung und der Kooperation mit den ehemaligen Alliierten fest.

Sowjetunion: Hungrig nach Frieden

Die Sowjetunion braucht dringend den Frieden für ihren wirtschaftlichen Wiederaufbau, und kein anderes Land wusste mehr, was Krieg bedeutet als sie. Selbst General Eisenhower, der spätere US-Präsident, war noch im November 1945 bereit vor einem Ausschuss des US-Kongresses zuzugeben, dass

"... nichts die russische Außenpolitik so stark prägt wie das Verlangen nach Frieden mit den Vereinigten Staaten." [778]

Auf der Dreimächte-Konferenz in der Nähe von Jalta im Februar 1945 brachte Stalin dieses Verlangen seines Volkes nach Frieden in einem Toast zum Ausdruck, den Churchill in seiner 'Geschichte des Zweiten Weltkriegs' anführt:

"Auf die Festigkeit der Dreimächte-Allianz! Möge sie stark und stabil sein, seien wir selbst so aufrichtig wie möglich. ... Alliierte

778- A. L. Strong, ebd., S. 123.

sollten sich nicht hintergehen. ... In der Geschichte der Diplomatie ist mir keine solch enge Allianz dreier großer Mächte wie diese bekannt." [779]

Aber schon bald sollten diese Hoffnungen wie Seifenblasen zerplatzen und Ernüchterung Platz machen. Anna Louise Strong:

"Die Russen hatten in ihrer Stunde des Sieges tatsächlich gehofft, dass ihre lange Isolation zu Ende ist, dass ihre schrecklichen Kriegsverluste ihnen die Freundschaft mit Amerika und Großbritannien eingebracht hatten - mit vielen Generationen des Friedens.

Woche für Woche sah ich, dass diese Hoffnung aus ihren Gesichtern wieder verschwand. Der Wandel begann mit unserer Atombombe auf Hiroshima. Die Angst trat wieder in die Augen zurück, die kaum den Frieden gesehen hatten. Nach der Angst kamen die Gedanken: Weshalb hatten die Amerikaner eine Viertelmillion Menschen in zwei japanischen Städten abgeschlachtet, zu einer Zeit, als Japan bereits um Frieden ersucht hatte?" [780]

USA: Statt Frieden - Atombombendiplomatie und gebrochene Versprechen

Die Atombombendiplomatie der USA gegen die Sowjetunion hatte begonnen.

Im Osten schloss die neue US-Regierung unter Truman einseitig mit Japan einen Waffenstillstand, ohne die Sowjetunion miteinzubeziehen, die erst im August 1945 Japan im Fernen Osten besiegt hatte und Anspruch darauf besaß, in die Waffenstillstandsvereinbarungen mit einbezogen zu werden. Japan geriet dadurch in eine ähnliche vollständige Abhängigkeit zum US Imperialismus wie Westdeutschland oder später Südkorea und wurde zu seinem Flugzeugträger.

779· Ebd., S. 124.

780· Ebd..

Abrupt und ohne jede Vorankündigung stoppte Truman weitere Lieferungen an die UdSSR im Rahmen des Lend-Lease-Vertrages, als man die im New Yorker Hafen schon abfahrtbereiten Schiffe auf höchsten Befehl hin wieder entlud.

Als die Sowjetunion Washington daran erinnerte, dass der US Unterhändler Donald Nelson noch 1943 eine sechs Milliarden-Dollar-Hilfe versprochen hatte und die Sowjetunion dann die erste Milliarde für ihren Wiederaufbau erbat, hatte das US-State Department den Brief plötzlich 'verloren'.[781]

Stalin unterstützt Henry Wallaces Friedensplan und Atomwaffenverbot

Aber es gab dennoch auch in den USA nach wie vor Kräfte, die an der alten Anti-Hitlerkoalition festhalten wollten und sich dem Kriegskurs Harry Trumans entgegenstellten. Der ehemalige Landwirtschaftsminister und Vizepräsident der USA unter Roosevelt, Henry Wallace, machte sich dafür stark und wurde prompt als Sympathisant des Kommunismus bezeichnet. Er hatte Anfang 1948, als er schon von Truman als Handelsminister gefeuert worden war, und schon ohne Amt war, Stalin einen offenen Brief geschrieben, in dem er konkrete Vorschläge zur Regelung aller Differenzen mit der Sowjetunion machte. Zu seinen Vorschlägen gehörten unter anderem:

1. Das Verbot aller Atomwaffen und eine Beschränkung der Rüstungen;
2. Der Abschluss von Friedensverträgen mit Deutschland und Japan;
3. Der Abzug fremder Truppen aus diesen Ländern;
4. Das Verbot der Errichtung militärischer Stützpunkte in Ländern, die Mitglied der Vereinten Nationen sind;
5. Die Achtung des Selbstbestimmungsrechts der Nationen und die Nichtmischung in die inneren Angelegenheiten;

781· vgl. A. L. Strong, ebd., S. 125.

6. Die Entwicklung des internationalen Handels und Ausschaltung jeglicher Diskriminierung;
7. Hilfe und Wiederaufbau im Rahmen der UN für Länder, die unter dem Krieg gelitten hatten;
8. Die Verteidigung der Demokratie und die Sicherung der Bürgerrechte in allen Ländern ..."[782]

Wie reagierte Stalin auf seine Vorschläge? Stalin in seiner Antwort auf den offenen Brief von Henry Wallace:

"Kein einziger Staatsmann, dem es um die Sache des Friedens und der Zusammenarbeit unter den Nationen zu tun ist, kann dieses Programm ignorieren, da es die Hoffnungen und Sehnsüchte der Völker nach Festigung des Friedens widerspiegelt und zweifellos die Unterstützung von Seiten vieler Millionen einfacher Leute finden wird."[783]

Trat Stalin auch für das Verbot von Atomwaffen ein?

"Den maßgeblichen Persönlichkeiten der USA kann es nicht unbekannt sein, dass die Sowjetunion nicht nur gegen die Anwendung der Atomwaffe ist, sondern auch für ihr Verbot, für die Einstellung ihrer Produktion.

Wie bekannt ist, hat die Sowjetunion wiederholt das Verbot der Atomwaffe gefordert, doch jedesmal erhielt sie von den Mächten des Atlantikblocks eine Absage."[784]

In seiner Antwort umreißt Stalin auch die Grundzüge der sowjetischen Außenpolitik:

"Trotz der Unterschiede in den Wirtschaftssystemen und den Ideologien ist das Nebeneinander-Bestehen dieser System und die friedliche Beilegung der Differenzen zwischen der UdSSR und den

---

782· Stalin-Werke, Bd. 15, ebd., S. 132, auch in: ‚Neues Deutschland', Nr. 113 vom 19. Mai 1948.

783· Ebd., S. 132f, Antwort Stalins auf den offenen Brief von Henry Wallace.

784· Ebd., S. 259, Prawda-Interview vom 6. Oktober 1951.

USA nicht nur möglich, sondern im Interesse des allgemeinen Friedens auch unbedingt notwendig." [785]

Stalin: Lage in Berlin entschärfen

Stalin ist auch bereit, die angespannte Lage um Berlin zu entschärfen. In einem Prawda-Interview, das er Ende Oktober 1948 gibt, bezeichnet er die Politik der Führer der USA und Großbritanniens als eine 'Politik der Aggression', als eine 'Politik der Entfesselung eines neuen Weltkriegs' und nennt Winston Churchill den 'Hauptkriegsbandstifter'.

Er verrät uns in dem Interview, dass sich die Unterhändler der vier Mächte am 30. August in Moskau schon auf ein Berlin-Abkommen geeinigt hatten, das vorsah, alle Verkehrsbeschränkungen um die Stadt aufzuheben ('Berlin-Blockade'). In ganz Berlin sollte eine einheitliche neue Währung eingeführt werden. Was passierte dann? Die Regierungen der USA und Großbritanniens verleugneten dann ihre eigenen Vertreter, erklärten die Vereinbarung für null und nichtig und verwiesen die Angelegenheit an den UN-Sicherheitsrat, wo beide Länder über eine Mehrheit verfügten.

Was passierte dann dort? Der argentinische Vertreter legte einen Kompromissverschlag zur Lage in Berlin vor. Und wieder erklären Washington und London den Vorschlag für null und nichtig.

Stalin: Die USA und England wollten damit 'beweisen', dass man mit der UdSSR keine Vereinbarungen über eine Zusammenarbeit treffen könne, das eine solche Zusammenarbeit 'unmöglich' geworden sei. Warum? Weil, so Stalin,

> *"..die Politik der Vereinbarungen mit der UdSSR die Positionen der Kriegshetzer untergräbt und die aggressive Politik dieser Herrschaften gegenstandslos macht. Eben deshalb sprengten sie die schon zustande gekommenen Vereinbarungen und stellten ihre Vertreter*

785· Ebd..

bloß, die gemeinsam mit der UdSSR diese Vereinbarungen ausgearbeitet haben." [786]

Die Schrecken des jüngsten Krieges aber seien im Gedächtnis der Völker zu lebendig, als dass die

"Aggressionsschüler Churchills sie überwinden und in die Richtung eines neuen Krieges lenken könnten." [787]

Was passierte daraufhin in den Westsektoren der Stadt Berlin? Man führte dort entgegen den Potsdamer Beschlüssen eine separate Währung ein, die Deutsche Mark (DM), um die Spaltung der Stadt voranzutreiben, um den Ostteil wirtschaftlich zu ruinieren und um dort einen ewigen Spannnungsherd zu schaffen, um so die Beziehungen zur UdSSR schrittweise immer weiter zu vergiften.

b. Stalins Friedenspolitik in der Zeit nach der Gründung der beiden deutschen Staaten

Aus zahlreichen Dokumenten geht hervor, dass Stalin nicht für die Teilung Deutschlands in einen West- und einen Oststaat eintrat, auch nicht für ein sozialistisches Deutschland, sondern für ein einheitliches, friedliebendes, demokratisches, entmilitarisiertes, entnazifiziertes, neutrales und unabhängiges neues, im Grunde bürgerliches Deutschland.

In seinem Glückwunschtelegramm an den damaligen Präsidenten der DDR, Wilhelm Pieck, und an den Ministerpräsidenten der DDR, Otto Grotewohl, aus Anlass der Gründung der DDR am 7. Oktober 1949, formulierte er seine Haltung so:

"Die Gründung der Deutschen Demokratischen friedliebenden Republik ist ein Wendepunkt in der Geschichte Europas. ... Wenn diese beiden Völker (das deutsche und sowjetische - Autor) die Entschlossenheit an den Tag legen werden, für den Frieden mit der glei-

786· Ebd., S. 139.

787· Ebd..

chen Anspannung ihrer Kräfte zu kämpfen, mit der sie den Krieg führten, so kann man den Frieden in Europa für gesichert halten.

Wenn Sie so den Grundsein für ein einheitliches, demokratisches und friedliebendes Deutschland legen, vollbringen Sie gleichzeitig ein großes Werk für ganz Europa, indem Sie ihm einen festen Frieden gewährleisten. ... Ich wünsche Ihnen Erfolg auf diesem neuen glorreichen Wege."

Es lebe und gedeihe das einheitliche, unabhängige, demokratische, friedliebende Deutschland!" [788]

Er schreibt nicht: 'Es lebe die DDR!' - er schreibt: 'Es lebe das einheitliche demokratische Deutschland'! Von Sozialismus ist keine Rede.

Er betrachtete die DDR, aber auch die BRD, als ein Provisorium, als ein Zwischenstadium hin zu einem einheitlichen, friedliebenden Deutschland und hielt an dem Ziel fest, Deutschland als einheitlichen Staat zu bewahren und mit ihm gutnachbarliche Beziehungen zu entwickeln. Alle Teilungspläne lehnte er entschieden ab.

Eine ähnliche Sprachregelung findet sich auch in seinem Telegramm an den Zentralrat der Freien Deutschen Jugend. Er betont darin auch die Notwendigkeit, einen Friedensvertrag abzuschließen und alle Besatzungstruppen aus Deutschland danach abzuziehen. Von der Notwendigkeit der Schaffung eines 'sozialistischen Deutschlands' spricht er nicht.

Stalins Märznote aus dem Jahre 1952

Am 10. März 1952 hatte er sich in einer Note an die Regierungen der USA, Großbritanniens und Frankreichs gewandt mit dem Vorschlag, endlich einen Friedensvertrag mit Deutschland abzuschließen, der umgehend abgelehnt wurde, auch von dem damaligen ersten deutschen Bundeskanzler Konrad Adenauer.

In der Einleitung zur Märznote Stalins heißt es, es sei ein 'un-

788- Ebd., S. 148, Glückwunschtelegramm an die DDR-Führung vom 13. Oktober 1949.

normaler Zustand', dass auch sieben Jahre nach der Beendigung des Krieges immer noch kein Friedensvertrag mit Deutschland abgeschlossen wurde. Um diesen Zustand zu beseitigen, wende sich die Sowjetregierung an die Regierungen der USA, Großbritanniens und Frankreichs mit dem Vorschlag,

> "..*unverzüglich die Frage eines Friedensvertrages mit Deutschland zu erwägen, damit in nächster Zeit ein vereinbarter Friedensvertragsentwurf vorbereitet und einer entsprechenden internationalen Konferenz unter Beteiligung aller interessierter Staaten zur Prüfung vorgelegt wird.*"[789]

Voraussetzung sei natürlich, dass eine gesamtdeutsche Regierung an der Ausarbeitung beteiligt werde. Damit dies geschehen könne, müssten die vier Mächte, die Kontrollfunktionen über Deutschland haben, so schnell wie möglich auf die Bildung einer gesamtdeutschen Regierung hinwirken. Um die Vorbereitung eines solchen Friedensvertrages zu erleichtern, lege die Sowjetunion ihren eigenen Entwurf zur Erörterung vor. Sie sei aber durchaus bereit, auch andere Vorschläge zu prüfen.

Der sowjetische Entwurf für einen Friedensvertrag mit Deutschland

Warum sei dieser Vertrag unbedingt notwendig?

Er sei unbedingt notwendig, weil ohne einen solchen Vertrag eine 'gerechte Behandlung der rechtmäßigen, nationalen Interessen des deutschen Volkes nicht gewährleistet werden kann'. Er sei unbedingt notwendig für die Festigung des Friedens in Europa. Ohne einen solchen Vertrag werde es zu keiner Verbesserung der internationalen Lage in Europa kommen. Er sei auch deswegen unbedingt notwendig, weil ohne Abschluss eines solchen Vertrages mit Deutschland 'die Gefahr einer Wiederherstellung des deutschen Militarismus,

789· Europa-Archiv, 1952, 7. Folge, S. 4.832f, http://1000dok.digitale-sammlungen.de/dok_0031_not.pdf.

der zwei Weltkriege entfesselt hat, nicht beseitigt ist.' Es gelte unbedingt, eine neue deutsche Aggression unmöglich zu machen. Und schließlich sei der Vertrag auch besonders notwendig für die Deutschen selbst, weil damit die Bedingung für einen dauerhaften Frieden geschaffen werden, denn ohne diese Bedingung könne sich das deutsche Volk nicht im Rahmen eines einheitlichen, unabhängigen, demokratischen und friedliebenden Staates entwickeln und friedlich mit anderen Völkern zusammenarbeiten.

Es folgen die politischen, wirtschaftlichen und militärischen Leitsätze des Vertragsentwurfes.

1. Die politischen Leitsätze:

Darunter findet sich der Vorschlag der UdSSR, Deutschland als einheitlichen Staat wiederherzustellen. Darunter findet sich auch der Vorschlag, sämtliche ausländischen Streitkräfte aus Deutschland abzuziehen und alle Militärstützpunkte zu räumen, und zwar spätestens ein Jahr nach Unterzeichnung des Vertrages. Darunter findet sich der Vorschlag, dass Deutschland keine Militärbündnisse oder Koalitionen eingeht, die sich gegen einen anderen Staat richten, der mit seinen Streitkräften am Krieg gegen Deutschland teilgenommen hat.

Weil es zu diesem Zeitpunkt schon die NATO gab, die im April 1949 gegründet wurde und es schon Pläne gab, Westdeutschland in die Nato aufzunehmen, hätte die Annahme dieses Vorschlages eine deutsche Natomitgliedschaft unmöglich gemacht.

Weiterhin findet sich unter den politischen Leitsätzen der Vorschlag, dem deutschen Volk 'alle demokratischen Rechte einzuräumen', was im Grunde auf eine parlamentarische Demokratie mit Parteien und regelmäßigen Wahlen hinauslief.

Schließlich wird die Aufnahme Deutschlands in die Vereinten Nationen ausdrücklich befürwortet.

2. Die wirtschaftlichen Leitsätze:

Dort findet sich der Vorschlag, Deutschland für die Entwicklung seiner Friedenswirtschaft keinerlei Beschränkungen aufzuerlegen.

Das gelte auch in Bezug auf den Handel mit anderen Ländern. Es solle freien Zugang zu den Weltmärkten erhalten.

3. Die militärischen Leitsätze:

Unter diesen Leitsätzen findet sich der Vorschlag, Deutschland zu gestatten, eigene nationale Streitkräfte zu unterhalten, die für die Verteidigung des Landes notwendig sind. Sogar die Herstellung von Kriegsmaterial sei ihm zu gestatten, vorausgesetzt sie geht nicht über das Maß hinaus, das für den Unterhalt der Streitkräfte unbedingt erforderlich ist.

Die möglichen Folgen der Annahme eines solchen Friedensvertrages

Was hätte die Annahme eines solchen Friedensvertrages, wäre er in etwa in dieser Form zustande gekommen, für die Entwicklung Deutschland bedeuten können?

1. Die Auflösung von BRD und DDR als Teilstaaten und ihre Ersetzung durch einen einheitlichen Staat. An die Spitze dieses Staates wäre eine gesamtdeutsche Regierung getreten, die aus freien, allgemeinen, gleichen, direkten und geheimen Wahlen hervorgegangen wäre. Dies wäre ganz sicher keine sozialistische Regierung gewesen. Wahrscheinlich wäre eine sozialdemokratisch geführte bürgerliche Regierung an die Macht gelangt.

2. Deutschland wäre nicht in die NATO aufgenommen worden, wäre neutral geblieben wie Österreich oder Finnland. Es wäre nicht gezwungen worden, eine maßlose Wiederaufrüstung zu betreiben und Atomwaffen der USA auf seinem Territorium zu dulden. Es wäre nicht gezwungen worden, sein Territorium als Aufmarschgebiet für einen neuen Krieg gegen die Sowjetunion herzugeben. Es hätte sich im Zentrum Europas als Friedensmacht ohne übergroße Armee bewähren können und bei Konflikten in Europa und anderswo in der Welt eine positive Rolle als Vermittlerin spielen können.

3. Es hätte gute Beziehungen zur Sowjetunion herstellen können. Gutnachbarliche Beziehungen zwischen Deutschland und Russland waren immer der Garant für den Frieden in Europa, was die Geschichte immer wieder bewiesen hat. Dadurch wären dem US-Imperialismus in Europa die Flügel beschnitten worden. Gegenüber guten Beziehungen zwischen Deutschland und der Sowjetunion wäre er weitgehend machtlos gewesen.

4. Die deutsche Wirtschaft wäre nicht militarisiert worden, es wäre zu keinem neuen militärisch-industriellen Komplex gekommen; sie hätte sich auf der Basis der Friedensproduktion weltweit einen Namen machen können, wäre in alle internationalen Organisationen aufgenommen worden und hätte alle Möglichkeiten gehabt, auch gute Handelsbeziehungen zur Sowjetunion und zu anderen osteuropäischen Staaten ohne US-Vormundschaft aufzubauen, was sicherlich dem Wohlstand des deutschen Volkes nicht abträglich, sondern ihm zuträglich gewesen wäre.

Die Ablehnung des Friedensvertragsentwurfes durch den Westen und die Adenauer-Regierung und die Folgen

Die Adenauer-Regierung bezeichnete die sowjetische Note sofort als 'Propagandamanöver'. Sie wurde nicht im deutschen Bundestag diskutiert, sondern landete sofort im Papierkorb.

Damit war der Weg frei für eine ganz andere Entwicklung, die den alten Kräften, die sich in Westdeutschland wieder regten, sehr entgegenkam und die durch die Adenauer-Regierung politisch mitvertreten wurden: die Kräfte des alten deutschen Militarismus, der alten deutschen aggressiven Hochfinanz, der Überreste der deutschen Schwerindustrie, die damals Hitler an die Macht brachten, deren Exponenten schon bald aus den Gefängnissen wieder entlassen wurden und entscheidende Positionen im deutschen Staatsapparat einnehmen durften. So kam es zur Integration Westdeutschlands in die NATO, zur Unterordnung deutscher Interessen unter die Interessen der USA und Großbritanniens, zum Verlust jeglicher nationaler Souveränität und zur aufgezwungenen Remilitarisierung, zur Stationierung von US Atomwaffen auf deutschem Boden, zum Ausbau angloamerikanischer Stützpunkte, zum Wettrüsten und den damit verbundenen Kosten, die die Allgemeinheit zu tragen hatte, aber auch zu einer gefährlichen Renazifizierung und zum Revanchedenken, zu einem hysterischen Antikommunismus und Antisowjetismus, zur Russophobie, die benötigt wurde, um die geeignete Stimmung in der bundesdeutschen Bevölkerung zu erzeugen für einen Revanchekrieg gegen die Sowjetunion im Bündnis mit den Vereinigten Staaten und ihrem britischen Bündnispartner.

So kam es zu einer über 40-jährigen Teilung Deutschlands mit all ihren Folgen für die Menschen in diesem Land. Die beiden deutschen Staaten wurden jahrzehnteland nicht in die Vereinten Nationen aufgenommen und konnten international keine eigenständige Rolle spielen. Deutsche Interessen wurden mit Füßen getreten.

Eine historische Chance wurde vertan. Nicht die nationalen und sozialen Interessen der Deutschen standen bei dieser Entscheidung Pate, sondern nur die Interessen der angloamerikanischen Kriegstreiber und der alten deutschen Militaristen und Revanchisten.

Der erste deutsche Bundeskanzler Konrad Adenauer (CDU) hatte diese verhängnisvolle Entwicklung hauptsächlich auf deutscher Seite zu verantworten. Man kann mit Fug und Recht behaupten, dass dieser Mann Verrat an den Interessen des deutschen Volkes geübt hat.

36. Die Gründung des Kominform-Büros

a. Was war das 'Kominform'?

Nach der Auflösung der 1919 von Lenin gegründeten Kommunistischen Internationale ('Komintern') im Jahre 1943, die unter Führung des Trios Dimitroff, Manuilski, Togliatti nur noch ein Schattendasein führte, wurden nach dem Krieg von sowjetischer Seite Versuche unternommen, die Organisation auf regionaler Ebene neu zu gründen. 1947 war es so weit.

Die zu dem Gründungskongress eingeladenen kommunistischen Parteien sollten aber nicht mehr nur Sektionen eines Moskauer Zentrum sein wie bei der Komintern, sondern ihre Selbstständigkeit in vollem Umfang behalten. In regelmäßigen Abständen wollte man Beratungen unter den wichtigsten europäischen kommunistischen Parteien abhalten. Der Zweck der Organisation:

"einen Meinungsaustausch zu organisieren."[790]

Das Ziel: das ideologische Niveau der Parteien anzuheben, Schwächen, Probleme und Fehler durch Konsultationen aufzudecken und zu beheben.

Die neue Internationale sollte auch zur Festigung der neu entstandenen Volksdemokratien und zur Sicherung des Friedens in Mitteleuropa beitragen.

Man nannte die Organisation 'Informationsbüro kommunistischer Parteien', kurz: Kominform.

Die Initiative ging von Stalin aus, was wieder einmal mehr die Legende widerlegt, dass Stalin kein Internationalist, sondern ein Vertreter des 'großrussischen Nationalismus' (Wolfgang Leonhard)

790· William B. Bland, ‚Cominform against Revisionism', Vortrag von Bill Bland vor der britischen Stalin-Gesellschaft, London 1998, Kominform gegen Revisionismus, Bland zitiert dazu: Keesing's Contemporary Archive, Bd. 6, S. 8.864.

gewesen sei. Er nahm aber nie an den Sitzungen des Büros teil. Für ihn arbeitete Professor Andrei Schdanow in der Organisation, sein engster Vertrauter. Die Gründung erfolgte im Oktober 1947 auf einer geheimen Konferenz in Szklarska Poreba in Polen. Als ständiger Sitz des Büros war Belgrad vorgesehen.

Folgende kommunistische Parteien waren zur Gründungskonferenz eingeladen worden:

die kommunistischen Parteien Frankreichs, Italiens, Jugoslawiens, Ungarns, Bulgariens, Rumäniens, Polens, der Tschechoslowakei und der Sowjetunion.

Die deutsche SED, die damals von Walter Ulbricht und Wilhelm Pieck geführt wurde, war nicht eingeladen worden. Auch die albanische kommunistische Partei Enver Hoxhas wurde nicht eingeladen.

Jeweils zwei Vertreter einer KP gehörten dem Büro an. Das Kominform gab eine eigene Zeitschrift heraus. Sie trug den Titel: 'Für dauerhaften Frieden, für Volksdemokratie!'

Andrei Schdanow wurde Leiter der Organisation. Die alten Kominternchefs, Dimitroff, Manuilski und Togliatti wurden nicht mehr einbezogen. Sie hatten seit dem 7. Weltkongress der Komintern im Sommer 1935 die Komintern praktisch in eigener Regie geführt. Danach fanden keine Kongresse mehr statt.

Schdanow hatte während der 900-tägigen Blockade von Leningrad die Versorgung der Stadt organisiert und genoss ein hohes Ansehen in der Sowjetunion. Er verstarb ganz plötzlich im September 1948 an einem Herzinfarkt, wie es hieß. Danach ging die Führung auf seinen Stellvertreter, Georgi Malenkow über.

Auf der Gründungskonferenz einigte man sich auf ein Manifest, in dem die nach dem Krieg entstandene Lage analysiert wird. Es heißt dort, dass zwei Lager entstanden seien:

"Das eine ist das antidemokratische Lager, das sich zum Ziel gesetzt hat, die Weltherrschaft des US-Imperialismus herzustellen und die Demokratie auszumerzen; das andere ist das demokratische, antiimperialistische Lager, das das Ziel verfolgt, den Imperi-

alismus zu untergraben, die Demokratie zu stärken und die Reste des Faschismus auszurotten."[791]

Zwischen diesen beiden Lagern finde ein Kampf statt, und dieser Kampf ereigne sich in

"einer Atmosphäre der Verschärfung der allgemeinen Krise des Kapitalismus, der Schwächung der Kräfte des Kapitalismus und der Stärkung der Kräfte des Sozialismus und der Demokratie."[792]

b. Kampf gegen den aufkommenenden Revisionismus

Gleich auf der ersten Konferenz sparte die neue Leitung nicht mit Kritik an zwei großen kommunistischen Parteien, der Frankreichs und Italiens. Schdanow brachte die Kritik vor:

"Auf der Gründungskonferenz geißelte Schdanow die Franzosen und Italiener dafür, dass sie es zugelassen hatten, dass Trägheit ihr Verhalten diktieren konnte, dafür, dass sie mit der Bourgeoisie in ihren Ländern kollaborierten und dafür, dass sie gegenüber den Katholiken und den Sozialdemokraten so kleinlaut waren."[793]

Gegen Ende des Krieges waren Vertreter der KP Frankreichs und Italiens in die bürgerlichen Regierungen ihrer Länder eingetreten, darunter auch Palmiro Togliatti, der ehemalige Kominternchef, der schon 1944 in Italien Minister wurde. Die italiensche KP erlaubte auch gläubigen Katholiken, Mitglied der kommunistischen Partei zu werden. Man war in den Führungen der beiden Parteien der Ansicht, dass man über den bürgerlichen Parlamentarismus zum Sozialismus gelangen könne. Diesen 'friedlichen Weg zum Sozialismus' lehnte die sowjetische Führung entschieden ab, die aus eigener

---

791· Manifest des Kommunistischen Informationsbüros, September 1947, in: Keesing's Contemporary Archives', Bd. 6, S. 8.864, in: William B. Bland, ‚Cominform against Revisionism', ebd., S. 3.

792· Ebd..

793· Isaac Deutscher, ‚Stalin · eine politische Biografie', ebd., S. 738.

Erfahrung wusste, dass dies eine Illusion ist. Die Führung der französischen KP hatte kurz vor Ende des Krieges sogar der Auflösung und Entwaffnung der französischen Widerstandsbewegung, der Résistance, zugestimmt.

Interessanterweise wurde die Kritik von den beiden Vertretern der jugoslawischen KP vorgetragen.

Die zweite Konferenz fand im Januar 1948 in Jugoslawien statt. Auf ihr wurde aber nur eine neue Redaktion für die Zeitschrift des Kominforms gewählt.

c. Warum die titoistische KP Jugoslawiens ausgeschlossen wurde

Auf der dritten Konferenz im Juni 1948 war die Kommunistische Partei Jugoslawiens nicht mehr anwesend. Auf ihr wurde die Poltik der jugoslawischen Partei eingehend diskutiert und scharf kritisiert. In der angenommenen gemeinsamen Erklärung hieß es unter anderem:

"Eine würdelose Politik der Verleumdung der sowjetischen Militärberater und der Herabsetzung der Sowjetunion wird in Jugoslawien verfolgt. Die zivilen sowjetischen Experten haben einen Sonderstatus erhalten, der erlaubt, dass sie von der jugoslawischen Staatssicherheit überwacht und ihnen nachgestellt werden kann. Die Vertreter der KPdSU, B im Kominform-Büro, darunter Genosse Judin sowie eine Anzahl offizieller Vertreter der Sowjetunion, sind verfolgt und der Überwachung durch die jugoslawische Staatssicherheit unterstellt worden." [794]

Jugoslawien war schon 1944 durch die Truppen der Roten Armee von der Nazibesatzung befreit worden. Als deutsche Fallschirm-

794. Resolution des Informations-Büros der kommunistischen Parteien, Juni 1948, in: ‚The Soviet-Yugoslav Dispute: Text of the Political Correspondence', London 1948, S. 62ff, zitiert von William B. Bland, ‚Cominform against Revisionism', ebd., Der sowjetisch-jugoslawische Konflikt.

springer den Generalstab der jugoslawischen Partisanen versuchten zu vernichten, kamen sowjetische Truppen ihnen zu Hilfe und brachen schließlich den Widerstand der deutschen Besatzer, befreiten Belgrad und brachten die Jugoslawischen Kommunistische Partei mit Tito an der Spitze an die Macht. Die Rote Armee war in Belgrad begeistert von der Bevölkerung empfangen worden.

Jetzt aber stellte man den sowjetischen Militärberatern nach, die im Land geblieben waren und verleumdete sie. Sie seien, so der Tito-Vertraute Djilas, 'moralisch tiefer gesunken als die britischen Offiziere'.

Mehr noch:

Man verhaftete unter der Regie Titos und seiner Anhänger diejenigen jugoslawischen Kommunisten, die die Einrichtung des Kominform-Büros begrüßt hatten, bezeichnete sie abfällig als 'Kominformisten', initiierte eine Hetzkampagne gegen sie, verhaftete sie und sperrte sie in das Konzentrationslager 'Goli Otok' (Kahler Hügel), wo Tausende den Tod fanden. Ausgerechnet der ehemalige Partisanenführer Jovanowitsch wurde vom jugoslawischen Geheimdienst (Leiter: Rankowitsch) heimtückisch ermordet; auch die ehemaligen Mitglieder des Zentralkomitees der Jugoslawischen Kommunistischen Partei, Hebrang und Jujowitsch, die an der Freundschaft mit der Sowjetunion festhalten wollten, fielen der Säuberungswelle Titos zum Opfer. Tito, einst von dem ehemaligen Kominternchef Georgi Dimitroff zum Führer der jugoslawischen KP ernannt, war ins Lager der Briten und Amerikaner übergewechselt und führte deren Anordnungen aus.

Der Ausschluss der jugoslawischen KP aus dem Kominform-Büro wurde in der Resolution so begründet:

'Das Kominform-Büro ist übereinstimmend zu der Schlussfolgerung gelangt, dass die Führer der Kommunistischen Partei Jugoslawiens durch ihre parteifeindlichen und antisowjetischen Ansichten, die mit dem Marxismus-Leninismus unvereinbar sind, sich gegen die kommunistischen Parteien, die dem Kominform-Büro angehören,

gestellt haben, dass sie den Weg der Trennung von der vereinigten sozialistischen Front gegen den Imperialismus, den Weg des Verrats an der Sache der internationalen Solidarität eingeschlagen haben und zu einer Position des Nationalismus übergegangen sind."[795]

Die vierte Konferenz findet im November 1949 in Ungarn statt. Inzwischen weiß man mehr über die Machenschaften der Titoisten, denen es gelungen ist, die KP Jugoslawiens für ihre Zwecke zu instrumentalisieren. Man verabschiedet einstimmig eine Resolution, die den Titel 'Die kommunistische Partei Jugoslawiens in der Gewalt von Mördern und Spionen' trägt. Sie wird von den rumänischen Vertretern eingebracht. In ihr heißt es, dass die Führer der Kommunistischen Partei Jugoslawiens

"...Feinde der Arbeiterklasse und der Bauernschaft sind, Feinde des jugoslawischen Volkes, die die Interessen des Landes und die politische und wirtschaftliche Unabhängigkeit Jugoslawiens verraten haben. ... Der Kampf gegen die Tito-Clique und ihre angeheuerten Spione und Mörder ist die internationalistische Pflicht aller kommunistischen und Arbeierparteien."[796]

In einer weiteren Resolution wird zum entschiedenen Kampf für den Frieden aufgerufen. Dieser Kampf müsse 'zum Dreh- und Angelpunkt jeder Aktivität der kommunistischen Parteien und demokratischen Organisationen gemacht werden'.

d. Die Auflösung des Kominform-Büros

Nach Stalins Tod im März 1953 stellt das Büro seine Arbeit ein. Die formale Auflösung erfolgt aber erst 1956 unter Chruschtschow, der ein Verbündeter Titos war. Er hatte sich 1955 demonstrativ in Belgrad mit Tito ausgesöhnt. Auch die Zeitschrift des Büros stellt

795· Ebd..

796· Resolution des Informations-Büros, November 1949, in: Konferenz des Informations-Büros der kommunistischen Parteien in Ungarn, Ende November 1949', Prag 1950, S. 27f, in: William B. Bland, ebd..

ihr Erscheinen ein. Die Auflösung war ein Geschenk an Tito, den jugoslawischen Präsidenten, der das Vertrauen des Westens genoss. Damit war der Weg für den Besuch Titos in der Nach-Stalin-Sowjetunion frei.

In Jugoslawien wird die Auflösung der neuen Internationale nach nur neun Jahren stürmisch begrüßt.

Aber auch danach kommt es noch vereinzelt zu einigen Beratungen der kommunistischen und Arbeiterparteien. In Moskau finden 1957 und 1960 noch internationale Beratungen statt. An diesen Beratungen nahmen auch nicht-europäische kommunistische Parteien, darunter die Kommunistische Partei Chinas, die KP Vietnams oder Nord Koreas teil. Auf den Beratungen festigt sich der Einfluss der Chruschtschowianer, die den illusionären friedlichen, parlamentarischen Weg zum Sozialismus auf ihre Fahnen geschrieben haben und die das Lebenswerk Stalins denunzieren. Fast alle kommunistischen Parteien übernehmen diese Orientierung und verurteilen die Rolle Stalins. Aber es gibt auch Ausnahmen: Auf der Moskauer Konferenz, die vom 10. November bis zum 1. Dezember 1960 stattfindet, hält der albanische Parteichef Enver Hoxha eine viel beachtete, mutige Rede gegen den Revisionismus und die Machenschaften der Chruschtschow-Leute, deren Inhalt von der KP Chinas, aber auch von einigen anderen Parteien, darunter auch die KP Vietnams, gebilligt wird.

Von nun an gibt es keine einheitliche, geschlossene kommunistische Bewegung mehr. Sie ist tief gespalten - das Resultat des umsichgreifenden und wie ein Krebsgeschwür wuchernden modernen Revisionismus, der zum Niedergang der gesamten kommunistischen Bewegung führen sollte.

37. Stalin als marxistischer Sprachwissenschaftler

a. Stalin - Mann der Wissenschaft

Bisher war von Stalin als Revolutionär, Organisator von Arbeiterstreiks, als Erbauer des Sozialismus, als fähiger Militär während des Zweiten Weltkriegs im Abwehrkampf gegen den europäischen Faschismus, als Kämpfer für die Bewahrung der deutschen Einheit und des Friedens in Europa die Rede. Aber er war keineswegs nur dies. Er war keineswegs nur ein Praktiker und Organisator, er war auch ein Mann der Theorie und der Wissenschaften, ähnlich wie Lenin, dessen Lebenswerk er konsequent fortsetzte.

Schon seine frühen Schriften über 'Sozialismus und Anarchismus' (mit 27 geschrieben), über 'Marxismus und die nationale und koloniale Frage', über 'die Grundlagen und Fragen des Leninismus' oder über 'Dialektischen und historischen Materialismus' hatten dies unter Beweis gestellt. Sogar an den Verfassungen der UdSSR, besonders an der aus dem Jahre 1936, nahm er regen Anteil.

Nach dem Kriege ist man in der Sowjetunion dabei, ihn aufs Abstellgleis zu schieben und isoliert ihn immer mehr im Kreml, inszeniert einen hemmungslosen Personenkult um ihn herum, der ihm zutiefst zuwider ist, um ihn vom sowjetischen Volk und seiner eigenen Partei immer stärker zu isolieren, um ihm nach und nach jeden Einfluss in der Partei zu nehmen, aber auch, um ihn später zum Sündenbock für alles irgendwie Unvollkommene oder Fehlgeschlagene zu machen. Hinter dem Pesonenkult formiert sich die alte Sowjetunion neu. Die alte Sowjetopposition, die sich während des Krieges neu organisiert hat, als die gesamte Aufmerksamkeit des sowjetischen Staates auf den Abwehrkampf gegen die faschistischen Besatzer gerichtet war, regt sich wieder und schleicht sich fast unbemerkt an die Macht, erobert sich eine führende Position nach der anderen, sei es im Staatsapparat, in der kommunistischen Partei, im Militär, im Geheimdienst, im Bereich der Kultur und in den Wissenschaften.

In dieser Zeit schaltet sich Stalin sehr stark in theoretische Diskussionen ein, unter anderem auch in die Abfassung eines neuen Lehrbuchs zur Politischen Ökonomie oder in den Streit in der sowjetischen Sprachwissenschaft.

Wie belesen er war, bezeugen Aussagen von Besuchern, die er im Kreml empfing, darunter ein gewisser G. Sawtschenko, der damals über einen Besuch bei Stalin im Kreml dies zu sagen hatte:

> *"Wie gingen in die Wohnung von Josef Wissarionowitsch. Ein riesiger Haufen Bücher, die offenbar gerade erst aus der Druckerei gekommen waren, lenkte unsere Aufmerksamkeit auf sich. Es gab hier Bücher über Textilindustrie, Gerberei, Kriegsgeschichte und literarische Werke.*
>
> *'Wann finden Sie die Zeit, das alles durchzulesen, Josef Wissarionitsch?, entschlüpfte mir unwillkürlich die Frage. Genosse Stalin lächelte:*
>
> *'Ich kann noch so beschäftigt sein', sagte er, 'jeden Tag sehe ich unbedingt an die 500 Seiten durch ... Das ist meine Ration.'*
>
> *'Eine große Ration, Josef Wissarionowitsch!'*
>
> *'Macht nichts, ich bin daran gewöhnt. Das habe ich in den Gefängnissen und in der Verbannung gelernt. Jetzt haben sich, wie Sie sehen, die Bücher etwas angestaut, aber ich werde aufholen. Ich empfehle auch Ihnen, so viel wie möglich zu lesen', fügte er hinzu und schenkte jedem von uns ein Buch."* [797]

Nach seinem Tode fand man über 20.000 Titel in seiner Bibliothek. In den meisten Büchern hatte er Anmerkungen gemacht.

Stalin war ein Mann der Wissenschaft. Bei einem Empfang von Hochschulmitarbeitern im Kreml bringt er einen Toast auf die Wis-

---

797· Alfred Kantorowicz, ‚Im zweiten Drittel unseres Jahrhunderts', Köln 1967, S. 126.

senschaft aus, den er als Verpflichtung auch für sich selbst sah, für seine eigene Arbeit als marxistischer Wissenschaftler. Er sagte:

"Auf das Gedeihen der Wissenschaft! Jener Wissenschaft, die sich nicht vom Volk fernhält, sondern bereit ist, dem Volk alle Errungenschaften der Wissenschaft zu übermitteln, die dem Volk nicht aus Zwang, sondern freiwillig und mit Freuden dient.

Auf das Gedeihen der Wissenschaft, jener Wissenschaft, die es nicht zulässt, dass ihre alten und anerkannten Führer sich selbstgefällig als Priester der Wissenschaft, als Monopolisten der Wissenschaft abkapseln, die den Sinn, die Bedeutung und die Allmacht des Bundes der alten Wissenschaftler mit den jungen begreift, die freiwillig und mit Freuden alle Tore des Wissens den jungen Kräften unseres Landes öffnet und ihnen die Möglichkeit gibt, die Gipfel des Wissens zu bezwingen, die anerkennt, dass die Zukunft den jungen Wissenschaftlern gehört."[798]

Als Wissenschaftler war er kein starrer Dogmatiker, als den man ihn später in der Chruschtschow-und Breschnew-Ära bezeichnen sollte. Er beweist dies in seiner Schrift 'Über den Marxismus in der Sprachwissenschaft'. Stalin definiert den Marxismus in dieser Schrift so:

"Der Marxismus ist die Wissenschaft von den Entwicklungsgesetzen der Natur und der Gesellschaft, die Wissenschaft von der Revolution der unterdrückten und ausgebeuteten Massen, die Wissenschaft vom Sieg des Sozialismus in allen Ländern, die Wissenschaft vom Aufbau der kommunistischen Gesellschaft.

Der Marxismus als Wissenschaft kann nicht auf der Stelle stehenbleiben. Er entwickelt und vervollkommnet sich. In seiner Entwicklung muss sich der Marxismus mit neuen Erfahrungen und Erkenntnissen bereichern. ..."[799]

798· Ebd..

799· Stalin-Werke, Bd. 15, ebd., S. 225, ‚Der Marxismus und Fragen der Sprachwissenschaft'.

Weil der Marxismus eine Wissenschaft ist, kann er sich nicht ohne Kampf der Meinungen und ohne die Freiheit der Kritik entwickeln:

"Es ist allgemein bekannt, dass keine Wissenschaft ohne Kampf der Meinungen, ohne Freiheit der Kritik sich entwickeln und entfalten kann."[800]

b. Die Diskussion in der sowjetischen Sprachwissenschaft

Stalin verfolgte in den Jahren 1949/50 sehr genau die Diskussion in der sowjetischen Sprachwissenschaft.

Die offizielle, von N. F. Marr vertretende Richtung, die jahrzehntelang die sowjetische Sprachwissenschaft dominiert hatte, vertrat die Ansicht, dass die Sprache ein Phänomen des Überbaus sei und dass es eine 'Klassensprache' gebe. Die Anhänger Marrs hatten damals alle Gegner ihrer Theorie aus führenden Positionen an den Universitäten verdrängt und einen Klüngel geschaffen, um ihre Vormachtstellung auf dem Gebiet der Sprachtheorie zu behaupten. Jeder, der Kritik an ihren Theorien übte, wurde mit Repressalien, bis hin zum Berufsverbot belegt.

Als Stalin davon erfährt, schaltet er sich in die Diskussion ein und entwickelt dabei seine eigene marxistische Theorie, die der offiziellen sowjetischen diametral entgegengesetzt war. Das Ergebnis: Die Anhänger Marrs müssen schon bald den Rückzug antreten und das Feld räumen, und die sowjetische Sprachwissenschaft findet wieder zum Marxismus zurück.

Vor diesem Hintergrund entstand seine Schrift 'Über den Marxismus in der Sprachwissenschaft'. Wie alle seine Schriften gehen sie aus der konkreten gesellschaftlichen Praxis hervor. Sie sind nie abgehoben von den konkreten Problemen, sondern dienen immer der

800· Ebd., S. 197.

Lösung solcher konkreter Probleme und ihrer Verallgemeinerung für die Zukunft. Immer leitet er aus solchen Diskussionen allgemeine Erkenntnisse ab, die dann eine Art Richtschnur abgeben, wie künftig mit ähnlichen Problemen umzugehen ist. Seine Erkenntnisse und Schlussfolgerungen tragen auf diese Weise zur Bereicherung der Theorie des Marximus bei, entwickeln ihn weiter, sodas er nie erstarren, er nie zu einem Dogma werden kann. Stalin trägt auf diese Weise dazu bei, dass der Marxismus als moderne Wissenschaft weiter vorankommt und lebendig bleibt.

c. Für Freiheit der Kritik und Kampf der Meinungen

Weil der Marxismus eine Wissenschaft ist und kein Dogma, kann er nicht ohne den Kampf der Meinungen und ohne Freiheit der Kritik auskommen:

> *"Es ist allgemein bekannt, dass keine Wissenschaft ohne Kampf der Meinungen, ohne Freiheit der Kritik sich entfalten und entwickeln kann."*[801]

Wenn sich aber eine kleine, abgekapselte Gruppe von angeblich 'unfehlbaren Wissenschaftlern' bildet und versucht, sich gegen jede Kritik abzuschirmen und Kritiker zu disziplinieren, dann tut sie der Wissenschaft damit keinen Gefallen. Sie tut nur dem eigenen Macht- und Privilegienerhalt einen Gefallen, aber auch ihrem unwissenschaftlichen Dogmatismus. Stalin über die Situation in der sowjetischen Sprachwissenschaft:

> *"Aber diese allgemein anerkannte Regel wurde in unverfrorenster Weise ignoriert und mit Füßen getreten. Es bildete sich eine abgekapselte Gruppe von unfehlbaren Persönlichkeiten heraus, die, nachdem sie sich gegen jede Möglichkeit einer Kritik gesichert hatte, eigenmächtig zu wirtschaften und ihr Unwesen zu treiben begann."*[802]

801- Ebd., S. 197.

802- Ebd..

In der sowjetischen Sprachwissenschaft hatte sich, so Stalin, ein 'Araktschejew-Regime' gebildet, eine Günstlingswirtschaft wie einst unter dem Grafen Araktschejew, einem reaktionären russischen Staatsmann, der in der ersten Hälfte des 19. Jahrhunderts lebte und in Russland einen Polizeidepotismus schuf.

Stalin sah dieses Polizeiregime aber nicht nur in der russischen Sprachwissenschaft. Auch in der sowjetischen Literaturwissenschaft gab es lange Zeit ein solches Regime. Jeder, der Kritik am sog. Proletkult übte, wurde aus dem sowjetischen Schriftstellerverband ausgeschlossen, seine Werke nicht mehr gedruckt. Maxim Gorki gehörte damals zu den Opfern, auch der Dichter Majakowski, den man in den Tod trieb. Der verzweifelte Gorki ging nach Italien, weil er keine Aussicht sah, dass seine Werke noch in der UdSSR gedruckt wurden. Stalin holte ihn wieder zurück und beseitigte auch dort das 'Araktschejew-Regime'. Gorki wurde Vorsitzender des neuen Schriftstellerverbandes, in dem die Proletkult-Anhänger nichts mehr zu sagen hatten.

Auf Betreiben Stalins und der 'Prawda' entwickelt sich nun eine breite Diskussion in der Sprachwissenschaft. Das Ergebnis: Marrs Anhänger entpuppen sich schon bald als Entsteller und Verflacher des Marxismus. Als der Spuk vorbei ist, gibt Stalin der 'Prawda' ein Interview:

"Frage: 'Hat die 'Prawda' richtig gehandelt, als sie eine freie Diskussion über Probleme der Sprachwissenschaft eröffnete?'

Stalin: 'Ja, sie hat richtig gehandelt. ... Schon jetzt kann man sagen, dass die Diskussion großen Nutzen erbracht hat. Die Diskussion hat vor allem klargestellt, dass in den sprachwissenschaftlichen Organen ein Regime herrschte, das weder der Wissenschaft noch Wissenschaftlern ansteht. Die leiseste Kritik am Stand der sowjetischen Sprachwissenschaft, selbst die zaghaftesten Versuche einer Kritik an der sog. 'neuen Lehre' in der Sprachwissenschaft wurden von den führenden Kreisen in der Sprachwissenschaft verfolgt und unterbunden. ... Die Sprachwissenschaftler wurden nicht nach ihrer fachlichen Eignung, sondern aufgrund der vorbehaltslosen Anerkennung der Lehre von N. J. Marr auf verantwortliche Positionen befördert."[803]

Stalin der 'Diktator' entpuppt sich als Freund der Diskussion, der Freiheit der Kritik und des fairen Meinungsaustausches. Er macht sich stark gegen bürokratische Strukturen auch an dieser Stelle der sowjetischen Gesellschaft und macht der Willkürherrschaft und der Günstlingswirtschaft im Forschungs- und Lehrbetrieb ein Ende.

Das sollte nach seinem Tod ganz anders werden: Jetzt entstand das, was es in der sowjetischen Sprach- und Literaturwissenschaft im Kleinen gegeben hatte, im Großen - auf Staats- und Parteiebene.

d. Stalin über Sprache

Worum ging es inhaltlich?

Marr hatte behauptet, dass die Sprache zum 'Überbau' zu zählen sei etwa wie die Kultur, die juristischen und Verwaltungseinrichtungen einer Gesellschaft, die Philosophie, die vorherrschenden politischen Ansichten usw. Sie sei eine 'Klassensprache'. Stalin widerspricht und weist darauf hin, dass die Sprache nicht von einer Klasse allein entwickelt wird:

"Zum Unterschied vom Überbau, der mit der Produktion nicht direkt, sondern vermittels der Ökonomik verbunden ist, ist die Sprache unmittelbar mit der Produktionstätigkeit des Menschen ebenso wie mit jeder anderen Tätigkeit in ausnahmslos allen Bereichen seiner Arbeit verbunden. Deswegen befindet sich der Wortbestand der Sprache, da er für Veränderungen am empfänglichsten ist, im Zustand einer fast ununterbrochenen Veränderung."[804]

Kurz: die Sprache sei keine Klassensprache, sondern eine Sprache des ganzen Volkes. Sie diene nicht nur einer bestimmten Klasse,

803· Ebd..

804· Ebd., S. 188f.

sondern allen Mitgliedern des Volkes. Der Beweis für seine Behauptung: Auch nach der Oktoberrevolution, als die kapitalistische Basis beseitigt wurde, blieb der Wortschaft der russischen Sprache in etwa der gleiche. Auch die Grammatik änderte sich nicht.

Die Sprache, so Stalin, der Sprachwissenschaftler, entwickelt sich nicht abrupt und in Sprüngen, nicht revolutionär, sondern nur ganz allmählich und evolutionär:

"Der Marxismus anerkennt keine plötzlichen Explosionen in der Entwicklung der Sprache, keinen plötzlichen Tod einer bestehenden Sprache und keinen plötzlichen Aufbau einer neuen Sprache." [805]

Stalin berichtigt Engels:

Das Gesetz des Umschlagens von Quantität in Qualität, so wie es Engels in seinem Werk 'Dialektik der Natur' formuliert hatte, sei für die Sprachwissenschaft nicht gültig. Es komme darauf an, sich von einigen überholten 'marxistischen' Dogmen zu befreien, es komme darauf an, den Marxismus nicht zu einem Dogma erstarren zu lassen, weil er eine lebendige, sich ständig fortentwickelnde Wissenschaft sei.

Die Behauptung von Stalins Nachfolgern, darunter Chruschtschow oder Breschnew und andere, er sei ein 'Dogmatiker' gewesen, ein 'Sektierer', erweist sich bei näherem Hinsehen als völlig unbegründet. Würde ein Dogmatiker das Folgende sagen? Stalin:

"Die Buchstabengelehrten und Talmudisten betrachten den Marxismus, die einzelnen Schlussfolgerungen und Formeln des Marxismus, als eine Sammlung von Dogmen, die sich trotz der Veränderungen der Entwicklungsbedingungen der Gesellschaft 'niemals' verändern. Sie glauben, wenn sie diese Schlussfolgerungen und Formeln auswendig lernen und sie hin und wieder zitieren, dass sie imstande seien, beliebige Fragen zu lösen. ... Aber so können nur solche Leute denken, die den Buchstaben des Marxismus, nicht aber sein Wesen sehen, die den Wortlaut der Schlussfolgerungen und

805· Ebd., S. 192.

Formeln des Marxismus auswendig lernen, ihren Inhalt aber nicht begreifen."[806]

"Der Marxismus ist ein Feind jeglichen Dogmatismus."[807]

Es wird Zeit, Stalin so zu sehen, wie er wirklich war, das zu registrieren, was er wirklich dachte, was er wirklich tat und wofür er sich tatsächlich einsetzte. Stalin war Demokrat, ein Freund der Diskussion, ein Anti-Dogmatiker und ein ausgezeichneter Sprachwissenschaftler.

806· Ebd., S. 225.

807· Ebd., Stalin am 28. Juli 1952, beim ‚Prawda'-Interview, Artikel vom 2. August 1952.

38. Der erste Perestroika-Versuch in der UdSSR

a. Die alte Opposition erhebt wieder ihr Haupt

Auch nach dem Großen Vaterländischen Krieg, ja schon gegen Ende des Krieges, regte sich erneut die alte sowjetische Opposition, um ihre Konzepte von einem 'verbesserten Sozialismus', von einem 'undogmatischen Marxismus' oder von einer 'Wirtschaftsreform' in die Praxis umzusetzen, um unter dieser Tarnkappe den Weg für die Restauration des Kapitalismus in der UdSSR schließlich doch noch zu ebnen.

Chruschtschow sagte einmal, dass man schon 1943, also zehn Jahre vor Stalins Tod, vorgehabt habe, ihn loszuwerden, dass er aber damals einfach zu populär war, um ein solches Projekt der sowjetischen Bevölkerung verständlich zu machen. Also wartete man das Ende des Krieges ab, um dann einen neuen Anlauf zu nehmen. Die Bedingungen dafür waren auch nicht schlecht, zumal Hunderttausende standfester und loyaler Kommunisten im Krieg ihr Leben ließen, die selbstlos ihren Kopf für das sozialistische Vaterland hergegeben und die sich nicht geschont hatten.

Dies kann auch nicht überraschen, weil jeder Marxist weiß, dass der Klassenkampf auch im Sozialismus, d. h. in der ersten Phase des Kommunismus, unvermindert weitergeht - der Klassenkampf zwischen der Arbeiterklasse und ihren Verbündeten auf der einen Seite und den Resten der alten Bourgeoisie und der mit ihr verbundenen kleinbürgerlichen Elementen, darunter besonders Teile der Intelligenz, auf der anderen.

Einer der Hoffnungsträger dieser Elemente war der damalige Vorsitzende der Staatlichen Plankommission, Nikolai Wosnessenski, den man als den damaligen Gorbatschow bezeichnen kann.

Schon 1945 bildete er zusammen mit dem Chruschtschow-Intimus Anastás Mikojan und dem späteren sowjetischen Ministerpräsidenten Alexei Kossygin eine verdeckt arbeitende oppositionelle, antisowjetische Gruppe. Unmittelbar nach dem Krieg im Mai 1945 erarbeiteten sie eine gemeinsame Plattform, um die sowjetische Wirtschaft gründlich zu 'reformieren', was nichts anderes bedeutete, als sie von ihrem sozialistischen Weg abzubringen und in das Fahrwasser des Kapitalismus zurückzulotsen.

b. Die wirtschaftspolitischen Vorstellungen der Leningrader Opposition um Nikolai Wosnessenski

Am 5. Juli 1945 legt Wosnessenski die Ergebnisse einer Untersuchungskommission vor, derzufolge es notwendig sei, aus 'Planungsgründen' die gesamte UdSSR in 17 neue Regionen aufzuteilen. Jede dieser künstlichen Regionen solle sich auf einen bestimmten Industriezweig spezialisieren. Dies widersprach dem von Marxisten anerkannten Prinzip, dass sich die einzelnen Landesteile vielseitig entwickeln müssen, dass sie ausnahmslos alle eine stabile industrielle Basis für eine gesunde, vielseitige gesamtwirtschaftliche Entwicklung benötigen, damit ihre Unabhängigkeit vom kapitalistischen Ausland garantiert ist.

Zweitens tritt die Wosnessenski-Gruppe dafür ein, bei der sozialistischen Planung vom Prinzip des Vorrangs der Produktion von Produktionsmitteln abzurücken und den Schwerpunkt auf die Konsumgüterproduktion und die Leichtindustrie zu verlagern.

Drittens: Die Preise sollen an ihren Wert angepasst werden. Damit sie das können, sollen sie teilweise freigegeben werden. Die staatlichen Subventionen für das Niedrighalten der Preise, besonders der Lebensmittelpreise, sollen abgeschafft werden, was Preiserhöhungen zum Nachteil der Bevölkerung nach sich gezogen hätte.

In Leningrad hat die Gruppe ihre Machtbasis. Dort versucht man in einer Art Testlauf, diese Vorstellungen für die Entwicklung der sowjetischen Wirtschaft, umzusetzen, ohne dabei die Partei und ihr Zentralkomitee, ihr Politbüro, den sowjetischen Ministerpräsidenten oder den Obersten Sowjet miteinzubeziehen. Man versucht einen Alleingang in der Russischen Föderation, um so allmählich Fakten zu schaffen.

Die Folge: In der Russischen Sozialistischen Föderation sprießen zwischen 1946 und 1947 alle möglichen Sonderministerien wie Pilze aus dem Boden, darunter sogar ein Ministerium für Luxusgüter, ein Ministerium für Delikatessen, für Leichtindustrie, für Kinomatografie usw., ohne dass man diese Schritte mit dem Zentrum abspricht.

1947 veröffentlicht Wosnessenski sein Buch 'Die Kriegswirtschaft der Sowjetunion während des Vaterländischen Krieges', in dem er ähnliche Thesen vertritt wie der damalige Direktor des sowjetischen Instituts für Weltwirtschaft und Internationale Politik, Jewgeni Varga. Das Kernstück von Wosnessenskis 'Wirtschaftsreform' besteht in Folgendem:

> *"Der Staatsplan des sowjetischen Wirtschaftssystems bedient sich des Wertgesetzes, um die erforderlichen Proportionen in der Produktion und die Verteilung der gesellschaftlichen Arbeit sowie des gesellschaftlichen Produkts sicherzustellen. Das Wertgesetz wirkt bei der Verteilung der Arbeit unter die verschiedenen Zweige der Volkswirtschaft der Sowjetunion mit."* [808]

Was heißt dies konkret? Warum soll das 'Wertgesetz' keine Rolle spielen bei der Planung der Produktion? Was ist überhaupt das 'Wertgesetz'?

Das Wertgesetz ist nichts anderes als das Profitprinzip, das Rentabilitätsprinzip. Wenn also die Arbeit nach dem Wertgesetz verteilt werden soll, dann bedeutet dies, dass die Arbeitskräfte in die Bereiche wandern, wo der größte Gewinn erzielt wird, was damals in der sowjetischen Leichtindustrie und Konsumgüterindustrie

---

808- William B. Bland, ‚Die historische Bedeutung von Stalins ‚Ökonomische Probleme des Sozialismus in der UdSSR', http://ml-review.ca/BLAND/EconProbs.htm, dt. Übers. S. 5.

der Fall war. Die Arbeit würde nicht mehr dorthin wandern, wo sie für die gesamte Wirtschaft den größten Nutzen bringen würde. Die Betriebe, die keinen Profit abwerfen, wie viele Betriebe in der kapitalaufwendigen Schwerindustrie, hätte man schließen müssen - ein alter trotzkistischer Vorschlag aus den Nachrevolutionsjahren. Wenn dieses Prinzip eingeführt wird, dann bedeutet dies, dass der Staatsplan seine entscheidende Rolle nach und nach einbüßt und dass das kapitalistische Profitprinzip, das Rentabilitätsprinzip, das Gesetz von Angebot und Nachfrage, wieder die entscheidende Rolle in der Produktion übernimmt.

Die Wiedereinführung oder die Wiedergeltendmachung des Wertgesetzes würde dazu führen, dass von der Planungwirtschaft nach und nach abgegangen werden muss, dass der Profit wieder zum Steuerungsmechanismus der Produktion wird und die gesamte Wirtschaft am Maximalprofit wie in kapitalistischen Ländern ausgerichtet wird - mit all den negativen Folgen für die arbeitende Bevölkerung wie wachsende Arbeitslosigkeit (erst verdeckt, dann offen), Preissteigerungern, Versorgungskrisen, Wiedereinführung der Konkurrenz unter den Betrieben, wachsende Disproportionen in der Wirtschaft, wachsende soziale Ungleichheit, und in der Folge: politische Krisen wie Abspaltungsbewegungen, Nationalismus, Entsolidarisierung unter den Sowjetrepubliken, Entsolidarisierung innerhalb der sowjetischen Arbeiterklasse, Unzufriedenheit, Aufstände und natürlich dann auch ausländische Einmischungen, um diesen Prozess voranzutreiben.

c. Das Scheitern der ersten 'Perestroika'

Anfang 1949, so schreibt William B. Bland in seiner zitierten Studie, fühlte sich die sowjetische Opposition um Nikolai Wosnessenski so stark, um überall in der Russischen Föderation die bisher stabilen Großhandelspreise heraufzusetzen, um sie, wie es hieß, 'ihrem Wert anzupassen', was eine beschönigende Umschreibung für die Wiedereinführung des Profitprinzips in der gesamten Wirtschaft war. Nicht der Plan, sondern der Profit sollte jetzt wieder wie in kapitalistischen Ländern der Steuerungsmechanismus der Produktion sein.

Zu dieser Zeit findet auch auf Betreiben Wosnessenskis die erste all-russische Großhandelsmesse in Leningrad statt, und zwar vom 10. bis zum 20. Januar 1949. Auch politische Schritte werden unternommen, um künftig leichter solche Projekte fern vom Moskauer Zentrum durchsetzen zu können: Man schafft sich in Leningrad ein eigenes, unabhängiges Parteizentrum, was zu einer Spaltung der KPdSU, B führen musste.

Stalin befand sich damals oft monatelang im Erholungsurlaub und war lange Zeit gar nicht mehr in Moskau anwesend, überließ Molotow, den damaligen sowjetischen Ministerpräsidenten das Zepter, was den 'Reformern" oder besser gesagt, Verschwörern in Leningrad das Handwerk erleichtert haben wird.

Dann aber greift Stalin energisch durch und dringt darauf, die Gruppe vor Gericht zu stellen. Er beauftragt Georgi Malenkow mit der Untersuchung des Falls. Es ereignet sich die in der westlichen Geschichtsschreibung als 'Leningrader Affäre' bezeichnete Reaktion des Moskauer Zentrums auf Versuche, in der Sowjetunion den Kapitalismus zu restaurieren. Im Herbst 1950 wird Wosnessenskis Gruppe, darunter hochrangige Parteifunktionäre wie Rodionow, Kusnetzow oder Popkow, vor Gericht gestellt. Die Wirtschaftsreform wird gleichzeitig wieder zurückgefahren, und zwar in zwei Schritten: der erste erfolgt am 1. Januar 1950, der zweite ein halbes Jahr später. Wosnessenski wird als Chef der Staatlichen Plankommission abgesetzt und durch Maxim Saburow ersetzt.

Alle Angeklagten müssen sich wegen Landesverrates verantworten. Ihnen droht die Todesstrafe, die man 1947 wieder eingeführt hatte. Sie war gleich nach dem Krieg zeitweilig abgeschafft worden. Im September 1950 beginnt in Leningrad der Landesverratsprozess. Die Vorwürfe reichen von Separatismus, Spaltung der Partei, bis him zu Landesverrat. Alle neun Angeklagten bekennen sich schuldig und werden hingerichtet. Im Westen macht man daraus die 'Leningrader Affäre' - ein neues Beispiel für 'Stalins Willkür'.

Nur einer aus der Gruppe bleibt wie durch ein Wunder verschont: Es ist der spätere sowjetische Ministerpräsident Nikolai Kossygin, der Vater der späteren sowjetischen 'Wirtschaftsreform' der sechziger Jahre, die sich stark an den Vorstellungen des Charkower Ökonomie-Professors Jewsei Liberman orientieren sollte. Wie kam dieses Wunder zustande?

Durch energische Fürsprache von Nikita Chruschtschow im Moskauer Politbüro gerät Kosygin aus der Schusslinie. Nach Chruschtschows Absetzung im Oktober 1964 ist der Wosnessenski-Mann Kossygin wieder zur Stelle: Er wird sogar Ministerpräsident der UdSSR unter Parteichef Leonid Breschnew, ebenfalls ein ehemaliger Oppositoneller. Schon ein Jahr später beginnt Kossygin mit seiner 'Wirtschaftsreform', die sich eng an die Ideen seines früheren Chefs anlehnt. Das Ergebnis: der Profit wird wieder zum Steuerungsmechanismus der Produktion, der Staatsplan verliert seine zentrale Bedeutung und wird zu einem Fetzen Papier, er verliert seine Gesetzeskraft und wird zu einer bloßen Empfehlung. Es beginnt die lange Phase der sowjetischen Stagnation und des wirtschaftlichen und politischen Niedergangs der Sowjetunion.

39. Stalins 'Ökonomische Probleme des Sozialismus in der UdSSR'

a. Der Machtkampf innerhalb der KPdSU, B

Stalins letztes Werk, 'Ökonomische Probleme des Sozialismus in der UdSSR' wird zwei Tage vor Eröffnung des lange Zeit hinausgeschobenen 19. Parteitags der KPdSU, B im Oktober 1952 überall in der Sowjetunion in millionenfacher Auflage veröffentlicht.

Zu dieser Zeit ist Stalin schon relativ isoliert. Man versucht ihn, aufs Abstellgleis zu stellen und mit Nebentätigkeiten zu beschäftigen. Ausdruck dieser Isolierung Stalins ist die Tatsache, dass das Zentralkomitee sich weigert, die letzten drei Bände seiner Werke zu veröffentlichten und dass er auf diesem letzten Parteitag zu seinen Lebzeiten nicht mehr den Rechenschaftsbericht halten darf, was nach einer langen Tradition immer dem Generalsekretär der Partei vorbehalten war. Stalin ist körperlich auch als fast 73-jähriger in einer ausgezeichneten Verfassung, was ihm seine Ärzte bescheinigten. Den Rechenschaftsbericht hält das einfache Politbüromitglied Georgi Malenkow.

Stalin ist auf diesem Parteitag kaum noch präsent. Er sitzt am letzten Tag weit abseits von den übrigen Politbüromitgliedern, wirkt eher traurig auf seinem einsamen Platz und hält nur eine kurze Schlussansprache, in der er die Bruderparteien in Osteuropa dazu aufruft, für den Frieden zu streiten und das 'Banner der nationalen Unabhängigkeit und der nationalen Souveränität', das die Bourgeoisie über Bord geworfen habe, 'aufzugreifen und voranzutragen'. Es ist seine letzte Parteitagsrede, die man im Internet verfolgen kann.[809]

809· http://www.youtube.com/watch?v=3nMDjKtTigQ.

Aber seine Schrift über die ökonomischen Probleme schlägt wie eine Bombe ein und macht die Absicht, ihn völlig zur Seite zu schieben und seine Ansichten zu ignorieren, zunichte. Alle wichtigen Redner sind gezwungen, ihr Anerkennung zu zollen. Selbst seine schärfsten Gegner, darunter der Verschwörer und Chruschtschowianer, Anastás Mikojan, der sowjetische Handelminister (auch ein heimlicher Verbündeter des hingerichteten Wosnessenski), kommt nicht umhin, ein heucherlisches Loblied auf die Schrift zu singen.

Nach Stalins Tod sollte sich das sofort ändern: Die 'Ökonomischen Probleme' werden, wie konnte es anders sein, als 'Dogmatismus' abgetan und nicht mehr aufgelegt. Sie verschwinden in der Versenkung. Ganz offensichtlich waren sie ein Hindernis für die Pläne der Verschwörer, den Kapitalismus nach und nach in der Sowjetunion wieder herzustellen.

Aufmerksamen Beobachtern war dies damals nicht entgangen. William O. McCagg jr.:

> *"1950 und 1951 war Stalins Einfluss schon begrenzt."*[810]

Erst recht traf dies für das Jahr 1952 zu. McCagg jr. weiter:

> *"Die Berichte aus der Moskauer US-Botschaft nährten sehr stark das Bild von Stalin als eines 'Gefangenen'."*[811]

Dies widerspricht der Lesart der offiziellen Geschichtsschreibung in West wie in Ost, dass Stalin in der Partei bis ganz zuletzt mit diktatorischen Vollmachten regiert habe und alles im Alleingang entscheiden konnte - eine Lesart, von der man bis heute nicht abgegangen ist.

Mit der Veröffentlichung seiner Schrift ist Stalin aber in der Lage, wider Erwarten die Hauptrolle auf dem Parteitag zu spielen. Die 'Prawda', deren Redaktion noch zu Stalin hielt, hatte kurz vor dem Parteitag in zwei vollständigen Ausgaben jedes Wort daraus abgedruckt.

810· William O. McCagg jr., ,Stalin under Fire, 1943-1948', Detroit/USA 1978, S. 307, Stalin unter Beschuss, zitiert nach: William B. Bland, ebd., S. 16 d. dt. Übers..

811· Ebd., McCagg jr., S. 382.

Welches Ziel verfolgte Stalin mit der Schrift?

Er verfolgte damit das Ziel, allen Bestrebungen, allen Tendenzen innerhalb der Partei, aber auch außerhalb, zum Beispiel in der sowjetischen Akademie der Wissenschaften (Varga), den Kapitalismus in der Sowjetunion unter dem Deckmantel eines 'verbesserten, effektiveren oder moderneren Sozialismus' wiederherzustellen, eine entschiedene Absage zu erteilen. Es war also eine Streitschrift für die Bewahrung des sowjetischen Sozialismus, es war eine schallende Ohrfeige für alle heimlichen 'Wirtschaftsreformer' wie wir sie schon in der Person von Nikolai Wosnessenski kennengelernt haben. Nun mussten sie leider auf Stalns Ableben warten, um ihre Pläne doch noch durchzusetzen, und angesichts seiner guten Gesundheit war dieses Dahinscheiden überhaupt nicht abzusehbar.

b. Die vier Teile der 'Ökonomischen Probleme'

Die Schrift besteht aus vier Teilen, die zu verschiedenen Zeitpunkten entstanden. Sie ging aus der Diskussion über das neue Lehrbuch zur Politischen Ökonomie hervor, an der Stalin sich aktiv beteiligt hat.

Der erste Teil

Er entstand im Februar 1952 und besteht aus Stalins Diskussionsbeiträgen zum neuen Lehrbuch. Schon kurz vor Ausbruch des Krieges hatte er mit führenden sowjetischen Ökonomen Gespräche im Kreml über die Abfassung eines neuen Lehrwerks zur Politischen Ökonomie geführt. Diese Gespräch mussten dann wegen des Krieges eingestellt werden. Nach dem Krieg wurden sie wieder aufgenommen. Die Protokolle dieser Gespräche sind uns erhalten geblieben und ins Englische übersetzt worden, dann auch ins Deutsche.[812]

Es hatten insgesamt fünf Treffen stattgefunden: 1941 ein Treffen,

812· Ethan Pollock, ‚Conversations with Stalin on Questions of Political Economy', Working Paper 33, Woodrow Wilson International Center for Scholars, Washington D. C., July 2001, http://chihp.edu, Gespräche mit Stalin zu Fragen der Politischen Ökonomie.

1950 drei und 1952 eins. Aus dieser Diskussion ist Stalins Buch entstanden.

Der erste Teil der Schrift befasst sich mit dem objektiven Charakter der ökonomischen Gesetze im Sozialismus. Stalin: die Gesetze, die die Wissenschaft entdeckt, ganz gleich ob in Natur oder Gesellschaft, sind objektiver Natur und unabhängig vom menschlichen Willen. Der Mensch könne sie entdecken und für seine Zweck nutzen, aber er sei nicht in der Lage, sie abzuschaffen oder sie selbst hervorzubringen. Es seien also keine von Menschen gemachten Gesetze. Man könne sie nicht mit menschlichen Gesetzen vergleichen.

Er befasst sich dann mit einem für die Ökonomie ganz wichtigem Gesetz: dem Wertgesetz. Was besagt dieses Gesetz? Es besagt, dass der Profit der Regulator des Wirtschaftsgeschehens im Kapitalismus ist und zum Beispiel die Investitionen, die in der Wirtschaft vorgenommen werden, steuert. Dieses Gesetz gelte voll und ganz im Kapitalismus, aber es gelte nicht im Sozialismus, obwohl es dort noch eine Bedeutung habe. Nur im Kapitalismus sei dieses Gesetz der Steuerungsmechanismus der Produktion. Das komme darin zum Ausdruck, dass dort diejenigen Teile der Wirtschaft vorrangig entwickelt werden, die am profitträchtigsten sind, was besonders auf die Leichtindustrie, aber nicht auf die Schwerindustrie zutrifft. Deshalb sei der Kapitalismus auch mit der Entwicklung der Leichtindustrie, zum Beispiel in England mit der Textilindustrie, angefangen.

Im Sozialismus jedoch herrschten ganz andere Gesetze. Welches ist das wichtigste Gesetz? Es ist das Gesetz zur Sicherung der größtmöglichen Befriedigung der ständig wachsenden materiellen und kulturellen Bedürfnisse der gesamten Gesellschaft. Dies sei das Grundgesetz des Sozialismus. Diesem Grundgesetz des Sozialismus müsse die Wirtschaftspolitik einer sozialistischen Regierung, die diesen Namen verdient, Rechnung tragen. Sie dürfe also nicht der Leicht- oder Konsumgüterindustrie, sondern müsse der Schwerindustrie Vorrangigkeit einräumen. Die Schwerindustrie sei die Grundlage für die Entwicklung der gesamten Industrie im Sozialismus. Würde man sich am Wertgesetz orientieren, dann müsste man die rentabelsten Werke vorrangig behandeln und die wenig oder gar nicht rentablen schließen oder gar nicht erst entwickeln.

Im Sozialismus gelte noch ein weiteres Gesetz: das Gesetz der planmäßigen Entwicklung der gesamten Volkswirtschaft, an dem sich jede Wirtschaftspolitik eines sozialistischen Landes orientieren müsse.

Das 'kapitalistische' Wertgesetz habe aber im ersten Stadium des Kommunismus, im Sozialismus, dennoch eine Bedeutung. Seine Wirkung sei aber begrenzt. Im Sozialismus der damaligen Sowjetunion gab es nicht nur Staatseigentum, sondern auch Gruppeneigentum in Form des Kolchoseigentum. Die Kolchosen gehörten nicht dem Staat, sondern dem Kollektiv der Kolchosbauern. Sie hatten auch das Recht, ihre Produkte auf dem Markt zu verkaufen, wo das Wertgesetz, das Gesetz von Angebot und Nachfrage, voll wirksam war. Das heißt also, dass das Wertgesetz auch damals noch wirksam war. Es war aber durch die 'sozialistischen' Gesetze eingeschränkt. Deshalb müsse auch eine sozialistische Wirtschaftspolitik dem Wertgesetz Rechnung tragen, und könne es nicht einfach ignorieren, zum Beispiel bei der Planung der Wirtschaft, im Staatsplan. Man könne nicht einfach willkürlich Preise festlegen, sondern müsse den Wert der Waren mitberücksichtigen. Auch bei der Betriebsführung müsse man das Wertgesetz beachten. Eine genaue wirtschaftliche Rechnungsführung, ein strenges Sparsamkeitsprinzip sei angebracht, was aber nicht bedeute, das Profitprinzip für die Betriebe einfach wieder einzuführen.

Es sei also falsch, dass Wertgesetz und andere Gesetze des Kapitalismus einfach unkritisch zu übernehmen und als Gesetze des Sozialismus anzusehen. Das würde dazu führen, die Investitionen nur noch in die profitablen Wirtschaftsbereiche fließen zu lassen, worunter die Gesamtwirtschaft leiden würde.

Mit diesen Fragen beschäftigt sich der erste Teil der 'Probleme'.

Der zweite Teil

Der zweite Teil der 'Probleme' entstand ab April 1952. Es ist die Antwort auf ein Schreiben des sowjetischen Ökonomen Alexander Notkin. Notkin war der Meinung, dass man die Produktionsmittel als Waren ansehen müsse, mit denen beliebig gehandelt, die beliebig gekauft und verkauft werden könnten. Stalin widerspricht dieser Ansicht:

> *"Die Ware ist ein Erzeugnis der Produktion, das an jeden beliebigen Käufer verkauft werden kann, wobei der Warenbesitzer bei Verkauf der Ware das Eigentumsrecht an ihr verliert, während der Käufer Eigentümer der Ware wird, der sie weiterverkaufen, verpfänden, ja sogar verderben lassen kann. Fallen die Produktionsmittel unter diese Definition? Es ist klar, dass sie nicht darunter fallen."*[813]

Wenn man die Produktionsmittel, zum Beispiel die Maschinen und Werkzeuge, als Waren ansehen würde, dann müsste man es den Betriebsleitern der Betriebe erlauben, diese Produktionsmittel an andere Betriebe oder auf einem Markt zu verkaufen. Die Leiter von Betrieben seien aber nicht Eigentümer von Produktionsmitteln wie normale Warenbesitzer, sondern nur staatliche Angestellte und deshalb auch keine Besitzer von Maschinen oder Werkzeugen. Sie hätten deshalb auch kein Verfügungsrecht über die Produktionsmittel. Sie erhalten vom Staat, dem Besitzer der Produktionsmittel, diese kostenlos zur Verfügung, um damit im Interesse der Allgemeinheit Werte zu produzieren oder produzieren zu lassen. Sie erhalten sie lediglich zur Nutzung. Produktionsmittel werden also im Sozialismus nicht verkauft, sondern nur an die Betriebe verteilt, zumal sie Volkseigentum und kein Privateigentum sind. Mit Volkseigentum aber dürfe man, so Stalin, keinen Schacher treiben.

Es gebe aber eine Ausnahme: Nur auf dem Gebiet des staatli-

813· Joseph Stalin, ‚Ökonomische Probleme des Sozialismus in der UdSSR', Berlin 1953, S. 53.

chen Außenhandels, und nur dort, sei es möglich, Produktionsmittel zu verkaufen, nur dort seien sie Waren.

Was würde passieren, wenn man mit Produktionsmittel innerhalb eines sozialistischen Landes Handel treiben dürfte wie im Kapitalismus? Man würde damit die Warenzirkulation ausdehnen und allmählich den Rückwärtsgang in den Kapitalismus einschalten.

In der Nach-Stalin-Ära wurde dies gemacht. Schon das Chruschtschow-Regime ließ den Handel mit staatlichen Produktionsmitteln wieder zu. Ein Beispiel: Die Maschinen-Traktoren-Stationen (MTS), die unter Stalin dem Staat gehörten, die Volkseigentum waren, wurden an die Kolchosen verkauft, die sie dann als Eigentum erwerben konnten. Es durfte also mit Mähdreschern oder Traktoren gehandelt werden. Die Warenzirkulation wurde dadurch ausgedehnt - ein Schritt in Richtung Wiederherstellung des Kapitalismus.

Mit diesen Fragen beschäftigte sich der zweite Teil.

Der dritte Teil

Dieser Teil stammt vom 22. April 1952. Er besteht aus einer Antwort an den sowjetischen Ökonomen L. D. Jaroschenko, der Chruschtschow und seiner revisionistischen Gruppe nahestand.

Jaroschenko hatte sich beschwert, dass man es ihm nicht erlaubt habe, eine eigene Politische Ökonomie zu verfassen. Stalin zeigte auf, dass er dafür nicht die nötige Qualifikation besaß, weil er einen unmarxistischen Standpunkt vertrat. Warum?

Jaroschenko war der Meinung, dass man zum zweiten Stadium des Kommunismus (zum Kommunismus im engeren Sinne) übergehen könne, indem man einfach die Produktivkräfte weiter entwickelt. Einen Klassenkampf oder Klassengegensätze würde es im Sozialismus ohnehin nicht mehr geben. Die Politische Ökonomie könne sich deshalb auf eine reine 'Organisationswissenschaft' beschränken. Solche Ansichten hatte schon Nikolai Bucharin in den zwanziger Jahren Lenin gegenüber vertreten. Stalin widerspricht:

"Also eine politische Ökonomie ohne ökonomische Probleme. Genosse Jaroschenko glaubt, es genüge, 'eine rationellere Organisation der Produktivkräfte' vorzunehmen, damit sich der Übergang vom Sozialismus zum Kommunismus ohne besondere Schwierigkeiten vollziehe."[814]

Stalin zeigt, dass die starke Entwicklung der sowjetischen Produktionsverhältnisse erst durch die Schaffung neuer sozialistischer Eigentumsverhältnisse möglich wurde - in der Stadt durch die Enteignung der Kapitalisten und die Einführung des Volkseigentums an den Betrieben und später durch die Einführung der Kollektivwirtschaften auf dem Lande. Wäre dies nicht passiert, wären die Kapitalisten geblieben und wären die kapitalistisch wirtschaftenden Kulaken auf dem Lande nicht beseitigt worden, hätte es keine so stürmische Entwicklung des produktiven Potenzials in der UdSSR gegeben. Die neuen Eigentumsverhältnisse seien dafür die Grundvoraussetzung gewesen. Das dürfe man nie vergessen. Man könne also die Politische Ökonomie nicht auf eine reine Organisationswissenschaften reduzieren.

Damit es zu einem weiteren Aufschwung der Produktion kommen kann, müsse man das kollektivwirtschaftliche Gruppeneigentum auf das Niveau des Volkseigentums anheben. Dieses Eigentum sei inzwischen schon zu einem Hemmschuh geworden. Um aber zur zweiten Phase des Kommunismus übergehen zu können, brauche man diesen wirtschaftlichen Aufschwung und eine enorme Ausdehnung der Produktion.

Jaroschenko würde davor die Augen verschließen. Er meint wie einst Bucharin, man könne einfach gemütlich in den Kommunismus hinein spazieren, in dem man die Produktion einfach ein bisschen besser organisiert. Aber so etwas gebe es nicht, denn der Klassenkampf gehe weiter. Es gebe noch Restbestände des Kapitalismus und wo noch solche Restbestände bestünden, gebe es auch noch einen Klassenkampf, vor dem man nicht die Augen verschließen dürfe.

814· Ebd., S. 61.

Der vierte Teil

Dieser Teil stammt vom 28. September 1952. Er besteht aus einer weiteren Antwort Stalins an seine Kritiker aus dem Umfeld der neuen Sowjetopposition, die sich inzwischen in der Partei, im Staat, aber vor allem in den Wirtschaftswissenschaften und auch in den Betriebsleitungen starke Positionen erobert hat.

Er antwortet auf A. W. Sanina und W. G. Wenscher, zwei sowjetische Betriebsleiter, die in der Diskussion zum neuen Lehrbuch gefordert hatten, das Gruppeneigentum in den Kolchosen vorrangig zu behandeln und ihnen die staatlichen Produktionsmittel der Maschinen-Traktoren-Stationen zu verkaufen. Es waren ähnliche Vorschläge, wie sie schon von Notkin gemacht wurden.

Stalin weist darauf hin, dass ein solcher Verkauf von staatlichen Produktionsmitteln an die Kolchosen negative Auswirkungen haben würde:

Erstens würden sich dadurch die Kollektivwirtschaften hoffnungslos überschulden. Es würde sie überfordern und sie seien dann später auch nicht mehr in der Lage, sich die modernsten Gerätschaften anzuschaffen, um die Produktion zu erhöhen. Nur der Staat könne sich so etwas leisten. Deshalb müsse es bei dem bewährten alten System der staatlichen MTS bleiben. Schon einmal - in den dreißiger Jahren - habe man einen solchen Versuch gemacht, sei aber dann wieder davon abgegangen, weil er sich nicht bewährt habe.

Zweitens würde mit einem solchen Verkauf von Produktionsmitteln die Sphäre der Warenzirkulation, die typisch ist für den Kapitalismus, über Gebühr ausgeweitet; man würde einen Schritt zurück in Richtung Kapitalismus machen, nicht aber einen Schritt vorwärts zum Kommunismus.

Drittens schließlich würden dann die Kollektivwirtschaften Vorrechte erhalten, sie würden einen Sonderstatus bekommen, weil kein normaler Betrieb Eigentümer von Produktionsmitteln im sowjetischen Sozialismus sei. Dies würde einen noch tieferen Graben zwischen dem Gruppeneigentum auf dem Lande und dem Volkseigentum in der Stadt aufreißen und würde die Entwicklung hin zum Kommunismus behindern.

Er macht einen Gegenvorschlag: Man müsse die Warenzirkulation immer weiter einengen, statt sie auszuweiten. Das schließe aber aus, die Produktionsmittel als Waren zu behandeln. Um die Entwicklung hin zum Kommunismus voranzutreiben, müsse man das Kollektiveigentum auf das Niveau des Volkseigentums anheben, um einen einheitlichen öffentichen Sektor zu schaffen. Von dieser Position aus könne man dann eines Tages zum direkten Produktionsaustausch übergehen, der typisch sei für den Kommunismus.

Damit hatte er den 'Wirtschaftsreformern' und ihrem Anhang im Zentralkomitee der Partei einen harten Schlag versetzt. Die führenden Wirtschaftsfunktionäre, die damals schon eine 'sozialistische Marktwirtschaft' wie in Jugoslawien unter Tito einführen wollten, was nichts anders bedeutet hätte, als den Kapitalismus in der UdSSR wiederherzustellen, waren nun erst einmal gezwungen, etwas leiser zu treten. Sie stellten ihre Pläne zurück, ohne sie aufzugeben, und warteten erst einmal ab, wie lange sich Stalin noch an der Spitze halten würde. Eines war ihnen klar: Mit Stalin an dieser Spitze gab es keine Aussicht auf weitere Reformversuche, was auch schon die sog. Leningrader Affäre gezeigt hatte. Die Schlussfolgerung, die sie gezogen haben werden, war ganz sicher diese: Stalin musste gewaltsam beseitigt werden, je früher desto besser.

40. Der 19. Parteitag der KPdSU und das erste Treffen des Zentralkomitees

a. Der 19. Parteitag der KPdSU

Der 19. Parteitag der KPdSU fand zwischen dem 5. und dem 14. Oktober 1952 in Moskau statt. Es war der erste Parteitag nach dem Krieg. Der letzte davor hatte im März 1939 stattgefunden. Schon 1947 hatte Andrei Schdanow, Stalins enster Vertrauter, die ersten Vorbereitungsarbeiten für den kommenden Parteitag geleistet, aber er verstarbt dann ganz plötzlich Anfang Anfang September 1948. Danach wurde der längst fällige Kongress immer wieder aufgeschoben.

Verschiedene Dokumente zu diesem letzten Parteitag mit Stalins Anwesenheit sind in Russland bis heute nicht freigegeben worden, auch nicht die Dokumente zum ersten Treffen des Zentralkomitees, das nur zwei Tage danach stattfand. Dies ist sehr merkwürdig. Ganz offensichtlich gibt es hier einiges zu verbergen.

Den Rechenschaftsbericht an das Zentralkomitee hält, wie bereits erwähnt, nicht der Generalsekretär Stalin, sondern Georgi Malenkow, ein einfaches Politbüromitglied. Zu denjenigen, die eines der Hauptreferate halten, gehört auch Nikita Chruschtschow. Er hält das Referat über das neue Parteistatut. Der Name der Partei war jetzt 'KPdSU' ohne den Zusatz 'Bolschewiki' und das Politbüro heißt jetzt 'Präsidium' und besteht nicht mehr nur aus zehn, sondern, einem Vorschlag Stalins folgend, aus 25 Mitgliedern, darunter einigen jüngeren Funktionären.

Das neue ZK setzt sich aus 125 von den Delegierten gewählten Mitgliedern zusammen. Sieht man sich die Namen der Mitglieder etwas genauer an, dann fällt auf, dass viele von denen, die später eine große Karriere in der gewendeten Sowjetunion unter Chruschtschow und Breschnew machen sollten, schon damals im Zentralkomitee Platz genommen hatten, darunter übrigens auch Leonid Breschnew, ein Günstling Chruschtschows, der spätere Generalsekretär der KPdSU. Auch den Namen Kossygin entdecken wir dort, der zur Gruppe um Nikolai Wosnessenski gehörte und der später nach Chruschtschows Sturz im Oktober 1964 Ministerpräsident der UdSSR werden sollte, unter dessen Federführung die große Wirtschaftsreform von 1965 eingeführt wurde.

Hier finden wir auch schon den Verfasser von Chruschtschows berühmt berüchtigter 'Geheimrede', P. N. Pospelow, aber auch den neuen Geheimdienstchef Ignatjew, ebenfalls ein Chruschtschow-Vertrauter, und nicht zu vergessen A. Mikojan, Chruschtschows wohl engster Vertrauter und Mitverschwörer. Auch Georgi Schukow ist hier zu erwähnen, der Chruschtschow später helfen sollte, die vollständige Macht in der Partei zu übernehmen, der ihm half, Berija auszuschalten, indem man ihn einfach aus einer Präsidiumssitzung heraus mit vorgehaltener Pistole festnahm. Zu erwähnen wäre auch Iwan Serow, ebenfalls ein enger Chruschtschow-Vertrauter. Er und Schukow sollten 1957 dafür sorgen, dass der schon im Politbüro abgesetzte Chruschtschow doch noch als Erster Sekretär an der Macht bleiben konnte und dass seine Rivalen, darunter Wjatscheslaw Molotow, Lasar Kaganowitsch oder Georgi Malenkow aus der Partei ausgestoßen wurden.

Das neue ZK wird zu einer Hochburg der Chruschtschowianer. Sie hatten anscheinend den Aufschub des Parteitages dazu genutzt, sich ihre Posten im ZK zu erobern, um dort die Machtverhältnisse zugunsten der Wirtschaftsreformer und zu ungunsten Stalins zu verschieben.

Hieraus erklärt sich, dass Stalin auf dem Parteitag nur noch als lästiger Störer empfunden wurde.

b. Das erste ZK-Plenum

Ein paar Tage nach dem Parteitag, der am 14. Oktober zuende geht, wird das erste ZK-Plenum einberufen. Ein Protokoll dazu existiert nicht. Es ist bis heute nicht aufgetaucht bzw. wird unter Verschluss gehalten. Aber es gibt die privaten Aufzeichnungen des Schriftstellers Konstantin Simonow, der damals auch ZK-Mitglied war. Er veröffentlichte sie im März 1953 nach Stalins Tod.

Auch vier weitere Anwesende haben später aus ihrer Sicht über dieses Plenum berichtet, darunter Anastás Mikojan in seinen Erinnerungen, Dimitri T. Schepilow und Leonid N. L. Jefremow.[815] Auch Molotow hat etwas dazu in seinen Erinnerungen geschrieben. Die Abwesenheit eines offiziellen Protokolls hat dazu geführt, dass die Gerüchte über den Ablauf des Plenums später gewaltig ins Kraut schossen. Sogar von einer 'Ohnmacht Stalins' auf dem Plenum war die Rede.

Auf diesem Plenum sieht sich Stalin gezwungen, seinen Rücktritt als Generalsekretär der Partei anzukündigen. Seit 1922 war er dies gewesen, als er auf Vorschlag Lenins diesen höchsten Posten in der Partei erhielt. Fortan war er nur noch einer von mehreren Sekretären, womit er seine Vormachtstellung in der Partei auch offiziell einbüßte.

Auf dem Parteitag war, wie gesagt, ein erweitertes Präsidium, bestehend aus 25 Personen, gewählt worden. Auf dem ZK-Plenum wird nun dieses größere Präsidium gleich wieder abgeschafft und das alte, kleine Politbüro wieder eingeführt - ein Schlag ins Gesicht des Parteitages. Molotow, der auf Drängen Stalins dann nicht ins 'kleine' Politbüro übernommen wurde, hat den Vorfall in seinen Erinnerungen so dargestellt:

"Das Präsidium des ZK bestand aus 25 Mitgliedern. Das war in den Parteistatuten festgelegt. Aber ein Plenum wurde einberufen, ein Politbüro musste gewählt werden. Sie wählten dann ein

815- vgl. Grover Furr, ‚Krushchev Lied', ebd., S. 134, Chruschtschows Lügen.

Politbüro ohne Molotow und Mikojan. Ich war nur Mitglied im Präsidium der 25, aber es traf sich fast nie. Aber es gab das Büro mit den zehn Mitgliedern, was damals nicht publik gemacht wurde. Dort waren auch Berija und Chruschtschow drin."[816]

Hier wird klar, weshalb man sich so sehr mit der Einberufung des neuen ZK-Plenums beeilte: Das alte, kleine Politbüro sollte wieder hergestellt werden, entgegen den neuen Parteistatuten, die erst auf dem Parteitag verabschiedet worden waren. Das neue, von Stalin angeregte, erweiterte Präsidium sollte es nicht mehr geben. Nun war aber Stalin auf diesem Plenum auch anwesend. Da er sieht, was dort abläuft, stellt er sich vor das Plenum und versucht zu verhindern, dass bestimmte Leute, die sein Vertrauen verloren hatten in das kleine, statutenwidrig gewählte Machtzentrum wieder einziehen konnten. Molotow nahm schweigend die Kritik Stalins hin, ohne auch nur ein Wort des Protestes dagegen zu erheben. Mikoyan versuchte sich zu rechtfertigen. Als Stalin später auf dem Sterbebett liegt, aber noch lebt, tritt dieses kleine Politbüro in seiner Datscha zusammen, um die Nachfolge zu regeln und Molotow und Mikojan sind wieder mit von der Partie.

Dimitri Schepilow schrieb später, weshalb Stalin dafür eintrat, Molotow zu entmachten:

"Er warf ihm vor, vor dem amerikanischen Imperialismus kapituliert zu haben und schlug vor, Molotow nicht mehr für einen Sitz im Präsidium (er meint das engere Politbüro - Autor) vorzusehen. Das wurde getan. Molotow akzeptierte dies ohne ein einziges Wort des Protestes."[817]

Leonid Jefremow, der damals ebenfalls ZK-Mitglied war, macht dazu wesentlich präzisere Angaben. Er gab auch die Gründe an, weshalb Stalin für die Verdrängung Molotows aus dem höchsten Parteiorgan eintrat. Er gibt ein langes Stalin-Zitat wieder, dessen Inhalt man so zusammenfassen könnte:

816· ‚Molotov Remembers', ebd., S. 315.

817· Grover Furr, ‚Krushchev Lied', ebd., S. 411.

Molotow habe dem britischen Botschafter die Erlaubnis gegeben, britische Zeitungen und Zeitschriften in der Sowjetunion herauszugeben. Dies sei sein erster Fehler gewesen. Der zweite: Molotow habe den sowjetischen Juden die Krim versprochen. Diese sei ebenfalls ein grober Fehler Molotows gewesen, zumal den Juden schon eine autonome Republik zugesprochen worden war, und zwar die Republik Berobidschan. Sein dritter Fehler schließlich: Er habe alle Politbürobeschlüsse sofort seiner Frau mitgeteilt, die sie dann an zweifelhafte Freunde weitergegeben habe. Molotows Frau hatte Golda Meir, die Gründerin Israels, in Moskau mit allen Ehren empfangen. Stalin: Ein solches Verhalten sei für ein Politbüromitglied unannehmbar und auch unwürdig.[818]

Molotow - ein Werkzeug der Zionisten? Was wäre passiert, wenn der Staat Israel auf der Krim, statt im Nahen Osten gegründet worden wäre? Welche Konsequenzen hätte das für die Sicherheit der UdSSR nach sich gezogen? Die USA hätten direkt vor der Haustür der Sowjetunion ihren Klientelstaat bekommen.

Die Vorwürfe Stalins gegen Mikojan:

Mikojan wurde vorgeworfen, sich dagegen gewehrt zu haben, die Kolchosbauern stärker zu besteuern, obwohl dies notwendig geworden sei.[819] Stalin, so Jefremow, habe auch argumentiert, dass man den Jüngeren eine Chance geben müsse, zumal die Arbeit eines Spitzenfunktionärs harte Arbeit sei und eine stabile Gesundheit erfordere.

Nach Stalins Tod im März 1953 gehen die Verstöße gegen die Parteitagsbeschlüsse weiter:

Es wird beschlossen, dass von 19. Parteitag gewählte Präsidium der 25 ganz abzuschaffen, ein Beschluss, der am 4. März, ein Tag vor Stalins Ableben auf seiner Datscha gefasst wird, an dem Molotow und Mikojan beteiligt sind, obwohl sie keine Politbüromitglieder mehr waren. Stalin, im tiefen Koma, konnte keine Einwände mehr erheben.

818- Ebd., S. 409f.

819- Angaben nach: Grover Furr, ‚Krushchev Lied', ebd., S. 410f.

41. Die Ärzteverschwörung

a. Die Verhaftung der Kreml-Ärzte

Stalin starb am 5. März 1953 in seiner Datscha in Kunzewo bei Moskau. An diesem Tag sollte ein wichtiger Prozess stattfinden, zu dem es nun aber nicht mehr kommt. Am 11. März 1983 stellte Felix Tschujew, Molotow dazu folgende Frage:

"Tschujew: Westliche Sender machten detaillierte Angaben zur 'Ärzteverschörung' und wiesen darauf hin, dass sie am 5. März vor Gericht verhandelt werden sollte - genau an dem Tag, an dem Stalin starb. Das hört sich wie ein verborgener Hinweis darauf an, dass er umgebracht wurde. - Molotow: Das ist möglich. Diese Möglichkeit kann nicht ausgeschlossen werden. ..."[820]

Was war vorangegangen?

Im Sommer 1952 war eine Reihe von Ärzten, die im Kreml-Krankenhaus arbeiteten, verhaftet worden. Ihnen wurde vorgewurfen, Mitglieder einer terroristischen Vereinigung zu sein, die es sich zur Aufgabe gemacht habe, hochrangige sowjetische Politiker und Funktionäre, aber auch führende Militärs, durch ärztliche Falschbehandlung umzubringen. Die staatliche Nachrichtenagentur TASS in ihrer Meldung vom 13. Januar 1953:

"Vor einiger Zeit haben die staatlichen Sicherheitsorgane eine terroristische Gruppe von Ärzten aufgedeckt, die es sich zur Aufgabe gemacht hatte, das Leben von sowjetischen Ärzten durch schädlichen Behandlungen zu verkürzen.

Unter den Mitgliedern der terroritischen Gruppe befanden sich:

Professor M. S. Wowsi, Therapeut; Prof. W. N. Winogradow,

820· ‚Molotov Remembes', ebd., S. 326.

Therapeut; Prof. M. B. Kogan, Therapeut; Prof. B. B. Kogan, Therapeut; Prof. P. I. Jegorow, Therapeut; Prof. A. I. Feldman, HNO-Arzt; Prof. J. G. Etinger, Therapeut; Prof. A. M. Grinshtein, Nervenarzt; G. I. Majorow, Therapeut."[821]

b. Die Vorwürfe

Welches waren die konkreten Vorwürfe? In der TASS-Meldung hieß es damals:

"Die Dokumente und Untersuchungen, die Meinungen von medizinischen Experten und die Geständnisse derjenigen, die verhaftet wurden, beweisen, dass die Verbrecher geheime Feinde des Volkes waren, ihre Patienten schädlichen Behandlungen unterzogen und ihre Gesundheit untergruben. Die Untersuchung hat ergeben, dass die Mitglieder der terroristischen Gruppe, die ihre Stellung als Ärzte und das Vertrauen der Patienten missbrauchten, vorsätzlich und böswillig ihre Gesundheit schädigten, dass sie absichtlich die Ergebnisse objektiver Untersuchungen ihrer Patienten ignorierten, falsche Diagnosen stellten, die nicht dem eigentlichen Wesen ihrer Krankheit entsprachen und sie dann durch falsche Behandlungsmethoden töteten."[822]

Um welche Patienten handelte es sich?

Es handelte sich unter anderem um Andrei Schdanow und um Alexander Schtschterbakow. Schdanow, der den Widerstand im von den Deutschen und den Finnen belagerten Leningrad während der 900-tägigen Blockade geleitet hatte, den Vorsitzenden auch des Kominform-Büros, der neuen Internationale, war im Spätsommer 1948 ganz plötzlich an einem 'Herzinfarkt' gestorben. Schtscherbakow starb im Alter von nur 44 Jahren ebenfalls unter merkwürdigen Umständen an einem solchen 'Herzinfarkt', und zwar aus-

821· Keesing's Contemporary Archives, Weekly Diary of World Events 1952-1954, Bd. 9, S. 12.728.

822· Ebd., die TASS-Meldung wiedergebend.

gerechnet am 10. Mai 1945, einen Tag nach dem 'Tag des Sieges'. Er war Leiter der politischen Hauptverwaltung der Roten Armee gewesen, aber auch Chruschtschows Nachfolger in der Moskauer Parteiorganisation, nachdem dieser in die Ukraine versetzt worden war. Er machte dann mit den zahllosen Säuberungen Schluss, die Chruschtschow dort vorgenommen hatte. Beide, Schtscherbakow und Schdanow, galten als mögliche Nachfolger Stalins, wie einst Sergej Kirow, der Ende 1934 Opfer eines Attentats wurde. Wörtlich hieß es in der TASS-Meldung dazu:

> *"Die Kriminellen gaben zu, dass sie Schdanows Krankheit benutzt hatten, um eine falsche Diagnose zu stellen, und, indem sie die Herzkrankheit, unter der er litt, vor ihm verbargen, verschrieben sie ihm eine Behandlung, die kontraindikativ für seine ernste Erkrankung war, wodurch sie ihn umbrachten.*
>
> *Durch die Untersuchung kam auch heraus, dass die Kriminellen auch das Leben des Genossen Schtscherbakow verkürzten, indem sie starke Medikamente verwendeten, die zu einer schädlichen Behandlung führten, wodurch sein Tod herbeigeführt wurde."* [823]

Auch hätten sie versucht, die Gesundheit führender sowjetischer Militärs auf ähnliche Weise zu unterminieren, um dadurch die Verteidigungsfähigkeit des Landes zu schwächen. Es werden die Namen der Generäle Wassiliewski, Schtemenko, Konjew, Lewtschenko und Goworow genannt. Die Verhaftung der Ärzte habe jedoch ihre Pläne durchkreuzt.

c. 'Joint'

In der TASS-Meldung hieß es auch, dass die meisten der behandelnden Kreml-Ärzte mit einer zionistischen Organisation namens 'Joint' verbunden gewesen seien, die vom US-Geheimdienst aufgebaut worden sei, um Juden in bestimmten Ländern materielle

823· Ebd..

Hilfe zukommen zu lassen. Diese angeblich karitative Organisation habe umfangreiche Spionage betrieben, terroristische Anschläge in einer ganzen Reihe von Ländern organisiert, darunter auch in der UdSSR, und sei subversiv tätig gewesen. Der verhaftete Arzt Wowsi habe während der Untersuchungen zugegeben, dass er aus den USA über 'Joint' eine Direktive erhielt,'die führenden Kader der UdSSR zu vernichten'.[824]

Schon bei dem Prager Prozess gegen Rudolf Slánský und seine Gruppe von Verschwörern war 'Joint' genannt worden. Der Angeklagte Otto Fischl, der zu Slánskýs Organisation gehörte - er war stellvertretender Finanzminister der Prager Regierung gewesen - hatte dazu Aussagen gemacht. Fischl hatte u. a. Folgendes auf dem Prager Prozess im November 1952, der öffentlich war, ausgesagt:

> *"Diese Agenten, die sich in der Tschechoslowakei unter der Maske israelischer Diplomaten verbargen, waren: der israelische Gesandte Avriel, Dr. Felix und Ben Schalom. Ich unterstützte gemeinsam mit diesen Agenten die Tätigkeit zionistischer Organisationen, welche von den anglo-amerikanischen Imperialisten zur Geltendmachung ihrer Kriegspläne ausgenützt wurden. ...Ich stand mit dem Generalsekretär dieser Agentur (gemeint 'Joint' - GS), Henry Levy, in Verbindung. ... Ich deckte weiter die von dieser Organisation durchgeführten Devisenschiebereien, die darin bestanden, dass der Auswanderer dem 'Joint' in der Tschechoslowakischen Republik den inoffiziellen Wechselkurs zahlte und die Organisation ihm den Gegenwert in fremder Währung in dem Land auszahlte, in das er emigrierte und wo weitere Filialen des 'Joint' waren, z. B. in Italien. ... Um diese von den amerikanischen Imperialisten geleitete Agentur und ihre gegen die Tschechoslowakische Republik gerichtete Tätigkeit zu verhüllen, verbreitete ich in lügnerischer Weise, dass sie in der Tschechoslowakei eine karitative Tätigkeit ausübe."*[825]

824· Ebd..

825· Prozess gegen die Leitung des staatsfeindlichen Verschwörerzentrums mit RUDOLF SLÁNSKÝ an der Spitze, Prager Justizministerium, 1953, Prozessprotokoll, S. 445 und 459f.

Andere machten ähnliche Aussagen im Prager Prozess, z. B. der Zeuge Orenstein über die Tätigkeit der zionistischen Organisationen in der Tschechoslowakei:

"Mit Hilfe der zionistischen Organisationen schöpften wir beträchtliche Finanzmittel ab und schwächten und schädigten das Wirtschaftsleben der Tschechoslowakei. Für diese Mittel wurden illegal verschiedene wertvolle Waren, wie Maschinen und Maschineneinrichtungen für Fabriken angekauft und nach Israel ausgeführt.

Frage des Vorsitzenden: Haben Sie noch eine weitere feindliche Tätigkeit betrieben?

Orenstein: Ja, es war weiter die Spionagetätigkeit. ... Die politische und Militärspionage wurde von einem besonderen Attaché der israelischen Gesandtschaft in Prag geleitet. Die Spionagezentrale für Osteuropa befindet sich in Wien."[826]

Es kann also als erwiesen gelten, dass 'Joint', zu der die meisten der verhafteten Kremlkrankenhaus-Ärzte zugegebenermaßen gehörten, eine Spionageorganisation war, die nicht nur gegen die Sowjetunion arbeitete, sondern auch gegen die neuen Volksdemokratien Osteuropas und deren Auftrag es war, für den zionistischen Staat Israel tätig zu werden, aber auch um Aufträge des US-und britischen Geheimdienstes auszuführen. Das heißt also, dass die verhafteten Ärzte nicht nur gewöhnliche Ärzte waren, sondern auch gewöhnliche Agenten und Spione für die Interessen des 1948 gegründeten Israel, aber auch für die der USA und Großbritanniens.

Am 18. Januar hieß es in der 'Prawda', die zu diesem Zeitpunkt noch nicht von den Verschwörern übernommen worden war, dass

"..diese Mörder sich unter der Maske von Wissenschaftlern versteckt hatten und bezahlte Agenten des US-Geheimdienstes waren, die durch eine Zweigstelle des amerikanischen Geheimdienstes un-

826· Ebd., S. 594f.

ter dem Namen 'Joint', einer jüdisch-bürgerlichen nationalistischen Organisation, rekrutiert worden waren."[827]

Zu diesen 'Mördern unter der Maske von Wissenschaftlern' gehörte auch Prof. W. N. Winogradow - Stalins Leibarzt.

d. Die Kehrtwende

Nach Stalins Tod soll alles plötzlich ganz anders gewesen sein. Am 4. April 1953, einen Monat nach Stalins Tod, wird eine Erklärung des sowjetischen Innenministeriums herausgegeben, in der es nun heißt:

> "*Das Innenministerium der UdSSR hat alle Dokumente der Untersuchung und andere diesbezügliche Angaben betreffs einer Gruppe von Ärzten, die der Sabotage, Spionage und anderer subversiver Aktivitäten beschuldigt waren, um gewisse sowjetische Führer zu schädigen, sorgfältig überprüft.*
>
> *Es hat sich dabei herausgestellt, dass die Verhaftungen der Ärzte durch das ehemalige Ministerium für Staatssicherheit, die angeblich Teil dieser Verschwörung gewesen seien, darunter Prof. M. S. Wowsi, Prof. W. N. Winogradow, Prof. M. B. Kogan, Prof. B. B. Kogan, Prof. P. I. Jegorow, Prof. A. I. Feldman, Prof. J. G. Etinger, Prof. W. C. Wasilenko, Prof. A. M. Grinschtein, Prof. W. F. Selenin, Prof. B. S. Preobrazhenski, Prof. N. A. Popowa, Prof. W. W. Sakusow, Prof. N. A. Scherschewski und Dr. G. I. Majorow, illegal und vollkommen ungerechtfertigt waren. ...*
>
> *Alle Erkenntnisse, die die Angeklagten erbrachten, die angeblich ihre Schuld eingestanden hatten, waren ihnen von den Untersuchungsführern durch Methoden abgepresst worden, die nach sowjetischem Gesetz verboten sind.*"[828]

Es hieß in der Erklärung auch, dass die Beschuldigten nun vollkommen entlastet seien und deswegen aus der Untersuchungshaft

827· Keesing's Contemporary Archives, Bd. 9, ebd..

828· Yakov Rapoport, ‚The Doctors' Plot · Stalin's Last Crime', London 1991, S. 187f, Die Ärzteverschwörung · Stalins letztes Verbrechen.

entlassen wurden. Gegen diejenigen, die die Untersuchung geführt hatten, seien Strafverfahren eingeleitet worden. Sie hätten sich 'schuldig' gemacht, die Untersuchung 'schlecht durchgeführt zu haben', was eigentlich nur ein Gericht hätte feststellen können.

Wer war damit genau gemeint?

Damit war in erster Linie der Untersuchungsführer Michail D. Rjumin gemeint. Er war stellvertretender Chef der Staatssicherheit. Vor seiner Ernennung dazu hatte er die Sicherheitsabteilung in Stalins Sekretariat geleitet.[829]

Das heißt also, dass Rjumin das Vertrauen Stalins besaß. Der Vorsitzende der Staatssicherheit, also Rjumins Chef, war Semjon D. Ignatjew, der sich aus der Untersuchung herausgehalten hatte. Rjumin wurde einen Tag nach dieser Erklärung verhaftet, zwei Tage, nachdem die Ärzte entlassen worden waren. Erst im Juli 1954 erhielt er seinen Prozess. Er dauerte vom 2. bis zum 7. Juli. Der Vorwurf: den Fall der Ärzte 'fabriziert' zu haben. Ihm wurde vor allem vorgeworfen, 'Beweismaterial gefälscht zu haben'. Darauf stand nach den sowjetischen Gesetzen aber nicht die Todesstrafe. Er wird aber dennoch erschossen, und zwar wegen 'Wirtschaftssabotage' - ein Vorwurf, der mit der Untersuchung nichts zu tun hatte und der ganz offensichtlich nachgeschoben wurde. Der Prozess fand hinter verschlossenen Türen statt.

Ignatiew, eine Chruschtschow-Kreatur, wurde nie angeklagt, obwohl er als Leiter der Staatssicherheit die Verantwortung für das Verfahren gegen die Ärzte trug. Er wurde nur zeitweilig dienstlich herabgestuft.[830]

Wir haben also folgende Situation:

Solange Stalin noch lebte, kommen die Untersuchungen im Fall der Ärzte zügig voran. Es hieß, dass die Untersuchungen kurz vor dem Abschluss stünden und dass die Ärzte gestanden hatten.

829· vgl. William B. Bland, ‚Der Ärzteprozess und der Tod Stalins', red-channel.de/milliteratur/sowjetunion/aerzteprozess.htm, nach: B. Nikolajewski, ‚Power and the Soviet Elite', New York 1965, S. 155, Macht und sowjetische Elite.

830· vgl. ebd., S. 80.

Nach seinem Tod hat man es sehr eilig, die beschuldigten Ärzten, die Mitglieder von 'Joint' waren, wieder auf freien Fuß zu setzen und lässt in den Medien erklären, dass die Beweise 'fabriziert' worden seien und verhaftet und erschießt den Untersuchungsführer Rjumin wegen 'Wirtschaftssabotage', obwohl der Vorwurf gegen ihn nur 'Fälschung von Beweismaterial' lautete, worauf keine Todesstrafe stand.

Obwohl man sich bei der Entlastung der Ärzte auf das Gesetz beruft, bricht man es im Fall Rjumin aber gleich wieder - Grund genug, der Sache etwas genauer auf den Grund zu gehen.

e. Die Ärzteverschwörung - Realität oder Fiktion?

Wie sah es das Ausland? Wie reagierte man im westlichen Ausland auf die TASS-Meldung vom 13. Januar 1953?

1. Beispiel: Israel

Der israelische Außenminister Scharett erklärt vor der Knesset, dem israelischen Parlament, dass die Beschuldigungen gegen die angeklagten Personen

"für normale Menschen völlig undenkbar sind."[831]

Scharett weiter: Man habe sich die Affäre 'aus innenpolitischen Gründen ausgedacht, um die jüdischen Gemeinden in der Sowjetunion und in den 'Satellitenstaaten' in Angst und Schrecken zu versetzen und um Repressalien gegen Juden vorzubereiten'.[832]

2. Beispiel: USA

In der offiziellen Erklärung des Regierungssprechers hieß es damals:

"Die gemeldeten sowjetischen Verhaftungen einer Reihe von jüdischen Ärzten unter der Beschuldigung von 'medizinischer Sabo-

831- Keeesing's Contemporary Archives, Bd. 9, ebd., S. 12.730.

832- vgl. ebd..

tage' scheint ein weiterer Schritt in der jüngsten sowjetischen Kampagne gegen die Juden zu sein, der schon in den antizionistischen Aspekten des Slánský-Prozesses deutlich zu Trage trat."[833]

In der 'New York Times' konnte man damals lesen:

"Indem es noch ein weiters Blatt aus Hitlers Buch verwendete, hat das Stalin-Regime sich jetzt ganz offen und unverkennbar den Antisemitismus als Waffe in ihren internen Diskussionen zu Eigen gemacht, aber auch als Instrument sowohl der kommunistischen Tyrannei als auch des sowjetischen Imperialismus."[834]

3. Beispiel: Großbritannien

Die Londoner 'Times' schrieb:

"Seit den Staats-Prozessen der späten dreißiger Jahre hat die Moskauer Presse erneut eine so gespenstische und fantastische Geschichte verbreitet. ... In ihrer Außenpolitik haben sie eine erneutes Zeichen für ihre Unfreundlichkeit gegenüber Israel ... gesetzt."[835]

4. Beispiel: Die sowjetische Opposition

Chruschtschow in seiner 'Geheimrede' auf dem 20. Parteitag der KPdSU 1956:

"Lassen Sie mich die 'Affäre der Ärzte-Verschwörung' erwähnen (Bewegung im Saal). Im Grunde genommen gab es eine solche 'Affäre' überhaupt nicht, wenn man von der Aussage der Ärztin Timaschuk absieht, die wahrscheinlich von irgendjemand beeinflusst oder angewiesen war (schließlich war sie eine geheime Mitarbeiterin der Sicherheitsorgane), an Stalin einen Brief zu richten, in dem sie die Ärzte beschuldigte, unsaubere Behandlungsmethoden anzuwenden.

Ein derartiger Brief genügte Stalin, um daraus zu folgern, dass in der Sowjetunion ein Ärzte-Komplott bestünde. Er befahl, eine

833· Ebd., S. 12.729.

834· Ebd..

835· Ebd..

Gruppe hervorragender medizinischer Spezialisten zu verhaften, und gab persönlich Anweisungen bezüglich der Durchführung der Untersuchung und der Verhörmethoden gegen die verhafteten Personen. Er bestimmte, das Akademiemitglied Winogradow in Ketten zu legen und dass ein anderer zu schlagen sei."[836]

In seinen 'Erinnerungen' heißt es dazu noch:

"Die Ärzte-Affäre war eine grausame und schmähliche Angelegenheit."[837]

Diese 'Geheimrede' wurde zuerst in den USA veröffentlicht (schon 1956), bevor sie in der Sowjetunion freigegeben wurde. Der gesamte historische Mainstream hat sich den Inhalt dieser Rede zu Eigen gemacht, und hält bis heute eisern daran fest, und was noch bedauerlicher ist, fast alle kommunistischen Parteien haben dieser Rede Glauben geschenkt, ohne sich die Mühe zu machen, sie kritisch zu hinterfragen.

Die Mainstream-Medien im Westen und die politischen Eliten finden wir hier im Schulterschluss mit Chruschtschows sowjetischer Opposition - ein erster Hinweis darauf, dass die 'gespenstische und fantastische Geschichte' einen realen Inhalt besaß, dass es keine 'Verschwörungstheorie' war oder ein Zeichen von Stalins Paranoia oder Rachsucht, wie Chruschtschow behauptete.

Welche Fakten bekräftigen diese Annahme?

1. Es gab damals in der Sowjetunion eine medizinische Untersuchungskommission, die bestätigte, dass tatsächlich unsachgemäße Behandlungen an hochrangigen sowjetischen Funktionären vorgenommen worden waren. Ihre Ergebnisse wurden noch zu Lebzeiten Stalins sowohl in der 'Prawda' als auch in der 'Iswestja'

836· ‚Chruschtschow erinnert sich', ebd., S. 529f, Anhang: Wortlaut der ‚Geheimrede' vom 25. Februar 1956, in der Fassung der am 4. Juni 1956 vom US-Außenministerium veröffentlichten Version, S. 489ff.

837· Ebd., S. 265.

veröffentlicht.[838] Es gab also nicht nur die Hinweise der Ärztin Timaschuk, wie Chruschtschow in seiner 'Geheimrede' behauptete.

2. Sogar noch nach ihrer Freilassung hatten die Ärzte zugegeben, dass sie Geständnisse abgelegt hatten. Jakow Rapoport, der damals auch verhaftet worden war, berichtet darüber in seinem Buch:

"Als wir freigelassen worden waren, erzählten mir Wowsi und Winogradow selbst, dass sie all diese Verbrechen zugegeben hatten, die ihnen vorgeworfen wurden. ... Der tragischte Aspekt dieser Geständnisse bestand darin, dass die Person (Rapoport spricht von Stalins Leibarzt Winogradow - GS) nicht nur die Verbrechen zugab, die er selbst begangen hatte, sondern auch die Existenz einer kriminellen Organisation sowie kollektiver krimineller Handlungen."[839]

Mit der 'kriminellen Organisation' konnte nur 'Joint' gemeint sein. Rapoport fügt noch etwas Interessantes hinzu:

"Winogradow erzählte mir, dass er von Anfang an beschlossen hatte, nicht zu warten, bis sie ihn folterten, sondern alle Vorwürfe zuzugeben, auch die Spionage für Frankreich und Großbritannien."[840]

Winogradows Geständnis war also nicht erfoltert worden. Er hatte später, als er wieder frei war, seine angebliche 'Angst vor der Folter' als Ausflucht benutzt, um seine umfangreichen Geständnisse, darunter auch die Nennung von 'Joint', plausibel zu machen.

Und noch etwas: Rapoport berichtet auch von dem, was die Kreml-Ärztin Sophia Karpai, die den beschuldigten Ärzten unterstand, ihm nach ihrer Entlassung gesagt hatte:

"Sophia Karpai, eine ehemalige Ärztin am Kreml-Krankenhaus, erzählte mir im Sommer 1953 von ihrer Gegenüberstellung mit Wowsi, Winogradow und Wassilenko im Gefängnis. Sie sagten ihr

838- vgl. Yakov Rapoport, ebd., S. 191.

839- Ebd., S. 137.

840- Ebd., S. 138.

ins Gesicht, dass sie ihre kriminellen Anweisungen ausgeführt habe, um den Patienten schädliche Behandlungen zu verabreichen."[841]

Wowsi und Winogradow und andere hatten also ein Werkzeug: die Ärztin Sophia Karpai, die sie auf Andrei Schdanow und davor schon auf Alexander Schtscherbakow angesetzt hatten, um sie zu beseitigen.

3. Die Ärztin Lydia Timaschuk, der schon im Zusammenhang mit Andrei Schdanows plötzlichem Tod die Manipulationen und Falschbehandlungen aufgefallen waren und die dann Stalin davon berichtete, erhielt auf Beschluss des Präsidiums des Obersten Sowjets (Vorsitzender Mikhail I. Kalinin) die höchste Auszeichnung des Landes: den Lenin-Orden. Nach Stalins Tod, als man daran ging, die lästige Ärzte-Affäre zu entsorgen, wurde ihr die Auszeichnung wieder aberkannt.

Auch dies ist ein Hinweis darauf, dass die Beweisgründe sehr überzeugend waren, denn diese Auszeichnung wurde nur in seltenen Fällen vergeben und nur dann, wenn man sich sicher war, dass es tatsächliche Verdienste gab.

4. Im Zusammenhang mit dem Prager Slánský-Prozess im November 1952 kamen weitere interessante Details ans Licht, wie man in der Tschechoslowakei nach dem Krieg Ärzte instrumentalisierte, um den Vorsitzenden der tschechoslowakichen kommunistischen Partei, Klement Gottwald, loszuwerden. Der Angeklagte Joseph Frank, der zu Slánskýs Verschwörergruppen gehörte, um in der Tschechoslowakei einen Putsch gegen Gottwald durchzuführen, sagte Folgendes aus:

"Slánský wusste, dass das größte Hindernis für die Verwirklichung der Ziele unserer Verschwörung der Vorsitzende der Partei ist. Er musste daher seine Beseitigung erwägen. Slánský hatte eine ganze Reihe von Möglichkeiten, den Vorsitzenden unauffällig mit

841· Ebd., S. 137.

Hilfe eines Arztes zu beseitigen, der Mitglied unserer Verschwörung war. Ich weiß, dass zum Beispiel Sling solche geeigneten Ärzte zur Verfügung hatte, mit denen er im Jahre 1945 aus England nach der Tschechoslowakei kam."[842]

Nicht nur Stalin erhielt einen solchen Arzt als Leibarzt, nämlich Winogradow, sondern auch Klement Gottwald, der Vorsitzender der Tschechoslowakischen Kommunistischen Partei. Wie man dies einfädelte, beschrieb der Angeklagte Otto Sling, der aus England eingeflogen worden war:

"Eine der Folgen dieser Aktion war (gemeint die 'Ärzteexpedition' aus England - Autor), dass Slánský im Laufe des Monats April 1945 in Kosice im Einvernehmen mit mir einen Teilnehmer an dieser Ärzteexpedition, den jüdischen Nationalisten Dr. Ladislav Haas, zum persönlichen Arzt des Vorsitzenden der Kommunistischen Partei der Tschechoslowakei bestimmte."[843]

Die Killer-Ärzte wurden also gleich nach dem Krieg aus England eingeflogen, wofür der britische Geheimdienst MI6 gesorgt haben muss. Slánský (der Nachfolge-Kandidat für Gottwald), so der Angeklagte Frank, wollte dann später verkünden, dass Gottwald 'einer Krankheit zum Opfer fiel'. Slánský gab dies selbst zu:

"Ich wusste, dass das größte Hindernis zur Durchführung unserer Endziele Klement Gottwald ist, der Vorsitzende der Partei und Präsident der Republik, die niemals eine Restauration des Kapitalismus zugelassen hätte. Ich wusste, dass es notwendig gewesen wäre, im Falle einer Machtergreifung sich Klement Gottwald zu entledigen.

Ich gestehe, dass ich als behandelnden Arzt beim Präsidenten der Republik einen Freimaurer, Dr. Haskovec (wahrscheinlich der tschechische Name des besagten Dr. Haas - Autor) beließ und dass

842- Prozess gegen die Leitung des staatsfeindlichen Verschwörerzentrums mit Rudolf Slánsky an der Spitze, ebd., S. 365, Prozessprotokoll.

843- Ebd., S. 493.

ich vor dem Präsidenten verschwieg, dass Haskovec ein Feind ist. Als Feind behandelte Haskovec den Präsidenten nicht richtig und wirkte damit auf eine Verkürzung seines Lebens hin. Ich konnte Haskovec im Interesse der Machtergreifung zur Beseitigung des Präsidenten benutzen." [844]

Als Stalin beerdigt wurde, zog sich Klement Gottwald auf der Beerdigung angeblich eine schwere Erkältung zu, an der er am 14. März 1953 verstarb. Es hieß, er sei an einer 'Lungenentzündung' gestorben.

Der 'sowjetische Slánský' war kein anderer als Nikita Chruschtschow, der die Nachfolge von Stalin antreten sollte, nachdem man ihn beseitigt hatte.

Die Ärzteverschwörung war also real, keine Fiktion oder Fabrikation, kein Produkt von Stalins 'Paranoia', wie Chruschtschow später behaupten sollte, was dann massenhaft im Westen verbreitet wurde. Es war der vom Ausland gesteuerte Versuch, die alte bucharinsche/trotzkistische Opposition unter Führung von Chruschtschow durch terroristische Methoden an die Macht zu bringen. In Prag hatte man vor, die Gruppe um Rudolf Slánský an die Schalthebel der Macht zu bringen. Und auch in der Tschechoslowakei bediente man sich zionistischer Organisationen, darunter auch 'Joint', die als 'karitative Organisationen' getarnt wurden, ähnlich wie die Organisation des US-Spions Noel Field, die sich unverfänglich 'Trust Fund' nannte, die vom US-Geheimdienst angeleitet wurde und von ihm ihre Aufträge erhielt.

Hätte es in Moskau den geplanten Prozess am 5. März 1953 gegeben, dann wären ähnliche Machenschaften wie die, die sie der Prager Slánský-Prozess ans Licht brachte, herausgekommen. Die Verschwörergruppe oder auch -gruppen wären aufgeflogen und es hätte eine gründliche Säuberung gegeben wie damals nach den drei großen Moskauer Prozessen. Es wäre aller Wahrscheinlichkeit auch

---

844. Ebd., S. 106f.

herausgekommen, welche hochrangigen sowjetischen Politiker die Nachfolge Stalins antreten sollten, und hier kann es keinen Zweifel geben, dass man sich dazu Nikita Chruschtschow auserkoren hatte. Es war also höchste Zeit zu handeln. Stalin musste verschwinden, um die Wende zu erzwingen. Als diese Wende erzwungen war, wurden die Ärzte freigelassen und die Vernehmer verhaftet. Das Blatt hatte sich in Moskau gewendet, wie es sich später auch in der Tschechoslowakei und in anderen osteuropäischen Staaten wenden sollte.

42. Der Mord an Stalin

In fast allen Stalin-Biografien oder Abhandlungen über ihn ist von 'Stalins Tod' die Rede. Die meisten Biografen haben die offiziell im Westen verbreitete Lesart übernommen, dass er eines natürlichen Todes starb, dass Ursache seines Todes ein zu hoher Blutdruck gewesen sei, der Herzversagen und/oder einen Gehirnschlag verursacht habe. Es gibt jedoch einige Ausnahmen: Es gibt Historiker, die von einem 'mysteriösen', 'eventuell unnatürlichen Tod' ausgehen, und dann meistens mit dem Finger auf Lavrenti Berija zeigen, der es gewesen sein musste, ohne dass man sich die Mühe macht, die Täterschaft Berijas im Einzelnen nachzuweisen. Auch Wjatscheslaw Molotow tut dies in seinen Erinnerungen ('Molotov Remembers'), in denen er wüste Anschuldigungen gegen Berija erhebt, auch der Belgier Ludo Martens tut dies in dem ansonsten gut recherchierten Buch über Stalin, das den Titel trägt, 'Stalin anders betrachtet', auch A. Awtorchanow in 'Das Rätsel um Stalins Tod'.

Bei näherem Hinsehen jedoch erweisen sich diese Hinweise als Spekulationen und Vermutungen. Wir benötigen jedoch harte Fakten und Beweise. Und der einzige, der bisher wirklich harte Fakten und einen klaren Indizienbeweis liefern konnte, war der britische Kommunist William B. Bland in seiner Studie 'Der 'Ärzteprozess' und der Tod Stalins'.[845] Der englische Titel ist: 'The 'Doctors' Case' and the Death of Stalin'.

Sehen wir also näher hin, um dem Rätsel von Stalins plötzlichem Tod auf die Spur zu kommen.

a. Die Umstände seines Todes

Stalin starb in seiner Datscha in Kunzewo. Seit dem 1. März 1953 hatte er mit dem Tode gerungen. Er starb am 5. März um 21.50 Uhr,

845· http://www.red-channel.de/mlliteratur/sowjetunion/aerzteprozess.htm.

wie es in dem letzten ärztlichen Bulletin vom 6. März hieß, an 'akutem Herversagen und zunehmender Atmungsschwäche'. Es wurde sowohl in der 'Prawda' als auch in der 'Iswestja' veröffentlicht.[846]

In der Zeit zwischen dem 3. und dem 5. März werden von den behandelnden Ärzten fast täglich ärztliche Bulletins verfasst, in denen Zustand und Verlauf der Krankheit dokumentiert werden - am 5. März passiert dies sogar dreimal. In keinem dieser Berichte ist von der Möglichkeit einer Vergiftung die Rede. Aber in zwei Berichten ist die Rede von einem starken Anstieg der Zahl der weißen Blutkörperchen, der Leukozyten:

> *"Die Blutuntersuchung ergab, dass die Zahl der weißen Blutkörperchen in einem Umfang auf bis zu 17.000 angestiegen war."* [847]

Ein solcher drastischer Anstieg der Zahl der Leukozyten kann ein Hinweis auf eine Vergiftung sein. Die behandelnden Ärzte beließen es aber bei der Feststellung dieses Anstiegs und stellten die Symptome und Folgen der Erkrankung in den Vordergrund: Atmungsstörungen, Gehirnblutung, unregelmäßige Herztätigkeit usw. In ihrem zweiten Bulletin vom gleichen Tag wird die Zahl der Leukozyten mit 21.000 angegeben - ein weiterer Anstieg. Sie konzentrieren ihre Behandlung auf die Behebung der Atmungsstörungen.

Deutlicher wurde Professor Russakow, der damals Stalins Leiche untersuchte. Er stellte ebenfalls diesen starken Anstieg der weißen Blutkörperchen fest, aber auch eine stark vergrößerte Leber. Anhand der Farbe der Haut und anhand von schwarzen Hautflecken konnte er feststellen, dass Stalin durch Zyanid vergiftet worden war. Er verfasste dann einen diesbezüglichen Bericht an die Kreml-Klinik. Drei Tage später wird er tot aufgefunden! [848]

846- vgl. William B. Bland, ‚The ‚Doctors' Case' and the Death of Stalin', Oktober 1991, dt. Übers. 2002, S. 39, bei ebd..

847- William B. Bland, ‚Der ‚Ärzteprozess' und der Tod Stalins', ebd., S. 35, ärztliches Bulletin vom 5. März, 2 Uhr, auch in: ‚Prawda' und ‚Iswestja' vom gleichen Tag, jeweils Seite 1.

848- Quelle: https://www.youtube.com/watch?v=PpnjOrZKfqQ, Angaben von Mikhail Poltoranin, ehemaliger Vorsitzender des staatlichen Ausschusses für die Freigabe von KGB-Archiven, veröffentlicht am 11. Februar 2018.

Professor Russakow, dessen Wohnung, nachdem er seinen Bericht verfasst und abgeschickt hatte, durchsucht worden war, konnte eine Kopie seines Berichts retten. In diesem Bericht ist auch die Rede davon, dass Stalin vor seiner Krankheit kerngesund war. Die einzigen 'Gebrechen', die er lauf den ärztlichen Untersuchungsberichten hatte, waren ein leicht erhöhter Blutdruck sowie ein Rheuma in einem Knie - sonst nichts.[849]

Alle Ausländer, denen Stalin damals vor seinem Tode begegnete, bestätigten, dass er in ausgezeichneter gesundheitlicher Verfassung war, darunter der argentinische Botschafter Menon oder der indische Friedensaktivist Dr. Kitschlu.[850]

Auch Molotow bestätigt dies in seinen Erinnerungen:

"Er war nicht ernsthaft krank. Er arbeitete ständig ... und war sehr munter."[851]

An einer anderen Stelle sagt Molotow:

"Ich hatte Stalin noch vier oder fünf Wochen, bevor er starb, gesehen. Er war absolut gesund."[852]

Die Ärzte waren erst mit stundenlanger Verspätung herbeigerufen worden:

"Stalin war für den Großteil eines ganzen Tages hilflos und ohne Behandlung sich selbst überlassen worden, was Wiederbelebungsversuche erschwerte ..."[853]

Auch der Stalin-Biograf Walter Laqueur schrieb:

"Der ersten Ärzte ... erschienen erst am nächsten Vormittag."[854]

849- vgl. ebd..

850- vgl. William B. Bland, ebd., S. 40.

851- ‚Molotov Remembers', ebd., S. 326.

852- Ebd., S. 236.

853- William B. Bland, ebd., S. 41, nach: J. Lewis & P. Whitehead, ‚Stalin -Time for a Judgement', London 1990, S. 179, Stalin - Zeit für ein Urteil.

854- Walter Laqueur, ‚Stalin - Glasnost-Enthüllungen', London 1990, S. 151, in: William B. Bland, ebd., S. 41.

Warum wurden die Ärzte erst so spät benachrichtigt?

Und noch eine Merkwürdigkeit: Bei der offiziellen Verkündung der Krankheit durch den sowjetischen Ministerrat am 3. März hieß es fälschlicherweise, dass Stalins Krankheit 'in seiner Wohnung im Kreml in Moskau eingetreten' sei, also nicht in seiner Datscha in Kunzewo. Hier der Wortlaut des Kommuniqués:

> *"Es ist unserer Partei und unserem Volk ein großes Unglück widerfahren. ... Genosse Stalin hat sich in seiner MOSKAUER WOHNUNG in der Nacht vom 1. auf den 2. März eine Gehirnblutung zugezogen, die lebenswichtige Teile seines Gehirns beeinträchtigt. Genosse Stalin verlor das Bewusstsein. ... Das beste medizinische Personal wurde herbeigerufen, um den Genossen Stalin zu behandeln. ... Die Behandlung des Genossen Stalin erfolgt unter der ständigen Kontrolle des Zentralkomitees und der Kommunistischen Partei der Sowjetunion sowie der Sowjetregierung."*[855]

Warum hat man den Ort der Erkrankung nach Moskau verlegt? Man musste zwei Tage nach Eintritt der Erkrankung wissen, dass dies nicht der Fall war, dass Stalin sich in seiner Datscha in Kunzewo aufhielt. Das heißt nichts anderes, als dass man die Öffentlichkeit bewusst belogen hat. Auch will man mit dem Passus, dass das 'beste medizinische Personal herbeigerufen wurde' verbergen, dass die Ärzte erst mit fast eintätiger Verspätung benachrichtigt wurden. Wer war damals Vorsitzender des Ministerrates und damit für diese Meldung verantwortlich? Die Antwort: Stalin selbst, sein Stellvertreter aber war kein anderer als Wjatscheslaw Molotow, der, wenn er dieses Kommuniqué auch selbst nicht verfasst haben sollte, auf jeden Fall für den Wortlaut verantwortlich war. Was hat Molotow also bewogen, die Öffentlichkeit zu belügen und warum hat er als stellvertretender Ministerpräsident nicht dafür gesorgt, dass rechtzeitig Ärzte geschickt wurden? Molotow ist aber am 4. März in Sta-

---

855. William B. Bland, ebd., S. 33, Erklärung der Regierung vom 3. März 1953, in: ‚Prawda' und ‚Iswestja' am 4. März, jeweils auf Seite 1, aus: ‚Aktueller Überblick über die sowjetische Presse', Bd. 5, Nr. 6, 21. März 1953, S. 4; Hervorhebung von mir.

lins Datscha präsent, als sich das Politbüro (Präsidium) trifft, um die Nachfolge zu regeln und die Ämter neu zu verteilen, obwohl er nicht mehr Mitglied des Politbüros war. Er wird wieder Außenminister.

b. Was war Stalins 'Erkrankung' vorausgegangen?

Mikhail Poltoranin erwähnt, dass sich vor Stalins Tod merkwürdige Dinge ereignet hatten: Stalins langjähriger Sekretär, Alexander Poskrebyschew, mit dem er seit 1928 zusammengearbeitet hatte, der auch Chef der Sonderabteilung des Zentralkomitees war, wurde kurz vor Stalins Tod verhaftet. Aber nicht er nur: Auch seinen Sicherheitschef Nikolai Wlassik nahm man fest. Dazu schreibt R. H. McNeal:

> *"Beider sicherten effektiv die Zugänge zu Stalins Büro ab. Der eine kontrollierte die Sicherheit, der andere die Anmeldungen."*[856]

Wlassik kontrollierte die Sicherheit und Poskrebyschew die Anmeldungen.

Für die Festnahmen gibt es nur eine Erklärung. Bland:

> *"Es leuchtet ein, dass ein erfolgreicher terroristischer Anschlag auf Stalin die vorherige Beseitigung der loyalen Poskrebyschew und Wlassik erforderte."*[857]

Was passierte Poskrebyschew? Er wird im Winter 1952/53 in seiner Datscha in der Nähe von Moskau unter Hausarrest gestellt. Das Haus wird bewacht.

Was passierte General Wlassik? Er wird aus der Partei ausgeschlossen und nach Swerdlowsk verbannt, wo man ihn offiziell zum stellvertretenden Kommandanten eines Arbeitslagers macht. Als er nach Moskau zurückkehrt, um Stalin zu sprechen, verhaftet man ihn:

856· R. H. McNeal, ‚Stalin · Man and Ruler', Basingstoke 1988, S. 301, in: William B. Bland, ebd., S. 25.

857· Ebd..

"Man griff ihn in der Nähe der Kreml-Tore auf und steckte ihn in die Lubjanka. Zwei Wochen später starb er an einer 'Krankheit'."[858]

Stalins Tochter Swetlana bestätigt dies in ihren Erinnerungen 'Zwanzig Briefe an einen Freund':

"Kurz bevor mein Vater starb, fielen sogar einige seiner engsten Vertrauten in Ungnade: Der immerwährende Wlassik kam im Winter 1952 ins Gefängnis und der Privatsekretär meines Vaters, Poskrebyschew, der 20 Jahre mit ihm zusammen gewesen war, wurde entfernt."[859]

Die Verschwörer waren also unmittelbar vor Stalins Tod fleißig dabei, sein sorgfältig aufgebautes Sicherheitssystem zu demontieren, um ungehinderten Zugang zu ihm zu bekommen.

Zu diesem Sicherheitssystem gehörte aber noch mehr: Dazu gehörte auch die Kreml-Wache. Stellvertretender Chef dieser Wache war damals Generalmajor Pjotr Kosnykin, der mit den Vorkehrungen für die Bewachung Stalins betraut war. Er, der in der Blüte seines Lebens stand und der sich in regelmäßigen Abständen von Diensts wegen gründlichen Untersuchungen zu unterziehen hatte, befand sich in einer hervorragenden körperlichen Verfassung. Am 15. Februar stirbt er plötzlich an einem 'Herzanfall'. Dazu schreibt N. E. Rosenfeld:

"Der Vize-Chef der Kremlkommandatur, Generalmajor Pjotr Kosnykin, verschied vorzeitig am 15. Februar 1953."[860]

P. Deriabin bestätigt dies:

"Am 17. Februar erschien ein Bericht, dem keine allzu große Aufmerksamkeit zuteil wurde, wonach der stellvertretende Komman-

---

858. P. Deriabin, ‚Watchdogs of Terror', USA 1984, S. 321, in: William B. Bland, ebd., S. 28.

859. Swetlana Allilujewa, ‚20 Letters to a Friend', London 1967, S. 216, in: William B. Bland, ebd., S. 29, in der deutschen Fassung des Buches sind diese Details weggelassen worden.

860. N. E. Rosenfeld, ‚Knowledge and Power', Kopenhagen 1978, S. 196, Wissen und Macht, in: William B. Bland, ebd., S. 31.

dant, General Kosnykin, der einzige Wachhabende, dem Stalin noch vertrauen konnte, plötzlich an einem 'Herzanfall' gestorben sei."[861]

Vorangegangen war eine Reduzierung des Wachpersonals für Stalin - um die Hälfte! Der besondere Wachdienst für Stalin wurde dem MGB, also der Staatssicherheit, unterstellt, an dessen Spitze der Chruschtschow-Vertraute Semjon D. Ignatjew stand. Ihm wurde nun auch die medizinische Verwaltung unterstellt. Die Folge: Stalin wurde nun nur noch von einer kleinen Gruppe von Offizieren bewacht, die wenig Sicherheitserfahrungen besaß und von einem einfachen Major geführt wurden.[862]

Man fragt sich unwillkürlich, wer dies veranlasst haben könnte, wie die Befehlskette aussah, wer die Drähte gezogen hat, und wieder einmal zeigt sich, wie falsch die Mär vom 'allmächtigen Diktator Stalin' ist, der keinerlei Einfluss auf diese Entscheidungen mehr besaß, der hilflos mit ansehen musste, wie sein Sicherheitsapparat systematisch, nach und nach demontiert wurde. Die Anweisungen dazu können nur von der damals schon heimlichen Schattenregierung ausgegangen sein, von bestimmten Personen aus dem 'kleinen Politbüro', das Stalin durch ein größeres, aus 25 Personen bestehendem Präsidium ersetzen wollte, das aber auf dem Ersten Plenum des ZK nach dem 19. Parteitag gleich wieder abgeschafft wurde. Wer saß in diesem Politbüro? Es waren insgesamt 8 Personen, darunter Chruschtschow, Ignatjew, Malenkow, Berija, Bulganin, u.a., und man kann davon ausgehen, dass auch Mikojan und Molotow, die nicht mehr hineingewählt wurden nach Stalins Protest, immer noch inoffiziell dazu gehörten, denn bei der Regelung der Stalin-Nachfolge am 4. März 1953 in Stalins Datscha waren sie wieder mit von der Partie. Mit ihnen waren es dann wieder wie früher zehn Personen. Und dann ist die Frage, welche Gruppe von Personen dort dominiert hat.

861- P. Deriabin, ebd., S. 325, in: William B. Bland, ebd., S. 31.

862- vgl. P. Deriabin, ebd. S. 319.

Auch im Oberbefehl der Streitkräfte vollzieht sich kurz vor Stalins Tod ein ähnlicher Wechsel. Dazu schreibt Deriabin:

"Im Oberbefehl der Armee vollzog sich ein bedeutsamer Wandel. General Sergei Schtemenko wurde durch Marschall Wassili Sokolowski als Generalstabschef der sowjetischen Streitkräfte abgelöst, ... und gleichzeitig mit Schtemenkos Ablörung wurden die Leibwächter der Schutztruppe aus dem Generalstab entfernt."[863]

Zur Erinnerung: Der ehemalige Chef der politischen Verwaltung der Streitkräfte, der solche Entscheidungen treffen konnte, der erst 44-jährige Alexander Schtschterbakow war am 10. Mai 1945 nach einem 'Herzinfarkt' verstorben. Wie wir gesehen haben, halfen die 'Joint'-Ärzte mit, diesen Tod herbeizuführen. So halfen diese zionistischen Instrumente des US-Geheimdienstes mit, das 'richtige Personal' für einen Machtwechsel an der Spitze der USSR durch ihre Morde nach vorne zu bringen. Die innere sowjetische Konterrevolution agierte also Arm in Arm mit den ausländischen, angloamerikanischen Geheimdiensten - das gleiche Muster wie in der damaligen Tschechoslowakei, wo der Hoffnungsträger des Westens, Rudolf Slánský, in jeder Weise unterstützt wurde, um ihn zum Nachfolger von Klement Gottwald, den tschechischen Stalin zu machen.

c. Auch vor Stalins Sohn machen die Putschisten nicht Halt

Diesem von langer Hand vorbereiteten, gut durchdachten Staatsstreich fiel also nicht nur Stalin, das größte Hindernis für sie, zum Opfer, sondern auch viele andere, die mit ihm lange Zeit loyal zusammen gearbeitet hatten. Sie wurden nach Stalins Tod entweder ausgeschaltet, und wenn sie Widerstand leisteten und zu einer ernsten Gefahr für die Putschisten wurden, liquidiert. Man stellte sie vor Sondergerichte und verurteilte sie unter Ausschluss der Öffentlich-

863· P. Deriabin, ebd., S. 325, in: William B. Bland, ebd..

keit mit Hilfe von bestellten Richtern, darunter auch der Richter Rudenko, zum Tode.

Es traf auch Stalins Sohn Wassili. Nach der Entlassung und Verhaftung von Stalins Leibwächter General Wlassik, soll er ausgerufen haben:

"Sie werden ihn umbringen! Sie werden ihn umbringen! Mit 'sie' meinte er andere Mitglieder des Politbüros und und mit 'ihn' meinte er seinen Vater." [864]

Stalins Tochter Swetlana bestätigt dies in ihren Erinnerungen:

"Er war entsetzt und fest davon überzeugt, dass man seinen Vater vergiftet, ermordet habe. ... Vor allen Anwesenden warf er mit Verdächtigungen und Vorwürfen nur so um sich, beschuldigte die Regierung, die Ärzte ..., sie hätten Vater nicht entsprechend behandelt und würden ihn jetzt nicht gebührend bestatten." [865]

Solche entlarvenden Bemerkungen in aller Öffentlichkeit blieben nicht ohne Folgen: Wassili wurde am 18. April 1953 verhaftet und ins Gefängnis eingeliefert. Acht Jahre verbrachte er dort. 1961 ließ man ihn wieder frei. Der kranke Wassili starb dann ein Jahr später - am 19. März 1962 im Alter von nur 41 Jahren.

d. Chruschtschow und Mikojan gaben zu, Stalin ermordet zu haben

Wer noch immer Zweifel hat oder nicht wahrhaben möchte, dass es sich bei Stalins Tod um einen kaltblütigen und heimtückischen Mord gehandelt hat, um einen 'Regime Change' in der UdSSR herbeizuführen, sollte sich mit bestimmten Äußerungen befassen, die von den Tätern selbst in späteren Jahren, als sie sich an der Macht befanden und sie deswegen nicht mehr belangt werden konnten, gemacht wurden.

864· P. Deriabin, ebd., S. 321, in: William B. Bland, ebd., S. 44.

865· Swetlana Allilujewa, ‚20 Briefe an einen Freund', Frankfurt/Main 1969, S. 257.

Der von Stalin auf dem ersten Treffen des auf dem 19. Parteitags gewählten neuen Zentralkomitees herabgestufte Anastás Mikojan, der ehemalige sowjetische Handelsminister, gab in einem Gespräch mit dem albanischen Staatschef Enver Hodscha zu, dass man vorgehabt hatte, Stalin aus dem Weg zu räumen. Hodscha zitiert Mikojan in seinen Erinnerungen so:

"Es gab eine Zeit, da hatten wir uns zusammen mit Chruschtschow überlegt, eine 'pokuschenje' (russ. für Attentat, Anschlag - Autor) gegen ihn zu organisieren. Aber wir haben den Gedanken dann fallengelassen, weil wir befürchteten, dass die Menschen und die Partei das nicht verstehen würden."[866]

Mikojan, der damals noch der Meinung war, man könnte mit Enver Hodscha 'arbeiten', hatte dies freimütig ihm, aber auch anderen albanischen Genossen gegenüber in vertraulichen Gesprächen zugegeben. Hodscha spricht auch das Bündnis der Putschisten mit den US-Imperialisten an:

"Es schien, als ob die sowjetische Führung sich auf die 'großartigen ökonomischen Erfahrungen' dieser kosmopolitischen Krämerseele verlassen würde, der, wie die Geschichte gezeigt hat, zusammen mit Nikita Chruschtschow gegen Stalin eine Verschwörung anzettelte, den sie ermorden wollten.

Er hat es mir Mehmet gegenüber im Februar 1960 selbst zugegeben. Nach dem Putsch haben sie sich mit dem amerikanischen Imperialismus verbündet. ..."[867]

Sein Mitverschwörer Chruschtschow hat es ebenfalls zugegeben:

Am 19. Juli 1964, drei Monate bevor er als Parteichef und Ministerpräsident abgesetzt wurde, sagte Chruschtschow in einer Radioansprache:

"Im Verlaufe der Geschichte gab es eine ganze Reihe grausamer

---

866· Enver Hodscha, ‚The Krushchevites', Tirana 1980, S. 389, Die Chruschtschowianer.

867· Ebd., S. 63.

Tyrannen. Alle starben durch die gleiche Axt, mit der sie ihre eigene Macht erhielten."[868]

Mit dem 'grausamen Tyrannen' war Stalin gemeint.

Enver Hodscha sprach von einem Putsch in der Sowjetunion:

"Chruschtschow und Mikojan waren die erbittersten Feinde des Marxismus-Leninismus und Stalins. Diese beiden standen an der Spitze des Komplots und des Putsches, den sie lange im Voraus vorbereitet hatten - zusammen mit karrieristischen Elementen des Zentralkomitees, der Armee und lokalen Parteiführern. ... Sie förderten den Personenkult um Stalin, um ihn so gut wie möglich von den Massen zu isolieren, und hinter diesem Kult bereiteten sie die Katastrophe vor."

Zu diesen karrieristischen Elementen gehörte auch Sowjetmarschall Georgi Schukow, den Stalin ebenfalls heruntergestuft hatte, ähnlich wie Mikoyan und Molotow. Der Grund: Man fand in seiner Dacha einen Raum, der vollgestopft war mit Kriegsbeute, die sich Schukow nach den Kämpfen in Berlin angeeignet hatte, darunter wertvolle Teppiche, Porzellan, Gemälde und anderes, was das Herz des Marchalls höher schlagen ließ. Der damalige Noch-Chef der sowjetischen Staatssicherheit MGB, Viktor Abakumow, schickte einen Trupp und ließ seine Datscha durchsuchen, und man wurde fündig. Er strengte ein Strafverfahren gegen Schukow an, das jedoch niedergeschlagen wurde. Schukow kam dann glimpflich davon, wurde aus Berlin abgezogen und nach Odessa versetzt, wofür Stalin sorgte. Schukow gehörte zu jenen, die Chruschtschows Aufstieg an der Spitze des sowjetischen Miltärs absicherten.[869] Chruschtschow revanchierte sich später und machte Schukow zum Verteidigungsminister. Aber schon nach einem Jahr entließ er den ehrgeizigen General wieder.

---

868. ‚Molotov Remembers', ebd., S. 236.

869. für weitere Einzelheiten: Grover Furr, ‚Khrushchev Lied', ebd., S. 363ff.

e. Chruschtschow lässt die Köpfe rollen

Nach Stalins Vergiftung rollen in der Sowjetunion, aber auch außerhalb von ihr, die Köpfe. Beginnen wir mit dem Köpferollen außerhalb der Sowjetunion:

In der Tschechoslowakei, wo die Verschwörer im November 1952 ihren Verratsprozess erhalten hatten, der das Zusammenspiel der inneren mit der äußeren Konterrevolution ans Tageslicht brachte und durch den Klement Gottwald, der Präsident der CSSR erst einmal gerettet war, vollzieht sich unmittelbar nach Stalins Beerdigung in Moskau ein bedeutsamer Wandel: Klement Gottwald zieht sich auf der Beerdigung in Moskau angeblich eine Erkältung zu, woran er eine Woche darauf, am 14. März 1953, in Prag stirbt. Es hieß, dass er an einer 'Lungenentzündung' gestorben sei. Sein Nachfolger wird Antonin Zapototzki, ein Mann nach dem Geschmack Chruschtschows. Dazu Enver Hoxha in seinen Erinnerungen:

> *"Unmittelbar nach Stalins Tod starb Gottwald. Dies war ein plötzlicher, überraschender Tod! Niemand, der Gottwald kannte, wäre auf den Gedanken gekommen, dass dieser starke, agile, gesunde Mann an einer Grippe oder Erkältung sterben könnte, die er sich angeblich an dem Tage von Stalins Beerdigung zugezogen haben soll."* [870]

Auch den polnischen Parteivorsitzenden Bierut, den Stalin sehr schätzte, sollte es treffen. Auch er 'erkrankte' in Moskau, und zwar im Februar 1956 nach dem 20. Parteitag der KPdSU. Hoxha:

> *"Später kam der genauso unerwartete Tod des Genossen Bierut. ... Edward Ochab trat an die Stelle von Bierut als erster Sekretär der Partei. So wurde Chruschtschows alter Traum wahr."* [871]

Ochab hielt sich nicht lange. Auch er wurde bald beseitigt, womit der Weg frei war für Gomulka, Chruschtschows Wunschkandidat, der

---

870- Enver Hoxha, ‚The Krushchevites', ebd., S. 149, Die Chruschtschowianer.

871- Ebd., S. 150.

Polen entschlossen auf den Weg des Kapitalismus zurückführen sollte.

In Ungarn traf es Rakosi, den man dort bald beseitigte. Nach den Unruhen in dem Land im Oktober 1956, lancierten die Chruschtschowianer auch dort ihren Wunschkandidaten ins höchste Amt der Partei: Janos Kadar.

In der DDR konnte man sich sollte 'Regime Changes' sparen: Dort hatte man schon kurz vor Ende des Krieges die Gruppe Ulbricht/Pieck an die Macht geschoben, die treu zu Chruschtschow & Konsorten stand. Ulbricht und Chruschtschow hatten sich schon im Krieg kennen- und schätzen gelernt und brachten das Weihnachtsfest 1942 zusammen. Im Sommer 1953 rettete Chruschtschow seinen Schützling Ulbricht vor dem Machtverlust und ließ die marxistische Opposition in der Sozialistischen Einheitspartei, die von Rudolf Herrnstadt und Wilhelm Zaisser geführt wurde, aus der Partei entfernen. Herrnstadt wurde nach Merseburg in ein Archiv abgeschoben, Zaisser, der in Spanien gekämpft hatte, sollte 1958 seinen 'Herzinfarkt' erhalten, an dem er starb.

Das noch größere Köpferollen aber ereignete sich in der Sowjetunion selbst. Hier konzentrierte man sich zunächst einmal auf denjenigen, den Stalin für die Herstellung der sowjetischen Atombombe abkommandiert hatte und dem es zusammen mit seinem Team nach nur vier Jahren gelang, eine eigene Atombombe zu produzieren, womit das Atomwaffenmonopol der USA gebrochen war: auf Lavrenti P. Berija, einen Weggefährten Stalins aus Georgien, den dieser 1938 zum Nachfolger Jeschows gemacht hatte, um den Weg für die Beendigung der 'Jeschoschina', des 'Großen Terrors' frei zu machen. Nach Stalins Tod wurde er dafür, dass er versprochen hatte, die Ärzte zu entlassen, nach einem Kuhhandel im Politbüro neuer sowjetischer Innenminister unter Malenkow, den neuen Ministerpräsidenten.

Ende Juni 1953 wird der ahnungslose Berija, der nun doch wieder den Fall der Ärzte aufarbeiten will, aus einer Präsidiumssitzung heraus von den Sowjetmarschällen Schukow und Moskalenko mit vorgehaltener Pistole verhaftet, abgeführt und in ein Verließ gesteckt. Auch Leonid Breschnew, der spätere sowjetische Generalsekretär, ist an der illegalen Aktion im Kreml beteiligt. Er ist einer der Wachposten gewesen. Vorher hatte Schukow dafür gesorgt, seine Truppen in Moskau in Stellung zu bringen, um zu verhindern, dass Berijas Truppen des Innenministeriums das Blatt noch einmal wenden konnten. Chruschtschow hatte die Aktion im Kreml organisiert, an der sich auch Molotow und Malenkow beteiligten. Später in seinen Erinnerungen berichtete er stolz darüber, auch darüber, wie leicht es ihm gefallen war, einen Mann wie Molotow für seine Pläne zu gewinnen.

Im Dezember erhält Berija seinen Prozess vor einem Militärgericht. Er wird zusammen mit einer ganzen Reihe von Stalin-treuen Genossen, darunter der ehemalige sowjetische Botschafter in Nazi-Deutschland und Stellvertretende Außenminister der UdSSR, Wladimir Dekanossow oder die einstigen Untersuchungsführer im Fall Jeschow & Co., die Gebrüder Kobulow, zum Tode verurteilt und sofort nach Ende des Prozesses zusammen mit ihnen erschossen. Er hatte kein Geständnis abgelegt und alle Anklagepunkte zurückgewiesen, wie später der sowjetische Militärberater für Albanien, Sergatzkow, Enver Hoxha gegenüber mitteilte. Er hatte als militärischer Beobachter an dem Prozess gegen Berija teilnehmen dürfen.

Man muss sich das vorstellen: Diejenigen, die Jeschow damals Ende der dreißiger Jahre zur Strecke brachten, um den 'Großen Terror' zu beenden, werden nun selbst hingerichtet - hingerichtet von den Nachfolgern Jeschows, den Chruschtschowianern. Chruschtschow hat damals in der Ukraine Jeschows Repressionen, oder wohl besser: Massenmorde, voll und ganz mitgetragen und als Mitglied einer Troika 50.000 Menschen verhaften lassen, von denen Tausende umkamen.

Genau ein Jahr nach dem Prozess gegen Berija, erhält der ehemalige sowjetische Geheimdienstchef Viktor Abakumow seinen Prozess, der Schukows Datscha durchsuchen ließ und auf seine Verhaftung gedrängt hatte. Der Prozess findet in Leningrad statt. Abakumow hatte auch eine vorbereitende Rolle beim Prager Prozess gegen Rudolf Slánský gespielt. Er war im November 1951 abgesetzt und durch den Chruschtschow-Vertrauten Ignatiew ersetzt worden. Ihm wurden dieselben 'Verbrechen' wie Berija vorgeworfen, schrieb die gewendete 'Prawda' am 24. Dezember 1954. Abakumow und die Mitangeklagten Leonow, Komarow und Likatschew, die alle loyal unter Stalin im NKWD gearbeitet hatten, wurden alle zum Tode verurteilt.

Köpfe rollen auch in den Sowjetrepubliken, um die alten Vertrauten Stalins aus den Schaltstellen der Macht einer nach dem anderen zu entfernen. Nur ein paar Wochen nach Berijas Verhaftung Ende Juni 1953 wird der weißrussische Ministerpräsident Alexei Keschew aus dem Amt entfernt und durch Kyrill Masurow ersetzt. Man entfernt auch den unliebsamen Justizminister der moldawischen Sowjetrepublik Bondarenko sowie den Präsidenten des höchsten Gerichts Moldawiens.[872] In anderen Sowjetrepubliken sieht es ähnlich aus. Diese Dinge widersprachen fundamental der alten Leninschen und Stalinschen Nationalitätenpolitik, wonach die sowjetischen Nationalitäten über die Besetzung ihrer Staats- und Parteiorgane selbst befinden durften. Auch darüber setzen sich die Putschisten dreist hinweg.

Der letzte Prozess gegen die alte Stalinsche Garde findet 1956 in Baku/Aserbaidschan statt. Dort muss sich der Vorsitzende der Kommunistischen Partei Aserbaidschans Bagirow verantworten. Man zerrt ihn vor das Oberste Militärgericht, das man inzwischen in ein Instrument der Chruschtschow-Leute verwandelt hat. Chruschtschow hatte dort dafür gesorgt, dass sein Kandidat, nämlich Roman Rudenko, den Vorsitz erhielt. Im April folgt das Urteil gegen Bagirow und vier weitere hohe Parteifunktionäre, denen man erneut das vorwarf, was man schon anderen Marxisten-Leninisten vorgeworfen hatte,

---

872· vgl. Keesing's Contemporary Archives, Bd. 9, ebd., S. 13.048.

"... sich an den Intrigen Berijas und denen seiner Komplicen gegen Sergo Ordschonikze beteiligt zu haben."[873]

Der Kommunist Bagirow wird zusammen mit zwei anderen Genossen zum Tode verurteilt, zwei der Angeklagten erhalten Haftstrafen von 25 Jahren.[874] Ein Nazigericht hätte es nicht besser machen können.

Die Prozessfarce gegen Bagirow und seine Genossen war die letzte in der langen Serie von Justizmorden in der gewendeten Sowjetunion, die kein Rechtsstaat mehr war, in der die alte Verfassung von 1936, an der Stalin hohen Anteil hatte, mit Füßen getreten wurde - ähnlich wie dies schon unter der Jeschowschina in den Jahren 1937 und 1938 der Fall gewesen war. In Artikel 127 hieß es: 'Den Bürgern der Sowjetunion ist die Unverletztlichkeit der Person garantiert. Niemand darf verhaftet werden außer durch eine gerichtliche Anordnung oder durch die Zustimmung eines Staatsanwalts.' Aber das Rechtssystem der Sowjetunion war inzwischen so stark korrumpiert worden, dass die Putschisten sagen konnten: Was wollt ihr denn? Die Anordnungen für die Verhaftung dieser oder jener Person (die wir loswerden wollten) kamen von einem Gericht, von einem Militärtribunal (wo wir vorher unsere Leute untergebracht hatten), und sind das etwa keine Gerichte? Alles war doch rechtsstaatlich!

Was man vor Stalins Ermordung durch heimliche Morde, auch durch absichtliche Falschbehandlungen durch angeheuerte Ärzte des Kremlkrankenhauses erreichte, schaffte man nach seinem Tode dadurch, dass man die Justizorgane der UdSSR mit neuem Personal versah, darunter das höchste sowjetische Militärgericht und die Generalstaatsanwaltschaft, um den letzten Widerstand gegen den Putsch zu liquidieren.

873- ‚Babinski Rabotschi', Der Bakuer Arbeiter, vom 27. Mai 1956, S. 2, in: William B. Bland, ‚Der Ärzteprozess und der Tod Stalins', at: http://www.red-channel.de/mlliteratur/sowjetunion/aerzteprozess.htm, S. 85 d. dt. Übers..

874- ebd..

Stalin musste man noch mit Zyanid vergiften, man konnte ihn unmöglich wegen irgendwelcher 'Verbrechen' oder wie im Fall von Berija wegen 'Frauenvergewaltigungen', wegen 'Spionage' oder weil er ein 'Agent der Imperialisten' war, vor Gericht stellen. Nach seinem Tod, als man schon die Macht im Staat besaß, hatte man dies nicht mehr nötig. Man machte es 'legal', indem man sich unliebsame Gegner durch manipulierte Gerichtsverfahren vom Hals schuf.

Es begann ein neues Kapitel in der Geschichte der Sowjetunion. Die alte Sowjetunion gab es nicht mehr, sie hatte ihre Farbe gewechselt, und ihre alte sozialistische Verfassung aus dem Jahre 1936, die die Bürger- und Menschenrechte garantierte, wurde wie einst zur Zeit der in der Sowjetunion wütenden Jeschowschina mit Füßen getreten. Die alte sowjetische Opposition war wieder am Ruder. Sie hatte sich von den Schlägen, die ihr Ende der dreißiger Jahre zugefügt worden waren, wieder erholt, hatte den Krieg genutzt für eine Umgruppierung ihrer Kräfte und hatte sich nach und nach wichtige Positionen schon während des Krieges in Partei und Militär, aber auch im Geheimdienst und in den wissenschaftlichen Institutionen zurückerobert.

43. Die Reaktionen auf Stalins Tod

Stalins Beerdigung wird ein Tag der Trauer in der ganzen Sowjetunion, einen Tag, wie sie ihn noch vorher noch nie erlebt hatte. Als Lenin Ende Januar 1924 gestorben war, kamen etwa 700.000 Menschen in eisiger Kälte, um ihm das letzte Geleit zu geben zum Roten Platz. Dieses Mal waren es mehrere Millionen, die den Weg nach Moskau fanden und stundenlang in der Kälte ausharrten. Die Rede war von fünf Millionen. Ein nicht enden wollender Strom von Menschen ergoss sich in Richtung Kreml, und sogar die Russisch Orthodoxe Kirche beteiligte sich. Die ganze Sowjetunion trug Trauer und machte sich gleichzeitig große Sorgen um ihre Zukunft. 'Was soll nun ohne ihn werden?', war auf den Gesichtern zu lesen.

Die amerikanische Korrespondentin Anna Louise Strong schrieb:

"In Moskau standen die Frauen im Schnee um die Lautsprecher herum, mit roten Augen. Associated Press gab den Kommentar einer Hausfrau wieder: 'Kann man sich die Steppe ohne die riesigen Weiten vorstellen? Kann man sich die Wolga ohne Wasser denken und Russland ohne Stalin'?" [875]

Stalins Tochter Swetlana beschrieb die Tauer der Bediensteten seiner Datscha:

"Die Dienerschaft, die Wache erschien zum letzten Gruß. Da zeigte sich, wo echtes Gefühl, aufrichtiger Schmerz vorhanden waren. Die Köche, die Chauffeure, die Telefonisten und Ordonanzen der Wache, Aufwärter, Gärtner - sie alle traten leise ein, gingen schweigend an das Bett, und alle weinten. Sie wischten sich wie Kinder ihre

875· A. L. Strong, ebd., S. 135.

Tränen mit den Händen, den Ärmeln und den Taschentüchern ab. ... Valentina Wassiljewna Istomina, die Wirtschafterin, kam, um Abschied zu nehmen; achtzehn Jahre hatte Valetschka, wie alle sie nannten, beim Vater in diesem Landhaus gearbeitet. Sie brach neben dem Divan zusammen, ließ den Kopf auf die Brust des Toten sinken und fing laut an zu klagen und zu weinen an wie die Bäuerinnen auf dem Lande. Lange vermochte sie nicht aufzuhören und niemand störte sie.

Alle Menschen, die beim Vater gedient hatten, liebten ihn. Er war im Umgang nicht launenhaft, im Gegenteil, er war im Verkehr mit der Dienerschaft anspruchslos, schlicht und freundlich gewesen, und wenn er jemand ausschalt, dann nur die 'Oberen', die Generale und die Kommandanten der Wache. Die Dienerschaft dagegen hatte sich nicht zu beklagen, weder über Sturheit noch über Grausamkeit. Oft baten ihn die Leute in irgendeiner Angelegenheit um Hilfe, und sie wurde ihnen nie versagt. ... Niemand hier hielt ihn für einen Gott, für einen Übermenschen, für ein Genie oder für einen Bösewicht; man liebte und achtete ihn um der einfachen menschlichen Eigenschaften willen, über welche die Dienerschaft stets untrüglich urteilt."[876]

Selbst in westeuropäischen Ländern wurde halbmast geflaggt: in Frankreich ordnete das Verteidigungsministerium an, halbmast zu flaggen. In der französischen Nationalversammlung gedachte man Stalin. Selbst der unermüdliche Kriegstreiber Harry Truman konnte nicht umhin zu sagen:

"Ich bin immer traurig, wenn ich von dem Tod eines Familienmitglieds erfahre."[877]

Die Los Angeles Times schrieb damals:

"Stalin tat in der ersten Hälfte des Jahrhunderts mehr, um die Welt zu verändern als jeder andere, der in ihr lebte."[878]

876- Swetlana Allilujewa, ‚20 Briefe an einen Freund', ebd., S. 25ff.

877- A. L. Strong, ebd., S. 136.

878- Ebd., S. 137.

In New York, wo gerade die Vollversammlung der Vereinten Nationen stattfand, erhob man sich zu einer einminütigen Schweigeminute, als die Nachricht von Stalins Tod die Versammelten erreicht hatte. Die Flagge der Vereinten Nationen wurde auf Halbmast gehisst und ein Beileidsschreiben erging an den sowjetischen Vertreter durch Lester Pearson, den damaligen Präsidenten der UN-Vollversammlung.[879]

In Titos Jugoslawien dagegen gab es keine offizielle Stellungnahme, obwohl damals Stalins Rote Armee Jugoslawien vom Faschismus befreit hatte.

Auch der, der damals Stalins Tod so sorgfältig und perfekt organisiert hatte, Nikita Chruschtschow, hielt eine 'Trauerrede'. Er war es dann, den das Präsidium der KPdSU mit der Organisation der Beerdigung beauftragte. Ein paar Jahre später, in seiner 'Geheimrede', waren es dann ganz andere Worte als die, die er sich noch bei den Trauerfeierlichkeiten abgerungen hatte. Alles, was Stalin getan und gemacht hatte, was es auch gewesen sein mochte, wurde niedergemacht, auch und gerade der Personenkult, der von ihm, Chruschtschow und seinen Handlangern, damals selbst hochgezüchtet und gepflegt worden war.

Anfang der sechziger Jahre wurden alle Stalin-Denkmäler in der Sowjetunion abgerissen, dazu alle Städtenamen, Werksnamen, Straßennamen, Platznamen umgewidmet. Aus Stalingrad wurde nun Wolgograd. Bücher, die Stalin würdigten, durften unter Chruschtschow nicht mehr gedruckt werden, seine Werke, die 16 Bände, auch nicht.

Stalin durfte keine Rolle mehr im Großen Vaterländischen Krieg gespielt haben. Jetzt war er nur noch derjenige, der laienhaft Militäroperationen an einem Globus geplant hatte, so Chruschtschow in seiner 'Geheimrede'.

Die DDR folgte Chruschtschows Vorgaben und entfernte ebenfalls alle Stalindenkmäler, kein Werk durfte mehr seinen stolzen

879. vgl. Keesing's Contemporary Archives, Bd. 9, ebd., S. 12.802.

Namen tragen, keine Straße, die nach ihm benannt war, wurde ausgespart, kein Buch von Stalin war mehr in den marxistischen Buchläden der DDR zu kaufen, aber Michail Gorbatschows vier grüne Bände konnte man bekommen. Die meisten, nun gewendeten kommunistischen Parteien, darunter auch die Deutsche Kommunistische Partei (DKP), schlossen sich den Vorgaben aus Moskau und den Mainstream-Medien in ihren Ländern an und verurteilten Stalin, der nun kein marxistischer Klassiker mehr sein durfte, sondern nur noch ein Dogmatiker, Sektierer, Diktator und sogar ein Verbrecher.

Der große deutsche Schriftsteller Bertold Brecht soll das Schlusswort haben:

"Den Unterdrückten von fünf Erdteilen, denen, die sich schon befreit haben, und allen, die für den Weltfrieden kämpfen, muss der Herzschlag gestockt haben, als sie hörten, dass Stalin tot ist. Er war die Verkörperung ihrer Hoffnung. Aber die geistigen und materiellen Waffen, die er herstellte, sind da, und da ist die Lehre, neue herzustellen."

Bibliografie

- Allilujewa, Swetlana, '20 Briefe an einen Freund', Frankfurt/Main 1969
- Dies., 'Das erste Jahr', Wien/Gütersloh, ohne Jahr
- Banac, Ivo, 'The Diary of Georgi Dimitrov 1933-1949', New Haven & London, 2003, Georgi Dimitroffs Tagebuch 1933-1949
- Barbusse, Henri, 'Staline. Un monde nouveau vu à travers un homme', Éditeur Flammarion, 1935, dt. Titel: 'Stalin - eine neue Welt'
- Basseches, Nikolaus, 'Stalin - das Schicksal eines Erfolges', Bern 1950
- Baumann, Edith, '17 Tage in der Sowjetunion. Reiseeindrücke der ersten deutschen Nachkriegsdelegation', aus: 'Neue Welt', Halbmonatszeitschrift, Berlin, Verlag 'Tägliche Rundschau', Heft 17, September 1947
- Beria, L., 'Zur Geschichte der bolschewistischen Organisationen in Transkaukasien', Moskau 1940
- Berliner Zeitung: https://www.berliner-zeitung.de/ein-dokument-aus-russischen-Archiven-belegt-dass-b
- Bittel, Karl, 'Die imperialistischen Wurzeln der Teilung Deutschlands', in: 'Neue Welt', Heft 5, März 1952
- Bland, William B., 'The German-Soviet Non-Aggression Pact of 1939', February 1990, Ilford/Essex/Great Britain: http://ml-review.ca/aml/AllianceIssues/WBBJVSNaziPact.htm, Der deutsch-sowjetische Nichtangriffspakt von 1939
- Ders., 'The Soviet Union and the Spanish Civil War', aus: COMpass Nr. 123, April 1996: http://ml-review.ca/aml/CommunistLeague/Compass123-S, Die Sowjetunion und der Spanische Bürgerkrieg
- Ders., 'Cominform fights Revisionism', ein Vortrag, London 1998, http://ml-review.ca/aml/Comintern/Cominform_WBB_Stalin, Kominform kämpft gegen den Revisionismus
- Ders., 'The Myth of Stalin's 'Demoralization' in 1941': http://www.oneparty.co.uk/compass/compass/com93501.html, Der Mythos von Stalins 'Demoralisierung' 1941

- Ders., 'The Doctors' Case and the Death of Stalin', London 1991: http://ml-review.ca/aml/BLAND/DOCTORS_CASE_FINAL.h, auch bei: http://www.red-channel.de/mlliteratur/sowjetunion/aerzteprozess.htm, Der Fall der Ärzte und der Tod Stalins
- Ders., 'The Historic Significance of Stalin's Economic Problems of Socialism', http://ml-review.ca/aml/BLAND/EconProbs.htm, Die historische Bedeutung von Stalins 'Ökonomischen Problemen des Sozialismus'
- Ders., 'Lenin's 'Testament' - 1922-23', http://ml-review.ca/aml/CommunistLe, Lenins 'Testament' 1922-23
- Budjonny, Semjon M., 'Rote Reiter voran', Berlin 1978
- Budjonnys Brief an Woroschilow, 26. Juni 1937, über den Militärprozess gegen Tuchatschewski, Jakir und sechs weitere Generäle, Sommer 1937: http://msuweb.montclair.edu/~furrg
- Churchills Fulton-Rede: http://www.nationalchurchillmuseum.org/sinews-of-peace-iron-curtain-speech-html
- Cole, David M., 'Josef Stalin - Man of Steel', London 1942, Josef Stalin - Mann aus Stahl
- Conquest, Robert, 'Stalin - der totale Wille zur Macht', eine Biographie, München 1991
- Courtois, Stéphane u. a., 'Das Schwarzbuch des Kommunismus', München/Zürich 1998
- Creuzberger, Stefan, 'Stalin - Machtpolitiker und Ideologe', Stuttgart 2009
- Davies, Joseph E., US-Botschafter in der Sowjetunion 1936-38, 'Mission to Moscow': https://archive.org/stream/missiontomoscow035156mbp/missiontomoscow03516mb.
- Davies, R. W. Hrsg., 'The Stalin-Kaganovich Correspondence 1931-36', New Haven & London 2003, Der Briefwechsel zwischen Stalin und Kaganowitsch
- Der Brockhaus in einem Band, Gütersloh und München 2012
- Der Fall Bucharin, eine Dokumentation. Das vollständige Geständnis von Nikolai Bucharin am 2. Juni 1937, http://clogic.eserver.org/2007/Furr_Bobrov.pdf
- Deutscher, Isaac, 'Stalin - eine politische Biographie', Berlin 1989
- Ders., 'The Prophet Unarmed. Trotsky 1921-29', Oxford 1989, Der unbewaffnete Prophet. Trotzki 1921-29

- Die Vernehmungen von Nikolai Jeschow, ehemaliger Volkskommissar für Innere Angelegenheiten der UdSSR, http://msuweb.montclair.edu/~furrg/research/ezhovinterrogs.htm
- Die Vernehmungen von Grigori W. Sinowjew und Lew B. Kamenjew: http://msuweb.montclair.edu/~furrg/research/zinovinterrogs072836.htm
- Dimitroff, Georgi, 'Tagebücher 1933-1943', Berlin 2000
- Duranty, Walter, 'The Kremlin and the People', New York 1941, Nachdruck, Der Kreml und das Volk
- Europa-Archiv: http://1000dok.digitale-sammlungen.de/dok_0031_not.pdf
- Feuchtwanger, Lion, 'Moskau 1937. Ein Reisebericht für meine Freunde', Berlin 1993
- Frederik, Hans, 'Gezeichnet vom Zwielicht seiner Zeit', München 1970
- Furr, Grover, 'Stalin und der Kampf um demokratische Reformen', Teil 1, http://eserver.org/clogic/2015/furr.html
- Ders., 'Blood Lies', New York 2014, Blutlügen
- Ders., 'Khrushchev Lied', Kettering/Ohio/USA 2011, Chruschtschows Lügen
- Ders., 'The Murder of Sergei Kirov', Kettering/Ohio/USA 2013, Der Mord an Sergej Kirow
- Geheimrede' Chruschtschows, http://www.1000dokumente.de/?c=dokument_ru&dokumer
- Geschichte der Kommunistischen Partei der Sowjetunion, Bolschewiki, Kurzer Lehrgang, Berlin 1945
- Grey, Ian, 'Stalin - Man of History', Reading 1982, Stalin - Mann der Geschichte
- Gromyko, Andrej, 'Erinnerungen', Düsseldorf, Wien, New York, 1989
- Große Sowjet-Enzyklopädie, Bd. 1 und 2, Berlin 1952
- Hoxha, Enver, 'The Khrushchevites. Memoirs', Tirana 1980, Die Chruschtschowianer
- Kantorowicz, Alfred, 'Tschapaiew - das Bataillon der 21 Nationen', Berlin 1956
- Ders., 'Stalin - der Humanist', aus: A. Kantorowicz, 'Im 2. Drittel unseres Jahrhunderts', Köln 1967

- Keesing's Contemporary Archives, Weekly Diary of World Events, Bd. 9, 1952-1954, London, ohne Jahr
- Keiderling, Gerhard, 'Gruppe Ulbricht in Berlin', Berlin 1993
- Kellmann, Klaus, 'Stalin - eine Biografie', Darmstadt 2005
- Koenen, Gerd, 'Utopie der Säuberung. Was war der Kommunismus?' Berlin 1998
- Kreml-Gästebuch: http://chss.montclair.edu/english/furr/research/stalinvisitors41.pdf
- Lenin, W. I., 'Die Entwicklung des Kapitalismus in Russland', Berlin 1956
- Ders., 'Wie soll man den Wettbewerb organisieren?', Berlin 1960
- Leonhard, Wolfgang, 'Anmerkungen zu Stalin', Reinbek/Hamburg 2010
- Ders., 'The Kremlin since Stalin', London 1962
- Leshnew, I., 'Die Zerstörungen der deutschen Wehrmacht in der UdSSR' aus: 'Neue Welt', Januar 1947
- Lih, Lars T., u. a., 'Stalin - Briefe an Molotow 1925-1936', Berlin 1996
- Ludwig, Emil, 'Stalin', Italia 1946, Arnoldo Mondadori Editore
- Luxemburg, Rosa, 'Zur Russischen Revolution': https://www.marxists.org/deutsch/archiv/Luxemburg
- Martens, Ludo, 'Stalin anders betrachtet', Zambon Verlag 2014
- Medvedev, Roy, 'Let History Judge', London 1972, Lasst die Geschichte urteilen
- Montefiore, Simon Sebaq, 'Stalin - am Hof des roten Zaren', Frankfurt/Main 2007
- Morozow, Michael, 'Der Georgier. Stalins Weg und Herrschaft', München und Wien 1989
- 'Nicht einen Schritt zurück!': http://www.stalinwerke.de/Diverses/keinen_schritt_zurueck
- Offen-siv - Zeitschrift für Sozialismus und Frieden, Heft 1/2018
- Paloczi-Horvath, 'Stalin', Gütersloh 1968
- Payne, Robert, 'Stalin - Macht und Tyrannei', Stuttgart 1989
- Pistrak, Lazar, 'Chruschtschow unter Stalin', Stuttgart 1962
- Politische Ökonomie, ein Lehrbuch, Berlin 1955

- Pollock, Ethan, 'Conversations with Stalin on Questions of Political Economy', Working Paper 33: http://cwihp.si.edu, Woodrow Wilson International Center for Scholars, Washington D. C., July 2001, Gespräche mit Stalin zu Fragen der Politischen Ökonomie
- Poltoranin, Mikhail, https://www.youtube.com/watch?v=PpnjOrZKfqQ, mit Angaben zu Stalins Vergiftung
- Prozess gegen die Leitung des staatsfeindlichen Verschwörerzentrums mit Rudolf Slánský an der Spitze, Prager Justizministerium, 1953
- Prozessbericht über die Strafsache des Trotzkistisch-Sinowjewistischen Zentrums, Moskau 1936, Red Star Press, London 1974
- Prozessbericht über die Strafsache des sowjetfeindlichen trotzkistischen Zentrums, Moskau 1937, Red Star Press, London 1987
- Prozessbericht über die Strafsache des antisowjetischen 'Blocks der Rechten und Trotzkisten', Moskau 1938, Red Star Press, London 1987
- Radioansprache Stalins am 3. Juli 1941, https://www.youtube.com/watch?v=hSTQ7HTHMvo
- Rapoport, Yakov, 'The Doctors' Plot - Stalin's Last Crime', London 1991, Das Ärztekomplott - Stalins letztes Verbrechen
- Red Channel, http://red-channel.de/mlliteratur/sowjetunion
- Resis, Albert, Hrsg., 'Molotov Rembembers', Chicago 1993, Molotow erinnert sich
- Rokossowski, Konstantin K., 'Soldatenpflicht', Moskau 1969
- Rubel, Maximilian, 'Stalin', eine Monografie, Reinbek/Hamburg 1975
- Rybin, Alexis, 'I was Stalin's Bodyguard', https://www.youtube.com/watch?v=2bcmGnygsU, Ich war Stalins Bodyguard
- Sacharow, W. A., 'The Forgery of the Lenin Testament', 1977, http://revolutionarydemocracy.org/rdv7n1/LenTest.htm, Die Fälschung des Lenin-Testaments
- Sayers, Michael und Kahn, Albert E., 'Die Große Verschwörung', Berlin 1949
- Schapowalow, A. S., 'Auf dem Weg zum Marxismus', Köln 1978
- Schtemenko, Sergej M., 'Im Generalstab', Berlin 1974
- Schukow, Georgi K., 'Erinnerungen und Gedanken', Bd. 2, Moskau 1969

- Simonow, Konstantin, 'Kriegstagebücher', Bd. 1, Moskau 1977
- Stalin-Werke, Bd. 1-13, Berlin 1951-1955
- Stalin-Werke, Bd. 14 und 15, Dortmund 1976 und 1979
- Stalinwerke, http://www.stalinwerke.de
- Stalin, J. 'Der Marxismus und die nationale und koloniale Frage', Berlin 1952
- Stalin, J. 'Ökonomische Probleme des Sozialismus in der UdSSR', Berlin 1953
- Stalins letzte Parteitagsrede, https://www.youtube.com/watch?v=3nMDjKtTigQ
- Strong, Anna Louise, 'The Stalin Era', Prism Key Press 2011, Die Stalin-Ära
- 'Tägliche Rundschau', Berlin, Organ der sowjetischen Besatungsmacht
- Talbott, Strobe, Hrsg., 'Chruschtschow erinnert sich. Die authentischen Memoiren', Reinbek/Hamburg 1992
- Tokajew, G. A., 'Comrade X', London 1956, Genosse X
- Trotzky, Leo, 'Stalin - ein Biographie', Verlag Rote Weissbücher 1953
- Tuominen, Arvo, 'The Bells of the Kremlin', London/Hanover/Canada 1983, Die Glocken des Kreml
- Wassiliewski, A. M., 'Sache des ganzen Lebens', Berlin 1977
- Webb, Sydney & Beatrix, 'Soviet Communism: A New Civilization', Bd. 1 und 2, London 1941, Der sowjetische Kommunismus - eine neue Zivilisation
- Weber, Hermann und Mählert, Ulrich, Hrsg., 'Terror', Paderborn 1998
- Wolkogonow, Dimitri, 'Stalin - Triumph und Tragödie'. Ein politisches Portrait, Düsseldorf 1989
- Woroschilow, Kliment E. , 'Stalin und die Rote Armee', Moskau 1936
- Wyschinski, Andrei J., 'Die Lehre Lenins-Stalins von der proletarischen Revolution und vom Staat', Berlin 1949
- Yaroslavsky, E. 'Landmarks in the Life of Stalin', London 1942, Marsteine im Leben Stailins
- Zhukov, G. 'Reminiscences and Reflections', Vol. 1, Moscow 1985, Erinnerungen und Gedanken

Anhang

Gerhard Schnehen

War Stalin ein 'Diktator'?

Ein Essay, erschienen in: Offen-siv, Zeitschrift für Sozialismus und Frieden, Ausgabe Mai-Juni 2017, S. 35-50

a. In Russland bahnt sich Unheilvolles an!

Dass Stalin ein Diktator und Alleinherrscher war, oder mehr noch, ein Tyrann, Verbrecher und Massenmörder, gehört heute weltweit zum so genannten Anti-Stalin-Paradigma (Grover Furr), auch in dem Land, in dem er 30 Jahre langan der Spitze der Sowjetunion tätig war. Wladimir Putin bezeichnet ihn als 'Tyrann und Diktator'.

So gut wie alle deutschen Historiker, die sich mit Stalin beschäftigt haben, nennen ihn einen 'Diktator' oder einen 'Alleinherrscher', bezeichnen ihn als jemand, der nach der 'absoluten Macht griff', um eine 'persönliche Diktatur' zu etablieren:

"Stalin ist aktueller denn je ... Aber auch die bemerkenswerte Renaissance, die der ehemalige sowjetische DIKTATOR im heutigen Staat Medwedjews und Putins erfährt, veranschaulicht, wie allgegenwärtig Stalin immer noch ist."[1]

Ein weiterer deutscher Historiker, der sich mit Stalin befasst hat, schrieb:

"Mein Anliegen ist vielmehr, Politik, Person und Verbrechen des georgischen DIKTATORS auf der Basis der seit der Zeitenwende

---

1· Stefan Creuzberger, ‚Stalin. Machtpolitiker und Ideologe', Stuttgart 2009, S. 11, meine Hervorhebung.

von 1990/91 publizierten, analysierten und interpretierten jüngeren und jüngsten Quellenzeugnisse aus Moskauer Archiven ... griffig und lesbar darzustellen."[2]

Jörg Baberowski ist der gleichen Meinung:

"Das bolschewistische Projekt der Eindeutigkeit führte nicht zuletzt deshalb in den Massenterror, weil es dem DIKTATOR gefiel."[3]

Weil man es gar nicht oft genug wiederholen kann, schreibt er an anderer Stelle noch einmal:

"Ohne die destruktive und kriminelle Energie des DIKTATORS wäre, was hier geschah, kaum möglich gewesen."[4]

Und noch einmal hier:

"Am Ende konnte der DIKTATOR selbst die Mitglieder des Politbüros verhaften und töten lassen, ohne dass ihn daran jemand hindern konnte."[5]

Maximilian Rubel meint:

"Die geschichtliche Figur Stalins ist nur vom Stalinismus her zu begreifen, von einer geschichtlich bedingten Herrschaftsstruktur, die der Person des DIKTATORS vorgegeben war und seine Wirkungszeit zwangsläufig überdauerte."[6]

Der besorgte Wolfgang Leonhard schrieb einige Jahre vor seinem Tod noch:

"2003, in Stalins fünfzigstem Todesjahr, wurde im ehemaligen Moskauer Revolutionsmuseum eine Ausstellung eröffnet, die unter

---

2- Klaus Kellmann, ‚Stalin - eine Biografie', Darmstadt 2005, S. 7, Hervorhebung von mir.

3- Jörg Baberowski, ‚Der rote Terror', Koblenz 2015, S. 16, meine Hervorhebung.

4- Ebd., S. 252, meine Hervorhebung.

5- Ebd., S. 83, meine Hervorhebung.

6- Maximilian Rubel, ‚Stalin', eine Monografie, Reinbek/Hamburg 1994, S. 7, meine Hervorhebung.

dem Titel 'Stalin, Persönlichkeit und Symbol', ein entschärftes und oft verzerrtes Bild des DIKTATORS und seiner Herrschaft entwarf. Die Ära des Stalinismus erstrahlte hier in einem Glanz, der die Besucher blenden sollte."[7]

Später wird bei Leonhard aus 'seiner Herrschaft' - 'seine Alleinherrschaft', damit keine Zweifel entstehen können:

"Dass es Stalin endgültig gelungen war, seine ALLEINHERRSCHAFT zu zementieren, lässt sich an einem Datum ablesen: dem 21. Dezember 1929. Es war Stalins fünfzigster Geburtstag. ... Unter Stalin galt jeder Widerspruch als zwecklos."[8]

Auch das Standard-Nachschlagewerk, der 'Brockhaus' sieht es so, wie es hierzulande gesehen werden soll:

"Er war seit Ende der 1920iger Jahre unumschränkter DIKTATOR und höchste Autorität des Bolschewismus; durch Säuberungen ... vernichtete er tatsächliche und vermeintliche Gegner."[9]

Im Internet geistert Ähnliches herum. In einem Youtube-Video aus einer Serie mit dem Titel 'Die besten Familien - the best families', erfährt man Folgendes über Stalin:

"Joseph Stalin, ehemaliger Generalsekratär des Zentralkomitees der Sowjetunion. Joseph Wissarionowitsch Stalin war ein Sowjet-Georgier, der die Sowjetunion seit Mitte der zwanziger Jahre bis zu seinem Tode im März 1953 als ihr DIKTATOR regierte. Er diente als General; Geburtstag: 18. Dezember 1878, in Gori. ..."[10]

Das Video möchte "aufklären" über Stalins Lebensstil, seine Nettoeinkommen, seine Autos, seine Häuser, seine Macht, seine Biographie und gebe "alle Informationen", wie es in der Ankündigung zum Video heißt.

7· Wolfgang Leonhard, ‚Anmerkungen zu Stalin', S. 10f, Reinbek/Hamburg 2009, meine Hervorhebung.

8· Wolfgang Leonhard, ibid., S. 61, meine Hervorhebung.

9· ‚Der Brockhaus in einem Band', Gütersloh 2012, S. 833, meine Hervorhebung.

10· www.youtube.com/watch?v=fEiAUAU9TmU, meine Übersetzung und Hervorhebung.

Die Macher des Videos kennen noch nicht einmal das genaue Geburtsdatum Stalins: es der 21. Dezember 1879 und nicht der 18. Dezember 1878; es gab kein Zentralkomitee der Sowjetunion, sondern ein Zentralkomitee der Kommunistischen Partei der Sowjetunion, und er diente auch nie als 'General', sondern war im Krieg Oberster Befehlshaber der Sowjetunion, Vorsitzender des Staatlichen Verteidigungskomitees und auch Verteidigungsminister und erhielt kurz nach Kriegsende von der sowjetischen Generalität die Auszeichnung 'Generalissimus' verliehen. Es wird unterstellt, dass er all jene Häuser, Autos selbst besaß und ein Leben im Luxus führte, dabei gehörten all diese Dinge dem Staat und Stalin selbst führte ein bescheidenes Leben, legte nicht den geringsten Wert auf Luxus.

Aber natürlich war er ein "Diktator" - da sind sie sich alle einig, auch wenn sie sonst nichts wissen oder nur halb etwas wissen.

Führen wir der Vollständigkeit noch die Wikipedia an. Dort liest man natürlich nichts anderes:

> *"Joseph Wissarionowitsch Stalin ... war ein sowjetischer Politiker georgischer Herkunft und DIKTATOR der Sowjetunion von 1927 bis 1953."*[11]

Auch hier wird das Geburtsdatum Stalins falsch angegeben. Für die Wikipedia war Stalin zwei Jahre länger Diktator, schon seit 1927 und nicht erst seit 1929.

Aus den Zitaten schimmert durch, dass sich einige Autoren, die allesamt das herrschende Anti-Stalin-Paradigma vom Diktator Stalin verbreiten, sich in letzter Zeit Sorgen darüber machen, dass das Bild von Stalin, dem Diktator und Alleinherrscher, dem Tyrannen, Verbrecher, Massenmörder, Säuberer mit der besonderen kriminellen Energie usw. usf., das man schon in der Nazizeit, ja sogar schon davor, aufbaute und nach dem Zweiten Weltkrieg für den Beginn des Kalten Krieges wieder aus der Mottenkiste hervorholte und bis heute sorgsam pflegt, neuerdings Risse bekommen könnte, beson-

11· Siehe dort, meine Hervorhebung.

ders aber in Russland, wo man 'bedenkliche Entwicklungen' ausgemacht hat:

> *"In Putins Russland bahnt sich Unheilvolles an: Stalin kehrt zurück. Er kehrt zurück in die Köpfe von Menschen und in den Alltag."*[12]

Einer Umfrage zufolge sahen 2010 etwa 50% der russischen Bevölkerung Stalin wieder positiv, so Leonhard. Stalin ist damit neben Breschnew und Peter dem Großen der am meisten geachtete Politiker Russlands, von dem viele meinen, dass er viel für Russland getan habe. Sehr bedenklich! Da gilt es aufzuklären!

Ich möchte mich hier nicht mit der Frage beschäftigen, ob Stalin ein 'Massenmörder' war oder nicht, was zum Glaubensbekenntnis von Antikommunisten gehört, sondern will mich auf die Frage beschränken, ob er ein Diktator war oder ob er es nicht war.

b. Ein unantastbarer Glaubenssatz des historischen Mainstreams

Für bürgerliche Historiker, die Wert auf ihre akademische Karriere legen, steht außer Frage, dass Stalin ein solcher 'Diktator' war. Da sind sich die meisten einig, da schert so gut wie keiner aus der Linie aus, da sind sie fast alle linientreu und stehen in Reihe und Glied, wie gut abgerichtete Bundeswehrsoldaten, die wissen, dass der Feind immer im Osten steht. Es ist für sie ein Axiom, eine Art kirchliches Dogma, das sie nie auf ihre Stichhaltigkeit hin überprüfen, sondern ungefragt hinnehmen, dass für sie 'unmittelbar' und 'intuitiv' einleuchtend ist, welches für sie unzweifelhaft feststeht wie eine mittelalterliche Burg. Jeder Zweifel, auch nur der Ansatz eines Zweifels, ist hier strikt untersagt, will man sich nicht als 'Stalin-Versteher' unmöglich machen, womit man sich an jeder deutschen Universität außerhalb des 'wissenschaftlichen Diskurses', wie sie es nennen, stellen würde.

12· Wolfgang Leonhard, ‚Anmerkungen zu Stalin', ebd., S. 9.

Warum sollte man überhaupt an solchen liebgewordenen Glaubenssätzen zweifeln, die man schon mit der Muttermilch aufgesogen hat, die man in jeder Lebensetappe, wenn die Rede darauf kam, von Autoritätspersonen, von Eltern, Lehrern, Dozenten oder wahnsinnig intelligenten und belesenen Professoren immer und immer wieder gehört hat? Und da es hierzulande, in einem Lande der stark eingeschränkten Meinungsfreiheit, nicht Aufgabe von Historikern, und erst recht nicht von Journalisten ist, die Glaubenssätze des Mainstreams und der 'political correctness' zu hinterfragen, sondern sie mitzuvertreten, gehört es einfach auch zu einer 'guten wissenschaftlichen Methode', von diesem Axiom auszugehen, und von dort aus alles Weitere deduktiv abzuleiten. Wer ein echter Scholastiker des historischen Mainstreams sein will, hat so zu arbeiten. Wer aus dem vorgebenen Rahmen ausbricht, gilt als 'unwissenschaftlich', 'Spinner', 'Verschwörungstheoretiker' oder auch schon mal als 'Antisemit', der nicht nur als Wissenschaftler, sondern auch als Mensch zu verurteilen ist.

Entstehen Risse an einem über Jahrzehnte gehätschelten Dogma, das für die herrschende Klasse wichtig ist, selbst wenn sie nicht im eigenen Land, sondern im fernen Russland auftauchen, dann kommt das Rudel der hochbezahlten Professoren des historischen Mainstreams angelaufen und schreibt sofort, wie auf Bestellung, eine 'wissenschaftliche Abhandlung', um den Glaubenssatz wieder zu kitten, neu aufzupolieren und an die Wand des Seminarraums zu hängen. Oder man gibt eine 'Dokumentation' mit angeblich neuen Erkenntnissen beim Staatsfernsehen in Auftag (am besten zu einem bestimmten Jahrestag), um die angekratzte ewige Wahrheit ins kollektive Gedächtnis zurückzurufen. Stalin muss für immer ein Diktator bleiben und ein grausamer, machtbessener, rücksichtsloser, usw. dazu. Es reicht nicht, ihn als 'Herrscher' zu bezeichnen - nein, er muss unbedingt auch 'Alleinherrscher' genannt werden. Wir wollen politisch korrekt bleiben!

c. Wie definiert die herrschende bürgerliche Ideologie 'Diktator'?

Was ist laut Mainstream ein 'Diktator'? Wir 'wissen' durch die Nachrichten, dass Saddam Hussein einer war, wir wissen, dass Gaddafi einer war, wir wissen, dass Bashar al Assad einer war oder auch noch ist, dass Nikolas Madura einer ist. Aber das sind nur Namen, denen ein Etikett aufgeklebt worden ist, um Kriege gegen ihre Länder zu rechtfertigen. Wir wollen es etwas genauer wissen. Was ist inhaltlich für unsere bürgerlichen Ideologieproduzenten ein 'Diktator'?

"Diktator - unbeschränkter Herrscher, Gewaltherrscher."[13]

Nehmen wir die Mutter des Wissens, den deutschen 'Brockhaus' hinzu: 'Diktatur' ist dann die

"..unbeschränkte Machtfülle eines Einzelnen oder einer Gruppe."[14]

Danach ist dann also ein Diktator jemand, der über eine unbeschränkte Machtfülle verfügt, oder dessen Gruppe darüber verfügt, und der diese Machtfülle dazu nutzt, um mit Gewalt seine Ziele durchzusetzen. Er tut dies in ausschließlich eigenem Interesse oder im Interesse seiner Gruppe. Die Entscheidungen, die er trifft, sind seine eigenen Entscheidungen, denn er 'diktiert' ganz allein, er diskutiert nicht, er dekretiert.

Daraus würde sich ergeben, dass Kommunisten keine Diktatoren sein können, denn ihnen geht es, sofern es sich um echte Kommunisten handelt, nie um ihre eigene Person oder Machtfülle, sondern immer um die Interessen der Arbeiterklasse und ihrer Verbündeten im Volk. Stalin kann also kein Kommunist gewesen sein, wenn er ein Diktator in diesem Sinne war.

Gehen wir mal einen Moment davon aus, dass dies eine brauchbare Definition von 'Diktator' ist, dann wäre also Stalin jemand, der

---

13- Wahrig, ‚Die deutsche Rechtschreibung', München 2007, S. 411.

14- ‚Der Brockhaus in einem Band', ebd., S. 191.

über eine unbeschränkte Machtfülle verfügte, der ein 'unbeschränkter Herrscher' war, der diese Macht im ausschließlich eigenen Interesse oder im Interesse seiner kleinen Gruppe von Getreuen nutzte, der nicht diskutierte, sondern dekretierte, um seinen eigenen, egoistischen Ziele durchzusetzen, und zwar in der gesamten Sowjetunion. Stalin war also kein Kommunist, sondern irgendetwas anderes, ein Machtmensch, ein Egoist, ein Tyrann oder Sadist oder dergleichen mehr. Da sind der Fantasie keine Grenzen gesetzt, wie die 'Experten' Koenen, Baberowski oder Leonhard in ihren Abhandlungen zum Kommunismus bewiesen haben.

Der Hauptexperte in Sachen Sowjetunion, Kommunismus und Stalin, Wolfgang Leonhard, ein bekennender Trotzkist, der jahrzehntelang in Deutschland den Diskurs in Sachen Stalin, Kommunismus und Sowjetunion dominiert hat, begründetes dies zu Lebzeiten so:

Stalin habe sich bis 1929 all seiner Gegner durch Säuberungen entledigt und sich dann rechtzeitig zu seinem runden fünfzigsten Geburtstag, am 21. Dezember 1929, zum Alleinherrscher in der Sowjetunion aufgeschwungen. Unser Kommunismus-Experte:

> *"Dass es Stalin endgültig gelungen war, seine Alleinherrschaft zu zementieren, lässt sich an einem Datum ablesen: dem 21. Dezember 1929. Es war Stalins fünfzigster Geburtstag."* [15]

So, jetzt wissen wir es genau. Wir wissen jetzt, was ein Diktator ist und ab wann Stalin, auf den diese Definition natürlich zutrifft, einer wurde.

d. Unterschied zwischen persönlicher und proletarischer Diktatur

Viele westliche Autoren meinen, dass jeder Widerspruch unter Stalin strafbar war und man sofort von seiner allgegenwärtigen Ge-

---

15· Wolfgang Leonhard, ‚Anmerkungen zu Stalin', ebd., S. 61.

heimpolizei GPU morgens um halb vier abgeholt und nachmittags um halb fünf in den Gulag gesteckt wurde, wenn man auch nur ein Wort des Widerspruchs gegen Stalin vorbrachte - ähnlich wie dies unter Hitler der Fall war, was ja auch nicht anders sein kann, denn Faschismus und Kommunismus sind ja beides 'totalitäre Systeme' und ähneln sich wie ein morgens frisch gelegtes Hühnerei dem anderen.

Was meinte Stalin selbst dazu? Vielleicht nicht schlecht, mal seine eigene Meinung zu erfahren. Der Schriftsteller Eugene Lyons hat Stalin damals direkt diese Frage bei seinem Gespräch im Kreml mit Stalin gestellt. Lyons:

"Sind Sie ein Diktator, Herr Stalin?"

Lyons beschrieb Stalins Reaktion so:

"Stalin lächelte und gab zu verstehen, dass diese Frage absurd sei. 'Nein', sagte er langsam, 'ich bin kein Diktator. Die Leute, die das Wort gebrauchen, verstehen das sowjetische Regierungssystem nicht. Nicht ein Einzelner kann diktieren, Beschlüsse werden durch die Partei gefasst." [16]

Es soll Leute geben oder mal gegeben haben, darunter auch angesehene bürgerliche Wissenschaftler, die ihren Beruf noch ernst nahmen, die es anders sahen als unsere jetzt wieder vermehrt Stalin-Abhandlungen schreibende regierungstreue Historikergilde, darunter Sydney & Beatrix Webb von der britischen Fabier-Gesellschaft, die sich in den dreißiger Jahren des 20. Jahrhunderts jahrelang in der UdSSR aufhielten und sich eingehend auch mit dem sowjetischen Regierungssystem und dann auch mit dieser Frage beschäftigten. Sie kamen nach ihren langjährigen Studien über die damalige UdSSR zu folgendem Ergebnis:

"Stalin hat nicht einmal die Macht, die die amerikanische Verfassung jedem Präsidenten auf vier Jahre verleiht. ... Die kom-

16- Aus: William B. Bland, ‚Stalinismus', ein Vortrag, gehalten vor der Sarat-Akademie in London, 30. April 1999, deutsche Übersetzung, S. 2, bei: http://espressostalinist.com/category/bill-bland.

munistische Partei in der UdSSR hat ihre eigenen Organisationsformen. Darin ist kein Platz für die Diktatur eines Einzelnen. Einzelentscheidungen werden misstrauisch beäugt und tunlichst vermieden." [17]

Bland weist auf den Unterschied zwischen einer persönlichen und einer Klassendiktatur hin:

"Gewiss wurde die sowjetische Regierung in der Zeit von Lenin und Stalin offiziell als 'Diktatur des Proletariats' bezeichnet. Aber dies ist keine persönliche Diktatur. Es bedeutet nur, dass die politische Macht sich in den Händen der arbeitenden Menschen befindet und dass politische Aktivitäten, den arbeitenden Menschen diese Macht wieder zu entreißen, ungesetzlich sind." [18]

Stalin in seinem Aufsatz 'Anarchismus oder Sozialismus?':

"... die Diktatur des Proletariats wird die Diktatur der ganzen Klasse des Proletariats über die Bourgeoisie sein, nicht aber die Herrschaft einiger Personen über das Proletariat." [19]

Und die 'Klasse des Proletariats', die arbeitenden Menschen, stellt in der Regel die Mehrheit der Bevölkerung dar.

In 'Anarchismus oder Sozialismus?' bezeichnet Stalin die Pariser Kommune von 1871 als Diktatur des Proletriats, so wie dies vor ihm Marx und Engels getan hatten. Aber diese Diktatur sei keine Diktatur einer kleinen Gruppe gewesen, die gegen das Volk gerichtet war, sei keine Kamarilla gewesen, 'die geheime Beschlüsse fasst und der Mehrheit des Volkes die Schlinge um den Hals zusammenzieht', wie er sich ausdrückte, sondern eine Diktatur des ganzen Volkes. Stalin:

"Hier steht an der Spitze der Diktatur die Masse, hier gibt es keinen Platz für eine Kamarilla noch für geheime Beschlüsse, hier

17· William B. Bland, ebd., S. 2.

18· Ebd..

19· J. W. Stalin, ‚Anarchismus oder Sozialismus?', in: Stalin-Werke, Bd. 1, Berlin 1951, S. 319.

geschieht alles offen, auf der Straße, in Versammlungen, und das, weil dies die Diktatur der Straße, der Masse ist, eine gegen alle Unterdrücker gerichtete Diktatur.

Eine solche Diktatur unterstützen die Marxisten mit 'beiden Händen'..."[20]

Für eine solche Diktatur trat Stalin ein. Er sagte dies damals den Anarchisten, mit denen er sich im Kaukasus herumschlagen musste, die den Marxisten damals, also Anfang des 20. Jahrhunderts schon den Vorwurf machten, 'diktatorisch' zu sein.

So alt ist also der Vorwurf. Erst wurde er gegen Marx und Engels erhoben, dann gegen Lenin und dann schließlich gegen Stalin, und all diesen Vorwürfen ist gemeinsam, dass ihre Autoren nie etwas von den Genannten gelesen haben, dass sie nur ihre eigenen Fantasieprodukte zu Rate ziehen und sie für die Wirklichkeit halten.

e. Stalin für proletarische Diktatur und gleichzeitig für demokratische Reformen

Stalin war zweifellos ein Anhänger einer solchen Diktatur, also für eine Diktatur, die die Herrschaft der Arbeiterklasse im Bündnis mit der werktätigen Bauernschaft, über die alten Ausbeuterklassen, den Aristokraten auf dem Lande, und den Kapitalisten in der Stadt sichern sollte. Zu den Kapitalisten sind auch die russischen Kulaken zu zählen, die als Großpächter, Getreidespekulanten und Geldverleiher das russische Dorf kontrollierten und für ihre Zwecke ausplünderten.

Nach der sozialistischen Oktoberrevolution von 1917 bis zur Verabschiedung der neuen sowjetischen Verfassung von 1936 besaßen diese alten herrschenden Klassen, die sich im Zarismus die politische und wirtschaftliche Macht teilten, kein Wahlrecht - mit der Ausnahme der Kulaken, die es behielten. Unmittelbar nach der Revolution waren diese Klassen politisch entmachtet und enteignet und dann im

20· Ebd., S. 322f.

anschließenden Bürgerkrieg auch militärisch besiegt worden, obwohl das kapitalistische Ausland jahrelang in den Bürgerkrieg auf der Seite der alten herrschenden Klassen interventiert hatte.

Wie undemokratisch, ihnen einfach das Wahlrecht zu entziehen! Hier zeigt sich, wie diktatorisch die Bolschewisten und damit auch Stalin waren, der ja ein solcher Bolschewik war. So etwas geht nicht. Auch Rosa Luxemburg hat sich ja damals über jene 'undemokratische' Vorgehensweise Lenins in den Monaten nach der Oktoberrevolution, aber und auch über die Auflösung der Nationalversammlung, der 'Konstituante', wo die Konterrevolution noch die Mehrheit besaß, bitter beschwert und Lenin in ihrem Aufsatz zur Russischen Revolution die Leviten gelesen. Von einer kleinen Machtclique war dort die Rede, die Lenin vertreten würde. Freiheit sei immer die Freiheit des Andersdenkenden, und damit für Luxemburg auch die Freiheit des Großkapitalisten wie die eines Rothschild oder eines Nobel oder wie die eines russischen Feudalherrn, dem ganze Dörfer gehörten. Rothschild und Nobel waren damals in Russland mit ihrem Kapital unterwegs.

Aber das heißt noch nicht, dass dies 'undemokratische Maßnahmen' waren, nur weil eine Politikerin wie Rosa Luxemburg dies so sah, wofür sie stets vom Bürgertum gelobt wurde, denn in den ersten Jahren nach der Revolution - und das vergessen meistens unsere linksintellektuellen Superdemokraten - ging es darum, die politische Macht der Arbeiter und Bauern gegen alle Angriffe und Anschläge der alten besitzenden Klassen zäh und eisern zu verteidigen, um zu verhindern, dass die alten Mächte, die Mächte des Mittelalters wieder an die Schalthebel der Macht zurückkehren konnten. Natürlich sind dann solche Maßnahmen wie eine Wahlrechtsentziehung vom Standpunkt der besitzenden Klassen furchtbar undemokratisch. Aber jene alten Ausbeuterklassen, die jahrhundertelang den russischen Arbeiter und Bauern politisch geknebelt und wirtschaftlich ausgeplündert hatten, stellten nur eine Minderheit in der Bevölkerung dar. Die ganz überwiegende Mehrheit in Russland waren damals Landarbeiter, Zwergbauern, Kleinbauern, Mittelbauern, Arbeiter, Arbeitssuchende und ziellos im Lande Umherziehende. Diese Unterklassen waren nun im Oktober 1917 zum Leidwesen der alten Ausbeuterklassen an die Macht gelangt und verteidigten diese dann auch noch militärisch, indem man die Rote Armee gründete, oder auch die Tscheka, um der Konterrevolution die Möglichkeit zu nehmen, zurückzukehren.

Es kann kein Zweifel darüber bestehen, dass Stalin diese neuen Verhältnisse, die in Russland eingekehrt waren, verteidigte, und er stand dann auch noch an der Spitze einer Partei, die die neuen Verhältnisse unumkehrbar machen wollte. Aber nur auf der Grundlage dieser neuen Machtverhältnisse konnte eine neue, gerechtere Gesellschaft aufgebaut werden, konnte der Sozialismus in der Stadt und später die Kollektivierung auf dem Lande, womit der Sozialismus auch dort Einzug hielt, durchgesetzt werden. Kein leeres Geschwätz von Freiheit und Demokratie hätte dies bewirken können. Was wäre passiert, wenn man nicht so 'undemokratisch' durchgegriffen hätte? Man kann es sich leicht vorstellen? Es wäre das passiert, was dann 1918 und 1919 in Deutschland passierte, als die Novemberrevolution blutig niedergeschlagen wurde, was später den Weg in die faschistische Diktatur ebnete.

Als das Kulaktentum endgültig besiegt, als die Sowjetmacht ausreichend gefestigt war, führte man das allgemeine, gleiche und geheime Wahlrecht ein, was bedeutete, dass auch ehemalige Angehörige der Ausbeuterklassen, dass ehemalige Aristokraten, Geistliche, ehemalige Kapitalisten, bis hin zu den alten zaristischen Militärs wählen und gewählt werden durften. Es kam die neue Verfassung von 1936, die von Stalin mit entworfen worden war. Jetzt wurden die Vertreter in den Dorf- oder Regionalsowjets, in den Stadtsowjets nicht mehr nur durch Handaufheben gewählt, sondern geheim mit dem Stimmzettel. Auch Gegenkandidaten standen zur Wahl. Mitglieder der kommunistischen Partei und Parteilose stritten darum, in den Sowjets Sitz und Stimme zu erhalten, um dort die Interessen der Bevölkerung oder bestimmter Gruppen der Bevölkerung zu vertreten.

Stalin hat diese Veränderungen gegen den energischen Widerstand aus den eigenen Reihen durchgesetzt. Ausgerechnet der Alleinherrscher und Tyrann Stalin hat sich damals für demokratische Reformen innerhalb der KPdSU stark gemacht, er war dafür, geheime Parteiwahlen mit Gegenkandidaten einzuführen, was er allerdings in seiner Partei nicht durchsetzen konnte. Gegenkanditaten wurden nicht zugelassen. Zu den Gegnern dieser Reformen gehörte übrigens auch ein gewisser lokaler Parteiboss namens Nikita Chruschtschow, den man hier bei uns selten als 'Diktator' bezeichnet hat.

f. Das sowjetische Regierungssystem wird vom historischen Mainstream ausgeblendet

Den beiden britischen Beobachtern Sydney & Beatrix Webb waren diese Entwicklungen in der damaligen Sowjetunion nicht entgangen, zumal sie jahrelang direkt vor Ort waren und frei herumreisen durften. Überall sammelten sie ihre Eindrücke, sprachen mit hohen Regierungsvertretern, mit lokalen Größen oder mit einfachen Leuten und brachten dann später ein umfangreiches Werk über das neue Russland heraus, in dem über Stalins 'Diktatur' dies zu lesen war (Stand 1935):

"Wir sind nicht der Meinung, dass die Partei von dem Willen einer einzigen Person regiert wird oder dass Stalin jemand ist, der eine solche Stellung beanspruchen oder anstreben würde. Er hat selbst nachdrücklich jede Art einer solchen Diktatur auf eine Weise zurückgewiesen, die auch unserer Einschätzung der Fakten entspricht. Die Kommunistische Partei in der UdSSR hat für ihre eigene Organisation ein Modell entwickelt, das wir hier beschrieben haben. ... Darin hat die Diktatur eines Einzelnen keinen Platz. ...

Die einfache Wahrheit besteht darin, dass, wenn man die Verwaltung der UdSSR unter der angeblichen Diktatur Stalins betrachtet, wichtige Entscheidungen weder die Eilfertigkeit noch die

Schnelligkeit, aber auch nicht den kühnen Eigensinn aufweisen, der oft als Vorteil einer Diktatur ins Geld geführt wird. Im Gegenteil: Die Maßnahmen der Partei werden häufig nach so langwierigem Hin- und Herüberlegen und mit so viel Verzögerung getroffen, nach mitunter hitzigen und erbitterten Debatten, dass das Ergebnis oft den Makel der Zögerlichkeit und der mangelnden Zuversicht trägt."[21]

g. Diktator-Vorwurf ist klassenbedingt

Wären damals in der UdSSR solche Entscheidungen nicht im Interesse der arbeitenden Menschen, sondern in dem der alten herrschenden Klassen, also zum Beispiel der Gutsbesitzer oder der Großkapitalisten gefallen, so hätte sich womöglich kein bürgerlicher Historiker daran gestoßen und sie als diktatorisch bezeichnet, kein Gerd Koenen, kein Klaus Kellmann, kein Stefan Creuzberger, kein Jörg Baberowski. Sie hätten sie allesamt als demokratisch eingestuft und Stalin, wenn er die Interessen dieser Klassen wahrgenommen hätte wie ein 'guter menschenfreundlicher Zar' oder wie ein freundlich lächelnder führender imperialistische Politiker vom Schlage Winston Churchills oder eines Harry S. Truman, wäre nie und nimmer als Diktator bezeichnet worden, und schon gar nicht als Gewaltherrscher, Alleinherrscher oder Massenmörder. Er wäre hierzulande so freundlich und wohlwollend behandelt worden wie ein Mikhail Gorbatschow damals in der Zeit seiner Perestroika von der Bildzeitung behandelt wurde. Die 'Bild' erfand den Namen 'Gorbi' und entfachte die Gorbimania, für Stalin hätte man dann einen ähnlichen Namen erfunden und eine Stalin-Mania angefacht, und hätte ihn wie einen Helden gefeiert, wenn er daran gegangen wäre, den Sozialismus wieder zu demontieren und das entmachtete Auslandskapital wieder ins Land zu lassen.

21- Sidney & Beatrix Webb, ‚Soviet Communism: a New Civilization?', New York 1937, S. 435, meine Übers. aus d. Englischem.

Aber weil er eben dies gerade nicht tat, weil er nicht die Interessen der alten enteigneten Kräfte vertrat, der alten Ausbeuterklassen, die jahrhundertelang den russischen Arbeiter, den Landarbeiter und Kleinbauern ausgebeutet, ausgesogen, geknebelt, erniedrigt, entrechtet, in Unwissenheit und Rechtlosigkeit beließen, ohne Aussicht auf irgendeine Verbesserung ihrer materiellen und kulturellen Lage, ohne Aussicht auf ein besseres, freieres Leben - deshalb muss er für sie, die akademischen Schreiberlinge der Bourgeoisie, ein übler Diktator, Gewaltherrscher, ja sogar ein 'Monster' gewesen sein, denn nur solche Monster und Terroristen kämpfen bekanntlich für die vollständige Entmachtung und Enteignung der Bourgeoisie oder des Adels.

Die Kardinalfrage ist nämlich immer: Wessen Klasseninteressen vertritt ein Politiker, wessen Interessen nimmt er sich an? Vertritt der einmal 'demokratisch' gewählte Abgeordnete auch noch nach seiner Wahl die Interessen derjenigen, die ihn gewählt haben oder ganz andere? Wer finanziert seinen aufwendigen Wahlkampf und welche Abhängigkeiten entstehen dadurch, die mit der 'demokratischen' Wahl nichts zu tun haben, die aber sehr viel mit diesen Abhängigkeiten zu tun haben?

Was bleibt dann, wenn solche Abhängigkeiten entstanden sind, noch von dem demokratischen Charakter einer Wahl übrig? Sehr wenig oder, besser gesagt, überhaupt nichts und der 'demokratisch' Gewählte geht nach der Wahl zügig, ja eifrig daran, die Klasseninteressen seiner Sponsoren zu vertreten und nicht die seiner Wähler.

Und wie sah dies damals in der Sowjetunion aus? In wessem Interesse hat die KPdSU, B, für die Stalin jahrzehntelang tätig war, gearbeitet? Dazu noch einmal die Webbs, die damals diese Frage verstanden und so beantwortet haben:

"Es gibt da noch einen anderen Aspekt zu der viel diskutierten Phrase von der Diktatur des Proletariats, den man nicht unterschlagen darf und der völlig auf die Regierung der UdSSR in den Jahren 1917 bis 1927 zutraf, und in einem weiteren Sinne bis auf den heutigen Tag zutrifft:

Man darf vermuten, dass wenn Sozialisten oder Kommunisten über die Diktatur des Proletariats sprechen, die mit einigem 'dynamischen Enthusiasmus' die ehemaligen herrschenden Klassen zu Fall gebracht hat, dass das, was sie dann eigentlich damit meinen, eine Regierung ist, die egal welche Form sie besitzt, eine starke und resolute Exekutive besitzt, die ohne zu zögern die Interessen der arbeitenden und Lohn beziehenden Klasse wahrnimmt."[22]

Und weil die damalige sowjetische Regierung unter Stalins Führung recht resolut war bei der Wahrnehmung der Interessen der arbeitenden Menschen in ihrem Kampf um den Aufbau einer neuen Gesellschaft, im harten Klassenkampf gegen die alten Mächte, im Kampf gegen die offenen und verdeckten Feinde und Agenten der alten Klassen (sogar in der eigenen Reihen), die natürlich immer vom kapitalistischen Ausland unterstützt werden, muss sie in den schwärzesten Farben gemalt werden. Diese Stalinsche Diktatur habe eine einzigartige Gewaltorgie hervorgebracht, wie der Historiker Jörg Baberowski meint.

h. Chruschtschows Lügen von Sowjetgenerälen entlarvt

Aber, man staune, es gibt noch seltene Ausnahmen - Leute, die etwas über Stalin schreiben und sich nicht der offiziellen Sprachregelung unterwerfen, so ähnlich wie damals die beiden Fabier aus England. Es handelt sich um den Belgier Ludo Martens, der 'Stalin - anders betrachtet' schrieb. Auch er beschäftigt sich in seinem Buch mit dieser Frage und stellt fest, dass Chruschtschow, der Nachfolger Stalins, bei dem späteren Vorwurf, Stalin sei ein 'Diktator' gewesen, eine große Rolle gespielt hat:

"Beginnen wir bei dieser ersten angeblich unbestreitbaren 'Wahrheit': Stalin, der einsame Mensch, der Diktator, der allen anderen seinen persönlichen Willen aufzwingt, der eine totale Un-

22· Ebd., S. 449.

terordnung unter seine Person fordert. Das hat uns Chruschtschow hinterlassen. 'Die Einzelherrschaft Stalins führte zu schweren Folgen während des Großen Vaterländischen Krieges'."[23]

Der Reformkommunist Chruschtschow teilte die Meinung unserer bürgerlichen Historiker. Sie haben aber auch von ihm wertvolle 'Fakten' übernommen, die aus dem Munde eines angeblichen 'Kommunisten', der Stalin selbst kannte und mit ihm im Politbüro zusammenarbeitete, natürlich hundertmal glaubwürdiger klingen als, sagen wir, aus dem Munde eines deutschen Historikers, der außer Stalin-Verrisse nichts anderes gelesen hat. Der Stalin-Feind Chruschtschow in seiner 'Geheimrede' vor dem 20. Parteitag der KPdSU im Februar 1956:

"Stalin handelte nicht mit dem Mittel der Überzeugung, der Erklärung, der geduldigen Arbeit mit den Menschen, sondern durch das Aufzwingen seiner Konzeptionen, indem er die absolute Unterordnung unter seine Meinung forderte. Wer sich dem entgegenstellte oder versuchte, seinen eigenen Standpunkt zu begründen, war zum Ausschluss aus dem Leitungskollektiv und in der Folge zur moralischen und physischen Vernichtung verurteilt."[24]

Der französische Trotzkist Jean Elleinstein haut in die gleiche Kerbe: Der Diktator Stalin sei launisch gewesen, er sei jemand gewesen, der

"... alle seine Untergebenen missachtete."[25]

Dadurch habe es während des Krieges 'Irrtümer in der Kommandoführung' von Stalin mit 'tragischen Konsequenzen' gegeben, die 'durch die Sowjetdiktatur möglich wurden'.[26]

23· Ludo Martens, ‚Stalin anders betrachtet', 3. Auflage, Zambon-Verlag, Dezember 2014, S. 364.

24· Ludo Martens, ebd., S. 364, die ‚Geheimrede' zitierend.

25· Ebd., S. 364f.

26· vgl. ebd., S. 365, Jean Elleinstein, ‚Le socialism dans un seul pays' · Der Sozialismus in einem einzigen Lande · Bd. II, Ed. Sociales, Paris 1973, S. 282 und 284, zitiert nach Ludo Martens.

Chruschtschow wird Elleinstein die Vorlage für seine Behauptungen gegeben haben, der gleiche, der der Meinung war, dass Stalin während des Krieges strategische Entscheidungen an dem Globus in seinem Arbeitszimmer vornahm, auf dem er die Frontlinien eingezeichnet haben soll.

Wie sahen es diejenigen, die damals zur Zeit des Großen Vaterländischen Krieges mit Stalin zusammen im Staatlichen Verteidigungskomitee die militärischen Planungen vornahmen und mit ihm fast jeden Tag direkt zu tun hatten? Trifft zu, was Chruschtschow behauptet hat oder trifft es nicht zu?

General Alexander M. Wassilewski war Chef des sowjetischen Generalstabs während des Krieges. Er war ständig im Verteidigungskomitee präsent, als es um die Planung der großen militärischen Schlachten gegen die deutsche Wehrmacht ging. Er schreibt in seinen Erinnerungen:

> *"Unter dem Einfluss Stalins prägte sich im Hauptquartier ein sachlicher Arbeitsstil aus. Kennzeichnend für ihn waren seit dem Herbst 1942 die Berücksichtigung kollektiver Erfahrungen bei der Ausarbeitung operativ-strategischer Pläne, hohe Anforderungen, Beweglichkeit, eine ständige Verbindung mit den Truppen und die genaue Kenntnis der Lage an den Fronten."*[27]

Auch General Schtemenko, der zum sowjetischen Generalstab gehörte, schrieb Ähnliches in seinen Memoiren:

> *"Stalin entschied im Allgemeinen nicht gern allein über wichtige Fragen des Krieges, sondern ging in dieser schwierigen Lage davon aus, dass die kollektive Arbeit dringend notwendig sei. Er erkannte die Meinung von Autoritäten zu militärischen Problemen an und ließ jeden zu Wort kommen."*[28]

27· A. M. Wassilewski, ‚Sache des ganzen Lebens', Berlin 1977, S. 489.

28· Sergei M. Schtemenko, ‚Im Generalstab', Bd. 2, Berlin 1975, S. 322, in: ebd..

Sowjetmarschall Konstantin K. Rokossowski erwähnt in seinen Erinnerungen eine eigenmächtige Entscheidung von ihm, zur Verteidigung überzugehen, die nicht mit dem Oberbefehlshaber, also mit Stalin, abgestimmt war. Stalins Reaktion:

> *"Für diese Eigenmächtigkeit hätte man mir natürlich gehörig den Kopf waschen können, doch in solchen Fällen pflegte ich mich unmittelbar an Stalin zu wenden, der den Entschluss eines Oberbefehlshabers einer Front billigte, wenn dieser gewichtige Gründe anführte und seinen Standpunkt entschieden genug vertrat. So auch in diesem Fall. Stalin zeigte sich zwar anfänglich ungehalten, billigte dann jedoch meinen Entschluss."*[29]

Schließlich wollen wir auch Marschall Schukow nicht vergessen, der als Gegner Stalins und als zeitweiliger Weggefährte und Förderer Chruschtschows kein Interesse besaß, Stalin über Gebühr zu loben. Stalin hatte Schukow nach dem Krieg nach Odessa strafversetzt, weil er seine Datscha mit Kriegsbeute, die er sich nach der Eroberung von Berlin aus Berliner Villen zugelegt hatte, vollstopfte, was dann herauskam. Schukow in seinen Erinnerungen über Stalins 'diktatorischen' Arbeitsstil:

> *"Sehr häufig prallten auf den Sitzungen des Staatlichen Verteidigungskomitees die Meinungen hart aufeinander. Wenn es zu keiner einheitlichen Auffassung kam, wurde eine Kommission aus Vertretern der unterschiedlichen Standpunkte gebildet, die auf der nächsten Sitzung abgestimmte Vorschläge zu unterbreiten hatte. ... Insgesamt traf das Staatliche Verteidigungskomitee zehntausend Entscheidungen militärischer und wirtschaftlicher Art."*[30]

Wie glaubwürdig ist Chruschtschow eigentlich? Chruschtschow in seiner 'Geheimrede', die, bevor sie in der Sowjetunion veröffentlicht wurde, in den USA publiziert wurde:

29· Konstantin K. Rokossowski, ‚Soldatenpflicht', Moskau 1968, S. 212f.

30· Georgi K. Schukow, ‚Erinnerungen und Gedanken', Bd. 1, Berlin 1987, S. 328ff.

"Dazu muss man wissen, dass Stalin militärische Operationen auf einem Globus plante." (Heiterkeit im Saal).[31]

Chruschtschow war nicht Mitglied des Staatlichen Verteidigungskomitees und konnte gar nicht wissen, wie dort diskutiert und geplant wurde. Er befand sich zur Zeit des Krieges als politischer Kommissar in der Ukraine. 1942 stimmt er dort zu, die Ukraine aufzugeben und setzt sich rechtzeitig zusammen mit seinem Koch und seinen Bodyguards in Richtung Wolga ab, wie Konstantin Simonow in seinen Kriegstagebüchern schreibt. An der Stalingrader Front tauchte er dann wieder auf, ohne dort eine größere Rolle spielen zu dürfen.

Noch einmal Marschall Wassilewski:

"Dem, was Schukow über den unseligen Globus geschrieben hat, stimme ich völlig zu. Er war nicht im Arbeitszimmer Stalins, sondern in dessen Ruheraum, und dort kam kaum jemand hin. Stalin hatte stets vom Generalstab vorbereitete Arbeitskarten für alle Richtungen und Kriegsschauplätze."[32]

Chruschtschow hat also ganz offensichtlich gelogen, um Stalins Verdienste vergessen zu machen, ja, um ihn lächerlich zu machen. Und er hat nicht nur in dieser Frage gelogen. Wer sich heute immer noch auf ihn bezieht, bezieht sich auf einen überführten Lügner.

Stalin im Gespräch mit dem deutschen Schriftsteller Emil Ludwig über seinen Arbeitsstil:

"Nein, eine einzelne Person darf nicht entscheiden. Entscheidungen einer einzelnen Person sind immer oder fast immer einseitige Entscheidungen. In jedem Kollegium, in jedem Kollektiv gibt es Menschen, mit deren Meinung man rechnen muss. In jedem Kol-

---

31· Wortlaut der Geheimrede, die N. Chruschtschow am 25. Februar 1956 auf dem XX. Parteitag der KPdSU hielt, vom US-Außenministerium am 4. Juni 1956 veröffentlicht, in: ‚Chruschtschow erinnert sich. Die authentischen Memoiren', hrsg. v. Strobe Talbott, Reinbek/Hamburg 1992, S. 522.

32· A. M. Wassilewski, ‚Sache des ganzen Lebens', ebd., S. 495.

lektiv gibt es Menschen, die auch falsche Meinungen zum Ausdruck bringen können. Auf Grund der Erfahrung von drei Revolutionen wissen wir, dass unter hundert Entscheidungen, die von einer Einzelperson getroffen und nicht kollektiv überprüft und berichtigt wurden, annähernd neunzig Entscheidungen einseitig sind. ... Jeder hat die Möglichkeit, seine Erfahrungen beizusteuern."[33]

Hieraus ist zu ersehen, dass Stalin kein Freund einsamer Entscheidungen war und Wert auf die Stimme des Kollektivs legte - sei es während des Krieges, sei es im Zentralkomitee der KPdSU oder ganz allgemein in jedem anderen Kollektiv.

Er war auch folgender Meinung, was die Macht eines Einzelnen betrifft:

"Niemals, unter keinen Umständen, würden die Arbeiter heutzutage noch die Macht eines Einzelnen dulden. Selbst die größten Autoritäten verlieren jegliche Bedeutung, verwandeln sich in ein Nichts, sobald die Arbeitermassen aufhören, ihnen zu vertrauen, sobald sie den Kontakt zu den Arbeitermassen verlieren."[34]

Stalin ging es also ganz besonders darum, das Vertrauen der Arbeiter zu rechtfertigen, was nur möglich war, wenn er auch etwas für sie tat, wenn er ihre Interessen energisch wahrnahm. Dies widerspricht aber dem Wesen eines Diktators, dem es in erster Linie nur um den Erhalt seiner persönlichen Macht geht oder um die einer kleinen Gruppe aus seiner Umgebung.

i. Stalin für Methode des Überzeugens

Bei mehreren Gelegenheiten sprach sich Stalin gegen das Regieren per Dekret aus, gegen das 'nackte Administrieren', das typisch für Diktatoren ist. Auf dem 15. Parteitag der KPdSU, B im Dezember 1927 sagte er Folgendes zu den versammelten Delegierten, als er seinen politischen Bericht vortrug:

---

33. Stalin im Gespräch mit Emil Ludwig, in: Stalin-Werke, Berlin 1955, Bd. 13, S. 95f.

34. Ebd., S. 98f.

"Ein zweiter Mangel. Er besteht in der Übertragung der Methoden des Administrierens auf die Partei, in der Ersetzung der Methode des Überzeugens, die in der Partei von entscheidender Bedeutung ist, durch die Methode des Administrierens."[35]

Er sah die Gefahr, dass eine solche Methode dazu führen würde, dass sich die Organisationen der Partei in, wie er sich ausdrückte, 'öde Kanzleiinstitutionen' verwandeln, dass sich der Bürokratismus, der aus einer solchen Methode entsteht, noch stärker in der kommunistischen Partei ausbreiten könnte.

Wenn Stalin ein Diktator gewesen wäre, hätte er auf einen solchen Bürokratismus Wert legen müssen, um seine egoistischen und persönlichen Ziele gegen den Willen anderer durchzudrücken. Aber er tat es nicht, er kritisierte entschieden den Bürokratismus und verlangte seine Abschaffung, damit es zu einer breiten Entfaltung der Initiative der Menschen kommen konnte, ohne die jede Organisation verkalkt.

Ein Jahr vorher hatte er vor Vertretern der Kommunistischen Internationale (Komintern) Folgendes gesagt, was in die gleiche Richtung ging:

"Diktatur im strengen Sinne des Wortes ist eine Macht, die sich auf Gewalt stützt, denn ohne Elemente der Gewalt gibt es keine Diktatur, wenn man Diktatur im strengen Sinne des Wortes meint.

Kann die Partei eine Macht sein, die sich auf die Gewalt gegenüber der eigenen Klasse, gegenüber der Mehrheit der Arbeiterklasse stützt? Es ist klar, dass sie das nicht sein kann. Andernfalls wäre das keine Diktatur über die Bourgeoisie, sondern eine Diktatur über die Arbeiterklasse.

Die Partei ist der Lehrer, der Leiter, der Führer ihrer Klasse, nicht aber eine Macht, die sich auf die Gewalt gegenüber einer Mehrheit der Arbeiterklasse stützt. Sonst wäre es sinnlos, von der

35. Stalin-Werke, Bd. 10, Berlin 1953, S. 288.

Methode der Überzeugung als von der Hauptmethode der Arbeit der proletarischen Partei in den Reihen der Arbeiterklasse zu reden." [36]

Die Partei müsse die Menschen von der Richtigkeit ihrer Politik überzeugen, und nur in dem Maße, wie ihr dies gelingt, könne sie zu einer wirklichen Massenpartei werden. Würde sie diese Methode durch Befehle oder Drohungen ersetzen, wäre dies nicht nur kontraproduktiv, sondern auch mit den Prinzipien des Marxismus unvereinbar.

Stalin kritisierte Sinowjew, den ehemaligen Präsidenten der Komintern und ehemaligen Parteichef von Leningrad, der solche Auffassungen vertreten hatte. Er gehörte später zu jenen, die die Partei verraten sollten. Er gehörte zur sowjetischen Opposition, die die Ermordung Lenins und Stalins geplant hatte. In solchen Kreisen wurden solche Meinungen vertreten. Die Anführer der Sowjetopposition, ob sie Trotzki oder Bucharin oder sonstwie hießen, gehen bei uns aber immer als lupenreine Demokraten durch.

Allerdings, und dies sollte auch nicht verschwiegen werden: Stalin hielt die Anwendung von Gewalt gegen den alten reaktionären Ausbeuterklassen, darunter auch die russischen Großbauern (Kulaken), für durchaus legitim, wenn sie sich zum Beispiel weigerten, in Zeiten der Not, Getreide an den Staat abzuliefern und es vorzogen, es in ihren Scheunen zu horten, um es später zu einem höheren Preis zu verkaufen oder wenn sie daran gingen, Gebäude von Kollektivwirtschaften in Brand zu stecken, Parteifunktionäre heimtückisch zu ermorden, die Frühlingsaussaat zu boykottieren oder die Ernten auf den Feldern verrotten zu lassen. Dies waren dann Gründe, solche Kulakenfamilien, denen man so etwas nachweisen konnte, auszusiedeln, damit sich die Kolchosen und Sowchosen friedlich und ungehindert entwickeln konnten. Solche Entscheidungen wurden aber auch nicht von Stalin getroffen, sondern von Dorfversammlungen, fanden aber seine Zustimmung.

36· Stalin-Werke, Bd. 9, Berlin 1953, S. 71, Stalin vor dem Erweiterten Plenum des Exekutivkomitees der Kommunistischen Internationale, 7. Dezember 1926.

Aber eine solche Gewalt ist nicht gleichzusetzen mit der Gewalt eines herrschsüchtigen Diktators, dem es nur um seine Macht oder um das Wohlergehen seiner eigenen Familie oder seiner eigenen Gruppe geht.

j. Stalin bot viermal seinen Rücktritt an

Diktatoren kleben in aller Regel an ihren Sesseln, sie kleben an der Macht und sind nicht bereit, freiwillig abzutreten, auch wenn dies die Lage in ihrem Land erfordert.

Klebte Stalin an seinem Sessel als Generalsekretär der KPdSU? Klebte er an der Macht?

Zur Erinnerung: Er war 1922 auf Vorschlag Lenins zum Generalsekretär des Zentralkomitees der KPdSU, B gewählt worden. Dreimal in den 20iger Jahren und dann noch einmal im Herbst 1952 bot er seinen Rücktritt an. Das erste Mal 1924, als er wegen Lenins 'Testament' (das sich später als Fälschung herausstellen sollte) seinen Rücktritt anbot. Er wurde von der überwältigenden Mehrheit des Zentralkomitees abgelehnt, und man bat ihn zu bleiben. Sogar Stalins damalige Gegner, Sinowjew und Kamenjew, verlangten, dass er im Amt blieb.

Im Herbst 1952, nach dem 19. Parteitag der KPdSU, reichte er erneut seinen Rücktritt ein. Er wurde wieder abgelehnt. Er machte dann den Vorschlag, den Posten ganz abzuschaffen. Dies wurde angenommen, aber er blieb als einer der Parteisekretäre in der Parteiführung. Schon kurz nach dem Kriege hatte er Molotow, den damaligen Außenminister der UdSSR gebeten, seinen Posten zu übernehmen, der lehnte jedoch ab. Auch er bat ihn zu bleiben.

Ist solch ein Verhalten typisch für einen 'Diktator'? Nein, es ist völlig untypisch.

Stalin war kein Diktator, aber ein energischer Verfechter der Diktatur des Proletariats, also der Herrschaft der durch die Oktoberrevolution von 1917 an die Macht im Staat gekommenen russischen Arbeiterklasse. Lenin hatte diese proletarische Diktatur als Herrschaft einer Klasse definiert, der Klasse der Proletarier, der Arbeiter. Auch er war Anhänger einer 'Alleinherrschaft', aber nicht im Sinne der Herrschaft einer eigensüchtigen, nur auf ihren Vorteil bedachten kleinen Clique von Menschen, sondern im Sinne der Alleinherrschaft der Arbeiterklasse, die sich im Bündnis mit der werktätigen Bauernschaft befindet und deren Partei in diesem Klassenbündnis die führende, die leitende Kraft im Staat ist, die die Führung des staatlichen Lebens nicht mit einer anderen Partei teilen kann, ohne diese führende Rolle aufzugeben und damit die Interessen der Arbeiterklasse zu verraten.

k. Gefangene der bürgerlichen Ideologie

Für bürgerliche Historiker, die die Mär verbreiten, dass Stalin ein Diktator war, sind dies Bücher mit sieben Siegeln. Sie verstehen nicht, dass man die Frage der Diktatur nicht losgelöst und getrennt von der Frage der Klassenherrschaft betrachten kann. Sie vergessen auch, dass ein normaler Diktator in ihrem Sinne, also dass jemand, dem es nur um den Erhalt seiner eigenen Macht geht, immer von bestimmten Klassenkräften nach oben gebracht, in diese Position hineingehievt wird, um dann auch und vor allem deren Interessen zu vertreten. Meist sind dies Leute, die im Auftrag der Bourgeoisie, der Klasse aus der sie meist stammen, nach oben gespült oder die von einem ausländischen Geheimdienst, wie dem CIA oder einem anderen Geheimdienst, an die Macht geputscht werden, um dann den Diktator spielen zu dürfen - natürlich in erster Linie im Interesse der Hintermänner der Putschisten. Man denke an den chilenischen Diktator Augusto Pinochet, der durch einen von Henry Kissinger organisierten Putsch in Chile 1973 an die Macht kam. Sie bilden sich ein, 'Alleinherrscher' zu sein, ihre herrschende Position nur ihrer 'Tüchtigkeit' oder dem 'Schicksal' zu verdanken, und meinen dann, nach Belieben dort oben verfahren zu können. Man denke an bestimmte Oligarchen der internationalen Finanzmafia, die meinen, über dem Gesetz zu stehen. Aber auch diese Potentaten sind nicht frei in ihren Entscheidungen. Wenn sie aufhören, die Interessen ihrer Gönner zu vertreten, werden ihnen zuerst die Grenzen ihrer Macht gezeigt und eventuell werden sie später, wenn sie nicht spuren, wieder verjagt, um einer besseren Marionette Platz zu machen. Immer ist Herrschaft und Macht mit Klassenherrschaft verbunden, kann sie nie unabhängig davon gesehen werden. Selbst ein Pinochet hat damals nicht nur seine eigenen Interessen als chilenischer Diktator vertreten, sondern in erster Linie die des US-Imperialismus, der ihn im September 1973 an die Macht geputscht hat.

Die Vorstellungen von der unbegrenzten Machtfülle, wie sie in den oben angeführten bürgerlichen Definitionen von Diktatur oder Diktator zum Ausdruck kommen, basieren auf Illusionen, auf den Einbildungen der Ideologieproduzenten der herrschenden Klasse. Sie sehen nicht die Klassenkräfte im Rücken der Diktatoren, sie verstehen nicht, dass es Klassen sind, die Menschen erst zu Diktatoren machen, die das Sprungbrett darstellen für ihre angeblich unbegrenzte Machtfülle. In dem Moment, wo sie das Vertrauen ihrer eigenen Klasse verloren haben, oder wo breitere Volksmassen zu rebellieren anfangen, fängt ihre 'unbegrenzte' Macht an, Risse zu bekommen und es bleibt dann oft allein das Geld auf ihren Auslandskonten, auf das sie sich noch stützen können.

Nur Marxisten verstehen dies. Bürgerliche Ideologen, Journalisten, Politiker, Professoren, etc. verstehen das nicht und können das auch nicht verstehen. Sie sind Gefangene der bürgerlichen Ideologie, die sie daran hindert, die Dinge so zu sehen, wie sie wirklich sind. Deshalb können sie auch Stalin und die Sowjetmacht nicht verstehen, deshalb werden sie, von Ausnahmen abgesehen, dem Anti-Stalin-Paradigma auch immer treu bleiben und sich einbilden, dass, wenn sie eine Stalin-Biografie schreiben, ihr Gefasel von Stalin, dem absoluten Diktator, der Weisheit letzter Schluss ist.

Bochum, 2017

Literatur

- Baberowski, Jörg, 'Der Rote Terror. Die Geschichte des Stalinismus', Koblenz 2015
- Bland, William B., 'Stalinismus', ein Vortrag, April 1999, http://espressostalinist.com/category/Bill-Bland, meine Übersetzung
- Creuzberger, Stefan, 'Stalin - Machtpolitiker und Ideologe', Stuttgart 2009
- Der große Brockhaus in einem Band, Gütersloh und München 2012
- Kellmann, Klaus, 'Stalin - eine Biografie', Darmstadt 2005
- Koenen, Gerd, 'Utopie der Säuberung', Berlin 1998
- Leonhard, Wolfgang, 'Anmerkungen zu Stalin', Reinbek/Hamburg 2009
- Martens, Ludo, 'Stalin anders betrachtet', Zambon-Verlag 2014
- Rokossowski, Konstantin K., 'Soldatenpflicht', Moskau 1968
- Rubel, Maximilian, 'Stalin', eine Monografie, Reinbek/Hamburg 1994
- Schtemenko, S. M., 'Im Generalstab', Bd. 2, Berlin 1975
- Stalin-Werke, Band 9, 10 und 13, Berlin 1953-55
- Talbott, Strobe, Hrsg., 'Chruschtschow erinnert sich. Die authentischen Memoiren', Reinbek/Hamburg 1992
- Wahrig, 'Die deutsche Rechtschreibung', Gütersloh und München 2007
- Wassilewski, A. M., 'Sache des ganzen Lebens', Berlin 1977
- Webb, Sydney und Beatrix, 'Soviet Communism: A New Civilization' New York 1941